COCINA
LIGHT

Baja en Grasa, Baja en Calorías, Baja en Colesterol

Publications International, Ltd.

Fotografía de la portada, de New View Studios, Rosemont, IL.

En la portada se ilustran *(en el sentido de las manecillas del reloj desde la parte
superior derecha):* Pasteles Individuales de Fresa *(página 422),* Couscous de
Verduras *(página 391),* Manojo de Ejotes *(página 366)* y Pollo con Champiñones
(página 246).

En la contraportada se ilustran *(en el sentido de las manecillas del reloj desde la
parte superior derecha):* Brochetas de Pollo a la Mexicana con Salsa Condimentada
de Yogur *(página 237),* Tarta de Queso *(página 417),* Ensalada de Cerdo con Frutas
(página 335) y Champiñones a la Rockefeller *(página 19).*

ISBN: 0-7853-6413-7

Número de tarjeta del catálogo de la Biblioteca del Congreso: 2001098900

Hecho en China.

8 7 6 5 4 3 2 1

La potencia de los hornos de microondas es variable. Los tiempos de cocción para
horno de microondas que se indican en las recetas son aproximados. Utilice los
tiempos de cocción como guía y revise qué tan cocido está el alimento antes de
agregar más tiempo. Consulte las instrucciones del fabricante sobre los recipientes
apropiados para cocinar en horno de microondas.

CONTENIDO

Introducción   4

Entremeses y Bebidas   6

Desayunos y Almuerzos   52

Sopas y Panes   98

Carnes   152

Aves   196

Pescados y Mariscos   250

Ensaladas y Aderezos   282

Verduras y Guarniciones   346

Tortas y Pays de Queso   410

Pays y Galletas   432

Más Postres   466

Índice   516

INTRODUCCIÓN

La Nueva Manera de Cocinar Light

Hemos entrado en una nueva era de alimentación que está revolucionando la manera en que vemos la comida. ¿Recuerda la popular dieta alta en proteínas, la dieta basada en toronja y la dieta a base de líquidos? A estas dietas pasadas de moda las reemplazó un enfoque más sano y balanceado de ver la comida. Los estudios indican que la mejor manera de estar en forma es desarrollar mejores hábitos alimenticios mediante una dieta baja en grasa y alta en carbohidratos. Además de mantener a raya la angustia que produce el hambre, siguiendo este enfoque alimenticio también bajará los niveles de colesterol en la sangre y reducirá el riesgo de enfermedades del corazón. Ya sea que esté buscando perder unos kilos o que sólo quiera mejorar sus hábitos alimenticios, esta maravillosa recopilación de recetas puede ayudarle a alcanzar su meta con los cientos de recetas "apropiadas" para cualquier comida u ocasión.

Todos nos preocupamos por las calorías, la grasa, el colesterol y el sodio. Sobre este tema abundan los consejos, a veces contradictorios, en cuanto a los alimentos y las dietas. Si bien no hay duda en lo que se refiere a la grasa, los profesionales de la salud están de acuerdo: necesitamos disminuir el consumo de grasa. Más específicamente, necesitamos limitar el consumo total de grasa a no más de 30 por ciento de las calorías diarias, en lugar del típico 40 por ciento. Esta recomendación se aplica a adultos y a niños sanos de más de dos años de edad, cuyo nivel de colesterol en la sangre sea alto o no.

¿Por qué la grasa se convirtió en el villano de nuestra dieta? ¿Por qué esta sustancia, por lo general insípida, que agrega riqueza y consistencia cremosa a muchos de nuestros platillos favoritos, es algo que debemos reducir? La razón es que el consumo excesivo de grasa saturada, tipo de grasa que se encuentra en la carne y en los productos lácteos enteros, suprime el mecanismo natural del cuerpo de sacar el colesterol del torrente sanguíneo. En lugar de salir, el colesterol se puede depositar en las paredes interiores de las arterias. Con el tiempo, esta acumulación puede reducir el flujo de sangre al corazón. Las investigaciones recientes también vinculan la dieta alta en grasa con un mayor riesgo de ciertos tipos de cáncer. Una dieta alta en grasa también contribuye al aumento de peso, incrementando más los riesgos de perder la salud. Por estas razones, los expertos recomiendan disminuir nuestro consumo diario de grasa.

La buena noticia es que sustituir los alimentos altos en grasa (carnes con grasa, queso y mantequilla) por carbohidratos complejos (granos, frijoles, frutas y verduras) es una manera fácil de modificar la dieta y aún disfrutar de comidas nutritivas. Un gramo de grasa contiene nueve calorías, mientras que un gramo de carbohidrato o de proteína contiene sólo cuatro; de hecho, puede agregar más carbohidratos complejos a su plato principal en lugar de gramos de grasa de densas calorías. Por supuesto, si desea perder peso, aún tiene que comer menos calorías de las que gasta en energía. Pero considere que, por el mismo número de calorías, puede comer una papa de 330 g al horno en lugar de una bolsa de papas fritas de 40 g y sentirse lleno y satisfecho. Si sustituye grasa por carbohidratos complejos, podrá comer mayor cantidad de alimento sin subir de peso. Otra manera de reducir el consumo de grasa es seleccionar carne magra, sustituir leche entera por leche descremada y reemplazar un helado por yogur bajo en grasa o sin grasa.

Pautas para comer sanamente

Cada receta va acompañada de una tabla de nutrición, con lo que le hemos facilitado la estrategia de estar delgado y gozar de buena salud; en la tabla se indica el número de calorías, los gramos (g) de grasa, los miligramos (mg) de colesterol y los miligramos de sodio de cada porción.

Las recetas de este libro no contienen más de 300 calorías y no más de 10 gramos de grasa por porción. Si en una receta usa productos con más grasa, trate de escoger otros platillos bajos en grasa. Si combina y mezcla la selección de recetas y alimentos, su dieta semanal seguirá la pauta de una alimentación sana. Muchas de las recetas también son bajas en colesterol y bajas en sodio. La mayoría de las recetas contienen menos de 50 mg de colesterol y menos de 300 mg de sodio. Estos valores se escogieron después de un cuidadoso análisis de varios factores.

El Food and Nutrition Board of the National Academy of Sciences (Consejo de Alimentación y Nutrición de la Academia Nacional de Ciencias de Estados Unidos) propone las cantidades alimenticias recomendadas (Recommended Dietary Allowances, RDA) de nutrimentos esenciales, que incluyen calorías, carbohidratos, grasas, proteínas, aminoácidos, vitaminas y minerales. La principal revisión realizada a las RDA fue en 1989. La RDA de calorías se clasificó por grupos de edad y sexo. Para hombres sanos entre los 19 y los 50 años de edad, por ejemplo, la RDA de consumo total de calorías es de 2900 calorías al día. Para mujeres sanas entre los 19 y los 50 años de edad (que no estén embarazadas ni lactando) es de 2200 calorías al día. Así, las 300 calorías o menos por porción que proporcionan las recetas de este libro, representan sólo 10 por ciento de la RDA para la mayoría de los hombres, y 14 por ciento para la mayoría de las mujeres, aproximadamente.

La American Heart Association (Asociación Estadounidense del Corazón) recomienda que el total del consumo de grasa no debe rebasar el 30 por ciento de calorías. Para la mayoría de los hombres, significa más o menos 870 calorías de grasa (unos 97 gramos de grasa) al día; para la mayoría de las mujeres, unas 660 calorías de grasa (73 gramos de grasa) al día. Por lo tanto, los 10 gramos de grasa o menos por porción de cada receta de este libro, están dentro de los límites recomendados. La American Heart Association también recomienda que el consumo de colesterol debe ser inferior a 300 mg al día, y el de sodio no debe exceder los 3000 mg al día.

Acerca de la información alimenticia

El análisis de cada receta incluye todos los ingredientes que se utilizan, excepto los ingredientes que se indican como "opcional" o "para adornar". Si en el rendimiento de la receta se da un margen ("Rinde de 6 a 8 porciones", por ejemplo), el rendimiento más alto fue el que se utilizó para calcular la información por porción. Si se da un margen para un ingrediente (1/4 a 1/8 de cucharadita, por ejemplo), la primera cantidad fue la que se empleó para calcular la información alimenticia. Si se da opción para utilizar un ingrediente ("2 cucharadas de margarina o mantequilla"), el primer ingrediente es el que se usó para calcular la información alimenticia. En las fotografías, los alimentos que se muestran en un mismo plato y que se presentan como sugerencia "acompañe con" al final de una receta, tampoco están incluidos en el análisis de la receta, a menos que se indique en la línea de la porción.

Se hizo todo el esfuerzo necesario para revisar la precisión de la información alimenticia que aparece en cada receta. Sin embargo, debido a las diferentes variables que intervienen en un amplio margen de valores de ciertos alimentos, todos los análisis alimenticios que se ofrecen en este libro deben considerarse como aproximados.

Este libro le ofrece a usted una amplia variedad de recetas que son, por porción, bajas en calorías, grasa y colesterol. **Las recetas NO se proponen para utilizarse como un programa terapéutico facultativo, ni como sustituto de programas de dieta médicamente aprobados para personas bajo regímenes restringidos en grasa, colesterol o sodio. Consulte a su médico antes de iniciar cualquier programa de dieta.** Las recetas que aquí se presentan pueden ser parte de un estilo de vida sano que cumpla con las pautas alimenticias reconocidas. Un estilo de vida sano no sólo incluye llevar una dieta balanceada, sino también realizar el ejercicio apropiado.

Las deliciosas recetas que siguen las pautas alimenticias actuales, combinadas con las instrucciones fáciles de seguir y las hermosas fotografías a color, lo motivarán para aprender este nuevo enfoque de comer sanamente. Dé el primer paso en este camino para vivir mejor, mientras equilibra su salud con gratas comidas.

Mantenga a raya la angustia que produce el hambre, con estas sabrosas recetas, perfectas para no sentirse culpable al comer. Salsa picante y guacamole, champiñones rellenos y pizzas miniatura son sólo unas cuantas posibilidades para antes de comer (o para la noche). Prepare una espumosa malteada, una refrescante aguanieve de frutas o un delicioso ponche para apagar la sed a cualquier hora del día.

Bocadillos de Camarón

Rinde 2 docenas de bocadillos

225 g de camarón crudo, pelado y desvenado
2 cucharadas de cebollín picado
2 cucharadas de castaña finamente picada
2 cucharadas de salsa de soya baja en sodio
1 cucharadita de aceite de ajonjolí oriental
1 clara de huevo, ligeramente batida
6 rebanadas de pan blanco de caja, sin orilla
Pimiento morrón rojo y amarillo y cebollín para adornar

Pique finamente los camarones. Si usa un procesador de alimentos, píquelos pulsando el botón de prender/apagar más o menos 10 veces, o hasta que los camarones estén bien picados.

En un recipiente mediano, mezcle el camarón con el cebollín, la castaña, la salsa de soya y el aceite de ajonjolí; revuelva bien. Incorpore la clara de huevo; mezcle bien.*

Tueste ligeramente el pan por ambos lados. Corte en diagonal las rebanadas de pan en cuartos. Encima del pan, extienda uniformemente la mezcla de camarón hasta las orillas.

Acomode el pan sobre una charola o asador eléctrico forrado de papel de aluminio. Ase a 15 cm del fuego, durante 4 minutos, o hasta que esté ligeramente dorado. Adorne con pimiento y cebollín.

Puede preparar la mezcla de camarón con anticipación; póngala en un recipiente, tape y refrigere por 24 horas. Después, siga las instrucciones para tostar y asar.

Nutrimentos por porción (1 bocadillo):

Calorías	30	Colesterol	18 mg
Grasa	1 g	Sodio	102 mg

Dip de Verduras

Rinde 5½ tazas de dip

50 g de zanahoria
1 brócoli
1 coliflor
½ taza de cebolla picada
2 paquetes de queso crema (de 225 g cada uno), suavizados
1 cucharadita de hierba de eneldo
½ cucharadita de comino molido
¼ de cucharadita de chile en polvo
⅛ de cucharadita de sal
10 gotas de salsa picante
Verduras para remojar en el dip: tiras de zanahoria, floretes de brócoli y de coliflor; rebanadas de apio, pepino, pimiento morrón y champiñón; tomates cherry

Pique 1 taza de zanahoria; corte el resto en tiras para comerlas con el dip. Separe el brócoli y la coliflor en floretes. Pique 1 taza de cada uno; conserve el resto de los floretes para comerlos con el dip. En un procesador de alimentos con la cuchilla de metal, ponga la zanahoria, el brócoli y la coliflor picados, la cebolla, el queso crema y los sazonadores; procese hasta que se incorporen los ingredientes. Refrigere el dip en un recipiente tapado, por 1 hora o toda la noche. Sirva con las verduras en tiras y galletas saladas.

Nutrimentos por porción (1 cucharada de dip):

Calorías	19	Colesterol	6 mg
Grasa	2 g	Sodio	19 mg

Bocadillos de Camarón

Rollos de Tortilla y Frijol Negro

Rollos de Tortilla y Frijol Negro

Rinde de 12 a 16 bocadillos

1 paquete de queso crema (225 g), suavizado
1 taza de crema agria
1 taza (120 g) de queso para gratinar, rallado
¼ de taza de aceitunas verdes rellenas de pimiento, escurridas y picadas
¼ de taza de cebolla morada picada
½ cucharadita de sal sazonada
⅛ de cucharadita de ajo en polvo
1 lata (430 g) de frijoles negros, escurridos
5 tortillas de harina (de 25 cm de diámetro)
Salsa

En un recipiente mediano, bata el queso crema con la crema agria hasta que se incorporen. Agregue el queso rallado, las aceitunas, la cebolla, la sal y el ajo en polvo. Tape y refrigere por 2 horas. Ponga los frijoles en un procesador de alimentos o en la licuadora; muélalos bien. Unte cada tortilla con una capa delgada de frijoles. Extienda encima una capa delgada de la mezcla de queso. Enrolle ajustadamente las tortillas. Envuélvalas con plástico y refrigérelas. Corte las tortillas en rebanadas de unos 2 cm de grosor. Sirva con la salsa. Adorne si lo desea.

Nutrimentos por porción (incluye 1 cucharadita de salsa):

Calorías	159	Colesterol	13 mg
Grasa	9 g	Sodio	175 mg

Wafers con Ajonjolí Tostado

Rinde de 4 a 4½ docenas de wafers

¼ de taza de semillas de ajonjolí
1½ tazas de harina de trigo
¾ de cucharadita de sal
⅛ de cucharadita de pimentón
Pizca de ajo en polvo
½ taza de mantequilla
3 o 4 gotas de salsa picante
4 cucharadas de agua fría
1 cucharada de leche al 2 %

Caliente el horno a 190 °C. En una charola para horno de 20×20×5 cm, distribuya las semillas de ajonjolí. Hornéelas de 6 a 10 minutos; revuelva de vez en cuando, hasta que estén doradas. Páselas a un recipiente chico.

En un recipiente mediano, mezcle la harina con la sal, el pimentón y el ajo en polvo. Agregue la mantequilla y mezcle hasta que se formen migajas. Incorpore 3 cucharadas del ajonjolí tostado.

Mezcle la salsa picante con el agua. Rocíe sobre la mezcla de harina, 1 cucharada a la vez, y mezcle con un tenedor hasta que las partículas estén húmedas y se peguen. Haga una bola de masa.

En una superficie ligeramente enharinada, extienda la masa hasta que mida 3 mm de grosor. Corte con un cortador de galletas de 5 o 6 cm de diámetro. Pase los círculos a una charola engrasada. Barnícelos con leche. Espolvoree el resto del ajonjolí. Hornee de 12 a 15 minutos, o hasta que estén un poco dorados. Deje enfriar. Guárdelos en un recipiente con tapa.

Nutrimentos por porción (1 wafer):

Calorías	31	Colesterol	muy poco
Grasa	2 g	Sodio	30 mg

Rollos de Pepinillo

Rinde 48 bocadillos

180 g de jamón rebanado
1 paquete de queso crema (225 g), suavizado
8 pepinillos enteros en escabeche con eneldo, kosher

A cada rebanada de jamón, úntele 1 cucharada de queso crema. Coloque 1 pepinillo en la orilla de cada rebanada. Enrolle el jamón sobre el pepinillo; presione las orillas para pegarlas. Repita el procedimiento con las demás rebanadas de jamón. Cubra y refrigere durante 1 hora. Antes de servir, corte los rollos en 6 rebanadas.

Nutrimentos por porción (1 bocadillo):

Calorías	20	Colesterol	5 mg
Grasa	2 g	Sodio	215 mg

Brochetas Barbecue

Rinde 6 porciones

1 taza de cerveza
¾ de taza salsa tipo barbecue para carne
2 dientes de ajo machacados
2 cucharaditas de chile en polvo
1 cucharadita de comino molido
675 g de bisteces, cortados en tiras de 12 mm de ancho
3 pimientos morrones rojos o verdes chicos, cortados en pedazos de 2.5 cm
1 cucharadita de fécula de maíz

En un recipiente chico, mezcle la cerveza con la salsa tipo barbecue, el ajo, el chile en polvo y el comino. Ponga la carne en un recipiente que no sea metálico y encima vierta el escabeche. Cubra; refrigere por 2 horas; revuelva de vez en cuando.

Saque la carne del escabeche; conserve el líquido. En 6 agujas para brocheta, ensarte la carne alternándola con los pedazos de pimiento. En una cazuela chica, caliente el escabeche que conservó y la fécula de maíz hasta que hierva la mezcla. Ase las brochetas a la parrilla o en un asador, a 10 cm de la fuente de calor, 15 minutos o hasta que estén cocidas; gírelas y barnícelas con frecuencia con el escabeche. Caliente el escabeche restante hasta que hierva; sirva con las brochetas.

Nutrimentos por porción:

Calorías	198	Colesterol	71 mg
Grasa	4 g	Sodio	624 mg

Dip al Pesto con Dos Quesos

Rinde 2 tazas de dip

1 taza de crema ácida light
½ taza de mayonesa light
½ taza de perejil fresco finamente picado
¼ de taza de nuez finamente picada
1 diente de ajo machacado
1½ cucharaditas de hojas de albahaca seca triturada o 3 cucharadas de albahaca fresca picada
½ taza (60 g) de queso mozzarella
2 cucharadas de queso parmesano rallado

Mezcle todos los ingredientes en un recipiente mediano. Tape y refrigere por varias horas o toda la noche. Adorne con nueces enteras si lo desea. Sirva con verduras frescas.

Nutrimentos por porción (1 cucharada de dip):

Calorías	35	Colesterol	5 mg
Grasa	3 g	Sodio	36 mg

Endibia Rellena de Atún

Rinde unos 24 bocadillos

120 g de queso con hierbas, para untar
120 g de queso crema bajo en calorías, suavizado
1 cucharadita de jugo de limón o lima
2 piezas de endibia belga, hojas de lechuga o galletas saladas
1 lata (100 g) de atún, escurrido y finamente desmenuzado
Ramas de berro o tiras de pimiento para adornar

En el vaso de la licuadora o en el recipiente del procesador de alimentos, ponga los quesos con el jugo de limón. Tape y licue hasta que se incorporen. Recorte 12 mm de la base de los tallos de la endibia; separe las hojas. Sirva 1 o 2 cucharaditas de atún en cada hoja de endibia; ponga 2 cucharaditas de la mezcla de queso en cada hoja. Adorne las hojas con una rama de berro.

Nutrimentos por porción (1 bocadillo):

Calorías	29	Colesterol	7 mg
Grasa	2 g	Sodio	65 mg

Brochetas Barbecue

Ensalada de Elote con Tomate Verde

Ensalada de Elote con Tomate Verde

Rinde 3 tazas

    4 elotes frescos
    2 chiles jalapeños
  225 g de tomate verde* o tomate rojo
    ½ pimiento morrón rojo o verde,** sin corazón,
        sin venas y picado
    2 cebollines, en rebanadas delgadas
    2 cucharadas de jugo de lima o limón
    2 cucharadas de agua
    ½ cucharadita de cilantro molido
    2 cucharadas de hojas de cilantro fresco
        picado
      Totopos
      Rebanadas de lima, rebanadas de chile rojo
        picante y hojas de cilantro fresco para
        adornar

Pele los elotes, retire las hojas y los pelos; enjuáguelos debajo del chorro de agua. Desgrane los elotes, sin cortar la mazorca, y ponga los granos en una cacerola.

Con un cuchillo para mondar, corte a lo largo los chiles*** por la mitad. Retire las semillas, las venas y los tallos; deséchelos. Pique finamente los chiles y agréguelos a la cacerola con el elote.

Pele los tomates verdes. Lávelos para quitarles el residuo pegajoso; quíteles el corazón y píquelos. Agregue a la cacerola los tomates verdes, el pimiento morrón, el cebollín, el jugo de lima, el agua y el cilantro; tape. Ponga a hervir a fuego alto; reduzca el fuego a medio bajo. Deje cocer por 5 minutos; revuelva a la mitad de la cocción. Deje enfriar; incorpore el cilantro. Guarde en el refrigerador. Sirva con los totopos. Adorne si lo desea.

A pesar de su nombre y aspecto, el tomate verde no es una variedad del tomate rojo. Originario de México, parece un tomate verde encerrado en una cáscara de papel, pero su sabor es ácido, como limón.

** *Para darle variedad de color, utilice pimiento morrón rojo si utiliza tomate verde, o pimiento morrón verde si utiliza tomate rojo.*

*** *Los chiles pueden irritar y dar picazón a la piel; cuando maneje chiles, use guantes de plástico desechables y no se toque los ojos. Lávese las manos después de manejar chiles.*

Nutrimentos por porción (½ taza de ensalada):

Calorías	106	Colesterol	0 mg
Grasa	1 g	Sodio	157 mg

Dip de Hierbas

Rinde 2 tazas

    1 cucharadita de gelatina sin sabor
    ¼ de taza de leche descremada fría
    ¾ de taza de leche descremada, bien caliente
  225 g de queso cottage con 1 % de grasa
    1 cucharada de mostaza Dijon o rábano
    1 cucharadita de eneldo fresco*
    ¼ de cucharadita de sal

En la licuadora, ponga la leche fría y espolvoree la gelatina sin sabor; deje reposar por 2 minutos. Agregue la leche caliente y licue a velocidad baja hasta que la grenetina se disuelva por completo, unos 2 minutos. Añada el resto de los ingredientes y licue a velocidad alta hasta que se incorporen. Vierta en un recipiente; refrigere hasta que cuaje, por 2 horas. Antes de servir, revuelva para suavizar. Sirva con galletas saladas, palitos de pan, galletas para cóctel o sus verduras favoritas.

Sustitución: Utilice ¼ de cucharadita de hierba de eneldo seca.

Nutrimentos por porción (1 cucharada de dip):

Calorías	9	Colesterol	0 mg
Grasa	0 g	Sodio	64 mg

Dip de Verduras

Rinde 1¼ tazas

    1 taza de queso cottage bajo en grasa
    2 cucharadas de pimiento morrón verde
        finamente picado
    2 cucharadas de cebolla finamente picada
    2 cucharadas de rábano finamente picado
    ¼ de cucharadita de sal con apio
      Verduras para comerlas con el dip

Escurra el queso cottage; conserve el líquido. En la licuadora o procesador de alimentos, ponga el queso cottage escurrido. (Agregue 1 o 2 cucharaditas del líquido del queso para licuar con facilidad.) Licue hasta que esté suave. Pase la mezcla a un recipiente chico; incorpore el pimiento verde, la cebolla, el rábano y la sal con apio. Tape y refrigere por lo menos durante 1 hora para que se mezclen los sabores. Sirva con verduras.

Nutrimentos por porción (2 cucharadas de dip):

Calorías	18	Colesterol	1 mg
Grasa	muy poca	Sodio	119 mg

Dip de Cangrejo al Curry

Pizza de Pan Italiano

Rinde 12 bocadillos

 1 barra grande de pan italiano
 1½ tazas (180 g) de queso para gratinar bajo en sal, rallado
 1 frasco (450 g) de salsa para pasta preparada sin sal, sin azúcar y sin grasa
 1 ½ cucharadas de sazonador italiano
 360 g de jamón bajo en sal, en rebanadas delgadas
 1 lata (570 g) de piña en rebanadas, bien escurrida
 8 aros delgados de pimiento morrón verde
 8 aros delgados de pimiento morrón rojo

Rebane a lo largo el pan por la mitad. En un asador, tuéstelo por los lados cortados hasta que esté semidorado. Espolvoree ¼ de taza de queso en cada mitad; vuelva a tostar por 1 o 2 minutos, o hasta que se funda el queso. En una olla chica, mezcle la salsa para pasta y el sazonador; cueza a fuego medio hasta que esté caliente. Vierta la salsa uniformemente sobre las mitades de pan; corone distribuyendo bien el jamón y las rebanadas de piña. Encima, alterne los aros de pimiento rojo y verde. Espolvoree cada mitad con el queso restante; póngalas sobre una charola para horno. Coloque la charola de 10 a 12.5 cm de la fuente de calor, durante 4 a 6 minutos, o hasta que se funda el queso. Corte cada una de las mitades en 6 pedazos. Adorne con perejil si lo desea.

Nutrimentos por porción:

Calorías	253	Colesterol	29 mg
Grasa	6 g	Sodio	482 mg

Dip de Cangrejo al Curry

Rinde 2 tazas

 ½ taza de leche descremada evaporada, sin diluir
 225 g de queso crema light Neufchatel, suavizado
 120 g (¾ de taza) de imitación de cangrejo, desmenuzado
 2 cucharadas de cebollín rebanado fino
 2 cucharadas de pimiento morrón rojo finamente picado
 ½ cucharadita de curry en polvo
 ¼ de cucharadita de sal de ajo
 Verduras crudas

En un recipiente chico, mezcle la leche con el queso crema. Incorpore el cangrejo, la cebolla, el pimiento rojo, el curry y la sal de ajo. Tape y refrigere. Sirva con verduras crudas.

Variación: Para hacer dip de cangrejo y rábano, sustituya el curry en polvo por 1 o 2 cucharaditas de rábano preparado.

Nutrimentos por porción (¼ de taza de dip):

Calorías	108	Colesterol	28 mg
Grasa	7 g	Sodio	320 mg

Salsa Agridulce

Rinde 8 bocadillos

 ¾ de taza de piña fresca pelada, sin corazón y cortada en cubos de 6 mm
 ½ taza de pimiento morrón rojo cortado en pedazos de 6 mm
 ½ taza de pimiento morrón amarillo cortado en pedazos de 6 mm
 ½ taza de cebolla morada finamente picada
 ½ taza de cilantro finamente picado
 1 chile jalapeño, sin semillas y picado
 2 cucharadas de jugo de lima fresco
 1½ cucharaditas bien compactas de azúcar morena
 Pizca de sal
 Pizca de pimienta negra

En un recipiente mediano, mezcle la piña, los pimientos rojo y amarillo, la cebolla, el cilantro, el chile jalapeño, el jugo de lima, el azúcar morena, la sal y la pimienta negra. Tape y refrigere por 30 minutos antes de servir.

Nutrimentos por bocadillo:

Calorías	19	Colesterol	0 mg
Grasa	0 g	Sodio	18 mg

Alcachofas Rellenas de Atún

Rinde 8 porciones

4 alcachofas medianas
Jugo de limón
1 ½ tazas de champiñones picados
1 taza de calabaza amarilla o calabacín
    cortado en cubos
⅓ de taza de cebollín picado
1 diente de ajo picado
2 cucharadas de aceite vegetal
1 lata (380 g) de atún, escurrido y
    desmenuzado
½ taza (60 g) de queso cheddar, mozzarella o
    asadero, rallado
¼ de taza de pan molido sazonado
2 cucharadas de pimiento escurrido cortado en
    cubos

Con las tijeras de cocina, recorte las puntas de las hojas de las alcachofas. Corte los tallos; desprenda las hojas exteriores sueltas. Corte 2.5 cm de la parte superior. Barnice las orillas cortadas con el jugo de limón. En una olla o cacerola grande con tapa, ponga a hervir las alcachofas en agua con sal; baje el fuego. Deje cocer hasta que las hojas se desprendan con facilidad, de 20 a 30 minutos. Escúrralas con el tallo hacia arriba.

Caliente el horno a 230 °C. Corte a lo largo las alcachofas frías por la mitad. Quite el corazón y la parte estropajosa. Pique finamente los corazones; deseche la parte estropajosa. En una cacerola mediana, fría en el aceite los champiñones, los corazones de alcachofa, la calabaza, el cebollín y el ajo durante 3 minutos; revuelva con frecuencia. Luego, incorpore el atún. En un refractario untado con un poco de aceite, acomode las mitades de alcachofa, con el lado cortado hacia arriba. Sirva la mezcla de atún en el centro de las alcachofas. En un recipiente chico, mezcle el resto de los ingredientes; espolvoree sobre la mezcla de atún. Hornee de 5 a 8 minutos, o hasta que el queso se derrita y estén dorados los ingredientes de la parte superior.

Nutrimentos por porción:			
Calorías	136	Colesterol	47 mg
Grasa	10 g	Sodio	522 mg

Reubens Abiertos

Rinde unos 48 bocadillos

1 caja (180 g) de galletas de centeno
125 g de cecina cocida, en rebanadas delgadas,
    cortadas en cuadros de 12 mm
1 lata (225 g) de col en salmuera, enjuagada,
    escurrida y picada
1 taza (120 g) de queso suizo finamente
    desmenuzado
2 cucharadas de mostaza preparada
Semillas de alcaravea

Caliente el horno a 180 °C. En charolas para horno, acomode las galletas. Corone cada una de las galletas con 1 cuadro de cecina y 1 cucharadita de col. En un recipiente chico, mezcle el queso con la mostaza; sirva encima de la col más o menos 1 cucharadita de la mezcla de queso. Espolvoree las semillas de alcaravea. Hornee por 5 minutos, o hasta que se funda el queso.

En horno de microondas: Cubra un plato para microondas con una toalla de papel; acomode encima 8 galletas en la orilla y 2 en el centro. Ponga los ingredientes como se indica arriba. Sin cubrir, a temperatura MEDIA (50 %), cueza de 1 a 2 minutos hasta que el queso se derrita; gire el plato una vez. Repita con el resto de los ingredientes.

Nutrimentos por porción (1 galleta):			
Calorías	28	Colesterol	4 mg
Grasa	1 g	Sodio	87 mg

Alcachofas Rellenas de Atún

Tapas de Pimiento Asado

Rinde 6 porciones

2 pimientos morrones rojos (de 225 g cada uno)
1 diente de ajo picado
1 cucharadita de hojas de orégano frescas picadas o ½ cucharadita de hojas de orégano secas trituradas
2 cucharadas de aceite de oliva
Pan de ajo (opcional)
Ramas de orégano fresco para adornar

Cubra con papel de aluminio la rejilla de un asador eléctrico. Coloque la rejilla a unos 10 cm de la fuente de calor. Caliente el asador. Coloque los pimientos sobre el papel de aluminio y áselos de 15 a 20 minutos hasta que estén asados por todos lados; con unas tenazas, gire los pimientos cada 5 minutos.

Para que los pimientos se ablanden y se desprenda con facilidad la piel, colóquelos en una bolsa de papel. Cierre la bolsa; deje que se enfríen, más o menos 20 minutos. Para pelar los pimientos, corte alrededor del corazón, tuerza y retire. Corte a lo largo los pimientos por la mitad; coloque las mitades en una tabla para picar. Desprenda la piel con un cuchillo para mondar; enjuague debajo del chorro de agua para quitar las semillas. Aplane las mitades y córtelas a lo largo en tiras de 6 mm de ancho.

Ponga las tiras de pimiento en un frasco de vidrio. Agregue el ajo, el orégano y el aceite. Tape y agite para mezclar los ingredientes. Marine por lo menos durante 1 hora. Sirva en platos con pan de ajo o refrigere en el frasco hasta por 1 semana. Adorne si lo desea.

Consejo: Utilice esta técnica para asar con todos los tipos de pimientos dulces y picantes. El tiempo de asado variará dependiendo del tamaño del pimiento. Cuando maneje chiles picantes, como jalapeño, poblano o serrano, use guantes de plástico desechables y tenga cuidado para evitar la irritación de la piel o los ojos. Esta técnica no funciona con el pimiento morrón verde, porque su piel es más delgada.

Nutrimentos por porción:			
Calorías	48	Colesterol	0 mg
Grasa	5 g	Sodio	1 mg

Totopos con Salsa Dulce

Rinde 96 totopos

6 tortillas de maíz
Antiadherente en aerosol (opcional)
Sal (opcional)
Salsa Dulce (receta más adelante)

Caliente el horno a 180 °C. Corte cada tortilla en 16 rebanadas y colóquelas en una charola para horno. Rocíe los totopos con el antiadherente y espolvoree con sal, si lo desea. Hornee de 20 a 25 minutos hasta que estén crujientes. Sirva con la salsa.

Salsa Dulce

2 tomates rojos grandes maduros, sin corazón y rebanados
3 cucharadas de cebolla cambray, finamente picada
2 cucharadas de azúcar
2 cucharaditas de chile verde finamente picado
¼ de cucharadita de cilantro molido

Ponga todos los ingredientes en la licuadora o en un procesador de alimentos; licue hasta que se muelan, pero la salsa no debe quedar muy líquida. Refrigere o sirva de inmediato. Rinde 2 tazas.

Nutrimentos por porción (10 totopos con unas 3 cucharadas de salsa):			
Calorías	57	Colesterol	0 mg
Grasa	1 g	Sodio	3 mg

Delicioso Dip de Espinaca

Rinde 24 porciones, unas 3 tazas

2 tazas de yogur natural sin grasa o bajo en grasa
1 bolsa (285 g) de espinaca picada descongelada y exprimida
⅓ de taza de cebolla finamente picada
2 cucharadas de mayonesa con pocas calorías
1 sobre (40 g) de sopa de verduras instantánea
Verduras frescas diversas para comer con el dip

En un recipiente mediano, mezcle el yogur, la espinaca, la cebolla, la mayonesa y la sopa de verduras; revuelva bien. Sirva de inmediato o tape y refrigere hasta por 3 horas. Sirva con las verduras.

Nutrimentos por porción (unas 2 cucharadas de dip):			
Calorías	10	Colesterol	muy poco
Grasa	0 g	Sodio	32 mg

Tapas de Pimiento Asado

Bocadillos de Arroz y Queso

Bocadillos de Arroz y Queso

Rinde 4 porciones, más o menos 1 docena

2 tazas de arroz cocido
1 taza (120 g) de queso cheddar bajo en grasa, rallado
½ taza de cebolla picada
3 cucharadas de harina de trigo
½ cucharadita de sal
¼ de cucharadita de pimienta negra molida
3 claras de huevo
⅛ de cucharadita de cremor tártaro
  Antiadherente en aerosol
  Rebanadas de manzana (opcional)
  Crema agria baja en grasa (opcional)

En un recipiente mediano, mezcle el arroz con el queso, la cebolla, la harina, la sal y la pimienta. Aparte, en un recipiente chico, bata las claras de huevo con el cremor tártaro hasta que la mezcla esté consistente, pero no seca. Incorpore las claras batidas a la mezcla de arroz. Rocíe una cacerola grande con el antiadherente y póngalo a calentar a fuego medio. Vierta en la cacerola 2 o 3 cucharadas de la mezcla para formar los bocadillos; con una espátula, déles forma de diamante. Déjelos cocer, volteándolos una vez, hasta que estén dorados por ambos lados. Adorne como guste. Sírvalos calientes con una rebanada de manzana y crema agria.

Nutrimentos por porción (3 bocadillos):

Calorías	233	Colesterol	18 mg
Grasa	6 g	Sodio	550 mg

Guacamole con Totopos

Rinde 12 porciones

1 caja (para 4 porciones) de gelatina de limón, sin azúcar
1 taza de agua hirviente
450 g de queso cottage bajo en grasa, 1 %
1 taza de aguacate maduro picado
¾ de taza de cebollín picado
¼ de taza de rajas de chile jalapeño en vinagre, escurridas
¼ de taza de jugo de limón
2 dientes de ajo
1 o 2 cucharaditas de chile en polvo
¼ de taza de tomate rojo picado
4 aceitunas negras sin hueso, rebanadas
Totopos con chile (receta más adelante)

Disuelva bien la gelatina en el agua hirviente; viértala en el vaso de la licuadora. Agregue el queso cottage, el aguacate, ½ taza de cebollín, las rajas de chile, el jugo de limón, el ajo y el chile en polvo y tape. Licue a velocidad baja (de vez en cuando, baje la mezcla), por unos 2 minutos, o hasta que la mezcla esté incorporada. Vierta en un platón extendido con capacidad para 5 tazas; alise la parte superior. Refrigere hasta que cuaje, más o menos 4 horas.

Cuando vaya a servir, corone el cebollín picado restante, el tomate rojo y las aceitunas. Sirva como dip con verduras frescas o con los Totopos con Chile.

Nutrimentos por porción:

Calorías	60	Colesterol	0 mg
Grasa	3 g	Sodio	230 mg

Totopos con chile

6 tortillas de harina (de 15 cm de diámetro)
Antiadherente en aerosol
Chile en polvo

Caliente el horno a 180 °C. Rocíe ligeramente las tortillas con el antiadherente en aerosol; espolvoréelas con el chile en polvo. Voltee las tortillas y repita el procedimiento. Corte las tortillas en 8 rebanadas; colóquelas en una charola para horno. Hornee de 8 a 10 minutos, hasta que estén crujientes y ligeramente doradas. Rinde 12 porciones, 48 totopos.

Nutrimentos por porción (4 totopos):

Calorías	60	Colesterol	0 mg
Grasa	1 g	Sodio	90 mg

Entremeses de Pizza Miniatura

Rinde 16 botanas

1¾ tazas (400 g) de puré de tomate
¾ de taza (120 g) de corazones de alcachofa en agua, escurridos y picados
½ taza (60 g) de aceitunas negras rebanadas, escurridas
½ taza de pimiento morrón verde picado
2 cucharadas de queso parmesano rallado
8 bollos, ligeramente tostados, cada mitad cortada transversalmente en 2 pedazos
1 taza (120 g) de queso mozzarella rallado

En un recipiente mediano, mezcle los tomates rojos, los corazones de alcachofa, las aceitunas, el pimiento morrón y el queso parmesano. En una charola para horno, ponga los pedazos de bollo, con el lado cortado hacia arriba. En cada pedazo, sirva unas 4 cucharaditas de la mezcla de verduras. Espolvoree uniformemente el queso mozzarella. Hornee a 200 °C de 6 a 8 minutos, o hasta que esté bien caliente.

Nutrimentos por porción:

Calorías	140	Colesterol	3 mg
Grasa	3 g	Sodio	320 mg

Guacamole con Totopos

Champiñones Rockefeller

Champiñones Rockefeller

Rinde 18 bocadillos

18 champiñones frescos grandes (unos 450 g)
2 rebanadas de tocino
¼ de taza de cebolla picada
1 bolsa (285 g) de espinaca picada
     descongelada y exprimida
1 cucharada de jugo de limón
1 cucharadita de ralladura de cáscara de
     limón
½ lata (60 g) de pimiento picado, escurrido
     Rebanadas de limón y toronjil para adornar

Unte con aceite un refractario de 30×20 cm. Caliente el horno a 190 °C. Sacuda la tierra de los champiñones; límpielos con una toalla de papel húmeda. Desprenda por completo el tallo de los sombreretes. Coloque los sombreretes en una sola capa en el refractario.

De cada tallo de los champiñones, corte una rebanada delgada con un cuchillo para mondar; deseche y pique el resto de los tallos.

En una sartén mediana, fría el tocino a fuego medio hasta que esté crujiente. Pase el tocino a una toalla de papel para que se escurra. Agregue los tallos de los champiñones y la cebolla a la sartén con la grasa del tocino. Cueza; revuelva hasta que la cebolla esté suave. Agregue la espinaca, el jugo de limón, la cáscara de limón y el pimiento; mezcle bien. Con una cuchara, rellene los sombreretes con la mezcla de espinaca. Desmenuce el tocino y espolvoréelo sobre los champiñones. Hornee por 15 minutos, o hasta que estén bien calientes. Adorne si lo desea. Sirva de inmediato.

Nutrimentos por porción (1 bocadillo):			
Calorías	17	Colesterol	muy poco
Grasa	muy poca	Sodio	26 mg

Dip de Frijol

Rinde 6 porciones

2 chalotes picados
1 diente de ajo picado
2 cucharaditas de azúcar
½ chile serrano, cocido al vapor, sin semillas y
     picado*
2 cucharaditas de agua
1 lata (420 g) de frijol pinto, escurrida
2 cucharadas de agua
½ cucharadita de comino molido
     Pizca de pimienta de Cayena molida
1 cucharada de jugo de limón

En horno de microondas: En un recipiente chico para horno de microondas, ponga el chalote, el ajo, el azúcar, el chile y 2 cucharaditas de agua; cueza a temperatura ALTA (100 %) de 30 a 45 segundos. En un procesador de alimentos o licuadora, ponga los frijoles, 2 cucharadas de agua, el comino, la pimienta y la mezcla de ajo; procese hasta que se incorporen. Vierta la mezcla de frijol en un recipiente chico; cueza a temperatura ALTA de 5 a 8 minutos, hasta que esté caliente. Incorpore el jugo de limón. Sirva con totopos y verduras para remojar en el dip.

*El chile puede picar e irritar la piel; use guantes desechables de plástico cuando maneje chiles y no se toque los ojos. Lávese las manos después de manejar chiles.

Nutrimentos por porción:			
Calorías	108	Colesterol	0 mg
Grasa	muy poca	Sodio	2 mg

Dip de Chile

Rinde 12 porciones, de 1½ tazas

⅔ de taza de yogur natural sin grasa o bajo en
     grasa
⅓ de taza de mayonesa o aderezo para ensalada
¼ de taza de chile morrón verde finamente
     picado
¼ de taza de salsa picante
2 cucharadas de cebollín finamente picado
1 cucharada de rábano preparado
     Verdura fresca para comerla con el dip

En un recipiente chico, mezcle el yogur, la mayonesa, el pimiento morrón, la salsa picante, el cebollín y el rábano; revuelva bien. Tape y refrigere antes de servir. Sirva con las verduras.

Nutrimentos por porción (unas 2 cucharadas de dip):			
Calorías	60	Colesterol	muy poco
Grasa	5 g	Sodio	121 mg

Dip para Conservar la Línea

Rinde unas 2 tazas

1 taza de queso cottage de cuajo seco
½ taza de suero de leche
¼ de cucharadita de jugo de limón
1 cucharada de sal de cebolla
Verduras diversas para comer con el dip

En la licuadora o el procesador de alimentos, ponga el queso cottage, el suero de leche, el jugo de limón y la sal de cebolla. Tape y licue hasta que se incorporen. Refrigere. Sirva con las verduras.

Nutrimentos por porción (2 cucharadas de dip):

Calorías	18	Colesterol	1 mg
Grasa	muy poca	Sodio	228 mg

Apio Relleno de Albaricoque y Queso Ricotta

Rinde 25 botanas

25 tallos de apio, cada uno de 4 cm de largo (unas 2½ tazas)
3 cucharadas de albaricoque seco picado
½ taza de queso ricotta semidescremado
1½ cucharaditas de azúcar
¼ de cucharadita de ralladura de cáscara de naranja
⅛ de cucharadita de sal

Corte una rebanada delgada de la parte inferior de cada tallo de apio para poder acomodarlo sin que ruede. En el procesador de alimentos o licuadora, ponga el albaricoque; procese hasta que esté finamente picado. Reserve 1 cucharada de albaricoque para adornar. Agregue al procesador de alimentos el queso ricotta, el azúcar, la ralladura de naranja y la sal; licue hasta que el queso se incorpore. Rellene los tallos de apio con la mezcla de queso. Cúbralos y refrigérelos hasta 3 horas antes de servir. Espolvoréeles el albaricoque picado al servir.

Nutrimentos por porción (1 bocadillo):

Calorías	11	Colesterol	2 mg
Grasa	muy poca	Sodio	24 mg

Quesadillas de Queso Cheddar y Manzana

Rinde 24 bocadillos

⅓ de taza de azúcar
½ cucharadita de canela molida
Antiadherente en aerosol sabor mantequilla
2 tazas de rebanadas delgadas de manzana, peladas y sin corazón
⅓ de taza de uvas pasa
½ cucharadita de ron
8 tortillas de harina (de 15 cm de diámetro)
1½ tazas de queso cheddar bajo en grasa, rallado

En un recipiente chico, mezcle el azúcar con la canela. Reserve 1 cucharada de esta mezcla.

Rocíe una sartén grande antiadherente con el aerosol. Agregue la manzana; cueza a fuego medio hasta que se suavice, revolviendo de vez en cuando. Retire del fuego; incorpore el resto de la mezcla de azúcar y canela, las uvas pasa y el ron. Corone cada tortilla uniformemente con queso hasta 12 mm de la orilla. Extienda la mezcla de manzana sobre el queso. Rocíe una sartén mediana antiadherente con el aerosol; caliente a fuego medio. Coloque 1 tortilla en la sartén, con el relleno hacia arriba, y caliente por 1 minuto. Retírela de la sartén y dóblela por la mitad. Cubra y conserve caliente mientras prepara las 7 quesadillas restantes.

Para servir, corte cada quesadilla en 3 rebanadas. Espolvoree uniformemente las rebanadas con la mezcla de azúcar y canela que conservó. Espolvoree ligeramente las quesadillas con azúcar glass, si lo desea. Sirva caliente.

En horno de microondas: Corone las tortillas como se indica. Coloque sobre papel encerado 1 o 2 tortillas, con el relleno hacia arriba. Cuézalas a temperatura ALTA (100 %) de 30 a 60 segundos, hasta que estén calientes. Sáquelas del horno y dóblelas por la mitad. Cubra y conserve caliente mientras prepara el resto de las quesadillas. Sirva caliente.

Nutrimentos por porción (1 bocadillo):

Calorías	75	Colesterol	1 mg
Grasa	1 g	Sodio	60 mg

Dip de Pimiento Morrón Asado

Rinde 3 tazas

1 sobre de gelatina sin sabor
½ taza de leche descremada fría
1 taza de leche descremada hirviente
225 g de queso cottage, 1% de grasa
¼ de taza de queso parmesano rallado
½ cucharadita de ajo picado
½ cucharadita de sal
⅛ de cucharadita de pimienta negra
1 frasco (200 g) de pimiento rojo asado,
 escurrido y picado
1 taza de hojas de albahaca fresca sin
 compactar, picadas*
 Sugerencias para Acompañar**

En la licuadora, ponga la leche fría y espolvoree la gelatina; deje reposar por 2 minutos. Agregue la leche caliente y licue a velocidad baja hasta que la gelatina se disuelva por completo, por unos 2 minutos. Agregue los quesos, el ajo, la sal y la pimienta negra; procese a velocidad alta hasta que se incorporen, por 1 minuto. Vierta en un recipiente de 1 litro de capacidad; incorpore el pimiento rojo y la albahaca. Refrigere hasta que cuaje, por unas 3 horas. Bata con un batidor de alambre o giratorio hasta que se suavice. Sirva con las Sugerencias para Acompañar.

Sustitución: Utilice 1 taza de perejil fresco picado más 1 cucharadita de albahaca seca.

**Sugerencias para Acompañar: Pan blanco tostado o cubos de pan italiano, palitos de pan o verduras diversas cortadas en tiras.*

Nutrimentos por porción (1 cucharada de dip):			
Calorías	10	Colesterol	1 mg
Grasa	0 g	Sodio	55 mg

Dip Jardinero Fresco

Rinde 2 tazas

1½ tazas de queso cottage bajo en grasa (1 %)
¼ de taza de yogur natural bajo en grasa
¼ de cucharadita de sal de ajo
⅛ de cucharadita de pimienta negra
2 cucharadas de cebollín finamente picado
2 cucharadas de perejil picado
2 cucharadas de pimiento morrón rojo
 finamente picado

En un procesador de alimentos o licuadora, ponga el queso cottage, el yogur, la sal de ajo y la pimienta negra. Tape y procese hasta que se incorporen los ingredientes. Vierta en un recipiente e incorpore el resto de los ingredientes. Refrigere por varias horas. Sirva con verduras cortadas en tiras, galletas saladas o rebanadas de pita (pan árabe) tostado.

Nutrimentos por porción (2 cucharadas de dip):			
Calorías	18	Colesterol	1 mg
Grasa	muy poca	Sodio	121 mg

Sabroso Queso para Untar

Rinde 12 porciones

2 tazas de pan recién molido
2 cucharadas de perejil fresco finamente
 picado
1 cucharadita de ajo finamente picado
2 cucharadas de aceite de oliva o aceite vegetal
1 sobre de gelatina sin sabor
¼ de taza de agua fría
450 g de queso cottage, 1 % de grasa
¼ de taza de claras de huevo
½ taza de leche descremada
½ taza de queso parmesano rallado
2 cucharadas de albahaca fresca o
 2 cucharaditas de hojas secas de albahaca

Caliente el horno a 190 °C. Forre con papel encerado el fondo de un molde para pay, con desmoldador, de 20 cm de diámetro. Rocíe los costados y el fondo con antiadherente en aerosol.

En un recipiente chico, mezcle el pan molido con el perejil, el ajo y el aceite de oliva. Con esta mezcla, cubra el fondo y los lados del molde. Hornee por 10 minutos; deje enfriar.

En una olla chica, espolvoree la gelatina sobre el agua fría; deje reposar por 1 minuto. Ponga a fuego bajo, revolviendo hasta que la gelatina se disuelva por completo, durante unos 3 minutos.

En una licuadora o procesador de alimentos, licue el queso cottage con las claras de huevo, la leche y el queso parmesano hasta que se incorporen. Mientras licua, vierta gradualmente la mezcla de gelatina a través de la tapa de alimentación, y siga procesando hasta que se incorpore; agregue la albahaca. Vierta en la corteza fría y refrigere hasta que esté firme, por unas 2 horas. Desmolde. Sirva con la base hacia arriba; acompañe con diferentes galletas.

Nutrimentos por porción:			
Calorías	92	Colesterol	5 mg
Grasa	4 g	Sodio	266 mg

En el sentido de las manecillas del reloj, desde la parte superior derecha: Coloridos Bocadillos de Pan de Maíz, Dip de Hierbas y Suero de Leche, Mezcla para Untar de Queso Gouda y Crema Agria

Coloridos Bocadillos de Pan de Maíz

Rinde 64 bocadillos

Pan de maíz
   1 huevo
 450 g de crema agria light (2 tazas)
   ¾ de taza de leche descremada
   1 taza de harina de trigo
   1 taza de harina de maíz amarilla
   3 cucharadas de azúcar
   2 cucharaditas de polvo para hornear
   ½ cucharadita de sal
   ½ cucharadita de chile en polvo

Para coronar
   ½ cucharadita de chile en polvo
   1 taza de lechuga finamente picada
   1 taza de tomate rojo picado
   ½ taza (60 g) de queso cheddar finamente desmenuzado
   Salsa

Para hacer el pan de maíz, caliente el horno a 200 °C. En un recipiente grande, bata ligeramente el huevo; incorpore ¾ de taza de crema agria y leche. En un recipiente mediano, mezcle el resto de los ingredientes. Incorpore la mezcla de harina a la mezcla de crema agria hasta que apenas se humedezca. Vierta en una charola engrasada de 35×25×2.5 cm. Hornee de 10 a 15 minutos, o hasta que, al insertar un palillo de madera en el centro, éste salga limpio. Deje que se enfríe por completo.

Para coronar, poco antes de servir, unte el pan de maíz con el resto de la crema agria. Espolvoree ½ cucharadita de chile en polvo, acomode la lechuga, el tomate rojo y el queso. Corte en 64 cuadros; corone cada cuadro con ½ cucharadita de salsa.

Nutrimentos por porción (1 cuadro):			
Calorías	33	Colesterol	7 mg
Grasa	1 g	Sodio	62 mg

Mezcla para Untar de Queso Gouda y Crema Agria

Rinde 2¼ tazas

1 bola (200 g) de queso gouda (queso danés)
225 g de crema agria light (1 taza)
1 cucharada de mostaza Dijon
1 cucharadita de salsa inglesa
¼ de cucharadita de ajo en polvo
¼ de taza de zanahoria rallada
¼ de taza de apio finamente picado
2 cucharadas de pimiento morrón rojo finamente picado
Galletas saladas

Corte una rebanada delgada de la cera de la parte superior del queso. Con una cuchara, saque con cuidado el queso del interior; deje intacta la cobertura de cera. Pique el queso en pedazos chicos (de unos 6 mm). En un recipiente mediano, mezcle la crema agria, la mostaza, la salsa inglesa y el ajo en polvo. Incorpore el queso, la zanahoria, el apio y el pimiento rojo. Cubra; refrigere hasta que los sabores estén bien mezclados (por unas 2 horas). Para servir, rellene la cobertura de cera; vuelva a llenar con la mezcla según sea necesario. Adorne a su gusto. Sirva con galletas saladas.

Nutrimentos por porción (1 cucharada de dip):			
Calorías	29	Colesterol	75 mg
Grasa	2 g	Sodio	67 mg

Dip de Hierbas y Suero de Leche

Rinde 1¼ tazas

225 g de crema agria light (1 taza)
¼ de taza de suero de leche*
2 cucharadas de perejil fresco picado
½ cucharadita de hierba de eneldo
¼ de cucharadita de sal
¼ de cucharadita de ajo picado
⅛ de cucharadita de pimienta negra
Verduras frescas cortadas en tiras

En un tazón mediano, mezcle todos los ingredientes, excepto las tiras de verduras. Tape; refrigere hasta que los sabores se mezclen (por unas 2 horas). Adorne a su gusto. Sirva con las tiras de verdura.

Puede sustituir el ¼ de taza de suero de leche por ¾ de cucharadita de vinagre más suficiente leche para obtener ¼ de taza.

Sugerencia: El dip también puede usarse como aderezo para ensalada o para coronar papas.

Nutrimentos por porción (1 cucharada de dip):			
Calorías	16	Colesterol	2 mg
Grasa	1 g	Sodio	42 mg

Charola de Entremés de Pavo

Rinde 20 porciones de entremés

225 g de rebanadas de pechuga de pavo asada
1 lata (170 g) de aceitunas negras sin hueso, escurridas
225 g de rebanadas de salami
180 g de rebanadas de queso provolone
225 g de rebanadas de jamón de pavo
1 frasco (450 g) de pepinillos dulces, escurridos
450 g de pavo ahumado, cortado en cubos de 12 mm
1 frasco (180 g) de aceitunas verdes rellenas de pimiento, escurridas
225 g de rebanadas de pastrami
1 paquete (100 g) de palitos de pan con ajonjolí
1 frasco (200 g) de elotitos tiernos, escurridos
1 pimiento morrón verde grande, cortado por la mitad y sin semillas
1 frasco (180 g) de corazones de alcachofa marinados, escurridos
120 g de queso con chile jalapeño, cortado en cubos de 12 mm
1 pimiento morrón amarillo grande, cortado por la mitad y sin semillas
1 lata (210 g) de capanato*

Corte las rebanadas de pechuga de pavo en tiras de 7×1.5 cm; doble las tiras transversalmente a la mitad y rellene los huecos con las aceitunas negras.

Apile alternadas 3 rebanadas de salami con 2 rebanadas de queso provolone. Corte la pila en 8 partes. Repita el procedimiento con las rebanadas restantes. Afiance las secciones con un palillo adornado con papel.

Corte por la mitad las rebanadas de jamón de pavo; enróllelas formando un cono y en el centro póngales un pepinillo. Afiance los conos con un palillo de dientes.

Ensarte los cubos de pavo ahumado y las aceitunas verdes, alternados, en palillos adornados con papel.

Corte las rebanadas de pavo en tiras de 12 mm de ancho. Envuelva los palitos de pan con las tiras. (Si lo desea, unte los palitos de pan con mostaza antes de enrollarlos con el pastrami.)

Acomode los elotitos en la charola. Rellene 1 mitad de pimiento verde con las alcachofas marinadas, y la otra mitad, con los cubos de queso con chile jalapeño. Rellene las mitades de pimiento amarillo con el capanato.

El capanato es aderezo de berenjena; lo puede encontrar en la sección de productos italianos en la mayoría de los supermercados o en una tienda de especialidades gastronómicas.

Nutrimentos por porción:			
Calorías	219	Colesterol	44 mg
Grasa	10 g	Sodio	1102 mg

Dip de Almeja con Crema Agria

Rinde 1¼ tazas

225 g de crema agria light (1 taza)
   1 lata (180 g) de almejas picadas, escurridas
   2 cucharadas de cebollín picado
   2 cucharaditas de salsa inglesa
   ⅛ de cucharadita de pimienta negra
   2 cucharadas de salsa para cóctel
      Tiras de cebollín
      Galletas saladas, pan para bocadillos o papas fritas

En un recipiente mediano, mezcle la crema agria, las almejas, el cebollín picado, la salsa inglesa y la pimienta. Tape y refrigere hasta que los sabores estén bien mezclados (por unas 2 horas). Pase a un plato o platón extendido; encima, vierta la salsa para cóctel con movimientos circulares. Si desea, adorne con tiras de cebollín. Sirva con galletas saladas, pan para bocadillos o papas fritas.

Nutrimentos por porción (1 cucharada de dip):

Calorías	30	Colesterol	8 mg
Grasa	1 g	Sodio	48 mg

Dip de Alcachofa

Rinde 2½ tazas

½ taza de crema agria light y de queso crema light procesado
¼ de taza de mostaza
 1 bolsa (250 g) de corazones de alcachofa descongelados, finamente picados
½ taza de pimiento morrón rojo y de pimiento morrón verde, finamente picados
 1 cucharadita de chile en polvo
 2 cucharadas de cebollín rebanado

En horno de microondas: En un recipiente para horno de microondas de 1 litro de capacidad, mezcle la crema agria, el queso crema y la mostaza. Incorpore la alcachofa, los pimientos y el chile en polvo. Cubra con papel encerado. Cueza a temperatura ALTA (100 %) durante 5 minutos, o hasta que esté caliente; revuelva a la mitad del tiempo de cocción. Adorne con cebollín verde. Sirva con verduras, totopos con poca sal o papas fritas.

Nutrimentos por porción (¼ de taza de dip):

Calorías	81	Colesterol	16 mg
Grasa	5 g	Sodio	158 mg

Salsa de Piña

Rinde 8 porciones

1 lata (600 g) de piña en almíbar en trozos, sin escurrir
½ taza de pimiento morrón rojo picado
¼ de taza de pimiento morrón verde picado
1 cucharada de cebollín picado
2 cucharaditas de hojas de cilantro picadas y de chile jalapeño picado*
1 cucharadita de ralladura de cáscara de lima

Escurra ½ taza del almíbar de la piña. En un recipiente chico, mezcle el resto de la piña sin escurrir y los demás ingredientes. Sirva a temperatura ambiente o refrigere hasta que esté ligeramente frío. Sirva con totopos.

Nota: La salsa también sabe deliciosa tibia. Sirva la salsa sobre pollo o pescado cocidos, quesadillas o tacos.

*Los chiles pueden picar e irritar la piel; use guantes desechables de plástico cuando maneje chiles y no se toque los ojos. Lávese las manos después de manejar chiles.

Tiempo de preparación: 15 minutos

Nutrimentos por porción:

Calorías	50	Colesterol	0 mg
Grasa	muy poca	Sodio	12 mg

Palitos de Pan con Tocino

Rinde 10 palitos

 ½ taza (40 g) de queso parmesano rallado
 5 rebanadas de tocino, cortadas por la mitad a lo largo
10 palitos de pan

En horno de microondas: Distribuya el queso en un plato. Ponga encima una rebanada de tocino; enrolle diagonalmente el tocino en un palito de pan con el queso hacia adentro. Colóquelo sobre un plato desechable o un refractario para horno de microondas cubierto con una toalla de papel. Repita el procedimiento con el resto del tocino. Cueza a temperatura ALTA (100 %) de 4 a 6 minutos hasta que se cueza el tocino. Después de los primeros 4 minutos, revise si ya está cocido. Vuelva a pasar cada palito por el queso parmesano. Sirva caliente.

Nutrimentos por porción (1 palito):

Calorías	150	Colesterol	7 mg
Grasa	4 g	Sodio	704 mg

Dip de Almeja con Crema Agria

De arriba abajo: *Canapés de Calabaza y Tocino,*
Emparedados de Jamón

Canapés de Calabaza y Tocino

Rinde de 22 a 24 canapés

120 g de queso cottage bajo en grasa, bien
    escurrido
2 cebollines finamente picados
½ cucharada de chile jalapeño finamente
    picado
½ cucharadita de hierbas de olor
2 calabazas medianas, cortadas en rebanadas
    de 6 mm de grosor
8 rebanadas de tocino, frito y desmenuzado
2 cucharadas de pimiento rojo finamente
    picado o 6 tomates cherry, cortados en
    cuartos

En un recipiente chico, mezcle el queso cottage con el
cebollín, el chile jalapeño y las hierbas. Sobre las
rebanadas de calabaza, sirva la mezcla de queso
cottage; espolvoree encima el tocino. Corone con el
pimiento morrón o el tomate. Adorne con cebollín
fresco o ramas chicas de perejil si lo desea.

Nutrimentos por porción (1 canapé):

Calorías	17	Colesterol	2 mg
Grasa	1 g	Sodio	66 mg

Emparedados de Jamón

Rinde 24 bocadillos

¾ de taza de yogur natural sin grasa
1 cucharada de cebollín fresco picado
1 cucharadita de mostaza con eneldo
1 barra de pan de centeno o de pan negro de
    centeno con semillas de alcaravea
1 lechuga orejona, lavada, cortada y bien
    escurrida
40 g de jamón bajo en sal, en rebanadas
    delgadas
1 pepino chico, en rebanadas delgadas
12 tomates cherry, cortados a la mitad o
    24 rebanadas de tomate rojo

En un recipiente chico, mezcle el yogur, el cebollín y
la mostaza. Acomode las rebanadas de pan en una
charola; úntelas uniformemente con la mezcla de
yogur. Sobre cada rebanada de pan, ponga en capas
un pedazo de lechuga, una rebanada de jamón, una
rebanada de pepino y la mitad de tomate cherry.
Adorne si lo desea.

Nutrimentos por porción (1 emparedado):

Calorías	101	Colesterol	16 mg
Grasa	3 g	Sodio	413 mg

Champiñones Asados con Cordero y Hierbas

Rinde 6 porciones

¼ de taza de aceite de oliva
¼ de taza de jugo de lima
1 cebollín chico picado
½ cucharadita de jengibre fresco rallado
¼ de cucharadita de sal
¼ de cucharadita de pimienta negra
1 manojo de perejil
36 sombreretes de champiñón mediano
180 g de cordero cocido,* cortado en cubos de
    12 mm o que quepan en los sombreretes

Ponga en la licuadora todos los ingredientes, excepto
los champiñones y el cordero, y licue hasta que estén
finamente picados. Barnice generosamente los
champiñones con la mezcla y acomódelos en una
charola. Coloque un cubo de cordero en cada
sombrerete. Ase, a unos 10 cm de la fuente de calor,
hasta que estén calientes. Adorne con perejil si lo
desea.

*Puede utilizar las sobras de una pierna de cordero.

Nutrimentos por porción:

Calorías	62	Colesterol	20 mg
Grasa	4 g	Sodio	14 mg

Dip de Frijol Negro

Rinde 2¼ tazas

**1 lata (420 g) de frijol negro, enjuagado y
   escurrido**
½ taza de aderezo para ensalada, sin grasa
½ taza de crema agria baja en calorías
1 lata (120 g) de rajas de chile escurridas
2 cucharadas de cilantro picado
1 cucharadita de chile en polvo
½ cucharadita de ajo en polvo
   Unas cuantas gotas de salsa picante

Machaque los frijoles con un tenedor. Incorpore el
resto de los ingredientes y revuelva bien; refrigere la
mezcla. Sirva con totopos.

Tiempo de preparación: 10 minutos más el tiempo
de refrigeración.

Nutrimentos por porción (2 cucharadas de dip):			
Calorías	70	Colesterol	0 mg
Grasa	1 g	Sodio	119 mg

Caviar de Berenjena

Rinde 1½ tazas

1 berenjena grande, sin pelar
¼ de taza de cebolla picada
2 cucharadas de jugo de limón
1 cucharada de aceite de oliva o aceite vegetal
1 diente de ajo chico
½ cucharadita de sal
¼ de cucharadita de salsa Tabasco
   **Clara de huevo cocida, desmenuzada
   (opcional)**
   Rebanada de limón (opcional)
   Tostadas (opcional)

Caliente el horno a 180 °C. Pique la berenjena con un
tenedor y póngala en un refractario. Hornéela por
1 hora, o hasta que esté suave; déle vuelta una vez.
Cuando la saque del horno, recórtele los extremos y
rebánela por la mitad. Colóquela con los lados
cortados hacia abajo en un colador y déjela escurrir
por 10 minutos. Saque la pulpa. En una licuadora o
procesador de alimentos, licue la cáscara de la
berenjena, la cebolla, el jugo de limón, el aceite, el
ajo, la sal y la salsa Tabasco. Tape; procese hasta que
la cáscara esté finamente picada. Agregue la pulpa de
la berenjena; tape y licue sólo hasta que esté picada.
Coloque en un platón. Adorne con la clara de huevo
y la rebanada de limón; sirva con las tostadas.

Nutrimentos por porción (1 cucharada de caviar):			
Calorías	10	Colesterol	0 mg
Grasa	1 g	Sodio	45 mg

Camarón con Jengibre

Rinde unas 2 docenas de bocadillos

**1 taza (225 g) de aderezo italiano para
   ensalada**
½ taza de jerez
**4 chalotes medianos, pelados y cortados a la
   mitad***
3 cebollines medianos, cortados en pedazos
**1 pedazo (de 5 cm) de jengibre fresco, pelado y
   cortado en pedazos****
1 cucharadita de salsa de soya
1 cucharadita de jugo de limón
**450 g de camarón grande crudo, lavado (con
   cola)**

En un procesador de alimentos o licuadora, ponga
todos los ingredientes, excepto el camarón; procese
hasta que se incorporen. En un refractario grande,
vierta la mezcla y agregue el camarón. Cubra y deje
marinar en el refrigerador por lo menos durante 3 horas.

Pase los camarones y el escabeche a un molde grande
poco profundo o a una rejilla de asador forrada con
papel de aluminio. Ase los camarones con el escabeche
o hasta que el camarón esté opaco. Sirva los camarones
con el escabeche restante. Adorne a su gusto.

*Sustitución: Utilice ⅓ de cebolla mediana, cortada en pedazos.

**Sustitución: Utilice 1 cucharadita de jengibre molido.

Nutrimentos por porción (1 botana):			
Calorías	24	Colesterol	23 mg
Grasa	0 g	Sodio	178 mg

Dip de Frijol Negro

Brochetas Estilo Shanghai

Brochetas Estilo Shanghai

Rinde 2 docenas de brochetas

1 lata (600 g) de piña en almíbar en trozos, sin escurrir
¼ de taza compacta de azúcar morena
2 cucharadas de fécula de maíz
  Pizca de jengibre molido
1 taza de agua
2 cucharadas de margarina
450 g de pavo o pollo sin piel, cocido y finamente picado
¾ de taza de cereal de avena sin cocer
⅓ de taza de yogur natural bajo en grasa
⅓ de taza de castañas de agua, finamente picadas
⅓ de taza de cebollín rebanado
2 cucharadas de salsa de soya light
1 clara de huevo ligeramente batida
1 cucharadita de jengibre molido
½ cucharadita de sal (opcional)
  Pedazos de pimiento morrón rojo y verde, rebanadas de piña fresca y castañas enteras (opcional)

Escurra la piña; conserve el jugo. En una cacerola mediana, mezcle el azúcar morena, la fécula de maíz y la pizca de jengibre; revuelva bien. Agregue el jugo de piña, el agua, ¼ de taza de trozos de piña y la margarina; revuelva bien. Ponga a hervir a fuego medio alto; reduzca a fuego bajo. Deje cocer por 1 minuto, revolviendo con frecuencia, o hasta que la salsa se espese y esté clara.

Caliente el horno a 200 °C. Rocíe un refractario de 30×20 cm con antiadherente en aerosol, o úntelo con un poco de aceite. Mezcle el pavo, el cereal de avena, el yogur, las castañas, el cebollín, la salsa de soya, la clara de huevo, 1 cucharadita de jengibre, la sal y el resto de la piña; revuelva bien. Con la mezcla, forme bolas de 3 cm de diámetro. Colóquelas en el refractario. Hornee de 20 a 25 minutos o hasta que estén ligeramente doradas. Si lo desea, puede servir en agujas de brocheta ensartando alternadas las albóndigas, los pedazos de pimiento, las rebanadas de piña y las castañas. Acompañe con la salsa de piña.

Nutrimentos por porción (⅛ de la receta):			
Calorías	240	Colesterol	45 mg
Grasa	6 g	Sodio	240 mg

Bocadillos de Camarón y Piña

Rinde 30 bocadillos

1 lata (225 g) de piña en almíbar en trozos, escurrida
1 lata (110 g) de camarón escurrido
¼ de taza de mayonesa baja en calorías
1 cucharada de cebollín picado
2 cucharaditas de mostaza Dijon
½ cucharadita de hierba de eneldo
2 pepinos

En un recipiente mediano, mezcle todos los ingredientes, excepto los pepinos. Corte los pepinos en rebanadas de 5 mm de grosor. Encima de cada rebanada, sirva cucharaditas repletas de la mezcla de piña. Adorne con más eneldo o cebollín picado si lo desea.

Nutrimentos por porción (1 bocadillo):			
Calorías	15	Colesterol	6 mg
Grasa	muy poca	Sodio	15 mg

Rollos de Arroz y Cecina

Rinde 36 bocadillos

3 tazas de arroz salvaje cocido
225 g de queso crema pasteurizado sin grasa
⅓ de taza de queso parmesano rallado
1 cucharadita de hojuelas de perejil seco
½ cucharadita de mostaza Dijon
½ cucharadita de ajo en polvo
2 o 3 gotas de salsa picante (opcional)
3 tortillas de harina (de 30 cm de diámetro)
75 g de cecina, en rebanadas delgadas
9 hojas de espinaca fresca

En un recipiente grande, mezcle el arroz salvaje con el queso crema, el queso parmesano, el perejil, la mostaza, el ajo en polvo y la salsa picante; revuelva bien. Unte la mezcla uniformemente sobre las tortillas; deje un borde de 12 mm alrededor de la orilla. Sobre la mezcla de arroz, coloque una capa sencilla de cecina y corone con una capa de espinaca. Humedezca las orillas con agua. Enrolle apretadas las tortillas y presione las orillas para pegarlas. Envuelva con plástico las tortillas y refrigere por varias horas o toda la noche. Para servir, corte en rebanadas de 2.5 cm.

Nutrimentos por porción (1 rollo):			
Calorías	34	Colesterol	3 mg
Grasa	muy poca	Sodio	52 mg

Almejas a la Diabla

Rinde 6 porciones

½ taza de cebolla picada
¼ de taza de apio picado
1 diente de ajo machacado
2 cucharadas de aceite de oliva
1¾ tazas de tomates rojos pelados, cortados, con su jugo
¼ de taza de vino tinto
½ cucharadita de hojas de tomillo secas, machacadas
¼ de cucharadita de sal
¼ de cucharadita de pimienta roja picada
24 (unos 125 g en total) almejas frescas, lavadas
2 cucharadas de hojas de perejil o de tomillo fresco, picadas

En una sartén mediana, fría en aceite la cebolla, el apio y el ajo hasta que la cebolla y el apio estén suaves. Incorpore el tomate rojo y su jugo, el vino, las hojas de tomillo seco, la sal y el pimienta roja picada. Caliente hasta que hierva; reduzca el fuego a bajo; deje cocer por 10 minutos; revuelva de vez en cuando. Agregue las almejas. Tape y deje hervir hasta que se abran las almejas, por unos 10 minutos. (Deseche las almejas que no se hayan abierto.) Espolvoree con perejil y sirva.

Nutrimentos por porción:

Calorías	130	Colesterol	55 mg
Grasa	6 g	Sodio	440 mg

Alubias con Verduras

Rinde de 1 litro a 1½ litros

1 taza de vinagre
¼ de taza de aceite vegetal
800 g de alubias cocidas
12 zanahorias chicas, cocidas al vapor hasta que estén suaves, picadas
1 cebolla finamente picada
1 pimiento morrón verde finamente picado
1 taza de azúcar
¼ de taza de salsa inglesa
2 cucharaditas de pimienta negra
2 cucharaditas de sal (opcional)
2 pizcas de pimienta roja molida

En una cazuela chica, ponga a hervir el vinagre y el aceite a fuego alto. Mientras, en un recipiente grande, mezcle las alubias, la zanahoria, la cebolla, el pimiento verde, el azúcar, la salsa inglesa, la pimienta negra, la sal y la pimienta roja. Vierta la mezcla de aceite sobre la mezcla de verduras. Tape y refrigere por lo menos durante 24 horas para que se mezclen los sabores. Guarde en un recipiente de vidrio, tapado, en el refrigerador. Sirva frío; adorne a su gusto.

Nutrimentos por porción (⅓ de taza):

Calorías	112	Colesterol	0 mg
Grasa	3 g	Sodio	45 mg

Alubias con verduras

Almendras Asadas con Hierbas

Rinde 2 tazas

1 cucharadita de tomillo seco, de orégano y de hojas de albahaca machacadas
½ cucharadita de sal de ajo y de sal de cebolla
¼ de cucharadita de pimienta negra molida
2 cucharadas de aceite de cacahuate (maní)
150 g (unas 2 tazas) de almendras blanqueadas enteras

En un recipiente chico, mezcle los sazonadores. En una sartén grande, caliente el aceite a fuego bajo; agregue las almendras y los sazonadores; fría, revolviendo lentamente, hasta que las almendras estén ligeramente doradas, por unos 10 minutos. Ponga la mezcla sobre toallas de papel para absorber el exceso de aceite. Puede servirlas de inmediato o a temperatura ambiente.

Nota: A medida que se enfríen las almendras, se desprenderán los sazonadores; sin embargo, el sabor a hierbas permanecerá.

Nutrimentos por porción (2 cucharadas):

Calorías	122	Colesterol	0 mg
Grasa	6 g	Sodio	135 mg

Sincronizadas de Arroz y Queso

Rinde 20 bocadillos

2 tazas de agua
1 cucharada de mantequilla o margarina
1 sobre de arroz a la española (con azafrán)
**1 lata (120 g) de rajas de chile verde,
  escurridas (opcional)**
1 paquete de 10 tortillas de harina
**1¼ tazas de queso asadero desmenuzado (unos
  150 g)**

En una cacerola mediana, ponga a hervir el agua, la mantequilla, el arroz y las rajas de chile. Baje la flama y deje cocer, sin tapar, revolviendo de vez en cuando, por 10 minutos o hasta que el arroz esté suave. Deje reposar durante 10 minutos.

Caliente una parrilla. Ponga encima una charola de 40×25×3 cm, y coloque en ella 3 tortillas de harina. Distribuya ⅓ de taza de arroz en cada tortilla; deje un borde de 12 mm alrededor de las orillas; corone las tortillas con ¼ de taza de queso y otra tortilla. Repita el procedimiento con el resto de las tortillas. Ase hasta que las tortillas estén ligeramente doradas y el queso se haya fundido; voltéelas una vez. Para servir, corte cada sincronizada en 4 rebanadas. Si lo desea, sirva con guacamole, crema agria o cilantro picado.

Nutrimentos por porción (1 bocadillo):			
Calorías	110	Colesterol	5 mg
Grasa	4 g	Sodio	270 mg

Sincronizadas de Arroz y Queso

Mezcla para Untar de Pollo y Mostaza

Rinde 14 raciones, de 1¾ tazas

1 taza de pollo cocido finamente picado
120 g de queso crema suavizado
3 cucharadas de cebollín finamente picado
1 cucharada de mostaza Dijon
1½ cucharadas de curry en polvo
**½ taza de yogur natural sin grasa o bajo en
  grasa**
Pan tostado o de centeno

En un recipiente mediano, mezcle el pollo con el queso crema, el cebollín, la mostaza y el curry en polvo; revuelva bien. Incorpore el yogur. Sirva con el pan.

Nutrimentos por porción (unas 2 cucharadas de la mezcla):			
Calorías	60	Colesterol	20 mg
Grasa	4 g	Sodio	58 mg

Albóndigas de Arroz y Espinaca

Rinde unas 3 docenas de albóndigas de arroz

2 tazas de arroz cocido
**1 bolsa (280 g) de espinaca picada
  descongelada y exprimida***
⅔ de taza de pan molido sazonado al gusto
½ taza de queso parmesano rallado
⅓ de taza de cebolla picada
3 claras de huevo batidas
¼ de taza de leche descremada
1 cucharada de mostaza Dijon
Antiadherente en aerosol

En un recipiente grande, mezcle el arroz, la espinaca, ⅓ de taza de pan molido, el queso, la cebolla, las claras de huevo, la leche y la mostaza. Forme albóndigas de 2.5 cm de diámetro. Ruede las albóndigas sobre el pan molido restante. Póngalas en una charola para horno rociada con antiadherente en aerosol. Hornee a 190 °C, de 10 a 15 minutos. Sirva caliente.

*Si lo desea, sustituya la espinaca por 1 bolsa (280 g) de brócoli picado descongelado y bien escurrido.

Nutrimentos por porción (1 albóndiga de arroz):			
Calorías	32	Colesterol	1 mg
Grasa	1 g	Sodio	102 mg

Fuente Escandinava

Rinde 36 bocadillos

36 rebanadas de pan para bocadillos, galletas
  saladas o pan tostado
  Mayonesa o aderezo para ensalada, baja en
  calorías
  Mostaza
36 pedazos de hojas de lechuga u hojas de
  endibia belga
1 lata (180 g) de atún, escurrido y
  desmenuzado
2 huevos duros, en rebanadas
125 g de camarón cocido
½ pepino mediano, en rebanadas delgadas
36 pedazos de puntas de espárrago o vainas de
  chícharo, cocidas al vapor
  Alcaparras, yogur natural, ramas de eneldo,
  caviar rojo o negro, cebollín en rebanadas,
  para adornar (opcional)

Acomode el pan en una charola; unte cada rebanada
con 1 cucharadita de mayonesa, mostaza o ambas.
Corone con un pedazo de lechuga. Ponga encima
atún, una rebanada de huevo, camarón, pepino o las
verduras cocidas al vapor. Adorne a su gusto.

Nutrimentos por porción (1 bocadillo):

Calorías	47	Colesterol	24 mg
Grasa	1 g	Sodio	103 mg

Bruschetta

Rinde 8 porciones

2 barras de pan (baguette) (de 12.5 cm de
  largo cada uno)
1¾ tazas de tomates pera tipo italiano
2 cucharadas de albahaca fresca picada
1 cucharada de cebolla finamente picada
1 cucharada de aceite de oliva
1 diente de ajo chico, machacado
¼ de cucharadita de hojas de orégano seco,
  machacadas
¼ de cucharadita de sal
⅛ de cucharadita de pimienta negra

Corte los rollos por la mitad, primero a lo largo y
luego a lo ancho. Tueste los lados cortados.
Machaque los tomates pera y mézclelos con el resto
de los ingredientes. Vierta la mezcla de tomate rojo
sobre los rollos tostados. Ase, a 12 cm de la fuente de
calor, hasta que la mezcla de tomate rojo esté
caliente, por unos 2 minutos.

Nutrimentos por porción:

Calorías	100	Colesterol	17 mg
Grasa	3 g	Sodio	280 mg

Mejillones al Vino Blanco Cocidos al Vapor

Rinde 6 porciones

⅓ de taza de aderezo italiano para ensalada
½ taza de chalote o cebolla picada
1½ kg de mejillones bien lavados
⅔ de taza de vino blanco seco
½ taza de perejil fresco picado
¼ de taza de agua
  Pizca generosa de pimienta roja machacada

En una sartén grande u olla para extractos, caliente el
aderezo para ensalada y cueza los chalotes a fuego
medio durante 2 minutos. Agregue el resto de los
ingredientes y deje que hierva. Reduzca el fuego a
bajo y deje cocer, tapado, hasta que se abran las
conchas de los mejillones. (Deseche las conchas que
no se hayan abierto.)

Nutrimentos por porción:

Calorías	74	Colesterol	18 mg
Grasa	1 g	Sodio	378 mg

Merengues de Alcachofa

Rinde 16 merengues

16 a 20 rebanaditas de pan para bocadillos
2 cucharadas de manteca derretida
1 lata (420 g) de corazones de alcachofa
  escurridos
2 claras de huevo
⅓ de cucharadita de sal
¼ de taza de queso parmesano rallado
2 cucharadas de queso cheddar desmenuzado
  Pizca de pimienta roja molida
  Pimentón

Caliente el horno a 200 °C. Barnice 1 lado de cada
rebanada de pan con la manteca derretida, y colóquela
con el lado barnizado hacia arriba en una charola sin
engrasar.

Corte por la mitad los corazones de alcachofa. Ponga
un pedazo de alcachofa, con el lado cortado hacia
abajo, sobre cada rebanada de pan.

En un recipiente grande bata las claras de huevo con
la sal hasta que estén firmes y se formen picos.
Incorpore los quesos y la pimienta roja molida.

Sobre cada pedazo de alcachofa, sirva más o menos
1 cucharadita medidora de la mezcla de clara de
huevo; espolvoree el pimentón.

Hornee a 200 °C de 10 a 12 minutos, o hasta que se
doren. Sirva caliente.

Nutrimentos por porción (1 merengue):

Calorías	52	Colesterol	2 mg
Grasa	2 g	Sodio	113 mg

Fuente Escandinava

Rollos Primavera de Pavo

Rinde 16 rollos

450 g de pavo molido
1 diente de ajo grande, picado
1½ cucharaditas de jengibre fresco picado
2 tazas de bok choy (cardo chino), en rebanadas delgadas
½ taza de cebollín, en rebanadas delgadas
2 cucharadas de salsa de soya con poco sodio
1 cucharadita de jerez seco o vino de arroz
1 cucharadita de aceite de ajonjolí
8 hojas de pasta filo
Antiadherente en aerosol

Caliente el horno a 200 °C. En una sartén mediana antiadherente, a fuego medio alto, cueza el pavo con el ajo y el jengibre, revolviendo de 4 a 5 minutos o hasta que el pavo pierda su color rosado. Escurra muy bien.

En un recipiente mediano, ponga la mezcla de pavo, el bok choy, el cebollín, la salsa de soya, el jerez y el aceite.

En una superficie limpia y seca, apile las hojas de pasta filo y corte en 2 rectángulos (de 45×17.5 cm). Trabaje con una sección a la vez. (Conserve el resto de las hojas cubiertas con un trapo húmedo, según las instrucciones de la envoltura.)

Rocíe el rectángulo de pasta con el antiadherente en aerosol. Sobre la superficie, acomode la hoja de pasta de manera que uno de los lados cortos quede paralelo a la orilla de la superficie. Coloque ¼ de taza de la mezcla de pavo en una franja de 12 cm, a 2.5 cm de los lados inferior y largos de la hoja. Doble 2.5 cm de la orilla inferior de la hoja sobre el relleno y doble las orillas más largas de la hoja hacia el centro; enrolle. La hoja de pasta se puede romper mientras la enrolla, pero el relleno quedará cubierto una vez que termine de hacer el rollo.

Repita el proceso con los demás rectángulos de pasta y el relleno restante. Coloque los rollos, con la unión hacia abajo, sobre 2 charolas (de 25×37.5 cm) rociadas con antiadherente en aerosol. Rocíe la parte superior de los rollos con el antiadherente. Hornee de 14 a 16 minutos, o hasta que las superficies de los rollos estén doradas.

Sirva de inmediato con mostaza china, salsa hoisin y más salsa de soya, si lo desea.

Nutrimentos por porción (1 rollo):

Calorías	86	Colesterol	1 mg
Grasa	3 g	Sodio	140 mg

Rollos Primavera de Pavo

Hogaza Bicolor de Queso Ricotta

Rinde 8 bocadillos

2 sobres de gelatina sin sabor
1 taza de leche descremada fría

Capa de pimiento
420 g de queso ricotta sin grasa o queso ricotta
con poca grasa
1 lata (210 g) de pimiento rojo asado, sin
escurrir
¼ de cucharadita de sal
Pizca de pimienta negra molida

Capa de albahaca
420 g de queso ricotta sin grasa o queso ricotta
con poca grasa
1 taza de hojas de albahaca fresca
⅓ de taza de hojas de perejil fresco
¾ de cucharadita de sal
1 diente de ajo chico, machacado
Pizca de pimienta negra molida
½ taza de leche descremada
Hojas de albahaca para adornar (opcional)

En una cacerola chica, ponga 1 taza de leche fría y espolvoree la gelatina; deje reposar por 5 minutos. Ponga a fuego bajo y revuelva hasta que la gelatina esté completamente disuelta.

Para hacer la capa de pimiento, ponga en un procesador de alimentos el queso ricotta, los pimientos rojos asados y su jugo, la sal y la pimienta negra. Procese hasta que se incorporen los ingredientes. Agregue ½ taza de la mezcla de gelatina disuelta y procese hasta que se incorpore. Vierta en un molde para panqué de 20×10 cm; refrigere hasta que esté parcialmente cuajado, por unos 20 minutos.

Para hacer la capa de albahaca, combine el queso ricotta, 1 taza de albahaca, el perejil, la sal, el ajo y la pimienta negra en un procesador de alimentos. Procese hasta que las hierbas estén finamente picadas. Agregue el resto de la mezcla de gelatina y ½ taza de leche descremada. Vierta en un recipiente grande y refrigere, revuelva de vez en cuando, hasta que la mezcla tenga la consistencia de clara de huevo sin batir. Vierta sobre la capa de pimiento parcialmente cuajada; alise la parte superior. Cubra y refrigere hasta que se cuaje, por lo menos durante 4 horas o toda la noche. Para servir, desmolde y ponga en un platón. Adorne con las hojas de albahaca fresca adicionales si lo desea.

Nutrimentos por porción:

Calorías	167	Colesterol	20 mg
Grasa	4 g	Sodio	382 mg

Champiñones Rellenos

Champiñones Rellenos

Rinde 4 porciones

450 g de champiñones medianos, lavados
2 cucharadas de aceite de oliva
½ taza de pimiento morrón rojo finamente
picado
¼ de taza de cebolla finamente picada
¼ de taza de mostaza
¼ de cucharadita de ajo en polvo y de hojas de
orégano secas, machacadas
1 cucharada de queso parmesano rallado
Perejil fresco picado para adornar (opcional)

Retire los tallos de los champiñones y píquelos. En un asador eléctrico forrado con papel de aluminio, ponga los sombreretes de los champiñones con la parte superior hacia arriba. Barnice la parte superior de los sombreretes con 1 cucharada de aceite. Ase de 5 a 10 minutos hasta que estén suaves; escúrralos. En una cacerola mediana, caliente el aceite restante. A fuego alto, cueza los tallos de champiñón, el pimiento rojo y la cebolla, revolviendo durante 5 minutos o hasta que casi se seque la mezcla. Agregue la mostaza y los sazonadores. Sirva en cada sombrerete más o menos 1 cucharadita de la mezcla de verduras; espolvoree encima el queso parmesano. Ase durante 5 minutos hasta que los sombreretes estén semidorados. Adorne con perejil si lo desea.

Nutrimentos por porción:

Calorías	124	Colesterol	1 mg
Grasa	9 g	Sodio	229 mg

Sangría de Vino Blanco

Sangría de Vino Blanco

Rinde 20 porciones

2 litros de jugo de piña, naranja y guayaba
2 tazas de vino blanco afrutado
¼ de taza de licor de naranja
¼ de taza de azúcar
1 naranja, en rebanadas delgadas
1 lima, en rebanadas delgadas
2 tazas de fresas rebanadas
Cubos de hielo
Hojas de menta para adornar

En dos jarras grandes, mezcle todos los ingredientes, excepto el hielo y la menta; tape y refrigere por 2 horas para que se mezclen los sabores. Sirva con hielo. Adorne con las ramas de menta.

Nutrimentos por porción (125 ml):			
Calorías	93	Colesterol	0 mg
Grasa	muy poca	Sodio	7 mg

Sidra Caliente

Rinde unos 2 litros

2 litros de sidra de manzana
¾ a 1 taza de jugo de limón concentrado
1 taza compacta de azúcar morena
8 clavos enteros
2 trozos de canela
¾ de taza de ron (opcional)

En una olla grande, ponga todos los ingredientes, excepto el ron; hierva. Reduzca el fuego; deje cocer, sin tapar, por 10 minutos para que se mezclen los sabores. Saque las especias; justo antes de servir, agregue el ron si lo desea. Sirva caliente. Puede adornar con trozos adicionales de canela.

Consejo: Puede servirse fría.

Nutrimentos por porción (¾ de taza):			
Calorías	135	Colesterol	0 mg
Grasa	muy poca	Sodio	7 mg

Bebida Gaseosa de Fresa

Rinde 4 porciones

1 lata (150 g) de leche evaporada o leche descremada evaporada light
⅔ de taza de refresco de lima-limón o de naranja, normal o de dieta
1½ tazas de fresas frescas o congeladas
4 cucharaditas de azúcar o 1 cucharadita de edulcorante artificial

Ponga todos los ingredientes en la licuadora y licue hasta que se incorporen. Sirva de inmediato.

Nota: La fruta congelada enfría esta bebida; si utiliza fruta fresca, sugerimos servir con hielo picado.

Nutrimentos por porción (con leche evaporada, refresco normal y azúcar):			
Calorías	99	Colesterol	10 mg
Grasa	3 g	Sodio	44 mg

Nutrimentos por porción (con leche evaporada descremada light, refresco de dieta y edulcorante artificial):			
Calorías	51	Colesterol	1 mg
Grasa	muy poca	Sodio	46 mg

Malteada de Budín de Chocolate

Rinde 5 porciones

3 tazas de leche descremada fría
1 caja (para 4 porciones) de budín de chocolate sin azúcar
1½ tazas de leche fría con vainilla

Vierta la leche en el vaso de la licuadora; agregue el resto de los ingredientes y tape; licue a velocidad alta por 15 segundos o hasta que se incorporen los ingredientes. Sirva de inmediato. (La mezcla se espesa si se deja reposar. Adelgace agregando más leche, si lo desea.)

Nota: Para un sabor más fuerte a chocolate, utilice leche fría con chocolate en lugar de leche con vainilla.

Nutrimentos por porción:			
Calorías	150	Colesterol	10 mg
Grasa	2 g	Sodio	370 mg

Malteada de Fresa, Plátano y Yogur

Rinde 6 porciones

2 tazas de leche descremada fría
1 caja (para 4 porciones) de gelatina de fresa, sin azúcar
225 g de yogur natural bajo en grasa
1 taza de hielo picado
1 plátano grande, cortado en pedazos

Vierta la leche y el resto de los ingredientes en la licuadora; tape. Licue a velocidad alta por 30 segundos o hasta que se incorporen los ingredientes. Sirva al momento.

Nutrimentos por porción:			
Calorías	80	Colesterol	5 mg
Grasa	1 g	Sodio	115 mg

Ponche para Fiesta

Rinde 18 porciones

2 litros de jugo de piña
1 botella (1 litro) de refresco de lima-limón
375 ml de jugo de piña, naranja y plátano
Rebanadas de cítricos para adornar
Fresas cortadas por la mitad (opcional)

Mezcle todos los ingredientes en una ponchera grande.

Nutrimentos por porción (190 ml):			
Calorías	89	Colesterol	0 mg
Grasa	muy poca	Sodio	7 mg

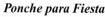

Ponche para Fiesta

Chocolate Caliente Light

Rinde dos porciones (de 220 ml)

3 cucharadas de azúcar
2 cucharadas de cocoa
¼ de taza de agua caliente
1½ tazas de leche descremada
⅛ de cucharadita de extracto de vainilla

En una olla chica, mezcle el azúcar con la cocoa; incorpore gradualmente el agua caliente. Ponga a fuego medio hasta que hierva; revuelva sin cesar por 2 minutos. Agregue la leche; deje que se caliente. Revuelva de vez en cuando; no debe hervir. Retire del fuego; agregue la vainilla. Sirva caliente.

Nutrimentos por porción:			
Calorías	160	Colesterol	5 mg
Grasa	1 g	Sodio	100 mg

Cóctel de Nectarina

Rinde 8 porciones

3 nectarinas, cortadas en cubos
285 g de fresas semidescongeladas, sin endulzar
875 ml de agua mineral o refresco de ginger ale
8 ramas de menta (opcional)

En el vaso de la licuadora, ponga las nectarinas, las fresas y 1 taza de agua mineral; licue hasta que se incorporen los ingredientes. Vierta en vasos fríos hasta ⅔ de su capacidad y termine de llenar con agua mineral. Adorne los vasos con una rama de menta si lo desea.

Nutrimentos por porción:			
Calorías	37	Colesterol	0 mg
Grasa	muy poca	Sodio	muy poca

Cóctel Sunlight

Rinde 1 porción

¾ de taza de jugo de piña, pasión y plátano, frío
1 cucharada de papilla de durazno
1 cucharada de licor de naranja (opcional)
1 cucharadita de ron
Hielo machacado

Ponga todos los ingredientes en un vaso y revuelva.

Nutrimentos por porción:			
Calorías	106	Colesterol	0 mg
Grasa	muy poca	Sodio	9 mg

Té Hawaiano

Rinde 3 porciones

3 tazas de jugo de piña con naranja
1 raja de canela
2 cucharadas de jengibre picado
¼ de cucharadita de semillas de anís
¼ de cucharadita de clavo entero
1 bolsa de té de naranja
1 bolsa de té de menta
Azúcar morena (opcional)
Rajas de canela adicionales para adornar (opcional)

En una olla ponga a hervir el jugo y las especias.
Reduzca el fuego a bajo; deje cocer por 1 minuto.
Agregue las bolsas de té. Tape y deje en infusión de
5 a 7 minutos. Saque las bolsas de té y las especias.
Endulce con azúcar morena si lo desea. Puede
adornar con rajas de canela.

Nutrimentos por porción:			
Calorías	170	Colesterol	0 mg
Grasa	muy poca	Sodio	17 mg

Ponche de Té de Naranja

Rinde unas 16 porciones, 4 litros

4 tazas de infusión de té
2 tazas de jugo de naranja frío
1 taza de jugo de limón concentrado
1 taza de azúcar
1 litro de refresco de ginger ale frío
1 litro de nieve de naranja

En una jarra grande, ponga el té, el jugo de naranja, el
jugo de limón y el azúcar; revuelva hasta que se
disuelva el azúcar. Refrigere. Antes de servir, vierta la
mezcla de té en una ponchera grande; agregue el
refresco de ginger ale y bolas de nieve.

Nutrimentos por porción:			
Calorías	82	Colesterol	0 mg
Grasa	muy poca	Sodio	9 mg

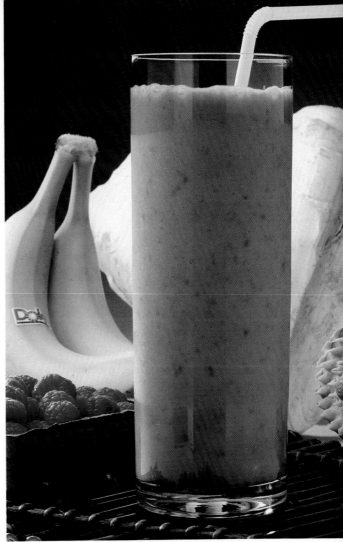

Bebida de Plátano y Frambuesa

Bebida de Plátano y Frambuesa

Rinde de 2 a 3 porciones

2 plátanos medianos maduros, pelados
1½ tazas de jugo de frambuesa frío
1 taza de yogur de vainilla frío
1 taza de frambuesas frescas

Ponga todos los ingredientes en la licuadora y licue
hasta que se incorporen.

Nutrimentos por porción:			
Calorías	196	Colesterol	7 mg
Grasa	2 g	Sodio	64 mg

Bebida Helada de Ciruela

Rinde 2 porciones

3 ciruelas picadas (1 taza)
½ taza de yogur natural bajo en grasa
2 cucharadas de miel
2 cucharadas de germen de trigo
3 cubos de hielo picados

Ponga todos los ingredientes en una licuadora; licue hasta que se incorporen. Sirva de inmediato.

Nutrimentos por porción (¼ de taza):

Calorías	167	Colesterol	3 mg
Grasa	2 g	Sodio	41 mg

Bebida Gaseosa de Durazno

Rinde 6 porciones

3 duraznos rebanados
1 lata (180 ml) de jugo de piña
¼ de taza de concentrado para limonada, sin diluir
¼ de cucharadita de extracto de almendra
Hielo finamente triturado
3 tazas de agua mineral fría

En licuadora o procesador de alimentos, ponga los duraznos, tape y licue. Vierta 2 tazas del puré de durazno en un recipiente. Incorpore el jugo de piña, el concentrado para limonada y el extracto de almendra. Llene, hasta ⅔ de su capacidad, seis vasos de 375 ml. Agregue ½ taza de la mezcla de durazno en cada vaso. Termine de llenar con agua mineral. Revuelva un poco y sirva de inmediato.

Nutrimentos por porción:

Calorías	65	Colesterol	0 mg
Grasa	muy poca	Sodio	6 mg

Deliciosa Bebida Rosada

Rinde 4 porciones

4 duraznos rebanados (2 tazas)
1 taza de suero de leche
½ taza de fresas frescas sin cáliz, o frambuesa
1 cucharada de jugo de limón
4 fresas o frambuesas enteras para adornar (opcional)

Ponga todos los ingredientes, excepto los de adorno, en la licuadora; licue hasta que se incorporen. Vierta en 4 tarros. Meta las bebidas al congelador hasta que empiecen a congelarse. Corone con 1 fresa si lo desea. Sirva de inmediato.

Nutrimentos por porción (1 tarro):

Calorías	81	Colesterol	2 mg
Grasa	1 g	Sodio	66 mg

Batido de Frutas

Rinde 6 porciones, 6 tazas

1 taza de jugo de piña, naranja y plátano
1 taza de yogur natural sin grasa o bajo en grasa
¾ de taza de agua
2 cucharadas de miel
1 cucharadita de vainilla
Cubos de hielo

En el vaso de la licuadora, ponga el jugo, el yogur, el agua, la miel y la vainilla. Tape y licue a velocidad alta hasta que se incorporen los ingredientes. Agregue suficientes cubos de hielo hasta el nivel de 6 tazas; licue hasta que estén triturados los hielos. Sirva de inmediato.

Nutrimentos por porción (1 taza):

Calorías	70	Colesterol	muy poco
Grasa	0 g	Sodio	78 mg

Malteada de Fresa y Plátano

Rinde 2 porciones

1 taza de fresas frescas sin cáliz
1 plátano chico, pelado y cortado en trozos
1 taza de yogur natural sin grasa
2 cucharadas de azúcar
½ cucharadita de extracto de vainilla
6 cubos de hielo

Ponga todos los ingredientes en la licuadora o en un procesador de alimentos; licue hasta que se incorporen. Sirva de inmediato.

Consejo: Esta bebida es excelente como desayuno rápido o refrigerio.

Nutrimentos por porción (1 taza):

Calorías	160	Colesterol	2 mg
Grasa	1 g	Sodio	88 mg

Jarabe de Azúcar

Rinde más o menos 1 taza de jarabe

1 taza de agua
1½ tazas de azúcar
1 cucharadita de ralladura de cáscara de limón

Ponga todos los ingredientes en una olla chica. Caliente a fuego medio hasta que se disuelva el azúcar, revolviendo sin cesar. Deje enfriar a temperatura ambiente y cuele. Refrigere.

Limonada: Para 1 porción, mezcle 1 ½ cucharadas del Jarabe de Azúcar, ¼ de taza de jugo de limón y 1 taza de agua; revuelva bien. Para 1 ½ litros, mezcle 1 taza del Jarabe de Azúcar, 1 ⅓ tazas de jugo de limón y 4 tazas de agua en una jarra; revuelva bien. Sirva con hielo.

Té helado: Para 2 porciones, prepare 1 taza de infusión con 2 bolsas de té. Agregue 2 ½ cucharadas de Jarabe de Azúcar; revuelva bien. Enfríe y sirva con hielo machacado.

Ponche para fiesta: En un recipiente grande o jarra, mezcle 1 taza de Jarabe de Azúcar, 1 taza de jugo de naranja, 1 taza de jugo de piña y 4 tazas de agua mineral; revuelva bien. Sirva con hielo.

Nutrimentos por porción (limonada):

Calorías	51	Colesterol	0 mg
Grasa	muy poca	Sodio	8 mg

Café Helado

Rinde 2 porciones

2 tazas de café tostado francés concentrado, frío
2 cucharaditas de azúcar
½ cucharadita de cacao en polvo sin endulzar
2 cucharadas de leche baja en grasa
Pizca de canela molida

Ponga todos los ingredientes en la licuadora; licue hasta que se integren. Vierta en vasos con hielo y sirva de inmediato.

Nutrimentos por porción:

Calorías	27	Colesterol	1 mg
Grasa	muy poca	Sodio	13 mg

Bebida Gaseosa Afrutada

Rinde 1 porción

1 cucharadita de extracto de fresa
2 cubos de azúcar
1 taza de agua mineral fría

En un recipiente chico, ponga el extracto de fresa; agregue los cubos de azúcar y deje reposar por 5 minutos. Ponga los cubos de azúcar impregnados de fresa en un vaso y agregue agua mineral. Deje que los cubos se disuelvan; sirva de inmediato.

Nutrimentos por porción:

Calorías	28	Colesterol	0 mg
Grasa	0 g	Sodio	3 mg

Piña Colada con Plátano

Rinde 2 porciones

½ plátano maduro pelado
½ taza de trozos de piña fresca o de lata
½ taza de jugo de piña
½ taza de cubos de hielo
¼ de cucharadita de extracto de coco
1 cucharada de azúcar

Ponga todos los ingredientes en una licuadora o un procesador de alimentos; licue hasta que se incorporen. Sirva de inmediato.

Nutrimentos por porción:

Calorías	198	Colesterol	0 mg
Grasa	muy poca	Sodio	5 mg

De izquierda a derecha: Café Helado, Bebida Gaseosa Afrutada, Piña Colada con Plátano

Malteada de Naranja y Piña con Yogur y Miel

Rinde 2 porciones

1 taza de jugo de naranja o tangerina
½ taza de jugo de piña natural
½ taza de yogur natural
1 cucharadita de miel
Cáscara de naranja o ramas de menta para adornar (opcional)

Ponga en la licuadora el jugo de naranja, el jugo de piña, el yogur y la miel; licue hasta que se incorporen bien todos los ingredientes. Vierta en 2 vasos y adórnelos con la cáscara de naranja o con ramas de menta.

Nutrimentos por porción:

Calorías	133	Colesterol	1 mg
Grasa	0 g	Sodio	46 mg

Malteada de Melón y Fresa

Rinde 2 porciones

1 taza de fresas enteras, sin cáliz
1 taza de melón en trozos
2 cucharaditas de azúcar
½ taza de leche descremada

Ponga todos los ingredientes en un procesador de alimentos o una licuadora; procese hasta que la bebida esté espumosa. Sirva de inmediato.

Nutrimentos por porción:

Calorías	89	Colesterol	1 mg
Grasa	1 g	Sodio	40 mg

Bebida de Pera y Toronja

Rinde 2 porciones

1 pera Bartlett, pelada, sin corazón y cortada en cubos (1½ tazas)
1 lata (180 ml) de jugo de toronja natural (¾ de taza)
1 taza de cubos de hielo picados

Ponga todos los ingredientes en la licuadora y licue hasta que se incorporen. Sirva de inmediato.

Nutrimentos por porción (1¼ tazas):

Calorías	80	Colesterol	0 mg
Grasa	muy poca	Sodio	2 mg

Bebida Refrescante de Uva Roja

Rinde 2 porciones

1 taza de uvas rojas sin semillas
2 tazas de agua mineral
1 cucharada de azúcar

En una licuadora o procesador de alimentos, ponga todos los ingredientes; licue hasta que se mezclen. Sirva con hielo.

Variación: Para que la bebida quede burbujeante, mezcle 1 taza de agua mineral con las uvas y el azúcar. Vierta la bebida en 2 vasos y termine de llenar con ½ taza de agua mineral.

Nutrimentos por porción:

Calorías	81	Colesterol	0 mg
Grasa	muy poca	Sodio	52 mg

Malteada Cremosa de Ciruela

Rinde 3 porciones

3 ciruelas picadas
1 taza de leche fría con vainilla
½ taza de leche baja en grasa
½ cucharadita de ralladura de cáscara de naranja
4 cubos de hielo picados

Ponga todos los ingredientes en la licuadora; licue hasta que se incorporen. Sirva de inmediato.

Nutrimentos por porción (⅔ de taza):

Calorías	115	Colesterol	12 mg
Grasa	3 g	Sodio	55 mg

Café Helado con Cacahuate

Rinde 2 porciones

2 tazas de café tostado francés concentrado, frío
2 cucharaditas de azúcar
1 cucharadita de mantequilla de cacahuate (maní)
2 cucharadas de leche descremada

Ponga todos los ingredientes en la licuadora y licue hasta que se incorporen. Vierta en tazas con hielo y sirva de inmediato.

Nutrimentos por porción:

Calorías	36	Colesterol	0 mg
Grasa	1 g	Sodio	21 mg

Malteada de Melón

Rinde 2 porciones

½ taza de yogur de vainilla bajo en grasa
2 cucharaditas de azúcar
1 taza de trozos de melón fríos

Ponga todos los ingredientes en una licuadora o procesador de alimentos; licue hasta que se incorporen. Sirva de inmediato.

Variación: Para una malteada de melón y fresa, ponga en la licuadora o el procesador de alimentos el yogur, 3 cucharaditas de azúcar, el melón y 1 taza de fresas congeladas; licue hasta que se incorporen los ingredientes. Sirva de inmediato.

Nutrimentos por porción:

Calorías	94	Colesterol	3 mg
Grasa	1 g	Sodio	46 mg

Desayuno Lassi

Rinde 2 porciones

1 taza de suero de leche
2 nectarinas cortadas en cubos
1 cucharadita de miel
3 cubos de hielo picados

Ponga todos los ingredientes, excepto el hielo, en la licuadora; licue hasta que se incorporen. Agregue el hielo y licue hasta que la bebida esté espumosa. Sirva de inmediato.

Nutrimentos por porción (1¼ tazas):

Calorías	125	Colesterol	4 mg
Grasa	2 g	Sodio	129 mg

Malteada de Jugo de Naranja con Yogur

Rinde 5 porciones

1 taza de leche
225 g de yogur natural o de vainilla
1 lata (180 g) de jugo de naranja concentrado congelado
2 tazas de cubos de hielo

En la licuadora, ponga la leche, el yogur y el jugo de naranja concentrado; licue hasta que se incorporen los ingredientes. Con la licuadora encendida, agregue gradualmente los cubos de hielo a través del alimentador de la tapa; licue hasta que se trituren. Sirva de inmediato.

Nutrimentos por porción (1 taza):

Calorías	113	Colesterol	9 mg
Grasa	2 g	Sodio	57 mg

Desayuno Helado de Ciruela

Rinde 3 porciones

4 ciruelas cortadas en cuartos (1½ tazas)
⅔ de taza de fresas sin cáliz, cortadas por la mitad
2 cucharadas de jugo de naranja concentrado, congelado, sin diluir
8 cubos de hielo picados

Ponga todos los ingredientes en la licuadora; licue hasta que se incorporen. Sirva de inmediato.

Nutrimentos por porción (1 taza):

Calorías	73	Colesterol	0 mg
Grasa	muy poca	Sodio	muy poco

Malteada de Pera

Rinde 1 porción

½ taza de mitades de pera en almíbar, sin escurrir
½ taza de yogur de vainilla
3 cubos de hielo

Escurra las peras y conserve ¼ de taza del líquido. Ponga en la licuadora las peras, el yogur, el líquido de la pera y los cubos de hielo; licue hasta que se incorporen los ingredientes y se espese la mezcla. Sirva de inmediato.

Nutrimentos por porción:

Calorías	238	Colesterol	6 mg
Grasa	2 g	Sodio	81 mg

Aguanieve de Frambuesa y Sandía

Rinde 2 porciones

1 taza de frambuesas congeladas
1 taza de pedazos de sandía, sin semillas
1 taza de refresco de lima-limón
1 cucharada de azúcar

Ponga todos los ingredientes en una licuadora o un procesador de alimentos; licue hasta que se incorporen. Sirva de inmediato.

Nutrimentos por porción:

Calorías	168	Colesterol	0 mg
Grasa	1 g	Sodio	28 mg

Bebida de Plátano con Fresa

Rinde 2 porciones

1 taza de yogur natural sin grasa o bajo en grasa
½ taza de jugo de naranja
½ taza de fresas frescas o fresas congeladas sin endulzar
1 plátano maduro, rebanado
2 cucharadas de miel
1 cucharada de germen de trigo (opcional)

En la licuadora, ponga todos los ingredientes; tape y licue a velocidad alta hasta que se incorporen. Sirva de inmediato con hielo o en tarros fríos.

Nutrimentos por porción:			
Calorías	220	Colesterol	muy poco
Grasa	1 g	Sodio	82 mg

Bebida Refrescante de Nectarina

Rinde 6 porciones

500 g de fresas sin cáliz
2 nectarinas medianas, cortadas en rebanadas
1 lata (180 ml) de jugo de piña concentrado, congelado
12 cubos de hielo picados
1 a 2 tazas de agua mineral

Reserve 6 fresas enteras para adornar. Ponga el resto de las fresas, la nectarina y el jugo concentrado en la licuadora; licue hasta que se incorporen los ingredientes. Agregue el hielo y licue de nuevo. Vierta en una ponchera o en un recipiente grande. Incorpore agua hasta obtener la consistencia deseada. Sirva en vasos y adorne con las fresas que conservó.

Nutrimentos por porción (½ taza):			
Calorías	87	Colesterol	0 mg
Grasa	muy poca	Sodio	4 mg

Ponche de Piña Frío

Rinde 6 porciones

3 tazas de suero de leche
1 lata (225 g) de piña en trozos con jugo, sin escurrir
¼ de taza de azúcar o miel
1 cucharadita de extracto de vainilla
¼ de cucharadita de sal
5 cubos de hielo
Ramas de menta fresca (opcional)

Ponga en la licuadora el suero de leche, la piña y su jugo, el azúcar, la vainilla y la sal; tape y licue por unos 30 segundos, o hasta que se incorporen los ingredientes. Con la licuadora encendida, agregue los cubos de hielo, 1 a la vez, a través del alimentador de la tapa. Licue hasta que la mezcla esté espumosa. Vierta en 6 vasos altos fríos. Adorne cada porción con una rama de menta si lo desea. Sirva de inmediato.

Nutrimentos por porción (1 taza):			
Calorías	105	Colesterol	5 mg
Grasa	1 g	Sodio	218 mg

Bebida Lahaina

Rinde 3½ tazas

2 duraznos frescos cortados por la mitad
1 taza de leche baja en grasa
¼ de taza de jugo de piña
3 cubos de hielo picados
1 cucharadita de ron

Ponga los duraznos, la leche y el jugo de piña en la licuadora; licue hasta que se incorporen los ingredientes. Agregue el hielo y el ron; licue de nuevo hasta que la bebida se torne espumosa. Sirva de inmediato.

Nutrimentos por porción (½ taza):			
Calorías	37	Colesterol	3 mg
Grasa	1 g	Sodio	18 mg

Moka Frío

Rinde 2 porciones

2 tazas de café concentrado en infusión, frío
½ cucharadita de cacao en polvo sin endulzar
1 cucharada de azúcar morena
¼ de taza de leche descremada

Ponga todos los ingredientes en la licuadora; licue hasta que se mezclen. Vierta en tazas con hielo y sirva de inmediato.

Nutrimentos por porción:			
Calorías	61	Colesterol	2 mg
Grasa	muy poca	Sodio	56 mg

Bebida de Plátano con Fresa

Ponche de Coco y Fresa

Rinde 25 porciones

2 latas (de 360 g cada una) de jugo de piña, naranja y plátano
4 tazas de fresas frescas
1 lata (420 g) de crema real de coco
4 plátanos medianos, maduros y pelados
½ litro de helado de vainilla, suavizado
1 taza de coco rallado (opcional)

Vacíe el jugo en una ponchera grande. Ponga en la licuadora 2 tazas de fresas, la crema de coco y los plátanos. Licue hasta que se incorporen los ingredientes; vierta en la ponchera con el jugo. Licue las 2 tazas de fresas restantes. Vacíe con movimientos circulares en la ponchera junto con la nieve. Corone con coco rallado si lo desea.

Nutrimentos por porción (180 g):

Calorías	130	Colesterol	5 mg
Grasa	5 g	Sodio	23 mg

Bebida Energética de Fresa

Rinde 2 porciones

1 taza de jugo de arándano
1 taza de fresas frescas o congeladas
225 g de yogur de vainilla bajo en grasa
⅔ de taza de avena (rápida o clásica sin cocer)*
Azúcar al gusto (opcional)
1 taza de cubos de hielo

Ponga todos los ingredientes, excepto el hielo, en el vaso de la licuadora; tape y licue a velocidad alta por 2 minutos, o hasta que se incorporen los ingredientes. Agregue gradualmente el hielo; licue a velocidad alta un minuto más. Sirva de inmediato.

*Sustituya la avena por ⅔ de taza de cereal de avena sin cocer.

Nutrimentos por porción (más o menos 1 ½ tazas):

Calorías	300	Colesterol	5 mg
Grasa	4 g	Sodio	80 mg

Ponche Caliente de Durazno

Ponche Caliente de Durazno

Rinde 6 porciones

1¼ litros de néctar de durazno diluido en agua (4 partes de néctar en 1 de agua)
¼ de taza compacta de azúcar morena
2 rajas de canela
2 cucharadas de margarina
½ taza de rebanadas de durazno (opcional)
Rajas de canela para adornar (opcional)

En una olla, mezcle el néctar con el azúcar morena, las 2 rajas de canela y la margarina. Caliente hasta que hierva; retire del fuego y deseche la canela. Si lo desea, agregue las rebanadas de durazno y adorne con los otras rajas de canela.

Nutrimentos por porción (220 ml):

Calorías	181	Colesterol	0 mg
Grasa	4 g	Sodio	70 mg

Ponche de Durazno y Crema

Rinde 24 porciones (de 125 ml)

4 tazas de agua hirviente
6 bolsas de té común o descafeinado
4 latas (de 360 g cada una) de néctar de durazno, frío
2 tazas de champaña o agua mineral, fría
2 tazas de yogur de vainilla bajo en grasa, congelado

En una tetera, vierta el agua hirviente y ponga las bolsas de té; tape y deje en infusión por 5 minutos. Deje enfriar.

En una ponchera fría de 4 litros de capacidad, mezcle el néctar de durazno con el té. Agregue la champaña. Corone con cucharadas de yogur y adorne, si lo desea, con rebanadas de durazno fresco. Sirva de inmediato.

Nutrimentos por porción:

Calorías	77	Colesterol	1 mg
Grasa	0 g	Sodio	20 mg

Kokomo

Rinde 47 porciones

2 litros de jugo de piña, naranja y guayaba
1 litro de refresco de lima-limón frío
1300 ml de jugo de piña frío
450 g de zarzamoras congeladas
420 g de crema real de coco
1 lima, en rebanadas delgadas

Mezcle todos los ingredientes en una ponchera grande.

Nutrimentos por porción (120 ml):

Calorías	82	Colesterol	0 mg
Grasa	2 g	Sodio	13 mg

Bebida Refrescante de Limón

Bebida Refrescante de Limón

Rinde 7 porciones, unas 7 tazas

3 tazas de jugo de uva blanca o 1 botella (750 ml) de vino blanco seco frío
½ a ¾ de taza de azúcar
½ taza de jugo de limón concentrado
1 botella (1 litro) de agua mineral fría
Fresas o ciruelas, rebanadas de durazno o naranja o de otra fruta fresca
Hielo

En una jarra grande, mezcle el jugo de uva, el azúcar y el jugo de limón; revuelva hasta que se disuelva el azúcar. Tape y refrigere. Justo antes de servir, agregue el agua mineral y la fruta. Sirva con hielo.

Consejo: Puede duplicar la cantidad de ingredientes.

Nutrimentos por porción (sin fruta):

Calorías	110	Colesterol	0 mg
Grasa	muy poca	Sodio	31 mg

Aguanieve de Fresa y Sandía

Aguanieve de Fresa y Sandía

Rinde más o menos 1 litro

340 g de fresas frescas, lavadas y sin cáliz
2 tazas de sandía sin semilla, cortada en cubos
⅓ de taza de azúcar
⅓ de taza de vodka (opcional)
¼ de taza de jugo de limón concentrado
2 tazas de cubos de hielo

En el vaso de la licuadora, ponga todos los ingredientes, excepto el hielo; licue bien. Agregue gradualmente los hielos y licue hasta que estén triturados. Sirva de inmediato. Adorne si lo desea.

Nutrimentos por porción (1 taza):

Calorías	110	Colesterol	0 mg
Grasa	1 g	Sodio	6 mg

Piña Colada

Rinde 4 porciones

1½ tazas de jugo de piña frío
⅓ de taza de crema real de coco de lata
1½ cucharaditas de ron
Hielo picado

Ponga todos los ingredientes en la licuadora; licue hasta que se incorporen.

Nutrimentos por porción:

Calorías	100	Colesterol	0 mg
Grasa	4 g	Sodio	13 mg

Ponche de Cereza

Rinde 16 porciones

1 lata (180 g) de limonada concentrada descongelada
5 tazas de jugo de cereza frío
785 ml de agua mineral fría
Rodajas de limón para adornar
Ramas de menta para adornar

En una ponchera grande, prepare la limonada siguiendo las instrucciones del envase. Incorpore el resto de los ingredientes. Sirva de inmediato.

Nutrimentos por porción:

Calorías	61	Colesterol	0 mg
Grasa	muy poca	Sodio	4 mg

Limonada Condimentada Caliente

Rinde 4 porciones, unas 4 tazas

3 tazas de agua
⅔ de taza compacta de azúcar morena
½ taza de jugo de limón concentrado
8 clavos enteros
2 rajas de canela
Rajas de canela para adornar (opcional)

En una olla mediana, ponga todos los ingredientes, excepto la canela para adornar. Cueza, sin tapar, por 20 minutos para que se mezclen los sabores; saque las especias. Sirva caliente en tarros, con rajas de canela, si lo desea.

En horno de microondas: En un recipiente de vidrio de 1 litro de capacidad, ponga los ingredientes como se indica. Caliente a temperatura ALTA (100 %) de 4 a 5 minutos, o hasta que esté caliente. Sirva como se indica.

Nutrimentos por porción:

Calorías	112	Colesterol	0 mg
Grasa	muy poca	Sodio	17 mg

Limonada

Rinde más o menos 1 litro

½ taza de azúcar
½ taza de jugo de limón concentrado
3¼ tazas de agua fría
Hielo

En una jarra, disuelva el azúcar en el jugo de limón; agregue el agua. Tape y refrigere. Sirva con hielo.

Variaciones

Burbujeante: Sustituya el agua por agua mineral.

Espesa: Reduzca la cantidad de agua a ½ taza. En el vaso de la licuadora, mezcle el azúcar, el jugo de limón y ½ taza de agua. Agregue gradualmente 4 tazas de cubos de hielo; licue hasta que se incorporen los ingredientes. Sirva de inmediato.

Rosada: Incorpore 1 o 2 cucharaditas de jarabe de granadina o 1 o 2 gotas de colorante vegetal rojo.

Con menta: Incorpore 2 o 3 gotas de extracto de menta.

Baja en calorías: Omita el azúcar. Agregue de 4 a 8 sobres de sustituto de azúcar o 1½ cucharaditas de sustituto de azúcar líquido.

Fresa: Aumente el azúcar a ¾ de taza. En la licuadora o en el procesador de alimentos, licue 4 tazas de fresas, lavadas y sin cáliz (unos 750 g); agregue a la limonada.

Uva: Incorpore 1 lata (180 ml) de jugo de uva.

Nutrimentos por porción (1 taza):			
Calorías	97	Colesterol	0 mg
Grasa	muy poca	Sodio	6 mg

Malteada Fría de Frutas

Rinde 1 porción

1 lata (180 ml) o ¾ de taza de jugo de piña, frío
1 taza de fresas frescas
1 plátano mediano maduro, pelado
Cubos de hielo

Ponga todos los ingredientes en la licuadora; licue hasta que se incorporen. Sirva en vasos altos.

Nutrimentos por porción:			
Calorías	253	Colesterol	0 mg
Grasa	1 g	Sodio	5 mg

Malteada de Naranja

Rinde 4 porciones

2 tazas de leche descremada
1 caja (para 4 porciones) de gelatina de naranja, sin azúcar
1 taza de leche fría con vainilla

Vierta la leche en el vaso de la licuadora. Agregue el resto de los ingredientes; tape. Licue a velocidad alta por 30 segundos, o hasta que se incorporen los ingredientes. Sirva de inmediato.

Nota: Para que la malteada espese más, vierta sobre hielo picado o agregue 1 taza de hielo picado a los ingredientes de la licuadora.

Nutrimentos por porción:			
Calorías	100	Colesterol	10 mg
Grasa	2 g	Sodio	150 mg

Refresco Burbujeante de Frambuesa y Menta

Rinde 32 porciones

1 o 2 tazas de hojas de menta fresca
1 lata (1400 ml) de jugo de piña frío
1250 ml de jugo de frambuesa
1 botella (1 litro) de refresco de lima-limón frío
1 bolsa (360 g) de frambuesas congeladas
1 limón, en rebanadas delgadas

Frote el interior de una ponchera con las hojas de menta y déjelas ahí. Incorpore el resto de los ingredientes y revuelva.

Nutrimentos por porción (125 ml):			
Calorías	66	Colesterol	0 mg
Grasa	muy poca	Sodio	7 mg

Raspado de Pera y Frambuesa

Rinde 2 porciones

1 bolsa (285 g) de frambuesa o fresa congelada, sin endulzar
1 pera Bartlett sin corazón, picada
12 cubos de hielo picados

Ponga en la licuadora las frambuesas congeladas, la pera y el hielo; licue hasta que se incorporen los ingredientes. Sirva de inmediato.

Nutrimentos por porción:

Calorías	97	Colesterol	0 mg
Grasa	muy poca	Sodio	3 mg

Malteada de Manzana y Miel

Rinde 6 porciones

4 tazas de jugo de manzana frío
2 tazas de jugo de naranja frío
¼ de taza de miel
2 cucharaditas de ralladura de cáscara de naranja

Ponga todos los ingredientes en la licuadora; licue hasta que se incorporen. Vierta en vasos altos con hielo. Si lo desea, adorne cada vaso con una rama de menta, rebanadas de manzana o trozos grandes de cáscara de naranja. Sirva de inmediato.

Nutrimentos por porción:

Calorías	157	Colesterol	0 mg
Grasa	muy poca	Sodio	6 mg

Bebida Tropical

Rinde 2 porciones

1 taza de yogur natural sin grasa o bajo en grasa
1 taza de piña en almíbar en trozos, sin escurrir
½ taza de jugo de naranja
1 kiwi maduro, pelado y rebanado
2 cucharadas de germen de trigo

Mezcle en la licuadora el yogur, la piña, el jugo de naranja, el kiwi y el germen de trigo. Tape y licue a velocidad alta hasta que se incorporen los ingredientes. Sirva de inmediato con hielo o en tarros fríos.

Nutrimentos por porción:

Calorías	210	Colesterol	muy poco
Grasa	1 g	Sodio	84 mg

Bebida de Frambuesa y Naranja

Rinde de 6 a 8 porciones

3 tazas de jugo de naranja
3 tazas de frambuesas frescas
3 cucharadas de azúcar
1½ tazas de leche baja en grasa

Ponga el jugo de naranja, las frambuesas y el azúcar en la licuadora; licue hasta que se incorporen los ingredientes. Cuele la mezcla para eliminar las semillas de la frambuesa. Incorpore la leche y sirva en vasos fríos.

Nutrimentos por porción:

Calorías	178	Colesterol	3 mg
Grasa	1 g	Sodio	25 mg

Cubos de Fruta

Rinde 18 cubos

3 tazas de durazno, ciruela, nectarina o pera Bartlett, cortados en cuartos
1 cucharada de jugo de limón

Ponga la fruta y el jugo de limón en la licuadora; licue hasta que se incorporen los ingredientes. Vierta en charolas para hielos; congele hasta que estén firmes. Agregue a sus bebidas favoritas.

Nutrimentos por porción (1 cubo):

Calorías	14	Colesterol	0 mg
Grasa	muy poca	Sodio	muy poco

Aguanieve de Ciruela

Rinde 8 porciones

6 ciruelas frescas picadas (2 tazas)
1 lata (180 ml) de jugo de piña concentrado congelado
20 cubos de hielo picados

Ponga todos los ingredientes en la licuadora; licue hasta que se incorporen. Sirva de inmediato.

Nutrimentos por porción (½ taza):

Calorías	48	Colesterol	0 mg
Grasa	muy poca	Sodio	0 mg

Malteada Florida de Cítricos

Rinde 2 malteadas

1 taza de jugo de naranja
½ taza de jugo de uva
1 plátano maduro, pelado y cortado en trozos
½ taza de yogur de vainilla bajo en grasa
½ cucharadita de extracto de vainilla

Ponga todos los ingredientes en la licuadora; licue hasta que se incorporen. Sirva de inmediato.

Nutrimentos por porción (1 taza):

Calorías	180	Colesterol	3 mg
Grasa	1 g	Sodio	39 mg

Ponche Burbujeante

Rinde 4 porciones

2 tazas de jugo de naranja
3 cucharadas de jugo de limón (jugo de 1 limón), opcional
¾ de taza (180 ml) de jugo de piña sin endulzar
1 taza de jugo de manzana sin endulzar
1½ tazas (375 ml) de refresco de limón o de lima

Ponga todos los ingredientes en una jarra grande; mezcle bien. Agregue hielo antes de servir.

Nutrimentos por porción (1¼ tazas):

Calorías	145	Colesterol	0 mg
Grasa	muy poca	Sodio	13 mg

Ponche de Cacahuate

Rinde 2 porciones

1 taza de leche descremada
2 cucharaditas de mantequilla de cacahuate (maní) cremosa
2 cucharaditas de azúcar
Pizca de especias para pay

Ponga todos los ingredientes en la licuadora o en el procesador de alimentos; licue hasta que se incorporen bien y la mezcla esté espumosa. Sirva de inmediato.

Nutrimentos por porción:

Calorías	91	Colesterol	2 mg
Grasa	3 g	Sodio	85 mg

Bebida de Nectarina y Melón

Rinde 2 porciones

1 nectarina fresca, cortada en cubos
1 taza de melón cortado en cubos
½ taza de yogur natural bajo en grasa
1 cucharadita de miel
3 cubos de hielo picados

Ponga la nectarina y el melón en la licuadora; licue hasta que se integren. Agregue el yogur, la miel y el hielo; licue justo hasta que se incorporen. Sirva de inmediato.

Nutrimentos por porción (1 ¼ tazas):

Calorías	103	Colesterol	3 mg
Grasa	1 g	Sodio	47 mg

Chocolate Suizo Helado con Menta

Rinde 2 porciones

2 tazas de café con almendra concentrado, frío
1 gota de extracto de menta
½ cucharadita de cacao en polvo sin endulzar
2 cucharaditas de azúcar
2 cucharadas de leche baja en grasa

Ponga todos los ingredientes en la licuadora; licue hasta que se mezclen. Vierta en tarros con hielo y sirva de inmediato.

Nutrimentos por porción:

Calorías	22	Colesterol	muy poco
Grasa	muy poca	Sodio	8 mg

Bebida Refrescante de Fruta

Rinde 2 porciones

1 pera Bartlett fresca, sin corazón y cortada en cubos
2 ciruelas picadas
½ taza de yogur natural bajo en grasa
¼ de cucharadita de extracto de vainilla
4 o 5 cubos de hielo picados

Ponga la pera, las ciruelas, el yogur y la vainilla en la licuadora; licue hasta que se mezclen los ingredientes. Agregue el hielo y licue hasta que se incorporen. Sirva de inmediato.

Nutrimentos por porción (1 taza):

Calorías	118	Colesterol	3 mg
Grasa	2 g	Sodio	40 mg

¿Por qué dormir hasta tarde cuando una gran cantidad de delicias nos aguardan para el desayuno? Muffins rápidos de preparar, esponjosos panqueques y nutritivos cereales nos proporcionarán la energía necesaria para enfrentar los retos matutinos. Este fin de semana disfrute de un almuerzo con las versiones de sus omeletes favoritos bajos en calorías.

Blintzes con Salsa de Frambuesa

Rinde 10 porciones

Salsa de Frambuesa (receta más adelante)
400 g de queso cottage bajo en calorías
3 cucharadas de clara de huevo
½ cucharadita de azúcar
10 crepas preparadas (receta más adelante)

Prepare la Salsa de Frambuesa. En un recipiente pequeño, mezcle el queso cottage, las claras de huevo y el azúcar; unte aproximadamente dos cucharadas de la mezcla en el centro de cada crepa. Doble las crepas en tercios; doble la parte superior y la parte inferior de cada crepa de modo que se junten en el centro, para formar los blintzes. En una charola ligeramente engrasada, a fuego medio, coloque los blintzes y cueza durante 4 minutos o hasta que estén dorados. Voltéelos y cuézalos durante otros 4 minutos o hasta que estén dorados. Corónelos con la salsa de frambuesa y adorne al gusto.

Salsa de Frambuesa: Licue 500 g de frambuesas congeladas en un procesador de alimentos; escurra. Agregue 2 cucharadas de azúcar.

Crepas

1 taza de harina de trigo
1 taza de leche baja en calorías
½ taza de claras de huevo
1 cucharada de margarina derretida

En un recipiente mediano, mezcle la harina, la leche, las claras y la margarina, deje reposar la mezcla por 30 minutos.

Caliente ligeramente una sartén antiadherente de 20 cm o una crepera, a fuego medio. Vierta ¼ de taza de la mezcla para crepas en la sartén y extiéndala de tal forma que la mezcla lo cubra en su totalidad. Cueza de 1 a 2 minutos, voltee la crepa y cueza de 30 segundos a 1 minuto más. Coloque la crepa sobre papel encerado. Bata la mezcla y repita la operación hasta hacer 10 crepas.

Nutrimentos por porción:

Calorías	161	Colesterol	2 mg
Grasa	2 g	Sodio	231 mg

Hot Cakes (Panqueques) de Papa

Rinde 12 porciones

⅔ de taza de clara de huevo
⅓ de taza de harina de trigo
¼ de taza de cebolla picada
¼ de cucharadita de pimienta negra molida
4 papas grandes, peladas y ralladas (unas 4 tazas)
3 cucharadas de margarina
1½ tazas de puré de manzana endulzado

En un recipiente mediano, mezcle las claras de huevo, la harina, la cebolla y la pimienta; deje reposar.

Seque las papas con una toalla de papel. Agregue las papas a la mezcla anterior. En una sartén, a fuego medio, derrita ½ cucharadita de margarina. Para cada hot cake, ponga ⅓ de taza de la mezcla en la sartén hasta formar un círculo de 10 cm. Cueza de 5 a 6 minutos, volteándolos para que queden dorados por ambos lados. Retírelos del fuego y manténgalos calientes. Repita la operación hasta hacer 12 hot cakes; utilice la margarina conforme sea necesario. Adorne al gusto y sirva con el puré de manzana.

Nutrimentos por porción (1 hot cake con 2 cucharadas de puré de manzana):

Calorías	115	Colesterol	0 mg
Grasa	3 g	Sodio	52 mg

En dirección de las manecillas del reloj, desde arriba a la derecha: Triángulos de Pan Francés con Mermelada (página 54), Blintzes con Salsa de Frambuesa, Hot Cakes (Panqueques) de Papa

Filete de Trucha Arco Iris

Rinde 4 porciones

½ **taza de harina de trigo**
1½ **cucharaditas de pimentón**
1 **cucharadita de tomillo**
¼ **de cucharadita de sal**
   Pizca de pimienta negra
4 **tiras de trucha arco iris (de 120 g cada una)**
1 **huevo batido**
1 **cucharada de aceite de oliva**

Combine la harina, el pimentón, la sal y la pimienta en un trozo de papel encerado. Cubra cada filete con huevo batido y páselos por la mezcla de harina.

Fría las tiras de trucha en aceite caliente, en una sartén grande, a fuego medio, durante 1 o 2 minutos de cada lado. Sirva con fruta y papas si lo desea.

Nutrimentos por porción:

Calorías	240	Colesterol	115 mg
Grasa	9 g	Sodio	179 mg

Filete de Trucha Arco Iris

Triángulos de Pan Francés con Mermelada

Rinde 6 piezas

¼ **de taza de mermelada de cualquier sabor**
6 **rebanadas de pan integral**
6 **cucharadas de clara de huevo**
¼ **de taza de leche descremada**
2 **cucharadas de margarina**
1 **cucharada de azúcar**
¼ **de cucharadita de canela molida**

Unte la mermelada, de manera uniforme, en 3 rebanadas de pan; coloque las otras 3 rebanadas de modo que formen 3 emparedados, presione para que queden sellados. Corte cada emparedado por la mitad, en diagonal. En un recipiente hondo, mezcle las claras de huevo y la leche. Sumerja los triángulos en esta mezcla.

En una sartén, a fuego medio, dore los triángulos con margarina por ambos lados. Mezcle el azúcar y la canela, y espolvoree cada triángulo. Adórnelos al gusto y sírvalos calientes.

Nutrimentos por porción (1 pieza):

Calorías	175	Colesterol	1 mg
Grasa	5 g	Sodio	224 mg

Pan Integral de Plátano

Rinde una barra, 16 porciones

1 **taza de plátanos machacados (unos 2 grandes)**
½ **taza de azúcar granulada**
⅓ **de taza de aceite vegetal o margarina**
⅓ **de taza de leche descremada**
2 **claras de huevo ligeramente batidas**
1¼ **tazas de harina de trigo**
1 **taza de cereal de avena sin cocer**
2 **cucharaditas de polvo para hornear**
½ **cucharadita de bicarbonato de sodio**

Caliente el horno a 180 °C. Engrase un molde de 20×10 cm. Mezcle muy bien los plátanos, el azúcar, la margarina, la leche y las claras de huevo. Agregue la harina, la avena, el polvo para hornear y el bicarbonato, mezclando hasta que todo se incorpore uniformemente. Vierta esta mezcla en el molde. Hornee de 55 a 60 minutos o hasta que, al insertar en el centro del pan un palillo, éste salga limpio. Deje enfriar por 10 minutos; saque el pan del molde.

Sugerencia: Para congelar las rebanadas, coloque papel encerado entre cada una de ellas. Envuélvalas en papel de aluminio o dentro de una bolsa para congelar. Selle, etiquete y congele.

Para recalentar estas rebanadas, sáquelas de la envoltura y envuélvalas en toallas de papel. Póngalas en el horno de microondas a temperatura ALTA (100 %) durante 30 segundos de cada lado.

Nutrimentos por porción (1 rebanada):

Calorías	130	Colesterol	0 mg
Grasa	4 g	Sodio	110 mg

Cereal de Arroz y Granola Integral

Rinde 10 porciones, 5 tazas

2 tazas de avena sin cocer
1 taza de cereal de arroz
¾ de taza de salvado
¾ de taza de uvas pasa
⅓ de taza de almendras
1 cucharada de canela en polvo
⅓ de taza de miel
1 cucharada de margarina derretida
Antiadherente en aerosol

Mezcle la avena, el cereal, el salvado, las uvas pasa, las almendras y la canela en un recipiente grande; incorpore la miel y la margarina. Ponga esta mezcla en una charola para hornear previamente engrasada. Hornee a 180 °C de 8 a 10 minutos. Deje enfriar. Sirva con yogur, fruta fresca o ambas cosas. Guarde en un recipiente bien tapado.

Sugerencia: Se puede servir como cereal (con leche) o como golosina.

Nutrimentos por porción (½ taza de cereal):			
Calorías	199	Colesterol	0 mg
Grasa	7 g	Sodio	57 mg

Muffins de Plátano y Naranja

Rinde 12 muffins

2 tazas de harina de trigo
1 cucharada de polvo para hornear
¼ de cucharadita de sal
2 claras de huevo
½ taza de leche evaporada baja en calorías
½ taza de plátanos muy maduros y machacados
⅓ de taza de miel
¼ de taza de aceite vegetal
1 cucharadita de zumo de naranja
1 cucharada de azúcar granulada

En un recipiente grande, mezcle la harina, el polvo para hornear y la sal. En un recipiente pequeño, bata ligeramente las claras de huevo. Agregue la leche evaporada, los plátanos, la miel, el aceite y el zumo de naranja; bata hasta que quede una mezcla uniforme. Agregue esta mezcla a la de harina y revuelva bien. La mezcla quedará con grumos. Con una cuchara, coloque la masa en una charola para hornear y divídala en 12 porciones o póngala en moldes para muffin. Espolvoréelos con azúcar. Hornee a 200 °C de 13 a 15 minutos, o hasta que al insertar un palillo en el centro de los panecillos, éste salga limpio. Retírelos de la charola y déjelos enfriar.

Nutrimentos por porción (1 muffin):			
Calorías	169	Colesterol	0 mg
Grasa	5 g	Sodio	175 mg

Pan de Adormidera con Arándano y Limón

Rinde una barra, 12 porciones

Pan
1 paquete de harina preparada para muffin
2 cucharadas de adormidera
1 huevo
¾ de taza de agua
1 cucharada de ralladura de cáscara de limón
1 taza de arándanos

Glaseado
½ taza de azúcar glass
1 cucharada de jugo de limón

1. Caliente el horno a 180 °C. Engrase y enharine un molde de 20×10 cm.

2. Enjuague el arándano con agua fría y escurra.

3. Para el pan, mezcle la harina y la adormidera en un recipiente. Agregue el huevo y el agua. Bata bien. Agregue el arándano y la ralladura. Vierta en el molde.

4. Hornee a 180 °C de 57 a 62 minutos o hasta que, al insertar un palillo en el centro de los panecillos, éste salga limpio. Deje enfriar durante 10 minutos. Desmolde el pan y déjelo enfriar.

5. Para el glaseado, mezcle el azúcar glass y el jugo de limón en un recipiente pequeño. Mezcle muy bien. Úntelo en el pan.

Sugerencia: Para que la parte superior del pan quede intacta al sacarlo del molde, coloque papel de aluminio sobre éste.

Nutrimentos por porción (1 rebanada):			
Calorías	133	Colesterol	18 mg
Grasa	2 g	Sodio	186 mg

Pan de Adormidera con Arándano y Limón

Muffins Streusel Integrales

Rinde 12 muffins

3 cucharadas de harina de trigo
2 cucharadas copeteadas de azúcar morena
1¼ tazas de harina de trigo
1 cucharada de polvo para hornear
½ cucharadita de sal
½ cucharadita de canela en polvo
¼ de cucharadita de nuez moscada
1½ tazas de hojuelas de trigo integral
¾ de taza de leche descremada
½ taza de azúcar morena
2 claras de huevo
¼ de taza de aceite vegetal
½ cucharadita de vainilla
½ taza de uvas pasa sin semilla
Antiadherente en aerosol

1. En un recipiente pequeño, revuelva 3 cucharadas de harina y 2 cucharadas de azúcar. Agregue la margarina y bata con batidora hasta que la mezcla obtenga una consistencia grumosa.

2. Combine 1¼ tazas de harina, el polvo para hornear, la sal y las especias.

3. En un recipiente grande, mezcle las hojuelas de trigo integral y la leche. Deje reposar durante unos 3 minutos o hasta que el cereal se suavice. Agregue ½ taza de azúcar, las claras de huevo, el aceite, la vainilla y las pasas. Mezcle bien. Incorpore la mezcla de harina y mueva hasta que se integre muy bien. Vierta la masa uniformemente en 12 moldes para muffin, previamente engrasados con antiadherente.

4. Hornee a 200 °C durante unos 20 minutos o hasta que estén ligeramente dorados. Sírvalos calientes.

Nutrimentos por porción (1 muffin):			
Calorías	190	Colesterol	0 mg
Grasa	6 g	Sodio	240 mg

Blintzes con Salsa de Durazno Fresca

Rinde 4 porciones

1 taza de queso cottage bajo en calorías
1 paquete (90 g) de queso crema bajo en calorías
½ cucharadita de extracto de vainilla
Aceite vegetal (opcional)
4 tortillas de harina (de 20 cm de diámetro cada una)
1 durazno fresco en rebanadas
Salsa de Durazno Fresca (receta más adelante)

Bata los quesos y la vainilla en un recipiente pequeño. Caliente ligeramente una sartén engrasada de 23 cm. Caliente una tortilla a fuego medio hasta que se suavice; voltéela una vez. Retire la tortilla del fuego y unte ¼ de la mezcla de quesos sobre la tortilla. Coloque ¼ de los duraznos rebanados. Doble los dos lados, cubriendo parcialmente el relleno. Enrolle la tortilla y haga un paquete rectangular. Haga lo mismo con el resto del relleno y las otras tortillas. Agregue pequeñas cantidades de aceite a la sartén. Caliente las tortillas rellenas a fuego lento hasta que estén doradas. Sirva con la Salsa de Durazno Fresca.

Salsa de Durazno Fresca

½ taza de agua
2 cucharadas de azúcar
2 cucharadas de jugo de limón
3 duraznos en rebanadas delgadas

Mezcle el agua, el azúcar y el jugo de limón en una sartén. Deje hervir, sin tapar, durante 5 minutos. Retire del fuego. Agregue las rebanadas de durazno.

Nutrimentos por porción:			
Calorías	272	Colesterol	21 mg
Grasa	9 g	Sodio	461 mg

Desayuno Banola

Rinde unas 7 tazas

3 tazas de avena sin cocer
1 taza de germen de trigo
1 taza de coco rallado
1 taza de nuez picada
¼ de taza de ajonjolí
½ taza de miel
3 cucharadas de melaza
1 taza de uvas pasa
Plátanos en rebanadas (opcional)
Leche o yogur (opcional)

Caliente el horno a 150 °C. Mezcle todos los ingredientes, excepto las uvas pasa, los plátanos y la leche, en un molde para hornear de 33×23×5 cm. Hornee durante unos 40 minutos o hasta que dore, moviendo constantemente. Añada las uvas pasa. Deje enfriar completamente. Guarde en un recipiente sellado. Sirva con plátanos y leche si lo desea.

Nutrimentos por porción (¼ de taza de cereal):			
Calorías	135	Colesterol	0 mg
Grasa	5 g	Sodio	4 mg

Pan de Naranja, Maple y Nuez de Macadamia

Rinde 18 porciones

2¼ tazas de harina de trigo
1 cucharadita de polvo para hornear
1 cucharadita de bicarbonato de sodio
⅛ de cucharadita de sal
1 huevo ligeramente batido
¾ de taza de jarabe sabor maple
½ taza de suero de leche
⅓ de taza de mantequilla sin sal, derretida y fría
¼ de taza de jugo de naranja
2 cucharadas de zumo de naranja
½ taza de nuez de Macadamia picada
Glaseado de Maple y Naranja (receta más adelante)

Caliente el horno a 180 °C. Engrase y enharine un molde para pan de 23×13×7 cm. Mezcle la harina, el polvo para hornear, el bicarbonato y la sal en un recipiente mediano.

Bata el huevo, el jarabe, el suero de leche, la mantequilla, el jugo de naranja y el zumo de naranja en un recipiente grande. Agregue la mezcla de harina y revuelva bien. Incorpore la nuez de Macadamia. Vierta la masa en el molde.

Hornee de 45 a 50 minutos o hasta que, al insertar en el centro del pan un palillo, éste salga limpio. Deje enfriar durante 5 minutos. Desmolde el pan. Barnice la parte superior y los lados con el Glaseado de Maple y Naranja. Deje enfriar completamente. Corte el pan en 18 rebanadas.

Glaseado de Maple y Naranja

1 cucharada de jarabe sabor maple
1 cucharada de jugo de naranja
1 cucharada de mantequilla sin sal
½ cucharadita de zumo de naranja

Caliente el jarabe, el jugo de naranja, la mantequilla y el zumo de naranja en un recipiente pequeño, a fuego bajo, hasta que esté bien mezclado y caliente; revuelva ocasionalmente.

Nutrimentos por porción (1 rebanada):			
Calorías	171	Colesterol	23 mg
Grasa	7 g	Sodio	116 mg

Naranjas con Especias

Rinde 4 porciones

4 naranjas
¾ de taza de agua
¼ de taza de jugo de limón
3 cucharadas de azúcar morena
¼ de cucharadita de canela en polvo
¼ de cucharadita de clavo en polvo
Pizca de jengibre en polvo

Pele y separe la naranja en gajos; guarde 2 trozos de 5 cm de la cáscara de naranja. Corte los gajos en tres partes. Mezcle el resto de los ingredientes con ¼ de taza de naranja y agregue la cáscara que guardó a los demás ingredientes. Hierva estos ingredientes a fuego medio. Una vez que haya hervido, baje el fuego y deje hervir durante 2 minutos más. Coloque el resto de la naranja en un recipiente mediano. Escurra el jarabe y bañe la naranja con él. Refrigere durante 1 hora. Sirva en tazones.

Nutrimentos por porción:			
Calorías	103	Colesterol	0 mg
Grasa	muy poca	Sodio	5 mg

Peras para el Desayuno

Rinde 4 porciones

1 lata (450 g) de mitades de peras en almíbar
2 cucharadas de jarabe sabor maple
2 cucharaditas de jugo de limón
1½ cucharaditas de mantequilla o margarina
¼ de cucharadita de nuez moscada
Avena cocida (opcional)
1 taza de yogur sabor vainilla bajo en calorías (opcional)

En horno de microondas: Escurra las peras; colóquelas en un refractario de 20 cm. Cúbralas con el jarabe y el jugo de limón. Añada la mantequilla y espolvoréelas con la nuez moscada. Cubra con papel encerado y hornee a temperatura ALTA (100 %) de 2 a 3 minutos. Bañe con el jugo. Sirva las peras calientes o frías, sobre avena o yogur.

Nutrimentos por porción:			
Calorías	100	Colesterol	4 mg
Grasa	2 g	Sodio	20 mg

Muffins de Arándano y Limón

Muffins de Arándano y Limón

Rinde 12 porciones

1¾ tazas de harina de trigo
⅓ de taza de azúcar
2½ cucharaditas de polvo para hornear
¾ de cucharadita de sal
1 huevo batido
1 taza de yogur natural o de limón, bajo en calorías
⅓ de taza de aceite vegetal
2 cucharadas de leche
½ o 1 cucharada de ralladura de cáscara de limón
¾ de taza de arándano fresco o congelado

Caliente el horno a 200 °C. Engrase los moldes para muffin. Mezcle la harina, el azúcar, el polvo para hornear y la sal en un recipiente grande. Bata el huevo, el yogur, el aceite, la leche y la ralladura en un recipiente mediano. Agregue la mezcla de huevo a la de harina. Bata únicamente hasta que los ingredientes secos se hayan humedecido (la masa deberá tener grumos). Agregue el arándano. Vierta la masa en los moldes para muffin hasta ⅔ de su capacidad. Hornee de 20 a 25 minutos hasta que estén dorados, o hasta que, al insertar en el centro del pan un palillo, éste salga limpio. Sírvalos calientes.

Nutrimentos por porción (1 muffin):			
Calorías	170	Colesterol	25 mg
Grasa	7 g	Sodio	142 mg

Cubierta de Ciruela

Rinde 3 tazas

8 ciruelas frescas en rebanadas
⅓ de taza de jugo de naranja
2 a 4 cucharadas de azúcar
1 raja de canela o ½ cucharadita de canela en polvo
½ taza de uvas pasa
¼ de taza de almendras picadas

Coloque todos los ingredientes, excepto las almendras, en una sartén grande; hierva a fuego alto. Tape y deje hervir a fuego bajo durante 20 minutos. Agregue las almendras. Sirva sobre waffles, hot cakes, cereal, yogur o granola.

Nutrimentos por porción (¼ de taza):			
Calorías	82	Colesterol	0 mg
Grasa	2 g	Sodio	1 mg

Muffins con Huevo

Rinde 4 porciones

4 huevos
4 rebanadas de tocino
1 taza de yogur natural bajo en calorías
½ cucharadita de mostaza seca
  Pizca de pimienta roja molida
4 muffins, partidos a la mitad y tostados
  Antiadherente en aerosol

Rocíe una sartén grande con antiadherente. Agregue agua hasta la mitad de su capacidad. Deje hervir; reduzca el fuego a bajo. Rompa los huevos y viértalos, uno a uno, en el agua. Deje hervir de 3 a 5 minutos o hasta que las yemas estén firmes.

En una sartén grande, a fuego medio, dore el tocino de 3 a 4 minutos; voltéelo una sola vez. En una sartén pequeña, bata el yogur, la mostaza y la pimienta. Cueza y revuelva hasta que estén calientes. No deje hervir. En cada muffin, ponga la mitad de tocino, 1 huevo y ¼ de taza de salsa. Sirva inmediatamente.

Nutrimentos por porción:			
Calorías	220	Colesterol	230 mg
Grasa	8 g	Sodio	670 mg

Desayuno en un Vaso

Rinde 4 porciones

1 lata (420 g) de frambuesas en almíbar, escurridas*
1½ tazas de leche descremada
1 taza de yogur de vainilla congelado
¼ de taza de cereal de trigo o germen de trigo (opcional)
1 a 2 cucharadas de miel

Licue las frambuesas en licuadora o en un procesador de alimentos, hasta que quede una textura suave. Cuele la mezcla si lo desea. Vuelva a licuar. Agregue el resto de los ingredientes y licue. Sirva en cuatro vasos.

Puede sustituir las frambuesas por otro tipo de fruta enlatada.

Nutrimentos por porción:			
Calorías	200	Colesterol	3 mg
Grasa	2 g	Sodio	78 mg

Cereal Campirano

Rinde 6 porciones

3 tazas de arroz integral cocido
2 tazas de leche descremada
½ taza de uvas pasa o ciruelas pasa, picadas
1 cucharada de margarina (opcional)
1 cucharadita de canela en polvo
⅛ de cucharadita de sal
   Miel o azúcar morena (opcional)
   Fruta fresca (opcional)

Mezcle el arroz, la leche, las pasas, la margarina, la canela y la sal en una sartén de 2 litros. Deje hervir y mueva una o dos veces. Cubra y deje hervir a fuego bajo, de 8 a 10 minutos, o hasta que espese. Sirva con miel y fruta fresca.

Nutrimentos por porción:			
Calorías	174	Colesterol	2 mg
Grasa	1 g	Sodio	98 mg

Jarabe de Piña y Naranja

Rinde 8 porciones, unas 2 tazas

1 lata (570 g) de piña en trozos en almíbar
   El jugo y la cáscara rallada de una naranja
1 cucharada de fécula de maíz
1 cucharada de azúcar
1 cucharadita de jengibre en polvo

Mezcle la piña y el almíbar, ½ taza de jugo naranja y 1 cucharadita de cáscara de naranja con el resto de los ingredientes en una sartén. Cueza y mueva hasta que el jarabe hierva y se espese. Deje enfriar a temperatura ambiente.

Utilice el jarabe sobre yogur congelado, hot cakes o waffles.

Nutrimentos por porción (¼ de taza de jarabe):			
Calorías	64	Colesterol	0 mg
Grasa	muy poca	Sodio	1 mg

Jarabe de Piña y Naranja

Muffins de Durazno con Glaseado de Limón

Rinde 8 muffins

1 taza de harina de trigo
3 cucharadas de azúcar
2 cucharaditas de polvo para hornear
½ cucharadita de sal
½ cucharadita de especias para pay
1 lata (450 g) de duraznos en almíbar
1 taza de cereal de trigo integral
½ taza de leche descremada
1 clara de huevo
2 cucharadas de aceite vegetal
   Jarabe de Limón (receta más adelante)

Mezcle la harina, el azúcar, el polvo para hornear, la sal y las especias. Escurra los duraznos y guarde ⅓ de taza del almíbar. Separe 8 rebanadas de durazno y pique el resto.

Combine el cereal de trigo, la leche y ⅓ de taza del almíbar reservado en un recipiente grande. Mezcle bien. Déjelo reposar durante 2 minutos o hasta que el cereal se haya suavizado. Agregue la clara de huevo y el aceite. Bata bien. Agregue el durazno picado.

Incorpore la mezcla de harina, batiendo únicamente hasta que los ingredientes secos se hayan humedecido. Vierta esta masa en los moldes engrasados para muffin. Coloque una rebanada de durazno sobre cada uno de los muffins.

Hornee a 200 °C durante 25 minutos o hasta que doren. Sírvalos calientes con Jarabe de Limón.

Jarabe de Limón

⅓ de taza de azúcar
2 cucharadas de fécula de maíz
1½ tazas de agua fría
1 cucharadita de ralladura de cáscara de limón
1 cucharadita de jugo de limón

Mezcle el azúcar y la fécula de maíz en una sartén de 2 litros. Agregue el agua, moviendo hasta obtener una consistencia uniforme. Cueza a fuego medio, moviendo constantemente hasta que hierva. Deje hervir durante 3 minutos más. Retire del fuego; agregue el jugo y la cáscara de limón. Sirva caliente sobre los muffins de durazno.

Nutrimentos por porción (1 muffin más 3 cucharadas de jarabe):			
Calorías	210	Colesterol	1 mg
Grasa	4 g	Sodio	355 mg

Muffins Matinales de Tocino

Rinde 12 muffins

12 rebanadas de tocino de pavo, cortadas en pedazos de 6 mm
1¼ tazas de harina de trigo
1 taza de avena instantánea sin cocer
2 cucharaditas de polvo para hornear
½ taza de leche descremada
⅓ de taza de miel
¼ de taza de aceite vegetal
2 claras de huevo

Mezcle el tocino, la harina, la avena y el polvo para hornear en un recipiente grande. Combine el resto de los ingredientes y agregue a la mezcla de tocino. Bata hasta que todo se incorpore (la masa quedará grumosa). Engrase los moldes para muffin. Vierta la masa en los moldes.

Hornee a 200 °C durante 15 minutos. Refrigere o congele los muffins que sobren.

Nutrimentos por porción (1 muffin):

Calorías	185	Colesterol	10 mg
Grasa	8 g	Sodio	260 mg

Desayuno en una Taza

Frittata Italiana al Horno

Rinde 6 porciones

1 taza de floretes de brócoli
½ taza de champiñones rebanados
½ pimiento morrón rojo rebanado
2 cebollines picados
2 cucharaditas de margarina
1 taza de claras de huevo
½ taza de queso cottage bajo en grasa
2 cucharadas de mostaza Dijon
½ cucharadita de especias italianas

En una sartén de 1 litro, cueza a fuego medio el brócoli, los champiñones, el pimiento y los cebollines con la margarina, durante unos 3 minutos. Retire del fuego.

En un recipiente grande, con batidora y a velocidad media, bata las claras, el queso cottage, la mostaza y las especias durante 3 minutos. Vierta la mezcla en la sartén sobre las verduras. Hornee a 190 °C de 20 a 25 minutos. Sirva inmediatamente.

Nutrimentos por porción:

Calorías	68	Colesterol	1 mg
Grasa	2 g	Sodio	270 mg

Desayuno en una Taza

Rinde 12 porciones

3 tazas de arroz cocido
1 taza de queso cheddar rallado
1 lata (120 g) de chiles serranos
1 frasco (60 g) de pimientos morrones rojos, picados y escurridos
⅓ de taza de leche descremada
2 huevos batidos
½ cucharadita de comino en polvo
½ cucharadita de sal
½ cucharadita de pimienta negra molida
Antiadherente en aerosol

Mezcle el arroz, ½ taza de queso, el chile, los pimientos, la leche, los huevos, el comino, la sal y la pimienta en un recipiente grande. Divida la mezcla en 12 moldes para muffin, previamente rociados con antiadherente. Espolvoree con el resto del queso. Hornee a 200 °C durante 15 minutos o hasta que estén listos.

Sugerencia: El Desayuno en una Taza puede ser congelado dentro de bolsas selladas o en recipientes herméticos. Para recalentar, meta cada panecillo en el microondas a temperatura ALTA durante 1 minuto.

Nutrimentos por porción (1 taza):

Calorías	123	Colesterol	45 mg
Grasa	4 g	Sodio	368 mg

Muffins de Avena y Ciruela

Rinde 18 muffins

5 ciruelas grandes frescas
2 tazas de harina de trigo
1⅓ tazas de avena sin cocer
¾ de taza de azúcar morena
3 cucharaditas de polvo para hornear
1 cucharadita de sal
1 cucharadita de ralladura de cáscara de naranja
1 huevo
⅓ de taza de aceite vegetal
1 cucharadita de extracto de vainilla

Caliente el horno a 180 °C. Licue 3 ciruelas para obtener 1 taza de puré. Por separado, pique las demás ciruelas. Mezcle la harina, la avena, el azúcar morena, el polvo para hornear, la sal y la cáscara de naranja en un recipiente grande. Combine muy bien el puré de ciruela, el huevo, el aceite y la vainilla en un recipiente pequeño. Incorpore a la mezcla de harina y revuelva. Agregue el resto de las ciruelas. Vierta en moldes para muffin.

Hornee de 30 a 35 minutos o hasta que, al insertar un palillo en el centro de los panecillos, éste salga limpio. Déjelos enfriar durante 10 minutos. Desmolde. Sírvalos calientes o déjelos enfriar completamente.

Nutrimentos por porción (1 muffin):			
Calorías	165	Colesterol	15 mg
Grasa	5 g	Sodio	170 mg

Peras con Especias

Rinde unas 2 tazas

2 tazas de peras cortadas en cuadros
¾ de taza de agua
¼ de taza de azúcar
3 cucharaditas de fécula de maíz
⅛ de cucharadita de canela en polvo
Pizca de sal y de nuez moscada

Caliente las peras y el agua en una sartén grande a fuego medio. Deje hervir de 5 a 10 minutos hasta que las peras se suavicen. Mezcle el resto de los ingredientes en un recipiente pequeño y agregue a la mezcla de las peras. Cueza y mueva hasta que se espesen.

Sugerencia para servir: Estas peras son deliciosas cuando se sirven sobre waffles, hot cakes o pan francés.

Nutrimentos por porción (¼ de taza):			
Calorías	51	Colesterol	0 mg
Grasa	muy poca	Sodio	16 mg

Pastelillos de Naranja con Jarabe de Naranja y Arándano

Rinde 12 pastelillos

2 huevos
⅔ de taza de queso ricotta bajo en grasa
¼ de taza de leche baja en grasa
6 cucharadas de harina de trigo
1 cucharada de zumo de naranja
2 cucharaditas de azúcar
¼ de cucharadita de polvo para hornear
Pizca de sal
1 cucharada de aceite vegetal
Jarabe de Naranja y Arándano (receta más adelante)

Licue las yemas de huevo y el queso ricotta hasta obtener una consistencia suave. Agregue la leche, la harina, el zumo de naranja, el azúcar, el polvo para hornear y la sal. Mezcle bien. En un recipiente grande, bata las claras de huevo hasta punto de turrón. Incorpore la mezcla de queso.

Caliente el aceite en una sartén grande a fuego medio, hasta que esté caliente. Vierta ¼ de taza en la sartén. Cueza la masa durante unos 3 minutos, o hasta que haya burbujas en la parte superior y tenga una apariencia seca; voltee el panecillo y cueza durante 1 o 2 minutos más. Repita la operación hasta terminar con la masa. Sirva calientes con Jarabe de Naranja y Arándano.

Jarabe de Naranja y Arándano

½ taza de arándanos frescos o congelados
¼ de taza de jugo de naranja concentrado
1 cucharada de azúcar
1 cucharadita de zumo de naranja
½ taza de gajos de naranja, en trocitos

Mezcle todos los ingredientes en una sartén mediana; caliente a fuego medio, de 5 a 7 minutos, hasta lograr una consistencia espesa. Vierta sobre los panecillos de naranja.

Nutrimentos por porción (2 pastelillos con 3 cucharadas de jarabe):			
Calorías	173	Colesterol	71 mg
Grasa	4 g	Sodio	115 mg

Donas de Plátano Horneadas

Rinde unas 22 donas

2 plátanos muy maduros y machacados
2 claras de huevo
1 cucharada de aceite vegetal
1 taza de azúcar morena
1½ tazas de harina
¾ de taza de harina integral de trigo
2 cucharaditas de polvo para hornear
½ cucharadita de bicarbonato de sodio
¼ de cucharadita de especias para pay
1 cucharada de azúcar granulada
2 cucharadas de nueces picadas (opcional)

Caliente el horno a 220 °C. Engrase la charola para hornear. Bata los plátanos, las claras de huevo, el aceite y el azúcar morena en un recipiente grande. Agregue ambas harinas, el polvo para hornear, el bicarbonato y las especias. Mezcle bien. Deje reposar por 5 minutos para que la masa se esponje.

Coloque 1 cucharada copeteada de la masa en la charola para hornear. Con una espátula de plástico, haga el centro de la dona (en caso de que la masa se pegue en la espátula, póngale un poco de antiadherente en aerosol). Con la espátula, suavice las orillas de la masa para dar la forma de dona. Repita la operación con el resto de la masa. Si lo desea, espolvoree el azúcar y las nueces sobre las donas. Hornee de 6 a 10 minutos o hasta que estén doradas.

Donas de Calabaza Horneadas: Utilice 225 g de calabaza cocida en lugar de los plátanos.

Nutrimentos por porción (1 dona):

Calorías	105	Colesterol	0 mg
Grasa	1 g	Sodio	29 mg

Pan Francés

Rinde 6 porciones

1 huevo
4 claras de huevo
¼ de taza de leche descremada
½ cucharadita de extracto de almendras
3 cucharadas de azúcar morena
¼ de cucharadita de canela en polvo
1 cucharadita de aceite vegetal
6 rebanadas de pan
1 plátano maduro, pelado y rebanado

Bata el huevo y las claras en un recipiente grande. Incorpore la leche, el extracto de almendras, 2 cucharadas de azúcar morena y la canela. Caliente el aceite en una sartén antiadherente a fuego medio. Remoje 3 rebanadas de pan en el huevo. Coloque el pan en la sartén; cueza de 4 a 6 minutos hasta dorarlos, voltéelos una sola vez. (En caso necesario, ponga antiadherente en aerosol a la sartén.) Haga lo mismo con el resto del pan. Ponga las rebanadas de plátano sobre los panes; espolvoree el resto del azúcar morena. Sirva inmediatamente.

Nutrimentos por porción (1 rebanada):

Calorías	152	Colesterol	37 mg
Grasa	3 g	Sodio	205 mg

Muffins Integrales de Granola

Rinde 36 muffins

1 taza de agua hirviente
2½ tazas de cereal integral de trigo
2 huevos, ligeramente batidos
2 tazas de suero de leche
½ taza de aceite vegetal
½ taza de manzana finamente picada
2 tazas de harina de trigo
1 taza de azúcar
½ taza de avena instantánea sin cocer
½ taza de germen de trigo
2 cucharaditas de bicarbonato de sodio
½ cucharadita de sal
1 taza de uvas pasa
½ taza de coco rallado
½ taza de almendras o nueces picadas

Vierta el agua sobre el cereal en un recipiente mediano; deje enfriar. Caliente el horno a 200 °C. Engrase 36 moldes para muffin. Bata los huevos, el suero de leche, el aceite y la manzana con la mezcla de cereal fría. Combine la harina, el azúcar, la avena, el germen de trigo, el bicarbonato y la sal en un recipiente grande. Agregue la mezcla de cereal y revuelva bien. Añada las pasas, el coco y las almendras. Vierta en los moldes para muffin, llenando a ⅔ de su capacidad.

Hornee por 22 minutos o hasta que, al insertar un palillo en los panecillos, éste salga limpio. Déjelos enfriar por 10 minutos. Desmolde. Sirva calientes o fríos.

Nutrimentos por porción (1 muffin):

Calorías	135	Colesterol	12 mg
Grasa	5 g	Sodio	131 mg

Omelet de Plátanos y Fresas

Rinde 2 porciones

- 1 taza de fresas rebanadas
- 1 plátano rebanado
- 1½ cucharadas de azúcar
- ¼ de cucharadita de ralladura de cáscara de limón
- 1 cucharada de jugo de limón
- 4 huevos batidos
- ¼ de cucharadita de sal
- 2 cucharadas de margarina

Mezcle las fresas, el plátano, el azúcar, la ralladura y el jugo en un recipiente mediano. Tape y deje reposar por 15 minutos. Mientras tanto, revuelva el huevo y la sal con un tenedor en un recipiente pequeño.

Caliente 1 cucharada de margarina en una sartén de 20 cm, a fuego medio. Vierta en la sartén la mitad de la mezcla de huevo (aproximadamente ½ taza), la cual debe cubrir el recipiente. Con la parte posterior de una pala para voltear, empuje cuidadosamente las porciones sin cocer para que fluyan hacia abajo. Mueva la sartén hacia adelante y hacia atrás para mantener el huevo en movimiento. Mientras la parte superior aún esté húmeda y cremosa, agregue la mezcla de fruta sobre la mitad del omelet. Doble a la mitad del huevo con la pala. Sirva en un plato tibio. Mantenga caliente. Repita lo mismo con el resto de los ingredientes. Corone con el resto de la mezcla de fruta.

Nutrimentos por porción:			
Calorías	267	Colesterol	1 mg
Grasa	10 g	Sodio	556 mg

Pan Irlandés de Tocino

Rinde de 12 a 15 porciones

- 4 tazas de harina de trigo
- 3 cucharadas de azúcar
- 1½ cucharadas de polvo para hornear
- 1 cucharadita de bicarbonato de sodio
- 6 cucharadas de margarina o mantequilla sin sal, fría
- 1 taza de uvas pasa
- 6 rebanadas de tocino, dorado y desmenuzado
- 2 huevos
- 1½ tazas de suero de leche

Caliente el horno a 180 °C. Mezcle la harina, el azúcar, el polvo para hornear y el bicarbonato en un recipiente grande; incorpore la margarina fría hasta que la mezcla se torne grumosa.

Revuelva las pasas con el tocino. Bata ligeramente los huevos en un recipiente pequeño. Guarde 1 cucharada de huevo. Agregue el suero de leche y el resto de los huevos a la mezcla de harina; mezcle hasta lograr una consistencia suave.

Vierta la mezcla sobre una superficie enharinada. Amase durante 1 o 2 minutos. Dé a la masa la forma de una barra de pan. Engrase un molde de 2 litros y coloque en él la masa. Con un tenedor enharinado, corte una cruz de 10 cm, con una profundidad aproximada de 1 cm. Barnice la masa con el resto del huevo.

Hornee de 55 a 65 minutos o hasta que, al insertar en el centro del pan un palillo, éste salga limpio. (Cubra el pan con aluminio durante los últimos 30 minutos de horneado para evitar que se dore de más.) Deje enfriar durante 10 minutos; desmolde. Si lo desea, sirva con queso crema bajo en grasa o con miel.

Nutrimentos por porción:			
Calorías	231	Colesterol	40 mg
Grasa	7 g	Sodio	130 mg

Muffins Ricos en Fibra

Rinde 12 muffins

- 1 paquete de galletas Marías (galletas de vainilla)
- 1 taza de leche descremada
- ½ taza de puré de manzana sin endulzar
- 1 huevo ligeramente batido
- 2 cucharadas copeteadas de azúcar morena
- 2 cucharadas de aceite vegetal
- 1 cucharada de melaza
- ½ cucharadita de canela en polvo
- ¼ de cucharadita de clavo en polvo
- ¼ de cucharadita de nuez moscada en polvo
- ¼ de cucharadita de sal
- 1¼ tazas de harina de trigo
- 1 cucharada de polvo para hornear

Caliente el horno a 200 °C. Rompa las galletas y muélalas en la licuadora o en el procesador de alimentos. Colóquelas en un recipiente. Caliente la leche hasta que esté a punto de hervir. Vierta sobre las galletas molidas. Mezcle bien. Deje reposar por 5 minutos. Agregue el puré de manzana y el huevo a la mezcla de las galletas. Deshaga los grumos si los hay. Añada el azúcar, el aceite, la melaza, las especias y la sal. Mezcle la harina y el polvo para hornear. Agregue a la mezcla de galletas. Llene los moldes para muffin, previamente engrasados, hasta la mitad. Hornee de 20 a 25 minutos o hasta que doren. Desmolde y deje enfriar antes de servir.

Nutrimentos por porción (1 muffin):			
Calorías	124	Colesterol	22 mg
Grasa	3 g	Sodio	152 mg

Omelet de Plátanos y Fresas

Pan Integral de Cereza

Rinde 1 barra, 15 rebanadas

- **2 tazas de harina de trigo**
- **¾ de taza de azúcar**
- **1 cucharada de polvo para hornear**
- **1 cucharadita de sal**
- **½ cucharadita de nuez moscada en polvo**
- **1½ tazas de cereal integral de avena**
- **1¼ tazas de leche descremada**
- **1 huevo**
- **2 cucharadas de aceite vegetal**
- **1 frasco (285 g) de cerezas en almíbar, escurridas y finamente picadas**
- **1 taza de nuez picada**
- **1 cucharada de margarina**

Mezcle la harina, ½ taza de azúcar, el polvo para hornear, la sal y la nuez moscada.

Ponga el cereal y la leche en un recipiente grande. Deje reposar por 10 minutos, o hasta que el cereal se haya suavizado. Agregue el huevo y el aceite. Bata bien. Agregue la harina. Reserve 2 cucharadas de cerezas picadas. Incorpore el resto de las cerezas y ¾ de taza de nueces. Vierta esta mezcla en un molde para pan de 23×13×7 cm, previamente engrasado.

Derrita la margarina en una sartén pequeña hasta que haga burbujas. Retire del fuego. Agregue ¼ de taza de azúcar, ¼ de taza de nueces y las cerezas que reservó. Póngalas sobre la masa.

Hornee a 180 °C durante 1 hora. Deje enfriar por 10 minutos. Desmolde.

Nutrimentos por porción (1 rebanada):

Calorías	240	Colesterol	20 mg
Grasa	9 g	Sodio	260 mg

Pan Integral de Cereza

Muffin Integral de Limón

Rinde 12 muffins

- **1 taza de cereal 100 % integral de trigo**
- **½ taza de avena integral**
  - **Ralladura de cáscara de limón**
- **½ taza de jugo de limón**
- **½ taza de leche baja en calorías**
- **1¼ tazas de harina de trigo**
- **2 cucharaditas de polvo para hornear**
- **½ cucharadita de bicarbonato de sodio**
- **½ taza de azúcar morena**
- **2 claras de huevo**
- **¼ de taza de miel**
- **¼ de taza de aceite vegetal**

En un recipiente mediano, mezcle el cereal integral de trigo, la avena, la ralladura y la leche; deje reposar por 10 minutos. En un recipiente grande, cierna la harina, el polvo para hornear y el bicarbonato; agregue el azúcar morena. En un recipiente pequeño, bata los huevos hasta obtener una consistencia espumosa; agregue la miel y el aceite. Bata la mezcla de huevo con la de cereal. Agregue los ingredientes secos al mismo tiempo; revuelva únicamente hasta que los ingredientes secos se hayan humedecido. Inmediatamente, coloque la masa en los moldes para muffin previamente engrasados, con una cuchara; llénelos aproximadamente a ¾ de su capacidad. Hornee a 200 °C, de 20 a 23 minutos.

Nutrimentos por porción (1 muffin):

Calorías	153	Colesterol	0 mg
Grasa	5 g	Sodio	138 mg

Desayuno de Fin de Semana

Rinde 4 porciones

- **12 rebanadas de tocino de pavo, cortado en trozos de 2.5 cm**
- **1 papa mediana, pelada y cortada en cuadritos**
- **2 cebollines finamente rebanados**
- **½ cucharadita de chile piquín**
- **4 huevos batidos**

Coloque el tocino y las papas en una sartén antiadherente. Cueza a fuego medio durante unos 12 minutos, moviendo frecuentemente, hasta que las papas estén cocidas. Agregue los huevos de manera uniforme. Tape y reduzca el fuego a bajo. Cueza durante 5 minutos o hasta que la mezcla esté lista.

Nutrimentos por porción:

Calorías	155	Colesterol	30 mg
Grasa	7 g	Sodio	650 mg

Burritos

Burritos

Rinde 2 burritos

> 4 rebanadas de tocino de pavo
> 2 tortillas de harina (de 10 cm de diámetro)
> 2 cucharadas de queso cheddar rallado
> 2 claras de huevo
> 1 cucharada de chiles verdes picados
>   Salsa picante (opcional)
>   Queso cheddar rallado adicional (opcional)

Cueza el tocino en una sartén, a fuego medio, de 8 a 10 minutos, o hasta que esté ligeramente dorado.

Coloque 2 rebanadas de tocino en cada tortilla, espolvoree cada tortilla con una cucharada de queso.

Bata las claras de huevo y los chiles; agréguelos a la sartén caliente. Doble las tortillas sobre el relleno. Sirva con salsa y más queso si lo desea.

Para mantener calientes los burritos: Envuélvalos en aluminio y colóquelos en el horno caliente hasta por 30 minutos.

Nutrimentos por porción (1 burrito):

Calorías	220	Colesterol	25 mg
Grasa	9 g	Sodio	470 mg

Bollos Dorados

Rinde 9 bollos

> 1 taza de salvado
> ⅓ de taza de azúcar morena
> ¼ de taza de margarina derretida
> 1 manzana, sin corazón y rebanada
> 2 tazas de harina preparada
> ½ taza de agua
> 2 claras de huevo

En un recipiente pequeño, mezcle ¼ de taza de salvado, el azúcar morena y la margarina. Coloque la mezcla en un recipiente de 20×20×5 cm. Ponga encima las rebanadas de manzana. En un recipiente mediano, mezcle la harina preparada, ¾ de taza de salvado, el agua y las claras de huevo hasta formar una masa suave. Coloque la masa en porciones de ¼ de taza sobre las rebanadas de manzana. Hornee a 220 °C, de 13 a 15 minutos, o hasta que estén listos. Desmolde y deje enfriar ligeramente; sírvanse tibios.

Nutrimentos por porción (1 bollo):

Calorías	225	Colesterol	0 mg
Grasa	6 g	Sodio	435 mg

Muffins de Papaya

Muffins de Papaya

Rinde 12 muffins

1½ tazas de harina integral de trigo
1 cucharada de polvo para hornear
¼ cucharadita de sal
1½ tazas de cereal de trigo integral
1¼ tazas de leche descremada
¼ de taza de miel
¼ de taza de aceite vegetal
1 cucharada de melaza oscura
1 huevo
¾ de taza de papaya fresca picada
2 cucharaditas de jengibre cristalizado,
    finamente picado

Mezcle la harina, el polvo para hornear y la sal. En un recipiente grande, ponga el cereal de trigo y la leche. Deje reposar durante 2 minutos o hasta que el cereal se haya suavizado. Agregue la miel, el aceite, la melaza y el huevo. Bata muy bien. Añada la papaya y el jengibre.

Incorpore la mezcla de harina, batiendo únicamente hasta que se mezclen los ingredientes. Divida la masa en dos en moldes para muffin previamente engrasados.

Hornee a 200 °C durante unos 25 minutos o hasta que los muffins estén dorados. Sírvalos calientes.

Nutrimentos por porción (1 muffin):			
Calorías	160	Colesterol	19 mg
Grasa	6 g	Sodio	314 mg

Muffins Integrales de Miel

Rinde 12 porciones

¾ de taza de cereal de salvado
¼ de taza de leche baja en grasa
1 taza de harina de trigo
1 cucharadita de bicarbonato de sodio
¼ de cucharadita de sal
2 plátanos muy maduros pelados
1 huevo o 3 claras de huevo
¼ de taza de miel
¼ de taza de aceite vegetal
¾ de taza de uvas pasa

Mezcle el cereal y la leche en un recipiente pequeño; deje reposar durante 10 minutos. En otro recipiente, combine la harina, el polvo para hornear y la sal. Mientras tanto, licue los plátanos; utilice 1 taza de este puré en la preparación. Revuelva 1 taza del puré, el huevo, la miel y el aceite en un recipiente grande. Agregue la mezcla de cereales a la de plátano; añada la harina; mezcle bien. Incorpore las pasas. Ponga la masa en 12 moldes para muffin, previamente engrasados. Hornee a 180 °C durante 20 minutos. Deje enfriar por 3 minutos y desmolde.

Tiempo de preparación: 20 minutos
Tiempo de horneado: 20 minutos

Nutrimentos por porción (1 muffin):			
Calorías	169	Colesterol	23 mg
Grasa	5 g	Sodio	165 mg

Salchicha Horneada

Rinde 12 porciones

2 cucharadas de margarina
450 g de champiñones finamente picados
1 taza de pan molido
1 paquete (450 g) de salchichas de pavo
1 pimiento morrón verde picado
3 cucharadas de perejil picado fresco o
    1 cucharada de perejil seco
¼ de cucharadita de pimienta roja en polvo
8 huevos batidos

Caliente el horno a 180 °C. Derrita la margarina en una sartén a fuego medio. Agregue los champiñones. Cueza durante unos 10 minutos, o hasta que la mezcla hierva y se evapore el líquido. Retire del fuego; añada el pan molido. Engrase un molde de 33×23 cm. Ponga la mezcla de los champiñones en el fondo del molde para formar una base de pasta para pay.

En la misma sartén, cueza las salchichas a fuego medio durante unos 12 minutos; corte las salchichas en pedazos pequeños y gire para que doren parejo. Retire del fuego.

Agregue el pimiento, el perejil y la pimienta. Ponga esta mezcla sobre la pasta; vierta el huevo de manera uniforme sobre la mezcla. Hornee de 25 a 30 minutos o hasta que la mezcla esté lista.

Nota: Para 6 porciones, use la mitad de los ingredientes, prepare y hornee en un molde para pay.

Nutrimentos por porción:			
Calorías	140	Colesterol	20 mg
Grasa	6 g	Sodio	370 mg

Frittata Primavera

Rinde 4 porciones

- **1 cebolla mediana picada**
- **1 pimiento morrón rojo o verde, cortado en tiras**
- **1 papa mediana, pelada y rallada**
- **1 taza de brócoli picado**
- **1 cucharadita de orégano molido**
- **⅛ de cucharadita de pimienta negra en polvo**
- **1 cucharada de margarina**
- **1 clara de huevo**

En una sartén de 23×4 cm, acitrone la cebolla; agregue el pimiento, la papa, el brócoli, el orégano y la pimienta; cueza hasta que las verduras estén suaves.

En un recipiente pequeño, bata las claras durante 2 minutos a punto de turrón. Vacíe el huevo sobre la verdura. Tape y cueza a fuego medio, de 5 a 7 minutos, hasta que el huevo esté listo. Sirva inmediatamente.

Nutrimentos por porción:

Calorías	97	Colesterol	0 mg
Grasa	3 g	Sodio	109 mg

Hot Cakes Praliné

Rinde 6 porciones

- **1½ tazas de leche descremada**
- **2 cucharadas de margarina derretida**
- **2 cucharaditas de brandy**
- **1 cucharadita de extracto de vainilla**
- **1 taza de harina de trigo**
- **2 cucharadas de azúcar**
- **1 cucharadita de polvo para hornear**
- **¼ de cucharadita de sal**
- **⅛ de cucharadita de canela en polvo**
- **1 taza de arroz cocido, frío**
- **⅓ de taza de nuez picada**
- **4 claras de huevo batidas a punto de turrón**
- **Antiadherente en aerosol**
- **Jarabe dulce bajo en calorías (opcional)**

Mezcle la leche, la margarina, el brandy, la vainilla, la harina, el azúcar, el polvo para hornear, la sal y la canela en un recipiente grande; bata hasta obtener una consistencia suave. Agregue el arroz y la nuez. Incorpore las claras de huevo batidas. Vierta de un solo golpe ¼ de la mezcla sobre una sartén previamente engrasada. Cueza a fuego medio hasta que las burbujas laterales y de la parte superior se hayan dorado. Voltee para dorar el otro lado. Si lo desea, sirva caliente y con jarabe.

Nutrimentos por porción:

Calorías	252	Colesterol	1 mg
Grasa	9 g	Sodio	387 mg

Muffins de Canela y Manzana

Rinde 18 muffins

- **2¼ tazas de cereal de avena**
- **¼ de taza de azúcar morena**
- **1 cucharada de polvo para hornear**
- **1¼ cucharaditas de canela en polvo**
- **¾ de taza de jugo de manzana o sidra**
- **½ taza de leche descremada**
- **2 claras de huevo**
- **2 cucharadas de aceite vegetal**
- **1 manzana mediana, pelada y picada**
- **¼ de taza de nuez picada**
- **¼ de taza de uvas pasa**

Caliente el horno a 200 °C. En un recipiente grande, mezcle el cereal, el azúcar morena, el polvo para hornear y la canela. En un recipiente pequeño, combine el jugo de manzana, la leche, las claras de huevo y el aceite. Agregue esta mezcla a la de cereal para que se humedezca. Añada la manzana picada, las nueces y las pasas. Vierta la masa en los moldes para muffin, previamente engrasados, a ¾ de su capacidad. Hornee de 15 a 17 minutos o hasta que doren.

Nutrimentos por porción (1 muffin):

Calorías	89	Colesterol	muy poco
Grasa	3 g	Sodio	68 mg

Muffins de Canela y Manzana

Pastel de Yogur de Limón

Pastel de Yogur de Limón

Rinde de 12 a 16 porciones

⅓ de taza de aceite vegetal
⅔ de taza de miel
1 huevo
¾ de taza de claras de huevo
1½ cucharaditas de extracto de limón
1¾ tazas de harina de trigo
¾ de taza de harina integral de trigo
2½ cucharaditas de polvo para hornear
1 taza de yogur de limón bajo en calorías
1 cucharada de ralladura de cáscara de limón
1 taza de arándano picado

Caliente el horno a 180 °C. Engrase y enharine un molde para pan de 1.5 litros. En un recipiente grande, revuelva el aceite y la miel hasta obtener una consistencia cremosa. Agregue el huevo, la clara de huevo y el extracto de limón; mezcle bien. En un recipiente mediano, mezcle las harinas y el polvo para hornear; añada a la mezcla de miel junto con el yogur. Incorpore la ralladura y el arándano. Vierta en el molde.

Hornee de 30 a 35 minutos o hasta que, al insertar en el centro del pan un palillo, éste salga completamente limpio. Deje enfriar en el molde. Desmolde.

Nutrimentos por porción:

Calorías	230	Colesterol	20 mg
Grasa	7 g	Sodio	43 mg

Burritos de Tocino de Pavo

Rinde 10 porciones

10 rebanadas de tocino de pavo, cortadas en pedazos de 1 cm
½ taza de pimiento morrón verde picado
½ taza de cebolla picada
5 huevos
½ taza de leche descremada
¼ de cucharadita de pimienta negra
1 taza de queso cheddar rallado
10 tortillas de harina (de 10 cm)
Salsa (opcional)

Coloque el tocino, el pimiento y las cebollas en una sartén antiadherente, a fuego medio, de 12 a 15 minutos, hasta que el tocino esté ligeramente dorado; mueva con frecuencia. Retire del fuego.

Bata los huevos, la leche y la pimienta en un recipiente pequeño. Vierta la mezcla de huevo sobre el tocino. Cueza a fuego bajo durante 2 minutos o hasta que los huevos estén casi listos, moviendo con frecuencia. Retire del fuego; agregue el queso.

Coloque ¼ de taza de la mezcla de huevo en la parte inferior de la tortilla. Enrolle la tortilla y colóquela en un refractario de 33×23 cm. Cubra con plástico. Póngalo en el microondas a temperatura ALTA (100 %), de 2 a 3 minutos, o hasta que los burritos estén calientes. Para servir, báñelos con salsa si lo desea.

Nutrimentos por porción:

Calorías	228	Colesterol	124 mg
Grasa	7 g	Sodio	513 mg

Pan Francés de Trigo Integral con Rebanadas de Naranja

Rinde 4 rebanadas

1 huevo
2 claras de huevo
1 cucharada de leche baja en grasa
1 cucharadita de zumo de naranja
½ cucharadita de extracto de vainilla
⅛ de cucharadita de canela en polvo
1 cucharada de aceite vegetal
4 rebanadas de pan de trigo integral
Rebanadas de Naranja (receta más adelante)

Bata los huevos, las claras de huevo, la leche, el zumo de naranja, la vainilla y la canela en un recipiente poco profundo.

Caliente el aceite a fuego medio en una sartén antiadherente. Remoje el pan en la mezcla de huevo y póngalo en la sartén. Voltee el pan una sola vez, hasta que esté dorado por ambos lados, de 3 a 4 minutos por lado. Repita el procedimiento con el resto de las rebanadas. Sirva caliente con las Rebanadas de Naranja.

Rebanadas de Naranja

2 naranjas (únicamente la pulpa, sin piel)
2 cucharadas de azúcar
½ cucharadita de extracto de vainilla

Mezcle la naranja, el azúcar y la vainilla en un recipiente pequeño. Deje reposar durante 1 hora para permitir que se mezclen los sabores.

Nutrimentos por porción (1 rebanada con ¼ de rebanada de naranja):

Calorías	153	Colesterol	54 mg
Grasa	5 g	Sodio	204 mg

"Danish" de Queso

Rinde 20 porciones

    1 cucharada de azúcar
    1 cucharadita de canela en polvo
    5 tortillas de harina (de 10 o 12 cm de
        diámetro)
      Antiadherente en aerosol
    1 taza de leche fría descremada
    1 paquete (4 porciones) de pudín de vainilla
  225 g queso crema bajo en grasa
    2 tazas de crema Chantilly
    4 tablillas de chocolate semiamargo

Caliente el horno a 180 °C.

Revuelva el azúcar y la canela. Rocíe las tortillas con antiadherente en aerosol. Espolvoree cada tortilla con ½ cucharadita de la mezcla de azúcar con canela. Voltee la tortilla y repita el proceso. Corte la tortilla en 4 porciones. Acomode las tortillas en moldes para muffin. Hornee durante 10 minutos o hasta que las tortillas estén ligeramente doradas. Deje enfriar.

Vierta la leche en un recipiente grande. Añada la mezcla para pudín. Bata con batidora, a velocidad baja, de 1 a 2 minutos. Agregue el queso crema y bata a velocidad media. Incorpore cuidadosamente la crema Chantilly. Refrigere por lo menos durante 1 hora.

Para servir, rellene cada tortilla con 3 cucharadas de la mezcla. Coloque el chocolate en una bolsa de plástico pequeña. Caliente en el horno de microondas a temperatura ALTA (100 %), durante 1 minuto, o hasta que el chocolate se haya derretido. Corte una de las esquinas de la bolsa y, sosteniéndola firmemente, bañe los postres. Refrigere hasta que el chocolate endurezca, por unos 5 minutos.

Nota: Congele los "danish" que sobren.

Nutrimentos por porción (1 "danish"):			
Calorías	90	Colesterol	5 mg
Grasa	4 g	Sodio	180 mg

Waffle Belga

Rinde 10 waffles

  2¼ tazas de leche baja en grasa
    1 paquete (para 4 porciones) de pudín de
        vainilla
    2 cucharadas de jugo de limón
    1 cucharadita de ralladura de cáscara de
        limón
    1 taza de crema Chantilly
    2 tazas de fresas rebanadas
    1 taza de frambuesas
    1 taza de arándanos
   10 waffles belgas o regulares, tostados

Vierta la leche en un recipiente grande. Agregue la mezcla para pudín, el jugo de limón y la ralladura. Bata con la batidora de 1 a 2 minutos. Incorpore cuidadosamente la crema Chantilly. Refrigere.

Mezcle la fruta en un recipiente y refrigere.

Para servir, ponga unas 3 cucharadas de la mezcla de pudín en cada plato. Cúbralo con el waffle; agregue 2 cucharadas de la mezcla de pudín y póngale ½ taza de fruta. Adorne al gusto. Repita la operación con el resto de los waffles. Guarde cualquier sobrante en el refrigerador.

Nutrimentos por porción (1 waffle):			
Calorías	170	Colesterol	5 mg
Grasa	5 g	Sodio	310 mg

De arriba abajo: "Danish" de Queso, Waffle Belga

Muffins de Miel y Cacahuate

Rinde 12 muffins

¾ de taza de harina integral de trigo
¾ de taza de harina de trigo
¼ de taza de azúcar
1 cucharadita de bicarbonato de sodio
¼ de cucharadita de sal (opcional)
1¼ tazas de cereal de trigo integral
1¼ tazas de suero de leche
¼ de taza de miel
2 claras de huevo
3 cucharadas de aceite vegetal
¼ de taza de cacahuates tostados, en trocitos
Antiadherente en aerosol

Combine las harinas, el azúcar, el bicarbonato y la sal.

En un recipiente grande, ponga el cereal de trigo y el suero de leche. Deje reposar durante 3 minutos o hasta que el cereal se haya suavizado. Agregue la miel, las claras de huevo, el aceite y los cacahuates. Mezcle bien.

Añada la mezcla de harina, batiendo únicamente hasta que los ingredientes se hayan incorporado. Distribuya la masa en 12 moldes para muffin, previamente engrasados.

Hornee a 250 °C durante unos 22 minutos o hasta que hayan dorado. Sirva calientes.

Nutrimentos por porción (1 muffin):

Calorías	180	Colesterol	45 mg
Grasa	6 g	Sodio	230 mg

Hot Cakes Enrollados de Jamón y Fruta

Rinde 8 rollos

2 tazas de harina para hot cake
225 g de jamón, en rebanadas delgadas
8 cucharadas de puré de manzana o de cereza
Antiadherente en aerosol

Prepare la mezcla para hot cakes de acuerdo con las instrucciones del paquete. Rocíe el sartén con antiadherente. Vierta ⅓ de la masa sobre la sartén. Cueza tomando como referencia las instrucciones del paquete. Haga 8 hot cakes de 10 cm. Coloque 30 g de jamón sobre cada hot cake; agregue 1 cucharada de puré de manzana. Enrolle el hot cake; si es necesario, asegúrelo con palillos. Haga lo mismo con los demás hot cakes. Sirva con más puré de manzana si lo desea.

Nutrimentos por porción (1 hot cake):

Calorías	145	Colesterol	14 mg
Grasa	2 g	Sodio	596 mg

Muffins de Avena y Arándano

Muffins de Avena y Arándano

Rinde 12 muffins

2 tazas de harina
1 taza de avena
½ taza de azúcar morena
2 cucharaditas de polvo para hornear
½ cucharadita de bicarbonato de sodio
½ cucharadita de sal (opcional)
½ taza de aderezo para ensalada bajo en grasa
3 claras de huevo, ligeramente batidas
½ taza de leche descremada
⅓ de taza de jugo de naranja
1 cucharadita de ralladura de cáscara de naranja
1 taza de arándano picado

Caliente el horno a 180 °C. Engrase 12 moldes para muffin. Mezcle los ingredientes secos. Agregue el aderezo, las claras de huevo, la leche, el jugo y la cáscara; revuelva bien. Incorpore el arándano. Llene los moldes para muffin. Hornee de 15 a 17 minutos o hasta que doren.

Nutrimentos por porción (1 muffin):

Calorías	183	Colesterol	4 mg
Grasa	4 g	Sodio	191 mg

Muffins de Yogur de Plátano

Rinde 12 muffins

1½ tazas de harina de trigo
3 cucharadas de azúcar
2 cucharaditas de polvo para hornear
¼ de cucharadita de sal
2 tazas de hojuelas de arroz molidas
1 clara de huevo
¾ de taza de leche descremada
1 plátano mediano machacado
⅓ de taza de yogur de vainilla bajo en grasa
3 cucharadas de aceite vegetal
Antiadherente en aerosol

1. Mezcle la harina, el azúcar, el polvo para hornear y la sal.

2. En un recipiente grande, revuelva el cereal, las claras de huevo, la leche, el plátano, el yogur y el aceite. Deje reposar por 1 minuto o hasta que el cereal se haya suavizado. Agregue la mezcla de harina. Mezcle bien. Vierta la masa en 12 moldes para muffin, previamente engrasados.

3. Hornee a 200 °C durante unos 25 minutos o hasta que hayan dorado ligeramente. Sirva calientes.

Nutrimentos por porción (1 muffin):			
Calorías	150	Colesterol	muy poco
Grasa	4 g	Sodio	180 mg

Torta de Mermelada de Ciruela

Rinde 8 porciones

½ taza de mermelada de naranja
Antiadherente en aerosol
3 ciruelas grandes
¼ de taza de azúcar morena
2 cucharadas de harina de trigo
½ taza de harina integral de trigo
¼ de taza de azúcar granulada
2 cucharaditas de polvo para hornear
½ cucharadita de sal
½ cucharadita de nuez moscada
1 taza de cereal de trigo integral
1 taza de leche descremada
1 huevo
¼ de taza de margarina suavizada

1. Unte la mermelada en un refractario redondo de 1.5 litros, previamente engrasado. Deshuese las ciruelas. Córtelas en rebanadas delgadas. Mezcle las ciruelas, el azúcar morena y 2 cucharadas de harina; acomode esto sobre la mermelada.

2. Mezcle la harina, la harina integral de trigo, el azúcar granulada, el polvo para hornear, la sal y la nuez moscada.

3. En un recipiente grande, coloque el cereal de trigo y la leche. Deje reposar durante 2 minutos o hasta que el cereal se haya suavizado. Agregue el huevo y la margarina; bata muy bien.

4. Añada la mezcla de cereal a la de harina, moviendo únicamente hasta que se combinen. Acomódelo de manera uniforme sobre las ciruelas.

5. Hornee a 250 °C, durante unos 25 minutos, o hasta que la torta haya dorado. Saque del horno y desmolde inmediatamente. Sirva caliente o frío.

Nutrimentos por porción:			
Calorías	260	Colesterol	30 mg
Grasa	7 g	Sodio	430 mg

Muffins de Canela y Jugo de Naranja

Rinde 12 muffins

2 tazas de cereal integral mixto
1 taza de jugo de naranja
1 huevo batido
3 cucharadas de aceite vegetal
1 taza de harina de trigo
⅓ de taza de azúcar morena
2 cucharaditas de polvo para hornear
1½ cucharaditas de canela en polvo
½ cucharadita de bicarbonato de sodio

Caliente el horno a 200 °C. Engrase 12 moldes para muffin. En un recipiente grande, mezcle el cereal, el jugo de naranja, el huevo y el aceite. Deje reposar por 5 minutos. En otro recipiente, combine la harina, el azúcar morena, el polvo para hornear, la canela y el bicarbonato. Agregue la mezcla de harina a la de cereal; bata sólo lo necesario para humedecer. Divida la masa entre los 12 moldes para muffin. Hornee de 15 a 20 minutos o hasta que, al insertar un palillo en el centro de los panecillos, éste salga limpio.

Nutrimentos por porción (1 muffin):			
Calorías	130	Colesterol	17 mg
Grasa	4 g	Sodio	128 mg

Pan Casero

Rinde 12 porciones

Pan
- 1 taza de azúcar
- 1 huevo
- 2 cucharadas de mantequilla suavizada
- 2 tazas de harina de trigo
- 1½ cucharaditas de polvo para hornear
- 1 cucharadita de canela en polvo
- ½ cucharadita de bicarbonato de sodio
- ¼ de cucharadita de sal
- ¼ de cucharadita de nuez moscada en polvo
- 1 taza de suero de leche
- 1 taza de uvas pasa
- ½ taza de nuez picada

Cubierta
- ½ taza de azúcar
- 1 cucharada de harina de trigo
- 1 cucharada de mantequilla
- ½ cucharadita de canela en polvo

Caliente el horno a 180 °C. Engrase un molde de 33×23 cm.

Para el Pan, mezcle el azúcar, el huevo y la mantequilla en un recipiente grande. Bata, con batidora eléctrica, a velocidad alta durante 30 segundos. Agregue la harina, el polvo para hornear, la canela, el bicarbonato, la sal y la nuez moscada en un recipiente mediano. Añada la mezcla de harina y el suero de leche, alternadamente, a la mezcla de azúcar, batiendo muy bien después de agregar cada ingrediente. Incorpore las pasas y la nuez. Vierta uniformemente en el molde ya preparado.

Para la Cubierta, mezcle todos los ingredientes en un recipiente pequeño. Coloque sobre la masa. Hornee de 25 a 30 minutos o hasta que, al insertar en el centro del pan un palillo, éste salga limpio. Corte en 12 cuadros. Si lo desea, sirva caliente con mantequilla.

Nutrimentos porción:			
Calorías	236	Colesterol	24 mg
Grasa	6 g	Sodio	168 mg

Muffin Multigrano de Arándano

Rinde 12 muffins

- 1¾ tazas de cereal integral mixto
- 1 huevo batido
- 1 taza de suero de leche bajo en calorías*
- 3 cucharadas de aceite vegetal
- 1 taza de harina de trigo
- ½ taza de azúcar morena
- 2½ cucharaditas de polvo para hornear
- 1 cucharadita de canela en polvo
- 1 taza de arándano fresco o congelado, escurrido

Caliente el horno a 200 °C. Engrase 12 moldes para muffin. En un recipiente grande, mezcle el cereal, el huevo, el suero de leche y el aceite. Deje reposar por 5 minutos. En un recipiente mediano, combine la harina, el azúcar morena, el polvo para hornear y la canela. Agregue la mezcla de harina a la mezcla de cereal, batiendo sólo lo necesario para humedecer. Incorpore el arándano. (La masa tendrá una consistencia espesa.) Divida la masa entre los 12 moldes para muffin. Hornee de 20 a 25 minutos o hasta que, al insertar en el centro del panecillo un palillo, éste salga limpio.

*1 cucharada de jugo de limón o vinagre y suficiente leche para llenar 1 taza, puede ser un buen sustituto del suero de leche.

Muffins de Pasas: Utilice ⅓ de taza de uvas pasa en lugar de arándanos.

Muffins de Fresa: Utilice 1 taza de fresas frescas en lugar de arándanos. Agregue 1 cucharadita de extracto de vainilla en lugar de la canela. Si lo desea, ponga ⅓ de taza de nuez picada a la mezcla de cereal.

Nutrimentos por porción (1 muffin):			
Calorías	143	Colesterol	18 mg
Grasa	5 g	Sodio	144 mg

Mantequilla de Miel y Naranja

Rinde ½ taza

- ½ taza de mantequilla sin sal, suavizada
- 2 cucharadas de miel
- 1 cucharada de zumo de naranja

Bata la mantequilla en un recipiente pequeño, con batidora eléctrica, hasta obtener una consistencia esponjosa. Incorpore la miel y el zumo de naranja, y bata muy bien. Sirva con muffins, hot cakes o pan francés.

Nutrimentos por porción (1 cucharadita):			
Calorías	39	Colesterol	10 mg
Grasa	4 g	Sodio	0 mg

Muffins de Arándano con Crema Agria

Rinde 12 muffins

    1 taza de harina de trigo
    ¾ taza de harina de maíz
    2 cucharaditas de polvo para hornear
    ½ cucharadita de bicarbonato de sodio
    ¼ de cucharadita de sal
    1 huevo batido
    1 taza de crema agria
    ⅓ de taza de jugo de manzana concentrado
    1½ tazas de arándano fresco o congelado
    ⅔ de taza de crema Chantilly (opcional)
    2 cucharadas de mermelada de arándano sin azúcar (opcional)

Caliente el horno a 200 °C. Engrase 12 moldes para muffin.

Combine los ingredientes secos en un recipiente mediano. Mezcle el huevo, la crema agria y el jugo de manzana en un recipiente pequeño. Añada la mezcla de harina, batiendo sólo hasta humedecer. Agregue cuidadosamente el arándano. Ponga la masa en los moldes previamente engrasados; llénelos hasta ¾ partes de su capacidad.

Hornee de 18 a 20 minutos hasta que doren. Déjelos enfriar en el molde durante 5 minutos. Desmolde y deje enfriar un poco más. Mezcle la crema Chantilly y la mermelada en un recipiente pequeño; sirva con los muffins si lo desea.

Nutrimentos por porción (1 muffin):

Calorías	176	Colesterol	35 mg
Grasa	8 g	Sodio	201 mg

Cubierta de Pera Fresca

Rinde unas 4 tazas

    4 peras frescas, en rebanadas o en cuadritos (4 tazas)
    1 taza de jarabe sabor maple, bajo en calorías
    ⅓ de taza de leche baja en grasa
    ¾ de cucharadita de extracto de vainilla

Caliente las peras en una sartén antiadherente, a fuego medio. Agregue el jarabe, la leche y la vainilla; caliente hasta que burbujee; mueva ocasionalmente. Ponga la cubierta sobre waffles, pan francés, hot cakes o cereal.

Nutrimentos por porción (2 cucharadas de cubierta):

Calorías	32	Colesterol	muy poco
Grasa	muy poca	Sodio	2 mg

Muffins de Higo y Naranja

Rinde 12 muffins

    1½ tazas de harina de trigo
    1 cucharada de polvo para hornear
    ¼ de taza de azúcar
    3 tazas de cereal de trigo integral
    1¼ tazas de jugo de naranja
    1 huevo
    ¼ de taza de aceite vegetal
    ⅔ de taza de higos secos picados
    1 cucharadita de ralladura de cáscara de naranja
    Antiadherente en aerosol

1. Mezcle la harina, el polvo para hornear y el azúcar.

2. Ponga el cereal, el jugo de naranja, el huevo, el aceite y la cáscara de naranja en un recipiente grande. Bata muy bien.

3. Agregue los ingredientes secos a la mezcla de cereal, batiendo únicamente hasta que se hayan humedecido. Vierta la masa en 12 moldes para muffin, previamente engrasados.

4. Hornee a 200 °C durante unos 25 minutos o hasta que estén dorados. Sirva calientes.

Nutrimentos por porción: (1 muffin):

Calorías	190	Colesterol	25 mg
Grasa	5 g	Sodio	170 mg

Peras con Salsa de Cítricos

Rinde 6 porciones

    2 cucharadas de margarina baja en grasa
    ⅓ de taza de azúcar
    ¾ de taza de jugo de naranja
    ⅓ de taza de jugo de limón
    ½ cucharadita de zumo de naranja y de zumo de limón
    3 peras frescas, sin corazón, en rebanadas

Derrita la margarina con el azúcar en una olla. Agregue los jugos de fruta y los zumos. Déjelos hervir, hasta que se consuma y quede un poco del líquido. Baje el fuego y agregue las rebanadas de pera. Caliente bien. Sirva sobre waffles, hot cakes o cereal.

Nutrimentos por porción:

Calorías	124	Colesterol	0 mg
Grasa	2 g	Sodio	52 mg

Muffins de Arándano con Crema Agria

Barras Miniatura de Dátil y Chabacano

3. Hornee a 180 °C de 30 a 35 minutos o hasta que, al insertar en el centro del pan un palillo, éste salga limpio. Deje enfriar en los moldes por 15 minutos. Desmolde. Deje enfriar completamente.

Sugerencia: Esta receta también se puede elaborar en un molde de 20×20×5 cm a una temperatura de 180 °C, de 55 a 60 minutos. Deje enfriar durante 10 minutos antes de desmoldar.

Nutrimentos por porción (1 rebanada):			
Calorías	167	Colesterol	0 mg
Grasa	5 g	Sodio	198 mg

Barras Miniatura de Dátil y Chabacano

Rinde 16 porciones, 4 barras miniatura

1 paquete de harina preparada para muffins sabor canela
½ cucharadita de polvo para hornear
2 claras de huevo
⅔ de taza de agua
½ taza de chabacanos secos picados
½ taza de dátiles picados

1. Caliente el horno a 180 °C. Engrase 4 moldes de 12.5×5×3 cm.

2. Mezcle la harina para muffin y el polvo para hornear en un recipiente grande. Deshaga los grumos. Agregue las claras de huevo, el agua, los chabacanos y los dátiles. Mezcle bien; cucharee unas 50 veces.

Picadillo de Jamón con Arroz y Champiñones

Rinde 8 porciones

1 cucharada de aceite de oliva
2 tazas de champiñones frescos rebanados
1 cebolla pequeña picada
1 diente de ajo picado
3 tazas de arroz integral cocido
1 taza (180 g) de jamón de pavo, picado
½ taza de nueces picadas (opcional)
¼ de taza de perejil picado
1 cucharada de vinagre de vino blanco
1 cucharada de mostaza Dijon
¼ de cucharadita de pimienta negra molida

Caliente el aceite en una sartén grande, a fuego medio. Agregue los champiñones, la cebolla y el ajo. Cueza y mueva hasta que estén suaves. Añada el arroz, el jamón, las nueces, el perejil, el vinagre, la mostaza y la pimienta. Cueza y mueva hasta que esté totalmente caliente.

En horno de microondas: Mezcle el aceite, los champiñones, la cebolla y el ajo en un recipiente para microondas de 2 litros. Hornee a temperatura ALTA (100 %), de 3 a 4 minutos. Agregue el arroz, el jamón, las nueces, el perejil, el vinagre, la mostaza y la pimienta. Hornee a temperatura ALTA de 3 a 4 minutos; mueva después de 2 minutos o hasta que esté totalmente caliente.

Nutrimentos por porción:			
Calorías	133	Colesterol	10 mg
Grasa	4 g	Sodio	184 mg

Hot Cakes de Jengibre

Rinde 12 hot cakes

1½ tazas de harina de trigo
½ taza de pan molido
1 cucharada de polvo para hornear
1 cucharadita de especias para pay
1¼ tazas de leche descremada
2 claras de huevo
3 cucharadas de melaza
2 cucharadas de margarina derretida

En un recipiente grande, mezcle la harina, el pan molido, el polvo para hornear y las especias. En un recipiente pequeño, revuelva la leche, las claras de huevo, la melaza y la margarina. Agregue los ingredientes líquidos a los secos y bata.

En una sartén previamente engrasada, vierta ¼ de taza de la mezcla para cada hot cake. Cueza a fuego medio hasta que la superficie superior presente burbujas y la superficie inferior esté ligeramente dorada. Voltee cuidadosamente y cueza hasta que esté listo. Retire del fuego y mantenga caliente.

Nutrimentos por porción (1 hot cake):

Calorías	110	Colesterol	1 mg
Grasa	2 g	Sodio	128 mg

Cacerola de Papas

Rinde de 4 a 6 porciones

2 cucharadas de margarina o mantequilla sin sal
2 tazas de jamón, en cuadritos de 2 cm
2 tazas de papa en rebanadas
1 taza de champiñones rebanados
½ taza de cebolla picada
½ taza de pimiento morrón verde picado
1 taza de alubias cocidas y escurridas
Queso bajo en sal (opcional)

Caliente el horno a 180 °C. Derrita la margarina en una sartén grande a fuego medio. Agregue el jamón, las papas, los champiñones, las cebollas y el pimiento. Cueza y mueva, a fuego medio, de 5 a 6 minutos o hasta que la cebolla se haya suavizado. Añada las alubias. Coloque todo en una olla de barro o en una cacerola. Hornee de 10 a 12 minutos o hasta que esté completamente caliente. Espolvoree con queso si lo desea. Hornee de 4 a 6 minutos más o hasta que el queso esté derretido y ligeramente dorado.

Nutrimentos por porción:

Calorías	161	Colesterol	19 mg
Grasa	7 g	Sodio	391 mg

Soufflé de Frutas Mixtas

Rinde 8 porciones

1 taza de leche descremada
¼ taza de fécula de maíz
1½ tazas de fruta fresca picada*
⅓ de taza de azúcar
1 cucharadita de extracto de vainilla
225 g de claras de huevo

En una sartén pequeña, mezcle poco a poco la leche y la fécula de maíz; cueza a fuego medio hasta que la mezcla espese y empiece a hervir; mueva constantemente. Retire del fuego; agregue la fruta, el azúcar y la vainilla.

Aparte, en un recipiente mediano, con una batidora eléctrica a máxima velocidad, bata las claras hasta obtener una consistencia espumosa; incorpore la fruta a esta mezcla. Coloque la preparación en una cacerola para soufflé de 1.5 litros, previamente engrasada. Hornee a 180 °C de 45 a 50 minutos. Sirva inmediatamente.

*La fruta fresca se puede sustituir por fruta en almíbar o congelada muy bien escurrida.

Nutrimentos por porción:

Calorías	86	Colesterol	1 mg
Grasa	0 g	Sodio	54 mg

Cacerola de Papas

Pan de Plátano con Nuez

Rinde 16 porciones

½ taza de azúcar granulada
2 cucharadas de azúcar morena
5 cucharadas de margarina o mantequilla
    suavizada
1 huevo más dos claras de huevo
1⅓ tazas de plátanos machacados (unos
    3 plátanos)
2½ tazas de harina de trigo
1 cucharadita de polvo para hornear
½ cucharadita de sal
⅓ de taza de nuez picada

Caliente el horno a 190 °C. Engrase un molde de
23×13 cm.

Bata el azúcar granulada, el azúcar morena y la
margarina en un recipiente grande, con batidora
eléctrica, hasta obtener una consistencia cremosa.
Agregue el huevo, las claras de huevo y los plátanos.
Cierna la harina, el polvo para hornear y la sal en un
recipiente por separado; añada a la mezcla de plátano
revolviendo únicamente hasta que los ingredientes
secos se humedezcan. Añada las nueces. Vierta en el
molde previamente engrasado.

Hornee durante 1 hora. Deje enfriar en el molde
durante 10 minutos. Desmolde y deje enfriar
completamente. Para servir, corte en 16 rebanadas.

Nutrimentos por porción (1 rebanada):

Calorías	168	Colesterol	13 mg
Grasa	6 g	Sodio	172 mg

Delicias de Mora

Rinde 4 porciones

285 g de frambuesas
1 cucharada de azúcar
2 cucharaditas de fécula de maíz
1 taza de moras frescas o descongeladas
2 peras frescas, sin corazón y partidas por la
    mitad
Yogur natural bajo en grasa (opcional)

Mezcle las frambuesas, el azúcar y la fécula de maíz
en una sartén. Cueza a fuego medio hasta que la
mezcla haya hervido y espesado, moviendo
constantemente. Deje enfriar. Coloque las moras
sobre las mitades de pera. Corone con la mezcla de
frambuesa. Adorne con yogur si lo desea.

Nutrimentos por porción:

Calorías	155	Colesterol	0 mg
Grasa	muy poca	Sodio	muy poco

Trenzas de Canela

Rinde 20 trenzas

2 paquetes de levadura seca
⅓ de taza de agua tibia (de 43 a 45 °C)
225 g de crema agria
3 cucharadas de azúcar granulada
4 cucharadas de mantequilla suavizada
½ cucharadita de sal
2¾ a 3¼ tazas de harina de trigo
1 huevo
3 cucharadas de azúcar morena
1 cucharadita de canela en polvo
Glaseado de Azúcar (receta más adelante)

Suavice la levadura en el agua tibia. Mezcle la crema,
el azúcar granulada, 2 cucharadas de mantequilla y la
sal en una sartén mediana; cubra y cueza a fuego
medio sólo hasta que esté tibio y que la mantequilla
esté casi derretida. Revuelva 1 taza de harina con la
mezcla de crema agria, la de levadura y un huevo, en
un recipiente grande. Bata, con batidora eléctrica a
velocidad baja, durante 30 segundos. Bata a velocidad
alta durante 3 minutos, limpiando los lados del
recipiente constantemente. Agregue suficiente harina
para hacer una masa suave; bata con una pala de
madera. Ponga la mezcla en una superficie
ligeramente enharinada. Amase con suficiente harina
para hacer que la masa tenga una consistencia
moderadamente firme, pero que sea suave y elástica
(de 6 a 8 minutos). Deje reposar la masa durante
10 minutos.

Engrase una charola para hornear. Divida la masa a la
mitad. Con una mitad haga un rectángulo de
40×15 cm. Unte 1 cucharada de mantequilla sobre el
rectángulo. Combine el azúcar morena y la canela en
un recipiente pequeño. Espolvoree sobre el rectángulo
en la parte central. Dóblelo por la mitad empezando
por una esquina para formar un rectángulo de
20×15 cm. Corte en 10 tiras de 15×2 cm. Tuerza
cada tira varias veces, y colóquela en la charola para
hornear. Repita la operación con el resto de la masa.
Cubra y deje que se esponje durante
aproximadamente 25 minutos o cuando duplique su
tamaño. Caliente el horno a 180 °C. Hornee durante
14 minutos o hasta que haya dorado. Retire del molde
y espolvoree con el glaseado de azúcar. Sirva caliente
o deje enfriar completamente.

Glaseado de Azúcar: Mezcle una taza de azúcar
cernida y 1 o 2 cucharadas de crema con leche en un
recipiente pequeño; bata hasta obtener una
consistencia suave.

Nutrimentos por porción (1 trenza):

Calorías	153	Colesterol	22 mg
Grasa	5 g	Sodio	34 mg

Danish de Queso Ricotta

Rinde 8 panes

Masa
- 1½ tazas de harina de trigo
- ¾ de taza de harina integral de trigo
- 3 cucharadas de azúcar granulada
- 2 cucharaditas de polvo para hornear
- ½ cucharadita de bicarbonato de sodio
- ¼ de cucharadita de canela en polvo
- ⅛ de cucharadita de sal
- 1 taza de yogur natural bajo en grasa
- 2 cucharadas de mantequilla derretida

Relleno de queso
- ½ taza de queso ricotta
- 2 cucharaditas de azúcar granulada
- Zumo de un limón

Glaseado
- ¼ de taza de azúcar glass
- 1¾ cucharaditas de leche
- ¼ de cucharadita de extracto de vainilla

Caliente el horno a 200 °C. Para hacer la masa, mezcle ambas harinas, el azúcar granulada, el polvo para hornear, el bicarbonato, la canela y la sal en un recipiente grande. Combine el yogur con la mantequilla en un recipiente pequeño. Bata la mezcla de yogur con la de harina. Coloque esto sobre una superficie enharinada. Amase hasta obtener una consistencia suave.

Divida en dos la masa. Forme un cuadro de 20 cm con una mitad de la masa. Córtelo en 4 cuadros de 5 cm. Pase estos cuadros con una espátula a la charola para hornear. Haga cortes de 2 cm en el centro de cada cuadro en dirección hacia las esquinas.

Para el relleno de queso, mezcle el queso, el azúcar granulada y el zumo de limón en un recipiente pequeño. Coloque 1 cucharada copeteada del relleno de queso en el centro de cada cuadro. Levante y doble cada una de las esquinas sobre el relleno. Presione el centro para que cada esquina quede en su lugar. Haga lo mismo con el resto de la masa.

Hornee durante unos 10 minutos o hasta que se doren. Mientras tanto, para hacer el glaseado, mezcle todos los ingredientes en un recipiente pequeño y bata hasta obtener una consistencia suave. Ponga sobre los panecillos. Sirva caliente.

Nutrimentos por porción (1 danish):

Calorías	224	Colesterol	14 mg
Grasa	5 g	Sodio	237 mg

Tostadas de Manzana con Especias

Rinde 4 porciones

- 1 cucharada de margarina
- 2 manzanas, sin pelar, sin corazón, en rebanadas delgadas
- ⅓ de taza de jugo de naranja
- 4 cucharaditas de azúcar morena
- ½ cucharadita de canela en polvo
- 4 rebanadas de pan integral de trigo, tostado
- 2 cucharaditas de azúcar granulada

Caliente el horno a 230 °C. Derrita la margarina en una sartén antiadherente mediana. Agregue las manzanas, el jugo de naranja, el azúcar morena y la canela; cueza a fuego medio hasta que las manzanas se hayan suavizado; mueva ocasionalmente. Escurra y reserve el líquido. Deje que las manzanas se enfríen. Coloque las tostadas sobre una charola para hornear, ligeramente engrasada. Acomode las manzanas en espiral, sobreponiendo las rebanadas. Espolvoree ½ cucharadita de azúcar granulada sobre cada tostada.

Hornee durante unos 4 minutos o hasta que el pan esté dorado. Rocíe el líquido que reservó sobre las tostadas.

Nutrimentos por porción (1 tostada):

Calorías	175	Colesterol	0 mg
Grasa	4 g	Sodio	134 mg

Muffins de Yogur

Rinde 12 muffins

- 1½ tazas de harina
- ¾ de taza de azúcar
- 2 cucharaditas de polvo para hornear
- 1 cucharadita de bicarbonato de sodio
- ½ cucharadita de sal
- ⅔ de taza de yogur natural bajo en grasa
- ⅔ de taza de leche descremada
- ½ taza de frambuesa o manzana rallada (opcional)

Caliente el horno a 200 °C. Engrase los moldes para muffin. En un recipiente grande, mezcle la harina, el azúcar, el polvo para hornear, el bicarbonato de sodio y la sal. Agregue cuidadosamente el yogur, la leche y las frambuesas. Revuelva sólo hasta que los ingredientes secos se hayan humedecido.

Rellene los moldes, previamente engrasados, a ⅔ de su capacidad. Hornee hasta que estén dorados o hasta que, al insertar un palillo en el centro de los panecillos, éste salga limpio. Sirva calientes.

Nutrimentos por porción (1 muffin):

Calorías	120	Colesterol	5 mg
Grasa	2 g	Sodio	177 mg

Hot Cakes Integrales de Salvado

Hot Cakes Integrales de Salvado

Rinde unos 10 hot cakes (de 10 cm)

1 taza de harina de arroz o de trigo
¾ de taza de salvado
1 cucharada de azúcar
1 cucharadita de polvo para hornear
½ cucharadita de bicarbonato de sodio
1¼ tazas de suero de leche bajo en grasa
3 huevos batidos
Antiadherente en aerosol
Fruta fresca o jarabe bajo en calorías
(opcional)

Cierna la harina, el salvado, el azúcar, el polvo para hornear y el bicarbonato de sodio juntos, en un recipiente grande. Mezcle el suero de leche y las claras de huevo en un recipiente pequeño. Agregue a la mezcla de harina. Bata hasta obtener una consistencia suave. Vierta ¼ de taza de la pasta sobre una sartén previamente engrasada. Cueza a fuego medio hasta que las burbujas de la parte superior se hayan dorado ligeramente. Voltee para dorar del otro lado. Sirva con fruta fresca o jarabe.

Variante: Para hot cakes de canela, agregue 1 cucharadita de canela en polvo a los ingredientes secos.

Nutrimentos por porción (1 hot cake):			
Calorías	99	Colesterol	1 mg
Grasa	2 g	Sodio	119 mg

Avena Alpina Afrutada

Rinde 6 porciones

2 tazas de avena sin cocer*
1 taza de jugo de manzana
1 taza de agua
¾ de taza de fruta picada o uvas pasa
¼ de cucharadita de canela en polvo
¼ de cucharadita de sal (opcional)

Mezcle muy bien todos los ingredientes. Cubra y refrigere durante unas 8 horas. Mueva antes de servir. Sirva fría o caliente con leche o yogur, si lo desea. Para guardar, tape y refrigere.

*Puede sustituir la avena por 1 taza de cereal de avena sin cocer.

Nota: Para calentar, coloque ½ taza de cereal en un recipiente para microondas. Caliente a temperatura ALTA (100 %) durante 1½ minutos; revuelva.

Nutrimentos por porción (½ taza):			
Calorías	175	Colesterol	0 mg
Grasa	2 g	Sodio	5 mg

Muffins Aloha

Rinde 12 muffins

1½ tazas de harina integral de trigo
¾ de taza de azúcar
¼ de taza de avena
1½ cucharaditas de polvo para hornear
¾ de cucharadita de bicarbonato de sodio
1 cucharadita de canela en polvo
¼ de cucharadita de nuez moscada en polvo
2 tazas (225 g) de piña en almíbar en trozos
½ taza de uvas pasa
3 claras de huevo
¼ de taza más 1 cucharada de aceite vegetal
½ cucharadita de extracto de almendras
¼ de taza de almendras rebanadas

Caliente el horno a 180 °C. Mezcle la harina, el azúcar, la avena, el polvo para hornear, el bicarbonato, la canela y la nuez moscada en un recipiente pequeño. En un recipiente grande, revuelva la piña, previamente escurrida (reserve ¼ de taza del almíbar), las pasas, las claras de huevo, el aceite y el extracto de almendras. Agregue los ingredientes secos a la mezcla de piña, batiendo hasta que los ingredientes secos se hayan humedecido. Coloque la masa en 12 moldes para muffin, previamente engrasados. Ponga las almendras en la superficie. Hornee durante 25 minutos. Desmolde y enfríe.

Nutrimentos por porción (1 muffin):			
Calorías	226	Colesterol	0 mg
Grasa	8 g	Sodio	112 mg

Mantequilla de Manzana

Rinde 2 tazas

1 frasco (660 g) de puré de manzana (2½ tazas)
½ taza de jugo de manzana concentrado
1 cucharadita de canela en polvo
½ cucharadita de sal
½ cucharadita de clavo en polvo
⅛ de cucharadita de especias mixtas en polvo

Mezcle todos los ingredientes en una sartén mediana. Cocine a fuego medio durante 50 minutos o hasta obtener una consistencia muy espesa; mueva ocasionalmente. Guarde la mezcla en un recipiente sellado en el refrigerador hasta por 3 semanas. Unte sobre pan tostado o muffins.

Nutrimentos por porción (1 cucharada):			
Calorías	16	Colesterol	0 mg
Grasa	muy poca	Sodio	36 mg

Muffins de Canela con Especias

Rinde 36 muffins miniatura o 12 de tamaño regular

1½ tazas de harina de trigo
½ taza de azúcar
2 cucharaditas de polvo para hornear
½ cucharadita de sal
½ cucharadita de nuez moscada
½ cucharadita de cilantro en polvo
½ cucharadita de especias mixtas en polvo
½ taza de leche baja en grasa
⅓ de taza de margarina derretida
1 huevo
¼ de taza de azúcar
1 cucharadita de canela en polvo
¼ de taza de margarina derretida

Caliente el horno a 200 °C. Engrase 36 moldes miniatura para muffin. En un recipiente, mezcle la harina, ½ taza de azúcar, el polvo para hornear, la sal, la nuez moscada, el cilantro y las especias mixtas. En otro recipiente, combine la leche, ⅓ de taza de margarina y el huevo. Agregue esta mezcla a la de harina, batiendo hasta que quede húmeda.

Coloque la masa en los moldes para muffin. Hornee hasta que las orillas hayan dorado ligeramente o hasta que, al insertar en el centro de los panecillos un palillo, éste salga limpio. Desmolde.

Mientras tanto, revuelva ¼ de taza de azúcar y la canela en un plato hondo. Bañe los muffins en ¼ de taza de margarina derretida, y luego espolvoréelos con el azúcar y la canela. Sirva calientes.

En horno de microondas: Coloque doble cubierta de papel en los moldes para muffin. Prepare la pasta de acuerdo con las instrucciones. Vierta la pasta en los moldes, llenándolos hasta la mitad. Hornee a temperatura ALTA (100 %), de 2½ a 4 ½ minutos, o hasta que, al insertar en el centro de los panecillos un palillo, éste salga limpio. Durante el tiempo de horneado, gire el plato media vuelta. Deje reposar por 5 minutos. Desmolde.

Mientras tanto, mezcle ¼ de taza de azúcar y la canela en un plato hondo. Bañe los muffins calientes en ¼ de taza de margarina y luego espolvoree con el azúcar y la canela. Sirva calientes.

Nutrimentos por porción (1 muffins miniatura):			
Calorías	64	Colesterol	6 mg
Grasa	3 g	Sodio	86 mg

Nutrimentos por porción (1 muffin de tamaño regular):			
Calorías	193	Colesterol	18 mg
Grasa	9 g	Sodio	257 mg

Muffins de Canela con Especias

Pay de Dátil con Piña y Almendra

Rinde 28 porciones

1 taza de almendras rebanadas
¾ de taza de azúcar
½ taza de margarina suavizada
1 huevo
1 lata (230 g) de piña en almíbar en trozos
1 cucharada de ralladura de cáscara de naranja
2 tazas de harina de trigo
1 cucharadita de polvo para hornear
1 cucharadita de bicarbonato de sodio
¼ de cucharadita de nuez moscada en polvo
1 taza de dátiles picados

Tueste ¾ de taza de las almendras; reserve ¼ de taza para coronar. Bata el azúcar y la margarina en un recipiente grande hasta obtener una consistencia esponjosa. Agregue 1 huevo hasta que quede bien mezclado. Añada la piña sin escurrir y la ralladura. Combine la harina, el polvo para hornear, el bicarbonato y la nuez moscada en un recipiente mediano. Incorpore a la mezcla de la piña y revuelva bien. Agregue ¾ de taza de las almendras tostadas y los dátiles. Vierta la masa en un molde para pan de 23×13 cm. Espolvoree las almendras que reservó. Hornee a 180 °C, de 55 a 60 minutos. Enfríe en el molde durante 10 minutos. Desmolde y deje enfriar completamente antes de rebanar. Para servir, corte la barra en 14 rebanadas; después corte cada rebanada por la mitad.

Nutrimentos por porción:			
Calorías	147	Colesterol	10 mg
Grasa	7 g	Sodio	83 mg

Quesadillas con Salsa de Fruta

Quesadillas con Salsa de Fruta

Rinde 4 porciones

500 g de fresas en cuadritos
  1 pera, sin corazón, en cuadritos
  1 cucharada de cilantro fresco picado
  1 cucharada de miel
  1 taza de queso mozzarella rallado
  4 tortillas de harina (de 10 cm de diámetro)
  2 cucharaditas de margarina baja en grasa, derretida
  2 cucharadas de crema agria

Para hacer la Salsa de Fruta, mezcle las fresas, la pera, el cilantro y la miel en un recipiente mediano.

Espolvoree dos cucharadas de queso en la mitad de cada una de las tortillas. Corone con ⅓ de taza de la Salsa de Fruta y otras 2 cucharadas de queso. Doble las tortillas a la mitad. Barnice la parte superior de cada tortilla con un poco de margarina derretida.

Caliente las tortillas con la parte engrasada hacia abajo en una sartén antiadherente caliente, hasta que presenten un color dorado, durante unos 2 minutos. Barnice el otro lado con el resto de la margarina, voltee y deje dorar. Ponga en un plato extendido o platón. Corte cada tortilla por la mitad. Sirva con el resto de la Salsa de Fruta. Adorne con la crema agria y sirva inmediatamente.

Nutrimentos por porción:			
Calorías	278	Colesterol	14 mg
Grasa	9 g	Sodio	264 mg

Torta de Canela y Durazno

Emparedados para el Almuerzo

Rinde 4 porciones

1 taza de claras de huevo
¼ de taza de mayonesa baja en grasa
½ cucharadita de mostaza Dijon
   Pizca de pimienta negra
4 muffins de trigo
4 hojas de lechuga
4 rebanadas de tomate rojo

Rocíe una sartén de 20 cm con antiadherente en aerosol; cueza las claras de huevo, a fuego medio, durante 10 minutos. Corte el huevo en cuatro partes.

En un recipiente pequeño, mezcle la mayonesa, la mostaza y la pimienta. Parta los muffins por la mitad, horizontalmente. Unte las 4 partes inferiores de los muffins con la mezcla. Ponga allí el huevo, el tomate y la lechuga. Cubra con la otra parte del muffin.

Nutrimentos por porción:			
Calorías	190	Colesterol	0 g
Grasa	2 g	Sodio	560 mg

Pan de Naranja con Chispas de Chocolate

Rinde 16 porciones

1 taza de leche descremada
¼ de taza de jugo de naranja
⅓ de taza de azúcar
1 huevo ligeramente batido
1 cucharada de ralladura de cáscara de naranja
3 tazas de harina preparada para bisquet
½ taza de chispas de chocolate semiamargo

Mezcle la leche, el jugo de naranja, el azúcar, el huevo y la ralladura en un recipiente pequeño. Coloque la harina preparada en un recipiente mediano. Bata la mezcla de la leche con la harina, durante 1 minuto. Agregue las chispas de chocolate. Vierta la mezcla en un molde de 23×13×7 cm. Hornee a 180 °C, de 45 a 50 minutos, o hasta que, al insertar en el centro del pan un palillo, éste salga limpio. Enfríe en el molde durante 10 minutos y luego desmolde. Enfríe completamente. Rebane y sirva. Guarde las sobras envueltas en aluminio o plástico.

Nutrimentos por porción (1 rebanada):			
Calorías	161	Colesterol	17 mg
Grasa	5 g	Sodio	274 mg

Torta de Canela y Durazno

Rinde 9 porciones

1 lata (230 g) de duraznos en almíbar
   Agua
1 paquete de harina preparada para muffin
1 huevo

1. Caliente el horno a 200 °C. Engrase un molde cuadrado de 20 cm.

2. Escurra los duraznos, pero guarde el almíbar. Agregue el agua a este jugo hasta obtener un total de ¾ de taza de líquido. Pique los duraznos.

3. Mezcle la harina preparada para muffin, el huevo y los ¾ de taza de líquido en un recipiente mediano; incorpore los duraznos. Vierta la masa en el molde.

4. Hornee a 200 °C de 28 a 33 minutos o hasta dorar. Sirva caliente.

Nutrimentos por porción:			
Calorías	205	Colesterol	0 mg
Grasa	7 g	Sodio	248 mg

Rollos de Plátano y Canela

Rinde 12 porciones

¼ de taza de azúcar granulada
1 cucharadita de canela en polvo
2 tazas de hojuelas de trigo integral con uvas pasa
½ taza de plátanos maduros, machacados
½ taza de leche
1 huevo
1 cucharadita de vainilla
1¾ tazas de harina de trigo
4 cucharaditas de polvo para hornear
½ cucharadita de sal
½ taza de margarina fría

Betún
1½ tazas de azúcar glass
2 cucharadas de agua caliente
1 cucharada de jugo de limón
¼ de taza de almendras rebanadas (opcional)

Mezcle el azúcar granulada y la canela. Ponga las hojuelas de trigo, el plátano y la leche en un recipiente grande. Mezcle bien. Deje reposar durante 2 minutos o hasta que el cereal se haya suavizado. Agregue el huevo y la vainilla; revuelva bien.

En un recipiente grande, combine la harina, el polvo para hornear y la sal. Con la batidora, bata la margarina hasta que tenga un aspecto grumoso. Agregue la mezcla de cereal batiendo sólo hasta que los ingredientes se incorporen.

En una superficie ligeramente enharinada, amase durante 10 minutos. Haga un rectángulo de 30×25 cm. Espolvoree la masa con la mezcla de azúcar. Empezando con el lado más largo, enrolle la masa. Corte el rollo en pedazos de 2.5 cm. Coloque los pedazos en una charola previamente engrasada de 33×23 cm.

Hornee a 180 °C durante unos 25 minutos o hasta que estén ligeramente dorados. Colóquelos en un platón.

Para hacer el betún, mezcle el azúcar glass, el agua y el jugo de limón hasta obtener una consistencia suave. Unte sobre los rollos calientes y espolvoréelos con las almendras. Sirva calientes.

Nutrimentos por porción (1 rollo):			
Calorías	260	Colesterol	19 mg
Grasa	9 g	Sodio	360 mg

Alambres de Jamón y Frutas

Rinde de 8 a 10 alambres

¾ de taza de jugo de piña
¼ de taza de azúcar morena
2 cucharadas de margarina sin sal
750 g de jamón, en cuadros de 3 cm
2 manzanas grandes, sin corazón y cortadas en sextos
2 perones, sin corazón y cortados en sextos
1 piña fresca pelada, sin corazón y cortada en cuadros de 2.5 cm
3 kiwis pelados y cortados en rebanadas de 1.25 cm

Caliente el horno a 180 °C. Coloque el jugo de piña, el azúcar morena y la margarina en el fondo de una cacerola grande. Caliente en el horno hasta que la mantequilla se haya derretido. De manera alternada, coloque en los alambres, jamón, manzana, piña y kiwi. Ponga los alambres en la salsa caliente, voltéelos para cubrirlos con la salsa. Hornee de 20 a 25 minutos. Durante el tiempo de horneado, voltee los alambres y báñelos con la salsa. Sirva sobre arroz y adorne con uvas si lo desea.

Nutrimentos por porción (1 alambre):			
Calorías	277	Colesterol	39 mg
Grasa	7 g	Sodio	676 mg

Alambres de Jamón y Frutas

Pan de Yogur de Limón con Pasas

Rinde 12 porciones

1¼ tazas de harina de trigo
¾ de taza de harina integral de trigo
4 cucharadas de azúcar
2 cucharaditas de polvo para hornear
½ cucharadita de bicarbonato de sodio
¼ de cucharadita de sal
1½ taza de yogur de limón bajo en grasa
¼ de taza de mantequilla o margarina sin sal,
   derretida
1 huevo
¾ de taza de uvas pasa

Caliente el horno a 180 °C. Engrase un molde de 20×10 cm. En un recipiente grande, mezcle ambas harinas, 3 cucharadas de azúcar, el polvo para hornear, el bicarbonato y la sal. En un recipiente mediano, combine el yogur, la mantequilla y el huevo; revuelva bien. Vierta la mezcla de yogur en la mezcla de harina. Agregue las pasas y bata sólo hasta que los ingredientes secos se hayan humedecido. Vierta en el molde previamente engrasado y suavice la parte superior. Espolvoree la superficie con el resto del azúcar.

Hornee de 40 a 45 minutos o hasta que, al insertar en el centro del pan un palillo, éste salga limpio. Enfríe en el molde durante 30 minutos. Desmolde y deje enfriar completamente, con la parte azucarada hacia arriba.

Nutrimentos por porción:			
Calorías	190	Colesterol	35 mg
Grasa	5 g	Sodio	174 mg

Compota de Cítricos Mixtos con Jarabe de Naranja y Lima

Rinde 6 porciones

1 taza de azúcar
½ taza de jugo de naranja
2 cucharadas de jugo de lima
1 cucharada de zumo de naranja
2 cucharaditas de zumo de lima
4 naranjas sin semilla, en gajos
2 tangerinas sin semilla, en gajos
2 toronjas peladas, en gajos
2 limas peladas, en gajos

Mezcle el azúcar, el jugo de naranja y el jugo de lima en una sartén pequeña. Deje hervir a fuego medio hasta que el azúcar se haya disuelto. Retire del fuego; agregue el zumo de naranja y el zumo de lima. Deje enfriar. Combine el resto de los ingredientes en un recipiente mediano. Agregue el jarabe de jugos, moviendo con suavidad. Deje enfriar durante 1 hora por lo menos antes de servir.

Nutrimentos por porción:			
Calorías	220	Colesterol	0 mg
Grasa	1 g	Sodio	1 mg

Muffins Integrales de Yogur

Rinde 12 muffins

1½ tazas de salvado de trigo
½ taza de agua hirviente
1⅓ tazas de harina integral de trigo
1¼ cucharaditas de polvo para hornear
½ cucharadita de canela en polvo
¼ de cucharadita de sal
¼ de cucharadita de clavo en polvo
¼ de cucharadita de nuez moscada en polvo
1 huevo
⅓ de taza de miel
½ taza de yogur natural bajo en grasa
3 cucharadas de aceite vegetal
¾ de taza de arándanos frescos o congelados

Caliente el horno a 180 °C. Ponga papel para muffin en los moldes. En un recipiente mediano, mezcle el salvado y el agua hirviente; deje reposar 10 minutos. En un recipiente grande, combine la harina, el bicarbonato, la canela, la sal, el clavo y la nuez moscada. En un recipiente pequeño, mezcle el huevo, la miel, el yogur y el aceite; combine bien. Agregue a la mezcla de salvado. Añada esta mezcla a la de harina y bata sólo hasta que los ingredientes secos se hayan humedecido. La masa tendrá una consistencia dura. Incorpore el arándano.

Llene los moldes a ⅔ de su capacidad. Hornee de 20 a 25 minutos o hasta que, al insertar un palillo en el centro de los panecillos, éste salga limpio. Sirva calientes.

Nutrimentos por porción (1 muffin):			
Calorías	130	Colesterol	20 mg
Grasa	5 g	Sodio	144 mg

De arriba abajo: Pan de Yogur de Limón con Pasas, Muffins Integrales de Yogur

Emparedados de Jamón

Muffins de Almendra y Cocoa

Rinde 12 muffins

¾ **de taza de harina integral de trigo**
¾ **de taza de harina de trigo**
½ **taza de azúcar**
1 **cucharada de polvo para hornear**
1 **cucharada de cocoa sin azúcar**
1 **cucharadita de canela en polvo**
¼ **de cucharadita de sal (opcional)**
1½ **tazas de hojuelas de trigo integral**
1½ **tazas de leche descremada**
2 **claras de huevo**
2 **cucharadas de aceite vegetal**
¼ **de taza de almendras picadas**
Antiadherente en aerosol

Mezcle ambas harinas, el azúcar, el polvo para hornear, la cocoa, la canela y la sal.

Ponga las hojuelas de trigo en un recipiente grande junto con la leche. Revuelva bien. Deje reposar durante 3 minutos o hasta que el cereal se haya suavizado. Agregue las claras de huevo, el aceite y las almendras. Bata bien.

Añada la mezcla de harina. Distribuya la pasta uniformemente en 12 moldes para muffin, previamente engrasados.

Hornee a 200 °C durante unos 22 minutos o hasta que se hayan dorado ligeramente. Sirva calientes.

Nutrimentos por porción (1 muffin):			
Calorías	160	Colesterol	45 mg
Grasa	6 g	Sodio	250 mg

Emparedados de Jamón

Rinde 3 emparedados

30 **g de queso crema bajo en grasa, suavizado**
2 **cucharaditas de mermelada de chabacano**
2 **cucharaditas de yogur natural bajo en grasa**
6 **rebanadas de panqué con pasas**
Hojas de lechuga
180 **g de jamón bajo en sal**
3 **rebanadas de manzana**

Combine el queso, la mermelada y el yogur en un recipiente pequeño. Unte la mezcla sobre el panqué. Para hacer cada emparedado: Coloque la lechuga sobre una rebanada de panqué. Agregue 2 rebanadas de jamón, 1 rebanada de manzana y otra de jamón.

Nutrimentos por porción (1 emparedado):			
Calorías	223	Colesterol	5 mg
Grasa	5 g	Sodio	963 mg

Dip de Fruta Rápido

Rinde 1¼ tazas

½ **taza de mayonesa light**
225 **g de yogur de limón bajo en grasa**

Mezcle los ingredientes muy bien; refrigere. Sirva con alambres de fruta.

Tiempo de preparación: 5 minutos, más el tiempo de refrigeración.

Nutrimentos por porción (2 cucharadas):			
Calorías	60	Colesterol	0 mg
Grasa	1 g	Sodio	230 mg

Pan de Plátano Estilo California

Rinde 28 porciones

   3 plátanos muy maduros, pelados
   ½ taza de margarina suavizada
   ½ taza de azúcar morena
   ½ taza de azúcar granulada
   1 huevo
   1 cucharadita de extracto de vainilla
1¼ tazas de harina de trigo
   ⅔ de taza de avena
   ½ taza de harina integral de trigo
   2 cucharaditas de polvo para hornear
   1 cucharadita de canela en polvo
   ½ cucharadita de sal
   1 taza de dátiles picados
   1 taza de almendras tostadas picadas

Coloque los plátanos en la batidora. Hágalos puré; utilice 1½ tazas para preparar esta receta. Bata la margarina, el azúcar morena y el azúcar granulada en un recipiente hasta obtener una consistencia esponjosa. Agregue 1½ tazas de puré de plátano, el huevo y la vainilla. Mezcle la harina, la avena, la harina integral de trigo, el polvo para hornear, la canela y la sal en un recipiente mediano. Añada a la mezcla de plátanos hasta que queden bien mezclados. Incorpore los dátiles y las almendras. Vierta la pasta en un molde para pan de 23×13 cm. Hornee a 180 °C durante 65 minutos. Enfríe en el molde durante 10 minutos. Desmolde. Deje enfriar completamente antes de rebanar. Para servir, corte la barra en 14 rebanadas. Corte cada rebanada por la mitad.

Nutrimentos por porción:

Calorías	163	Colesterol	10 mg
Grasa	7 g	Sodio	96 mg

Arroz Matutino

Rinde 6 porciones

   1 cucharadita de margarina
   ¾ de taza de zanahorias cortadas en tiras
   ¾ de taza de pimiento morrón verde picado
   ¾ de taza (90 g) de champiñones frescos en rebanadas
   6 claras de huevo batidas
   2 huevos batidos
   ½ taza de leche descremada
   ½ cucharadita de sal
   ¼ de cucharadita de pimienta negra en polvo
   3 tazas de arroz integral cocido
   ½ taza (60 g) de queso cheddar rallado
   6 tortillas de maíz calientes (opcional)

Caliente la margarina en una sartén grande a fuego medio-alto. Agregue las zanahorias, el pimiento verde y los champiñones; cueza revolviendo durante 2 minutos. Mezcle las claras de huevo, los huevos, la leche, la sal y la pimienta negra en un recipiente pequeño. Reduzca el fuego a medio y vierta la mezcla de huevo sobre las verduras. Continúe moviendo durante 1½ a 2 minutos. Añada el arroz y el queso; bata ligeramente para separar los granos de arroz. Caliente durante 2 minutos. Sirva inmediatamente o coloque la mezcla sobre las tortillas calientes.

En horno de microondas: Caliente la margarina en un recipiente para microondas de 2 litros. Agregue las zanahorias, el pimiento verde y los champiñones. Tape y cueza a temperatura ALTA (100 %) durante 4 minutos. Mezcle las claras de huevo, los huevos, la leche, la sal y la pimienta negra en un recipiente pequeño; vierta sobre los vegetales. Hornee a temperatura ALTA por 4 minutos, revolviendo con un tenedor después de cada minuto transcurrido, para desmenuzar los huevos cocidos. Agregue el arroz y el queso y cueza durante 1 minuto más. Sirva inmediatamente o ponga 1 cucharada de esta mezcla sobre las tortillas calientes.

Nutrimentos por porción:

Calorías	212	Colesterol	79 mg
Grasa	7 g	Sodio	353 mg

Arroz Matutino

Muffins de Avena con Nectarina

Rinde 20 muffins

- 2 tazas de harina integral de trigo
- 1 taza de avena sin cocer
- ½ taza de germen de trigo o salvado
- ½ taza de azúcar morena
- 1½ cucharaditas de bicarbonato de sodio
- 3 cucharaditas de ralladura de cáscara de naranja
- 1½ cucharaditas de canela en polvo
- 1 cucharadita de sal
- 2 huevos
- 1½ tazas de suero de leche
- ¼ de taza de aceite vegetal
- 3 nectarinas picadas

Caliente el horno a 200 °C. Mezcle la harina, la avena, el germen de trigo, el azúcar morena, el bicarbonato, la ralladura, la canela y la sal en un recipiente grande. Combine los huevos, el suero de leche y el aceite en un recipiente mediano; agregue la mezcla de harina batiendo sólo lo necesario. Incorpore las nectarinas. Distribuya la masa uniformemente en moldes para muffin previamente engrasados.

Hornee 20 minutos o hasta que, al insertar en el centro de los panecillos un palillo, éste salga limpio. Enfríe en los moldes durante 10 minutos. Desmolde y sirva calientes.

Nutrimentos por porción (1 muffin):			
Calorías	129	Colesterol	27 mg
Grasa	4 g	Sodio	199 mg

Pan de Adormidera

Rinde 1 barra

Pan
- ¾ de taza de azúcar granulada
- ¼ de taza de manteca vegetal
- 2 huevos batidos
- 1 taza de jugo de naranja
- ½ taza de leche
- ¼ de taza de adormidera
- 2 cucharaditas de ralladura de cáscara de naranja
- 2½ tazas de harina de trigo
- 2 tazas de cereal de hojuelas de arroz molidas
- 1 cucharada de polvo para hornear

Glaseado
- ¾ de taza de azúcar cernida
- 1 cucharada de jugo de naranja
- 1 cucharadita de ralladura de cáscara de naranja

Para hacer el Pan, caliente el horno a 180 °C. Engrase un molde para pan de 23×13×7 cm. En un recipiente grande, bata el azúcar y la manteca hasta obtener una consistencia cremosa. Agregue los huevos. En un recipiente mediano, combine el jugo de naranja, la leche, la adormidera y la ralladura. En otro recipiente mediano, mezcle la harina, el cereal y el polvo para hornear. Añada la mezcla de jugo de naranja y bata hasta obtener una consistencia cremosa. De manera uniforme, vierta la masa en el molde previamente engrasado. Hornee de 55 a 60 minutos o hasta que, al insertar en el centro del pan un palillo, éste salga limpio. Deje reposar por 15 minutos antes de desmoldar. Deje enfriar completamente.

Para el Glaseado, mezcle el azúcar cernida, el jugo de naranja y la ralladura en un recipiente pequeño. Unte sobre el pan.

Nutrimentos por porción (1 rebanada de 3 cm):			
Calorías	170	Colesterol	24 mg
Grasa	5 g	Sodio	94 mg

Muffins de Arándano con Arroz Salvaje

Rinde 12 muffins

- 1½ taza de harina de trigo
- ½ taza de azúcar
- 2 cucharaditas de polvo para hornear
- 1 cucharadita de canela en polvo
- ½ cucharadita de sal
- ¼ de taza de puré de manzana
- 4 claras de huevo
- ½ taza de leche descremada
- 1 taza de arándano fresco
- 1 taza de arroz cocido

Caliente el horno a 200 °C. Coloque papel en los moldes para muffin.

Mezcle la harina, el azúcar, el polvo para hornear, la canela y la sal en un recipiente grande. Bata el puré de manzana, las claras de huevo y la leche en un recipiente pequeño. Añada 1 cucharada de la mezcla de harina sobre el arándano, en otro recipiente pequeño; revuelva. Incorpore la mezcla del puré de manzana a la mezcla de harina. Agregue el arándano y el arroz a la mezcla de harina. (La masa tendrá una consistencia dura.) Distribuya de manera uniforme en los moldes.

Hornee de 15 a 20 minutos o hasta que, al insertar en el centro de los panecillos un palillo, éste salga limpio. Deje enfriar en el molde durante 10 minutos. Desmolde. Sirva caliente o deje enfriar completamente.

Nutrimentos por porción (1 muffin):			
Calorías	119	Colesterol	muy poco
Grasa	muy poca	Sodio	192 mg

Muffins Integrales de Dátil y Naranja

Rinde 12 muffins

2 tazas de cereal de salvado
¾ de taza de agua hirviente
¼ de taza de aceite vegetal
¾ de taza de suero de leche
¼ de taza de jugo de naranja
2 cucharadas de melaza oscura
2 cucharadas de miel
1 cucharada de zumo de naranja
1 huevo
¾ de taza de harina de trigo
½ taza de harina integral de trigo
1½ cucharaditas de polvo para hornear
½ cucharadita de sal
1 taza de dátiles picados
¾ de taza de nueces picadas (opcional)

Caliente el horno a 200 °C. Engrase 12 moldes para muffin.

Mezcle el cereal de salvado, el agua y el aceite en un recipiente grande hasta que el cereal se haya suavizado. Bata el suero de leche, el jugo de naranja, la melaza, la miel, el zumo de naranja y el huevo en un recipiente pequeño. Mezcle ambas harinas, el polvo para hornear y la sal en otro recipiente pequeño. Agregue la mezcla de suero de leche a la de salvado, moviendo hasta que se incorpore. Añada la mezcla de harina, los dátiles y las nueces a la mezcla de salvado; revuelva hasta que la mezcla de harina se haya humedecido. Distribuya uniformemente en los moldes para muffin.

Hornee durante unos 18 minutos, o hasta que la parte superior de los muffins se hunda cuando los presione ligeramente. Deje enfriar por 5 minutos antes de desmoldar. Sirva calientes o a temperatura ambiente.

Nutrimentos por porción (1 muffin):

Calorías	194	Colesterol	18 mg
Grasa	6 g	Sodio	377 mg

Omelet de Manzana y Queso

Rinde 4 porciones

Antiadherente en aerosol
1 manzana rebanada
¼ de taza de cebolla rebanada
4 huevos
4 claras de huevo
¼ de taza de leche baja en grasa
¼ de cucharadita de pimienta
½ taza de queso cheddar rallado

Rocíe una sartén con antiadherente. Cueza las rebanadas de manzana y las de cebolla a fuego medio hasta que se suavicen. Retírelas de la sartén.

Mezcle los huevos, las claras, la leche y la pimienta en un recipiente mediano; bata muy bien. Vuelva a rociar la sartén con antiadherente. Vierta la mitad de la mezcla de huevo. Conforme la mezcla se cuece, levante cuidadosamente las orillas del omelet con una espátula y ladee la sartén para permitir que la porción que no se ha cocido fluya hacia abajo. Cuando la mezcla de huevo esté lista, agregue la mitad de la mezcla de manzana y ¼ de taza de queso sobre la mitad del omelet. Afloje el omelet con una espátula y dóblelo por la mitad. Colóquelo sobre un plato. Corte el omelet en 2 pedazos. Repita el procedimiento con el resto de los ingredientes. Sirva inmediatamente.

Nutrimentos por porción:

Calorías	188	Colesterol	224 mg
Grasa	10 g	Sodio	213 mg

Muffins de Manzana y Nuez

Rinde 12 muffins

2 tazas de harina de trigo
2 cucharaditas de polvo para hornear
1½ cucharaditas de canela en polvo
¼ de cucharadita de nuez moscada en polvo
¼ de cucharadita de sal
2 huevos batidos
⅔ de taza de jugo de manzana concentrado
⅓ de taza de mantequilla o margarina derretida
1 cucharadita de extracto de vainilla
1 taza de manzanas peladas y finamente picadas (unas 2 manzanas medianas)
½ taza de nueces picadas

Caliente el horno a 180 °C. Engrase 12 moldes para muffin.

Combine los ingredientes secos en un recipiente mediano. Mezcle los huevos, el jugo de manzana, la mantequilla y la vainilla en un recipiente pequeño; agregue a la mezcla de harina y bata sólo hasta que los ingredientes secos se hayan humedecido. Añada las manzanas y las nueces. Vierta la masa en los moldes previamente engrasados.

Hornee durante 25 minutos o hasta que estén dorados. Enfríe durante 5 minutos Desmolde y enfríe. Sirva calientes o a temperatura ambiente.

Nota: Los muffins cocidos pueden guardarse en papel de aluminio y congelarse hasta por 3 meses.

Nutrimentos por porción (1 muffin):

Calorías	199	Colesterol	49 mg
Grasa	9 g	Sodio	183 mg

Crepas de Arroz

Crepas de Arroz

Rinde 10 crepas

1 taza de claras de huevo (8 claras)
⅔ de taza de leche evaporada
1 cucharada de margarina derretida
½ taza de harina de trigo
1 cucharada de azúcar granulada
1 taza de arroz cocido
    Antiadherente en aerosol
2½ tazas de fruta fresca (fresas, frambuesas,
    arándano u otras frutas)
    Mermelada baja en calorías (opcional)
    Crema agria (opcional)
1 cucharada de azúcar glass para adornar
    (opcional)

Mezcle las claras de huevo, la leche y la margarina en
un recipiente grande. Agregue la harina y el azúcar
granulada. Añada el arroz y deje reposar por
5 minutos.

Caliente una sartén antiadherente de 20 cm de
diámetro; rocíela con antiadherente en aerosol. Vierta
1/4 de taza de la masa y retire la sartén del fuego;
rápidamente, ladee la sartén con movimientos
circulares de modo que el fondo de la sartén esté
cubierto con la masa. Regrese la sartén al fuego y
continúe cociendo hasta que la superficie se haya
secado. Voltee la crepa y cueza de 15 a 20 segundos.
Haga lo mismo con el resto de la masa. Coloque
papel encerado entre las crepas. Unte su relleno
favorito en cada una de las crepas: fresas, frambuesas,
mermelada o crema agria.

Enrolle y espolvoree con azúcar glass.

Nutrimentos por porción (1 crepa):

Calorías	111	Colesterol	1 mg
Grasa	2 g	Sodio	152 mg

Emparedados Miniatura con Salchicha Coctelera

Rinde 20 emparedados miniatura

1 paquete (450 g) de salchicha coctelera
2 latas (285 g) de bisquet sin cocer
    Miel, salsa barbecue o catsup (opcional)

Caliente el horno a 200 °C. Corte las salchichas a lo
largo por la mitad y corte cada mitad a lo ancho.

Saque los bisquets de la lata y sepárelos. Con los
dedos, aplane cada bisquet hasta que queden de un
tamaño aproximado de 10 cm. En el centro de cada
bisquet, coloque una pequeña cantidad de miel, salsa
barbecue o catsup, y un pedazo de salchicha.

Cubra la salchicha con las orillas del bisquet y
presiónelas de modo que tapen la salchicha.
Colóquelos sobre una charola para hornear. Hornee
durante unos 10 minutos o hasta que se hayan dorado
ligeramente.

Nutrimentos por porción (1 miniemparedado):

Calorías	125	Colesterol	15 mg
Grasas	6 g	Sodio	500 mg

Muffins Integrales de Arándano

Rinde 12 muffins

1½ tazas de harina de trigo
¼ de taza de azúcar
1 cucharada de polvo para hornear
¼ de cucharadita de sal
1½ tazas de hojuelas de trigo integral
1 taza de leche descremada
1 huevo
¼ de taza de aceite vegetal
1½ tazas de arándanos
    Antiadherente en aerosol

Mezcle la harina, el azúcar, el polvo para hornear y la
sal.

En un recipiente grande, ponga las hojuelas de trigo y
la leche. Revuelva. Deje reposar durante unos
3 minutos o hasta que las hojuelas se hayan
suavizado. Agregue el huevo y el aceite.

Añada la mezcla de harina, batiendo sólo lo
necesario. Incorpore el arándano. Distribuya
uniformemente la pasta en 12 moldes para muffin
previamente engrasados.

Hornee a 200 °C durante unos 12 minutos o hasta que
estén dorados. Sirva calientes.

Nutrimentos por porción (un muffin):

Calorías	140	Colesterol	25 mg
Grasa	5 g	Sodio	170 mg

Muffins de Doble Avena

Rinde 12 muffins

       2 tazas de cereal de avena sin cocer
       ⅓ de taza de azúcar morena
       ¼ de taza de harina de trigo
       2 cucharaditas de polvo para hornear
       1 cucharadita de sal (opcional)
       ¼ de cucharadita de nuez moscada en polvo
          (opcional)
       1 taza de leche descremada
       2 claras de huevo ligeramente batidas
       3 cucharadas de aceite vegetal
    1½ cucharaditas de vainilla
       ¼ de taza de avena sin cocer
       1 cucharada de azúcar morena

Caliente el horno a 200 °C. Coloque papel en
12 moldes para muffin o engráselos. Mezcle el cereal
de avena, ⅓ de taza de azúcar morena, la harina, el
polvo para hornear, la sal y la nuez moscada. Agregue
la leche, las claras de huevo, el aceite y la vainilla,
revolviendo hasta que se incorporen. Llene los
moldes para muffin casi totalmente. Combine la
avena y 1 cucharada de azúcar morena; espolvoree
sobre los muffins. Hornee de 20 a 22 minutos o hasta
que doren. Deje enfriar completamente.

En horno de microondas: Coloque papel en
6 moldes para muffin. Mezcle el cereal de avena,
⅓ de taza de azúcar morena, la harina, el polvo para
hornear, la sal y la nuez moscada. Agregue la leche,
las claras de huevo, el aceite y la vainilla. Llene los
moldes para muffin casi completamente. Mezcle
1 cucharada de azúcar morena con la avena;

espolvoree esto sobre los muffins. Hornee a
temperatura ALTA (100 %), de 2½ a 3 minutos.
Desmolde y deje enfriar por 5 minutos antes de
servir.

Sugerencias: Para congelar los muffins, envuélvalos
en papel de aluminio o en bolsas de plástico. Selle,
etiquete y congele.

Para recalentarlos, quite el papel de aluminio. Hornee
a temperatura ALTA (100 %) por unos 30 segundos
por muffin.

Nutrimentos por porción (1 muffin):			
Calorías	140	Colesterol	0 mg
Grasa	5 g	Sodio	90 mg

Barra de Zanahoria y Especias

Rinde 1 barra, 12 porciones

    2¼ tazas de harina de trigo
    1¼ tazas más 3 cucharadas de avena sin cocer
       ¾ de taza de azúcar morena
       4 cucharaditas de polvo para hornear
       ½ cucharadita de bicarbonato de sodio
       ½ cucharadita de canela en polvo
       ¼ de cucharadita de sal (opcional)
       ¼ de cucharadita de jengibre en polvo
          (opcional)
       ⅛ de cucharadita de clavo en polvo (opcional)
       ½ taza de jugo de manzana concentrado
       ⅓ de taza de aceite vegetal
       ¼ de taza de agua
       4 claras de huevo
       1 taza de zanahorias ralladas (unas
          2 zanahorias medianas)
       ½ taza de dátiles picados o uvas pasa

Caliente el horno a 180 °C. Engrase un molde para
pan de 20×10 cm. Mezcle todos los ingredientes
secos, excepto las 3 cucharadas de avena. Agregue el
concentrado de jugo, el aceite, el agua y las claras de
huevo; mezcle hasta humedecer. Añada las zanahorias
y los dátiles. Vierta de manera uniforme en el molde
engrasado. Espolvoree las 3 cucharadas de avena.
Hornee durante 1 hora y 10 minutos o hasta que, al
insertar en el centro del pan un palillo, éste salga
limpio. Deje enfriar por 10 minutos. Desmolde y deje
enfriar completamente.

Nutrimentos por porción (1 rebanada):			
Calorías	265	Colesterol	0 mg
Grasa	7 g	Sodio	200 mg

Muffins de Doble Avena

Streusel de Manzana

Rinde 9 porciones

Torta
- ¼ de taza de manteca
- ½ taza de azúcar
- 2 claras de huevo
- 1 cucharadita de vainilla
- ¾ de taza de cereal de avena
- 1 taza de puré de manzana con trocitos
- 1¼ tazas de harina de trigo
- 1½ cucharaditas de canela en polvo
- 1 cucharadita de polvo para hornear
- ¾ de cucharadita de bicarbonato de sodio
- ¼ de cucharadita de sal (opcional)
- ¼ de cucharadita de nuez moscada en polvo

Relleno y Cubierta
- 1 taza de puré de manzana con trocitos
- ¼ de taza de azúcar
- ¼ de cucharadita de canela en polvo

Caliente el horno a 180 °C. Engrase un molde de 20 cm.

Para la Torta, mezcle la manteca y ½ taza de azúcar en un recipiente mediano, hasta obtener una consistencia grumosa. Agregue las claras de huevo y la vainilla. Bata hasta lograr una mezcla ligeramente suave. Añada el cereal de avena y luego 1 taza de puré de manzana. Deje reposar por 5 minutos. Combine la harina, 1½ cucharaditas de canela, el polvo para hornear, la sal y la nuez moscada en un recipiente pequeño. Agregue a la mezcla de cereal. Ponga la mitad de esta masa en un molde.

Para el Relleno y la Cubierta, coloque ¾ de taza de puré de manzana sobre la masa. Combine ¼ de taza de azúcar y ¼ de cucharadita de canela. Espolvoree la mitad sobre el puré de manzana. Coloque el resto de la masa; acomode cuidadosa y uniformemente. Vacíe el resto del puré de manzana. Espolvoree con el resto de la mezcla de azúcar y canela. Hornee a 180 °C, de 30 a 35 minutos, o hasta que la superficie esté dorada. Corte en cuadros y sirva caliente.

Nutrimentos por porción:			
Calorías	242	Colesterol	0 mg
Grasa	6 g	Sodio	120 mg

Muffin de Huevo a la Mexicana

Muffin de Huevo a la Mexicana

Rinde 1 porción

- 1 huevo grande
- 2 cucharaditas de agua
- 1 cucharadita de cebollín picado
- 1 cucharadita de margarina baja en grasa
- 1 muffin tostado
- 4 cucharaditas de salsa mexicana preparada*
- 1 rebanada de queso para fundir, cortada en triángulos

En un recipiente pequeño, bata el huevo, el agua y el cebollín. En una sartén pequeña, derrita la margarina; agregue a la mezcla de huevo. Cueza y mezcle hasta que el huevo esté listo. Coloque la mezcla de huevo sobre el muffin; ponga la salsa y luego el queso. Coloque sobre una charola para hornear y dórela hasta que el queso se derrita. Adorne al gusto.

Para preparar la salsa mexicana pique tomate rojo, cebolla y chile verde.

Nutrimentos por porción:			
Calorías	220	Colesterol	226 mg
Grasa	10 g	Sodio	614 mg

Un humeante tazón de nutritiva sopa acompañada de una rebanada de exquisito pan de maíz es una comida o cena perfecta. Cree sus propias apetecibles combinaciones, como el Guisado de Res a la Italiana con verduras en trozos, acompañado con una nutritiva rebanada de Pan de Queso y Cebolla.

Guisado Picante Estilo Sudoeste

Rinde 4 porciones

1 cucharada de aceite de oliva
1 cebolla grande picada
2 tomates rojos picados
1 lata (120 g) de rajas de chile verde, sin escurrir
1 cucharada de chile en polvo
1 cucharadita de comino molido
1 lata (450 g) de alubias rojas, sin escurrir
1 lata (450 g) de alubias blancas, sin escurrir
¼ de taza de cilantro picado (opcional)

En una cacerola grande, caliente el aceite a fuego medio. Agregue la cebolla; fríala hasta que esté suave; revuelva de vez en cuando.

Incorpore el tomate rojo, las rajas de chile con el escabeche, el chile en polvo y el comino. Deje que hierva y añada las alubias con su líquido. Baje el fuego; tape y deje cocer a fuego bajo durante 15 minutos; revuelva ocasionalmente. Cuando sirva, espolvoree las porciones con el cilantro si lo desea.

Nutrimentos por porción:

Calorías	285	Colesterol	0 mg
Grasa	5 g	Sodio	459 mg

Guisado de Cordero

Rinde 4 porciones

225 g de cordero deshuesado, cortado en trozos chicos
½ cebolla mediana picada
½ cucharadita de hojas de romero seco machacadas
1 cucharada de aceite de oliva
Sal y pimienta (opcional)
1 lata (400 g) de tomate rojo tipo italiano
1 zanahoria cortada en tiras julianas
1 cucharada de mostaza Dijon
1 lata (450 g) de frijol blanco o frijol pinto (judías), escurrida
Aceitunas negras rebanadas (opcional)
Perejil picado (opcional)

En una cacerola grande, a fuego medio-alto, ponga el aceite y sofría el cordero, la cebolla y el romero; revuelva de vez en cuando. Sazone con sal y pimienta si lo desea. Agregue los tomates rojos con su jugo, la zanahoria y la mostaza. Tape y deje cocer a fuego medio durante 10 minutos; agregue los frijoles. Cueza, sin tapar, a fuego medio por 5 minutos; revuelva de vez en cuando hasta que el cordero esté suave. Adorne con las aceitunas negras y el perejil picado si lo desea.

Variación: Puede sustituir el cordero por filete de sirloin.

Tiempo de preparación: 10 minutos
Tiempo de cocción: 20 minutos

Nutrimentos por porción:

Calorías	209	Colesterol	29 mg
Grasa	7 g	Sodio	753 mg

De arriba abajo: Guisado Picante Estilo Sudoeste, Barritas de Maíz y Queso (página 151)

Sopa de Pollo y Verduras

Sopa de Frijol Blanco

Rinde 4 porciones

2 cucharadas de aceite vegetal
1 taza de poro (puerro) picado
1½ tazas (180 g) de jamón bajo en sal cortado en cubos de 1.5 cm
1 taza de frijol blanco crudo (judías), remojado una noche y escurrido
1 cucharada de chile jalapeño picado

En una olla de 3 litros de capacidad, caliente el aceite a fuego medio; agregue el poro; cuézalo revolviendo de 3 a 5 minutos o hasta que esté suave. Incorpore el jamón, los frijoles y el chile; añada agua hasta que los frijoles queden cubiertos ligeramente. Hierva a fuego alto; una vez que hierva, baje el fuego, tape y deje cocer de 1 a 1½ horas o hasta que los frijoles estén suaves.

Nutrimentos por porción:

Calorías	282	Colesterol	21 mg
Grasa	10 g	Sodio	420 mg

Sopa de Pollo y Verduras

Rinde 8 porciones, 2 litros

450 g de pechuga de pollo, sin piel ni hueso, cortada en trozos
1 cucharada de aceite vegetal
6 tazas de agua
2 cucharadas de consomé instantáneo de pollo o 6 cubos de consomé de pollo
2 tazas de floretes de brócoli
2 tazas de zanahorias peladas y rebanadas
¾ de taza de pimiento morrón rojo picado
¼ de cucharadita de pimienta negra

En una olla o cacerola grande, ponga a calentar el aceite y dore el pollo. Agregue el resto de los ingredientes y deje hervir; baje el fuego y deje cocer a fuego bajo, sin tapar, por 45 minutos; revuelva de vez en cuando. Refrigere los sobrantes.

Nutrimentos por porción (1 taza):

Calorías	86	Colesterol	23 mg
Grasa	3 g	Sodio	716 mg

Sopa de Frijol y Verduras

Rinde unas 6 porciones, 6 tazas

1 taza de poro (puerro) rebanado
1 diente de ajo picado
1 cucharada de aceite vegetal o aceite de oliva
3 tazas de agua
1 lata (450 g) de frijol vegetariano en salsa de tomate
1 lata (225 g) de elote desgranado, escurrido
1 taza de papa cortada en cubos de 1.5 cm
½ taza de apio rebanado
½ taza de zanahoria rebanada
2 cucharaditas de salsa inglesa
1 hoja de laurel
¼ de cucharadita de tomillo seco machacado
¼ de cucharadita de sal
⅛ de cucharadita de pimienta negra

En una olla de 3 litros, ponga el aceite, sofría el poro y el ajo hasta que estén suaves. Agregue el agua y el resto de los ingredientes; deje que hierva, luego baje el fuego; tape y deje cocer por 30 minutos o hasta que las verduras estén suaves. Antes de servir, retire la hoja de laurel.

Nutrimentos por porción:

Calorías	197	Colesterol	0 mg
Grasa	3 g	Sodio	542 mg

Sopa de Tallarín y Carne de Res

Rinde 10 porciones

2 cucharadas de aceite
225 g de sirloin sin hueso, cortado en tiras
  delgadas
¼ de taza de cebollín picado
1 cucharada de harina de trigo
300 ml de consomé de pollo, condensado
3 tazas de agua
2 tazas de fideo o tallarín de huevo, muy
  delgado y sin cocer

En una olla de 3 litros, caliente el aceite; agregue la carne de res y sofríala a fuego medio-alto hasta que esté dorada.

Añada el cebollín; deje que se cueza y revuelva de vez en cuando, más o menos 2 minutos, o hasta que el cebollín esté suave. Incorpore la harina. Ponga el consomé de pollo y el agua.

Caliente hasta que hierva; revuelva de vez en cuando. Baje el fuego y deje cocer más o menos 5 minutos. Incorpore los tallarines; deje cocer hasta que la sopa esté bien caliente.

Nutrimentos por porción:			
Calorías	144	Colesterol	28 mg
Grasa	6 g	Sodio	579 mg

Sopa Sorpresa de Cebada

Rinde unas 8 porciones, 8 tazas

3 tazas de agua
½ taza de cebada perla mediana
3 cubos de consomé de res
2 tazas de espárragos o brócoli en trozos
  (frescos o congelados), cocidos y escurridos
4 tazas de leche baja en grasa
5 rebanadas de queso amarillo tipo americano
¼ de cucharadita de nuez moscada molida
¼ de cucharadita de pimienta negra
4 rebanadas de tocino, frito y desmenuzado
  (opcional)

En una cacerola grande, mezcle el agua con la cebada y el consomé de res. Ponga a hervir a fuego medio-alto. Baje el fuego y deje cocer a fuego bajo, de 50 a 60 minutos; revuelva con frecuencia, hasta que la cebada esté suave y se haya absorbido casi todo el líquido.

Incorpore los espárragos, la leche, el queso, la nuez moscada y la pimienta. Agregue el tocino si lo desea. Aumente el fuego a medio-alto y deje cocer; revuelva sin cesar hasta que se derrita el queso.

Nutrimentos por porción:			
Calorías	169	Colesterol	20 mg
Grasa	6 g	Sodio	618 mg

Sopa de Pavo y Tomate Rojo

Rinde 4 porciones

2 rebanadas de tocino
¼ de taza de cebolla picada
1 diente de ajo chico picado
2 latas (de 360 g cada una) de jugo de verduras
1 lata (225 g) de puré de tomate rojo
1 taza (140 g) de pavo cocido cortado en cubos
⅓ de taza de pepino sin semillas picado
¼ de taza de pimiento morrón verde picado
1 cucharadita de consomé de pollo, en polvo
1 cucharadita de salsa inglesa
½ cucharadita de azúcar

En una olla grande a fuego medio-alto, fría el tocino hasta que esté crujiente; desmenúcelo en pedazos chicos. En la grasa del tocino, fría la cebolla y el ajo hasta que estén suaves. Agregue el resto de los ingredientes, incluyendo el tocino. Ponga a hervir a fuego alto. Baje el fuego y deje cocer a fuego bajo durante 5 minutos o hasta que esté caliente.

En horno de microondas: Corte el tocino en pedazos de 2.5 cm. Cueza el tocino en una cacerola para horno de microondas de 2 litros, a temperatura ALTA (100 %), de 2½ a 3 minutos; revuelva una sola vez. Retire el tocino. En la grasa del tocino, cueza la cebolla y el ajo a temperatura ALTA durante 2 minutos; revuelva una vez. Agregue el resto de los ingredientes, incluyendo el tocino. Cueza en temperatura ALTA de 7 a 8 minutos o hasta que esté caliente, revuelva 2 veces.

Nutrimentos por porción:			
Calorías	127	Colesterol	27 mg
Grasa	3 g	Sodio	912 mg

Sopa de Pavo y Tomate Rojo

Sopa Picante de Cebolla

Sopa Picante de Cebolla

Rinde 6 porciones

    3 tazas de cebolla en rebanadas delgadas
    1 diente de ajo picado
    ¼ de taza de mantequilla o margarina
    2 tazas de puré de tomate rojo
 300 ml de consomé de res
 300 ml de agua
    ½ taza de salsa picante
    1 taza de trocitos de pan tostado sin sazonar
       (opcional)
    1 taza (120 g) de queso asadero (opcional)
       Salsa picante adicional

En una olla de 3 litros, derrita la mantequilla, sofría la cebolla y el ajo a fuego medio-bajo durante 20 minutos; revuelva con frecuencia, hasta que la cebolla esté suave y dorada. Incorpore el puré de tomate rojo, el consomé, el agua y ½ taza de salsa picante; ponga a hervir a fuego alto. Baje la flama y deje cocer a fuego bajo, sin tapar, 20 minutos. Sirva la sopa, póngale los trocitos de pan y espolvoree el queso. Sirva con más salsa picante si lo desea.

Nutrimentos por porción:			
Calorías	119	Colesterol	42 mg
Grasa	8 g	Sodio	1051 mg

Sopa Fría de Zanahoria

Rinde 8 porciones

    2 cucharadas de aceite vegetal
    1 cebolla grande picada
    1½ cucharaditas de curry en polvo
    2½ tazas de consomé de pollo
 450 g de zanahorias rebanadas
    2 tallos de apio rebanados
    1 hoja de laurel
    ½ cucharadita de comino molido
    ½ cucharadita de salsa Tabasco
    1 taza de leche baja en grasa
    1 taza de queso cottage bajo en grasa

En una olla grande, caliente el aceite; sofría la cebolla y el curry durante 3 a 5 minutos. Agregue el consomé, la zanahoria, el apio, la hoja de laurel, el comino y la salsa Tabasco; revuelva bien. Tape y deje cocer por 25 minutos o hasta que las verduras estén suaves. Retire la hoja de laurel. En el vaso de la licuadora o en un procesador de alimentos, ponga aproximadamente ⅓ de la mezcla de zanahoria, de la leche y del queso cottage. Tape y licue hasta que se incorporen los ingredientes. Vierta en una sopera. Repita el procedimiento con la mezcla de zanahoria, leche y queso cottage restantes. Tape y refrigere hasta que esté frío. Sirva con salsa Tabasco adicional si lo desea.

Nutrimentos por porción:			
Calorías	120	Colesterol	5 mg
Grasa	5 g	Sodio	508 mg

Nutritivo Guisado de Verduras

Rinde 4 porciones

    1 cucharada de aceite de girasol
 225 g de champiñones chicos rebanados
    ½ taza de cebolla picada
    2½ tazas de agua
    1 hoja de laurel
    1 cucharadita de tomillo seco, machacado
    1 cucharadita de consomé de res, en polvo
    ¾ de cucharadita de ajo en polvo
    ½ cucharadita de sal (opcional)
    ¼ de cucharadita de pimienta negra molida
    3 papas medianas, cortadas en trozos de 5 cm
    3 zanahorias grandes, cortadas en tiras de
       5 cm
    2 tazas de apio picado
 450 g de tofu, cortado en cubos chicos

En una olla grande, caliente el aceite; agregue los champiñones y la cebolla; sofría y cueza revolviendo durante 5 minutos. Añada el agua, la hoja de laurel, el tomillo, el consomé, el ajo en polvo, la sal (si lo desea), la pimienta, la papa y la zanahoria. Deje que hierva; baje el fuego, tape y deje cocer a fuego bajo, por 20 minutos. Incorpore el apio; tape y deje cocer por 10 minutos más o hasta que las verduras estén suaves. Ponga el tofu y deje que se caliente, más o menos 5 minutos. Retire la hoja de laurel antes de servir.

Nutrimentos por porción:			
Calorías	273	Colesterol	0 mg
Grasa	8 g	Sodio	88 mg

Sopa de Cangrejo y Elote

Rinde 6 porciones

1 cucharada de margarina
1 taza de cebolla picada
½ taza de pimiento morrón verde picado
½ taza de pimiento morrón rojo picado
⅓ de taza de apio picado
1 cucharada de harina de trigo
1 lata (300 g) de consomé de pollo
2 tazas de leche descremada
1 lata (360 g) de leche descremada evaporada
225 a 360 g de cangrejo (surimi) en trozos
2 tazas de elote desgranado fresco o congelado
½ cucharadita de pimienta negra
½ cucharadita de pimentón

En una olla grande, derrita la margarina a fuego medio. Agregue la cebolla, los pimientos y el apio. Cueza, revolviendo, sin tapar, a fuego medio, de 4 a 5 minutos o hasta que las verduras estén suaves. Añada la harina a las verduras; deje cocer, revolviendo sin cesar, por 2 minutos. Incorpore gradualmente el consomé de pollo y deje que hierva. Ponga la leche, la leche evaporada, el surimi, el elote, la pimienta negra y el pimentón. Caliente, revolviendo de vez en cuando, por 5 minutos o hasta que la sopa esté caliente. Sirva.

Nutrimentos por porción:

Calorías	217	Colesterol	17 mg
Grasa	3 g	Sodio	630 mg

Sopa de Espárragos y Surimi

Rinde 4 porciones

300 ml de consomé de pollo
2 rebanadas delgadas de jengibre fresco
2 tazas (unos 340 g) de pedazos de espárrago cortados diagonalmente (cada uno de 12 mm de largo)
¼ de taza de cebollín rebanado, incluyendo la parte verde
3 cucharadas de vinagre de arroz o vinagre de vino blanco
¼ de cucharadita de pimienta roja machacada
225 a 360 g de cangrejo (surimi), cortado diagonalmente

En una olla grande, ponga a hervir el consomé de pollo con el jengibre. Una vez que hierva, agregue el espárrago, el cebollín, el vinagre y la pimienta roja machacada. Deje cocer por 5 minutos o hasta que el espárrago esté cocido. Agregue el surimi y deje cocer durante 5 minutos más o hasta que el marisco esté caliente. Saque y deseche el jengibre. Sirva caliente.

Nutrimentos por porción:

Calorías	136	Colesterol	18 mg
Grasa	3 g	Sodio	784 mg

De izquierda a derecha: Sopa de Cangrejo y Elote, Sopa de Espárragos y Surimi

Sopa de Pavo Rápida

Rinde 4 porciones

1 lata (400 g) de consomé de pollo
430 g de tomates rojos estofados
1 calabaza chica picada (más o menos 1 taza)
¼ de cucharadita de albahaca seca machacada
225 g de pechuga de pavo, cortada en cubos
½ taza de pasta o macarrón cocido

En una olla grande, ponga el consomé, el tomate rojo y su jugo, la calabaza y la albahaca. Ponga a hervir a fuego alto. Baje el fuego y deje cocer a fuego bajo durante 10 minutos o hasta que la calabaza esté suave. Incorpore el pavo y la pasta; deje en el fuego hasta que el pavo esté caliente.

Nutrimentos por porción:

Calorías	152	Colesterol	40 mg
Grasa	3 g	Sodio	537 mg

Deliciosa Sopa de Mariscos

Sabrosa Sopa de Lenteja

Rinde 6 porciones

1 taza de lenteja sin cocer
3 tazas (360 g) de cubos chicos de jamón bajo en sal
430 g de tomate rojo estofado sin sal
1 cebolla chica, picada
½ taza de apio picado
1 cucharadita de salsa picante
1 cucharadita de hierbas finas

Lave la lenteja; elimine cualquier basura o cáscaras rotas. En una olla grande, ponga todos los ingredientes; incorpore 4 tazas de agua. Ponga a hervir a fuego medio-alto; revuelva con frecuencia. Baje el fuego; tape y deje cocer a fuego bajo durante 1 hora o hasta que la lenteja esté suave y la sopa se haya espesado. Adorne con hojas de apio si lo desea.

Nutrimentos por porción:

Calorías	220	Colesterol	28 mg
Grasa	3 g	Sodio	537 mg

Deliciosa Sopa de Mariscos

Rinde 4 porciones

2½ tazas de agua o consomé de pollo
1½ tazas de vino blanco seco
1 cebolla chica picada
½ pimiento morrón rojo picado
½ pimiento morrón verde picado
1 diente de ajo chico picado
225 g de hipogloso, cortado en pedazos de 2.5 cm
225 g de vieiras, cortadas a lo ancho
1 cucharadita de tomillo seco machacado
Jugo de ½ lima
Unas gotas de salsa picante
Sal y pimienta negra (opcional)

En una olla grande, mezcle el agua, el vino, la cebolla, los pimientos y el ajo. Ponga a hervir; una vez que hierva, baje el fuego a medio y tape la olla. Cueza por 15 minutos o hasta que las verduras estén suaves; revuelva de vez en cuando.

Agregue el hipogloso, las vieiras y el tomillo. Deje cocer por 2 minutos más o hasta que el pescado y las vieiras se pongan opacas. Incorpore el jugo de lima y la salsa picante. Sazone con sal y pimienta negra si lo desea.

Nutrimentos por porción:

Calorías	187	Colesterol	37 mg
Grasa	2 g	Sodio	178 mg

Estofado Clásico de Res

2. Añada la zanahoria, la papa y la cebolla. Tape y deje cocer de 30 a 45 minutos o hasta que las verduras estén casi cocidas. Agregue el ejote, deje cocer 5 minutos o hasta que se cueza. Retire del fuego y agregue una taza de agua.

3. En un recipiente chico, mezcle el ¼ de taza de agua restante con la fécula de maíz; revuelva bien. Incorpore a la olla y cueza a fuego bajo; revuelva hasta que se espese el caldo. Sazone con sal si lo desea.

Nutrimentos por porción:			
Calorías	290	Colesterol	60 mg
Grasa	8 g	Sodio	95 mg

Estofado Clásico de Res

Rinde 8 porciones

 1 cucharada de aceite vegetal
 560 g de bistec de res sin hueso, cortado en cubos de 2.5 cm
 2¾ tazas de agua
 1 cucharadita de salsa inglesa
 2 hojas de laurel
 1 diente de ajo picado
 ½ cucharadita de pimentón
 ¼ de cucharadita de pimienta
 8 zanahorias medianas, cortadas en cuartos
 8 papas chicas, peladas y cortadas en cuartos
 4 cebollas chicas, cortadas en cuartos
 1 bolsa (270 g) de ejotes congelados
 1 cucharada de fécula de maíz
   Sal (opcional)

1. En una olla, caliente el aceite a fuego medio-alto. Agregue la carne de res y fríala hasta que esté dorada. Ponga 1½ tazas de agua, la salsa inglesa, las hojas de laurel, el ajo, el pimentón y la pimienta. Deje que hierva; reduzca el fuego a bajo, tape y deje cocer por una hora y 15 minutos; revuelva de vez en cuando. Saque las hojas de laurel.

Sopa de Arroz Salvaje y Langosta

Rinde 10 porciones

 2 cucharadas de margarina extra light
 1 taza de cebolla picada
 1 lata (120 g) de champiñones rebanados, escurridos
 1 cucharada de harina de trigo
 2 cucharaditas de romero seco machacado
 ½ cucharadita de sal
 ½ cucharadita de pimienta
 4 tazas de consomé de pollo
 1 taza de leche descremada
 ¼ de taza de jerez
 2 tazas de arroz salvaje cocido
 1 taza de tomate rojo picado
 180 g de imitación de langosta, cortada en pedazos de 2.5 cm
 1 taza de queso cheddar bajo en grasa, rallado

En una olla grande, caliente la margarina hasta que se derrita y burbujee. Agregue la cebolla y los champiñones; cueza y revuelva hasta que la cebolla esté suave. Incorpore la harina, el romero, la sal y la pimienta; deje cocer hasta que hierva. Añada gradualmente el consomé de pollo; deje hervir; revuelva con frecuencia. Incorpore la leche y el jerez. Ponga el arroz, el tomate rojo y la langosta. Deje que se caliente bien. Justo antes de servir, ponga el queso cheddar.

Nutrimentos por porción:			
Calorías	138	Colesterol	18 mg
Grasa	4 g	Sodio	371 mg

Sopa Veneciana o Salsa para Pasta

Rinde 4 porciones

1 cucharada de aceite vegetal
2 tazas de cebolla picada
2 cucharaditas de ajo picado
800 g de tomate rojo entero estofado, escurrido y cortado (unas 6 tazas)
6 ciruelas cortadas en trozos
¾ de cucharadita de pimienta
2 cucharadas de perejil picado
2 cucharaditas de albahaca seca machacada
1 cucharadita de orégano seco machacado
1 hoja de laurel
1 cucharadita de semillas de hinojo

En una olla grande, caliente el aceite a fuego medio-alto; agregue la cebolla; fríala revolviendo más o menos por 2 minutos o hasta que la cebolla esté suave. Ponga el ajo, el tomate rojo, la ciruela y la pimienta; deje que hierva. Reduzca el fuego y deje cocer a fuego bajo de 45 a 50 minutos. Añada el resto de los ingredientes; deje cocer durante 10 minutos más. Saque y deseche la hoja de laurel. Sirva como sopa; si quiere utilizarla como salsa, puede servirla sobre pasta cocida caliente.

Nutrimentos por porción (1 taza):

Calorías	89	Colesterol	0 mg
Grasa	2 g	Sodio	296 mg

Sopa de Pera y Arándano Condimentada

Rinde 4 porciones

2 peras Bartlett, peladas y picadas
¼ de cucharadita de canela molida
⅛ de cucharadita de clavo molido
2 rebanadas delgadas de jengibre fresco (opcional)
1½ tazas de jugo de arándano
Yogur natural bajo en grasa (opcional)

En la licuadora o en un procesador de alimentos, ponga las peras, la canela, los clavos y el jengibre; licue hasta que se incorporen. Con el motor encendido, agregue lentamente el jugo de arándano; licue hasta que la sopa esté bien mezclada. Adorne cada porción con una cucharada de yogur si lo desea. Sirva caliente o fría.

Nutrimentos por porción (¾ de taza):

Calorías	66	Colesterol	0 mg
Grasa	muy poca	Sodio	6 mg

Crema de Zanahoria

Rinde 6 porciones

300 ml de consomé de pollo
6 zanahorias medianas, peladas y rebanadas (450 g)
1 taza de apio picado
1 taza de cebolla picada
1 taza de queso cottage
2 tazas de leche
¼ de cucharadita de sal
⅛ de cucharadita de pimienta
½ taza de yogur natural
Trocitos de pan tostado (opcional)

En una olla de 3 litros, ponga el consomé de pollo, la zanahoria, el apio y la cebolla. Ponga a hervir; una vez que hierva, reduzca el fuego; tape y deje cocer a fuego bajo durante 15 a 20 minutos hasta que las verduras estén suaves. Pase la mezcla a la licuadora o a un procesador de alimentos; agregue el queso cottage; tape y licue hasta que estén bien incorporados. Regrese la mezcla a la olla y agregue la leche, la sal y la pimienta; caliente bien (no deje hervir). Vierta la mezcla en una sopera o sirva en platos hondos; con un cucharón, añada el yogur formando una espiral. Acompañe con el pan tostado si lo desea.

Nutrimentos por porción:

Calorías	151	Colesterol	17 mg
Grasa	5 g	Sodio	501 mg

Crema de Zanahoria

Sopa Dorada de Tomate Rojo

Rinde 8 porciones

4 cucharaditas de margarina baja en calorías
1 taza de cebolla picada
2 dientes de ajo picados
½ taza de zanahoria picada
¼ de taza de apio picado
8 tomates rojos medianos, blanqueados,
   pelados, sin semilla y picados
6 tazas de consomé de pollo
¼ de taza de arroz sin cocer
2 cucharadas de puré de tomate rojo
1 cucharada de salsa inglesa
¼ a ½ cucharadita de pimienta negra
½ cucharadita de tomillo seco machacado
5 gotas de salsa picante

En una olla grande, derrita la margarina a fuego
medio-alto. Agregue la cebolla y el ajo; fría de 1 a
2 minutos o hasta que la cebolla esté suave. Añada la
zanahoria y el apio; sofría revolviendo de 7 a
9 minutos o hasta que esté suave; revuelva con
frecuencia. Incorpore el tomate rojo, el consomé, el
arroz, el puré de tomate rojo, la salsa inglesa, la
pimienta negra, el tomillo y la salsa picante. Baje el
fuego; cueza más o menos 30 minutos; revuelva con
frecuencia.

Retire del fuego. Deje enfriar por unos 10 minutos.
En la licuadora o en el procesador de alimentos, licue
la sopa en tandas hasta que esté toda picada. Vuelva a
ponerla en la olla; deje cocer a fuego bajo de 3 a
5 minutos o hasta que esté bien caliente. Adorne a su
gusto.

Nutrimentos por porción:			
Calorías	91	Colesterol	1 mg
Grasa	2 g	Sodio	641 mg

Sopa de Tallarín con Pollo

Rinde 8 porciones

1.350 litros de consomé de pollo
225 g de pollo deshuesado, cortado en pedazos
   chicos
1½ tazas de tallarín mediano de huevo, sin cocer
1 taza de zanahoria rebanada
½ taza de cebolla picada
⅓ de taza de apio rebanado
1 cucharadita de eneldo
¼ de cucharadita de pimienta negra molida

En una olla grande, a fuego medio-alto, caliente el
consomé de pollo, el pollo, los tallarines, la
zanahoria, la cebolla, el apio, el eneldo y la pimienta
hasta que la mezcla hierva. Reduzca el fuego y deje
cocer a fuego bajo, sin tapar, por 20 minutos o hasta
que el pollo y el tallarín estén cocidos.

Nutrimentos por porción:			
Calorías	88	Colesterol	19 mg
Grasa	2 g	Sodio	579 mg

Sopa de Chícharo

Rinde 6 porciones

¼ de taza de aceite de oliva 100 % virgen
2 cebollas medianas picadas
2 dientes de ajo o 1 chalote o 2 cebollines,
   picados
6 tazas de agua
1 taza de chícharos (guisantes) secos, limpios y
   enjuagados
½ taza de zanahoria rebanada
1 tallo de apio picado
1 hoja de laurel
¼ de cucharadita de pimienta negra

En una olla, caliente el aceite de oliva a fuego medio.
Agregue las 2 cebollas medianas y el ajo; cueza y
revuelva durante 5 minutos o hasta que la cebolla esté
suave.

Incorpore el agua, los chícharos, la zanahoria, el apio,
la hoja de laurel y la pimienta negra. Ponga a hervir a
fuego medio-alto. Cuando hierva, reduzca el fuego y
deje cocer a fuego bajo por 2 horas; revuelva de vez
en cuando, hasta que los chícharos estén suaves.
Antes de servir, saque la hoja de laurel.

Nutrimentos por porción:			
Calorías	173	Colesterol	0 mg
Grasa	10 g	Sodio	21 mg

Sopa Dorada de Tomate Rojo

Sopa de Pollo con Arroz Salvaje

Rinde 8 porciones

⅓ de taza de leche en polvo sin grasa
2 cucharadas de fécula de maíz
2 cucharaditas de consomé de pollo, en polvo
¼ de cucharadita de hojuelas de cebolla seca
¼ de cucharadita de albahaca seca machacada
¼ de cucharadita de tomillo seco machacado
⅛ de cucharadita de pimienta
4 tazas de consomé de pollo
½ taza de apio picado
½ taza de zanahoria rebanada
½ taza de cebolla picada
2 tazas de arroz salvaje cocido
1 taza de pechuga de pollo cocida y cortada en cubos

En un tazón chico, mezcle la leche en polvo, la fécula de maíz, el consomé en polvo, las hojuelas de cebolla, la albahaca, el tomillo y la pimienta. Incorpore un poco de consomé de pollo líquido y revuelva hasta que se disuelvan los ingredientes. En una olla grande, ponga el resto del consomé, el apio, la zanahoria y la cebolla. Cueza hasta que las verduras estén cocidas. Agregue gradualmente la mezcla de leche en polvo. Incorpore el arroz y el pollo; deje cocer de 5 a 10 minutos hasta que esté bien caliente.

Nutrimentos por porción:

Calorías	98	Colesterol	24 mg
Grasa	3 g	Sodio	84 mg

Sopa de Zanahoria y Nectarina

Rinde 4 porciones

2 cucharadas de margarina baja en calorías
1 taza de cebolla amarilla picada
1 nectarina, pelada y cortada en cuartos
2 zanahorias, peladas y cortadas en pedazos
2 tazas de consomé de pollo
½ taza de jugo de naranja
¼ de cucharadita de ralladura de cáscara de naranja
   Pimienta negra recién molida
½ taza de yogur natural bajo en grasa
2 nectarinas en gajos (1 taza)

En una olla grande, derrita la margarina a fuego medio-alto; agregue la cebolla. Cueza y revuelva durante unos 3 minutos o hasta que la cebolla esté suave. Añada los cuartos de nectarina, la zanahoria y el consomé de pollo. Deje que hierva; baje el fuego y deje cocer a fuego bajo hasta que la zanahoria se sienta suave cuando la pique con un tenedor. Vierta en el vaso de la licuadora; licue hasta que se incorporen los ingredientes. Incorpore el jugo de naranja y la ralladura de naranja. Sazone con pimienta. Vierta en platos soperos. Acompañe cada porción con 2 cucharadas de yogur y los gajos de nectarina. Sirva la sopa caliente o fría.

Nutrimentos por porción (1 taza):

Calorías	140	Colesterol	2 mg
Grasa	4 g	Sodio	109 mg

Sopa de Papa y Apio

Rinde 4 porciones, 7 tazas

1 cucharada de aceite vegetal
3 tazas de apio picado
2 tazas de papa cortada en cubos (unos 450 g)
1 taza de cebolla picada
1 cucharadita de ajo picado
385 ml de consomé de pollo
1 taza de leche baja en grasa
1 cucharada de mostaza Dijon
½ taza de queso cheddar bajo en grasa, rallado

En una cacerola grande, caliente el aceite a fuego medio-alto; agregue el apio, la papa, la cebolla y el ajo; fría durante 5 minutos o hasta que el apio esté suave. Añada el consomé y deje hervir. Reduzca el fuego y cueza a fuego bajo, sin tapar, por unos 10 minutos o hasta que la papa se sienta suave cuando la pique con un tenedor. Ponga la mitad de la mezcla de sopa en la licuadora o en un procesador de alimentos; licue hasta que se incorporen los ingredientes.

Vierta en la cacerola con el resto de la sopa. Incorpore la leche y la mostaza; caliente de 1 a 2 minutos. Justo antes de servir, espolvoree con el queso.

Nutrimentos por porción:

Calorías	255	Colesterol	15 mg
Grasa	9 g	Sodio	376 mg

Gazpacho

Rinde 6 porciones

2 zanahorias peladas
1 pepino sin pelar
1 tomate rojo mediano
½ pimiento morrón rojo, sin semillas
2 tazas de jugo de tomate condimentado
½ taza de agua
½ taza de puré de tomate
¼ de taza de cebolla cambray picada
3 cucharadas de vinagre
2 cucharaditas de azúcar
1 diente de ajo picado
1 lata (420 g) de frijol blanco (judías),
    escurrido y enjuagado

Corte la zanahoria, el pepino, el tomate rojo y el pimiento en pedazos grandes. En un procesador de alimentos, ponga todos los ingredientes, excepto el frijol; procese hasta obtener un puré con trozos. Vierta en un recipiente grande; incorpore los frijoles. Tape y refrigere hasta que esté frío. Sirva frío.

Nutrimentos por porción:			
Calorías	92	Colesterol	0 mg
Grasa	muy poca	Sodio	310 mg

Sopa Fría de Pepino a la Menta

Rinde 4 porciones, unas 3½ tazas

2 pepinos
½ cebolla chica cortada en trozos
1 diente de ajo
2 tazas de yogur natural bajo en grasa
3 cucharadas de hojas de menta finamente
    picadas
½ cucharadita de sal
⅛ de cucharadita de pimienta recién molida
    Pizca de pimienta roja molida
4 rebanadas delgadas de pepino (opcional)

Pele los pepinos y córtelos por la mitad, a lo largo; quíteles las semillas con una cuchara y deséchelas; córtelos en pedazos. Ponga los pepinos, la cebolla y el ajo en el procesador de alimentos. Licue hasta que se incorporen los ingredientes. Agregue 1 taza de yogur y muela hasta que se incorpore. Vierta en un recipiente mediano o en una sopera. Añada el yogur restante, la menta, la sal, la pimienta y la pimienta roja molida. Tape; refrigere por lo menos durante 2 horas antes de servir. Para servir, vierta en 4 platos soperos y adórnelos con una rebanada de pepino.

Nutrimentos por porción:			
Calorías	100	Colesterol	10 mg
Grasa	2 g	Sodio	352 mg

Consomé con Arroz Salvaje

Rinde de 4 a 6 porciones

4 tazas de consomé de pollo
2 tazas de arroz salvaje cocido
1 taza de elote congelado
2 cucharadas de pimiento morrón rojo picado
2 cucharadas de pimiento morrón verde
    picado
½ taza de cebollín rebanado
1 cucharada de perejil picado
1 cucharadita de estragón seco machacado
2 cucharadas de fécula de maíz
2 cucharadas de agua

En una olla grande, ponga el consomé, el arroz, el elote, los pimientos rojo y verde, el cebollín, el perejil y el estragón; revuelva bien. Cueza a fuego medio hasta que hierva la mezcla; luego baje el fuego y deje cocer durante 5 minutos o hasta que el elote esté suave. En un recipiente chico, disuelva la fécula de maíz en el agua e incorpore a la sopa; cueza por 5 minutos o hasta que la sopa se espese un poco; revuelva de vez en cuando.

Nutrimentos por porción:			
Calorías	98	Colesterol	0 mg
Grasa	1 g	Sodio	5 mg

Sopa de Pollo y Apio

Rinde 4 porciones, 8 tazas

1 cucharada de aceite vegetal
3 tazas de apio en rebanadas delgadas
1 taza de cebolla picada
1 cucharadita de ajo picado
225 g de pechuga de pollo, sin piel ni hueso,
    cortada en pedazos de 1.5 cm
385 ml de consomé de pollo
450 g de tomate rojo picado
½ taza de arroz de grano largo sin cocer

En una olla grande, caliente el aceite; ponga el apio, la cebolla y el apio; cueza y revuelva durante 5 minutos o hasta que las verduras estén suaves. Agregue el pollo; cueza por unos 2 minutos o hasta que el pollo se ponga blanco; revuelva de vez en cuando. Incorpore el consomé de pollo, el tomate rojo y el arroz; deje que hierva. Baje la flama, tape y deje cocer a fuego bajo por 20 minutos o hasta que el arroz esté suave.

Nutrimentos por porción (2 tazas):			
Calorías	255	Colesterol	33 mg
Grasa	6 g	Sodio	349 mg

Sopa de Pollo

Rinde 10 porciones

- ¼ de taza de aceite vegetal
- ¼ de taza de cebolla finamente picada
- ¼ de taza de harina de trigo
- 4 tazas de consomé de pollo
- 2 tazas de leche descremada
- 1 hoja de laurel
- 3 tazas de papa congelada rallada
- 1 bolsa (280 g) de elote congelado
- 1 bolsa (280 g) de ejote congelado
- 1 bolsa (280 g) de chícharos (guisantes) congelados
- 1 bolsa (280 g) de zanahoria congelada
- 1½ tazas de pollo cocido finamente picado
- ⅛ de cucharadita de pimienta
- 2 cucharadas de perejil o chalote picado

1. En una olla grande, caliente el aceite a fuego medio. Agregue la cebolla; fría hasta que esté suave. Incorpore la harina. Cueza hasta que burbujee. Incorpore gradualmente el consomé y la leche. Cueza y revuelva hasta que la mezcla hierva y se espese un poco. Ponga la hoja de laurel.

2. Agregue la papa, el elote, los ejotes, los chícharos y la zanahoria. Suba el fuego a medio-alto y deje que hierva la mezcla. Reduzca el fuego a bajo. Deje cocer por 5 minutos o hasta que los ejotes estén suaves; luego incorpore el pollo y la pimienta; deje que se caliente. Retire la hoja de laurel. Cuando sirva, espolvoree el perejil.

Nutrimentos por porción:			
Calorías	220	Colesterol	20 mg
Grasa	7 g	Sodio	685 mg

Sopa de Verduras y Queso

Rinde 4 porciones

- 2 cucharaditas de aceite vegetal
- ¼ de taza de pimiento morrón verde o rojo picado
- ¼ de taza de cebolla picada
- 2 cucharadas de harina de trigo
- 1 cucharadita de consomé de pollo en polvo o un cubo de consomé de pollo
- ½ cucharadita de mostaza en polvo
- ⅛ de cucharadita de pimienta de Cayena
- 1 taza de agua
- ½ taza de leche descremada
- 1 bolsa (280 g) de verduras mixtas (brócoli, coliflor y zanahoria)
- 1 taza de salsa de queso
- 1 bolsa (250 g) de ejotes descongelados
- ½ cucharadita de sal

1. En una olla grande, caliente el aceite a fuego medio. Agregue el pimiento morrón y la cebolla. Cueza y revuelva de 2 a 3 minutos o hasta que estén suaves. Retire del fuego.

2. Incorpore la harina, el consomé, la mostaza en polvo y la pimienta de Cayena. Vierta gradualmente el agua y la leche. Regrese al fuego y deje cocer hasta que se espese la mezcla.

3. Añada las verduras y la salsa de queso, los ejotes y la sal. Deje cocer a fuego bajo durante 5 minutos o hasta que las verduras estén suaves.

Nutrimentos por porción:			
Calorías	95	Colesterol	0 mg
Grasa	3 g	Sodio	640 mg

Sopa Minestrone

Rinde 16 porciones

- 1 cucharada de aceite vegetal
- 1⅓ tazas de apio picado
- ½ taza de cebolla picada
- 2 o 3 dientes de ajo picados
- 800 g de tomate rojo picado
- 4 tazas de col picada
- 1⅓ tazas de zanahoria picada
- 1 lata (1300 g) de puré de tomate rojo sin sal
- 1 lata (530 g) de alubia escurrida
- 1 lata (435 g) de alubia roja, escurrida
- 1 lata (435 g) de garbanzo, escurrida
- ¼ de taza de perejil picado
- 1 cucharada más 1 cucharadita de orégano seco
- 1 cucharada más 1 cucharadita de albahaca seca
- ¾ de taza (120 g) de pasta de codito, cocida (sin sal ni grasa) y escurrida
- ¼ de taza de queso parmesano rallado
- Sal y pimienta (opcional)

1. En una olla grande, caliente el aceite a fuego medio; agregue el apio, la cebolla y el ajo; fría hasta que estén suaves. Incorpore el tomate rojo, la col y la zanahoria. Reduzca la flama, tape y deje cocer a fuego bajo hasta que las verduras se cuezan muy bien.

2. Incorpore el puré de tomate, las alubias, el garbanzo, el perejil, el orégano y la albahaca. Deje que se calienten y, poco antes de servir, incorpore la pasta. Al servir espolvoree el queso parmesano. Sazone con sal y pimienta si lo desea.

Nutrimentos por porción:			
Calorías	165	Colesterol	0 mg
Grasa	3 g	Sodio	265 mg

En el sentido de las manecillas del reloj, desde arriba a la izquierda: Sopa de Pollo, Sopa Minestrone, Sopa de Verduras y Queso

Sopa de Verduras con Albahaca

Rinde de 10 a 12 porciones

- 1 bolsa (250 g) de ejotes congelados
- 1 lata (420 g) de alubia cocida, sin escurrir
- 3 zanahorias medianas, cortadas en rebanadas delgadas
- 3 calabazas medianas, cortadas en rebanadas delgadas
- 2 litros de caldo de res
- 2 dientes de ajo picados
  Sal y pimienta (opcional)
- 60 a 90 g de vermicelli o espagueti, sin cocer
- ½ taza bien compacta de hojas de albahaca finamente picada
  Queso romano rallado

Ponga en una olla los ejotes, las alubias, la zanahoria, la calabaza, el caldo de res y el ajo. Ponga a hervir a fuego alto. Baje la flama, tape y deje cocer hasta que la zanahoria esté suave. Sazone al gusto con sal y pimienta. Agregue la pasta; deje que hierva a fuego alto. Baje el fuego y deje cocer hasta que la pasta esté suave, pero aún firme. (Si desea, puede cocer aparte la pasta y agregarla a la sopa antes de servir.) Añada la albahaca; continúe cociendo hasta que la albahaca esté suave. Al servir, espolvoree el queso.

Nutrimentos por porción:

Calorías	110	Colesterol	muy poco
Grasa	1 g	Sodio	585 mg

Sopa de Verduras con Albahaca

Sopa Italiana de Boda

Rinde unas 8 porciones, 8 tazas

- 225 g de carne de res, molida
- ½ taza de pan recién molido (1 rebanada)
- 1 huevo ligeramente batido
- 1 cucharada de cebolla finamente picada
- 5 cucharaditas de consomé de pollo, en polvo
- 8 tazas de agua
- ½ taza de pasta Acini sin cocer
- 1½ tazas de hojas de espinaca picadas
  Queso parmesano rallado (opcional)

En un recipiente chico, mezcle la carne con el pan molido, el huevo, la cebolla y 1 cucharadita de consomé. Forme 40 albóndigas chicas. En una olla grande, ponga a hervir el agua y el consomé restante. Agregue las albóndigas y la pasta; deje cocer por 10 minutos. Ponga la espinaca; baje la flama y cueza a fuego bajo de 3 a 5 minutos o hasta que esté suave. Sirva con el queso si lo desea. Refrigere el sobrante.

Nutrimentos por porción:

Calorías	109	Colesterol	44 mg
Grasa	5 g	Sodio	226 mg

Sopa de Salchicha de Pavo

Rinde 10 porciones

- 8 tazas de agua
- 400 g de tomates rojos estofados
- 1 bolsa (280 g) de espinaca picada congelada
- 2 zanahorias rebanadas
- 1 cebolla mediana picada
- 2 cucharaditas de consomé de res, en polvo, o 2 cubos de consomé
- ¼ de cucharadita de pimienta negra
- 1 bolsa (450 g) de salchicha de pavo
- 1 taza de coditos u otra pasta chica sin cocer
  Queso parmesano rallado (opcional)

En una cacerola grande, ponga el agua, el tomate rojo y su jugo, la espinaca, la zanahoria, la cebolla, el consomé y la pimienta. Hierva a fuego alto. Pique las salchichas en trozos pequeños y agréguelas a la sopa hirviendo; revuelva de vez en cuando. Incorpore la pasta. Déjala cocer por 10 minutos o hasta que esté suave. Sirva en platos hondos y espolvoree encima el queso parmesano si lo desea. Refrigere o congele el sobrante.

Nutrimentos por porción:

Calorías	145	Colesterol	35 mg
Grasa	3 g	Sodio	670 mg

Nutritivo Minestrone Gratinado

Rinde 4 porciones

1 taza de calabaza cortada en cubos
1 taza de apio cortado en cubos
780 g de tomate rojo picado
2 tazas de agua
2 cucharaditas de azúcar
1 cucharadita de sazonador italiano
1 lata (420 g) de garbanzo, escurrida
4 rebanadas (de 1.5 cm de grosor) de pan
   francés tostado
1 taza (120 g) de queso mozzarella
   desmenuzado
2 cucharadas de queso parmesano rallado
   Perejil picado

Rocíe una olla o cacerola grande con antiadherente en aerosol. Ase la calabaza y el apio a fuego medio hasta que estén suaves. Agregue el tomate rojo con su jugo, el agua, el azúcar y el sazonador. Deje cocer, sin tapar, de 15 a 20 minutos. Añada el garbanzo y déjelo cocer por 10 minutos.

Mientras tanto, caliente una plancha para asar. Ponga el pan tostado sobre la plancha y espolvoree el queso mozzarella sobre el pan. Ase hasta que se funda el queso. Sirva la sopa en platos soperos y encima ponga una rebanada de pan con queso. Espolvoree el queso parmesano sobre las rebanadas de pan y adorne con el perejil. Sirva de inmediato.

Nutrimentos por porción:

Calorías	273	Colesterol	15 mg
Grasa	5 g	Sodio	999 mg

Guisado de Cerdo Estilo Cantonés

Guisado de Cerdo Estilo Cantonés

Rinde 6 porciones

450 g de lomo o solomillo de cerdo, cortado en
   pedazos de 2.5 cm
1 cucharadita de jengibre molido
¼ de cucharadita de canela molida
¼ de cucharadita de pimienta roja molida
1 cucharada de aceite de cacahuate o aceite
   vegetal
1 cebolla grande en trozos
3 dientes de ajo picados
400 ml de consomé de pollo
¼ de taza de jerez seco
1 bolsa (unos 280 g) de zanahoria miniatura
1 pimiento morrón verde grande, cortado en
   pedazos de 2.5 cm
3 cucharadas de salsa de soya baja en sodio
1½ cucharadas de fécula de maíz
   Cilantro para adornar

Espolvoree el jengibre, la canela y la pimienta roja molida sobre la carne; cubra bien. Caliente una olla o cacerola grande a fuego medio-alto. Agregue el aceite y caliente. Ponga el cerdo en la cacerola y dórelo por todos lados. Añada la cebolla y el ajo; cueza por 2 minutos; revuelva con frecuencia. Incorpore el consomé y el jerez. Hierva a fuego alto. Baje el fuego a medio-bajo; tape la cacerola y deje cocer durante 40 minutos.

Incorpore la zanahoria y el pimiento verde; tape y deje cocer por 10 minutos o hasta que la carne se sienta suave cuando la pique con un tenedor. En una taza, disuelva la fécula de maíz en la salsa de soya y vacíe al guisado. Cueza y revuelva durante 1 minuto o hasta que hierva y se espese. Sirva en platos hondos y adorne con el cilantro.

Nutrimentos por porción:

Calorías	208	Colesterol	50 mg
Grasa	10 g	Sodio	573 mg

Nutritiva Sopa de Pollo con Arroz

Nutritiva Sopa de Pollo con Arroz

Rinde 8 porciones

 10 tazas de consomé de pollo
  1 cebolla mediana picada
  1 taza de apio rebanado
  1 taza de zanahoria rebanada
  ¼ de taza de perejil picado
  ½ cucharadita de pimienta negra machacada
  ½ cucharadita de tomillo seco machacado
  1 hoja de laurel
 1½ tazas de pollo cortado en cubos (unos 340 g)
  2 tazas de arroz cocido
  2 cucharadas de jugo de lima
    Rebanadas de lima para adornar

En una olla grande, ponga el consomé, la cebolla, el apio, la zanahoria, el perejil, la pimienta, el tomillo y la hoja de laurel. Ponga a hervir a fuego alto. Revuelva una o dos veces. Baje el fuego, deje cocer sin tapar, de 10 a 15 minutos. Agregue el pollo, deje cocer sin tapar, de 5 a 10 minutos o hasta que se cueza el pollo. Saque y deseche la hoja de laurel. Poco antes de servir, incorpore el arroz y el jugo de lima. Adorne con las rebanadas de lima.

Nutrimentos por porción:			
Calorías	184	Colesterol	23 mg
Grasa	4 g	Sodio	1209 mg

Sopa de Pimiento y Elote Fácil de Preparar

Rinde 6 porciones, 6 tazas

  1 cucharada de margarina
  1 taza de pimiento morrón verde o rojo en trozos
  1 taza de cebolla picada
 2½ tazas (bolsa de 450 g) de elote desgranado, congelado
  1 taza de consomé de pollo
 120 g (¾ de taza) de jamón cocido cortado en cubos
  ½ cucharadita de comino molido
  ¼ de cucharadita de pimienta blanca molida
  3 tazas (dos latas de 360 ml) de leche evaporada baja en grasa
  ⅓ de taza más 1 cucharada de harina de trigo

En una olla grande, derrita la margarina; sofría el pimiento morrón y la cebolla a fuego medio, durante 5 minutos o hasta que estén suaves. Incorpore el elote, el consomé, el jamón, el comino y la pimienta blanca; cueza por otros 5 minutos, revuelva de vez en cuando, hasta que se cueza el elote. En un recipiente mediano, vierta ½ taza de leche evaporada y la harina; bata hasta que se mezclen. Agregue la leche evaporada restante; revuelva bien. Vierta lentamente en la olla. Aumente el fuego a medio-alto; cueza revolviendo sin cesar, durante 5 minutos hasta que la mezcla hierva y se espese un poco. Deje hervir por 1 minuto. (Si desea que quede menos espesa, agregue más consomé de pollo.) Adorne a su gusto.

Nutrimentos por porción:			
Calorías	213	Colesterol	15 mg
Grasa	6 g	Sodio	355 mg

Sopa de Camarón y Jamón

Rinde 6 porciones

    2 cucharadas de aceite vegetal
    1 taza de cebolla picada
    ½ taza de pimiento morrón verde picado
    2 cucharadas de perejil picado
    1½ litros de agua
    3 cubos de consomé de pollo
    1 bolsa (280 g) de okra (quingombó, angú)
        cortado y cocido
    225 g de camarón, pelado y desvenado
    2 tazas de jamón cocido cortado en cubos
    2 tazas de arroz cocido caliente (sin sal ni
        grasa)

1. En una olla grande, caliente el aceite a fuego medio. Agregue la cebolla y el pimiento verde; fría por 5 minutos; luego incorpore el perejil, el agua y los cubos de consomé. Deje que hierva.

2. Agregue el okra, baje el fuego y cueza a fuego bajo durante 10 minutos; revuelva después de 5 minutos.

3. Añada el camarón; cueza de 2 a 3 minutos hasta que el camarón se ponga rosado.

4. Agregue el jamón y deje calentar.

5. Sirva el arroz en platos hondos y encima vierta la sopa.

Nutrimentos por porción:			
Calorías	270	Colesterol	muy poco
Grasa	9 g	Sodio	658 mg

Sopa Criolla de Pescado

Rinde 8 porciones, 2 litros

    4 rebanadas de tocino
    ½ taza de apio picado
    ½ taza de pimiento morrón verde picado
    ½ taza de cebolla picada
    1 diente de ajo finamente picado
    785 g de tomate rojo picado
    4 tazas de agua
    1 cucharada de consomé de pollo instantáneo o
        3 cubos de consomé de pollo
    1 hoja de laurel
    1 cucharadita de orégano
    ¼ de cucharadita de pimienta negra
    450 g de filete de pescado, fresco o descongelado,
        cortado en pedazos de 2.5 cm

En una olla o cacerola grande, fría el tocino hasta que esté crujiente; saque de la olla y píquelo. En la grasa del tocino sofría el apio, el pimiento verde, la cebolla y el ajo hasta que estén suaves. Agregue el tomate rojo con su jugo, el agua, el consomé, la hoja de laurel, el orégano y la pimienta negra; deje que hierva, después baje el fuego; cueza a fuego bajo sin tapar durante 30 minutos; revuelva de vez en cuando. Añada el pescado; cueza de 5 a 8 minutos o hasta que el pescado se desmenuce con un tenedor. Retire la hoja de laurel. Adorne con tocino. Refrigere el sobrante.

Nutrimentos por porción (1 taza):			
Calorías	114	Colesterol	41 mg
Grasa	3 g	Sodio	619 mg

Sopa de Manzana y Calabacita

Rinde 6 porciones

    1 cucharada de aceite de maíz
    1 manzana pelada y picada
    ½ cebolla picada
    1 taza (225 g) de queso ricotta bajo en grasa
    385 ml de consomé de pollo
    600 g de calabacita o calabaza cerosa
    ½ taza de mostaza
    ¼ de cucharadita de estragón seco machacado

En una cacerola grande, caliente el aceite, sofría la manzana y la cebolla hasta que estén suaves; retire del fuego. En la licuadora ponga el queso ricotta; licue hasta que esté cremoso. Luego agregue 1 taza de consomé y la mezcla de manzana; tape y licue hasta que se incorporen los ingredientes. Regrese la mezcla a la cacerola y añada el resto del consomé, la calabacita, la mostaza y el estragón; bata hasta que se incorporen; cueza a fuego bajo y revuelva de vez en cuando, hasta que esté bien caliente, de 5 a 10 minutos. (No debe hervir.) Adorne si lo desea.

Nutrimentos por porción:			
Calorías	159	Colesterol	7 mg
Grasa	6 g	Sodio	446 mg

Sopa de Manzana y Calabacita

Sopa Primavera de Ternera

Sopa Primavera de Ternera

Rinde 6 porciones

675 g de ternera para estofado, cortada en pedazos de 2.5 cm
2 dientes de ajo picados
1 cucharada de aceite de oliva
½ cucharadita de sal
2½ tazas de agua
385 ml de consomé de res
1 cucharada de mejorana fresca picada o 1½ cucharaditas de mejorana seca
¼ de cucharadita de pimienta negra recién molida
225 g de papa roja sin cáscara, cortada en cubos de 1.5 cm (1¾ tazas)
1½ tazas de elote desgranado, fresco o congelado
1 calabaza chica (90 a 120 g)

En un recipiente mediano, mezcle la ternera con el ajo picado. En una olla o cacerola grande, caliente 2 cucharaditas de aceite a fuego medio. Dore la ternera, en dos tandas, utilice el resto del aceite según sea necesario. Deseche la grasa, si es necesario. Sazone la ternera con sal. Regrese toda la mezcla de ternera a la olla; agregue el agua, el consomé, la mejorana y la pimienta. Una vez que hierva, reduzca la flama, tape y deje cocer a fuego bajo durante 45 minutos. Añada la papa y el elote, tape y deje cocer por 15 minutos más o hasta que la ternera y la papa se sientan suaves cuando las pique con un tenedor. Mientras tanto, corte la calabaza por la mitad, a lo largo, y luego en rebanadas de 6 mm de grosor. Ponga la calabaza en la mezcla de ternera; tape y deje cocer durante 5 minutos o hasta que se cueza la calabaza.

Nutrimentos por porción:			
Calorías	234	Colesterol	93 mg
Grasa	8 g	Sodio	477 mg

Sopa Cremosa de Zanahoria

Rinde 6 porciones

3 tazas de agua
4 tazas de zanahoria rebanada
½ taza de cebolla picada
2 dientes de ajo picados
2 cucharadas de azúcar morena
½ cubo de consomé
2 cucharaditas de curry en polvo
⅛ de cucharadita de jengibre molido
Pizca de canela molida
½ taza de leche descremada

En una olla grande, ponga a hervir el agua a fuego alto. Agregue el resto de los ingredientes, excepto la leche. Baje el fuego y deje cocer 40 minutos o hasta que la zanahoria y la cebolla estén suaves. Retire del fuego. Licue la mezcla por tandas, hasta que se incorporen los ingredientes; luego regrese a la olla. Incorpore la leche; deje cocer a fuego bajo hasta que esté bien caliente (no debe hervir). Sirva caliente.

Nutrimentos por porción:			
Calorías	81	Colesterol	muy poco
Grasa	muy poca	Sodio	149 mg

Sopa Campestre de Frijol

Rinde 6 porciones

225 g de frijol blanco seco (judías) o haba seca (1¼ tazas)
2½ tazas de agua
120 g de carne de cerdo salada o jamón cocido, picado
¼ de taza de cebolla picada
½ cucharadita de orégano seco machacado
¼ de cucharadita de sal
¼ de cucharadita de jengibre molido
¼ de cucharadita de hojas de salvia seca, machacadas
¼ de cucharadita de pimienta
2 tazas de leche
2 cucharadas de mantequilla

Enjuague los frijoles y póngalos en una olla grande; agregue suficiente agua para que los cubra y ponga a hervir; una vez que hierva, baje el fuego y deje cocer por 2 minutos. Retire del fuego; tape y deje reposar durante 1 hora. (O cubra los frijoles con agua y déjelos remojando toda la noche.)

Escurra; regrese los frijoles a la olla. Incorpore 2½ tazas de agua, la carne de cerdo salada, la cebolla, el orégano, la sal, el jengibre, la salvia y la pimienta. Hierva a fuego bajo. Tape y deje cocer a fuego bajo de 2 a 2½ horas hasta que los frijoles estén suaves. (Si es necesario, agregue más agua durante el tiempo de cocción.) Vacíe la leche y la mantequilla; revuelva hasta que la mezcla esté bien caliente y se haya derretido la mantequilla. Sazone al gusto con más sal y pimienta, si lo desea.

Nutrimentos por porción:			
Calorías	261	Colesterol	32 mg
Grasa	9 g	Sodio	415 mg

Sopa de Verduras con Albóndigas

Rinde 10 porciones, unos 2½ litros

  450 g de carne de res, molida
  ½ taza de pan recién molido (1 rebanada)
  ⅓ de taza de cebolla picada
  1 huevo ligeramente batido
  4 cucharaditas de consomé de res instantáneo
  ⅛ de cucharadita de ajo en polvo
  6 tazas de agua
  785 g de tomate rojo picado
  ½ cucharadita de pimienta negra
  2 tazas de papa congelada rallada
  1 taza de chícharo y zanahoria congelados

En un recipiente grande, mezcle la carne con el pan molido, la cebolla, el huevo, 1 cucharadita de consomé y el ajo en polvo; revuelva bien. Haga las albóndigas de 2.5 cm de diámetro. En una olla grande, dore las albóndigas; tire la grasa. Agregue el agua, el tomate rojo, la pimienta y las 3 cucharaditas de consomé restantes; deje que hierva, baje el fuego y deje cocer, sin tapar, durante 20 minutos. Incorpore las verduras; deje cocer 15 minutos o hasta que estén suaves; revuelva de vez en cuando. Refrigere el sobrante.

Nutrimentos por porción:			
Calorías	201	Colesterol	49 mg
Grasa	10 g	Sodio	378 mg

Sopa de Verduras con Albóndigas

Sopa de Arroz con Pollo

Rinde 10 porciones

  1450 ml de consomé de pollo
  450 g de pollo deshuesado, cortado en trocitos
  1 lata (475 g) de granos de elote dulce
      escurridos
  400 g de tomate estofado picado
  280 g de okra (quingombó, angú) cocido y picado
  ½ taza de arroz sin cocer
  1 cucharadita de pimienta negra molida

En una olla grande, a fuego medio-alto, caliente el consomé de pollo, el pollo, el elote, el tomate rojo y su jugo, el okra, el arroz y la pimienta hasta que la mezcla hierva. Baje el fuego; deje cocer, sin tapar, durante 20 minutos o hasta que el pollo y el arroz estén cocidos.

Nutrimentos por porción:			
Calorías	150	Colesterol	19 mg
Grasa	2 g	Sodio	699 mg

Sopa de Cebolla Clásica

Rinde de 4 a 6 porciones

  1 cebolla extra grande (450 g)
  3 cucharadas de mantequilla
  1 diente de ajo picado
  1 cucharada de harina de trigo
  5 tazas de agua
  ¼ de taza de vino blanco (opcional)
  3 cucharadas de consomé de res en polvo
  1 cucharada de consomé de pollo en polvo
  1 cucharadita de salsa inglesa
    Trozos de pan tostados y sazonados
    Queso parmesano rallado

Pele la cebolla y córtela por la mitad, a lo largo, y luego a lo ancho en rebanadas delgadas.

En una olla de 3 litros, derrita la mantequilla a fuego medio. Agregue la cebolla y el ajo; cueza durante unos 20 minutos o hasta que la cebolla esté suave y transparente; revuelva de vez en cuando. Incorpore la harina, revuelva y luego agregue el agua, el vino, el consomé de res y de pollo y la salsa inglesa. Caliente hasta que hierva. Baje el fuego a bajo, tape y deje cocer 15 minutos.

Sirva la sopa en platos hondos; corone con los trozos de pan y espolvoree con el queso parmesano.

Nutrimentos por porción:			
Calorías	95	Colesterol	muy poco
Grasa	6 g	Sodio	602 mg

Sopa de Papa y Queso

Rinde 6 porciones, 6 tazas

450 g de papa pelada, en rebanadas delgadas
1 taza de cebolla rebanada
2½ tazas de consomé de pollo
½ taza de leche baja en grasa
1 taza de champiñones rebanados
½ taza de pimiento morrón rojo cortado en cubos
½ taza de cebollín rebanado
1 taza (120 g) de queso tipo manchego o para fundir, desmenuzado
Sal y pimienta negra (opcional)
2 cucharadas de perejil picado

En una olla de 3 litros, ponga la papa, 1 taza de cebolla y el consomé. Hierva a fuego bajo, tape y deje cocer hasta que la papa esté suave, más o menos 10 minutos. Pase al vaso de la licuadora y licue hasta que esté bien molida la mezcla. Regrese a la olla; incorpore la leche, los champiñones, el pimiento morrón y el cebollín. Deje cocer a fuego medio-bajo; agregue el queso, unas cuantas cucharadas a la vez, revuelva para que se funda. Sazone con sal y pimienta negra. Espolvoree con perejil.

Nutrimentos por porción (1 taza):

Calorías	151	Colesterol	9 mg
Grasa	4 g	Sodio	526 mg

Carne con Chile

Rinde 4 porciones

½ cebolla mediana picada
1 tallo de apio picado
1 cucharadita de chile en polvo
1 lata (430 g) de alubias, escurrida
1 lata (400 g) de tomate rojo en trozos
1 taza de carne de res, cocida y cortada en cubos

En horno de microondas: En un refractario de 2 litros para horno de microondas, ponga la cebolla, el apio y el chile en polvo. Agregue 1 cucharada de agua. Tape y cueza a temperatura ALTA (100 %) de 3 a 4 minutos. Añada el resto de los ingredientes. Tape y cueza a temperatura ALTA de 6 a 8 minutos o hasta que esté bien caliente; revuelva a la mitad del tiempo de cocción. Si quiere que el platillo sea más picante, sirva con salsa picante.

Tiempo de preparación: 8 minutos
Tiempo de cocción en el horno de microondas: 12 minutos

Nutrimentos por porción:

Calorías	193	Colesterol	28 mg
Grasa	3 g	Sodio	612 mg

Guisado de Res a la Italiana

Guisado de Res a la Italiana

Rinde 8 porciones, unas 8 tazas

675 g de pierna de res, cortada en cubos de 2.5 cm
2 cucharaditas de aceite de oliva o aceite vegetal
1 cebolla grande, en rebanadas delgadas
2 dientes de ajo picados
785 g de tomate rojo saladet picado
1 papa grande, pelada y cortada en pedazos de 2 cm (2 tazas)
⅔ de taza de salsa picante
1 cucharadita de albahaca seca machacada
½ cucharadita de orégano seco machacado
½ cucharadita de sal (opcional)
1 pimiento morrón verde grande, cortado en pedazos de 2.5 cm
1 calabaza grande, rebanada en tiras de 1.5 cm de grosor (2 tazas)
¼ de taza (28 g) de queso parmesano rallado
Salsa picante adicional (opcional)

Ponga la carne en un asador; a 10 cm de la fuente de calor, hasta que esté ligeramente dorada por todos lados. En una olla grande, caliente el aceite a fuego medio; agregue la cebolla y el ajo; sofríalos por 3 minutos. Ponga la carne, el tomate rojo y su jugo, la papa, ⅔ de taza de salsa picante, la albahaca, el orégano y, si lo desea, sal. Hierva, baje el fuego, tape y deje cocer hasta que la carne esté suave, más o menos durante 1 hora. Incorpore el pimiento verde y la calabaza; continúe cociendo hasta que la verdura esté suave, por unos 10 minutos. Sirva en platos hondos; espolvoree el queso. Sirva con más salsa picante si lo desea.

Nutrimentos por porción:

Calorías	222	Colesterol	56 mg
Grasa	10 g	Sodio	466 mg

Gazpacho Veraniego

Rinde de 4 a 5 porciones

6 tomates rojos maduros
2 pepinos
1 cebolla chica cortada en cuartos
1 diente de ajo, pelado y machacado
2 tazas de consomé de pollo
3 cucharadas de vinagre de vino tinto
2 cucharadas de aceite de oliva
¼ de cucharadita de salsa picante
1 pimiento morrón verde grande, sin semillas y finamente picado
1 manojo chico de cebollín, finamente picado

Corte 5 tomates rojos en cuartos; quite y deseche los corazones. Corte 1 pepino en cuartos; quite y deseche las semillas. En la licuadora o en un procesador de alimentos, ponga el tomate rojo, el pepino y la cebolla chica; tape y licue hasta que queden picados. Pase la mezcla de verduras a un recipiente grande. Incorpore el ajo, el consomé, el vinagre, el aceite de oliva y la salsa picante; tape y refrigere. Poco antes de servir, pique finamente el tomate rojo y el pepino restantes. Sirva la sopa en platos hondos o tazones fríos. Corone con el tomate rojo, el pepino, el pimiento verde y el cebollín.

Nutrimentos por porción:

Calorías	170	Colesterol	1 mg
Grasa	9 g	Sodio	24 mg

Sopa Japonesa de Tallarín

Rinde 4 porciones, 5 tazas

400 g de tomate rojo estofado
390 ml de consomé de pollo con poca sal
90 g de linguine (pasta) sin cocer
2 cucharaditas de salsa de soya baja en sodio
1 a 1½ cucharaditas de raíz de jengibre picada o ¼ de cucharadita de jengibre molido
125 g de filete de sirloin, cortado a lo ancho en tiras delgadas
5 cebollines, cortados en tiras delgadas de 2.5 cm de largo
120 g de tofu firme, cortado en cubos chicos
Pimienta negra molida (opcional)
Salsa de soya adicional (opcional)

En una olla grande, ponga el tomate rojo y su jugo, el consomé, la pasta, 2 cucharaditas de salsa de soya y el jengibre con 1¾ tazas de agua, deje que hierva. Cueza, sin tapar, a fuego medio-alto durante 5 minutos. Agregue la carne, el cebollín y el tofu; cueza 4 minutos o hasta que la pasta esté cocida. Sazone al gusto con pimienta y más salsa de soya, si lo desea.

Tiempo de preparación: 10 minutos
Tiempo de cocción: 15 minutos

Nutrimentos por porción:

Calorías	220	Colesterol	40 mg
Grasa	7 g	Sodio	535 mg

Sopa Pizza

Rinde 7 porciones, 3½ tazas

1 cebolla mediana picada
60 g de pepperoni o salami, cortado en trocitos*
½ cucharadita de ajo con perejil en polvo
½ cucharadita de orégano seco machacado
1 sobre de sopa precocida de tallarín con sabor a pollo
3 tazas de agua
2 cucharadas de puré de tomate
½ taza (60 g) de queso mozzarella rallado

En una olla mediana, cueza la cebolla, el pepperoni, el ajo en polvo y el orégano a fuego medio-alto; revuelva con frecuencia durante 3 minutos o hasta que la cebolla esté suave. Incorpore el resto de los ingredientes, excepto el queso. Deje que hierva, luego baje el fuego; revuelva de vez en cuando durante 5 minutos. Espolvoree con el queso antes de servir.

En horno de microondas: En una cacerola de 2 litros para horno de microondas, ponga la cebolla, el pepperoni, el ajo en polvo y el orégano; cueza a temperatura ALTA (100 %) durante 2 minutos. Incorpore el resto de los ingredientes, excepto el queso. Cueza, sin tapar, por 10 minutos; revuelva una sola vez. Antes de servir, espolvoree el queso.

*Variación: Omita el pepperoni o el salami. Agregue 1 cucharada de aceite.

Nutrimentos por porción (½ taza):

Calorías	99	Colesterol	11 mg
Grasa	6 g	Sodio	604 mg

Gazpacho Veraniego

Sopa de Carne de Res con Tallarín

Sopa de Carne de Res con Tallarín

Rinde 4 porciones, 6 tazas

 2 cucharadas de salsa de soya baja en sodio
 1 cucharadita de jengibre fresco picado
 ¼ de cucharadita de pimienta roja machacada
 1 filete de sirloin de res sin hueso, cortado en pedazos de 2.5 cm de grosor (unos 340 g)
 1 cucharada de aceite de cacahuate o aceite vegetal
 2 tazas de champiñones rebanados
 390 ml de caldo de res
 90 g (1 taza) de tirabeques (vainas), cortados diagonalmente en trozos de 2.5 cm
 1½ tazas de tallarín delgado de huevo, cocido (60 g sin cocer), caliente
 1 cebollín, cortado diagonalmente en rebanadas delgadas
 1 cucharadita de aceite de ajonjolí oriental (opcional)
 Tiras de pimiento morrón rojo para adornar

En un recipiente chico, mezcle la salsa de soya, el jengibre y la pimienta roja machacada. Bañe ambos lados de la carne con la mezcla y déjela marinar a temperatura ambiente durante 15 minutos. Ponga a calentar una cacerola profunda a fuego medio-alto. Agregue el aceite de cacahuate; caliente. Escurra la carne; aparte la mezcla de salsa de soya (quedará muy poca). Ponga la carne en la cacerola; cueza de 4 a 5 minutos por lado para que quede cocida a término medio. (Ajuste el tiempo según el término que desee.) Retire la carne de la cacerola; deje reposar por 10 minutos sobre una tabla para picar.

Ponga los champiñones en la cacerola; sofríalos 2 minutos. Añada el consomé, los tirabeques y la mezcla de salsa de soya que quedó; deje que hierva,

deseche los pedazos de carne dorada. Baje el fuego a medio-bajo e incorpore el tallarín.

Corte la carne en rebanadas de 6 mm de grosor, y cada rebanada, en pedazos de 2.5 cm. Incorpore a la sopa; deje que se caliente. Agregue el cebollín y el aceite de ajonjolí. Sirva en platos hondos. Adorne con las tiras de pimiento rojo.

Nutrimentos por porción:			
Calorías	245	Colesterol	62 mg
Grasa	10 g	Sodio	1004 mg

Nutritiva Sopa de Cerdo

Rinde 12 porciones

 2 cucharadas de aceite de oliva o aceite vegetal
 450 g de filete de cerdo, cortado en cubos de 1.5 cm
 1 cebolla mediana picada
 2 dientes de ajo picados
 10 tazas de agua
 2 tazas de floretes de brócoli
 2 tazas de champiñones rebanados
 1 taza de apio rebanado
 4 zanahorias medianas rebanadas
 2 cucharadas de consomé instantáneo de pollo
 2 cucharaditas de tomillo seco machacado
 ½ cucharadita de pimienta negra
 ½ cucharadita de sazonador de hierbas sin sal u hojas de mejorana
 225 g de ruedas de pasta, sin cocer

En una olla grande, caliente el aceite, agregue el cerdo, la cebolla y el ajo; fría hasta que la carne esté bien cocida. Añada el resto de los ingredientes, excepto la pasta. Deje que hierva, baje el fuego y deje cocer 20 minutos. Cueza la pasta siguiendo las instrucciones en la envoltura; escúrrala e incorpórela a la sopa. Caliente bien. Refrigere el sobrante.

Nota: Para disminuir la cantidad de sodio, utilice consomé bajo en sodio.

Nutrimentos por porción:			
Calorías	179	Colesterol	35 mg
Grasa	5 g	Sodio	480 mg

Sopa de Moros con Cristianos

Rinde 7 porciones, 7 tazas

½ taza de cebolla picada
1 diente de ajo picado
2 cucharaditas de aceite vegetal
1½ tazas de agua
390 ml de caldo de res
1 lata (420 g) de frijol negro o frijol pinto
    (judías), enjuagado y escurrido
400 g de tomate estofado sin sal
¾ de taza de arroz instantáneo sin cocer
⅓ de taza de salsa poco picante
1 cucharadita de comino molido
¼ de cucharadita de orégano seco machacado
2 cucharadas de cilantro picado (opcional)

En una cacerola grande, caliente el aceite y sofría la cebolla y el ajo hasta que la cebolla esté suave. Agregue el agua, el consomé, los frijoles, el tomate rojo con su jugo, el arroz, la salsa picante, el comino y el orégano; deje que hierva. Tape; baje el fuego y deje cocer hasta que el arroz esté suave, más o menos 5 minutos. Espolvoree el cilantro antes de servir, si lo desea.

Nutrimentos por porción:			
Calorías	113	Colesterol	muy poco
Grasa	2 g	Sodio	405 mg

Sopa Criolla de Res

Rinde 8 porciones

1.350 a 1.800 kg de pierna de res, cortada
    transversalmente
4 tazas de agua
785 g de tomate rojo picado
1 taza de apio rebanado
1 cebolla grande picada
2 dientes de ajo picados
2 cubos de consomé de res
½ cucharadita de sal
¼ de cucharadita de pimienta negra molida y
    de pimienta roja molida
2 tazas de col picada
1 pimiento morrón verde picado
¼ de taza de jugo de limón
2 tazas de arroz cocido

En una olla grande, ponga la carne de res, el agua, el tomate rojo con su jugo, el apio, la cebolla, el ajo, los cubos de consomé, la sal y ambas pimientas. Ponga a hervir; baje el fuego, tape y deje cocer durante 2 horas; revuelva de vez en cuando. Saque la carne; deje enfriar un poco. Quite la carne del hueso y córtela en pedazos chicos. Desgrase el caldo. Regrese la carne a la olla; agregue la col y el pimiento morrón verde. Tape y continúe cociendo por 30 minutos o

hasta que la carne y las verduras estén suaves. Incorpore el jugo de limón. Sirva en platos hondos ¼ de taza de arroz cocido y vierta después la sopa.

Tiempo de preparación: 30 minutos
Tiempo de cocción: 2 horas y 45 minutos

Nutrimentos por porción:			
Calorías	241	Colesterol	44 mg
Grasa	5 g	Sodio	582 mg

Guisado de Jamón

Rinde de 4 a 6 porciones

1 cebolla mediana picada
2 tallos de apio, rebanados
2 zanahorias rebanadas
4 tazas de consomé de pollo
2 tazas (225 g) de jamón bajo en sal, cortado
    en cubos de 1.5 cm
1 cucharada de hierbas finas
1 taza de chícharos (guisantes) congelados
2 cucharadas de fécula de maíz

En una olla grande, ponga la cebolla, el apio, la zanahoria, el consomé, el jamón y las hierbas finas. Tape y cueza a fuego medio-alto durante 20 minutos o hasta que la zanahoria esté casi suave. Incorpore el chícharo. En un recipiente chico, disuelva la fécula de maíz en ¼ de taza de agua; agregue al guisado. Revuelva sin cesar hasta que hierva y se espese. Adorne con hojas de apio si lo desea.

En horno de microondas: Mezcle los ingredientes como se indica arriba, en una olla para microondas de 25 cm de altura. Tape con plástico perforado. Cueza a temperatura ALTA (100 %) durante 10 minutos. Revuelva y gire la olla. Tape y continúe cociendo a temperatura ALTA de 10 a 15 minutos, o hasta que la zanahoria esté casi suave. Incorpore los chícharos. Disuelva la fécula de maíz en ¼ de taza de agua e incorpore al guisado. Tape y cueza a temperatura ALTA de 2 a 3 minutos o hasta que hierva y se espese; revuelva 3 veces durante la cocción. Adorne como se indica arriba.

Nutrimentos por porción:			
Calorías	131	Colesterol	19 mg
Grasa	3 g	Sodio	410 mg

Guisado de Jamón

Crema de Pollo al Cilantro

Rinde 4 porciones, unas 4 tazas

150 g de pechuga de pollo, deshuesada y sin piel
    (2 medianas)
2½ tazas de consomé de pollo
½ taza de cilantro
½ taza de cebollín rebanado
¼ de taza de apio rebanado
1 diente de ajo grande picado
½ cucharadita de comino molido
⅓ de taza de harina de trigo
1½ tazas (lata de 360 ml) de leche
    semidescremada evaporada sin diluir
Pimienta negra recién molida, al gusto

En una olla grande, ponga el pollo, el consomé, el cilantro, el cebollín, el apio, el ajo y el comino. Hierva y baje el fuego; tape y deje cocer a fuego bajo 15 minutos o hasta que el pollo esté suave. Pase al vaso de la licuadora; agregue la harina. Tape y mezcle, empiece a velocidad baja, hasta que se muela. Regrese la mezcla a la olla. Cueza a fuego medio, revuelva sin cesar hasta que la mezcla hierva y se espese. Retire del fuego y agregue gradualmente la leche evaporada. Vuelva a calentar sólo a que obtenga la temperatura adecuada para comerse. No deje que hierva. Sazone con pimienta al gusto. Adorne a su gusto.

Nutrimentos por porción:

Calorías	178	Colesterol	30 mg
Grasa	2 g	Sodio	610 mg

Crema de Pollo al Cilantro

Gazpacho Condimentado

Rinde 7 porciones, 7 tazas

1 pepino chico, pelado, sin semillas y en trozos
    (1¼ tazas)
1 pimiento morrón rojo mediano en trozos
1 tallo de apio en trozos
2 tomates rojos medianos en trozos
¼ de taza de cebolla en trozos
¼ de taza de hojas de cilantro
1 diente de ajo
3 tazas de jugo de tomate frío
½ taza de salsa picante
½ cucharadita de sal
Pepino picado (opcional)
Salsa picante adicional (opcional)

En un procesador de alimentos o licuadora, ponga 1 pepino chico, el pimiento rojo y el apio; muela sólo hasta que las verduras estén finamente picadas. Pase a un recipiente grande. En el procesador de alimentos o la licuadora, ponga los tomates rojos, la cebolla, el cilantro y el ajo; muela durante 1 minuto. En un recipiente grande ponga las verduras, incorpore 1 taza de jugo de tomate, ½ taza de salsa picante y la sal; tape y refrigere por lo menos durante 3 horas. Incorpore el jugo de tomate restante. Sirva en platos hondos. Si lo desea, adorne con el pepino picado y con salsa picante adicional.

Nutrimentos por porción:

Calorías	45	Colesterol	0 mg
Grasa	0 g	Sodio	564 mg

Sopa de Arroz Salvaje

Rinde 4 porciones, unas 4 tazas

⅓ de taza de zanahoria picada
⅓ de taza de apio picado
⅓ de taza de cebolla picada
2 cucharaditas de margarina o mantequilla
1⅓ tazas de arroz salvaje cocido
1 sobre de gravy para pavo
1½ tazas de leche descremada
2 cucharadas de jerez seco

En una cacerola de 2 litros, derrita la margarina y sofría las verduras a fuego medio-alto hasta que estén suaves. Incorpore el arroz, el gravy y la leche. Baje el fuego, deje cocer durante 5 minutos, luego incorpore el jerez.

Nutrimentos por porción (más o menos 1 taza):

Calorías	164	Colesterol	7 mg
Grasa	4 g	Sodio	645 mg

Guisado de Res

Guisado de Res

Rinde 4 porciones

1 cucharada de aceite vegetal
560 g de puntas de res limpias, cortadas en
    pedazos de 2.5 cm
½ taza de cebolla en trozos
1 diente grande de ajo, picado
1½ cucharaditas de orégano seco machacado
1 cucharadita de comino molido
½ cucharadita de pimienta roja molida y de sal
4 tomates rojos medianos picados (unas
    4 tazas)
½ taza de agua
1 lata (120 g) de chiles verdes enteros
1 cucharada de fécula de maíz
¼ de taza de cabezas de cebollín rebanadas

En una olla grande, caliente el aceite a fuego medio-alto. Agregue los pedazos de carne de res, la cebolla y el ajo; fría hasta que la carne esté dorada. Deseche la grasa. Aparte, mezcle el orégano con el comino, la pimienta roja y la sal; espolvoree la carne con esta mezcla. Añada 3 tazas de tomate y el agua; revuelva para que se mezclen, baje el fuego, tape y deje cocer a fuego bajo durante 1 hora y 55 minutos o hasta que la carne esté suave; revuelva de vez en cuando. Escurra los chiles verdes; conserve el líquido. Corte los chiles en pedazos de 1 cm y agréguelos a la mezcla de carne. Por separado, disuelva la fécula de maíz en el escabeche de los chiles y agréguelo gradualmente al guisado, deje cocer, sin tapar, hasta que hierva y se espese. Incorpore el resto del tomate rojo; adorne con el cebollín picado.

Nutrimentos por porción:

Calorías	250	Colesterol	85 mg
Grasa	8 g	Sodio	546 mg

Crema Satinada de Salmón

Crema Satinada de Salmón

Rinde 4 porciones, unas 5 tazas

1 cucharada de margarina o mantequilla
½ taza de cebolla picada
1 diente de ajo picado
2 tazas de agua
1 taza de papa pelada y cortada en cubos
3.5 g de consomé instantáneo de pollo
1 lata (225 g) de granos de elote, escurridos
200 g de salmón desmenuzado
¼ de taza de pimiento morrón verde o rojo cortado en cubos
¼ de cucharadita de pimienta recién molida
2 tazas de yogur natural bajo en grasa
¼ de taza de harina de trigo

En una cacerola grande, derrita la margarina a fuego medio; agregue la cebolla y el ajo, sofríalos de 2 a 3 minutos o hasta que estén suaves. Incorpore el agua, las papas y el consomé de pollo. Hierva y revuelva de vez en cuando, de 4 a 5 minutos o hasta que la papa esté suave. Baje el fuego, agregue el elote, el salmón, el pimiento morrón y la pimienta molida. No deje que hierva.

En un recipiente mediano, mezcle el yogur con la harina; revuelva bien. Agregue gradualmente a la sopa, revolviendo sin cesar, hasta que se incorpore y se espese un poco.

Nutrimentos por porción:			
Calorías	260	Colesterol	20 mg
Grasa	7 g	Sodio	525 mg

Sopa de Pavo, Elote y Camote

Rinde 8 porciones

1 cucharadita de margarina
½ taza de cebolla picada
1 chile jalapeño chico picado*
5 tazas de consomé de pollo
675 g de camote (batata), pelado y cortado en cubos de 2.5 cm
2 tazas de pavo cocido y cortado en cubos de 1.5 cm
½ cucharadita de sal
1½ tazas de granos de elote congelados
Hojas de cilantro (opcional)

En una olla de 5 litros, caliente la margarina a fuego medio-alto hasta que se derrita y burbujee. Agregue la cebolla y el chile; sofríalos por 5 minutos o hasta que la cebolla esté acitronada. Añada el consomé, el camote, el pavo y la sal; una vez que hierva, baje el fuego; tape y deje cocer a fuego bajo de 20 a 25 minutos o hasta que el camote se sienta suave cuando lo pique con un tenedor. Incorpore el elote. Aumente el fuego a medio y cueza de 5 a 6 minutos más. Para servir, vierta en tazones y adorne con cilantro, si lo desea.

*Los chiles pueden picar e irritar la piel; cuando maneje chiles utilice guantes desechables de plástico y no se toque los ojos. Lávese las manos después de manipular los chiles.

Nutrimentos por porción (1 taza):			
Calorías	173	Colesterol	27 mg
Grasa	3 g	Sodio	578 mg

Sopa Coreana de Alones de Pollo

Rinde 4 porciones

8 alones de pollo asados
1 cucharada de aceite de ajonjolí
1 cucharada de aceite de cacahuate
1 zanahoria pelada, en rebanadas delgadas
2 calabazas chicas rebanadas
¼ de taza de cebollín con cabeza, rebanado
1 diente de ajo, picado
½ cucharadita de jengibre recién rallado
½ cucharadita de chile en polvo
4 tazas de consomé de pollo caliente
2 cucharadas de salsa de soya

Barnice los alones de pollo con el aceite de ajonjolí. En una olla grande, caliente el aceite de cacahuate a fuego medio-alto; agregue el pollo y dórelo, dándole vuelta, durante 5 minutos, para que se dore por todos lados. Agregue la zanahoria; sofríala por 3 minutos. Añada la calabaza, la cebolla, el ajo, el jengibre y el chile en polvo. Continúe sofriendo unos 3 minutos más; vierta el consomé de pollo y la salsa de soya. Deje que hierva; baje el fuego y cueza por 10 minutos o hasta que pueda insertar con facilidad un tenedor en el pollo.

Nota: Si lo desea, puede agregar arroz cocido a la sopa antes de servir.

Nutrimentos por porción:			
Calorías	223	Colesterol	43 mg
Grasa	9 g	Sodio	579 mg

Sopa Cubana de Frijol Negro y Jamón

Sopa Cubana de Frijol Negro y Jamón

Rinde 4 porciones

1 taza de frijol negro (judías) sin cocer,
    remojado toda una noche y escurrido
1 rebanada (60 g) de jamón bajo en sal
½ taza de pimiento morrón verde picado
1 cebolla mediana, finamente picada
2 cucharaditas de hierbas finas
1 cucharadita de ajo en polvo
1 cucharadita de comino molido
¼ de cucharadita de pimienta negra
1½ tazas (180 g) de jamón bajo en sal, cortado
    en cubos de 1.5 cm

En una cazuela mediana, ponga los frijoles, la
rebanada de jamón, el pimiento morrón, la cebolla y
las especias; agregue suficiente agua sólo para cubrir
el frijol. Hierva; baje el fuego, tape y deje cocer de
1½ a 2 horas o hasta que los frijoles estén suaves y se
haya absorbido casi todo el líquido. Agregue los
cubos de jamón. Cueza por 10 minutos o hasta que
los cubos de jamón estén calientes. Antes de servir,
retire la rebanada de jamón. Sirva sobre arroz si lo
desea.

Nutrimentos por porción:			
Calorías	244	Colesterol	28 mg
Grasa	4 g	Sodio	489 mg

Sopa de Almeja

Rinde 12 porciones, 3 litros

3 cucharadas de manteca
6 papas medianas (unos 900 g), peladas y en
    rebanadas delgadas
2 cebollas grandes, peladas y en rebanadas
    delgadas
1½ tazas de agua
280 g de almejas chicas enteras sin concha o
    180 de almeja picada
1 litro de leche baja en grasa
1 cucharadita de sal
¼ de cucharadita de pimienta blanca molida

En una cacerola grande, derrita la manteca; agregue y
sofría la papa y la cebolla durante 5 minutos o hasta
que estén doradas. Añada el agua; deje que hierva.
Baje el fuego y tape; cueza de 10 a 15 minutos o
hasta que la papa esté suave. Incorpore la almeja y su
líquido; deje calentar de 2 a 3 minutos. Retire del
fuego y agregue la leche, la sal y la pimienta.

Deje enfriar la sopa, sin tapar, por 30 minutos. Ponga
la sopa, sin tapar, en el refrigerador. Antes de servir,
caliente la sopa a fuego medio-bajo hasta que le salga
vapor (unos 20 minutos); no deje hervir.

Nutrimentos por porción (1 taza):			
Calorías	180	Colesterol	23 mg
Grasa	5 g	Sodio	295 mg

Tres Frijoles con Chile

Rinde 6 porciones, unas 6½ tazas

450 g de tomate rojo, cortado en trocitos
1 sobre (360 g) de gravy tradicional
1 cucharada de chile en polvo
1 lata (420 g) de frijol (judías) con chile
1 lata (420 g) de garbanzo, escurrido
1 lata (420 g) de frijol pinto (judías) o alubia,
    escurrido
1 lata (120 g) de rajas de chile verde, escurrida
    Yogur natural sin grasa o crema ácida ligera;
    cebollín picado y/o queso cheddar bajo en
    grasa rallado (opcional)

En una olla de 3 litros, ponga el tomate rojo, el gravy
y el chile en polvo. Hierva a fuego alto, incorpore los
frijoles, el garbanzo y el chile. Baje el fuego, tape y
deje cocer a fuego bajo por 15 minutos; revuelva de
vez en cuando. Acompañe con lo que desee.

Nutrimentos por porción (más o menos 1 taza):			
Calorías	281	Colesterol	0 mg
Grasa	4 g	Sodio	1135 mg

Sopa de Arroz con Champiñones

Rinde 10 porciones

**2 tazas (unos 225 g) de champiñones
rebanados**
1 taza (unos 110 g) de champiñones picados
1 taza de cebollín rebanado
2 cucharadas de aceite de oliva
6 tazas de consomé de pollo
**2 latas (200 g cada una) de champiñones
enteros, sin escurrir**
1 taza de agua
**¾ de cucharadita de pimienta negra
machacada**
¾ de cucharadita de tomillo seco machacado
3 tazas de arroz cocido
1 cucharada de jerez seco

En una olla, ponga el aceite, sofría los champiñones
rebanados, los picados y el cebollín, a fuego medio-
alto, hasta que estén suaves. Agregue el consomé, los
champiñones enteros, el agua, la pimienta y el
tomillo. Baje el fuego, deje cocer, sin tapar, de 5 a
7 minutos. Incorpore el arroz y el jerez; deje cocer de
1 a 2 minutos.

Nutrimentos por porción:

Calorías	142	Colesterol	0 mg
Grasa	4 g	Sodio	861 mg

Sopa de Arroz y Zanahoria

Rinde 6 porciones

450 g de zanahoria, pelada y picada
1 cebolla mediana picada
1 cucharada de margarina
4 tazas de consomé de pollo
¼ de cucharadita de estragón seco machacado
¼ de cucharadita de pimienta blanca molida
2¼ tazas de arroz cocido
¼ de taza de crema agria ligera
Perejil u hojas de menta para adornar

En una cacerola u olla grande derrita la margarina y
sofría la zanahoria y la cebolla a fuego medio-alto, de
2 a 3 minutos o hasta que la cebolla esté suave.
Agregue 2 tazas de consomé, el estragón y la
pimienta. Baje el fuego; deje cocer 10 minutos. Ponga
las verduras y el consomé en el procesador de
alimentos o la licuadora, y procese hasta que se
muela. Regrese a la cacerola. Añada el consomé
restante y el arroz; deje que se caliente. Vierta una
cucharada de crema agria en cada plato de sopa.
Adorne con el perejil.

Nutrimentos por porción:

Calorías	183	Colesterol	0 mg
Grasa	3 g	Sodio	860 mg

Bullabesa de la Costa Occidental

Rinde 6 porciones

1 taza de cebolla rebanada
**2 tallos de apio, cortados diagonalmente en
rebanadas**
2 dientes de ajo picados
1 cucharada de aceite vegetal
4 tazas de consomé de pollo
785 g de tomate rojo picado
180 g de almejas picadas en su jugo
½ taza de vino blanco seco
1 cucharadita de salsa inglesa
½ cucharadita de tomillo seco, machacado
¼ de cucharadita de salsa picante
1 hoja de laurel
1 taza de camarón cocido, descongelado
**1 lata (180 g) de atún, escurrido y
desmenuzado**
Sal y pimienta negra (opcional)
6 rebanadas de limón
6 rebanadas de pan blanco

En una olla, caliente el aceite y luego sofría la
cebolla, el apio y el ajo. Incorpore el consomé, el
tomate rojo con su jugo, las almejas en su jugo, el
vino, la salsa inglesa, el tomillo, la salsa picante y la
hoja de laurel. Ponga a hervir; baje el fuego, deje
cocer 15 minutos, luego añada el camarón y el atún;
deje que se calienten por 2 minutos. Adorne con las
rebanadas de limón y acompañe con el pan.

Nutrimentos por porción:

Calorías	212	Colesterol	70 mg
Grasa	6 g	Sodio	1146 mg

Bullabesa de la Costa Occidental

Muffins de Queso Cheddar con Aceitunas

Rinde 12 muffins

2 tazas de harina de trigo
1 cucharada de azúcar
2 cucharaditas de polvo para hornear
1 cucharadita de mostaza en polvo
½ cucharadita de bicarbonato de sodio
½ cucharadita de sal
⅛ de cucharadita de pimienta roja molida
¼ de taza de margarina suavizada
1 taza (120 g) de queso cheddar rallado
½ taza de aceitunas verdes rellenas de pimiento picadas
1 taza de suero de leche
1 huevo

Caliente el horno a 190 °C. Engrase o cubra con papel encerado un molde para 12 muffins (de 6.5 cm de diámetro).

En un recipiente grande, mezcle la harina, el azúcar, el polvo para hornear, la mostaza, el bicarbonato de sodio, la sal y la pimienta roja. Incorpore la margarina y mezcle con un cuchillo hasta que se vea como migajas finas de pan. Añada el queso y las aceitunas. En un recipiente chico mezcle el suero de leche y el huevo hasta que se incorporen. Vierta en la mezcla de harina con queso y revuelva sólo hasta que se humedezca. Vierta uniformemente en el molde para muffin.

Hornee de 25 a 30 minutos o hasta que estén dorados los panecillos y, al insertar en el centro un palillo, éste salga limpio. De inmediato, desmóldelos. Deje enfriar sobre una rejilla de alambre. Sirva calientes o fríos.

Nutrimentos por porción (1 muffin):

Calorías	171	Colesterol	28 mg
Grasa	8 g	Sodio	379 mg

Bisquets Fáciles de Preparar

Rinde aproximadamente 1½ docenas de bisquets

4 tazas de harina preparada con suero de leche
⅔ de taza de germen de trigo
1½ tazas (lata de 340 g) de leche evaporada baja en grasa sin diluir
1 a 2 cucharadas de harina de trigo

En un recipiente mediano, ponga la mezcla de harina y el germen de trigo. Incorpore la leche evaporada para suavizar la masa. Vierta la masa en una superficie enharinada; amase 10 veces; agregue más harina según sea necesario para que no se pegue la masa. Extiéndala hasta que mida 12 mm de grosor.

Corte con un cortador para bisquets enharinado de 6.5 cm de circunferencia; colóquelos en una charola para hornear previamente engrasada. Hornee a 230 °C, de 8 a 10 minutos. Sírvalos calientes.

Nutrimentos por porción (1 bisquet):

Calorías	148	Colesterol	2 mg
Grasa	4 g	Sodio	370 mg

Pan de Avena

Rinde 1 barra, 14 rebanadas

1¾ tazas de harina para pan
1 taza de harina de trigo entero
1½ tazas de cereal de avena
½ cucharadita de sal (opcional)
1 caja de levadura en polvo activa
2 cucharadas bien compactas de azúcar morena
1 taza de leche descremada
¼ de taza de margarina
3 claras de huevo

Mezcle las harinas. En el tazón grande de la batidora eléctrica, ponga media taza de la mezcla de harinas, el cereal de avena, la sal, la levadura y el azúcar.

Caliente la leche y la margarina hasta que la mezcla alcance una temperatura de 50 a 55 °C. Agregue gradualmente a la mezcla de cereal y bata por 2 minutos a velocidad media; limpie el recipiente de vez en cuando. Vierta las claras de huevo y 1 taza de la mezcla de harina. Bata durante 2 minutos a velocidad alta.

Con ayuda de la batidora eléctrica, a velocidad baja, o con la mano, incorpore el resto de la mezcla de harina; bata por 5 minutos o hasta que la masa esté suave y elástica.

Ponga la masa en un recipiente ligeramente engrasado; voltéela una vez para que quede engrasada la parte superior. Cúbrala y déjela esponjar en un lugar caliente (25 a 30 °C) hasta que duplique su volumen. Golpee la masa y déjela reposar por 10 minutos.

Extienda la masa sobre una superficie ligeramente enharinada hasta formar un rectángulo de 35×46 cm. Comenzando por el lado más corto, enrolle la masa a lo largo y colóquela, con la unión hacia abajo, en un molde para panqué de 23×13×7 cm poco engrasado. Deje reposar hasta que duplique su volumen, más o menos 1½ horas.

Hornee a 180 °C, por unos 30 minutos o hasta que se dore. Saque el pan del molde y déjelo enfriar en una rejilla de alambre.

Nutrimentos por porción (1 rebanada):

Calorías	160	Colesterol	0 mg
Grasa	4 g	Sodio	110 mg

Muffins de Queso Cheddar con Aceitunas

Pan con un Toque de Miel

Pan con un Toque de Miel

Rinde 1 barra, 16 rebanadas

2½ a 3 tazas de harina de trigo
1 taza de cereal de avena sin cocer
1 bolsa de levadura de esponjado rápido
½ cucharadita de sal
1¼ tazas de agua
2 cucharadas de miel
2 cucharadas de margarina

En un recipiente grande, mezcle 1 taza de harina, el cereal de avena, la levadura y la sal. Aparte, caliente el agua, la miel y la margarina hasta que alcancen de 50 a 55 °C. Agregue la mezcla a los ingredientes en polvo; bata a velocidad baja con una batidora eléctrica hasta que la mezcla se humedezca. Incremente a velocidad media; continúe batiendo por 3 minutos. Incorpore suficiente harina para que la masa quede rígida.

Rocíe otro recipiente grande con un poco de antiadherente en aerosol o unte un poco de aceite. Ponga la masa en una superficie ligeramente enharinada. Amase de 8 a 10 minutos o hasta que la masa esté suave y elástica. Ponga en el recipiente aceitado; voltee la masa una vez para que quede aceitada la parte superior; cúbrala y déjela subir en un lugar caliente (de 25 a 30 °C) durante 30 minutos o hasta que duplique su volumen.

Rocíe con antiadherente en aerosol (o unte con un poco de aceite) un molde para panqué de 20×10 cm. Golpee la masa y luego extiéndala formando un rectángulo de 38×18 cm. Comenzando por el extremo estrecho, enrolle la masa lo más apretada posible. Pellizque los extremos para que se sellen; coloque la masa, con la unión hacia abajo, en el molde engrasado. Tape y deje que la masa esponje en un lugar caliente por 30 minutos o hasta que duplique su volumen.

Caliente el horno a 190 °C. Hornee de 35 a 40 minutos o hasta que se dore. Retire del molde; déjelo enfriar en una rejilla de alambre por lo menos 1 hora antes de rebanarlo.

Nutrimentos por porción (1 rebanada):

Calorías	120	Colesterol	0 mg
Grasa	2 g	Sodio	85 mg

Pan con Queso Picante

Rinde 4 barras, 12 rebanadas por barra

3 tazas de cereal de trigo molido
5 a 6 tazas de harina de trigo
2 bolsas de levadura en polvo activa
2 cucharaditas de sal
1½ tazas de leche baja en grasa
¼ de taza de aceite
2 huevos
1½ tazas (180 g) de queso con chile jalapeño, rallado
½ taza de cebolla picada fino
2 cucharadas de margarina derretida (opcional)

En el tazón grande de la batidora eléctrica, ponga el cereal molido, 2 tazas de harina, la levadura y la sal.

Caliente la leche y el aceite hasta que alcancen de 50 a 55 °C. Agregue gradualmente esta mezcla a la de cereal y bata hasta que estén bien incorporadas. Vierta los huevos, bata a velocidad media durante 2 minutos. Ponga el queso y la cebolla.

A mano, incorpore suficiente harina para que la masa quede rígida. En una superficie bien enharinada, amase aproximadamente por 5 minutos o hasta que la masa esté suave y elástica. Póngala en un recipiente ligeramente engrasado, voltéela una vez para que quede engrasada la parte superior; cúbrala sin apretar y deje esponjar en un lugar caliente (de 25 a 30 °C) hasta que duplique su volumen (más o menos 1 hora).

Golpee la masa y divídala en 4 partes. Póngala en una superficie ligeramente enharinada, extienda cada parte hasta formar un rectángulo de 18×25 cm. Enrolle la masa por el lado largo; póngala, con la unión hacia abajo, sobre una charola para hornear. Deje que esponje en un lugar caliente hasta que duplique su volumen. Haga cortes diagonales en la parte superior de las barras.

Hornee a 200 °C durante unos 15 minutos o hasta que se doren. Barnice las hogazas horneadas con margarina, si lo desea. Sírvalas calientes o frías.

Nutrimentos por porción (1 rebanada):

Calorías	100	Colesterol	10 mg
Grasa	3 g	Sodio	129 mg

Panecillos con Hierbas y Parmesano

Rinde 16 panecillos

2½ tazas de harina de trigo sin blanquear
1 cucharada de polvo para hornear
¼ de cucharadita de sal (opcional)
¼ de cucharadita de pimienta negra o blanca
¼ de taza de queso parmesano rallado
½ taza de suero de leche bajo en grasa o yogur natural sin grasa
⅓ de taza de aceite de oliva extra virgen
2 claras de huevo
2 cucharaditas de jugo de limón
1 diente de ajo picado
2 cucharadas de chalote o cebollín finamente picado
1 cucharada de albahaca picada o 1 cucharadita de albahaca seca machacada
1 cucharadita de tomillo u orégano picados o ½ cucharadita de tomillo seco u orégano machacados

Caliente el horno a 190 °C. En un recipiente, mezcle la harina, el polvo para hornear, la sal y la pimienta. Incorpore el queso y revuelva hasta que se integren.

En un recipiente mediano, bata el suero de leche, el aceite de oliva, las claras de huevo, el jugo de limón, el ajo, el chalote y las hierbas. (La mezcla se verá un poco espesa.)

Agregue la mezcla de hierbas a la de harina; bata con una cuchara de madera hasta que la masa sea una bola suave.

Ponga la masa sobre una superficie ligeramente enharinada; amase de 10 a 12 veces. Divida la masa en dos partes; con cada mitad haga una bola. Ponga las bolas en una charola para hornear sin engrasar; presione las bolas para formar un círculo de 20 cm. Corte cada círculo en 8 rebanadas.

Hornee de 15 a 20 minutos hasta que estén doradas. Deje enfriar sobre rejillas de alambre.

Nutrimentos por porción (1 panecillo):			
Calorías	119	Colesterol	1 mg
Grasa	5 g	Sodio	104 mg

Bollos Dorados

Rinde 10 bollos

1 bolsa de levadura seca activa
1⅓ tazas de agua caliente (de 40 a 45 °C)
1 cucharada de miel
1 cucharada de manteca derretida y fría
1 cucharadita de sal
3¼ a 4 tazas de harina para pan
¼ de taza de agua fría
1 cucharadita de fécula de maíz

Mezcle la levadura con el agua caliente; revuelva hasta que se disuelva. Incorpore la miel, la manteca, la sal y 2½ tazas de harina; bata hasta que la masa esté elástica.

Ponga la masa en una superficie enharinada. Amásela durante 15 minutos o hasta que esté suave y elástica; agregue la harina necesaria para que no se pegue. Forme una bola con la masa. Colóquela en un recipiente grande engrasado; voltee la masa una vez para que se engrase la superficie. Tape con una toalla; deje que esponje en un lugar caliente (30 °C) hasta que duplique su volumen, más o menos 1 hora.

Golpee la masa; amásela un poco sobre la superficie enharinada. Tápela y déjela reposar por 10 minutos. Divida la masa en 10 pedazos iguales; con cada pedazo forme una bola. Comience por el centro y trabaje hacia los extremos opuestos. Usando sólo las palmas de las manos, ruede las bolas sobre la superficie enharinada y forme un óvalo cónico. Coloque los bollos sobre 2 charolas para hornear engrasadas. Cúbralas y deje esponjar en un lugar tibio hasta que casi dupliquen su volumen, más o menos 25 minutos.

En una cacerola chica, ponga el agua y la fécula de maíz. Hierva a fuego alto, revolviendo sin cesar, hasta que se espese y se aclare, por unos 2 minutos; deje enfriar un poco. Barnice los bollos ya reposados con la mezcla de fécula de maíz tibia. Con un cuchillo afilado, haga cortes a lo largo, más o menos de 12 mm de profundidad y a unos 12 mm de cada extremo.

Caliente el horno a 190 °C. Hornee de 30 a 35 minutos o hasta que los bollos estén dorados y suenen huecos cuando los golpee ligeramente.

Nutrimentos por porción (1 bollo):			
Calorías	180	Colesterol	0 mg
Grasa	2 g	Sodio	214 mg

Bollos Dorados

Panecillos de Crema Agria y Eneldo

Rinde 1 docena de panecillos

- **2 tazas de harina de trigo**
- **2 cucharaditas de polvo para hornear**
- **½ cucharadita de bicarbonato de sodio**
- **½ cucharadita de sal**
- **¼ de taza de margarina suavizada**
- **2 huevos**
- **½ taza de crema agria**
- **1 cucharada de eneldo picado o 1 cucharadita de hierba de eneldo**

Caliente el horno a 220 °C. Mezcle la harina, el polvo de hornear, el bicarbonato de sodio y la sal. Incorpore la margarina; mezcle hasta que parezcan migajas finas.

Bata los huevos con un tenedor. Agregue la crema agria y el eneldo; bata hasta que se incorporen bien. Vierta sobre la mezcla de harina y revuelva hasta que se forme una masa suave.

Pase la masa a una superficie enharinada. Amase 10 veces. Extienda la masa con un rodillo enharinado; forme un rectángulo de 24×16 cm.

Corte la masa, con un cuchillo enharinado, en 6 cuadros (de 8 cm). Corte cada cuadro diagonalmente por la mitad; deben resultar 12 triángulos. Póngalos, separados 5 cm, sobre charolas para hornear sin engrasar.

Hornee de 10 a 12 minutos o hasta que estén dorados.

Nutrimentos por porción (1 panecillo):			
Calorías	137	Colesterol	40 mg
Grasa	7 g	Sodio	238 mg

Panecillos de Crema Agria y Eneldo

Pan de Maíz con Tocino y Chile Jalapeño

Rinde de 9 a 12 porciones

- **4 rebanadas de tocino**
- **¼ de taza de cebollín picado**
- **2 chiles jalapeños, cocidos al vapor, sin semillas y picados**
- **1 taza de harina de maíz**
- **1 taza de harina de trigo**
- **2½ cucharaditas de polvo para hornear**
- **½ cucharadita de bicarbonato de sodio**
- **½ cucharadita de sal**
- **1 huevo**
- **¾ de taza de yogur natural**
- **¾ de taza de leche**
- **¼ de taza de mantequilla o margarina derretida**
- **½ taza (60 g) de queso cheddar rallado**

Caliente el horno a 200 °C. En una sartén, fría el tocino hasta que esté crujiente; escúrralo sobre toallas de papel. Vierta 2 cucharadas de la grasa del tocino en una cacerola de 23 cm de diámetro o en un molde cuadrado de 23 cm. Desmenuce el tocino y póngalo en un recipiente chico; agregue el cebollín y el chile.

En un recipiente grande mezcle la harina de maíz, la harina de trigo, el polvo para hornear, el bicarbonato de sodio y la sal. En un recipiente mediano bata ligeramente el huevo; agregue el yogur y bata hasta que se incorporen. Añada la mantequilla mientras bate la leche. Vierta la mezcla líquida sobre los ingredientes secos; revuelva sólo hasta que se humedezcan. Incorpore la mezcla de tocino. Vierta en la cacerola; espolvoree el queso. Hornee de 20 a 25 minutos o hasta que, al insertar en el centro un palillo, éste salga limpio. Corte en rebanadas o cuadros; sirva calientes.

Nutrimentos por porción:			
Calorías	165	Colesterol	27 mg
Grasa	8 g	Sodio	335 mg

Barra de Ajo y Mostaza

Rinde 10 porciones

- **1 barra (de unos 38 cm) de pan italiano**
- **2 cucharadas de mostaza y de aceite de oliva**
- **1¼ cucharaditas de ajo en polvo y de albahaca seca machacada**

Corte parcialmente la barra en 10 rebanadas, sin llegar hasta el fondo. En un recipiente chico, mezcle el resto de los ingredientes. Barnice de manera uniforme las rebanadas de pan con la mezcla y luego envuélvalas con papel de aluminio. Hornee a 200 °C por 20 minutos o hasta que estén bien calientes.

Nutrimentos por porción (1 rebanada):			
Calorías	110	Colesterol	0 mg
Grasa	3 g	Sodio	214 mg

Pan Francés Condimentado

Rinde de 6 a 8 porciones

1 barra grande de pan francés (baguette)
¼ de taza de mantequilla o margarina
    suavizada
½ cucharadita de albahaca seca
½ cucharadita de hierba de eneldo
½ cucharadita de chalote seco picado
¼ de cucharadita de ajo en polvo
¼ de cucharadita de pimentón
¼ de cucharadita de salsa Tabasco

Caliente el horno a 200 °C. Rebane el pan
diagonalmente, pero sin llegar hasta el fondo. En un
recipiente chico revuelva el resto de los ingredientes
y unte las rebanadas de pan; envuélvalo con papel de
aluminio y caliéntelo en el horno de 15 a 20 minutos.
Sírvalo caliente.

Nutrimentos por porción:

Calorías	216	Colesterol	17 mg
Grasa	7 g	Sodio	390 mg

Muffins de Tomate Rojo

Rinde 12 muffins

1 taza de harina de trigo
½ taza de harina de trigo entero
2 cucharaditas de polvo para hornear
2 cucharaditas de azúcar
½ cucharadita de pimienta negra
¼ de cucharadita de sal
1 taza de leche baja en grasa
¼ de taza de aceite vegetal
1 huevo
4 a 6 cucharadas de aceitunas verdes picadas
2 cucharadas de tomate rojo envasado en
    aceite, picado y escurrido*

Caliente el horno a 220 °C. Engrase o cubra con
papel encerado un molde para 12 muffins (de 6.5 cm
de diámetro). En un recipiente mediano, mezcle los
ingredientes secos. Aparte, bata la leche con el aceite
y el huevo; vierta sobre los ingredientes secos;
revuelva sólo hasta que se humedezcan. Con suavidad
incorpore las aceitunas y el tomate rojo.

Vierta la mezcla en el molde para muffin. Hornee por
15 minutos o hasta que se doren un poco.

**Si utiliza tomate rojo que no venga envasado en aceite, antes de
picarlo, hidrátelo siguiendo las instrucciones de la envoltura.*

Nutrimentos por porción (1 panqué):

Calorías	59	Colesterol	10 mg
Grasa	3 g	Sodio	79 mg

Muffins Miniatura de Pepperoni y Chalote

Muffins Miniatura de Pepperoni y Chalote

Rinde 24 muffins

1½ tazas de harina preparada para muffin
1 taza de crema agria ligera
¼ de taza de chalote picado o 4 cucharaditas de
    chalote seco
¼ de taza de leche descremada
1 huevo ligeramente batido
¼ de cucharadita de ajo en polvo
⅓ de taza de pepperoni picado

Caliente el horno a 200 °C. En un recipiente mediano
mezcle todos los ingredientes, excepto el pepperoni.
Revuelva sólo hasta que se humedezca la mezcla;
luego incorpore el pepperoni con movimientos
envolventes. Vierta la masa en moldes para muffin
miniatura. Hornee de 18 a 20 minutos o hasta que
estén ligeramente dorados. Deje enfriar por
5 minutos; desmolde.

Nutrimentos por porción (1 muffin):

Calorías	58	Colesterol	15 mg
Grasa	3 g	Sodio	146 mg

Bisquets de Suero de Leche Congelados

Bisquets de Suero de Leche Congelados

Rinde 16 bisquets

3 tazas de harina de trigo
1 cucharada de polvo para hornear
1 cucharada de azúcar
1 cucharadita de bicarbonato de sodio
½ cucharadita de sal
⅔ de taza de manteca
1 taza de suero de leche

En un recipiente grande ponga la harina, el polvo para hornear, el azúcar, el bicarbonato de sodio y la sal; revuelva, agregue la manteca y con un cuchillo revuelva cortando la mezcla hasta que parezca pan molido.

Incorpore el suero de leche y revuelva hasta que se forme la masa y se desprenda del recipiente.

Vacíe la masa en una superficie enharinada. Amase 10 veces. (Para amasar, doble la masa a la mitad hacia usted; presione la masa alejándola de usted con las palmas de las manos. Gire un cuarto la masa y continúe doblando, empujando y girando.) Extienda la masa formando un cuadrado de 20 cm. Corte la masa en 16 cuadrados (5 cm).*

Forre una charola para hornear con envoltura de plástico. Ponga los cuadros en la charola. Congele más o menos 3 horas o hasta que estén firmes. Retire los cuadros congelados de la charola y colóquelos en un recipiente para congelar. Puede tenerlos congelados hasta un mes.

Caliente el horno a 200 °C. Coloque los cuadros congelados, a 6.5 cm de distancia, en charolas para hornear sin engrasar. Hornee de 20 a 25 minutos o hasta que estén dorados. Sirva calientes.

Para hornear los bisquets de inmediato, caliente el horno a 230 °C. Prepare la masa como se indica, pero no la congele. Ponga los cuadros, a 6.5 cm de distancia, sobre una charola para hornear sin engrasar. Hornee de 10 a 12 minutos o hasta que estén dorados. Sirva calientes.

Nota: Si desea, puede cortar los bisquets y rellenarlos con jamón de pavo.

Nutrimentos por porción (1 bisquet):

Calorías	141	Colesterol	2 mg
Grasa	9 g	Sodio	196 mg

Muffins de Trigo Entero y Hierbas

Rinde 12 muffins

1 taza de harina de trigo
1 taza de harina de trigo entero
⅓ de taza de azúcar
2 cucharaditas de polvo para hornear
½ cucharadita de bicarbonato de sodio
½ cucharadita de sal
½ cucharadita de albahaca seca machacada
¼ de cucharadita de mejorana seca machacada
¼ de cucharadita de orégano seco machacado
⅛ de cucharadita de tomillo seco machacado
¾ de taza de uvas pasa
1 taza de suero de leche
2 cucharadas de margarina derretida
1 huevo batido
2 cucharadas de germen de trigo

Caliente el horno a 200 °C. Engrase un molde para 12 muffins (de 6.5 cm). Mezcle las harinas, el azúcar, el polvo para hornear, el bicarbonato de sodio, la sal, las especias y las pasas. En un recipiente chico, mezcle el suero de leche, la margarina y el huevo. Vierta esto en el recipiente con la mezcla de harina y revuelva hasta que la harina se humedezca. Vacíe en los moldes para muffin; espolvoréelos con el germen de trigo. Hornee hasta que estén ligeramente dorados y que, al introducir en el centro de los panecillos un palillo, éste salga limpio.

Nutrimentos por porción(1 muffin):

Calorías	152	Colesterol	19 mg
Grasa	3 g	Sodio	230 mg

Pan de Cebolla

Rinde 8 porciones

2 cucharadas de cebolla picada seca o fresca
⅓ de taza de agua
1½ tazas de harina para bisquet preparada
1 huevo ligeramente batido
½ taza de leche
½ cucharadita de salsa Tabasco
2 cucharadas de mantequilla derretida
½ cucharadita de alcaravea (opcional)

Caliente el horno a 200 °C. Remoje en agua la cebolla seca durante 5 minutos. Revuelva la harina para bisquets, el huevo, la leche y la salsa Tabasco; mueva hasta que se incorporen, luego agregue la cebolla. Coloque la mezcla en un molde engrasado para pay de 20 cm de diámetro. Barnice con la mantequilla derretida. Espolvoree encima la alcaravea. Hornee hasta que esté dorado.

Nutrimentos por porción:

Calorías	139	Colesterol	43 mg
Grasa	7 g	Sodio	310 mg

Cuernos de Queso Cottage y Hierbas

Rinde de 1½ a 2 docenas de cuernos

1 bolsa de levadura en polvo activa
¼ de taza de agua caliente (de 40 a 45 °C)
2½ tazas de harina sin cernir
¼ de taza de azúcar
1 cucharadita de orégano
1 cucharadita de sal
½ taza de margarina o mantequilla fría
1 taza de queso cottage
1 huevo batido
Margarina o mantequilla derretida

Disuelva la levadura en el agua caliente. En un recipiente grande, mezcle la harina, el azúcar, el orégano y la sal; revuelva bien. Agregue la margarina fría y mézclela con un cuchillo hasta que la mezcla parezca harina de maíz gruesa. Incorpore el queso, el huevo y la mezcla de levadura. Vierta en una superficie enharinada; amase. Forme una bola; ponga en un recipiente engrasado. Barnice la parte superior con margarina derretida. Tape; deje que esponje hasta que duplique su volumen. Golpee la masa; déle forma

de cuernos o la que desee. Barnice con margarina derretida; cubra. Deje esponjar de nuevo hasta que casi vuelva a duplicar su volumen. Hornee a 190 °C, de 12 a 15 minutos. Sirva calientes.

Nutrimentos por porción (1 cuerno):			
Calorías	102	Colesterol	10 mg
Grasa	5 g	Sodio	174 mg

Rollos de Verduras

Rinde 1 docena de rollos

1½ tazas de harina de trigo
1½ tazas de harina de trigo entero
1 taza de hojuelas de trigo integral
2 cucharadas de azúcar
1 bolsa de levadura en polvo activa
1 cucharadita de albahaca seca machacada
½ cucharadita de sal
1 taza de agua
2 cucharadas de margarina
2 claras de huevo
1 taza de calabaza rallada
½ taza de zanahoria rallada
¼ de taza de cebollín rebanado
Antiadherente en aerosol
2 cucharaditas de ajonjolí (opcional)

Mezcle ambas harinas.

En un recipiente grande, revuelva el cereal, 1 taza de la mezcla de harina, el azúcar, la levadura, la albahaca y la sal.

Caliente el agua y la margarina hasta unos 45 o 50 °C. Agregue la mezcla de agua y las claras de huevo a la de cereal. Bata a velocidad baja con batidora eléctrica, durante 30 segundos o hasta que los ingredientes se incorporen. Aumente la velocidad a alto y bata 3 minutos más, limpie con frecuencia los costados del recipiente. Incorpore las verduras.

Con las manos, añada suficiente harina; la masa debe quedar pegajosa; cúbrala sin apretar y deje que esponje en un lugar caliente (de 25 a 30 °C) hasta que duplique su volumen. Amase y ponga la masa en 12 moldes para panqué (de 6.5 cm de diámetro) rociados con antiadherente en aerosol. Espolvoree con el ajonjolí si lo desea. Deje esponjar en un lugar caliente hasta que dupliquen su volumen.

Hornee a 200 °C por 17 minutos o hasta que estén dorados. Sírvalos calientes.

Nutrimentos por porción (1 rollo):			
Calorías	160	Colesterol	0 mg
Grasa	3 g	Sodio	190 mg

Cuernos de Queso Cottage y Hierbas

Pan de Levadura con Adormidera

Rinde 2 barras

2 bolsas (de 7 g cada una) de levadura en polvo
  activa
1 taza de agua caliente (de 40 a 43 °C)
1½ tazas (lata de 360 ml) de leche evaporada
  baja en grasa, sin diluir
3 cucharadas de margarina suavizada
3 cucharadas de azúcar granulada
2 cucharaditas de sal
¼ de taza de adormidera
5 a 5½ tazas de harina de trigo
1 clara de huevo
1 cucharada de agua

En un recipiente grande, disuelva la levadura en el
agua caliente. Agregue la leche evaporada, la
margarina, el azúcar, la sal y 3 cucharadas de
adormidera. Incorpore gradualmente 3 tazas de
harina; bata a velocidad media hasta que casi esté
suave (más o menos 1 minuto). Añada el resto de la
harina para obtener una masa rígida. Con una
espátula, baje la masa de las aspas de la batidora. (La
masa debe quedar pegajosa.) Cubra el recipiente y
deje esponjar la masa en un lugar caliente, donde no
haya corrientes de aire (de 25 a 30 °C) durante
30 minutos. Amase por 2 minutos. Ponga la masa en
2 moldes para pan de 21×12×6.5 cm. (Enharínese
las manos para manejar la masa con facilidad.)
Empuje la masa hacia las esquinas y déle unos golpes
suaves en la parte superior hasta que esté lisa. En un
recipiente chico, combine la clara de huevo con el
agua; barnice la parte superior de las barras.
Espolvoree con la adormidera restante. Deje que la
masa esponje por 25 minutos. Hornee a 190 °C, de
20 a 30 minutos o hasta que las barras estén doradas y
suenen huecas al golpearlas suavemente. Saque el pan
de los moldes; deje enfriar por completo sobre una
rejilla de alambre.

Nutrimentos por porción (rebanada de 12 mm de grosor):			
Calorías	195	Colesterol	2 mg
Grasa	3 g	Sodio	330 mg

Pitas Integrales

Pitas Integrales

Rinde 12 porciones

1 bolsa de levadura en polvo activa
1¼ tazas de agua caliente (de 43 a 45 °C)
1½ tazas de hojuelas de trigo integral
1½ tazas de harina de trigo
½ cucharadita de sal
¼ de taza de aceite vegetal
1 taza de harina de trigo entero

En el tazón grande de la batidora eléctrica, disuelva la
levadura con agua caliente, por unos 5 minutos.
Agregue las hojuelas; mezcle hasta que se
incorporen. A velocidad baja, bata 1 taza de harina de
trigo, sal y aceite. Bata a velocidad alta 3 minutos,
limpie los costados del tazón.

Con las aspas de la batidora eléctrica o con la mano,
incorpore la harina de trigo entero. Continúe
amasando con la batidora a velocidad baja o a mano
durante 5 minutos más o hasta que la masa esté suave
y elástica. Agregue la harina de trigo restante, si es
necesario, para que la masa quede suave.

Divida la masa en 12 partes. Con las manos
enharinadas, forme 12 bolas; cúbralas con plástico o
con un lienzo húmedo; déjelas reposar por
10 minutos. En una superficie enharinada, extienda
ligeramente una parte de la masa hasta formar un
círculo de 15 cm de diámetro; voltee la masa una sola
vez. No estire, pique o pliegue la masa. Conserve el
resto de la masa cubierta mientras trabaja con cada
sección. Coloque 2 círculos de masa en charolas para
hornear sin engrasar.

Hornee a 230 °C durante unos 4 minutos o hasta que
la masa esté inflada y ligeramente firme. Voltéela con
una espátula; continúe horneando por otros 2 minutos
o hasta que el pan esté ligeramente dorado; deje
enfriar. Repita el procedimiento con el resto de la
masa. Corte a la mitad y rellene con verduras o carne.

Nutrimentos por porción (2 mitades de pita):			
Calorías	160	Colesterol	0 mg
Grasa	5 g	Sodio	210 mg

Muffins de Centeno con Alcaravea

Muffins de Centeno con Alcaravea

Rinde 12 muffins

1 taza de harina de trigo
½ taza de harina de centeno
½ taza de harina de trigo entero
2 cucharaditas de semillas de alcaravea
1 cucharadita de bicarbonato de sodio
½ cucharadita de sal
1 taza de suero de leche
¼ de taza de aceite vegetal
¼ de taza de melaza ligera
1 huevo
½ barra (14 g) de chocolate sin endulzar,
    derretido y frío

Caliente el horno a 200 °C. Engrase o forre con papel encerado un molde para 12 muffins (de 6.5 cm de diámetro).

En un recipiente grande, mezcle las harinas, las semillas de alcaravea, el bicarbonato de sodio y la sal. En un recipiente chico mezcle el suero de leche, el aceite, la melaza y el huevo; revuelva hasta que se incorporen; agregue el chocolate derretido. Vierta sobre la mezcla de harina y revuelva sólo hasta que se humedezca. Ponga la masa, uniformemente, en el molde preparado.

Hornee de 20 a 25 minutos, hasta que, al insertar en el centro un palillo, éste salga limpio. Desmóldelos. Deje enfriar en una rejilla de alambre por 10 minutos. Sirva calientes o fríos. Guarde hasta 2 días a temperatura ambiente en un recipiente hermético.

Nutrimentos por porción (1 muffin):			
Calorías	149	Colesterol	19 mg
Grasa	6 g	Sodio	186 mg

Muffins de Avena

Rinde 12 muffins

2 tazas de harina de trigo
½ taza de cereal de avena integral
2 cucharadas de azúcar
½ cucharadita de sal
1 bolsa de levadura en polvo activa para
    esponjado rápido
½ taza de leche
½ taza de queso cottage
2 cucharadas de mantequilla o margarina
1 huevo
¼ de taza de perejil picado
1 cucharada de eneldo picado o 1 cucharadita
    de hierba de eneldo seca
2 cucharadas de avena sin cocer (opcional)

Engrase o forre con papel encerado un molde para 12 muffins (de 6.5 cm de diámetro). En un recipiente grande mezcle 1 taza de harina, el cereal de avena, el azúcar, la sal y la levadura. En una cacerola de 1 litro, ponga la leche, el queso cottage y la mantequilla. Caliente a fuego bajo hasta que esté bien caliente (de 50 a 55 °C). Bata gradualmente la mezcla de leche con la de harina, con batidora eléctrica a velocidad baja, hasta que esté bien incorporado. Aumente la velocidad a media; bata durante 2 minutos. Agregue ½ taza de harina, el huevo, el perejil y el eneldo; bata por 2 minutos más. Añada la harina restante con una cuchara de madera hasta que la mezcla esté bien revuelta y se forme una masa espesa. Vierta uniformemente en el molde preparado. Espolvoree la avena sobre los panqués, si lo desea. Déjelos esponjar, sin cubrir, durante 30 minutos.

Caliente el horno a 200 °C; hornee de 20 a 25 minutos hasta que los muffins se doren y suenen huecos cuando los golpee ligeramente. Sáquelos del molde y déjelos enfriar sobre una rejilla de alambre por 10 minutos. Sírvalos calientes.

Nutrimentos por porción (1 muffin):			
Calorías	129	Colesterol	24 mg
Grasa	3 g	Sodio	156 mg

Pan de Queso y Tomate Rojo

Rinde 20 porciones, 2 barras

5½ a 6 tazas de harina de trigo
2 bolsas de levadura en polvo activa
1 taza de jugo de tomate
¾ de taza de agua
3 cucharadas de mantequilla
1½ cucharaditas de sal
1 huevo
1½ tazas (180 g) de queso cheddar rallado

En un recipiente grande, mezcle 2 tazas de harina con
la levadura. En una cacerola chica ponga el jugo de
tomate, el agua, la mantequilla y la sal; caliente (de
45 a 50 °C) hasta que la mantequilla esté casi
derretida; revuelva sin cesar. Incorpore a la mezcla de
harina; agregue el huevo y el queso. Bata con batidora
eléctrica a velocidad baja durante 30 segundos. Bata a
velocidad alta por 3 minutos. Incorpore harina como
le sea posible para que la masa quede suave. En una
superficie ligeramente enharinada, amase con la
harina restante de 6 a 8 minutos o hasta que la masa
esté ligeramente rígida. Forme una bola; colóquela en
un recipiente engrasado; voltéela una vez. Cúbrala;
déjela esponjar por 1 hora o hasta que duplique su
volumen. Golpee la masa y divídala en dos. Cúbrala y
déjela reposar por 10 minutos. Engrase dos moldes
para pan de 20×10×5 cm. Dé forma de barra a cada
mitad de masa y póngala en los moldes preparados.
Cubra; deje esponjar durante 45 minutos o hasta que
casi duplique su volumen.

Caliente el horno a 190 °C; hornee por 35 minutos o
hasta que las hogazas suenen huecas cuando las
golpee ligeramente. Saque de los moldes; deje enfriar
en rejillas de alambre.

Nutrimentos por porción:			
Calorías	182	Colesterol	24 mg
Grasa	5 g	Sodio	118 mg

Panecillos de Germen de Trigo

Rinde 12 panecillos

½ taza de germen de trigo
1½ tazas de harina de trigo
2 cucharadas compactas de azúcar morena
1 cucharada de polvo para hornear
½ cucharadita de sal
6 cucharadas de mantequilla o margarina
⅓ de taza de pasas amarillas picadas
2 huevos
¼ de taza de leche

Caliente el horno a 220 °C.

Reserve 1 cucharada de germen de trigo. En un
recipiente grande, mezcle el germen de trigo restante,
la harina, el azúcar morena, el polvo para hornear y la

sal. Incorpore la mantequilla y córtela con una
espátula o 2 cuchillos hasta que la mezcla parezca
pan molido. Añada las pasas. En un recipiente chico,
bata los huevos, agregue la leche y bata hasta que se
combinen. Conserve 2 cucharadas de la mezcla de
leche. Ponga el resto de la mezcla de leche a la de
harina; revuelva hasta que la mezcla forme una masa
suave y se separe de las paredes del recipiente.

Coloque la masa en una superficie enharinada. Amase
10 veces.* Forme un rectángulo de 24×16 cm con un
rodillo enharinado. Corte la masa en 6 cuadrados
(8 cm). Corte cada cuadro diagonalmente por la
mitad; deben resultar 12 triángulos. Ponga los
triángulos, separados 5 cm entre sí, sobre charolas
para hornear sin engrasar. Barnice los triángulos con
la mezcla de leche que conservó y espolvoree con el
germen de trigo que reservó.

Hornee de 10 a 12 minutos hasta que se doren. Deje
enfriar sobre una rejilla de alambre durante
10 minutos. Sirva calientes.

*Para amasar, doble la masa por la mitad, hacia usted, y empújela
alejándola de usted con las palmas de las manos. Gire la masa un
cuarto de vuelta y continúe doblando y girando.

Nutrimentos por porción (1 panecillo):			
Calorías	153	Colesterol	51 mg
Grasa	7 g	Sodio	235 mg

Panecillos de Germen de Trigo

Panecillos de Trigo Entero

Rinde 6 panecillos

    2 huevos
    1 taza de leche
    2 cucharadas de mantequilla o margarina
        derretida
    ½ taza de harina de trigo
    ½ taza de harina de trigo entero
    ¼ de cucharadita de sal

Coloque la rejilla en el tercio inferior de horno. Caliente el horno a 230 °C. Engrase 6 moldes para natilla (de 180 g de capacidad). Ponga los moldes sobre una charola para que le sea más fácil manejarlos.

En un recipiente grande, bata los huevos con batidora eléctrica, a velocidad baja, durante 1 minuto. Incorpore la leche y la mantequilla y bata. Continúe batiendo y añada las harinas y la sal hasta que la masa esté suave. Vierta la masa equitativamente en los moldes que preparó.

Hornee por 20 minutos. Baje la temperatura del horno a 180 °C. Hornee durante 15 minutos más; haga un corte chico encima de cada panecillo para dejar salir el vapor. Hornee de 5 a 10 minutos más o hasta que estén dorados. Saque los panecillos de los moldes. Sírvalos calientes.

Nutrimentos por porción (1 panecillo):

Calorías	140	Colesterol	82 mg
Grasa	6 g	Sodio	170 mg

Empanadas de Queso Cheddar y Manzana

Rinde 18 empanadas

    2 bolsas de levadura en polvo activa
    ¼ de taza de agua caliente (de 43 a 45 °C)
    ⅓ de taza de mantequilla
    ⅓ de taza de azúcar
    1 cucharadita de sal
    ½ taza (60 g) de queso cheddar añejo rallado
    225 g de crema agria
    1 huevo ligeramente batido
    2½ a 4 tazas de harina de trigo
    1¼ tazas de relleno para pay de manzana
    1 taza de azúcar glass cernida
    ½ cucharadita de extracto de vainilla
    1 a 2 cucharaditas de leche

Ponga la levadura en el agua caliente; deje reposar. En una cacerola grande caliente la mantequilla, el azúcar y la sal sólo hasta que estén calientes (de 45 a 50 °C) y la mantequilla casi se haya derretido, revuelva sin cesar. Agregue el queso, revuelva hasta que se funda. Vierta en un recipiente grande. Incorpore la crema agria y el huevo; revuelva bien. Incorpore 1½ tazas de harina y bata. Añada la levadura suavizada; revuelva hasta que se incorpore. Vierta la harina necesaria para formar una masa rígida. Pase la masa a una superficie ligeramente enharinada; amase por 2 minutos o hasta que esté lisa y elástica. Cúbrala y déjela reposar durante 10 minutos. Extienda la mitad de la masa en una superficie de 30 cm; córtela en nueve cuadrados de 10 cm. Ponga más o menos 1 cucharada del relleno de manzana en el centro de cada cuadro; doble la masa para formar un triángulo; selle bien los extremos. Repita el procedimiento con la masa restante.

Ponga las empanadas sobre charolas para hornear engrasadas; cúbralas y déjelas esponjar en un lugar caliente, por unos 20 minutos, o hasta que dupliquen su volumen. Caliente el horno a 180 °C. Hornee de 10 a 15 minutos o hasta que estén ligeramente doradas. Retire de las charolas y coloque sobre rejillas de alambre.

Mientras tanto, en un recipiente chico mezcle el azúcar glass con la vainilla. Agregue la leche hasta que el betún tenga la consistencia adecuada para untarlo. Unte sobre las empanadas. Sírvalas calientes o frías.

Nutrimentos por porción (1 empanada):

Calorías	219	Colesterol	30 mg
Grasa	8 g	Sodio	185 mg

Pan de Queso

Rinde 16 porciones

    ½ taza (60 g) de queso mozzarella rallado
    ⅓ de taza de mayonesa o aderezo para ensalada
    ⅛ de cucharadita de ajo en polvo
    ⅛ de cucharadita de cebolla en polvo
    1 barra de pan francés (450 g), cortada por la
        mitad a lo largo
    ⅓ de taza (30 g) de queso parmesano rallado

Caliente el horno a 180 °C. En un recipiente chico mezcle el queso mozzarella, la mayonesa, el ajo en polvo y la cebolla en polvo; revuelva. (La mezcla queda muy espesa.) Unte la mitad de la mezcla en cada mitad de pan. Espolvoree la mitad del queso parmesano en cada mitad. Hornee de 20 a 25 minutos, hasta que burbujee y se dore un poco. Corte cada mitad en 8 rebanadas.

Nutrimentos por porción (1 rebanada):

Calorías	132	Colesterol	7 mg
Grasa	6 g	Sodio	234 mg

Panecillos de Trigo Entero

Pan de Arroz Salvaje

Rinde 10 porciones

- ¼ de taza de margarina extra ligera suavizada
- ¼ de taza compacta de azúcar morena
- 4 claras de huevo
- 1 cucharadita de extracto de vainilla
- 1½ tazas de arroz salvaje bien cocido
- ½ taza de nuez picada
- ¾ de taza de harina de trigo entero
- ¾ de taza de harina de trigo
- 1 cucharadita de polvo para hornear
- 1 cucharadita de sal
- 2 cucharaditas de canela molida
- ¾ de taza de leche descremada
  - Mantequilla de Maple (receta más adelante), opcional

Caliente el horno a 160 °C. Engrase un molde para panqué de 20×10 cm. En un recipiente grande, bata la margarina y el azúcar morena hasta que esté cremosa. Agregue las claras de huevo y bata hasta que esponje. Añada la vainilla, el arroz y la nuez; revuelva. Aparte, combine la mezcla de harina alternadamente con la leche y la mezcla de arroz; revuelva sólo hasta que la mezcla de harina se humedezca. Vierta en el molde que preparó. Hornee durante unos 55 minutos o hasta que, al insertar en el centro del pan un palillo, éste salga limpio. Sirva con la Mantequilla de Maple si lo desea.

Mantequilla de Maple

- ½ taza de mantequilla suavizada
- ½ taza de jarabe sabor maple

En un recipiente chico, bata la mantequilla hasta que se suavice y esté esponjada. Incorpore el jarabe sabor maple y revuelva.

Nutrimentos por porción:			
Calorías	143	Colesterol	muy poco
Grasa	3 g	Sodio	285 mg

Muffins de Doble Queso

Rinde 16 muffins

- 1½ tazas de harina de trigo
- ½ taza de harina de maíz
- ¼ de taza de azúcar
- 1 cucharada de polvo para hornear
- 1 huevo batido
- 1 taza de leche
- ½ taza (60 g) de queso cheddar rallado
- ½ taza de queso cottage cremoso
- ¼ de taza de mantequilla derretida

Caliente el horno a 200 °C. Engrase y enharine 16 moldes para muffin (de 6.5 cm de diámetro).

En un recipiente grande, mezcle la harina de trigo, la harina de maíz, el azúcar y el polvo para hornear. Aparte, mezcle el huevo con la leche, el queso cheddar, el queso cottage y la mantequilla; revuelva bien. Vierta la mezcla de huevo sobre la de harina. Revuelva hasta que se humedezca. Vacíe la mezcla en los moldes preparados; llene a ⅔ de su capacidad. Hornee por 20 minutos o hasta que, al insertar en el centro del panecillo un palillo, éste salga limpio. Sírvalos calientes.

Nutrimentos por porción (1 muffin):			
Calorías	131	Colesterol	28 mg
Grasa	5 g	Sodio	151 mg

Palitos de Pan con Eneldo

Rinde 12 palitos de pan

- 1 taza de hojuelas de trigo integral
- ¼ de taza compacta de azúcar morena
- 2 bolsas de levadura en polvo activa
- ½ cucharadita de sal
- 1 taza de leche descremada caliente (de 50 a 55 °C)
- ¼ de taza de aceite vegetal
- 1 taza de harina para pan
- 2 cucharaditas de semillas de eneldo
- 1 taza de harina de trigo entero
- 1 clara de huevo ligeramente batida
- 1 cucharada de cebolla en polvo

1. En el tazón grande de una batidora eléctrica, mezcle el cereal, el azúcar, la levadura y la sal. Agregue gradualmente la leche, bata a velocidad media durante 2 minutos; limpie con frecuencia las paredes del tazón.

2. Agregue gradualmente el aceite, la harina para pan y las semillas de eneldo. Bata a velocidad alta 2 minutos, limpie con frecuencia las paredes del tazón. Con las aspas en lugar de los batidores (o a mano), agregue poco a poco la harina de trigo entero. Amase con la batidora o con la mano durante 5 minutos hasta que la masa esté suave y elástica; colóquela en un recipiente aceitado y gírela para que se bañe la parte superior. Cúbrala sin apretarla y déjela esponjar en un lugar caliente hasta que duplique su volumen.

3. Golpee la masa y divídala en 12 partes. Con cada parte forme un palito de 25 cm. Ponga los palitos a 2.5 cm de distancia sobre una charola para hornear ligeramente engrasada. Barnice los palitos con la clara de huevo y espolvoree con la cebolla.

4. Hornee a 200 °C por 10 minutos o hasta que se doren. Sírvalos calientes.

Nutrimentos por porción (1 palito de pan):			
Calorías	150	Colesterol	muy poco
Grasa	5 g	Sodio	188 mg

Muffins Anadama

Rinde 12 muffins

2 tazas de harina de trigo
3 cucharadas de azúcar
½ cucharadita de sal
1 bolsa de levadura en polvo activa de esponjado rápido
¾ de taza de agua
⅓ de taza de harina de maíz
3 cucharadas de melaza
3 cucharadas de mantequilla o margarina
1 huevo

Engrase o cubra con papel encerado 12 moldes para muffin (de 6.5 cm de diámetro).

En un recipiente grande mezcle 1 taza de harina, el azúcar, la sal y la levadura. En una cacerola de 1 litro, ponga el agua, la harina de maíz, la melaza y la mantequilla; caliente a fuego bajo hasta que la mezcla esté muy caliente (de 50 a 55 °C). Vierta gradualmente la mezcla de agua sobre la de harina; bata con una batidora eléctrica a velocidad baja hasta que los ingredientes estén bien incorporados. Incremente la velocidad a medio; bata por 2 minutos. Añada ½ taza de harina y el huevo; bata 2 minutos más. Incorpore la harina restante con una cuchara de madera hasta que se mezcle bien y la masa esté espesa. Vierta equitativamente en los moldes preparados. Deje esponjar, sin cubrir, por 30 minutos.

Caliente el horno a 200 ° C. Hornee de 20 a 25 minutos hasta que se doren y suenen huecos cuando les dé un golpe ligero. Saque de los moldes. Deje enfriar sobre una rejilla de alambre, más o menos 10 minutos. Sírvalos calientes.

Nutrimentos por porción (1 muffin):			
Calorías	147	Colesterol	25 mg
Grasa	4 g	Sodio	129 mg

Muffins de Cuatro Granos

Rinde 12 muffins

1 taza de suero de leche
½ taza de cereal de salvado alto en fibra
½ taza de harina de trigo
½ taza de harina de trigo entero
½ taza de germen de trigo
3 cucharadas de azúcar
1 cucharadita de polvo para hornear
1 cucharadita de bicarbonato de sodio
½ cucharadita de sal
¼ de taza de mantequilla o margarina derretida
1 huevo

Caliente el horno a 200 °C. Engrase o cubra con papel encerado 12 moldes para muffin (de 6.5 cm de diámetro).

En un recipiente grande, ponga el cereal de salvado y vierta encima el suero de leche; deje reposar por 5 minutos para que se suavice. En un recipiente mediano, mezcle las harinas con el germen de trigo, el azúcar, el polvo para hornear, el bicarbonato de sodio y la sal. Agregue la mantequilla derretida y el huevo a la mezcla de cereal; revuelva hasta que se incorporen. Añada la mezcla de harina y revuelva sólo hasta que se humedezca. Vierta equitativamente en los moldes preparados.

Hornee de 20 a 25 minutos hasta que se doren o hasta que, al insertar en el centro de los panecillos un palillo, éste salga limpio. Saque de los moldes; déjelos enfriar por 10 minutos sobre una rejilla de alambre. Sírvalos calientes o fríos. Guárdelos a temperatura ambiente en un recipiente hermético hasta por 2 días.

Nutrimentos por porción (1 muffin):			
Calorías	119	Colesterol	29 mg
Grasa	5 g	Sodio	267 mg

Muffins de Avena y Cebollín

Rinde 12 muffins

1¾ tazas de harina de trigo
¾ de taza de avena clásica
2 cucharadas de azúcar
1 cucharada de polvo para hornear
½ cucharadita de sal
¾ de taza de leche
½ taza de queso cottage
⅓ de taza de aceite vegetal
¼ de taza de cebollín picado
1 huevo

Caliente el horno a 200 °C. Engrase o cubra con papel encerado 12 moldes para muffin (de 6.5 cm de diámetro).

En un recipiente grande, mezcle la harina con la avena, el azúcar, el polvo para hornear y la sal. En un recipiente chico mezcle la leche, el queso cottage, el aceite, el cebollín y el huevo; revuelva hasta que se incorporen; luego vierta sobre la mezcla de harina y revuelva sólo hasta que se humedezca. Coloque la masa en los moldes para muffin.

Hornee de 25 a 30 minutos hasta que se doren o hasta que, al insertar en el centro de los panecillos un palillo, éste salga limpio. Saque de los moldes; déjelos enfriar por 10 minutos sobre una rejilla de alambre. Sírvalos calientes.

Nutrimentos por porción (1 muffin):			
Calorías	185	Colesterol	19 mg
Grasa	9 g	Sodio	213 mg

Muffins de Queso y Alcaravea

Muffins de Queso y Alcaravea

Rinde 12 muffins

1¼ tazas de harina de trigo
½ taza de harina de centeno
2 cucharadas de azúcar
2½ cucharaditas de polvo para hornear
½ cucharadita de sal
1 taza (120 g) de queso cheddar o suizo rallado grueso
1½ cucharaditas de semillas de alcaravea
1 taza de leche
¼ de taza de aceite vegetal
1 huevo

Caliente el horno a 200 °C. Forre con papel encerado 12 moldes para muffin (de 6.5 cm de diámetro).

En un recipiente grande, mezcle las harinas, el azúcar, el polvo para hornear y la sal. Agregue el queso y las semillas de alcaravea; revuelva para cubrirlas. En un recipiente chico, mezcle la leche, el aceite y el huevo hasta que se incorporen; vierta sobre la mezcla de harina y revuelva sólo hasta que se humedezca. Vierta en los moldes que preparó.

Hornee de 20 a 25 minutos hasta que se doren o hasta que, al insertar en el centro de los panecillos un palillo, éste salga limpio. Sáquelos de los moldes; déjelos enfriar sobre una rejilla de alambre por unos 10 minutos. Sirva calientes.

Nutrimentos por porción (1 muffin):			
Calorías	164	Colesterol	28 mg
Grasa	8 g	Sodio	224 mg

Pan de Arroz Salvaje y Tres Granos

Rinde 20 porciones

1 bolsa de levadura en polvo activa
⅓ de taza de agua caliente (de 40 a 45 °C)
2 tazas de leche descremada tibia (de 40 a 45 °C)
2 cucharadas de manteca derretida
1½ cucharaditas de sal
½ taza de miel
2 tazas de harina de trigo entero
4 a 4½ tazas de harina de trigo sin blanquear o harina para pan
½ taza de avena sin cocer
½ taza de harina de centeno
1 taza de arroz salvaje cocido
1 clara de huevo, batida con 1 cucharada de agua
½ taza de semillas de girasol sin cáscara (opcional)

En un recipiente grande, disuelva la levadura en el agua. Agregue la leche, la manteca, la sal y la miel; revuelva bien. Incorpore la harina de trigo entero, 2 tazas de harina de trigo, y las harinas de avena y centeno hasta que se forme una masa suave. Incorpore el arroz. Cubra y deje reposar por 15 minutos. Vierta la harina de trigo adicional hasta obtener una masa rígida. Ponga la masa en una superficie ligeramente enharinada y amase durante 10 minutos. Agregue más harina de trigo según sea necesario para que no se pegue la masa. Ponga la masa en un recipiente ligeramente engrasado; gírela para bañarla. Cúbrala y déjela reposar más o menos 2 horas o hasta que doble su volumen. Golpee la masa; ámasela un poco sobre una superficie ligeramente engrasada. Divídala en 3 partes. Con cada pedazo forme una cuerda, tréncela y colóquela sobre una charola para hornear engrasada, forme una rosca y pellizque los extremos para unirla. Deje que esponje durante unos 45 minutos o hasta que duplique su volumen.

Caliente el horno a 190 °C. Barnice la parte superior de la rosca con la mezcla de clara de huevo. Espolvoree encima las semillas de girasol si lo desea. Hornee durante 45 minutos o hasta que el pan suene hueco cuando lo golpee ligeramente.

Nutrimentos por porción:			
Calorías	198	Colesterol	muy poco
Grasa	3 g	Sodio	157 mg

Pan de Nuez con Pasas

Rinde 16 rebanadas

1½ tazas de harina de trigo entero
1 taza de harina de trigo
½ taza de avena sin cocer
¼ de taza de azúcar
1½ cucharaditas de polvo para hornear
½ cucharadita de bicarbonato de sodio
¼ de cucharadita de canela molida
⅓ de taza de uvas pasa (opcional)
¼ de taza de nueces (opcional)
1¼ de taza de suero de leche bajo en grasa
1 cucharada de aceite vegetal

Caliente el horno a 190 °C. En un recipiente grande, mezcle las harinas, la avena, el azúcar, el polvo para hornear, el bicarbonato de sodio y la canela. Si desea, incorpore las pasas y la nuez. Agregue gradualmente el suero de leche y el aceite hasta que se forme la masa. Amase en el recipiente por 30 segundos. Rocíe un molde para pan con antiadherente en aerosol; voltee la masa en el molde para bañar la parte superior. Hornee de 40 a 50 minutos o hasta que, al insertar en el centro un cuchillo, éste salga limpio.

Nutrimentos por porción (1 rebanada):			
Calorías	126	Colesterol	1 mg
Grasa	3 g	Sodio	78 mg

engrasado; gírela para engrasar la superficie. Cubra y deje reposar en un lugar caliente (de 25 a 30 °C) hasta que dupliquen su volumen.

Mientras tanto, mezcle la cebolla, el vinagre y la miel restante. Marine a temperatura ambiente por lo menos durante 1 hora.

Engrase dos moldes para pizza de 30 cm de diámetro; espolvoréelos con la harina de maíz adicional. Extienda la masa y póngala en los moldes; con las puntas de los dedos forme montañas. Cúbrala; déjela esponjar en un lugar tibio hasta que duplique su volumen, por 1 hora.

Precaliente el horno a 200 °C. Escurra la cebolla; distribúyala sobre la masa. Espolvoree el resto del aceite de oliva, el queso y la sal de cebolla. Sazone con pimienta.

Hornee de 25 a 30 minutos o hasta que el pan tenga costra y esté dorado. Corte cada pan en 8 rebanadas.

Nutrimentos por porción (1 rebanada):			
Calorías	296	Colesterol	5 mg
Grasa	8 g	Sodio	916 mg

Pan de Queso y Cebolla

Pan de Queso y Cebolla

Rinde 2 panes, de 8 rebanadas cada uno

½ taza más 3 cucharadas de miel
2⅓ tazas de agua caliente (de 40 a 45 °C)
1½ bolsas de levadura en polvo activa
6 cucharadas de aceite de oliva
3 tazas de harina de trigo entero
⅓ de taza de harina de maíz
1½ cucharadas de sal gruesa
3 a 4 tazas de harina de trigo
  1 cebolla morada grande, en rebanadas
    delgadas
  1 taza de vinagre de vino tinto
    Harina de maíz adicional
  1 taza de queso parmesano rallado
  ½ cucharadita de sal de cebolla
    Pimienta negra recién molida al gusto

En un recipiente grande, ponga 3 cucharadas de miel; vierta encima ⅓ de taza de agua. No revuelva. Espolvoree la levadura sobre el agua. Deje reposar por unos 15 minutos hasta que burbujee. Agregue las 2 tazas de agua restantes, 3 cucharadas de aceite de oliva, la harina de trigo entero y la harina de maíz. Mezcle hasta que esté bien incorporada. Añada la sal y 2 tazas de harina de trigo. Vacíe poco a poco suficiente harina hasta que la mezcla se desprenda de la pared del recipiente.

Ponga la masa en una superficie ligeramente enharinada. Amase con un poco de la harina restante para obtener una masa suave y satinada, más o menos por 10 minutos. Divida la masa en dos partes; ponga cada una en un recipiente grande ligeramente

Panecillos de Queso

Rinde 8 panecillos

  2 tazas de harina de trigo
2½ cucharaditas de polvo para hornear
½ cucharadita de bicarbonato de sodio
¼ de cucharadita de sal
  2 cucharadas de mantequilla o margarina fría,
    cortada en trozos
  1 taza (120 g) de queso cheddar rallado
⅔ de taza de suero de leche
  2 huevos grandes
¼ de cucharadita de salsa Tabasco

Caliente el horno a 180 °C. En un recipiente grande, cierna la harina, el polvo para hornear, el bicarbonato de sodio y la sal. Agregue la mantequilla, y mézclela y córtela hasta que parezca harina de maíz. Incorpore el queso. En un recipiente chico, mezcle el suero de leche, 1 huevo y la salsa Tabasco. Haga un pozo en el centro de los ingredientes secos y vierta la mezcla de suero de leche. Revuelva rápida, pero ligeramente, con un tenedor para obtener una masa pegajosa. Pase la masa a una superficie ligeramente enharinada. Amase con suavidad 10 veces. Divida la masa en dos partes; con cada mitad, forme un círculo de 1.5 cm de grosor. Corte cada círculo en 4 rebanadas. Mezcle el huevo restante con 1 cucharada de agua. Barnice cada rebanada con la mezcla de huevo. Acomode las rebanadas en una charola para horno engrasada. Hornee de 13 a 15 minutos o hasta que se doren.

Nutrimentos por porción (1 panecillo):			
Calorías	225	Colesterol	92 mg
Grasa	9 g	Sodio	385 mg

Cacerola de Pan con Queso y Cebolla

Rinde 1 barra, 12 rebanadas

2½ tazas de harina
 1 cucharada de polvo para hornear
 ½ cucharadita de sal
 ½ taza de mayonesa baja en calorías
 2 tazas (225 g) de queso cheddar rallado
 ½ taza de cebollín picado
 ¾ de taza de leche
 1 huevo

Caliente el horno a 220 °C. Engrase una cacerola de 1½ litros. En un recipiente grande, mezcle la harina, el polvo para hornear y la sal. Incorpore la mayonesa hasta que la mezcla parezca pan molido grueso. Agregue el queso y el cebollín; revuelva. En un recipiente chico, bata la leche con el huevo, vierta en la mezcla de queso; revuelva sólo hasta que se humedezca. Vierta en la cacerola preparada.

Hornee de 35 a 45 minutos o hasta que, al insertar en el centro del pan un palillo, éste salga limpio. Corte en rebanadas; sirva de inmediato.

Nutrimentos por porción (1 rebanada):

Calorías	214	Colesterol	43 mg
Grasa	10 g	Sodio	301 mg

Barritas de Maíz y Queso

Rinde de 7 a 9 barritas

 ½ taza de harina de trigo
 ½ taza de harina de maíz
 2 cucharaditas de polvo para hornear
 ¼ de cucharadita de sal
 ½ taza de leche baja en grasa
 1 huevo batido
 3 cucharadas de aceite vegetal
 ½ taza (60 g) de queso cheddar rallado

Caliente el horno a 220 °C. Mientras prepara la masa, meta al horno un molde de pan con forma de elote.

En un recipiente mediano, mezcle la harina de trigo, la harina de maíz, el polvo para hornear y la sal. Aparte, mezcle la leche, el huevo y el aceite. Agregue a los ingredientes secos; revuelva sólo hasta que se humedezca. Con cuidado, barnice el molde caliente con aceite adicional. Vierta la masa en el molde preparado. Espolvoree la masa con queso. Hornee por 10 minutos o hasta que estén dorados.

Nutrimentos por porción (1 barrita):

Calorías	148	Colesterol	35 mg
Grasa	9 g	Sodio	211 mg

Muffins con Hierbas

Rinde 12 muffins

 2 tazas de harina de trigo
 2 cucharadas de azúcar
 1 cucharada de polvo para hornear
 ¼ de cucharadita de sal
 1 paquete (90 g) de queso crema
 ¾ de taza de leche
 ½ taza de zanahoria rallada o finamente picada
 ¼ de taza de cebollín picado
 ¼ de taza de aceite vegetal
 1 huevo

Caliente el horno a 200 °C. Engrase o forre con papel encerado 12 moldes para muffin (de 6.5 cm de diámetro).

En un recipiente grande, mezcle la harina, el azúcar, el polvo para hornear y la sal. Agregue el queso crema y mezcle hasta que parezca pan molido.

En un recipiente chico, mezcle la leche, la zanahoria, el cebollín, el aceite y el huevo; revuelva. Vierta esta mezcla en el recipiente con la harina y revuelva hasta que se humedezca. Vacíe la mezcla en los moldes para muffin que preparó.

Hornee de 25 a 30 minutos. De inmediato, sáquelos del molde. Deje enfriar sobre una rejilla de alambre por 10 minutos.

Nutrimentos por porción (1 muffin):

Calorías	166	Colesterol	27 mg
Grasa	8 g	Sodio	163 mg

Muffins con Hierbas

CARNES

Para delicias garantizadas a la hora de la comida, convierta sus cortes de res, cerdo y cordero, bajos en grasa, en nuevos y excitantes platillos. Los guisados en los que usted sólo mezcla y fríe ingredientes son perfectos para elaborar comidas rápidas, mientras que un suculento asado o filete harán de sus fiestas eventos memorables, siempre saludables.

Brochetas en Cama de Arroz de Limón

Rinde 2 porciones

180 g de sirloin (solomillo) en trozos de 3 cm
1 calabacita pequeña rebanada
1 calabaza rebanada
1 pimiento morrón rojo pequeño en trocitos
1 cebolla pequeña cortada en trozos
¼ de taza de aderezo italiano bajo en calorías
1 taza de arroz cocido
2 cucharaditas de jugo de limón
1 cucharada de perejil fresco picado
¼ de cucharadita de sal sazonada

Mezcle la carne y las verduras en una bolsa grande de plástico. Agregue el aderezo y deje reposar de 4 a 6 horas en el refrigerador. Saque la carne y las verduras de la bolsa; caliente el líquido sobrante y déjelo hervir. Mientras tanto, coloque de manera alternada la carne y las verduras en 4 alambres. Ase los alambres, volteándolos y bañándolos con el líquido de 5 a 7 minutos. Combine el arroz y los demás ingredientes. Sirva los alambres sobre la mezcla de arroz. Adorne al gusto.

Nutrimentos por porción:

Calorías	273	Colesterol	50 mg
Grasa	9 g	Sodio	545 mg

Chiles Rellenos

Rinde 12 porciones

6 pimientos morrones verdes medianos
1¼ tazas de agua
2 tazas de jugo de tomate
1 lata (180 g) de puré de tomate
1 cucharadita de orégano seco en polvo
½ cucharadita de albahaca seca machacada
½ cucharadita de ajo en polvo
450 g de carne de res, molida
1½ tazas de avena
1 tomate rojo mediano picado
¼ de taza de zanahoria picada
¼ de taza de cebolla picada

Caliente el horno a 180 °C. Corte los chiles a lo largo. Quite las venas y las semillas. En una sartén grande, mezcle el agua, 1 taza de jugo de tomate, el puré de tomate, ½ cucharadita de orégano, la albahaca y ¼ de cucharadita de ajo en polvo. Deje hervir de 10 a 15 minutos.

Mezcle la carne, la avena, el resto del jugo de tomate, ½ cucharadita de orégano y ¼ de cucharadita de ajo en polvo con el tomate, la zanahoria y la cebolla. Rellene los chiles con aproximadamente ⅓ de taza de la mezcla de carne. Colóquelos en un refractario de 33×23 cm; báñelos con la salsa. Hornee de 45 a 50 minutos.

Nutrimentos por porción:

Calorías	174	Colesterol	28 mg
Grasa	9 g	Sodio	145 mg

Brochetas en Cama de Arroz de Limón

Res con Brócoli

Res con Brócoli

Rinde 4 porciones

½ taza de salsa para carne
¼ de taza de salsa de soya
2 dientes de ajo picado
450 g de bistec de tapa finamente picado
1 bolsa (450 g) de brócoli, pimiento morrón y
  champiñones descongelados*
Arroz cocido caliente (opcional)

En un recipiente pequeño, mezcle la salsa para carne,
la salsa de soya y el ajo. Vierta sobre la carne en un
refractario. Cubra y refrigere durante 1 hora.

Saque la carne del jugo y reserve el jugo. En una
sartén ligeramente engrasada, a fuego medio, ase el
bistec de 3 a 4 minutos o hasta que esté bien cocido.
Saque de la sartén y mantenga caliente.

En la misma sartén, caliente las verduras y el jugo
que había reservado. Cubra y deje hervir de 2 a
3 minutos. Agregue la carne. Sirva sobre el arroz si lo
desea.

*Puede sustituir estas verduras por 1 bolsa de floretes de brócoli
en trozos.*

Nutrimentos por porción:

Calorías	209	Colesterol	65 mg
Grasa	4 g	Sodio	1669 mg

Chuletas de Puerco Barbecue

Rinde 6 porciones

2 cucharadas de aceite vegetal
6 chuletas de puerco
1 cebolla mediana picada
3 dientes de ajo molidos
1 lata (180 g) de puré de tomate
½ taza de vinagre de manzana
½ taza más 2 cucharadas de azúcar morena
¼ de taza de agua
3 cucharadas de salsa inglesa
1 cucharadita de mostaza deshidratada
1 cucharadita de chile piquín
¼ de cucharadita de pimienta negra
¼ de cucharadita de sal

Caliente el horno a 180 °C. Caliente el aceite en una
sartén a fuego medio. Cueza las chuletas hasta que
estén doradas por ambos lados. Quite las chuletas de
la sartén. Colóquelas en un refractario, sin
encimarlas. Ponga la cebolla y el ajo en la sartén.
Cueza y mueva a fuego bajo hasta que se suavicen.
Agregue el resto de los ingredientes. Deje hervir por
5 minutos. Vierta la salsa sobre las chuletas. Voltéelas
y tape. Hornee a 180 °C de 45 a 60 minutos.

En horno de microondas: Mezcle el aceite, la
cebolla y el ajo, en un refractario. Cubra con plástico.
Ponga en el microondas a temperatura ALTA (100 %)
durante 3 minutos, moviendo después de 1½ minutos.
Agregue los demás ingredientes, excepto las chuletas.
Coloque las chuletas sin cocer en la salsa. Voltéelas y
tape. Póngalas en el microondas a máxima potencia
durante 16 minutos. Reacomode las chuletas después
de 4 minutos. Deje reposar 5 minutos y sirva
calientes.

Nutrimentos por porción:

Calorías	200	Colesterol	70 mg
Grasa	10 g	Sodio	90 mg

Res con Brócoli Tipo Oriental

Rinde 4 porciones

½ taza de salsa picante
2 cucharadas de salsa de soya (opcional)
1 cucharada de agua
1 cucharada de fécula de maíz
350 g de sirloin (solomillo) en cuadritos de 5 cm
1 cucharada de jengibre fresco rallado
2 dientes de ajo molidos
1 cucharada de aceite vegetal
1 cucharadita de aceite de ajonjolí oriental (opcional)
1½ tazas de champiñones cortados en cuartos
1½ tazas de brócoli
1 pimiento morrón rojo cortado en pedacitos de 2.5 cm
4 cebollines cortados en pedacitos de 2.5 cm
Arroz cocido (opcional)
Salsa picante (opcional)

Mezcle ½ taza de salsa picante, la salsa de soya, el agua y la fécula de maíz en un recipiente pequeño; revuelva bien. Combine la carne con el jengibre y el ajo. Caliente 2 cucharaditas de aceite, si lo desea, con aceite de ajonjolí, en una sartén de 25 cm, a fuego medio. Agregue la mezcla de carne y fría durante 3 minutos. Retire la carne del fuego. Añada la otra cucharadita de aceite en la sartén. Ponga los champiñones, el brócoli y el pimiento; fría durante 3 minutos o hasta que las verduras estén listas. Agregue la mezcla de salsa picante, la carne y las cebollas; cueza durante 1 minuto, hasta que la salsa espese. Si lo desea, sirva sobre el arroz, con salsa picante adicional.

Nutrimentos por porción:			
Calorías	201	Colesterol	51 mg
Grasa	8 g	Sodio	398 mg

Guisado de Carne Fiesta

Rinde 6 porciones

450 g de carne de res, molida
¾ de taza de avena sin cocer
½ taza de claras de huevo
½ taza de salsa de tomate
½ taza de pimiento morrón verde picado
¼ de taza de cebolla picada
1 cucharada de chile piquín
½ cucharadita de sal

En un recipiente mediano, mezcle la carne, la avena, las claras de huevo, ¼ de taza de salsa, el pimiento morrón verde, la cebolla, el chile piquín y la sal. Con la mezcla de carne, forme una barra y colóquela en un molde de 20×10×7 cm, previamente engrasado. Agregue el resto de la salsa. Hornee a 180 °C durante 55 minutos.

Nutrimentos por porción:			
Calorías	150	Colesterol	35 mg
Grasa	4 g	Sodio	400 mg

Lomo de Cerdo Waldorf

Rinde de 4 a 6 porciones

675 g de lomo de cerdo
¾ de taza de gelatina de manzana
¼ de taza de jugo de limón concentrado
¼ de taza de salsa de soya
¼ de taza de aceite vegetal
1 cucharada de jengibre finamente picado
1 taza de pan fresco molido (2 rebanadas)
¼ de taza de cilantro finamente picado
¼ de taza de nueces picadas

Haga cortes profundos a lo largo del lomo; colóquelo en un platón extendido y largo. En un recipiente pequeño, combine la gelatina, el jugo de limón, la salsa de soya, el aceite y el jengibre; cueza y revuelva hasta que se disuelva la gelatina. Reserve 3 cucharadas de la mezcla. Tape y refrigere por 4 horas o durante toda la noche. Coloque la carne en una charola para hornear. Mezcle la manzana, el pan, el cilantro, las nueces y la mezcla que reservó. Vierta entre los cortes del lomo; rellene con la mezcla de manzana. Hornee durante 30 minutos a 190 °C. Tape la carne; hornee durante 10 minutos más, o hasta que el termómetro para carne marque 140 °C. Refrigere el lomo.

Nutrimentos por porción:			
Calorías	273	Colesterol	81 mg
Grasa	10 g	Sodio	448 mg

Lomo de Cerdo Waldorf

Filete Agridulce de Cerdo

Filete Agridulce de Cerdo

Rinde 4 porciones

2 cucharaditas de estragón deshidratado y
    molido
½ cucharadita de tomillo seco molido
⅛ de cucharadita de pimienta negra
⅛ a ½ cucharadita de pimienta roja en polvo
    Pizca de sal
450 g de lomo de cerdo, cortado en rebanadas de
    1.5 cm
2 cucharadas de margarina derretida
1½ cucharadas de miel

En un recipiente pequeño, mezcle el estragón, el
tomillo, las pimientas y la sal. Unte la carne con
margarina por ambos lados. Espolvoree también con
la mezcla para sazonar. Acomode los filetes en una
parrilla. Hornee durante 2 minutos de cada lado.
Retire del fuego. Barnice la carne con la miel. Hornee
por 1 minuto más. Coloque la carne en un platón.

Nutrimentos por porción:			
Calorías	219	Colesterol	79 mg
Grasa	10 g	Sodio	158 mg

Espagueti Pizza Deluxe

Rinde 8 porciones

1 paquete (180 g) de espagueti sin cocer
½ taza de leche descremada
1 huevo batido
    Antiadherente en aerosol
250 g de carne de res, molida
1 cebolla mediana picada
1 pimiento morrón verde picado
2 dientes de ajo molidos
1 lata (450 g) de salsa de tomate
1 cucharadita de sazonador italiano
1 cucharadita de hierbas italianas sin sal
¼ de cucharadita de pimienta negra
2 tazas de champiñones en rebanadas
2 tazas de queso mozzarella rallado

Prepare el espagueti de acuerdo con las instrucciones
del paquete. En un recipiente mediano, mezcle la
leche y el huevo; agregue el espagueti y mezcle.
Rocíe un refractario de 33×23 cm con antiadherente.
Coloque el espagueti en el molde. En una sartén
grande, ponga la carne, la cebolla, el pimiento y el
ajo; cueza hasta que la carne esté lista. Escurra.
Agregue la salsa de tomate y los sazonadores; deje
cocer durante 5 minutos. Agregue los champiñones y
el queso. Hornee a 180 °C durante 20 minutos. Deje
reposar por 5 minutos antes de cortar. Refrigere el
sobrante.

Nota: Para reducir la cantidad de sal, utilice salsa de
tomate sin sal.

Nutrimentos por porción:			
Calorías	267	Colesterol	76 mg
Grasa	9 g	Sodio	499 mg

Rollos de Col Rellenos

Rinde 6 porciones

340 g de carne de res, molida
½ taza de cebolla picada
1 taza de arroz blanco cocido
¼ de cucharadita de canela en polvo
1 clara de huevo
6 hojas grandes de col
430 g de tomates rojos estofados
1 lata (480 g) de salsa de tomate
    Hierbas de olor (de Provenza)

En una sartén mediana, dore la carne y la cebolla a
fuego medio. Agregue el arroz y la canela. Sazone
con las hierbas de olor si lo desea. Retire del fuego;
bata la clara de huevo. Ponga a cocer las hojas de col
durante 3 minutos, en una pequeña cantidad de agua
hirviente; escurra. Divida la carne entre las hojas de
col. Enrolle las hojas, dejando espacio para que el
arroz se esponje; asegure los rollos con un palillo. En
una sartén, mezcle los tomates con la salsa de tomate
y deje hervir. Reduzca el fuego y agregue los rollos.
Deje hervir, sin tapar, durante 30 minutos.

Tiempo de preparación: 15 minutos
Tiempo de cocción: 30 minutos

Nutrimentos por porción:			
Calorías	238	Colesterol	42 mg
Grasa	8 g	Sodio	86 mg

Lomo de Cerdo Roulade

Rinde 4 porciones

4 centros de filete de cerdo deshuesados, unos
   450 g
½ pimiento morrón rojo, cortado en tiras
½ pimiento morrón verde, cortado en tiras
1 cucharada de aceite vegetal
⅔ de taza de jugo de naranja
⅔ de taza de salsa barbecue
1 cucharada de mostaza Dijon

Coloque los filetes entre 2 pedazos de plástico.
Aplane la carne. Coloque varias tiras de pimiento
morrón verde y rojo sobre cada pieza de carne y
enróllelas. Asegure los rollos con palillos.

En una sartén grande, dore los rollos en aceite
caliente. Escurra la grasa. Mezcle el resto de los
ingredientes y colóquelos en la sartén. Deje hervir y
después baje el fuego. Tape y deje hervir de 10 a
12 minutos, o hasta que la carne esté suave. Quite los
palillos y sirva.

Nutrimentos por porción:			
Calorías	255	Colesterol	72 mg
Grasa	10 g	Sodio	530 mg

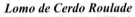

Lomo de Cerdo Roulade

Espagueti con Tocino

Rinde de 4 a 6 porciones

1 calabacita pequeña rebanada
4 cebollines picados
225 g de yogur natural bajo en grasa
½ taza de salsa blanca
¼ de taza de leche descremada
225 g de espagueti cocido de acuerdo con las
   instrucciones del paquete
360 g de tocino bajo en grasa, dorado y
   desmenuzado
1 tomate grande fresco, sin semillas y picado
Antiadherente en aerosol

Rocíe una sartén mediana con antiadherente y
caliente a fuego medio. Agregue la calabacita y los
cebollines. En un recipiente pequeño, mezcle el
yogur, la salsa blanca y la leche; agregue a las
verduras. Cueza hasta que todo esté bien caliente y el
líquido empiece a evaporarse. Mezcle el espagueti
con el tocino; cubra con la salsa. Adorne cada porción
con tomate picado.

Nutrimentos por porción:			
Calorías	289	Colesterol	19 mg
Grasa	10 g	Sodio	485 mg

Emparedados Suizos de Res

Rinde 4 porciones

8 rebanadas de pan francés (12×1.5 cm)
4 rebanadas (90 g) de queso suizo
1 tomate rojo mediano, cortado en
   8 rebanadas
120 g de rebanadas de roast beef
2 cucharadas de mayonesa baja en grasa
1 cucharada de mostaza Dijon
1 cucharadita de cebollitas de cambray o
   cebollines picados

En 4 mitades de pan, ponga la mitad del queso y todo
el tomate y la carne. Coloque la carne sobre el queso.
Mezcle la mayonesa, la mostaza y la cebolla en un
recipiente pequeño. Unte la mezcla de mayonesa en la
parte externa de los emparedados. Tueste de 2 a
3 minutos en una parrilla caliente, o hasta que estén
ligeramente dorados. Voltee y tueste del otro lado de
2 a 3 minutos. Sirva inmediatamente.

Nutrimentos por porción:			
Calorías	256	Colesterol	23 mg
Grasa	9 g	Sodio	824 mg

Emparedados de Carnero Tabbouli

Rinde 6 mitades de emparedado

430 g de tomates rojos estofados
½ taza de trigo sin cocer
1½ taza de carne de carnero o res, cocida y picada
¾ de taza de pepino picado
3 cucharadas de menta fresca o perejil picado
1 cucharada de jugo de limón
1 cucharada de aceite de oliva
3 panes tipo árabe (pitas), partidos por la mitad

Escurra los tomates. Guarde el líquido. Vierta el líquido en una taza medidora; agregue el agua necesaria para obtener ¾ de taza. En una sartén pequeña, hierva el líquido y agregue el trigo. Tape y deje hervir a fuego lento durante 20 minutos, o hasta que se haya suavizado. Deje enfriar. Pique los tomates. En un recipiente mediano, mezcle los tomates, la carne, el pepino, la menta, el jugo de limón y el aceite. Añada el trigo. Sazone con sal y pimienta si lo desea. Ponga aproximadamente ½ taza del guiso (tabbouli) en cada pan.

Tiempo de preparación y cocción: 25 minutos
Tiempo para enfriar: 30 minutos

Nutrimentos por porción (1 mitad de emparedado):

Calorías	239	Colesterol	35 mg
Grasa	7 g	Sodio	343 mg

Medallones de Cerdo Diane

Rinde 5 porciones

450 g de medallones de filete de cerdo (10 filetes)
2 cucharaditas de sazonador de pimienta con limón
2 cucharadas de mantequilla
2 cucharadas de jugo de limón
1 cucharada de salsa inglesa
1 cucharadita de mostaza Dijon
1 cucharada de perejil finamente picado
Cebollines enteros para adornar

Espolvoree cada medallón con la pimienta con limón. Derrita la mantequilla en una sartén grande a fuego medio. Coloque los medallones y cueza durante 3 o 4 minutos de cada lado. Ponga los filetes en un platón y manténgalos calientes. Agregue el jugo de limón, la salsa inglesa y la mostaza a los jugos que hay en la sartén. Cueza y mueva hasta que esté listo. Vierta la salsa sobre los medallones y espolvoree encima el perejil. Adorne con los cebollines.

Nutrimentos por porción:

Calorías	198	Colesterol	84 mg
Grasa	9 g	Sodio	157 mg

Bistec Provenzal de Res

Bistec Provenzal de Res

Rinde 4 porciones

2 dientes de ajo molidos
½ cucharadita de albahaca deshidratada, en polvo
¼ de cucharadita de pimienta negra
4 bisteces de res (cada uno de 120 g)
1½ cucharaditas de aceite de oliva
2 calabacitas pequeñas, en rebanadas delgadas
6 tomates cherry partidos por la mitad
1½ cucharaditas de queso parmesano rallado
Sal (opcional)

Mezcle el ajo, la albahaca y la pimienta; divida la mezcla en 2 partes. Unte ambos lados de cada bistec con la mitad de la mezcla. Caliente el aceite y la mezcla sazonadora restante en una sartén grande a fuego medio. Agregue la calabacita; cueza y mueva durante 3 minutos. Añada los tomates y continúe cociendo durante 1 minuto más. Coloque la mezcla de calabacitas en un platón; espolvoree con queso y mantenga caliente. Aumente el fuego a medio-alto. Ponga 2 bisteces en la misma sartén; cueza al gusto. Repita el procedimiento con los otros 2 bisteces. Sazone los bisteces con sal si lo desea. Sirva con la mezcla de calabacita; adorne al gusto.

Nutrimentos por porción:

Calorías	223	Colesterol	81 mg
Grasa	10 g	Sodio	60 mg

Lasaña Italiana de Jamón

Rinde 6 porciones

6 hojas de lasaña (120 g)
285 g de espinaca picada
1 taza de leche
2 cucharadas de fécula de maíz
1 cucharada de cebolla picada
½ taza de yogur natural sin grasa
1 taza de jamón cocido picado
½ cucharadita de sazonador italiano
¼ de taza de queso parmesano rallado
1 taza de queso cottage bajo en grasa
1 taza de queso mozzarela rallado

Cueza la lasaña de acuerdo con las instrucciones del paquete; enjuague y escurra. Cueza la espinaca; escurra.

Caliente el horno a 180 °C. Caliente la leche, la fécula de maíz y la cebolla en una sartén grande. Cueza y mueva hasta que haya espesado y burbujeado; cueza durante 2 minutos más, moviendo constantemente. Retire del fuego. Agregue el yogur. Unte 2 cucharadas de la salsa de yogur en el fondo de un refractario de 23×13 cm. Añada el jamón y el resto del sazonador italiano. Coloque 3 hojas de lasaña en un plato (si es necesario, córtelas). Unte ⅓ de la salsa sobre la lasaña. Ponga encima la espinaca y espolvoree el queso parmesano. Ponga otra capa de ⅓ de taza de salsa, el queso cottage y la mitad del queso mozzarela. Coloque el resto de la lasaña encima. Hornee de 30 a 35 minutos. Deje reposar 10 minutos antes de servir.

Nutrimentos por porción:			
Calorías	270	Colesterol	50 mg
Grasa	9 g	Sodio	795 mg

Res con Chile

Rinde 5 porciones

2 cucharaditas de aceite vegetal
1 cebolla grande picada
1 pimiento morrón verde mediano, picado
2 dientes de ajo picados
450 g de carne de res, molida
1 lata (800 g) de puré de tomate
1 lata (450 g) de frijoles (judías)
1 hoja pequeña de laurel
1 cucharada de chile piquín en polvo
1½ cucharaditas de comino molido
1½ cucharaditas de orégano triturado
½ cucharadita de sal

Caliente el aceite en una sartén grande a fuego medio. Agregue la cebolla, el pimiento y el ajo; cueza y mezcle bien hasta que las verduras estén listas. Añada la carne y cueza durante unos 6 minutos, o hasta que la carne esté lista. Incorpore los demás ingredientes; reduzca el fuego a bajo y hierva de 15 a 20 minutos más, moviendo ocasionalmente.

Nutrimentos por porción:			
Calorías	184	Colesterol	44 mg
Grasa	5 g	Sodio	445 mg

Cerdo con Arroz y Chícharos

Rinde 6 porciones

2 cucharadas de aceite vegetal
225 g de lomo de cerdo, cortado en filetes
1 taza de apio picado
1 taza de cebolla picada
1 taza de champiñones frescos picados
1 lata (225 g) de castaña de agua en rebanadas
225 g de chícharos (guisantes)
1 cucharada de jengibre fresco rallado
2 tazas de arroz cocido
1 cucharada de fécula de maíz
3 cucharadas de salsa de soya
1 cucharada de jerez seco
½ cucharadita de sal
Nuez de acajú o de la India, semillas de girasol o zanahorias cortadas en tiras (opcional)

Caliente el aceite en una sartén grande a fuego medio; agregue los filetes y fría durante 2 minutos o hasta que la carne esté lista. Añada el apio, la cebolla, los champiñones, la castaña, los chícharos y el jengibre. Fría durante 5 minutos o hasta que las verduras estén crujientes. Incorpore el arroz y mezcle bien. En un recipiente pequeño, revuelva la fécula de maíz, la salsa de soya, el jerez y la sal. Póngalos en una sartén; cueza durante 1 minuto hasta que espese. Adorne al gusto con las nueces, las semillas de girasol o la zanahoria.

Nutrimentos por porción:			
Calorías	223	Colesterol	20 mg
Grasa	7 g	Sodio	570 mg

Lasaña Italiana de Jamón

Cerdo con Ajonjolí y Brócoli

Cerdo con Ajonjolí y Brócoli

Rinde 6 porciones

430 g de consomé de pollo
2 cucharadas de fécula de maíz
1 cucharada de salsa de soya
4 cebollines finamente picados
450 g de lomo de cerdo
1 cucharada de aceite vegetal
1 diente de ajo picado
675 g de brócoli picado (unas 7 tazas)
**2 cucharadas de pimientos morrones
    rebanados**
2 cucharadas de ajonjolí ligeramente tostado
Arroz cocido (opcional)

Mezcle el consomé de pollo, la fécula de maíz y la salsa de soya en un recipiente pequeño. Agregue los cebollines. Corte el lomo en trocitos; caliente el aceite en un wok o en una sartén grande a fuego alto. Añada el cerdo y el ajo; fría de 3 a 4 minutos, o hasta que la carne esté lista. Saque la carne y manténgala caliente. Vierta la mezcla de consomé con brócoli en el wok. Tape y deje hervir a fuego bajo durante 8 minutos. Incorpore el cerdo cocido y el pimiento; cueza hasta que la mezcla se haya calentado, mueva frecuentemente. Sirva sobre el arroz si lo desea. Espolvoree el ajonjolí y adorne al gusto.

Nutrimentos por porción:			
Calorías	185	Colesterol	79 mg
Grasa	7 g	Sodio	457 mg

Asado Mediterráneo de Cerdo

Rinde 6 porciones

1½ tazas de jugo de toronja
1 cebolla roja pequeña, finamente picada
1 diente de ajo picado
1 cucharadita de azúcar
**1 cucharadita de tomillo molido o 1 cucharada
    de tomillo fresco**
**1 cucharadita de orégano molido o
    1 cucharada de orégano fresco picado**
900 g de lomo de cerdo, deshuesado

Para la marinada, mezcle el jugo de toronja, la cebolla, el ajo, el azúcar, el tomillo y el orégano en un refractario. Agregue el cerdo, tape y marine durante 1 hora, volteando la carne una vez para asegurarse de que se marine por completo.

Caliente el horno a 220 °C. Coloque la carne y las cebollas en una charola. Guarde la marinada. Hornee durante 20 minutos. Reduzca la temperatura a 160 °C y hornee de 1 a 1½ horas más, hasta que la carne esté lista, bañándola ocasionalmente con ½ taza de la marinada. Quite el cerdo de la charola y agregue el resto del líquido para marinar en la charola. Quite los grumos adheridos a la charola. Hierva esta mezcla en una sartén pequeña. Baje el fuego y deje hervir de 5 a 10 minutos, hasta obtener una consistencia espesa. Rebane el lomo y sirva con la mezcla para marinar.

Sugerencia: El Asado Mediterráneo de Cerdo tiene como característica una técnica para marinar utilizada en el Medio Oriente, la cual consiste en marinar la carne con jugo de cítricos. Además de mejorar el sabor del platillo, la acidez natural del jugo ayuda a suavizar la carne.

Nutrimentos por porción:			
Calorías	248	Colesterol	118 mg
Grasa	6 g	Sodio	87 mg

Jamón con Piña y Arroz

Rinde 6 porciones

1 lata (550 g) de piña en almíbar en trocitos
2 cucharaditas de aceite vegetal
1 cebolla picada
1 taza de arroz sin cocer
1¾ tazas de consomé de pollo
1 taza de jamón en cuadritos
**½ cucharadita de ajo en polvo, de tomillo seco y
    de hierbas de olor**
¼ de cucharadita de pimienta roja molida
1 cucharadita de sal (opcional)
2 tazas de ejotes cocidos

Escurra la piña. Reserve ¼ de taza del almíbar.

Caliente el aceite en una sartén grande a fuego medio-alto. Acitrone la cebolla; agregue el arroz y fríalo durante 5 minutos. añada el almíbar que había guardado, el consomé de pollo, el jamón, el ajo en polvo, el tomillo, las hierbas de olor y la pimienta roja. Tape y reduzca el fuego a bajo; deje hervir durante 20 minutos, o hasta que el líquido se haya absorbido. Póngale sal si lo desea.

Incorpore la piña y los ejotes. Caliente bien. Sirva con ensalada verde si lo desea.

Tiempo de preparación: 15 minutos
Tiempo de cocinado: 20 minutos

Nutrimentos por porción:			
Calorías	283	Colesterol	9 mg
Grasa	3 g	Sodio	524 mg

Filete Marinado con Hierbas

Filete Marinado con Hierbas

Rinde 4 porciones

¼ de taza de cebolla picada
2 cucharadas de perejil picado y de vinagre
 blanco
1 cucharada de aceite vegetal
2 cucharaditas de mostaza Dijon
1 diente de ajo picado
½ cucharadita de tomillo deshidratado, molido
450 g de filete de res cortado en rebanadas de
 2 cm

Mezcle las cebollas, el perejil, el vinagre, el aceite, la
mostaza, el ajo y el tomillo. Coloque la carne en una
bolsa de plástico; agregue la mezcla de ajo y cubra la
carne por ambos lados. Cierre bien la bolsa; marine
en el refrigerador de 6 a 8 horas, volteándola por lo
menos una vez. Saque la carne y deseche el líquido.
Ponga la carne en una charola. Hornee de 16 a
18 minutos. Adorne al gusto.

Nutrimentos por porción:			
Calorías	216	Colesterol	85 mg
Grasa	10 g	Sodio	94 mg

Linguine Primavera

Rinde 8 porciones

2 cucharadas de aceite vegetal o de oliva
2 cucharadas de jugo de limón
1 pimiento morrón rojo cortado en tiras
1 cebolla grande picada
225 g de champiñones rebanados
225 g de jamón cocido, en tiras
450 g de chícharos (guisantes)
1 lata (150 ml) de leche evaporada
½ taza de queso provolone
½ taza de linguine
 Pimienta negra recién molida

En una sartén grande, caliente el aceite de oliva y el
jugo de limón. Agregue el pimiento, la cebolla y los
champiñones; cueza hasta dorar. Añada el jamón, los
chícharos, la leche y ¼ de taza de queso; caliente
bien; mueva frecuentemente. Mantenga caliente.
Prepare el linguine siguiendo las instrucciones del
paquete. Mezcle el linguine cocido y la mezcla de
verduras en un recipiente grande. Corone con el resto
del queso. Sirva inmediatamente con la pimienta
negra molida. Refrigere el sobrante.

Nutrimentos por porción:			
Calorías	273	Colesterol	22 mg
Grasa	8 g	Sodio	493 mg

Alambre Polinesio

Rinde 8 alambres

3 tazas de jamón en cuadros de 2 cm
1 piña fresca, pelada y en cuadritos de 2 cm
1 pimiento morrón verde y 1 amarillo,
 cortados en cubos de 2 cm
8 champiñones medianos
¼ de taza de vino tinto
 Aderezo tipo vinagreta

Caliente el horno a 180 °C. De manera alternada,
coloque en alambres de 25 cm, el jamón, los
pimientos y los champiñones. Póngalos en una
charola para hornear. Barnice los alambres con el
aderezo. Hornee durante 8 minutos. Voltee los
alambres y barnícelos otra vez con el aderezo. Cueza
de 6 a 8 minutos, o hasta que estén listos. Sirva sobre
arroz si lo desea.

Nutrimentos por porción (1 alambre):			
Calorías	133	Colesterol	21 mg
Grasa	2 g	Sodio	368 mg

Lasaña

Rinde 12 porciones

1 taza de cebolla picada
3 dientes de ajo picados
2 cucharadas de aceite vegetal
450 g de carne de res, molida
430 g de tomates estofados
1 lata (150 g) de puré de tomate
2 cucharaditas de albahaca deshidratada
1 cucharadita de orégano
½ cucharadita de azúcar
¼ de cucharadita de pimienta negra
2 tazas de queso cottage bajo en grasa
½ taza de queso parmesano
¼ de taza de perejil picado
225 g de lasaña
1 taza (120 g) de queso mozzarela rallado

Acitrone la cebolla y el ajo en una sartén grande a fuego medio. Muévalos hacia un lado de la sartén. Agregue la carne. Cueza y mezcle bien. Escurra, en caso necesario. Añada los tomates con su jugo. Machaque los tomates en pedazos pequeños. Ponga el puré de tomate, la albahaca, el orégano, el azúcar y la pimienta. Revuelva bien. Deje hervir por 30 minutos. Combine el queso cottage, ¼ de taza de queso parmesano y la albahaca.

Cueza la lasaña durante 7 minutos en agua hirviente, sin agregar sal. Escurra bien. Caliente el horno a 180 °C. Coloque una capa delgada de la salsa de carne en un recipiente de 33×23×5 cm. Ponga, en capas, la mitad de la pasta con la mezcla de queso cottage, 2 cucharadas de queso parmesano, ⅓ de taza de queso mozzarela y una capa de salsa. Repita las capas de pasta y queso. Añada el resto de la salsa y del queso mozzarela. Hornee a 180 °C durante 45 minutos. Deje reposar por 15 minutos antes de servir. Corte en 12 rectángulos.

Nutrimentos por porción			
Calorías	270	Colesterol	55 mg
Grasa	10 g	Sodio	300 mg

Jamón Glaseado con Camote

Rinde 4 porciones

1 rebanada de 560 g de jamón
1 lata (450 g) de duraznos en almíbar, escurridos
1 lata (450 g) de camote (batata) cocido
2 cucharadas de jarabe sabor maple
2 cucharadas de mermelada de chabacano
1 cucharadita de mostaza Dijon
Coles de Bruselas (opcional)

Caliente el horno. Coloque el jamón en un refractario poco profundo; rocíe los duraznos y los camotes con 1 cucharada de jarabe sabor maple. Hornee por 5 minutos o hasta que doren ligeramente.

Mientras tanto, caliente la mermelada y la mostaza en el microondas o en una sartén, hasta que la mermelada se haya derretido. Voltee el jamón, los duraznos y el camote. Barnice el jamón con la mezcla de mermelada. Bañe los duraznos y el camote con el resto del jarabe sabor maple. Siga horneando durante 5 minutos, o hasta que esté totalmente caliente. Adorne con las coles de Bruselas.

Nutrimentos por porción:			
Calorías	300	Colesterol	60 mg
Grasa	7 g	Sodio	1462 mg

Jamón Glaseado con Camote

Rodajas Criollas de Cerdo

Rinde 6 porciones

2 filetes de cerdo (cada uno de 300 g)
1 cucharada de aceite vegetal
1 taza de pimiento morrón rojo picado
½ taza de cebolla finamente picada
½ taza de apio finamente picado
1 cucharadita de tomillo seco
¼ a ½ cucharadita de sal de ajo
½ cucharadita de pimienta roja molida
½ cucharadita de pimentón
1 cucharada de semilla de hinojo molida
1 a 3 cucharaditas de sazonador de pimienta
con limón

Con un cuchillo filoso, haga un corte en el centro de uno de los filetes, casi hasta el fondo, pero sin atravesarlo. Abra la carne de modo que quede plana; cubra con plástico. Desde el centro y hacia las orillas, aplánelo hasta obtener un filete de 1 cm; retire el plástico. Haga lo mismo con el otro filete.

Caliente el horno a 180 °C. Caliente una sartén grande a fuego medio. Agregue el pimiento morrón rojo, el apio, la cebolla, el tomillo, el ajo, la sal, la pimienta molida y el pimentón. Cueza durante unos 5 minutos o hasta que las verduras estén listas. Coloque, de manera uniforme, las verduras sobre cada filete. Empezando con el lado más corto, enrolle la carne y asegúrela con un palillo. Mezcle las semillas de hinojo y la pimienta con limón en un recipiente pequeño. Unte bien esta mezcla en la parte superior y en los lados de ambos rollos. Ponga los rollos en la charola. Hornee durante 45 minutos o hasta que el termómetro para carne registre 100 °C. Deje reposar por 5 minutos. Quite los palillos y rebane.

Nutrimentos por porción:			
Calorías	181	Colesterol	79 mg
Grasa	7 g	Sodio	327 mg

Albondigón

Rinde 5 porciones

450 g de carne de res, molida
½ taza de hojuelas de avena sin cocer
2 claras de huevo o 1 huevo ligeramente batido
½ taza de salsa catsup
2 cucharadas de cebolla finamente picada
⅛ de cucharadita de sal
⅛ de cucharadita de pimienta negra molida

Caliente el horno a 180 °C. Mezcle todos los ingredientes en un recipiente grande. Ponga la mezcla en un molde para pan de 23×13×7 cm ligeramente engrasado, presionando ligeramente. Hornee de 45 a 50 minutos hasta obtener una consistencia firme. Deje reposar durante 10 minutos antes de rebanar.

Nutrimentos por porción:			
Calorías	169	Colesterol	44 mg
Grasa	4 g	Sodio	559 mg

Bisteces de Carnero a la Barbacoa

Rinde 6 porciones

3 bisteces o 6 chuletas de carnero (unos 900 g)
de 2.5 cm de grueso
1 cucharada de aceite vegetal
¼ de taza de cebolla finamente picada
¼ de taza de azúcar morena
1 lata (400 g) de salsa de tomate
120 g de chile verde picado
1 cucharadita de salsa inglesa
½ cucharadita de chile piquín en polvo
¼ de cucharadita de ajo en polvo
¼ de cucharadita de pimienta negra
¼ de cucharadita de salsa picante

Caliente el aceite en una sartén a fuego medio. Una vez que esté caliente, acitrone la cebolla. Agregue el azúcar morena; mueva hasta que se disuelva. Añada los demás ingredientes, excepto la carne. Barnice la carne con la mezcla de azúcar. Ásela a las brasas y báñela frecuentemente con la salsa hasta que el termómetro marque 65 °C.

Sugerencias para servir: Sirva con pan y miel, con papas horneadas con salsa y cebollitas de cambray, o con ensalada de frutas frescas.

Tiempo de preparación: 10 minutos
Tiempo de cocción: 15 minutos

Nutrimentos por porción:			
Calorías	230	Colesterol	65 mg
Grasa	9 g	Sodio	690 mg

Rodajas Criollas de Cerdo

Cerdo con Pimiento

Rinde 4 porciones

   2 limas frescas
   ¼ de taza de salsa de soya
   4 dientes de ajo picados
   1 cucharadita de orégano
   ½ cucharadita de tomillo
     Pizca de pimienta roja
   2 o 3 ramitas de perejil
   1 hoja de laurel
 450 g de filete de cerdo, en trozos de 2.5 cm
   1 cucharada de aceite de oliva
   1 cucharadita de azúcar morena
   2 cebollas medianas, cada una cortada en
     8 trozos
   2 tomates medianos, sin semillas, cada uno
     cortado en 8 trozos
   2 pimientos morrones grandes, cada uno
     cortado en 8 trozos

Pele las limas. Exprímalas para obtener su jugo. En un recipiente pequeño, mezcle el jugo de lima y la cáscara, la salsa de soya, el ajo, el orégano, el tomillo, la pimienta roja, el perejil y la hoja de laurel. Coloque la carne en una bolsa de plástico o en un recipiente no metálico. Agregue el líquido para marinar. Selle la bolsa o el recipiente; marine durante 2 horas en el refrigerador, volteando la carne con frecuencia.

Retire la cáscara de lima, las ramas de perejil y la hoja de laurel de la marinada. Escurra muy bien la carne. Caliente el aceite en una sartén grande a fuego alto. Añada el azúcar morena; mueva hasta que el azúcar se torne color café y burbujee. Ponga la carne; cueza y mueva durante 5 minutos o hasta que la carne se dore. Reduzca el fuego a bajo. Agregue las cebollas, los tomates, el pimiento y el líquido de la marinada; deje hervir de 10 a 15 minutos o hasta que la carne esté suave.

Nutrimentos por porción:			
Calorías	243	Colesterol	79 mg
Grasa	8 g	Sodio	547 mg

Cerdo con Pimiento

Cerdo al Curry

Rinde 4 porciones

1 cucharada de aceite vegetal
450 g de lomo de cerdo, cortado en cuadros de
    1 cm
¾ de taza de cebolla picada
⅓ de taza de apio picado
1½ tazas de manzana picada
1 tomate rojo mediano, picado y sin semillas
1 taza de agua
¼ de taza de uvas pasa
1 a 3 cucharaditas de polvo de curry
1 cucharadita de consomé de pollo
    (instantáneo)
⅛ de cucharadita de ajo en polvo
    Arroz cocido (opcional)
    Yogur natural (opcional)
¼ de taza de cacahuates picados (opcional)

En una sartén grande, caliente el aceite. Una vez
caliente, agregue el lomo, la cebolla y el apio. Cueza,
moviendo ocasionalmente, hasta que la carne se haya
dorado y las verduras estén listas. Agregue la
manzana, el tomate, el agua, las pasas, el polvo de
curry, el consomé y el ajo en polvo. Reduzca el fuego
a bajo. Tape y cueza, moviendo ocasionalmente, hasta
obtener la consistencia deseada. Sirva en una cama de
arroz y, si lo desea, corone con el yogur y los
cacahuates picados.

Nutrimentos por porción:			
Calorías	243	Colesterol	73 mg
Grasa	7 g	Sodio	311 mg

Asado de Res con Salsa de Champiñones

Rinde de 6 a 8 porciones

1 rib-eye (costillar) deshuesado (unos 900 g)
2 cucharadas de aceite vegetal
4 tazas de agua
300 ml de consomé de pollo
1 taza de vino tinto seco
2 dientes de ajo picados
1 cucharadita de hojas de mejorana molidas
4 granos de pimienta negra
3 clavos enteros
    Salsa de Champiñones (receta más adelante)

Amarre la carne con hilo grueso, a intervalos de
5 cm. Caliente el aceite en una sartén a fuego medio.
Cueza la carne hasta que dore. Escurra el líquido.
Agregue el agua, el consomé, el vino, el ajo, la
mejorana, los granos de pimienta y los clavos; deje
hervir. Reduzca el fuego a bajo y tape; deje hervir
durante 15 minutos por cada 450 g de carne. Ponga la
carne en un platón y guarde el líquido. Cubra la carne

Asado de Res con Salsa de Champiñones

con una envoltura de plástico o aluminio; deje reposar
por 10 minutos antes de cortar. Prepare la salsa de
champiñones. Quite el hilo de la carne. Corte en
rebanadas delgadas y corone con la Salsa de
Champiñones. Sirva con verduras mixtas si lo desea.

Nota: Con un rib-eye deshuesado podrá obtener de
3 a 4 porciones de 90 g cada una.

Salsa de Champiñones

1 cucharada de mantequilla
1 taza de champiñones rebanados
1 taza del líquido que reservó de la carne
1½ cucharaditas de fécula de maíz
¼ de cucharadita de sal
2 pizcas de pimienta negra
1 cucharada de cebollín finamente picado

Derrita la mantequilla en una sartén mediana a fuego
alto. Agregue los champiñones; cueza y mueva
durante 5 minutos. Guarde. Añada el líquido de la
carne, la fécula de maíz, la sal y la pimienta. Deje
hervir hasta obtener una consistencia espesa. Retire
del fuego. Ponga los champiñones y el cebollín.

Nutrimentos por porción (incluye tres cucharadas de la salsa):			
Calorías	188	Colesterol	59 mg
Grasa	8 g	Sodio	327 mg

Alambres de Res y Piña

Alambres de Res y Piña

Rinde 4 porciones

450 g de tapa de sirloin (solomillo), o de tapa, en bisteces de 2.5 cm
1 cebolla pequeña finamente picada
½ taza de salsa teriyaki
16 trozos (cuadros de 2.5 cm) de piña fresca
1 lata (225 g) de castañas de agua, escurridas

Corte la carne en tiras. Para marinar, mezcle la cebolla y la salsa teriyaki en un recipiente pequeño. Agregue las tiras de carne; mezcle bien. De manera alternada, coloque en el alambre las tiras de carne (en forma de holán), la piña y las castañas de agua. Coloque los alambres en la parrilla a fuego medio. Ase durante 4 minutos, volteando una vez, hasta que la carne esté a su gusto. Sirva inmediatamente.

Nota: La receta se puede preparar con espaldilla de res.

Sugerencia para servir: Sirva con arroz cocido y brócoli, o con champiñones y pimiento morrón rojo.

Nutrimentos por porción (con solomillo):

Calorías	232	Colesterol	76 mg
Grasa	6 g	Sodio	751 mg

Nutrimentos por porción (con tapa):

Calorías	219	Colesterol	71 mg
Grasa	4 g	Sodio	747 mg

Nutrimentos por porción (con espaldilla):

Calorías	242	Colesterol	57 mg
Grasa	9 g	Sodio	766 mg

Chuletas de Cerdo con Ajonjolí

Rinde 4 porciones

1 lata (570 g) de piña en almíbar en trozos
6 rebanadas delgadas de jengibre
2 dientes de ajo machacados
3 cucharadas de salsa de soya
3 cucharadas de salsa catsup
2 cucharaditas de fécula de maíz
¼ de cucharadita de pimienta roja molida
4 chuletas de cerdo
2 cucharadas de cebollín
2 cucharadas de ajonjolí tostado
2 cucharadas de zanahoria rallada

En horno de microondas: Escurra el almíbar de la piña en un refractario. Mezcle el jengibre, el ajo, la salsa de soya, la catsup, la fécula de maíz y la pimienta. Agregue las chuletas de cerdo. Cubra con un plástico; perfórelo. Cocine a temperatura ALTA (100 %) durante 6 minutos. Agregue la piña. Revuelva la salsa. Voltee el plato. Hornee por 5 minutos más a temperatura ALTA. Deje reposar tapado durante 2 minutos. Espolvoree el cebollín, el ajonjolí y la zanahoria. Sirva con chícharos (guisantes) y calabacitas, si lo desea.

Tiempo de preparación: 10 minutos
Tiempo de cocción: 15 minutos

Nutrimentos por porción:

Calorías	287	Colesterol	55 mg
Grasa	9 g	Sodio	631 mg

Chuletas de Ternera con Glaseado de Miel y Cítricos

Rinde 4 porciones

3 cucharadas de jugo de lima fresca
2 cucharadas de miel
2 cucharaditas de jengibre fresco, rallado
½ cucharadita de ralladura de cáscara de lima
4 chuletas de ternera, de 2.5 cm de ancho (cada una de 225 g)

Mezcle el jugo de lima, la miel, el jengibre y la ralladura en un recipiente pequeño. Coloque la ternera en un refractario lo suficientemente grande para que quepan las chuletas. Barnice las chuletas, por ambos lados, con la mezcla de lima; cubra y refrigere durante 30 minutos, mientras se prepara el asador de carbón.* Saque las chuletas del refractario; barnice con los residuos de la mezcla. Coloque las chuletas en la parrilla. Ase de 12 a 14 minutos.

*Para comprobar la temperatura del carbón, coloque la palma de la mano, con cuidado, a una distancia de 10 cm de las brasas. Cuente los segundos que soporta en esa posición antes de que el calor le fuerce a retirar la mano (cerca de 4 segundos para el carbón a temperatura media).

Tiempo de preparación: 10 minutos
Tiempo de cocción: de 12 a 14 minutos

Nutrimentos por porción:

Calorías	186	Colesterol	97 mg
Grasa	6 g	Sodio	84 mg

Bistec Criollo a la Pimienta

Rinde 4 porciones

2 dientes de ajo machacados
1 cucharadita de tomillo deshidratado molido
1 cucharadita de pimentón
½ cucharadita de pimienta negra, de pimienta roja y de pimienta blanca, molidas
450 g de bistec de 2.5 cm

Mezcle el ajo, el tomillo, el pimentón y las pimientas en un recipiente pequeño; empanice los bisteces. Colóquelos en la parrilla de carbón a temperatura media. Áselos de 12 a 14 minutos, dependiendo del término en que los desee; voltéelos una vez. Sazone con sal si lo desea. Para servir, corte diagonalmente los bisteces en rebanadas delgadas.

Sugerencia para servir: Sirva con diversas verduras cocidas al vapor.

Nutrimentos por porción:			
Calorías	160	Colesterol	71 mg
Grasa	4 g	Sodio	53 mg

Res con Arroz a la Mexicana

Rinde 5 porciones

1 cucharadita de aceite vegetal
½ taza de pimiento morrón verde picado
¼ de taza de cebolla picada
450 g de carne de res, molida
450 g de tomates cocidos, cortados (con su líquido)
1 taza de granos de maíz
430 g de frijol bayo (judías) cocido
½ taza de arroz de grano largo sin cocer
½ taza de agua
Un poco de salsa picante

Sazone la cebolla y agregue la pimienta. Cueza la carne molida durante unos 6 minutos o hasta que esté lista. Agregue los demás ingredientes. Deje hervir. Reduzca el fuego a bajo; tape y deje hervir de 15 a 18 minutos o hasta que el arroz esté listo.

Nutrimentos por porción:			
Calorías	257	Colesterol	44 mg
Grasa	5 g	Sodio	461 mg

Estofado de Cordero Tradicional

Rinde 6 porciones

1 cucharada de aceite
450 g de pierna o lomo de cordero, cortada en cuadros de 1.25 cm
2 cucharadas de harina
2 tazas de agua
1 lata (225 g) de salsa de tomate
1 cebolla picada
1 diente de ajo picado
Sal al gusto
⅛ de cucharadita de pimienta negra molida
1 taza de papa pelada y picada
1 taza de chícharos (guisantes) congelados
1 taza de zanahoria rebanada
1 taza de calabacita rebanada
1 taza de champiñones (opcional)
2 cucharadas de perejil fresco picado o 1 cucharada de perejil seco machacado
1 cucharada de orégano fresco o ¾ de cucharadita de orégano fresco machacado

Caliente el aceite en una sartén gruesa a fuego medio-alto. Agregue el cordero y dórelo. Reduzca el fuego a bajo. Incorpore la harina, moviendo constantemente. Cueza hasta obtener una consistencia espesa. Añada lentamente el agua, la salsa de tomate, la cebolla, el ajo, la sal y la pimienta; mezcle bien.

Cubra y cueza durante 30 minutos o hasta que el cordero esté suave. Ponga las verduras y el orégano. Cueza durante 30 minutos o hasta que las verduras estén suaves.

Tiempo de preparación: 15 minutos
Tiempo de cocción: 1 hora y 10 minutos

Nutrimentos por porción:			
Calorías	216	Colesterol	51 mg
Grasa	7 g	Sodio	400 mg

Bistec Criollo a la Pimienta

Bistec con Tirabeques

Bistec con Tirabeques

Rinde 6 porciones

- 340 g de carne de res
- 2 cucharadas de fécula de maíz
- 2 cucharadas de salsa de soya
- 1 cucharada de jerez seco
- ½ cucharadita de azúcar
- ½ cucharadita de sal
- 1 taza de arroz integral
- 2 cucharadas de cebolla de cambray finamente picada
- 2 cucharadas de pimiento morrón rojo picado
- 1 cucharada de aceite vegetal
- ¾ de taza de agua
- 225 g de castañas de agua picadas
- 180 g de tirabeques (vainas) descongelados

Congele la carne hasta que esté ligeramente firme. Córtela diagonalmente en rebanadas muy delgadas y colóquela en un refractario poco profundo. Mezcle 1 cucharada de fécula de maíz, la salsa de soya, el jerez, el azúcar y la sal; vierta sobre la carne. Marine a temperatura ambiente durante 30 minutos.

Prepare el arroz de acuerdo con las instrucciones del paquete; no use mantequilla. Agregue el arroz, la cebolla y el pimiento. Escurra la carne, y guarde el líquido. Caliente el aceite en una sartén grande. Ponga la carne, cueza y mueva hasta que esté ligeramente dorada, de 3 a 4 minutos. Mezcle el resto de la fécula de maíz (1 cucharada) y el agua, con el líquido para marinar. Incorpórelo a la sartén al igual que las castañas y los tirabeques. Cueza hasta que la salsa hierva y se espese; mueva constantemente. Sirva la mezcla de carne sobre el arroz.

Nutrimentos por porción:			
Calorías	255	Colesterol	40 mg
Grasa	4 g	Sodio	560 mg

Salteado Griego de Cordero con Mostaccioli

Rinde 8 porciones

- ½ paquete de pasta sin cocer
- 1 cucharada de aceite de oliva o aceite vegetal
- 1 pimiento morrón verde picado
- 1 cebolla mediana picada
- 1 berenjena mediana picada en cuadritos de 2.5 cm
- 2 dientes de ajo machacados
- 225 g de cordero deshuesado, en cuadros de 2 cm
- 2 tomates pelados, sin semilla y picados
- ¼ de cucharadita de nuez moscada molida
- ¼ de taza de queso parmesano rallado

Prepare la pasta de acuerdo con las instrucciones del paquete. En una sartén grande, caliente el aceite. Agregue el pimiento, las cebollas, la berenjena y el ajo; cueza hasta que las verduras estén listas. Añada el cordero y deje cocer hasta que esté suave. Incorpore los tomates y la nuez moscada. Mezcle la carne con la pasta cocida y el queso parmesano. Sirva inmediatamente.

Nutrimentos por porción:			
Calorías	205	Colesterol	29 mg
Grasa	5 g	Sodio	82 mg

Marinada de Res

Rinde de 4 a 6 porciones

- ½ taza de jugo de limón
- ¼ de taza de aceite vegetal
- 2 cucharaditas de consomé de res instantáneo
- 2 dientes de ajo finamente picados
- 1 cucharadita de jengibre en polvo
- 1 bistec (de 400 a 675 g)

En un refractario grande, mezcle el jugo de limón, el aceite, el consomé, el ajo y el jengibre; ponga el bistec. Tape y deje marinar en el refrigerador de 4 a 6 horas; voltéelo ocasionalmente. Retire la carne del líquido para marinar; caliente el líquido. Hornee o ase el bistec de 5 a 7 minutos de cada lado; báñelo con el líquido para marinar. Sirva inmediatamente. Refrigere el sobrante.

Nutrimentos por porción:			
Calorías	156	Colesterol	48 mg
Grasa	8 g	Sodio	345 mg

Conchas Rellenas

Rinde de 9 a 12 porciones

- **3 dientes de ajo frescos**
- **2 cucharadas de aceite de oliva**
- **340 g de ternera molida**
- **340 g de carne de cerdo molida**
- **285 g de espinaca picada, cocida**
- **1 taza de perejil finamente picado**
- **1 taza de pan molido**
- **2 huevos batidos**
- **3 dientes de ajo picados**
- **3 cucharadas de queso parmesano rallado**
  Sal (opcional)
- **1 paquete (360 g) de conchas de pasta cocidas**
- **3 cucharadas de salsa para espagueti**
  Calabacita en rebanadas, salteada (opcional)

Fría los dientes de ajo en una sartén grande a fuego medio hasta que el ajo esté dorado. Retire el ajo de la sartén. Agregue ambas carnes. Cueza hasta que estén ligeramente doradas; escurra la grasa.

Por separado, mezcle la espinaca, el perejil, el pan molido, los huevos, el ajo machacado y el queso en un recipiente grande. Sazone al gusto con sal. Añada la carne y mezcle bien. Llene las conchas con la mezcla de carne.

En una charola para hornear de 30×20 cm, engrasada, coloque de manera uniforme una taza de salsa para espagueti; Acomode las conchas. Vierta el resto de la salsa sobre ellas. Cubra con papel de aluminio. Hornee a 180 °C de 30 a 45 minutos. Sirva con las calabacitas; adorne a su gusto.

Nutrimentos por porción:			
Calorías	290	Colesterol	82 mg
Grasa	10 g	Sodio	428 mg

Conchas Rellenas

Cerdo con Canela y Piña

Cerdo con Canela y Piña

Rinde 4 porciones

450 g de filete de cerdo, cortado en 8 pedazos
¼ de cucharadita de sal
2 cucharadas de margarina
1 pimiento morrón rojo mediano, cortado en tiras
1 lata (225 g) de piña en almíbar en trozos
½ taza de vino blanco seco
1 cucharada de jengibre finamente picado
1 cucharada de chile jalapeño finamente picado*
⅛ a ¼ de cucharada de canela en polvo
1 cucharada de cilantro fresco picado

Sazone la carne con sal; presione cada trozo de carne para darle forma de medallón. Caliente 1 cucharada de margarina en una sartén grande a fuego medio. Fría la carne de 3 a 4 minutos de cada lado, o hasta que la carne esté suave. Coloque la carne en un platón; manténgala caliente.

Agregue otra cucharada de margarina y el pimiento en la misma sartén; cueza durante 3 minutos o hasta que el pimiento esté suave. Reduzca el fuego a bajo y agregue la piña con el almíbar, el vino, el jengibre, el chile jalapeño y la canela al gusto. Deje hervir hasta que el líquido se consuma. Ponga la mezcla de la piña sobre la carne. Agregue el cilantro. Adorne como desee.

*Los chiles pueden irritar la piel; use guantes de látex cuando trabaje con chiles y no se talle los ojos. Lávese las manos después de manejar chiles.

Nutrimentos por porción:			
Calorías	220	Colesterol	74 mg
Grasa	10 g	Sodio	260 mg

Res a la Barbecue

Rinde 4 porciones

1 cucharadita de aceite vegetal
½ taza de cebolla picada
⅓ de taza de pimiento morrón verde picado
⅓ de taza de zanahoria picada
450 g de carne de res, molida
⅔ de taza de salsa barbecue

En una sartén grande, acitrone la cebolla. Agregue la pimienta y las zanahorias; mueva hasta que se suavicen. Agregue la carne y cueza durante 6 minutos. Agregue la salsa y deje hervir por 5 minutos.

Nutrimentos por porción:			
Calorías	187	Colesterol	55 mg
Grasa	6 g	Sodio	587 mg

Pimientos Rellenos

Rinde 5 porciones

5 pimientos morrones verdes medianos
1 cucharada de aceite vegetal
½ taza de cebolla picada
2 cucharadas de apio picado
1 diente de ajo
225 g de carne de res, molida
1 taza de arroz cocido (sin sal ni grasa)
1 lata (225 g) de salsa de tomate
1 lata (75 g) de champiñones rebanados
1 cucharada de salsa inglesa
1½ cucharaditas de sazonador italiano
¼ de cucharadita de azúcar
⅛ de cucharadita de sal
⅛ de cucharadita de pimienta negra

1. Caliente el horno a 180 °C.

2. Desvene los chiles y quite las semillas. Hiérvalos durante 5 minutos. Escurra.

3. Caliente el aceite en una sartén grande a fuego medio. Agregue la cebolla, el apio y el ajo. Cueza y mueva hasta que estén listos. Ponga la carne. Dórela, moviendo ocasionalmente. Retire del fuego.

4. Incorpore el arroz, la salsa de tomate, los champiñones, la salsa inglesa y la pimienta negra. Rellene los pimientos.

5. Coloque los pimientos en un refractario. Agregue suficiente agua hirviente para cubrir el fondo del refractario.

6. Hornee a 180 °C de 30 a 40 minutos.

Nutrimentos por porción:			
Calorías	215	Colesterol	35 mg
Grasa	7 g	Sodio	470 mg

Fajitas de Res

Rinde 10 fajitas

½ **taza de concentrado de jugo de limón**
¼ **de taza de aceite vegetal**
2 **cucharaditas de consomé de res instantáneo**
2 **dientes de ajo finamente picados**
1 **trozo de carne (450 o 675 g)**
10 **tortillas de harina**
   Guarnición: Salsa picante, lechuga rallada,
      queso cheddar rallado, cebolla rebanada
      (opcional)

En un refractario grande, mezcle el limón, el aceite, el consomé y el ajo; agregue la carne. Tape y marine en el refrigerador de 6 a 12 horas. Saque la carne del jugo de la marinada; caliente el líquido. Hornee o ase la carne de 8 a 10 minutos o hasta obtener el término deseado. Rebane la carne diagonalmente, en tiras, y colóquelas sobre las tortillas. Ponga una o más de las guarniciones; enrolle las tortillas y sirva inmediatamente.

Nutrimentos por porción (1 fajita):

Calorías	187	Colesterol	29 mg
Grasa	7 g	Sodio	115 mg

Fajitas de Res

Guisado Estilo Suroeste

Rinde 5 porciones

450 **g de filete de cerdo**
   2 **cucharadas de jerez seco**
   2 **cucharadas de fécula de maíz**
   1 **cucharadita de comino en polvo**
   1 **diente de ajo finamente picado**
½ **cucharadita de sal sazonada**
   1 **cucharada de aceite vegetal**
   1 **cebolla mediana finamente picada**
   1 **pimiento morrón verde mediano, cortado en**
      tiras
12 **tomates cherry**
   Tortillas de harina y salsa picante

Corte el filete en cuartos. Corte cada cuarto en rebanadas de 1 cm de ancho. Mezcle el jerez, la fécula de maíz, el comino, el ajo y la sal en un recipiente mediano. Agregue la carne y revuelva.

En una sartén grande, caliente el aceite. Ponga la carne y fría de 3 a 4 minutos. Añada la cebolla, el pimiento y los tomates. Reduzca el fuego, tape y deje hervir de 3 a 4 minutos. Sirva caliente con las tortillas y la salsa.

Nutrimentos por porción:

Calorías	180	Colesterol	41 mg
Grasa	9 g	Sodio	255 mg

Emparedados Hoagie

Rinde 8 porciones

3 **cucharadas de mayonesa baja en grasa**
1 **cucharada de cebolla finamente picada**
¼ **de cucharadita de chile piquín en polvo**
1 **barra de pan francés (de unos 20 cm)**
   Hojas de espinaca
180 **g de jamón**
   60 **g de queso suizo**
180 **g de jamón de pavo**
   1 **tomate mediano rebanado**

Mezcle la mayonesa, la cebolla y el chile en un recipiente pequeño. Corte el pan por la mitad. Unte la mayonesa en el pan. Ponga sobre una mitad las hojas de espinaca, el jamón, el queso, el pavo y el tomate. Coloque la otra parte del pan y corte porciones de aproximadamente 2 cm de ancho.

Nutrimentos por porción:

Calorías	173	Colesterol	28 mg
Grasa	6 g	Sodio	654 mg

Pimientos Orientales

Rinde 6 porciones

225 g de carne de res, molida
  2 tazas de verduras orientales mixtas
    congeladas
  1 taza de arroz cocido
  1 frasco (360 g) de aderezo para carne
  2 cucharadas de salsa de soya
  ½ cucharadita de jengibre en polvo
  ⅛ de cucharadita de pimienta negra
  3 pimientos medianos (rojos, amarillos o
    verdes) abiertos por la mitad y sin semillas

Dore la carne en una sartén grande. Agregue las
verduras y el arroz. En un recipiente pequeño mezcle
el aderezo para carne, la salsa de soya, el jengibre y la
pimienta negra. Reserve ½ taza. Añada el resto de
esta mezcla a la carne. Coloque los pimientos en un
refractario ligeramente engrasado. Rellene los
pimientos con la carne. Báñelos con la salsa que
reservó. Hornee a 180 °C de 35 a 45 minutos.

Nutrimentos por porción:

Calorías	217	Colesterol	33 mg
Grasa	8 g	Sodio	575 mg

Cerdo con Tres Cebollas

Rinde 4 porciones

  ⅓ de taza de salsa teriyaki
  2 dientes de ajo picados
330 g de filete de cerdo
  2 cucharadas de aceite vegetal
  1 cebolla roja pequeña cortada en rodajas
  1 cebolla amarilla pequeña cortada en rodajas
  1 cucharadita de azúcar
  1 cucharadita de fécula de maíz
  2 cebollines cortados en pedazos de 2.5 cm

Mezcle la salsa teriyaki y el ajo en un refractario
pequeño. Corte el cerdo a lo largo, en rebanadas de
1 cm; corte cada rebanada por la mitad. Revuelva con
la salsa teriyaki. Marine a temperatura ambiente
durante 10 minutos.

Caliente una sartén grande a fuego medio-alto y
agregue una cucharada de aceite. Escurra la carne y
guarde la marinada. Fría el cerdo durante 3 minutos o
hasta que esté listo. Retire del fuego.

Cerdo con Tres Cebollas

Caliente una cucharada de aceite en una sartén; añada
la cebolla roja y la amarilla. Reduzca el fuego y cueza
de 4 a 5 minutos, moviendo ocasionalmente.
Espolvoree el azúcar y cueza por 1 minuto más.

Combine la marinada restante con la fécula de maíz
en una taza. Vierta la mezcla en la sartén. Deje que la
salsa hierva y se espese.

Regrese la carne a la sartén. Ponga el cebollín y sirva.

Nutrimentos por porción:

Calorías	217	Colesterol	61 mg
Grasa	10 g	Sodio	958 mg

Filete Relleno de Puré de Manzana

Rinde 8 porciones

2 filetes de lomo de cerdo (cada uno de 450 g)
¼ de taza de vermut seco o jugo de manzana
   Antiadherente en aerosol
⅔ de taza de puré de manzana con trocitos
¼ de taza de cacahuates tostados, finamente
   picados
¼ de cucharadita de sal
¼ de cucharadita de semillas de hinojo molidas
⅛ de cucharadita de pimienta negra

Con un cuchillo filoso, haga un corte en el centro de los filetes para formar una "bolsa" en cada uno de ellos. Coloque la carne en un refractario. Vierta el vermut dentro de las bolsas y sobre la carne; cubra el refractario. Marine durante 1 hora a temperatura ambiente.

Caliente el horno a 180 °C. Rocíe con antiadherente un molde de 33×23 cm. En un recipiente pequeño, mezcle el puré, los cacahuates, la sal, el hinojo y la pimienta. Incorpore esta mezcla dentro de las bolsas del filete. Asegure las bolsas con palillos. Ponga los filetes en el molde. Hornee a 180 °C durante 30 minutos. Deje reposar de 5 a 10 minutos. Quite los palillos y rebane. Adorne al gusto.

Nutrimentos por porción:

Calorías	179	Colesterol	79 mg
Grasa	6 g	Sodio	131 mg

Guisado North Beach

Rinde de 6 a 8 porciones

225 g de salchicha picada
225 g de pavo molido
  1 cebolla picada
  1 diente de ajo machacado
  1 cucharadita de comino en polvo
  1 cucharadita de orégano molido
  ⅛ a ¼ de cucharadita de pimienta roja molida
  2 tazas de agua
285 g de espinaca picada
200 g de arroz salvaje con arroz de grano largo
  1 taza de dátiles picados

En una sartén antiadherente, fría la salchicha, el pavo, la cebolla y el ajo a fuego medio-alto, hasta que la cebolla esté suave. Agregue el comino, el orégano y la pimienta roja. Añada el agua, la espinaca y el arroz. Deje hervir. Reduzca el fuego y tape; deje hervir durante 5 minutos. Ponga los dátiles.

Tiempo de preparación: 5 minutos
Tiempo de cocción: 10 minutos

Nutrimentos por porción:

Calorías	260	Colesterol	26 mg
Grasa	9 g	Sodio	587 mg

Frijol Negro y Arroz con Salchichas al Curry

Rinde 10 porciones

  1 cucharada de aceite de oliva
  1 cebolla mediana picada
  1 cucharada de curry en polvo
225 g de salchicha de pavo ahumada, en
    rebanadas delgadas
  ¾ de taza de consomé de pollo
  2 latas (450 g) de frijoles negros (judías),
    escurridos
  1 cucharada de vinagre de vino blanco
    (opcional)
  3 tazas de arroz cocido

Acitrone la cebolla en una sartén grande; agregue el curry. Añada la salchicha y el consomé; deje hervir durante 5 minutos. Ponga los frijoles, moviendo constantemente. Retire del fuego e incorpore el vinagre. Sirva sobre el arroz.

En horno de microondas: Combine el aceite, la cebolla y el curry en un recipiente para microondas. Cueza a temperatura ALTA (100 %) durante 2 minutos. Agregue la salchicha, el consomé y los frijoles; tape y cueza de 5 a 6 minutos más; revuelva después de 3 minutos. Sirva sobre el arroz.

Nutrimentos por porción:

Calorías	267	Colesterol	16 mg
Grasa	5 g	Sodio	481 mg

Filete Relleno de Puré de Manzana

Pizza Rápida

de pizza sobre la base. Añada la mezcla de verduras. Espolvoree el queso parmesano y la albahaca fresca, si lo desea, así como la carne y el queso mozzarella. Hornee de 8 a 10 minutos. Deje enfriar por 5 minutos. Corte en triángulos para servir.

Tiempo de preparación: 15 minutos
Tiempo de cocción: de 8 a 10 minutos

En horno de microondas: Prepare la carne como se indica, sin agregar el aceite. Coloque en un recipiente y cueza por 3 minutos a temperatura ALTA (100 %), revolviendo varias veces. Agregue el pimiento y los tomates; cueza durante 2 minutos más. Escurra. Prepare la pizza como se indica en la receta.

Nutrimentos por porción:			
Calorías	245	Colesterol	32 mg
Grasa	9 g	Sodio	340 mg

Salteado de Res con Nectarina

Rinde 3 porciones.

225 g de sirloin (solomillo) en bisteces delgados
 Pimienta negra
 Harina de trigo
2 cucharadas de salsa de soya
1 cucharada de miel
1 cucharadita de aceite vegetal
1 cebolla morada cortada por la mitad y en rebanadas de 1 cm
1 diente de ajo finamente picado
2 nectarinas frescas en rebanadas
 Pizca de pimienta roja molida

Sazone las tiras de carne con pimienta negra. Revuelque la carne en un poco de harina. Mezcle la salsa de soya y la miel en una taza. Caliente el aceite en una sartén grande a fuego medio-alto. Agregue la cebolla y cuézala hasta que esté lista. Añada el ajo y la carne, y cuézala hasta que dore. Ponga las nectarinas, la mezcla de salsa de soya y la pimienta roja. Moviendo constantemente, cueza durante 1 minuto o hasta que el líquido obtenga una consistencia de glaseado.

Nutrimentos por porción:			
Calorías	260	Colesterol	70 mg
Grasa	8 g	Sodio	406 mg

Pizza Rápida

Rinde de 6 a 8 porciones

190 g de carne de cordero molida
½ cucharadita de sal de cebolla
½ cucharadita de semilla de hinojo
¼ de cucharadita de orégano molido
¼ de cucharadita de albahaca seca en polvo
⅛ de cucharadita de pimienta roja molida
2 cucharaditas de aceite de oliva
½ taza de pimiento morrón verde picado
½ taza de tomate italiano
1 base para pizza de 25 cm
½ taza de salsa para pizza
1 cucharada de queso parmesano rallado
¼ de taza de hojas de albahaca fresca (opcional)
½ taza de queso mozzarela rallado

Caliente el horno a 200 °C. Mezcle el cordero, la sal de cebolla, el hinojo, el orégano, la albahaca y la pimienta en un recipiente pequeño.

Caliente el aceite en una sartén de 25 cm; agregue la carne. Dore la carne, separándola con una cuchara. Escurra sobre papel. Cueza el pimiento en la misma sartén, moviendo ocasionalmente. Ponga los tomates, moviendo durante 1 minuto más. Coloque la base para pizza en una charola para hornear; unte la salsa

Alambres de Cerdo Margarita

Rinde 4 porciones

1 taza de margarita preparada o 1 taza de jugo
   de lima, 4 cucharadas de azúcar y
   ½ cucharadita de sal
1 cucharadita de cilantro deshidratado
1 diente de ajo machacado
450 g de carne de cerdo cortada en cuadros de
   2.5 cm
2 cucharadas de mantequilla suavizada
1 cucharada de perejil picado
2 cucharaditas de jugo de lima
⅛ de cucharadita de azúcar
2 elotes cortados en ocho trozos
1 pimiento morrón rojo o verde, en cuadros de
   2.5 cm

Para preparar la marinada, combine la margarita, el
cilantro y el ajo en un recipiente pequeño. Coloque la
carne en una bolsa gruesa de plástico y vierta la
marinada en la bolsa. Marine durante 30 minutos.*
En otro recipiente pequeño, mezcle la mantequilla, el
perejil, el jugo de lima y el azúcar. De manera
alternada, coloque en el alambre la carne, el elote y el
pimiento. Áselo sobre carbón muy caliente, de 15 a
20 minutos, bañando con la mezcla de mantequilla y
volteándolo con frecuencia.

Tiempo de preparación: 20 minutos
Tiempo de cocción: 20 minutos

Si va a marinar por la noche, meta la bolsa al refrigerador.

Nutrimentos por porción:			
Calorías	266	Colesterol	82 g
Grasa	10 g	Sodio	381 mg

Carne con Chile

Rinde 8 porciones

1 cucharada de aceite vegetal
1 taza de cebolla picada
1 taza de pimiento morrón verde picado
450 g de carne de res, molida
900 g de tomates cocidos, en trocitos
1 lata (225 g) de salsa de tomate
1 cucharada de chile piquín en polvo
1 cucharadita de sal
¼ de cucharadita de pimienta negra
   Salsa picante (opcional)
850 g de frijol (judías) cocido

1. Caliente el aceite en una sartén grande a fuego
medio. Agregue la cebolla y el pimiento. Cueza hasta
que obtenga una consistencia suave. Ponga la carne y
dórela, moviendo ocasionalmente. Incorpore los
tomates, la salsa de tomate, el chile piquín, la sal, la
pimienta negra y la salsa picante (si lo desea). Deje
hervir. Reduzca el fuego y deje hervir durante
45 minutos; mueva ocasionalmente.

2. Agregue los frijoles. Deje que se caliente.

Nutrimentos por porción:			
Calorías	185	Colesterol	35 mg
Grasa	5 g	Sodio	505 mg

Bisteces con Naranja y Pimienta

Rinde 4 porciones

2 cucharaditas de pimienta negra molida
4 bisteces de filete de res, en trozos de 2.5 cm
½ taza de mermelada de naranja
4 cucharaditas de vinagre de manzana
½ cucharadita de jengibre molido

Caliente el horno. Sazone los bisteces con pimienta,
por ambos lados. Colóquelos en una parrilla a una
distancia de 5 a 8 centímetros de la fuente de calor.
Mezcle la mermelada, el vinagre y el jengibre en un
recipiente pequeño. Barnice la parte superior de los
bisteces con ½ de la mezcla de mermelada. Ase los
bisteces de 10 a 15 minutos, según el término
deseado; voltéelos una sola vez y báñelos con el resto
de la mermelada.

Sugerencia para servir: Sirva con papas al vapor,
espárragos y zanahorias baby.

Nutrimentos por porción:			
Calorías	286	Colesterol	71 mg
Grasa	9 g	Sodio	60 mg

Bisteces con Naranja y Pimienta

Alambre de Res con Pimienta

Alambre de Res con Pimienta

Rinde 4 porciones

450 g de carne de res, cortada en trozos de 2.5 cm
1½ cucharadita de pimienta negra molida
½ cucharadita de sal y de pimentón
1 diente de ajo machacado
1 cebolla mediana cortada en 12 trozos
Tomates cherry en mitades (opcional)

Caliente el horno. Mezcle la pimienta, la sal, el pimentón y el ajo en un recipiente pequeño. Agregue la carne y mezcle. De manera alternada, coloque los pedazos de carne y la cebolla. Coloque el alambre sobre la parrilla y ase de 9 a 12 minutos, de acuerdo con el término deseado. Adorne con los tomates si lo desea.

Sugerencia para servir: Sirva con granos de elote y chícharos (guisantes).

Nutrimentos por porción:			
Calorías	177	Colesterol	76 mg
Grasa	6 g	Sodio	331 mg

Cerdo Agridulce

Rinde 6 porciones

1 toronja
600 g de lomo de cerdo
⅓ de taza de jugo de toronja
2 cucharadas de salsa de soya
1 diente de ajo machacado
2 cucharaditas de azúcar morena
2 cucharadas de fécula de maíz
1 cucharada de aceite vegetal
2 cucharaditas de jengibre finamente picado
8 cebollines cortados en trozos de 5 cm
1 pimiento morrón rojo mediano, cortado en cuadritos de 2.5 cm
¼ de taza de salsa catsup
⅓ de taza de consomé de pollo

Pele la toronja y córtela en gajos. Utilice únicamente la pulpa.

Corte el cerdo en cuadros de 2.5 cm. Mezcle el jugo de toronja, la salsa de soya, el ajo y una cucharadita de azúcar morena en un recipiente mediano. Agregue la carne y revuelva bien. Tape y deje marinar durante 30 minutos. Saque el cerdo de la marinada y guárdela. Coloque la fécula de maíz en un recipiente y añada el cerdo; cúbralo con la mezcla.

En una sartén grande, a fuego alto, caliente el aceite y ponga el cerdo; fríalo por completo. Saque la carne y colóquela en un platón. Fría la cebolla y la pimienta en la misma sartén. Incorpore la salsa catsup, el consomé de pollo, una cucharadita de azúcar morena y la marinada que reservó. Deje hervir a fuego alto. Agregue la carne y la pulpa de la toronja. Cueza de 1 a 2 minutos hasta que la carne esté lista y la salsa haya espesado. Sirva inmediatamente.

Sugerencia: El Cerdo Agridulce es un alimento rico en sabor. Incluyendo los 30 minutos del tiempo de marinado (los ácidos de la toronja actúan como un suavizador de carne), el tiempo total de preparación es de menos de 45 minutos. Mientras la carne se marina, puede decorar la mesa o preparar un platillo que la acompañe.

Nutrimentos por porción:			
Calorías	207	Colesterol	75 mg
Grasa	6 g	Sodio	351 mg

Pimientos Rellenos de Arroz

Rinde 8 porciones

4 pimientos morrones verdes
450 g de carne de res, molida
2 tazas de arroz integral cocido
1 taza de queso mozzarella rallado
1 cebolla mediana picada
½ taza de frutas secas picadas
½ a 1 cucharadita de pimienta negra
1 cucharadita de canela en polvo
½ cucharadita de sal

Caliente el horno a 180 °C. Corte el pimiento en mitades, desvénelo y quite las semillas. Mezcle los demás ingredientes en un recipiente grande. Rellene los pimientos con la mezcla de arroz. Coloque los pimientos en una charola y cúbrala con papel de aluminio. Hornee durante 30 minutos. Destape y hornee 10 minutos más.

Nutrimentos por porción:			
Calorías	205	Colesterol	39 mg
Grasa	8 g	Sodio	202 mg

Cerdo con Alcachofas y Alcaparras

Rinde 4 porciones

450 g de lomo de cerdo cortado en 8 trozos
2 cucharadas de margarina
1 chalote pequeño finamente picado
1 cucharada de alcaparras sin salmuera
¼ de taza de consomé de pollo
1 cucharadita de mostaza Dijon
1 taza de corazones de alcachofa, escurridos y partidos por la mitad
Rebanadas de limón fresco (opcional)
Perejil picado fresco (opcional)

Presione la carne para formar medallones de 2 cm de grosor. En una sartén grande, caliente la mantequilla y agregue la carne; fríala de 3 a 4 minutos de cada lado o hasta que el cerdo esté listo. Coloque la carne en un platón y manténgala caliente. Reduzca el fuego y añada las alcachofas y las alcaparras. Cueza de 1 a 2 minutos moviendo con frecuencia. Incorpore el consomé de pollo y la mostaza. Vierta esta mezcla sobre la carne. Si lo desea, adorne con las rebanadas de limón y espolvoree perejil picado.

Nutrimentos por porción:

Calorías	207	Colesterol	94 mg
Grasa	10 g	Sodio	537 mg

Carne de Res a la Naranja

Rinde 6 porciones

2 naranjas en gajos
600 g de tapa de res
½ taza de jugo de naranja
2 cucharadas de salsa de soya
1 cucharada más 1 cucharadita de fécula de maíz
2 cucharaditas de azúcar morena
½ taza de consomé de pollo
1 cucharada de aceite de ajonjolí
1 cucharadita de jengibre finamente picado
1 diente de ajo picado
4 tazas de floretes de brócoli
4 cebollas de cambray, cortadas en pedazos de 5 cm
225 g de castañas de agua, rebanadas
3 cucharadas de cilantro picado
Cáscara de naranja en tiras

Corte la carne a lo largo, en tiras de 5 cm, y luego a lo ancho, en rebanadas de 1 cm. Mezcle la mitad de la carne, 2 cucharadas de jugo de naranja, la salsa de soya, 1 cucharada de fécula de maíz y 1 cucharadita de azúcar morena.

En un recipiente pequeño, combine el consomé de pollo, 6 cucharadas de jugo de naranja, 1 cucharadita de fécula de maíz y 1 cucharadita de azúcar morena. Caliente el aceite en una sartén grande, a fuego medio-alto. Añada la carne que reservó; fría de 3 a 4 minutos. Retire de la sartén. Ponga el jengibre, el ajo, la cáscara de naranja, el brócoli, las cebollas, las castañas y el consomé de pollo. Fría de 2 a 3 minutos hasta que las verduras se suavicen. Agregue el cilantro y toda la carne (con sus jugos); cueza hasta que la salsa haya espesado. Incorpore los gajos de naranja. Sirva inmediatamente.

Sugerencia: La Carne de Res a la Naranja es un platillo ligero y sabroso que está listo en sólo 30 minutos; es ideal para una cena.

Nutrimentos por porción:

Calorías	252	Colesterol	66 mg
Grasa	7 g	Sodio	248 mg

Espagueti con Albóndigas a la Italiana

Rinde 6 porciones

450 g de carne de res, molida
½ taza de pan molido
1 cucharada de cebolla finamente picada
2 cucharadas de queso parmesano rallado
½ cucharadita de sazonador italiano
½ cucharadita de sal
⅛ de cucharadita de pimienta negra molida
2 claras de huevo o 1 huevo ligeramente batido
730 g de salsa para espagueti

Mezcle la carne, el pan molido, la cebolla, el queso, el sazonador, la pimienta y las claras de huevo en un recipiente grande. Haga las albóndigas (de unos 3 cm de diámetro cada una). Caliente la salsa para espagueti en una sartén grande a fuego medio. Ponga las albóndigas en la salsa, tape y deje hervir durante 20 minutos o hasta que estén cocidas.

Nutrimentos por porción:

Calorías	144	Colesterol	38 mg
Grasa	4 g	Sodio	623 mg

Cerdo con Alcachofas y Alcaparras

Cerdo en Salsa de Mostaza y Uvas

Rinde 2 porciones

1 taza de uvas sin semilla, partidas por la mitad (rojas, verdes o combinadas)
180 g de lomo de cerdo, cortado en rebanadas de 1 cm
1 cucharada de harina de trigo
2 cucharaditas de aceite de oliva
¼ de taza de cebolla, en rebanadas delgadas
1 taza de consomé de pollo
1 cucharada de vinagre de vino blanco
1 cucharada de azúcar morena
1 cucharada de mostaza
1 cucharadita de semillas de mostaza
2 ramitas de berro (opcional)

Enharine la carne. Caliente 1 cucharadita de aceite en una sartén grande a fuego medio. Agregue el cerdo; cueza durante unos 5 minutos; deje que se dore por ambos lados. Retire del fuego. Caliente otra cucharadita de aceite en la misma sartén y acitrone la cebolla. Agregue ½ taza de uvas, el consomé de pollo, el vinagre, el azúcar morena, la mostaza y las semillas de mostaza. Deje que hierva hasta que se evapore la mitad del líquido, moviendo ocasionalmente. Incorpore la carne con sus jugos y el resto de las uvas a la sartén. Caliente bien. Adorne con los berros si lo desea.

Nutrimentos por porción:

Calorías	292	Colesterol	79 mg
Grasa	8 g	Sodio	251 mg

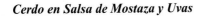

Cerdo en Salsa de Mostaza y Uvas

Alambres de Cordero y Manzana

Rinde 6 porciones

750 g de pierna de cordero, cortada en cuadros de 3 cm.
1 taza de jugo de manzana o sidra
2 cucharadas de salsa inglesa
2 dientes de ajo rebanados
½ cucharadita de pimienta con limón
1 manzana grande cortada en 12 trozos
    Verduras surtidas, como 1 pimiento morrón verde o rojo, 1 cebolla o 1 calabacita, cortadas en trozos
    Salsa Barbecue de Manzana (receta más adelante)

Mezcle el jugo de manzana, la salsa inglesa, el ajo y la pimienta en una bolsa de plástico o en un recipiente no metálico. Agregue la carne y revuelva bien. Para marinar, coloque en el refrigerador de 2 a 24 horas.

Saque la carne de la marinada y colóquela en los alambres, alternando con los trozos de manzana y las verduras.

Coloque los alambres a 10 cm del carbón. Cueza de 10 a 12 minutos, dependiendo del término que desee; voltee ocasionalmente y barnícelos con la Salsa Barbecue de Manzana.

Tiempo de preparación: 20 minutos
Tiempo de cocción: 15 minutos

Salsa Barbecue de Manzana

½ taza de jugo de manzana o sidra
½ taza de cebolla finamente picada
1 taza de salsa picante
½ taza de puré de manzana sin endulzar
2 cucharadas de azúcar morena
1 cucharada de salsa inglesa
1 cucharadita de mostaza seca
5 gotas de salsa de pimienta

Mezcle el jugo de manzana y la cebolla en una sartén y deje hervir. Reduzca el fuego y deje hervir durante 2 minutos. Agregue la salsa picante, el puré de manzana, el azúcar morena, la salsa inglesa, la mostaza y la salsa de pimienta. Deje hervir por 10 minutos; mueva ocasionalmente. Retire del fuego.

Nutrimentos por porción:

Calorías	288	Colesterol	76 mg
Grasa	7 g	Sodio	727 mg

Carne de Res con Salsa Blanca a la Pimienta

Carne de Res con Salsa Blanca a la Pimienta

Rinde 4 porciones

4 medallones de res, de 2.5 cm de grosor
1½ cucharaditas de fécula de maíz
1 taza de consomé de res
⅛ de cucharadita de tomillo molido
1 hoja pequeña de laurel
2 cucharadas de vino tinto seco
⅛ de cucharadita de pimienta negra molida

En una sartén grande, a fuego medio, cueza la carne de 8 a 10 minutos, dependiendo del término que desee. Mientras tanto, disuelva la fécula de maíz en el consomé, en una sartén pequeña. Hierva durante 1 minuto o hasta que haya espesado ligeramente. Agregue el tomillo y la hoja de laurel. Baje el fuego y deje hervir durante 5 minutos más, o hasta que la mezcla se reduzca a ½ taza. Agregue el vino y la pimienta; cueza durante 3 minutos. Retire la hoja de laurel y vierta la salsa sobre la carne.

Sugerencia para servir: Sirva con papas al vapor, cebolla, col y ensalada de zanahoria.

Nutrimentos por porción:			
Calorías	170	Colesterol	64 mg
Grasa	5 g	Sodio	264 mg

Pecho de Cordero Relleno de Champiñones

Pecho de Cordero Relleno de Champiñones

Rinde de 8 a 10 porciones

4 cucharaditas de aceite de oliva
1½ tazas de champiñones picados
½ taza de pimiento morrón rojo finamente
  picado
2 dientes de ajo picados
½ cucharadita de romero seco molido
1.125 a 1.350 kg de pecho de cordero, deshuesado
½ cucharadita de sal
⅓ de taza de agua y de marsala (vino blanco
  aromático)

Caliente 2 cucharaditas de aceite en una sartén a fuego medio. Agregue los champiñones, el pimiento y el ajo; cueza durante 5 minutos o hasta que los champiñones se hayan suavizado. Añada el romero. Retire del fuego y deje enfriar. Desenrolle la carne y quite el exceso de grasa; espolvoréela uniformemente con sal. Extienda la mezcla de champiñones sobre la carne. Enróllela y átela con un hilo. Caliente 2 cucharaditas de aceite a fuego medio. Dore la carne completamente. Agregue el agua y el marsala. Tape y deje hervir a fuego bajo durante 1½ horas, aproximadamente. Coloque la carne en un platón y manténgala caliente. Corte la carne en rebanadas; quite el hilo.

Nota: Un pecho de ternera deshuesado y cocido rendirá 3½ porciones (de 90 g cada una) ya preparadas, por cada 450 g de carne.

Tiempo de preparación: 20 minutos
Tiempo de cocción: De 1 hora 45 minutos a 2 horas

Nutrimentos por porción:			
Calorías	194	Colesterol	100 mg
Grasa	7 g	Sodio	188 mg

Chuletas de Cerdo a la Mostaza

Rinde 4 porciones

2 cucharadas de mostaza Dijon
4 chuletas de cerdo, de 1 cm de grosor (unos
  560 g)
¼ de taza de pan molido
2 cucharadas de harina de maíz
1 cucharada de harina de trigo entero
⅓ de taza de yogur bajo en grasa
1 cucharada de chutney (condimento hindú)

Caliente el horno a 180 °C. Unte la mostaza en las chuletas. Mezcle el pan molido, la pimienta y las harinas en un recipiente mediano. Empanice las chuletas. Acomódelas en un refractario de 23×23 cm.

Hornee de 30 a 40 minutos o hasta que las chuletas se hayan dorado. Para servir, mezcle el yogur y el chutney. Vierta la salsa sobre las chuletas.

Nutrimentos por porción:			
Calorías	230	Colesterol	50 mg
Grasa	10 g	Sodio	321 mg

Cerdo Picosito con Verduras

Rinde 4 porciones, unas 4 tazas

450 g de lomo de cerdo*
½ taza de salsa picante
2 cucharaditas de salsa de soya
⅛ de cucharadita de pimienta roja molida
1½ cucharaditas de fécula de maíz
1 taza de zanahorias en tiras (unas
  2 zanahorias medianas)
1 diente de ajo picado
2 cucharadas de aceite vegetal
2 calabacitas pequeñas cortadas por la mitad y
  en rebanadas de 1 cm
8 a 10 cebollas cortadas en trozos de 2.5 cm

Corte la carne en tiras. Mezcle la salsa picante, la de soya y la pimienta roja; agregue la fécula de maíz. En una sartén caliente, fría las zanahorias y el ajo con 1 cucharada de aceite durante 1 minuto. Añada las calabacitas y las cebollas. Fría por 1 minuto más o hasta que las verduras estén listas; retire del fuego. Fría la carne en 2 partes en 1 cucharada de aceite durante 1 o 2 minutos. Retire del fuego. Incorpore las verduras y el cerdo; vierta la salsa picante y deje hervir hasta que espese.

Puede sustituirlo por 450 g de pechuga de pollo deshuesada y sin piel, cortada en trozos de 2.5 cm.

Nutrimentos por porción:			
Calorías	258	Colesterol	72 mg
Grasa	10 g	Sodio	635 mg

Filetes de Cerdo Nueva Inglaterra

Filetes de Cerdo Nueva Inglaterra

Rinde 4 porciones

¼ de taza de gelatina de manzana
2 cucharadas de jugo de limón
½ cucharadita de especias para pay
    Antiadherente en aerosol
450 g de filetes de cerdo
2 manzanas rojas sin pelar, descorazonadas, en rebanadas delgadas

Caliente el horno a 180 °C. Mezcle la gelatina de manzana, el jugo de limón y las especias en un recipiente pequeño. Rocíe la parrilla con antiadherente y colóquela dentro de una charola. Ponga la carne sobre la parrilla y barnícela con la mitad de la mezcla de manzana. Hornee de 20 a 30 minutos hasta que el termómetro para carne marque 75 °C; deje reposar de 5 a 10 minutos.

Coloque las rebanadas de manzana en una charola; barnícelas con la otra parte de la mezcla de manzana. Hornee durante 5 minutos o hasta que la manzana esté suave. Corte la carne y sirva las rebanadas de manzana.

Nutrimentos por porción:			
Calorías	237	Colesterol	79 mg
Grasa	4 g	Sodio	57 mg

Espagueti con Salsa de Carne

Rinde 8 porciones

450 g de carne de res, molida
2 cucharadas de aceite vegetal
½ taza de zanahoria picada
½ taza de apio picado
⅓ de taza de cebolla picada
2 dientes de ajo machacados
435 g de tomates rojos estofados
1 lata (300 g) de sopa de tomate condensada
1 lata (180 g) de puré de tomate
2 cucharaditas de azúcar
1½ cucharadita de sazonador de hierbas italiano
1 cucharadita de albahaca seca
¼ de cucharadita de sal
¼ de cucharadita de pimienta roja molida
1 hoja de laurel
450 g de espagueti, cocido (sin sal ni grasa) y escurrido

1. Caliente una sartén grande a fuego medio. Agregue la carne. Cueza y mueva ocasionalmente. Retire la carne de la sartén. Escurra y limpie la sartén.

2. Caliente el aceite en la misma sartén a fuego medio. Añada la zanahoria, el apio, la cebolla y el ajo. Fría hasta que la zanahoria esté suave.

3. Incorpore la carne, los tomates, la sopa de tomate, el puré de tomate, el azúcar, el sazonador italiano, la albahaca, la sal, la pimienta roja y la hoja de laurel. Mezcle bien. Parta los tomates. Deje hervir y reduzca el fuego a bajo. Tape y deje hervir durante 45 minutos, moviendo ocasionalmente. Quite la hoja de laurel. Sirva sobre el espagueti caliente.

En horno de microondas: 1. Combine el aceite, la zanahoria, el apio, la cebolla y el ajo en un recipiente grande. Cubra con plástico. Haga una perforación para que haya ventilación. Hornee durante 4 minutos; revuelva después de 2 minutos. Incorpore la carne. Tape. Hornee por 4 minutos; revuelva después de 2 minutos. Use un cuchillo para cortar la carne en trozos. Escurra.

2. Después del paso 3, agregue los demás ingredientes. Tape. Hornee por 8 minutos; revuelva cada 2 minutos.

Nutrimentos por porción:			
Calorías	285	Colesterol	45 mg
Grasa	9 g	Sodio	400 mg

Res y Elote con Chile

Rinde 4 porciones

4½ cucharaditas de Sazonador de Especias
(receta más adelante)
2 cucharaditas de aceite vegetal
450 g de carne de res, molida
1 cebolla mediana picada
800 g de tomates rojos cocidos (con líquido)
2 tazas de granos de elote congelados*

Prepare el Sazonador de Especias. Caliente el aceite en una sartén a fuego medio durante 5 minutos. Mientras tanto, corte a lo largo cada pedazo de carne, en tiras de 2.5 cm. Espolvoree la carne con 2 cucharaditas de sazonador. Agregue la carne y la cebolla; fría de 2 a 3 minutos. Sazone con sal si lo desea. Ponga los tomates (macháquelos con la parte posterior de una cuchara), el elote y 2 ½ cucharaditas del sazonador. Deje hervir, reduzca el fuego a medio-bajo, deje hervir, sin tapar, de 18 a 20 minutos.

El elote puede sustituirse por 450 g de frijol negro (judías) cocido o 2 tazas de papas (patatas) cocidas, cortadas en cubos.

Sazonador de Especias

3 cucharadas de chile piquín
2 cucharaditas de cilantro y de comino
1½ cucharaditas de ajo en polvo
¾ de cucharadita de orégano molido
½ cucharadita de pimienta roja molida

Mezcle todos los ingredientes. Guarde en un recipiente bien tapado. Antes de usar, agite para mezclar bien. Rinde aproximadamente ⅓ de taza.

Nutrimentos por porción:			
Calorías	290	Colesterol	65 mg
Grasa	8 g	Sodio	402 mg

Res y Elote con Chile

Albóndigas Escandinavas

Albóndigas Escandinavas

Rinde 6 porciones

1½ tazas de yogur natural bajo en grasa
½ taza de pan molido
450 g de carne de res, molida
1 huevo
¼ de taza de cebolla finamente picada
¼ de cucharadita de sal (opcional)
2 cucharadas de harina de trigo
3.5 g de consomé de res instantáneo
1 cucharadita de salsa inglesa
Perejil fresco picado (opcional)

En una sartén grande, mezcle ½ taza de yogur y el pan molido; deje reposar durante 5 minutos. Agregue la carne molida, el huevo, la cebolla y la sal. Combine bien y haga las albóndigas. Rocíe la sartén con antiadherente en aerosol. Cueza las albóndigas a fuego medio hasta que estén doradas. Escurra.

En un recipiente pequeño, revuelva 1 taza de yogur, la harina, el consomé de carne y la salsa inglesa hasta obtener una consistencia suave. Añada a la sartén. Cueza a fuego medio, moviendo constantemente, hasta que espese. No deje hervir. Reduzca el fuego a bajo. Ponga las albóndigas y la salsa. Si lo desea, adorne con perejil.

Nutrimentos por porción:			
Calorías	190	Colesterol	100 mg
Grasa	7 g	Sodio	230 mg

Filetes de Cerdo al Curry

Rinde 4 porciones

2 cucharadas de aceite vegetal
¼ de taza de cebolla finamente picada
¼ de taza de apio finamente picado
1 diente de ajo picado
1 cucharada de curry en polvo
1 cucharada de perejil fresco picado
1 cucharada de ralladura de cáscara de limón
⅓ de taza de jugo de limón
2 cucharadas de miel
2 gotas de salsa picante
1 hoja de laurel
1 lomo de cerdo entero (unos 450 g)

Caliente el aceite en una sartén pequeña a fuego medio. Agregue la cebolla, el apio y el ajo. Cueza durante 1 minuto o hasta que las verduras estén listas. Añada los demás ingredientes, excepto la carne. Deje hervir sin tapar, de 3 a 4 minutos. Refrigere.

Coloque el lomo en una bolsa de plástico o en un refractario. Vierta la mezcla sobre la carne. Selle la bolsa o cubra el refractario. Marine durante 4 horas por lo menos.

Caliente el horno a 180 °C. Saque la carne de la marinada. Guarde la marinada. Coloque la carne en una charola. Hornee de 25 a 35 minutos o hasta que el termómetro para carne marque 75 °C. Deje reposar 5 minutos; corte en rebanadas delgadas.

Nutrimentos por porción:			
Calorías	236	Colesterol	74 mg
Grasa	10 g	Sodio	66 mg

Bollos con Carne

Rinde 8 porciones

1 cucharada de aceite vegetal
½ taza de cebolla picada
½ taza de apio picado
½ taza de pimiento morrón verde picado
½ taza de zanahorias ralladas
550 g de carne de res, molida
½ taza de salsa catsup
½ taza de agua
1 cucharadita de chile piquín
½ cucharadita de sal
¼ de cucharadita de pimienta negra
Salsa picante
8 bollos integrales

1. Caliente el aceite en una sartén grande a fuego medio. Agregue la cebolla, el pimiento y las zanahorias. Cueza y mezcle bien.

2. Añada la carne. Dore la carne, moviendo ocasionalmente. Escurra. Agregue la catsup, el agua, la sal, la pimienta negra y la salsa picante. Baje el fuego.

3. Deje hervir durante 15 minutos o hasta que el guiso esté lo suficientemente espeso para colocarlo en los bollos.

Nutrimentos por porción:			
Calorías	270	Colesterol	60 mg
Grasa	9 g	Sodio	555 mg

Por supuesto que el pollo y el pavo siempre han sido opciones populares y deliciosas a la hora de comer; este capítulo está lleno de nutritivas versiones de antiguos platillos. Deje que el sabroso Pollo Cordon Bleu o los Chiles Rellenos de Pavo sean hoy el centro de atracción en su plato principal.

Pollo Olé

Rinde 6 porciones

½ taza de salsa no muy picante
¼ de taza de mostaza Dijon
2 cucharadas de jugo de lima
3 pechugas de pollo enteras, abiertas, deshuesadas y sin piel
2 cucharadas de margarina
Perejil picado para adornar
Crema agria baja en grasa (opcional)

En un recipiente grande, mezcle la salsa con la mostaza y el jugo de lima. Agregue el pollo y báñelo. Tape el recipiente y deje marinar en el refrigerador por lo menos 30 minutos.

En una cacerola grande derrita la margarina a fuego medio hasta que burbujee. Saque el pollo de la marinada, pero no la deseche. Agregue el pollo a la cacerola; cuézalo por unos 10 minutos o hasta que esté dorado por ambos lados. Añada la marinada; deje cocer aproximadamente 5 minutos o hasta que el pollo esté suave y la salsa glasee el pollo. Pase el pollo a platos extendidos. Deje hervir la marinada a fuego alto por 1 minuto; vierta sobre el pollo. Adorne con perejil y acompañe con crema agria.

Nutrimentos por porción:

Calorías	194	Colesterol	73 mg
Grasa	8 g	Sodio	329 mg

Pollo Cordon Bleu

Rinde 4 porciones

4 mitades de pechuga de pollo grandes, deshuesadas y sin piel (450 g)
1 cucharada de mostaza Dijon
½ cucharadita de tomillo seco machacado
4 rebanadas (120 g) de jamón cocido
2 rebanadas (40 g) de queso suizo
¼ de taza de pan molido sazonado
1 cucharada de queso parmesano rallado
4 cucharaditas de margarina light derretida

Ponga el pollo entre 2 pedazos de papel encerado y aplánelo hasta que mida 6 mm de grosor. Unte la mostaza uniformemente en el centro de cada pechuga, luego espolvoree encima el tomillo. Corone con una rebanada de jamón y media rebanada de queso. Enrolle la pechuga, doble los lados de jamón y pollo para cerrarlo. Afiance con agujas de brocheta o palillos de madera largos. En un recipiente poco profundo, mezcle el pan molido con el queso parmesano. Barnice cada pechuga con la margarina derretida y empanícela con la mezcla de pan molido. Colóquelas en un refractario de 23×23 cm y hornéelas a 200 °C por 10 minutos, luego baje la temperatura del horno a 180 °C y continúe horneando de 20 a 25 minutos más o hasta que el pollo esté suave. Retire las agujas para brocheta. Sirva de inmediato.

Nutrimentos por porción:

Calorías	262	Colesterol	86 mg
Grasa	10 g	Sodio	692 mg

Pollo Olé

En una sartén grande con recubrimiento antiadherente, ponga ½ cucharadita de margarina y ½ cucharadita de aceite y dore la mitad del pavo. Retire del fuego. Repita el procedimiento con el resto de la margarina, el aceite y el pavo. En la misma sartén, mezcle las rebanadas de pavo doradas con el almíbar de la piña que conservó, la ralladura de cáscara y el jugo de naranja y limón, el consomé y el ajo. Ponga a hervir, agregue la piña y luego baje el fuego; deje cocer por 1 o 2 minutos más. Sirva el pavo y la piña en platos extendidos; deje que la salsa hierva hasta que se reduzca a la mitad. Incorpore el perejil. Vierta la salsa sobre el pavo y la piña; sirva de inmediato.

Nutrimentos por porción:			
Calorías	155	Colesterol	22 mg
Grasa	3 g	Sodio	403 mg

Brochetas de Pollo Marinadas

Rinde 4 porciones

**4 mitades de pechuga de pollo deshuesadas y
   sin piel**
**2 calabazas chicas, cortadas en rebanadas de
   1.2 cm de grosor**
**1 pimiento morrón rojo grande, cortado en
   cuadros de 2.5 cm**
½ taza de vinagre de vino
½ taza de jugo de tomate
2 cucharadas de aceite vegetal
1 cucharada de cebolla picada
1 cucharada bien compacta de azúcar morena
2 dientes de ajo picados
½ cucharadita de orégano seco machacado
½ cucharadita de pimienta negra

Aplane un poco las pechugas de pollo; corte cada pechuga a lo largo en 3 tiras. En un recipiente ponga el pollo con la calabaza y el pimiento morrón. Prepare el escabeche, en un frasco ponga el vinagre y el resto de los ingredientes, tápelo y agítelo vigorosamente. Vierta el escabeche sobre el pollo y las verduras, tape y marine en el refrigerador más o menos 1 hora.

Vierta el escabeche en una olla chica; hiérvalo. En agujas para brocheta, ensarte alternados el pollo y las verduras; barnícelos con el escabeche. Ase las brochetas de 8 a 12 cm de la fuente de calor, hasta que el pollo esté cocido, más o menos de 8 a 10 minutos; gire y barnice de vez en cuando con el escabeche. Acompañe con arroz si lo desea.

Nutrimentos por porción:			
Calorías	224	Colesterol	66 mg
Grasa	8 g	Sodio	189 mg

Pavo con Salsa de Piña y Cítricos

Pavo con Salsa de Piña y Cítricos

Rinde 4 porciones

**2 latas (de 225 g cada una) de piña en trozos en
   almíbar**
2 cucharadas de harina
¼ de cucharadita de salvia seca molida
¼ de cucharadita de tomillo seco machacado
¼ de cucharadita de sal
¼ de cucharadita de pimentón
⅛ de cucharadita de pimienta negra
8 rebanadas de pechuga de pavo (450 g)
1 cucharadita de margarina
1 cucharadita de aceite vegetal
   Ralladura de cáscara y jugo de ½ naranja
   Ralladura de cáscara y jugo de ½ limón
1 cubo de consomé de pollo
1 diente de ajo grande machacado
2 cucharadas de perejil picado

Escurra la piña; conserve el almíbar. En un recipiente poco profundo mezcle la harina con los sazonadores. Cubra el pavo con la mezcla de harina.

Pollo Oriental

Rinde 2 porciones

- ¾ de taza de jugo de piña
- 1 cucharada de salsa de soya light
- 1 diente de ajo machacado
- ¼ de cucharadita de polvo de cinco especias chinas*
- 2 mitades de pechuga de pollo deshuesadas y sin piel (225 g)
- ¾ de cucharadita de fécula de maíz

En un recipiente chico, mezcle el jugo de piña con la salsa de soya, el ajo y el polvo de especias. Ponga el pollo en una bolsa de plástico o en un recipiente no metálico. Agregue la mezcla del jugo; tape y marine en el refrigerador por 15 minutos o toda la noche.

Vierta la marinada en una olla chica e incorpore la fécula de maíz; cueza y revuelva hasta que hierva y se espese. Ponga el pollo en un asador eléctrico engrasado. Ase, a 10 cm de la fuente de calor, de 10 a 15 minutos de cada lado o hasta que el pollo esté suave y pierda su color rosado. Mientras dora el pollo, báñelo con frecuencia con la salsa.

El polvo de cinco especias chinas es la mezcla de hinojo, anís, jengibre, canela y clavo.

Nutrimentos por porción:

Calorías	190	Colesterol	68 mg
Grasa	2 g	Sodio	377 mg

Pavo a la Mostaza con Miel

Rinde de 4 a 6 porciones

- 675 g de pavo molido
- 1 taza de pan recién molido (2 rebanadas)
- ½ taza de leche
- ¼ de taza de cebolla picada
- 1 huevo batido
- 2 cucharaditas de consomé instantáneo de pollo
- 2½ cucharaditas de mostaza
- 1 cucharadita de sazonador de pollo
- 2 cucharadas de miel
- 1 cucharada bien compacta de azúcar morena

Caliente el horno a 180 °C. Mezcle el pavo, el pan molido, la leche, la cebolla, el huevo, el consomé, 1 cucharadita de mostaza y el sazonador de pollo; mezcle bien todos los ingredientes. En un refractario poco profundo, ponga la mezcla y déle la forma del molde; hornee por 40 minutos. Mezcle las 1½ cucharaditas de mostaza restantes, la miel y el azúcar morena. Vierta sobre la carne y hornee 10 minutos más. Refrigere el sobrante.

Nutrimentos por porción:

Calorías	235	Colesterol	112 mg
Grasa	9 g	Sodio	469 mg

Fajitas de Pollo

Rinde 4 porciones

- 1 cucharada de aceite vegetal
- 1 pimiento morrón verde grande, en rebanadas delgadas
- 1 pimiento morrón rojo grande, en rebanadas delgadas
- 1 cebolla grande, en rebanadas delgadas
- 1 diente de ajo picado
- 4 mitades de pechuga de pollo, deshuesadas y sin piel (unos 450 g) cortadas en tiras de 1.2 cm de grosor
- ½ cucharadita de orégano seco machacado
- 2 cucharadas de vino blanco seco o agua
- Sal y pimienta negra (opcional)
- 12 tortillas de harina
- Guacamole (opcional)

En una sartén grande, caliente el aceite. Agregue los pimientos, la cebolla y el ajo. Cueza de 3 a 4 minutos o hasta que estén suaves, revuelva de vez en cuando. Retire las verduras con una espumadera y déjelas a un lado. Agregue el pollo y el orégano a la sartén. Cueza por 4 minutos o hasta que el pollo pierda su color rosado; revuelva de vez en cuando.

Regrese las verduras a la sartén. Vierta el vino y sazone con sal y pimienta negra, si lo desea; tape y continúe cociendo 2 minutos más o hasta que esté bien caliente. Mientras tanto, caliente las tortillas. Rellene las tortillas con la mezcla de pollo; acompañe con guacamole.

Nutrimentos por porción:

Calorías	286	Colesterol	30 mg
Grasa	7 g	Sodio	31 mg

Fajitas de Pollo

Quiché de Pavo y Arroz

Quiché de Pavo y Arroz

Rinde 8 porciones, 16 triángulos

3 tazas de arroz cocido, enfriado a
   temperatura ambiente
1½ tazas de pavo cocido picado
1 tomate rojo mediano, sin semillas y cortado
   en cubos chicos
¼ de taza de cebollín rebanado
¼ de taza de pimiento morrón verde, cortado
   en cubos chicos
1 cucharada de albahaca picada o
   1 cucharadita de albahaca seca
   machacada
½ cucharadita de sal sazonada
⅛ a ¼ de cucharadita de pimienta roja molida
½ taza de leche descremada
3 huevos batidos
   Antiadherente en aerosol
½ taza (60 g) de queso cheddar rallado
½ taza (60 g) de queso mozzarella rallado

Rocíe con antiadherente un refractario de 33×23 cm;
revuelva en él el arroz, el pavo, el tomate rojo, el
cebollín, el pimiento verde, la albahaca, la sal, la
pimienta roja molida, la leche y el huevo. Corone con
los quesos. Hornee a 190 °C durante 20 minutos o
hasta que, al insertar cerca del centro un cuchillo, éste
salga limpio. Para servir, corte el quiché en
8 cuadrados; corte cada cuadrado diagonalmente en
2 triángulos. Adorne a su gusto.

Nutrimentos por porción (2 triángulos):

Calorías	231	Colesterol	111 mg
Grasa	7 g	Sodio	527 mg

Pollo Asado Sazonado con Hierbas y Naranja

Rinde 4 porciones

1 pollo cortado en cuartos
2 dientes de ajo picados
1 cucharadita de ralladura de cáscara de
   naranja
1 cucharadita de sal
½ cucharadita de tomillo seco machacado
½ cucharadita de romero seco machacado
½ cucharadita de pimienta
½ taza de jugo de naranja
2 cucharadas de vinagre
1 cucharada de salsa inglesa

En un recipiente chico mezcle el ajo, la ralladura de
naranja, la sal, el tomillo, el romero y la pimienta.
Deslice sus dedos entre la piel y la carne del pollo,
sin desprender la piel. Unte ¼ de la mezcla de hierbas
debajo de la piel de cada cuarto de pollo; regrese la
piel a su lugar. En otro recipiente chico, mezcle el
jugo de naranja, el vinagre y la salsa inglesa. Ponga el
pollo en un asador con el carbón encendido, con la
piel hacia arriba, a unos 20 cm de la fuente de calor.
Cueza durante 40 minutos o hasta que pueda insertar
con facilidad un tenedor en el pollo, gírelo cada
5 minutos y báñelo con la mezcla de jugo de naranja.
Sirva de inmediato.

Nutrimentos por porción:

Calorías	220	Colesterol	75 mg
Grasa	9 g	Sodio	716 mg

Tostadas de Pavo

Rinde 4 porciones

2 tazas de pavo cocido y cortado en cubos
1 sobre (40 g) de sazonador para tacos
   Agua
4 tortillas de maíz
¼ de taza de frijoles (judías) refritos de lata
¼ de taza (30 g) de queso cheddar bajo en
   calorías, rallado
½ taza de tomate rojo picado
½ taza de lechuga picada
2 cucharadas de cebolla picada
½ taza de salsa picante
   Yogur natural bajo en grasa (opcional)
   Guacamole (opcional)

Caliente el horno a 190 °C. En una sartén grande, a
fuego medio, ponga el pavo y la mezcla de sazonador
para tacos; agregue el agua y siga las instrucciones de
la envoltura del sazonador. Hierva la mezcla; baje el
fuego y deje cocer por 5 minutos; revuelva de vez en
cuando.

Ponga las tortillas en una charola grande para galletas
y hornee de 5 a 7 minutos o hasta que las tortillas se
tuesten y estén un poco doradas.

Unte cada tortilla con 1 cucharada de frijoles. Corone
uniformemente con la mezcla de carne y con el
queso. Hornee de 2 a 3 minutos o hasta que se funda
el queso.

Para servir, corone con el tomate rojo, la lechuga, la
cebolla y la salsa picante. Como guarnición, puede
poner yogur y guacamole.

Nutrimentos por porción:

Calorías	277	Colesterol	59 mg
Grasa	6 g	Sodio	1102 mg

Hamburguesas de Pavo

Rinde 4 porciones

450 g de pavo molido
¼ de taza de salsa picante
1 cucharadita de consomé instantáneo de pollo

Mezcle los ingredientes; haga 4 hamburguesas.
Áselas a la parrilla o en una sartén.

Nutrimentos por porción:

Calorías	172	Colesterol	75 mg
Grasa	7 g	Sodio	510 mg

Pechuga de Pavo Glaseada con Piña y Mostaza

Rinde 6 porciones

Media pechuga de pavo con hueso (1 kg)
⅓ de taza de piña en almíbar
2 cucharaditas de mostaza Dijon
1 cucharadita de jugo de limón

Prepare el asador para cocer con fuego indirecto,
colocando el carbón a los lados del asador, alrededor
del colector de grasa. Ponga la pechuga de pavo sobre
la rejilla del colector de grasa. Tape el asador; cueza
de 1 a 1 ¼ horas o hasta que, al insertar un
termómetro para carne en la parte más gruesa de la
pechuga, marque 76 °C.

Mientras tanto, en un recipiente chico, mezcle la piña,
la mostaza y el jugo de limón. Durante los últimos
30 minutos de cocción, barnice la pechuga con la
mezcla. Saque la pechuga del asador; déjela reposar
por 15 minutos. Para servir, rebane la pechuga y
acomódela en platos extendidos. Adorne si lo desea.

Nutrimentos por porción:

Calorías	295	Colesterol	96 mg
Grasa	10 g	Sodio	134 mg

Pechuga de Pavo Glaseada con Piña y Mostaza

Pechugas de Pollo Rellenas

Rinde 4 porciones

4 mitades de pechuga de pollo (unos 450 g),
deshuesadas y sin piel, aplanadas, 6 mm de
grosor
½ cucharadita de pimienta negra molida
¼ de cucharadita de sal
1 taza de arroz oscuro cocido (cocido con
consomé de pollo)
¼ de taza de tomate rojo picado
¼ de taza (30 g) de queso mozzarella finamente
rallado
3 cucharadas de arroz integral tostado*
(opcional)
1 cucharada de albahaca picada
Antiadherente en aerosol

Sazone el interior de las pechugas con ¼ de cucharadita
de pimienta y de sal. Mezcle el arroz oscuro con el
tomate rojo, el queso, el arroz integral, la albahaca y
la pimienta restante. Ponga la mezcla de arroz sobre
las pechugas de pollo; dóblelas encerrando el relleno
y sujételas con palillos de madera remojados en agua.
Limpie el exterior de las pechugas con toallas de papel.

Rocíe una cacerola grande con antiadherente en
aerosol y ponga a fuego medio-alto hasta que esté
caliente. Cueza las pechugas rellenas por 1 minuto de
cada lado o hasta que estén doradas. Pase el pollo a
un refractario y hornéelo a 180 °C durante 8 a
10 minutos o hasta que esté suave.

**Para tostar el arroz integral, póngalo en una charola y hornee a
160 °C de 7 a 8 minutos.*

Nutrimentos por porción:

Calorías	223	Colesterol	79 mg
Grasa	5 g	Sodio	337 mg

Club Sandwich de Pavo y Tocino

Rinde 2 emparedados

4 rebanadas de tocino de pavo, cortadas a la
mitad
4 cucharaditas de mayonesa baja en calorías
4 rebanadas de pan de trigo entero, tostadas
2 hojas de lechuga
4 rebanadas delgadas de tomate rojo
4 rebanadas de pechuga de pavo asadas

En una sartén, fría el tocino de pavo a fuego medio,
de 8 a 10 minutos o hasta que esté ligeramente
dorado. Para cada emparedado, unte 2 cucharaditas de
mayonesa en una rebanada de pan; corone con la
mitad del tocino de pavo, la lechuga, el tomate rojo,
la pechuga de pavo y otra rebanada de pan tostado.

Nutrimentos por porción (1 emparedado):

Calorías	255	Colesterol	30 mg
Grasa	10 g	Sodio	845 mg

Rotini Frito

Rinde 8 porciones

½ paquete (de 450 g) de rotini (espirales de pasta), cocida y escurrida
2 cucharadas de aceite de oliva o aceite vegetal
2 pechugas de pollo deshuesadas y sin piel, cortadas en tiras
1 taza de floretes de brócoli
1 taza de rizos de zanahoria
½ taza de cebolla morada rebanada
¼ de taza de agua
½ cucharadita de consomé instantáneo de pollo*
½ cucharadita de estragón seco machacado
2 cucharadas de queso parmesano molido

En una cacerola grande, caliente el aceite; agregue el pollo, el brócoli, la zanahoria y la cebolla. Sofría a fuego medio hasta que el brócoli esté suave. Agregue el agua, el consomé y el estragón; cueza revolviendo hasta que el pollo esté bien cocido. Añada la pasta cocida caliente y el queso parmesano; revuelva. Sirva de inmediato. Refrigere el sobrante.

Para disminuir la cantidad de sodio, utilice consomé bajo en sodio.

Nutrimentos por porción:			
Calorías	225	Colesterol	37 mg
Grasa	6 g	Sodio	123 mg

Tiras Crujientes de Pollo

Rinde 4 porciones

1 taza de hojuelas de maíz trituradas
1 cucharada de perejil picado
⅓ de taza de aderezo Ranch para ensalada
1 cucharadita de agua
450 g de pechugas de pollo deshuesadas y sin piel, cortadas en tiras delgadas

Caliente el horno a 220 °C. En un recipiente chico, mezcle las hojuelas de maíz con el perejil. En otro recipiente chico, mezcle el aderezo para ensalada con el agua. Remoje el pollo en la mezcla de aderezo, después empanícelo con la mezcla de hojuelas de maíz.

En un refractario rociado con antiadherente en aerosol, acomode el pollo. Hornéelo por 8 minutos o hasta que esté suave.

Nutrimentos por porción:			
Calorías	258	Colesterol	66 mg
Grasa	2 g	Sodio	609 mg

Pollo con Salsa de Piña

Pollo con Salsa de Piña

Rinde 4 porciones

1 lata (560 g) de piña en almíbar en trozos
4 mitades de pechuga de pollo (450 g) deshuesadas y sin piel
1 diente de ajo grande machacado
1 cucharadita de comino molido
Sal y pimienta negra (opcional)
1 cucharada de aceite vegetal
½ taza de pimiento morrón rojo picado
¼ de taza de pimiento morrón verde picado
1 cucharada de cebollín picado
2 cucharaditas de cilantro picado
2 cucharaditas de chiles jalapeños picados o de rajas escurridas
1 cucharadita de ralladura de cáscara de lima

Escurra la piña; conserve el almíbar.

Frote el pollo con el ajo; sazónelo con el comino, la sal y la pimienta negra. En una cacerola de 30 cm de diámetro, a fuego medio-alto, ponga a calentar el aceite y sofría el pollo hasta que esté dorado; déle vuelta una vez. Agregue ½ taza del almíbar de la piña. Reduzca el fuego, tape la cacerola y deje cocer a fuego bajo de 7 a 10 minutos.

En un recipiente mediano, prepare la salsa mezclando la piña, el jugo y los ingredientes restantes. Corte las pechugas en rebanadas. Sirva el pollo con la salsa. Adorne si lo desea.

Tiempo de preparación: 5 minutos
Tiempo de cocción: 15 minutos

Nutrimentos por porción:			
Calorías	262	Colesterol	68 mg
Grasa	5 g	Sodio	81 mg

Filetes de Pavo a la Francesa

Rinde 4 porciones

450 g de filetes de pechuga de pavo, deshuesados y sin piel
Sal y pimienta negra molida, al gusto (opcional)
1 cucharada de aceite vegetal
2 cucharadas de margarina light
3 cucharadas de chalote o cebolla cambray picada
⅔ de taza de vino tinto

Seque el pavo con una toalla de papel y sazónelo con sal y pimienta. En una cacerola grande con recubrimiento antiadherente, caliente el aceite a fuego medio-alto. Agregue los filetes de pavo y sofríalos por 2 minutos de cada lado o hasta que estén ligeramente dorados. Baje el fuego a medio-bajo; cueza de 2 a 3 minutos más de cada lado hasta que estén bien cocidos. Retire el pavo del fuego. Caliente 1 cucharada de margarina hasta que se derrita. Añada el chalote; sofríalo durante 1 minuto. Incorpore el vino y aumente el fuego a medio-alto; deje que hierva el vino de 1 a 2 minutos hasta que espese. Retire la cacerola del fuego. Incorpore el resto de la margarina. Para servir, vierta la salsa sobre las rebanadas de pavo.

Tiempo de preparación: 10 minutos
Tiempo de cocción: 15 minutos

Nutrimentos por porción:			
Calorías	214	Colesterol	70 mg
Grasa	7 g	Sodio	126 mg

Saludable Pollo a la Cacerola

Rinde 6 porciones

1 pollo tierno, cocido, sin piel y desmenuzado
1 bolsa (285 g) de espinaca congelada
¼ de taza de cebolla finamente picada
½ cucharadita de ajo en polvo
225 g de champiñones rebanados
2 cucharadas de margarina light, derretida
1 taza de queso mozzarella bajo en grasa

Caliente el horno a 180 °C. Cueza la espinaca siguiendo las instrucciones del empaque; omita la sal; escúrrala bien. Mezcle la cebolla con la espinaca. Acomode la mezcla de espinaca en un refractario de 1½ litros de capacidad; espolvoréela con ¼ de cucharadita de ajo en polvo. Acomode el champiñón sobre la espinaca; vierta encima la margarina derretida y distribuya el pollo; espolvoréelo con el ajo en polvo restante. Corone con el queso mozzarella. Hornee por 30 minutos o hasta que, al insertar un tenedor en el pollo, éste se sienta suave. Sirva de inmediato.

Nutrimentos por porción:			
Calorías	202	Colesterol	74 mg
Grasa	9 g	Sodio	205 mg

Pollo Salteado Mediterráneo

Rinde 5 porciones

675 g de pechugas de pollo deshuesadas y sin piel
Sal y pimienta negra molida, al gusto (opcional)
1½ cucharaditas de hierbas secas o sazonador de hierbas italianas
2 cucharaditas de aceite de oliva
1 o 2 dientes de ajo picados
1½ cucharadas de tomates secos picados
225 g de tomates rojos
1 lata (450 g) de frijoles claros (judías), escurridos y enjuagados

Espolvoree las mitades de pechuga con poca sal y mucha pimienta; añada las hierbas sobre las pechugas y presiónelas. En una cacerola grande con recubrimiento antiadherente, caliente el aceite a fuego medio-alto. Agregue el pollo y dórelo durante 2 minutos de cada lado. Coloque el ajo y los tomates secos; cueza revolviendo por 1 minuto, luego incorpore el tomate rojo y los frijoles. Baje el fuego a medio-bajo; tape parcialmente y deje cocer de 15 a 20 minutos hasta que el pollo esté bien cocido. Sirva las pechugas de pollo calientes con los tomates rojos y los frijoles encima.

Nutrimentos por porción:			
Calorías	208	Colesterol	66 mg
Grasa	4 g	Sodio	301 mg

Botes de Piña y Jamón de Pavo

Rinde 4 porciones

**1 sobre (90 g) de sopa instantánea de tallarín
oriental con pollo, cocida de acuerdo con
las instrucciones del empaque
1⅓ tazas de tiras de jamón de pavo de
5 cm×.5 cm
⅓ de taza de cebollín en rebanadas delgadas
⅓ de taza de chutney de mango picado
¼ de taza de castañas de agua picadas
¼ de cucharadita de pimienta roja molida
2 piñas pequeñas
2 cucharadas de almendras picadas y tostadas**

En un recipiente mediano, mezcle el tallarín, el jamón
de pavo, el cebollín, el chutney, las castañas y la
pimienta roja; revuelva con delicadeza. Tape y
refrigere durante una noche.

Poco tiempo antes de servir, corte las piñas por la
mitad, a lo largo. Con un cuchillo para toronja, retire
la pulpa de las mitades de piña; deje a un lado
la cáscara. Corte la piña en cubos de 12 mm y
agregue 3 tazas de cubos de piña a la mezcla de pavo;
revuelva ligeramente.

Sirva la mezcla de pavo en las cáscaras de piña;
encima espolvoree las almendras.

Nutrimentos por porción:

Calorías	278	Colesterol	0 mg
Grasa	5 g	Sodio	814 mg

Pollo Caribeño

Rinde 4 porciones

**1 lata (570 g) de piña en rebanadas, sin
escurrir
1 cucharadita de jengibre molido, de curry en
polvo y de ajo en polvo
¼ de cucharadita de pimienta roja molida
1 cucharadita de fécula de maíz
4 mitades de pechuga de pollo deshuesadas y
sin piel
1 cucharadita de aceite vegetal
¼ de taza de coco rallado y de cebollín cortado
en tiras**

Caliente el horno a 200 °C. Vierta el jugo de piña en
una taza medidora. En un recipiente chico, mezcle las
especias. Al jugo de piña agregue ¼ de cucharadita de
especias y la fécula de maíz.

Espolvoree el resto de la mezcla de especias sobre el
pollo. Rocíe el aceite sobre el pollo. Colóquelo sobre
la rejilla del asador eléctrico. Hornee por 15 minutos.
Acomode las rebanadas de piña sobre la rejilla con el
pollo. Hornee durante 5 minutos más.

Mientras tanto, revuelva la mezcla de jugo de piña.
Meta al horno de microondas, sin tapar, a temperatura
ALTA (100 %) de 2 a 4 minutos hasta que la salsa
hierva y se espese.

Acomode el pollo y la piña en 4 platos extendidos.
Báñelo con la salsa de piña; espolvoree con el coco y
el cebollín. Sirva con verduras verdes si lo desea.

Tiempo de preparación: 10 minutos
Tiempo de cocción: 20 minutos

Nutrimentos por porción:

Calorías	266	Colesterol	68 mg
Grasa	5 g	Sodio	95 mg

Quiché de Pollo

Rinde 4 porciones

**450 g de muslos de pollo deshuesados y sin piel
5 a 6 cucharaditas de aceite de oliva
⅔ de taza de cebolla picada
420 g de tomate rojo estofado, sin escurrir
⅔ de taza de vino blanco seco o consomé de
pollo
Sal y pimienta negra molida, al gusto
(opcional)**

Con un cuchillo afilado, recorte la grasa visible del
pollo. En una cacerola grande con recubrimiento
antiadherente, caliente el aceite a fuego medio-alto.
Ponga el pollo; dórelo por 2 minutos de 1 lado. Gire
el pollo y agregue la cebolla. Cueza durante
2 minutos más o hasta que estén dorados el pollo y la
cebolla; revuelva de vez en cuando. Incorpore el resto
de los ingredientes; reduzca el fuego a medio-bajo.
Tape y deje cocer de 10 a 15 minutos hasta que el
pollo esté suave y la salsa se haya espesado un poco;
revuelva de vez en cuando. Sirva el pollo con la salsa.

Tiempo de preparación: 10 minutos
Tiempo de cocción: de 15 a 20 minutos

Nutrimentos por porción:

Calorías	250	Colesterol	2 mg
Grasa	10 g	Sodio	460 mg

Papas Rellenas de Pavo Tex-Mex

Papas Rellenas de Pavo Tex-Mex

Rinde 4 porciones

- 2 papas horneadas, frías
- 225 g de pavo molido
- ½ taza de cebolla picada
- 1 diente de ajo picado
- 225 g de tomate rojo estofado
- 1 cucharadita de chile en polvo
- ¼ de cucharadita de orégano seco machacado
- ¼ de cucharadita de comino molido
- ¼ de cucharadita de pimienta roja machacada
- ¼ de cucharadita de sal
- ½ taza (60 g) de queso cheddar bajo en grasa, rallado

Rebane las papas por la mitad, a lo largo. Con una cuchara, saque la pulpa del centro de cada mitad de papa; deje .5 cm de pulpa adherida a la cáscara. Puede utilizar la pulpa en otro platillo.

En una sartén mediana, a fuego medio-alto, mezcle el pavo, la cebolla y el ajo. Cueza durante 5 minutos o hasta que el pavo pierda su color rosado; escurra si es necesario. Agregue el tomate rojo y su jugo, el chile en polvo, el orégano, el comino, la pimienta roja y la sal. Deje cocer por 15 minutos o hasta que gran parte del líquido se haya consumido.

Sirva equitativamente la mezcla de pavo en las cáscaras de papa y espolvoréeles el queso. Ponga las papas en un refractario de 33×23×5 cm; hornee a 190 °C durante 15 minutos o hasta que se funda el queso.

Nutrimentos por porción:

Calorías	209	Colesterol	51 mg
Grasa	7 g	Sodio	446 mg

Pavo con Manzana al Horno

Rinde de 6 a 8 porciones

675 g de pavo molido
1½ tazas de pan molido
1 taza de puré de manzana sin endulzar
2 claras de huevo
¼ de taza de cebolla picada
¼ de taza de apio finamente picado
1 cucharada de mostaza
1 cucharada de salsa inglesa
1 cucharadita de sal
¾ de cucharadita de sazonador para aves
⅛ de cucharadita de pimienta negra
⅔ de taza de salsa picante

En un recipiente grande, mezcle todos los ingredientes, excepto la salsa picante; revuelva un poco. Ponga la mezcla en un molde para panqué de 23×13×7 cm. Encima ponga la salsa picante. Hornee a 180 °C durante 1 hora o hasta que la carne esté bien cocida. Deje reposar por 10 minutos antes de rebanar.

Nutrimentos por porción:

Calorías	223	Colesterol	32 mg
Grasa	7 g	Sodio	768 mg

Ensalada de Pollo y Verduras

Rinde 4 porciones

4 mitades de pechuga de pollo deshuesadas y sin piel (unos 450 g)
1 cucharada de aceite vegetal
½ taza de agua
2 cucharaditas de consomé instantáneo de pollo o 2 cubos de consomé de pollo
½ cucharadita de hojas de tomillo
¼ de cucharadita de cebolla en polvo
1 taza de zanahoria, de pimiento morrón rojo, de calabacín y de calabacita, cortados en tiras delgadas

En una cacerola grande, dore el pollo en el aceite. Agregue el agua, el consomé de pollo, el tomillo, la cebolla en polvo y la zanahoria. Tape; deje cocer por 10 minutos. Agregue el resto de las verduras; tape y cueza de 5 a 10 minutos más o hasta que estén suaves. Adorne como desee. Refrigere el sobrante.

Nutrimentos por porción:

Calorías	216	Colesterol	80 mg
Grasa	7 g	Sodio	513 mg

Pollo con Romero

Rinde 2 porciones

2 mitades de pechuga de pollo deshuesadas y sin piel (225 g)
1 cucharadita de margarina
1 cucharadita de aceite de oliva
Sal y pimienta negra (opcional)
½ cebolla chica rebanada
1 diente de ajo grande picado
½ cucharadita de romero seco machacado
⅛ de cucharadita de canela molida
½ taza de jugo de piña, naranja y guayaba mezclado
1 cucharada de mermelada de naranja
2 tazas de zanahoria rebanada

Aplane las pechugas de pollo hasta que midan 12 mm de grosor. En una cacerola mediana, a fuego medio, ponga la margarina y el aceite y dore el pollo por ambos lados. Sazone con sal y pimienta.

Agregue la cebolla, el ajo, el romero y la canela. Cueza revolviendo hasta que la cebolla esté suave.

Vierta el jugo y la mermelada sobre el pollo. Tape; deje que hierva. Baje el fuego a bajo; deje cocer 10 minutos. Incorpore la zanahoria. Tape; deje cocer 5 minutos o hasta que estén suaves la zanahoria y el pollo. Acompañe con pasta, si lo desea, y adorne con ramas de romero.

Tiempo de preparación: 10 minutos
Tiempo de cocción: 20 minutos

Nutrimentos por porción:

Calorías	241	Colesterol	46 mg
Grasa	6 g	Sodio	102 mg

Pollo con Romero

Emparedados de Ensalada de Pollo

Rinde 6 porciones

2½ tazas de pollo cocido y cortado en cubos
1 taza de yogur natural bajo en grasa
¼ de taza de salsa pico de gallo*
½ cucharadita de comino molido
½ taza de pimiento morrón verde o rojo, finamente picado
⅓ de taza de cilantro o perejil finamente picado
⅓ de taza de cebollín finamente picado
3 pitas (panes árabes, de 15 cm), cortados por la mitad
  Complementos: lechuga rallada, aceitunas negras rebanadas, tomate rojo picado y queso cheddar rallado

En un recipiente grande, mezcle el pollo con el yogur, la salsa y el comino; revuelva con suavidad. Incorpore el chile morrón, el cilantro y el cebollín. A cada mitad de pita, póngale lechuga y rellénela con la ensalada de pollo; encima ponga los complementos.

Nota: Si utiliza yogur sin grasa, escurra el exceso de líquido por medio de un filtro para cafetera durante 5 minutos.

Para la salsa, pique tomate rojo, cebolla y chile verde.

Nutrimentos por porción:			
Calorías	300	Colesterol	90 mg
Grasa	7 g	Sodio	257 mg

Zanzíbar de Pavo

Rinde 4 porciones

450 g de rebanadas de pechuga de pavo deshuesada y sin piel
1 cucharada de aceite vegetal
1 cucharadita de curry en polvo
½ cucharadita de comino molido
  Sal y pimienta negra molida, al gusto
½ limón o lima chico
  Chutney de mango (opcional)

En un recipiente poco profundo, ponga las rebanadas de pavo y barnícelas por ambos lados con el aceite y frótelas con los sazonadores. Exprima el limón sobre el pavo. Prepare un asador de exterior o un asador eléctrico. Ase a la parrilla el pavo de 12 a 15 cm de la fuente de calor, de 5 a 8 minutos por lado, hasta que esté bien cocido. Sirva con el chutney de mango, si lo desea.

Tiempo de preparación: 10 minutos
Tiempo de cocción: de 10 a 15 minutos

Nutrimentos por porción:			
Calorías	161	Colesterol	70 mg
Grasa	4 g	Sodio	57 mg

Pollo con Salsa Cremosa

Rinde 6 porciones

Pollo
½ cucharadita de pimentón
½ cucharadita de sazonador para pollo
¼ de cucharadita de hojas de tomillo seco
¼ de cucharadita de sal
¼ de cucharadita de pimienta
6 mitades de pechuga de pollo deshuesada y sin piel (unos 675 g)
1 taza de hojuelas de maíz, machacadas de manera que rindan ½ taza

Salsa
1 cucharada de aceite vegetal
1 cucharada de harina de trigo
½ taza de leche descremada
¼ de taza de consomé de pollo condensado, sin diluir
2 cucharadas de chalote picado
¼ de cucharadita de sal
⅛ de cucharadita de pimienta

1. Para el pollo, en un recipiente chico mezcle el pimentón, el sazonador de pollo, el tomillo, la sal y la pimienta. Ponga el pollo en un recipiente poco profundo y espolvoréelo con la mitad de la mezcla de sazonadores, gire el pollo y sazone la otra mitad. Empanícelo con las hojuelas de maíz.

2. En un platón de vidrio para microondas de 30×18×5 cm, ponga el pollo con la porción más gruesa hacia el exterior del platón. Cubra con papel encerado. Meta al horno de microondas a temperatura ALTA durante 8 minutos o hasta que el pollo pierda el color rosado en el centro; después de 4 minutos de cocción dé un cuarto de giro al platón. Saque el pollo y sírvalo en platos extendidos. Consérvelo caliente.

3. Para la salsa, en una taza medidora de vidrio de 4 tazas de capacidad, mezcle el aceite y la harina. Revuelva hasta que se incorporen. Agregue lentamente la leche y el consomé, revuelva bien. Meta al horno de microondas a temperatura ALTA de 3 a 5 minutos o hasta que se espese, mueva cada 2 minutos. Incorpore el chalote, la sal y la pimienta. Sirva sobre el pollo.

Nutrimentos por porción:			
Calorías	185	Colesterol	65 mg
Grasa	4 g	Sodio	385 mg

Emparedados de Ensalada de Pollo

Medallones de Pavo Piccata

Rinde 4 porciones

450 g de pechuga de pavo, cortada en medallones de 2 cm
Sal y pimienta negra (opcional)
1 cucharadita de aceite de oliva
1 cucharadita de margarina
1 diente de ajo grande machacado
1 cucharada de jugo de limón
4 cucharaditas de alcaparras escurridas

Sazone ligeramente con sal y pimienta un lado de cada medallón, si lo desea.

En una cacerola grande con recubrimiento antiadherente, a fuego medio-alto, caliente el aceite y la margarina. Agregue los medallones y el ajo; cueza el pavo aproximadamente 1½ minutos por lado; voltee los medallones una vez que las orillas de la carne cambien de color rosa a blanco. Revuelva el ajo de vez en cuando y continúe cociendo hasta que los medallones pierdan su color rosado en el centro y registren 76 °C en un termómetro para carne. Retire la cacerola del fuego. Vierta el jugo de limón sobre los medallones y distribuya las alcaparras; sirva de inmediato.

Nutrimentos por porción:			
Calorías	150	Colesterol	70 mg
Grasa	4 g	Sodio	162 mg

Medallones de Pavo Piccata

Pollo Bombay al Curry

Rinde 4 porciones

1 cebolla mediana en rebanadas
2 dientes de ajo picados
2 cucharaditas de curry en polvo
1 cucharada de aceite de oliva
2 mitades de pechuga de pollo deshuesadas, sin piel y cortadas en tiras de .5 cm de grosor (unos 225 g)
400 g de tomate rojo estofado
⅓ de taza de uvas pasa sin semilla
450 g de papa tierna, cocida y cortada en trozos
450 g de ejotes cocidos

En una cacerola grande, caliente el aceite a fuego medio-alto; sofría la cebolla, el ajo y el curry, hasta que la cebolla esté suave; revuelva de vez en cuando. Incorpore el pollo, el tomate rojo con su jugo y las pasas; deje que hierva. Baje el fuego, tape y deje cocer a fuego medio por 8 minutos. Agregue la papa y los ejotes; cueza, sin tapar, por 5 minutos; revuelva de vez en cuando. Sazone con sal y pimienta al gusto, si lo desea.

Tiempo de preparación: 10 minutos
Tiempo de cocción: 18 minutos

Nutrimentos por porción:			
Calorías	233	Colesterol	34 mg
Grasa	5 g	Sodio	643 mg

Ensalada de Pavo

Rinde 4 porciones

4 rebanadas de pechuga de pavo o 4 mitades de pechuga de pollo, deshuesadas y sin piel (unos 450 g)
1 cucharada de aceite vegetal
½ taza de agua
2 cucharaditas de consomé instantáneo de pollo o 2 cubos de consomé de pollo
½ cucharadita de tomillo o estragón
¼ de cucharadita de cebolla en polvo
1 taza de tiras delgadas de zanahoria
1 taza de tiras delgadas de pimiento morrón rojo y de pimiento morrón verde

En una cacerola grande, dore el pavo en el aceite. Agregue el agua, el consomé, el tomillo, la cebolla en polvo y la zanahoria. Tape; deje cocer por 10 minutos. Agregue los pimientos; tape y cueza durante 5 minutos más o hasta que la verdura esté suave. Refrigere el sobrante.

Nutrimentos por porción:			
Calorías	145	Colesterol	30 mg
Grasa	6 g	Sodio	501 mg

Bisteces de Pavo con Salvia

Rinde 4 porciones

450 g de bisteces de pechuga de pavo

Marinada
- **½ taza de vino blanco seco**
- **¼ de taza de aceite de oliva**
- **1 cucharada de cebolla finamente picada**
- **1 cucharadita de perejil seco**
- **½ cucharadita de salvia seca**
- **½ cucharadita de sal**
- **⅛ de cucharadita de pimienta negra**

Pique el pavo con un tenedor. En un refractario de vidrio, mezcle los ingredientes para la marinada y luego agregue el pavo. Tape y refrigere por lo menos durante 1 hora o hasta por 24 horas. Ase, a 12 cm de la fuente de calor, o cueza en un asador tapado, de 8 a 10 minutos, o hasta que se aclaren los jugos; voltee el pavo a la mitad del tiempo de cocción.

Tiempo de preparación: 5 minutos
Tiempo de cocción: 10 minutos

Nutrimentos por porción:

Calorías	200	Colesterol	60 mg
Grasa	9 g	Sodio	225 mg

Pollo Agridulce Salteado

Rinde 4 porciones

- **1 lata (225 g) de piña en almíbar en trozos**
- **1 cucharada de fécula de maíz**
- **⅓ de taza de vinagre de sidra de manzana**
- **¼ de taza bien compacta de azúcar morena**
- **⅛ de cucharadita de pimienta negra**
- **1 pimiento morrón rojo chico, cortado en tiras**
- **1 pimiento morrón verde chico, cortado en tiras delgadas**
- **1 cebolla mediana en rebanadas delgadas**
- **450 g de pechugas de pollo deshuesadas y sin piel, cortadas en tiras de 1.5 cm**

Escurra la piña; conserve el almíbar. En un recipiente chico, mezcle el almíbar, la fécula de maíz, el vinagre, el azúcar y la pimienta negra. Rocíe una cacerola grande con antiadherente en aerosol; sofría los pimientos morrones y la cebolla hasta que estén suaves; retire de la cacerola. Vuelva a rociar la cacerola con el antiadherente; sofría el pollo de 2 a 3 minutos o hasta que el pollo esté dorado. Incorpore la mezcla de almíbar; cueza de 2 a 3 minutos o hasta que el pollo esté cocido y la salsa hierva y se espese. Agregue la verdura y la piña, y deje que se caliente; revuelva de vez en cuando. Sirva con arroz si lo desea.

Nutrimentos por porción:

Calorías	235	Colesterol	66 mg
Grasa	2 g	Sodio	80 mg

Pollo con Jengibre

Pollo con Jengibre

Rinde 4 porciones

- **Sal**
- **2 pechugas de pollo enteras, abiertas, con hueso y sin piel (450 g)**
- **2 cucharadas de aceite vegetal**
- **1 pimiento morrón rojo mediano, cortado en tiras de 5 cm×.5 cm**
- **1 pimiento morrón verde mediano, cortada en tiras de 5 cm×.5 cm**
- **1 lata (225 g) de piña en almíbar en trozos, sin escurrir**
- **½ taza de salsa picante**
- **2 cucharadas de cilantro o perejil fresco picado**
- **2 a 3 cucharaditas de jengibre fresco rallado o ¾ a 1 cucharadita de jengibre molido**

Sazone las pechugas de pollo con un poco de sal. En una cacerola grande, caliente el aceite a fuego medio, agregue el pollo; cueza más o menos 5 minutos de cada lado o hasta que esté ligeramente dorado y suave. Retire el pollo; pero consérvelo caliente. Añada las tiras de pimiento, la piña y el almíbar, la salsa picante, el cilantro y el jengibre a la cacerola. Cueza, revolviendo con frecuencia, de 5 a 7 minutos o hasta que los pimientos estén suaves y la salsa se haya espesado. Regrese el pollo a la cacerola y deje que se caliente.

Nutrimentos por porción:

Calorías	256	Colesterol	73 mg
Grasa	10 g	Sodio	284 mg

De arriba abajo: Pay de Pavo, Hamburguesas de Pavo

Pay de Pavo

Rinde de 6 a 8 porciones

450 g de pavo molido
1 taza de salsa
1 lata (225 g) de masa para panecillos
refrigerada
¼ de taza (30 g) de queso cheddar rallado

Caliente el horno a 230 °C. En una sartén con recubrimiento antiadherente, cueza el pavo a fuego medio por 10 minutos o hasta que pierda su color rosado, revuelva para separar los pedazos de pavo. Incorpore la salsa.

Con la masa para panecillos, cubra un molde para pay de 23 cm de diámetro; cubra los costados y la orilla para formar la base. Sobre la base, extienda uniformemente la mezcla de pavo; espolvoree encima el queso. Hornee de 18 a 20 minutos o hasta que se dore la base.

Nutrimentos por porción:			
Calorías	196	Colesterol	35 mg
Grasa	10 g	Sodio	413 mg

Hamburguesas de Pavo

Rinde 4 porciones

450 g de pavo molido
1 cucharadita de consomé instantáneo de pollo
¼ de cucharadita de tomillo seco machacada
1 cucharadita de pimienta negra molida

Salsa
1 tomate rojo grande picado
½ taza de yogur natural sin grasa
1 cucharada de perejil picado

En un recipiente grande, mezcle el pavo, el consomé y el tomillo. Haga cuatro hamburguesas de 10 cm de diámetro. Espolvoree la pimienta sobre las hamburguesas (más o menos ⅛ de cucharadita por lado), presione un poco la pimienta en la carne. En una sartén con recubrimiento antiadherente, cueza las hamburguesas a fuego medio por 12 minutos o hasta que la carne pierda su color rosado; voltéelas de vez en cuando.

Mientras tanto, en un recipiente chico, mezcle los ingredientes para la salsa. Sirva la salsa fría sobre las hamburguesas de pavo.

Nutrimentos por porción (1 hamburguesa):			
Calorías	190	Colesterol	75 mg
Grasa	8 g	Sodio	315 mg

Pavo y Verduras al Horno

Rinde 8 porciones

675 g de calabacitas, cortadas en rebanadas de
.5 cm de grosor
450 g de pavo molido
1 taza de cebolla picada
2 dientes de ajo picados
1 taza de arroz instantáneo sin cocer
2½ cucharaditas de hierbas para sazonar tipo
italiano, machacadas
1 cucharadita de sal
½ cucharadita de pimienta
2 tazas de queso cottage bajo en grasa
1 taza (120 g) de queso mozzarella bajo en
grasa rallado
2 cucharadas de perejil picado fino
1.125 kg de tomate rojo, pelado y cortado en
rebanadas de 1.5 cm de grosor*
1 cucharadita de azúcar
3 cucharadas de queso parmesano rallado

En horno de microondas: En un refractario para horno de microondas de 33×23 cm, acomode la calabacita; cúbralo con plástico y haga unas perforaciones. Cueza a temperatura ALTA (100 %) durante 8 minutos o hasta que esté suave; gire el refractario a la mitad del tiempo de cocción. Escurra las rebanadas de calabacita sobre toallas de papel.

En una cacerola grande, cueza revolviendo el pavo, la cebolla y el ajo de 5 a 6 minutos o hasta que el pavo pierda su color rosado. Escúrralo si es necesario y agregue el arroz, 2 cucharaditas de las hierbas para sazonar, la sal y la pimienta. En un recipiente mediano, mezcle el queso cottage, el queso mozzarella y el perejil.

En el mismo refractario que utilizó para las calabacitas, haga una capa con la mitad de las rebanadas de calabacita; corone con la mezcla de pavo, la mitad de las rebanadas de tomate rojo, ¼ de cucharadita de las hierbas para sazonar, ½ cucharadita de azúcar y la mezcla de queso. Encima ponga otra capa con el resto de la calabacita y las rebanadas de tomate rojo; espolvoree las hierbas para sazonar restantes y la ½ cucharadita de azúcar. Cubra el refractario con plástico y hágale unas perforaciones.

Cueza a temperatura ALTA por 5 minutos. Dé medio giro al refractario y cueza a temperatura MEDIA (50 %) durante 10 minutos. Retire el plástico y espolvoree el queso parmesano. Cubra con papel de aluminio y deje reposar 10 minutos.

*Nota: Para pelar el tomate rojo, en la cáscara haga un corte profundo en "X" en el extremo del tallo. Sumerja en agua hirviente y blanquee por 15 segundos. Saque con una espumadera; sumerja en un recipiente con agua helada. La cáscara se debe desprender con facilidad.

Nutrimentos por porción:			
Calorías	260	Colesterol	53 mg
Grasa	8 g	Sodio	679 mg

Pechugas de Pollo Empanizadas al Horno

Pechugas de Pollo Empanizadas al Horno

Rinde 8 porciones

8 mitades de pechuga de pollo deshuesadas y
    sin piel (unos 900 g)
2 claras de huevo
½ taza de leche descremada
½ taza de harina de trigo
1 cucharada de pimentón
1 cucharadita de hojas de albahaca seca
½ cucharadita de sal
¼ de cucharadita de pimienta
1 taza de pan molido
¼ de taza de aceite vegetal

1. Caliente el horno a 220 °C.

2. Bata las claras de huevo hasta que estén
espumosas. Incorpore la leche.

3. En una bolsa grande, ponga la harina, el pimentón,
la albahaca, la sal y la pimienta. En otra bolsa ponga
el pan molido. En la bolsa con la mezcla de harina
meta una o dos pechugas a la vez; agite, saque las
pechugas y sumérjalas en la mezcla de clara. Por
último, métalas en la bolsa con el pan molido y agite.

4. En una charola para horno, distribuya el aceite.
Meta en el horno hasta que el aceite esté caliente. No
deje humear. Acomode las pechugas en una sola capa.

5. Hornee a 220 °C durante 10 minutos. Voltee las
pechugas. Espolvoree con lo que le haya sobrado de
pan molido. Hornee por 5 minutos más.

Nutrimentos por porción:			
Calorías	240	Colesterol	66 mg
Grasa	8 g	Sodio	222 mg

Pechugas Parmesanas

Rinde 4 porciones

1 taza de hojuelas tostadas de arroz
2 cucharadas de queso parmesano rallado
1 cucharada de harina de trigo
2 cucharaditas de sazonador italiano
⅓ de taza de aderezo para ensaladas tipo
    italiano bajo en calorías
4 pechugas de pollo, con hueso y sin piel (unos
    450 g)
  Antiadherente en aerosol

1. En un procesador de alimentos o una batidora
eléctrica, mezcle las hojuelas, el queso parmesano, la
harina y el sazonador; procese hasta que las hojuelas
parezcan pan molido. Ponga la mezcla en un
recipiente poco profundo.

2. En otro recipiente poco profundo, vierta el aderezo
para ensalada; remoje el pollo y luego empanícelo
con la mezcla de cereal. Póngalo en una sola capa en
una charola para hornear rociada con antiadherente en
aerosol.

3. Hornee a 180 °C por 30 minutos o hasta que el
pollo esté suave. No tape ni voltee el pollo mientras
esté en el horno.

Nutrimentos por porción:			
Calorías	230	Colesterol	70 mg
Grasa	6 g	Sodio	485 mg

Pollo Escandinavo

Rinde 4 porciones

1 frasco (360 ml) de salsa para pollo (gravy)
    estilo casero
¼ de taza de crema agria
2 cucharaditas de jugo de limón
1 cucharadita de eneldo seco
4 mitades de pechuga de pollo deshuesadas y
    sin piel, asadas o salteadas
  Tallarines cocidos y calientes (opcional)

En una cacerola chica, mezcle los primeros
4 ingredientes; caliente a fuego bajo, hasta que se
incorporen y burbujeen. Para cada porción, rebane el
pollo diagonalmente a través de la fibra en
4 rebanadas. Sirva sobre una cama de tallarín; ponga
la salsa sobre el pollo. Adorne con rebanadas de
limón, si lo desea.

Nutrimentos por porción:			
Calorías	213	Colesterol	75 mg
Grasa	8 g	Sodio	607 mg

Tiras de Pavo con Pimiento

Rinde 4 porciones

450 g de filetes de pechuga de pavo deshuesada y sin piel
1 cucharada de aceite de oliva
   Sal y pimienta negra molida, al gusto
2 tazas de pimiento morrón verde rebanado
1 taza de cebolla rebanada
2 tazas de couscous o arroz integral cocido y caliente (opcional)
1 cucharada de perejil picado (opcional)

Prepare el asador en el exterior o caliente un asador eléctrico. Frote los filetes con aceite y sazone ligeramente con sal y pimienta. Ase los filetes de 12 a 15 cm de la fuente de calor por 3 minutos. Voltee los filetes y cúbralos con el pimiento morrón y la cebolla. Ase de 5 a 6 minutos más hasta que el pavo esté bien cocido. Sirva sobre el couscous espolvoreado con perejil, si desea.

Nutrimentos por porción:

Calorías	286	Colesterol	70 mg
Grasa	6 g	Sodio	83 mg

Pollo Asado al Limón

Rinde 4 porciones

4 mitades de pechuga de pollo deshuesadas y sin piel (unos 450 g)
¼ de taza de salsa inglesa
2 cucharadas de jugo de limón
1 cucharadita de ajo picado
½ cucharadita de pimienta
½ cucharadita de ralladura de cáscara de limón
   Aceite vegetal

Aplane un poco las pechugas de pollo para uniformar su grosor. Prepare la marinada mezclando la salsa inglesa y los siguientes 4 ingredientes; vierta sobre el pollo. Tápelo y déjelo marinar por 30 minutos; voltéelo una vez. Ponga el pollo en el asador; barnícelo con aceite. Áselo de 10 a 12 cm de la fuente de calor por 3 o 4 minutos y voltéelo. Barnícelo con la salsa y después con el aceite; áselo de 3 a 4 minutos más o hasta que el pollo esté suave y pierda su color rosado.

Nutrimentos por porción:

Calorías	142	Colesterol	66 mg
Grasa	3 g	Sodio	239 mg

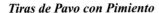

Tiras de Pavo con Pimiento

Pollo con Uvas

Rinde 4 porciones

2 tazas de mitades de uva roja chilena
4 mitades de pechuga de pollo deshuesadas y
    sin piel (unos 560 g)
2 cucharadas de harina de trigo
½ cucharadita de sal
½ cucharadita de albahaca seca machacada
¼ de cucharadita de estragón seco machacado
¼ de cucharadita de pimentón
⅛ de cucharadita de pimienta blanca
1 cucharada de aceite de oliva o vegetal
2 dientes de ajo picados
¾ de taza de consomé de pollo
1 cucharada de vinagre de vino blanco
1 cucharadita de jugo de limón
1 cucharada de perejil finamente picado

Enjuague, escurra y quite las semillas a las mitades
de uva. Corte cada pechuga de pollo a la mitad y a lo
largo. En un recipiente chico mezcle la harina, la sal,
la albahaca, el estragón, el pimentón y la pimienta;
revuelva bien. Agregue las tiras de pollo y revuelva
para que se cubran; conserve el exceso de la mezcla
de harina. En una cacerola caliente el aceite a fuego
medio-alto hasta que esté caliente. Añada el pollo y
cuézalo hasta que esté dorado; gire y dore los otros
lados. Ponga el ajo y espolvoree la mezcla de harina
restante. Vierta el consomé, el vinagre y el jugo de
limón; tape y cueza por 5 minutos. Incorpore las
mitades de uva y cueza, sin tapar, durante 5 minutos
más o hasta que el pollo se sienta suave cuando lo
pique con un tenedor. Ponga el pollo y las mitades de
uva en platos extendidos. Hierva el líquido por
1 minuto y vierta sobre el pollo. Espolvoree con
perejil.

Nutrimentos por porción:			
Calorías	276	Colesterol	77 mg
Grasa	8 g	Sodio	84 mg

Gyros de Pavo y Manzana

Rinde 8 porciones

1 cucharada de aceite vegetal
1 taza de cebolla rebanada
1 taza de pimiento morrón rojo, en rebanadas
    delgadas
1 taza de pimiento morrón verde, en
    rebanadas delgadas
225 g de pechuga de pavo cocida, cortada en tiras
    delgadas
1 manzana golden mediana, sin corazón y en
    rebanadas delgadas
2 cucharadas de jugo de limón
8 pitas (pan árabe) ligeramente tostadas
½ taza de yogur natural

En una cacerola con recubrimiento antiadherente,
caliente el aceite a fuego medio-alto. Agregue la
cebolla y los pimientos; sofríalos hasta que la cebolla
y los pimientos estén suaves. Incorpore el pavo; cueza
hasta que el pavo esté bien caliente. Retire del fuego;
incorpore la manzana y el jugo de limón. Corte por la
mitad las pitas y rellene equitativamente cada mitad
con la mezcla de manzana; bañe con el yogur. Sirva
calientes.

Nutrimentos por porción (2 mitades de pita):			
Calorías	195	Colesterol	28 mg
Grasa	3 g	Sodio	244 mg

Pollo Cordon Bleu Light

Rinde 6 porciones

½ taza de pan molido sazonado
1 cucharada de queso parmesano rallado
1 cucharadita de perejil picado
½ cucharadita de pimentón
1 clara de huevo
560 g de pechugas de pollo deshuesadas, sin piel
    y aplanadas
180 g de queso suizo bajo en grasa
180 g de jamón de pavo rebanado

En horno de microondas: En un recipiente chico,
mezcle el pan molido, el queso parmesano, el perejil
y el pimentón. En otro recipiente poco profundo, bata
ligeramente la clara de huevo. Ponga encima de cada
pechuga 1 rebanada de queso suizo y 2 rebanadas de
jamón traslapadas; enrolle y afiance con un palillo.
Sumerja cada rollo en la clara de huevo y después en
la mezcla de pan molido, cubra los costados.

En un refractario para horno de microondas, acomode
en forma circular los rollos de pollo, con la unión
hacia abajo. Cubra con papel encerado; cuézalos a
temperatura MEDIA-ALTA (70 %) por 5 minutos.
Voltee los rollos; cúbralos con toallas de papel dobles.
Cueza a temperatura MEDIA-ALTA durante
8 minutos. Deje reposar, sin tapar, de 5 a 10 minutos
antes de servir.

Nutrimentos por porción:			
Calorías	269	Colesterol	91 mg
Grasa	8 g	Sodio	676 mg

Medallones de Pavo con Salsa Marsala y Mostaza

Rinde 4 porciones

¼ de taza de harina de trigo
¼ de cucharadita de sal
¼ de cucharadita de pimienta
450 g de filetes de pavo, cortados en medallones de 1.5 cm de grosor
½ taza de vino marsala
¼ de taza de consomé de pollo con poca sal
2 cucharaditas de mostaza Dijon
1 cucharada de aceite de oliva
1 diente de ajo picado

En un plato extendido de 23 cm de diámetro, mezcle la harina con la sal y la pimienta. Cubra los medallones de pavo con la mezcla de harina. En un recipiente chico, combine 2 cucharaditas de la mezcla de harina con el vino, el consomé y la mostaza, revuelva bien.

En una cacerola grande con recubrimiento antiadherente, caliente el aceite a fuego medio; agregue los medallones y cuézalos de 4 a 5 minutos por lado o hasta que el pavo pierda su color rosado en el centro. Retire los medallones de la cacerola; consérvelos calientes.

Agregue el ajo; sofríalo hasta que esté un poco dorado. Añada la mezcla de vino; cueza y revuelva durante 1 minuto o hasta que se espese la salsa. Para servir, vierta la salsa sobre los medallones.

Nutrimentos por porción:			
Calorías	236	Colesterol	70 mg
Grasa	4 g	Sodio	309 mg

Salsa Agridulce

Rinde 12 porciones

1 cucharada de aceite vegetal
1 diente de ajo picado
½ taza compacta de azúcar morena
⅓ de taza de vinagre de sidra
4 cucharaditas de salsa de soya baja en sodio
1 cucharada de pimentón
1 taza de agua
2 cucharadas de fécula de maíz
1 taza de piña fresca cortada en cubos
1 taza de tomate rojo pelado, sin semillas y picado
½ taza de chile verde picado
½ taza de cebolla picada

En una cacerola mediana, caliente el aceite a fuego medio; cuando esté caliente, agregue el ajo y sofríalo por 1 minuto. Agregue el azúcar morena, el vinagre, la salsa de soya, el pimentón y el agua; revuelva hasta que se incorporen. Cueza a fuego medio durante 1 minuto. En una taza medidora, mezcle la fécula de maíz con unas 3 cucharadas de la salsa. Incorpore gradualmente la mezcla de fécula de maíz. Añada la piña, el tomate rojo, el chile y la cebolla. Cueza, sin tapar, de 5 a 7 minutos hasta que la salsa se espese y las verduras estén suaves. Sirva caliente sobre pollo asado a la parrilla o sobre filetes de pescado escalfados.

Nutrimentos por porción (⅓ de taza de salsa):			
Calorías	66	Colesterol	0 mg
Grasa	1 g	Sodio	38 mg

Medallones de Pavo con Pimienta y Chutney

Rinde 4 porciones

½ a 1 cucharada de granos de pimienta
450 g de filetes de pavo, cortados en medallones de 1.5 cm de grosor
1 cucharadita de margarina
2 cucharaditas de aceite de oliva
2 cucharadas de cebollín picado
¼ de taza de consomé de pollo con poca sal
2 cucharadas de brandy
¼ de taza de chutney

Muela los granos de pimienta en un molino para especias, en un procesador de alimentos o en un mortero. Espolvoree la pimienta en ambos lados de los medallones de pavo y presione para que se incruste la pimienta. Refrigere por 30 minutos. En una cacerola grande con recubrimiento antiadherente, caliente la margarina y 1 cucharadita de aceite a fuego medio; cuando esté caliente ponga los medallones; cuézalos de 4 a 5 minutos por lado o hasta que el pavo pierda su color rosado en el centro. Retire los medallones de la cacerola, pero consérvelos calientes.

En la cacerola, caliente el aceite restante a fuego medio-alto; cuando esté caliente, agregue la cebolla y sofríala durante 30 segundos. Vierta el consomé y cueza por 45 segundos para reducir el líquido. Incorpore el brandy y cueza de 1 a 2 minutos. Reduzca el fuego a bajo; incorpore el chutney. Para servir, vierta la salsa sobre los medallones.

Nutrimentos por porción:			
Calorías	218	Colesterol	70 mg
Grasa	4 g	Sodio	142 mg

Pollo Picante a la Cacerola

Rinde 4 porciones

450 g de pechuga de pollo o de pavo, deshuesada
    y sin piel
  1 cucharada de aceite de oliva o aceite vegetal
  1 diente de ajo picado
400 a 450 g de tomates rojos picados; conserve el
    jugo
  ⅓ de taza de salsa picante
  1 pimiento morrón mediano, amarillo o verde,
    cortado en pedazos de 1.5 cm
  1 cebolla mediana, cortada en rebanadas
  ¾ de cucharadita de comino molido
  ½ cucharadita de sal (opcional)
  1 cucharada de fécula de maíz
  1 cucharada de agua
  2 tazas de arroz cocido caliente
  1 a 2 cucharadas de cilantro picado
    Salsa picante adicional (opcional)

Corte el pollo en tiras de 4×1.5×1.5 cm. Sazónelas
con sal y pimienta negra al gusto, si lo desea. En una
cacerola de 25 cm de diámetro caliente el aceite,
agregue el pollo y el ajo; sofríalos hasta que el pollo
esté casi completamente cocido, más o menos
5 minutos. Aparte, mezcle el tomate con su jugo,
⅓ de taza de salsa picante, el pimiento morrón, la
cebolla, el comino y la sal; revuelva bien e incorpore
a la cacerola; deje cocer 5 minutos, revuelva de vez
en cuando. Disuelva la fécula de maíz en el agua y
vierta en la cacerola; deje cocer más o menos
1 minuto o hasta que la salsa se espese; revuelva sin
cesar. Sirva sobre el arroz con el cilantro y salsa
picante adicional, si lo desea.

Nutrimentos por porción:			
Calorías	298	Colesterol	65 mg
Grasa	5 g	Sodio	674 mg

Pollo Picante a la Cacerola

Chiles Rellenos de Pavo

Rinde 4 porciones

450 g de pavo molido
  ½ taza de arroz instantáneo sin cocer
  ½ taza de zanahoria rallada
  ¼ de taza de cebolla picada
  3 cucharadas de perejil picado
  1 a 2 dientes de ajo machados
  ½ cucharadita de sal
  ½ cucharadita de pimienta negra
  1 lata (360 g) de puré de tomate rojo
  4 pimientos morrones verdes chicos

En horno de microondas: En un recipiente mediano,
mezcle el pavo con el arroz, la zanahoria, la cebolla,
el perejil, el ajo, la sal, la pimienta negra y 1 taza de
salsa de tomate; revuelva bien. Corte la corona de los
chiles; saque y deseche las semillas y las venas.
Rellene equitativamente los chiles con la mezcla de
pavo y luego acomódelos en un refractario cuadrado
de 20 cm; cúbralo con plástico y haga unas
perforaciones. Cueza en el horno de microondas a
temperatura ALTA (100 %) de 8 a 10 minutos; gire el
refractario a la mitad del tiempo de cocción, hasta que
los chiles y el arroz estén suaves. Vierta encima el
puré de tomate restante. Cueza a temperatura ALTA
por 1 minuto. Deje reposar tapado por 3 minutos.

Nutrimentos por porción:			
Calorías	265	Colesterol	72 mg
Grasa	10 g	Sodio	885 mg

Pastel de Pavo con Tocino Barbecue

Rinde 10 porciones

900 g de pavo molido
  12 rebanadas de tocino de pavo, cortadas en
    cubos
  1 taza de avena de cocción rápida, sin cocer
  1 cebolla mediana, finamente picada
  ½ taza de salsa barbecue
  2 claras de huevo grande
  1 cucharada de salsa inglesa

En un recipiente grande, mezcle todos los
ingredientes. En un molde para pan de 23×13 cm, sin
engrasar, ponga la mezcla y déle la forma del molde.
Corone con salsa barbecue adicional, si lo desea.
Hornee a 190 °C durante 1 hora y 15 minutos. Antes
de rebanar, deje reposar por 10 minutos.

Nota: Puede mezclar los ingredientes un día antes y
refrigerar la mezcla. Hornee a 190 °C durante
1 ½ horas.

Nutrimentos por porción:			
Calorías	215	Colesterol	70 mg
Grasa	9 g	Sodio	525 mg

Pollo y Brócoli con Hierbas

Rinde 4 porciones

285 g de pechugas de pollo deshuesadas y sin
    piel, cortadas en tiras de 1.5 cm
1 cucharadita de sazonador tipo italiano
1 taza de leche evaporada descremada sin
    diluir
2 cucharadas de harina de trigo
1 diente de ajo machacado
¼ de cucharadita de sal (opcional)
⅛ de cucharadita de pimienta blanca
½ taza (60 g) de queso suizo bajo en grasa
    rallado
1 bolsa (285 g) de floretes de brócoli,
    descongelados y escurridos, cortados en
    trozos pequeños
    Pimentón

Espolvoree el pollo con el sazonador de hierbas.
Ponga el pollo entre hojas de papel encerado y
aplánelo. Retire el papel. Rocíe una cacerola con
antiadherente en aerosol. Sofría las tiras de pollo sólo
hasta que pierdan su color rosado. Consérvelas
calientes. En una cazuela chica, ponga la harina y
bátala con un poco de leche; ya que se disuelva,
incorpore el resto de la leche, el ajo, la sal y la
pimienta. Cueza a fuego medio, revolviendo sin cesar,
hasta que la mezcla hierva y se espese. Agregue el
queso; revuelva hasta que se funda.

Rocíe un molde de 25×15×5 cm con antiadherente.
Distribuya ¼ de taza de salsa en el fondo del molde.
Encima acomode el brócoli y después el pollo.
Encima de todo, vierta el resto de la salsa y
espolvoree el pimentón. Cubra y hornee en el horno
calentado a 180 °C durante 20 a 25 minutos o hasta
que esté bien caliente.

Nutrimentos por porción:

Calorías	197	Colesterol	49 mg
Grasa	3 g	Sodio	315 mg

Fajitas Cremosas de Pavo

Fajitas Cremosas de Pavo

Rinde 6 porciones

⅓ de taza de mostaza y de crema agria ligera
½ cucharadita de ajo en polvo y de comino
    molido
½ cucharadita de orégano seco machacado
1 cucharada de aceite de maíz
2 tazas de pimiento morrón rojo o amarillo
    rebanado
½ taza de cebolla morada rebanada
2 tazas (360 g) de pavo cocido desmenuzado
6 tortillas de harina (de 17.5 cm)

En un recipiente chico, mezcle la mostaza, la crema
agria, el ajo, el comino y el orégano. En una sartén
grande caliente el aceite; sofría el pimiento y la
cebolla hasta que estén suaves. Incorpore la mezcla
de mostaza y el pavo. Cueza a fuego medio-bajo;
revuelva hasta que esté bien caliente. En el centro de
cada tortilla, ponga ½ taza de la mezcla; doble la
tortilla. Sirva caliente.

Nutrimentos por porción:

Calorías	176	Colesterol	4 mg
Grasa	8 g	Sodio	304 mg

Pollo Marinado con Yogur

Rinde 4 porciones

½ taza de consomé de pollo bajo en sodio
½ taza de vino blanco seco
¾ de taza de poro rebanado
2 cucharadas de jugo de limón
½ cucharadita de ralladura de cáscara de
    limón
¼ de cucharadita de pimienta inglesa molida
4 mitades de pechuga de pollo deshuesadas y
    sin piel (unos 450 g); quite toda la grasa
    visible
1 taza de yogur natural sin grasa o bajo en
    grasa
1 cucharada de mostaza Dijon
1 cucharada de perejil picado

En un recipiente grande poco profundo, mezcle el consomé de pollo, el vino, el poro, el jugo de limón, la ralladura de limón y la pimienta inglesa; agregue el pollo. Tape y refrigere varias horas o toda la noche. Saque el pollo de la marinada y ponga en un asador eléctrico; conserve la salsa. Ase de 10 a 15 cm de la fuente de calor de 8 a 12 minutos o hasta que esté ligeramente dorado. Caliente el horno a 180 °C. Coloque el pollo en un refractario poco profundo. En una olla chica, vierta la marinada y hiérvala; baje la flama, deje cocer tapado durante 5 minutos. Deje enfriar por 10 minutos. Bata el yogur con la mostaza y el perejil. Vierta sobre el pollo y hornee durante 14 minutos o hasta que el pollo pierda su color rosado en el centro.

Nutrimentos por porción:			
Calorías	260	Colesterol	100 mg
Grasa	5 g	Sodio	210 mg

Croquetas de Pavo Glaseadas

Rinde 4 porciones

1 taza de cereal de avena de cualquier variedad
¼ de taza de cebolla picada
1 clara de huevo
½ cucharadita de sal de ajo
⅛ de cucharadita de pimienta
¼ de taza de castaña de agua picada
2 cucharaditas de mostaza
1 cucharada de rábano rusticano preparado
450 g de pavo molido

Glasé

2 cucharadas de mostaza
¼ de taza bien compacta de azúcar morena
2 cucharaditas de vinagre de vino blanco con
    estragón

1. Mezcle el cereal con la cebolla, la clara de huevo, la sal de ajo, la pimienta, la castaña, la mostaza y el rábano. Agregue el pavo y revuelva hasta que se incorporen todos los ingredientes. Haga 4 croquetas; póngalas en una charola de 33×23×5 cm cubierta con papel de aluminio.

2. Hornee a 180 °C durante 20 minutos. Mezcle todos los ingredientes del glasé. Saque las croquetas del horno y barnícelas con el glasé. Regréselas al horno y hornee por 10 minutos más. Adorne con perejil, si lo desea.

En horno de microondas: Prepare la mezcla como se indica arriba. Póngala en un refractario para horno de microondas. Cueza a temperatura MEDIA-ALTA (70 %) durante 5 minutos. Gire el refractario y continúe cociendo por 3 minutos más. Saque del horno y barnice con el glasé. Cueza a temperatura MEDIA-ALTA por 2 minutos más. Deje reposar durante 2 minutos antes de servir. Sirva adornado con perejil, si lo desea.

Nutrimentos por porción:			
Calorías	290	Colesterol	70 mg
Grasa	4 g	Sodio	718 mg

Brochetas Asadas de Pollo

Rinde 6 porciones

675 g de pollo tierno deshuesado y sin piel
    Sal al gusto (opcional)
2 cucharaditas de pimienta negra molida
    gruesa
12 tomates cherry
3 elotes cortados en trozos de 5 cm de ancho
6 cebollas cambray cortadas en trozos de
    7.5 cm
1 cucharada de aceite vegetal
¼ a ½ taza de jarabe sabor maple

Prepare el asador exterior o caliente un asador eléctrico. Sazone ligeramente el pollo con sal y presione la pimienta en el pollo. Corte el pollo en pedazos de 5 cm. En 12 agujas de brocheta, ensarte alternadas la carne de pollo blanca y roja, los tomates, el elote y la cebolla de cambray; barnice con el aceite. Ase las brochetas de 15 a 20 cm de la fuente de calor durante 10 minutos; rocíelas con el jarabe; continúe asando por 15 minutos más hasta que el pollo esté bien cocido; bañe de vez en cuando con el jarabe. Sirva caliente.

Nutrimentos por porción:			
Calorías	248	Colesterol	80 mg
Grasa	6 g	Sodio	97 mg

Pollo Marinado con Yogur

Brochetas Teriyaki

Brochetas Teriyaki

Rinde 4 porciones

**2 pechugas de pollo enteras, abiertas,
    deshuesadas y sin piel (unos 450 g)**
**16 floretes de brócoli (de 5 cm) cocidos o
    1 pimiento morrón verde grande, cortado
    en trozos de 2.5 cm**
16 champiñones grandes, con el tallo recortado
½ taza de salsa picante
**¼ de taza de aderezo para ensalada tipo
    italiano bajo en calorías**
2 cucharadas de salsa de soya light
1½ cucharaditas de jengibre fresco rallado
½ cucharadita de azúcar
8 tomates cherry

Aplane el pollo hasta que mida 1.5 cm de grosor;
córtelo a lo largo. Ponga el pollo, el brócoli y los
champiñones en una bolsa de plástico. En un
recipiente chico, mezcle la salsa picante, el aderezo,
la salsa de soya, el jengibre y el azúcar; revuelva bien.
Agregue la mezcla de salsa picante al pollo de la
bolsa. Refrigere por 1 hora; gire la bolsa con
frecuencia. Escurra el pollo y las verduras; conserve
la salsa. En agujas para brocheta, ensarte
alternadamente las tiras de pollo, el brócoli y los
champiñones. Caliente la salsa hasta que hierva.
Ponga las brochetas en el asador sobre el carbón
encendido o en la rejilla del asador eléctrico. Barnice
con la salsa y ase hasta que el pollo esté bien cocido;
gire y rocíe la salsa una vez. Durante el último minuto
de cocción, inserte los tomates cherry en las agujas.

Nutrimentos por porción:

Calorías	254	Colesterol	67 mg
Grasa	6 g	Sodio	850 mg

Pechuga de Pollo a la Florentina

Rinde 6 porciones

**6 mitades de pechuga de pollo deshuesadas y
    sin piel (unos 675 g)**
**1 bolsa (285 g) de espinaca picada,
    descongelada y escurrida**
**1 lata (75 g) de champiñones rebanados y
    escurridos**
½ taza de cebolla picada
**½ taza (60 g) de queso mozzarella bajo en
    grasa, rallado**
½ taza de queso ricotta bajo en grasa
⅛ de cucharadita de pimienta negra
1 frasco (360 g) de salsa para pollo estilo casero
½ cucharadita de tomillo seco machacado

Ponga las pechugas de pollo en una charola para
horno ligeramente engrasada. Mezcle la espinaca, los
champiñones, la cebolla, los quesos y la pimienta.
Coloque la mezcla de espinaca sobre las pechugas de
pollo. Revuelva la salsa para pollo con el tomillo;
vierta sobre la espinaca y el pollo. Cubra; hornee a
190 °C de 40 a 45 minutos.

En horno de microondas: Ponga las pechugas de
pollo en un refractario. Mezcle la espinaca, los
champiñones, la cebolla, los quesos y la pimienta.
Coloque la mezcla de espinaca sobre las pechugas.
Mezcle la salsa para pollo con el tomillo; vierta sobre
la espinaca y el pollo. Cubra el refractario con papel
encerado. Cueza a temperatura ALTA (100 %) hasta
que el pollo pierda su color rosado en el centro.

Nutrimentos por porción:

Calorías	227	Colesterol	77 mg
Grasa	7 g	Sodio	573 mg

Pollo a la Naranja

Rinde 4 porciones

¼ de taza de salsa picante
¼ de taza de mermelada de naranja
1½ cucharaditas de mostaza
**4 mitades de pechuga de pollo deshuesadas y
    sin piel (unos 450 g)**
1 cucharada de margarina

Prepare el glasé mezclando la salsa picante, la
mermelada y la mostaza. Aplane un poco las pechugas
de pollo para que tengan un grosor uniforme. En una
sartén grande, derrita la mantequilla; agregue el pollo
y fríalo hasta que esté dorado por ambos lados. Vierta
el glasé sobre el pollo. Deje cocer, sin tapar, por
8 minutos; bañe con el glasé de vez en cuando o hasta
que el pollo esté suave.

Nutrimentos por porción:

Calorías	219	Colesterol	66 mg
Grasa	4 g	Sodio	361 mg

Pavo Asado con Mezquite

Rinde 8 porciones

1 taza de trozos de mezquite
900 g de pechuga de pavo
Pimienta negra al gusto
Salsa Caribeña (receta más adelante)

Ponga el mezquite en un recipiente chico y cúbralo con agua; remójelo por 2 horas. Caliente el asador de carbón para cocer a fuego directo. Escurra el mezquite y agréguelo al carbón encendido. Espolvoree el pavo con pimienta negra; ase de 8 a 10 minutos de cada lado hasta que el pavo pierda su color rosado en el centro y que un termómetro para carnes registre 76 °C. Deje reposar por 10 minutos antes de servir.

Antes de servir, rebane las pechugas en medallones de 1.5 cm y acomódelos en platos extendidos. Corone con la Salsa Caribeña.

Salsa Caribeña

2 tazas de cubos de mango (de .5 cm)
½ taza de cubos de pepino pelado y sin semillas (de .5 cm)
¼ de taza de cilantro o perejil fresco picado
2 cucharadas de cebollín finamente picado
½ chile jalapeño, sin semillas y finamente picado
3 cucharadas de jugo de lima
1½ cucharaditas bien compactas de azúcar morena
1 cucharadita de jengibre fresco picado
Pizca de pimienta

En un recipiente mediano, mezcle el mango, el pepino, el cilantro, el cebollín, el chile, el jugo de lima, el azúcar, el jengibre y la pimienta negra. Tape y refrigere por lo menos 1 hora para que se mezclen los sabores.

Nutrimentos por porción:			
Calorías	163	Colesterol	70 mg
Grasa	2 g	Sodio	79 mg

Pavo Asado con Mezquite

Pollo Salteado con Elote

Pollo Salteado con Elote

Rinde 6 porciones

    1 cucharada de chile en polvo
    ½ cucharadita de sal
    4 mitades de pechuga de pollo deshuesadas y
        sin piel (unos 450 g), cortadas en trozos
        pequeños
    2 cucharadas de aceite vegetal
    1 taza de cebolla picada
    2 pimientos morrones verdes medianos
        cortados en tiras
    1 pimiento morrón rojo mediano cortado en
        tiras
    1 bolsa (285 g) de granos de elote
        descongelados
      Salsa picante (opcional)

1. En un recipiente poco profundo, mezcle el chile en polvo con la sal. Agregue el pollo y espolvoréele esta mezcla.

2. En una cacerola grande, caliente una cucharada de aceite a fuego medio-alto; ponga el pollo y sofríalo hasta que pierda su color rosado. Retire el pollo.

3. En la misma cacerola, caliente el aceite restante. Agregue la cebolla y fríala por 2 minutos o hasta que esté suave. Agregue los pimientos morrones; cuézalos revolviendo de 3 a 4 minutos o hasta que estén suaves. Añada el elote; caliente bien; revuelva de vez en cuando. Regrese el pollo a la cacerola para que se vuelva a calentar. Sazone con salsa picante (si la va a utilizar).

Nutrimentos por porción:			
Calorías	190	Colesterol	45 mg
Grasa	6 g	Sodio	245 mg

Pechuga de Pollo con Pesto de Naranja y Albahaca

Rinde 6 porciones

    ½ taza de albahaca
    2 cucharadas de ralladura de cáscara de
        naranja
    2 dientes de ajo pelados
    3 cucharadas de jugo de naranja
    1 cucharada de mostaza Dijon
    2 cucharaditas de aceite de oliva
      Sal y pimienta al gusto (opcional)
    3 pechugas de pollo enteras,* cortadas por la
        mitad (unos 1.350 kg)

Caliente un asador. En el procesador de alimentos, ponga la albahaca, la ralladura de naranja y el ajo; procese hasta que estén finamente picados. Agregue el jugo de naranja, la mostaza, el aceite de oliva, la sal y la pimienta; procese unos cuantos segundos o hasta que se forme una pasta.

En cada pechuga de pollo, debajo de la piel y en el costado del hueso, unte equitativamente la mezcla de albahaca. Ponga el pollo, con la piel hacia abajo, en el asador eléctrico. Coloque a 10 cm de la fuente de calor. Ase por 10 minutos. Voltee el pollo y ase de 10 a 12 minutos más hasta que el pollo pierda su color rosado y su jugo se torne claro cuando pique el pollo con un tenedor. Si el pollo se dora muy rápido, cúbralo con papel de aluminio. Antes de servir el pollo, retírele la piel.

Consejo: Para prepararlo con antelación, prepare la mezcla de albahaca y marine el pollo toda la noche en el refrigerador. Cueza poco antes de servir.

Nota: Deje la piel mientras cuece el pollo, ayuda a conservar la humedad. Investigaciones recientes muestran que la grasa no penetra a la carne. Simplemente retire la piel antes de comerlo y la capa de pesto permanecerá adherida, siendo un delicioso platillo bajo en grasa. El tiempo total de cocción es de sólo 30 minutos.

No utilice mitades de pechugas de pollo deshuesadas y sin piel.

Nutrimentos por porción:			
Calorías	164	Colesterol	73 mg
Grasa	5 g	Sodio	98 mg

Pollo Sofrito con Pimiento

Rinde de 3 a 4 porciones

    450 g de pechuga de pollo deshuesada y sin piel
      2 cucharadas de aceite vegetal
      2 pimientos morrones rojos o amarillos, sin
          semillas y cortados en rajas
      4 cebollas cambray, en rebanadas delgadas
      ⅓ de taza de salsa para freír con ajo y jengibre,
          baja en sodio
      2 cucharadas de agua
        Sal y pimienta roja molida, al gusto
        (opcional)

Con un cuchillo afilado, corte las pechugas por la mitad a lo largo, y después, a lo ancho. En un wok o sartén grande con recubrimiento antiadherente, caliente el aceite a fuego medio-alto. Agregue el pollo, el pimiento morrón y la cebolla. Sofría de 2 a 3 minutos hasta que el pollo esté bien cocido y un poco dorado. Incorpore la salsa y el agua; fría hasta que estén bien mezclados. Sazone con sal y pimienta. Sirva caliente.

Tiempo de preparación: 10 minutos
Tiempo de cocción: 5 minutos

Nutrimentos por porción:			
Calorías	209	Colesterol	66 mg
Grasa	8 g	Sodio	425 mg

Pollo a la Parmesana

Rinde 4 porciones

4 mitades de pechuga de pollo deshuesadas y sin piel (unos 450 g)
820 g de tomates estofados estilo italiano
2 cucharadas de fécula de maíz
½ cucharadita de orégano seco o albahaca, machacados
¼ de cucharadita de salsa picante (opcional)
¼ de taza de queso parmesano rallado
Perejil fresco picado para adornar

Caliente el horno a 220 °C. Aplane un poco las pechugas de pollo; acomódelas en un refractario de 28×18 cm. Cúbralo con papel de aluminio; hornee por 20 minutos o hasta que el pollo pierda su color rosado. Retire el papel de aluminio; escurra. Mientras tanto, en una cacerola grande, mezcle el tomate rojo y su jugo con la fécula de maíz, el orégano y la salsa picante. Revuelva hasta que se disuelva la fécula de maíz. Cueza, revolviendo sin cesar, hasta que la mezcla hierva y se espese. Vierta sobre el pollo; corone con el queso. Hornee, sin tapar, por 5 minutos o hasta que se funda el queso. Adorne con el perejil picado. Acompañe con arroz o pasta caliente, si lo desea.

Tiempo de preparación y cocción: 30 minutos

Nutrimentos por porción:			
Calorías	228	Colesterol	73 mg
Grasa	4 g	Sodio	716 mg

Pollo a la Parmesana

Pavo con Salsa de Naranja

Rinde 4 porciones

2 muslos o piernas con muslo de pavo (de 900 g a 1.350 kg)*
½ cucharadita de pimentón
1 cebolla mediana rebanada
½ taza de jugo de naranja concentrado, sin diluir y descongelado
⅓ de taza de agua
2 cucharadas bien compactas de azúcar morena
2 cucharadas de perejil picado
2 cucharaditas de salsa de soya
½ cucharadita de jengibre molido

Enjuague el pavo y séquelo; colóquelo sobre la rejilla de un asador eléctrico. (Si va a utilizar sólo muslos, retíreles la piel.) Áselo a 10 cm de la fuente de calor, hasta que el pavo esté dorado. Pase el pavo a una cacerola o a una olla para asar y espolvoréelo con el pimentón. Acomode las rebanadas de cebolla sobre la carne. En un recipiente chico, mezcle el jugo concentrado, el agua, el azúcar, el perejil, la salsa de soya y el jengibre. Vierta sobre el pavo y la cebolla.

Tape y hornee más o menos 1 hora en el horno calentado a 200 °C hasta que el pavo esté suave; báñelo una o dos veces. Rebane el pavo, báñelo con la salsa y adorne con cáscara de naranja. Acompañe con arroz o pasta.

Puede deshuesar los muslos antes de cocerlos.

Nutrimentos por porción:			
Calorías	152	Colesterol	56 mg
Grasa	5 g	Sodio	210 mg

Panqueques Miniatura de Pavo

Rinde 4 porciones

450 g de pavo molido
1 manzana chica picada
½ cebolla chica picada
½ taza de avena sin cocer
2 cucharaditas de mostaza Dijon
1 cucharadita de romero seco machacado
1 cucharadita de sal
Pizca de pimienta negra

Caliente el horno a 220 °C. Engrase 12 moldes para panqué medianos. En un recipiente grande, mezcle todos los ingredientes y ponga la carne en los moldes que preparó y presiónela.

Hornee por 20 minutos o hasta que estén ligeramente dorados y pierdan su color rosado en el centro. Sirva con salsa de arándano y adorne, si lo desea.

Nutrimentos por porción:			
Calorías	210	Colesterol	42 mg
Grasa	9 g	Sodio	619 mg

Tomates Florentinos al Horno

Rinde 4 porciones

1 taza de champiñones rebanados (opcional)
1 cucharada de cebolla finamente picada
¼ de taza de agua
1 taza de leche descremada
3 cucharadas de harina
2 cucharaditas de consomé instantáneo de
    pollo
6 rebanadas de queso procesado, de cualquier
    sabor, cortado en pedazos chicos
2 tazas de pollo cocido cortado en cubos (carne
    de pechuga)
1 bolsa (285 g) de espinaca picada o brócoli,
    descongelada y bien escurrida
4 tomates rojos grandes; recorte la parte
    superior y quite las semillas

Caliente el horno a 180 °C. En una olla chica, cueza en agua los champiñones, si lo desea, y la cebolla hasta que estén suaves; escurra. En otra olla chica, mezcle la leche con la harina y el consomé; a fuego bajo, cueza revolviendo hasta que se espese. Agregue el queso; cueza hasta que se funda. En un recipiente mediano, mezcle los champiñones, el pollo, la espinaca y ¾ de taza de salsa; rellene los tomates. Acomódelos en un refractario; tape y hornee de 15 a 20 minutos o hasta que estén calientes. A fuego bajo, caliente el resto de la salsa con 1 a 2 cucharadas de agua. Vierta sobre los tomates antes de servirlos. Adorne a su gusto. Refrigere los sobrantes.

Nutrimentos por porción:			
Calorías	290	Colesterol	71 mg
Grasa	6 g	Sodio	1053 mg

Brochetas de Pavo Favoritas de Papá

Rinde 4 porciones, 8 brochetas

3 elotes cortados en trozos de 2.5 cm
2 calabacitas medianas, cortadas en pedazos
    de 1.5 cm
2 pimientos morrones rojos, cortados en cubos
    de 2.5 cm
2 pechugas de pavo (unos 450 g), cortadas en
    cubos de 2.5 cm
⅓ de taza de aderezo para ensalada tipo
    italiano bajo en calorías
  Aderezo para ensalada tipo italiano bajo en
    calorías adicional

Brochetas de Pavo Favoritas de Papá

En una olla mediana, a fuego alto, blanquee el elote en agua hirviente de 1 a 2 minutos. Retire el elote de la olla y sumérjalo en agua fría.

En un tazón de vidrio grande, ponga el elote, la calabacita, el pimiento, el pavo y el ⅓ de taza de aderezo; tape y refrigere de 1 a 2 horas.

Escurra el pavo y las verduras; deseche la marinada. En agujas para brocheta, ensarte de manera alternada los cubos de pavo y las verduras, deje 1.5 cm de espacio entre el pavo y las verduras.

En un asador con carbón encendido, cueza las brochetas de 18 a 20 minutos o hasta que el pavo esté suave; barnice con el aderezo adicional. Gire las brochetas después de los primeros 10 minutos de cocción.

Nutrimentos por porción (2 brochetas):			
Calorías	218	Colesterol	70 mg
Grasa	4 g	Sodio	381 mg

Peras al Horno

Rinde 4 porciones

½ taza de vino blanco seco
2 cucharadas de mostaza Dijon
    Pizca de pimienta roja molida
2 pechugas de pollo enteras, con hueso, sin piel
    y cortadas por la mitad
    Pimienta negra
    Harina de trigo
1 cucharada de aceite vegetal
½ taza de cebolla finamente picada
2 peras Bartlett, sin corazón y cortadas en
    octavos

En horno de microondas: Durante 7 minutos, caliente a temperatura ALTA (100 %) un molde para dorar en microondas o siga las instrucciones del fabricante. Mientras tanto, mezcle el vino, la mostaza y la pimienta roja. Sazone el pollo con la pimienta negra. Espolvoree el pollo con harina ligeramente. Rocíe el aceite sobre el molde precalentado; acomode el pollo, con los lados planos hacia abajo. Coloque la cebolla alrededor del pollo y cueza en el horno de microondas a temperatura ALTA por 4 minutos. Voltee el pollo y encima vierta la mezcla de vino. Tape y cueza a temperatura MEDIA-ALTA (70 %) durante 6 minutos. Añada la pera; tape y cueza a temperatura ALTA por 1½ minutos o hasta que el pollo y las peras estén suaves. Sirva de inmediato.

Nutrimentos por porción:

Calorías	250	Colesterol	70 mg
Grasa	7 g	Sodio	165 mg

Pavo Blanco y Arroz Salvaje

Rinde 8 porciones

1 cucharada de aceite de canola
1 cebolla mediana picada
1 diente de ajo picado
560 g de pechuga de pavo, en rebanadas de
    1.5 cm
2 tazas de arroz salvaje cocido
1 lata (420 g) de alubias escurridas
1 lata (300 g) de elote (opcional)
2 latas (120 g) de rajas de chile verde
400 ml de consomé de pollo bajo en sodio
1 cucharadita de comino molido
    Salsa picante (opcional)
120 g de queso para fundir bajo en grasa, rallado
    Perejil (opcional)

En una cacerola grande, caliente el aceite a fuego medio; agregue la cebolla y el ajo, sofríalos hasta que la cebolla esté suave. Añada el pavo, el arroz, las alubias, el elote, el chile, el consomé y el comino. Tape y deje cocer a fuego bajo por 30 minutos o hasta que el pavo esté suave. Incorpore la salsa picante al gusto. Sirva con el queso rallado. Adorne con el perejil, si lo desea.

Nutrimentos por porción:

Calorías	274	Colesterol	69 mg
Grasa	6 g	Sodio	102 mg

Pollo con Ciruela Peruano

Rinde 8 porciones

1 cucharadita de aceite vegetal
1 pollo (de 1.500 kg), sin piel y cortado en
    piezas
1 taza de cebolla picada
1 taza de pimiento morrón verde cortado en
    cubos
2 cucharaditas de ajo picado
1 tomate rojo picado
1 chile jalapeño,* sin semillas y cortado en
    rajas
¼ de cucharadita de azafrán pulverizado
    (opcional)
3 tazas de consomé de pollo
1 hoja de laurel
4 ciruelas cortadas en cuartos
4 tazas de arroz integral cocido

En una cacerola grande, caliente el aceite; agregue las piezas de pollo. Cuézalo durante unos 12 minutos o hasta que esté dorado por todos lados; voltee con frecuencia. Agregue la cebolla, el pimiento morrón y el ajo; cuézalos revolviendo por 2 minutos más. Añada el tomate, el chile, el azafrán, el consomé y la hoja de laurel. Deje que hierva; tape y deje cocer durante 10 minutos. Incorpore la ciruela y el arroz; caliente bien. Retire y deseche la hoja de laurel. Sirva con rebanadas de ciruela adicionales, si lo desea.

*Los chiles pueden provocar comezón e irritar la piel; utilice guantes desechables de plástico cuando maneje chiles y no se toque los ojos. Lávese las manos después de manejarlos.

Nutrimentos por porción:

Calorías	266	Colesterol	51 mg
Grasa	6 g	Sodio	54 mg

Costillas Gitanas

Rinde 4 porciones

450 g de pechuga de pollo deshuesada, sin piel y
   en rebanadas delgadas
2 cucharaditas de pimentón dulce
   Sal y pimienta negra molida, al gusto
   (opcional)
1½ cucharadas de aceite vegetal
½ taza de cebolla en rebanadas delgadas
1 lata (400 g) de Cajún o tomates estofados, sin
   escurrir
¼ de taza de sustituto de crema agria o crema
   agria ligera

Sazone las pechugas por ambos lados con el
pimentón, la sal y la pimienta. En una sartén grande
con recubrimiento antiadherente, a fuego medio-alto,
caliente el aceite; agregue las pechugas y dórelas por
1 minuto de cada lado. Retírelas del fuego. En la
misma sartén, ponga la cebolla; cuézala revolviendo
durante 1 minuto o hasta que esté ligeramente suave.
Añada el tomate rojo, incluyendo el jugo; cueza por
5 minutos o hasta que se espese la salsa; revuelva con
frecuencia. Incorpore la crema agria y mueva; baje el
fuego a medio-bajo. Regrese las pechugas y su jugo a
la sartén; deje cocer de 1 a 2 minutos hasta que el
pavo esté bien cocido. Al servir, vierta la salsa sobre
el pavo.

Tiempo de preparación: 10 minutos
Tiempo de cocción: de 10 a 15 minutos

Nutrimentos por porción:			
Calorías	207	Colesterol	70 mg
Grasa	6 g	Sodio	479 mg

Pitas Rellenas de Pollo y Pepino

Rinde 4 porciones

¼ de taza de vinagre de sidra de manzana
2 cucharaditas de azúcar morena
½ cucharadita de sal
¼ de cucharadita de pimienta roja machacada
1 pepino chico, en rebanadas delgadas
¼ de taza de yogur natural
4 mitades de pechuga de pollo deshuesadas y
   sin piel (unos 450 g), cortadas en tiras
1 cucharada de aceite vegetal
   Sal y pimienta negra (opcional)
   Hojas de lechuga
   Rebanadas de tomate rojo
4 pitas (pan árabe) sin grasa (de 15 a 17.5 cm
   de diámetro), cortadas por la mitad

Mezcle el vinagre con el azúcar, la sal y la pimienta
roja. Vierta sobre el pepino; deje reposar por
30 minutos. Escurra bien; incorpore el yogur al
pepino. Mientras tanto, sofría el pollo en aceite, sólo
hasta que se cueza, de 2 a 3 minutos. Sazone el pollo
con sal y pimienta negra. En cada mitad de pita,
ponga una hoja de lechuga y una rebanada de tomate
rojo; divida el pollo entre las pitas; corone con la
mezcla de pepino.

Nutrimentos por porción (2 mitades de pita):			
Calorías	275	Colesterol	69 mg
Grasa	5 g	Sodio	361 mg

Pechugas de Pollo con Apio, Mostaza y Eneldo

Rinde 4 porciones

385 ml de consomé de pollo
1½ cucharadas de fécula de maíz
2 cucharaditas de eneldo seco
2 cucharaditas de mostaza Dijon
⅛ de cucharadita de pimienta
450 g de costillas de pechuga de pollo
   deshuesadas y sin piel
3 tazas de rebanadas de apio de 1.5 cm de
   largo
1 taza de cebolla rebanada

Mida ¼ de taza de consomé de pollo y apártelo. En
un recipiente chico, mezcle el resto del consomé con
la fécula de maíz, el eneldo, la mostaza y la pimienta.
Caliente una cacerola grande con recubrimiento
antiadherente a fuego medio-alto; agregue el pollo;
cueza de cada lado de 2 a 3 minutos hasta que se
dore. Baje el fuego a medio; vierta el consomé que
apartó. Tape y deje cocer por 8 minutos o hasta que el
pollo pierda su color rosado; voltee de vez en cuando.
Pase a un platón; cubra con papel de aluminio para
conservarlo caliente. Añada a la cacerola el apio y la
cebolla; cuézalos revolviendo por 6 minutos o hasta
que estén suaves. Incorpore la mezcla de fécula de
maíz; cueza y revuelva hasta que la mezcla hierva y
se espese. Cueza y revuelva durante 1 minuto más.
Vierta sobre el pollo; sirva de inmediato.

Nutrimentos por porción:			
Calorías	182	Colesterol	66 mg
Grasa	3 g	Sodio	661 mg

Pechugas de Pollo con Hierbas

Pechugas de Pollo con Hierbas

Rinde 6 porciones

¾ de taza de aderezo de mayonesa
¼ de taza de vino blanco seco
2 dientes de ajo picados
2 cucharadas de cebollín finamente picado
2 cucharaditas de albahaca seca machacada
1 cucharadita de tomillo seco machacado
6 mitades de pechuga de pollo deshuesadas y
    sin piel (unos 800 g)

Mezcle el aderezo de mayonesa con el vino y los sazonadores. Vierta la mezcla sobre el pollo. Tape y refrigere varias horas o durante toda la noche. Escurra, conserve la marinada. Ponga el pollo sobre la rejilla engrasada de un asador eléctrico. Ase de 10 a 15 cm de cada lado o hasta que esté suave; barnice con frecuencia con la marinada.

Tiempo de preparación: 15 minutos más el tiempo de refrigeración
Tiempo de cocción: 12 minutos

Nutrimentos por porción:

Calorías	170	Colesterol	55 mg
Grasa	7 g	Sodio	110 mg

Pollo con Cerezas

Rinde 6 porciones

675 g de pechugas de pollo aplanadas
    Sal y pimienta negra molida, al gusto
    (opcional)
2 cucharaditas de aceite vegetal
2 tazas de cerezas sin hueso, de lata, sin
    escurrir
2 cucharaditas de fécula de maíz
1 cucharada de salsa inglesa
1 cucharada de jerez seco
1 cucharadita bien compacta de azúcar
    morena
1 diente de ajo chico pelado
½ taza de cebolla finamente picada
¼ de taza de uvas pasa
1 cucharada de perejil picado
2 tazas de arroz salvaje cocido y caliente

Caliente el horno a 180 °C. Sazone el pollo con un poco de sal y mucha pimienta. En una sartén con recubrimiento antiadherente, caliente el aceite a fuego medio-alto; agregue el pollo y cueza de 6 a 8 minutos hasta que esté un poco dorado por ambos lados. Pase el pollo a un refractario. Escurra las cerezas; conserve ¼ de taza del almíbar. Añada el almíbar de la cereza a la sartén e incorpore la fécula de maíz.

En un procesador de alimentos o en el vaso de la licuadora, ponga 1 taza de cerezas, la salsa inglesa, el jerez, el azúcar y el ajo. Procese o licue hasta que se incorporen; vierta en la sartén. Incorpore las cerezas restantes, la cebolla y las uvas pasa; cueza a fuego medio-alto de 2 a 3 minutos hasta que la salsa hierva y se espese; revuelva sin cesar. Vierta la salsa sobre el pollo; hornee de 25 a 35 minutos hasta que el pollo esté bien cocido. Para servir, espolvoree el pollo con el perejil y acompañe con el arroz.

Nutrimentos por porción:

Calorías	290	Colesterol	66 mg
Grasa	3 g	Sodio	111 mg

Pollo con Pimentón

Rinde 4 porciones

560 g de muslos de pollo deshuesados y sin piel
   Sal y pimienta negra molida, al gusto
1½ cucharadas de margarina light (en barra)
  1 taza de cebolla picada
  1 cucharada de harina de trigo
  1 cucharada de pimentón
  1 cucharada de eneldo picado o 1 cucharadita
    de eneldo seco
385 ml de consomé de pollo con poca sal
  3 cucharadas de crema agria
   Tallarines cocidos y calientes (opcional)

Sazone el pollo con poca sal y pimienta. En una sartén grande con recubrimiento antiadherente, derrita la margarina a fuego medio-alto. Agregue el pollo; cuézalo por 5 minutos de cada lado o hasta que esté dorado; voltéelo una sola vez y retírelo del fuego.

Ponga la cebolla en la sartén; espolvoréela con la harina, el pimentón y el eneldo. Sofría de 2 a 3 minutos; incorpore el consomé. Regrese el pollo a la sartén; baje el fuego a medio, cueza, sin tapar, de 15 a 20 minutos hasta que el pollo esté bien cocido y los jugos se hayan consumido un poco. Retire del fuego, vierta la crema ácida y revuelva. Sazone con sal y pimienta al gusto. Sirva sobre los tallarines.

Consejo: La crema agria reduce la cantidad de calorías y grasa de este conocido platillo húngaro.

Nutrimentos por porción:			
Calorías	245	Colesterol	118 mg
Grasa	10 g	Sodio	490 mg

Pollo con Arroz Salvaje al Horno

Rinde 6 porciones

  3 tazas de arroz salvaje cocido
  1 bolsa (300 g) de chícharos congelados
  2 tazas de pechuga de pollo cocida y cortada
    en cubos
  ½ taza de mayonesa sin colesterol y baja en
    calorías
  ⅓ de taza de almendra rallada, tostada
    (opcional)
  2 cucharaditas de salsa de soya
  ¼ de cucharadita de pimienta negra molida
  ¼ de cucharadita de ajo en polvo
  ¼ de cucharadita de estragón seco machacado
    Antiadherente en aerosol

En un recipiente grande, mezcle el arroz, el chícharo, el pollo, la mayonesa, la almendra, la salsa de soya y los sazonadores. Acomode la mezcla en un refractario de 3 litros rociado con el antiadherente. Cubra y hornee a 180 °C, de 15 a 20 minutos.

Nutrimentos por porción:			
Calorías	270	Colesterol	44 mg
Grasa	7 g	Sodio	272 mg

Bollos Rellenos de Pavo

Rinde 8 porciones

450 g de pavo molido
  1 taza de cebolla, en rebanadas delgadas
  ½ taza de pimiento morrón verde picado
  1 taza de salsa de tomate baja en calorías y en
    sodio
  ¼ de taza de encurtidos dulces
1½ cucharaditas de chile en polvo
  1 cucharadita de salsa inglesa
  ½ cucharadita de sal sazonada
  ½ cucharadita de ajo en polvo
  ¼ de cucharadita de semillas de apio
  8 bollos (unos 450 g)

En una cacerola grande, a fuego medio-alto, ase el pavo, la cebolla y el pimiento morrón durante 5 minutos o hasta que el pavo pierda su color rosado. Escurra si es necesario. Agregue la salsa de tomate, el encurtido, el chile en polvo, la salsa inglesa, la sal, el ajo y las semillas de apio. Deje que hierva. Reduzca el fuego a bajo; tape y deje cocer por 30 minutos.

Rebane los bollos a la mitad y tuéstelos en el asador de 1 a 2 minutos o hasta que estén ligeramente dorados.

Para servir, ponga la mezcla de pavo en la mitad inferior del bollo y tape los bollos.

Nutrimentos por porción:			
Calorías	294	Colesterol	40 mg
Grasa	8 g	Sodio	745 mg

Bollos Rellenos de Pavo

Pollo con Cítricos

Rinde 4 porciones

- 1 cucharada de aceite vegetal
- 4 mitades de pechuga de pollo deshuesadas y sin piel (unos 450 g)
- 1 taza de jugo de naranja
- 4 cucharaditas de azúcar
- 1 diente de ajo picado
- 1 cucharadita de romero seco machacado
- 2 cucharaditas de fécula de maíz
- ¼ de taza de vino blanco seco
    Sal y pimienta negra (opcional)
- 2 toronjas rosadas, peladas y en gajos

En una sartén grande, caliente el aceite a fuego medio. Agregue el pollo; cueza por 8 minutos o hasta que esté dorado por ambos lados y pierda su color rosado en el centro; voltee después de 4 minutos. Saque el pollo de la sartén; consérvelo caliente. Agregue a la sartén el jugo de naranja, el azúcar, el ajo y el romero; deje hervir.

Aparte, mezcle la fécula de maíz y el vino; vierta a la sartén y cueza, revolviendo sin cesar, hasta que la salsa hierva y se espese. Sazone con sal y pimienta, si lo desea.

Añada la toronja; deje que se caliente; revuelva de vez en cuando. Sirva sobre el pollo.

Nutrimentos por porción:			
Calorías	216	Colesterol	46 mg
Grasa	6 g	Sodio	49 mg

Medallones de Pavo con Manzana

Rinde 4 porciones

- 450 g de pechugas de pavo, cortadas en medallones de 1.5 cm
    Sal y pimienta (opcional)
- 1 cucharadita de aceite de oliva
- 1 cucharadita de margarina
- 1 diente de ajo grande machacado
- ⅔ de taza de manzana pelada y cortada en cubos
- ⅓ de taza de jugo de naranja
- 3 cucharadas de jalea de arándano
- 4 cucharaditas de mermelada de naranja

Sazone ligeramente un lado de cada medallón con sal y pimienta, si lo desea.

En una sartén grande con recubrimiento antiadherente, a fuego medio-alto, caliente el aceite y la margarina. Agregue los medallones y el ajo; cueza el pavo aproximadamente durante 1½ minutos por lado; voltee cada medallón cuando las orillas cambien de color. Revuelva el ajo de vez en cuando y continúe cociendo hasta que los medallones pierdan su color rosado en el centro y que en un termómetro para carne se registren 76 °C. Retírelos de la sartén.

En la sartén, a fuego medio, mezcle la manzana, el jugo de naranja, la jalea de arándano y la mermelada. Cueza revolviendo hasta que la salsa esté caliente y la manzana esté suave, pero sin que pierda su forma. Sirva la salsa sobre los medallones.

Nutrimentos por porción:			
Calorías	206	Colesterol	70 mg
Grasa	4 g	Sodio	92 mg

Pollo al Curry

Rinde 4 porciones

- ½ taza de harina de trigo
- ¼ de cucharadita de pimienta negra
- 2 pechugas de pollo enteras, abiertas, deshuesadas y sin piel
- 3 cucharadas de aceite de oliva extra virgen
- 1 taza de cebolla picada
- ½ taza de pimiento morrón verde picado
- 1 diente de ajo picado
- 1½ cucharaditas de curry en polvo
- ½ cucharadita de tomillo seco machacado
- 2 tazas de tomate rojo, fresco o de lata, cortado en trozos
    Arroz cocido y caliente (opcional)

Caliente el horno a 180 °C. Mezcle la harina y la pimienta; espolvoree sobre ambos lados de las pechugas.

En una cacerola grande, caliente el aceite de oliva a fuego medio. Cueza el pollo por 15 minutos o hasta que esté dorado por ambos lados. Retire de la cacerola; ponga en una charola grande para horno.

En la cacerola, sofría la cebolla, el pimiento morrón, el ajo, el curry y el tomillo durante 5 minutos o hasta que la cebolla esté ligeramente dorada. Agregue el tomate rojo. Revuelva hasta que esté bien caliente.

Vierta la mezcla de tomate rojo sobre el pollo en la charola. Hornee, sin tapar, por 30 minutos o hasta que el pollo esté suave. Sirva sobre el arroz caliente, si lo desea.

Nutrimentos por porción:			
Calorías	294	Colesterol	94 mg
Grasa	7 g	Sodio	47 mg

De izquierda a derecha: Tallarín con Adormidera (página 349), Pollo con Cítricos

Bizcocho de Pollo al Horno

Rinde 8 porciones

Base

- 1 cucharada de aceite vegetal
- 1 taza de cebolla picada
- ¼ de taza de harina de trigo
- ½ cucharadita de sal
- ¼ de cucharadita de pimienta
- ¼ de cucharadita de albahaca seca
- ¼ de cucharadita de tomillo seco
- 2½ tazas de leche descremada
- 1 cucharada de salsa inglesa
- 1 cubo de consomé de pollo o 1 cucharadita de consomé de pollo, en polvo
- 2 tazas de pollo cocido y deshebrado
- 1 bolsa (450 g) de verdura mixta congelada
- 2 cucharadas de queso parmesano rallado

Bizcochos

- 1 taza de harina de trigo
- 1 cucharada de azúcar
- 1½ cucharaditas de polvo para hornear
- 1 cucharada de perejil picado
- ⅛ de cucharadita de sal
- ⅓ de taza de leche descremada
- 3 cucharadas de aceite vegetal

1. Caliente el horno a 190 °C.

2. Para la base, caliente el aceite en una olla grande a fuego medio-alto. Agregue la cebolla, sofríala hasta que esté suave, retírela del fuego. Incorpore la harina, la sal, la pimienta, la albahaca y el tomillo. Vierta la leche, la salsa inglesa y el cubo de consomé. Regrese a fuego medio-alto; cueza revolviendo hasta que la mezcla hierva y se espese. Incorpore el pollo, las verduras y el queso. Caliente; revuelva de vez en cuando. Coloque en una cacerola de 2 litros.

Bizcocho de Pollo al Horno

3. Para los bizcochos, mezcle la harina, el azúcar, el polvo para hornear, el perejil y la sal en un recipiente mediano. Agregue la leche y el aceite; revuelva con un tenedor hasta que los ingredientes secos apenas se humedezcan. Deje caer cucharadas bien compactas de masa sobre la mezcla de pollo caliente; forme 8 bizcochos.

4. Hornee a 190 °C de 35 a 45 minutos o hasta que la mezcla de pollo burbujee y los bizcochos estén dorados.

Nutrimentos por porción:

Calorías	280	Colesterol	30 mg
Grasa	9 g	Sodio	485 mg

Pollo a la Parrilla con Salsa de Manzana

Rinde 4 porciones, 3 tazas de salsa

- 2 tazas de manzana, sin corazón y picadas
- ¾ de taza (1 grande) de chile California, sin semillas y picado
- ½ taza de cebolla picada
- ¼ de taza de jugo de lima
- Sal y pimienta al gusto (opcional)
- Pollo Asado (receta más adelante)

Mezcle todos los ingredientes, excepto el Pollo Asado; revuelva bien. Deje que los sabores se mezclen por unos 30 minutos. Sirva con el pollo asado.

Pollo Asado: En una bolsa grande de plástico, mezcle ¼ de taza de vino blanco seco y de jugo de manzana; ½ cucharadita de ralladura de cáscara de lima; ½ cucharadita de sal y una pizca de pimienta; revuelva bien. Agregue 4 mitades de pechuga de pollo, deshuesadas y sin piel; marine de 20 a 30 minutos. Escurra y ase sobre carbón caliente hasta que el pollo pierda su color rosado; voltee una vez.

Nota: Puede sustituir el pollo por pescado o por chuletas de cerdo.

Nutrimentos por porción:

Calorías	214	Colesterol	66 mg
Grasa	4 g	Sodio	334 mg

Emparedado de Pavo y Pistache

Rinde 4 porciones

½ **taza de yogur natural**
¼ **de taza de pistache con sal, picado**
1 **cucharadita de eneldo seco**
4 **hojas de lechuga**
8 **rebanadas de pan de trigo entero**
225 **g de pechuga de pavo cocida y desmenuzada**

En un recipiente chico, mezcle el yogur, el pistache y el eneldo. Tape y refrigere por lo menos 1 hora o toda la noche para que se mezclen los sabores.

Para servir, ponga 1 hoja de lechuga sobre 1 rebanada de pan; corone la lechuga con 60 g de pavo. Coloque 2 cucharadas de la mezcla de yogur sobre el pavo y cierre el emparedado con otra rebanada de pan. Repita el procedimiento con el resto de los ingredientes. (El sobrante de la mezcla de yogur puede conservarlo hasta por 4 días en el refrigerador.)

Nutrimentos por porción (1 emparedado):

Calorías	265	Colesterol	42 mg
Grasa	7 g	Sodio	303 mg

Pechugas de Pavo a la Italiana

Rinde 4 porciones

1 **lata (225 g) de puré de tomate**
1 **cucharada de aceite vegetal**
1½ **cucharaditas de orégano seco**
1 **cucharada de perejil seco**
1 **cucharadita de tomillo seco**
½ **cucharadita de sal**
1 **diente de ajo picado o ½ cucharadita de ajo en polvo**
¼ **de cucharadita de pimienta roja machacada**
450 **g de pechuga de pavo, aplanada y partida en cuartos**

1. En un recipiente chico, mezcle el puré de tomate, el aceite, el orégano, el perejil, el tomillo, la sal, el ajo y la pimienta roja.

2. Unte cada pechuga con una cucharada de salsa; enróllela y póngala con la unión hacia abajo en un refractario cuadrado de 20 cm. Vierta el resto de la salsa sobre las pechugas. Refrigere por lo menos durante 30 minutos.

3. Caliente el horno a 180 °C.

4. Hornee a 180 °C durante 25 minutos.

Nutrimentos por porción:

Calorías	180	Colesterol	70 mg
Grasa	5 g	Sodio	680 mg

Pollo Griego al Limón

Pollo Griego al Limón

Rinde 4 porciones

1 **pollo tierno (de 60 a 120 g), cortado en cuartos**
½ **taza de jugo de limón (unos 2 limones)**
2 **cucharadas de aceite de oliva extra-virgen**
1 **cebolla mediana, rebanada en aros delgados**
2 **cucharadas de orégano picado o 2 cucharaditas de orégano seco**
2 **cucharaditas de tomillo picado o ½ cucharadita de tomillo seco**
¼ **de cucharadita de pimienta negra molida**
Pimienta roja molida al gusto (opcional)
Rebanadas de limón, ramas de orégano fresco y ramas de tomillo para adornar (opcional)

Enjuague el pollo y séquelo; retire la piel si lo desea. En un recipiente grande poco profundo, mezcle el resto de los ingredientes, excepto los que va a utilizar para adornar. Agregue el pollo; marínelo en el refrigerador por lo menos durante 30 minutos. Caliente un asador eléctrico. Retire el pollo de la marinada; póngalo sobre la rejilla en el asador. Ase el pollo a 10 cm de la fuente de calor, de 30 a 35 minutos hasta que esté bien cocido; voltee y rocíe con el escabeche de 3 a 4 veces durante la cocción. Añada las rebanadas de cebolla de la marinada durante los últimos 10 minutos del tiempo de asado. Sirva el pollo con la cebolla. Adorne con las rebanadas de limón, el orégano y el tomillo.

Nota: También puede asar el pollo a la parrilla, con carbón. Cueza de 15 a 20 cm sobre el carbón caliente cubierto de ceniza.

Nutrimentos por porción:

Calorías	269	Colesterol	68 mg
Grasa	8 g	Sodio	33 mg

Brochetas de Pollo a la Mexicana con Salsa de Yogur

Brochetas de Pollo a la Mexicana con Salsa de Yogur

Rinde 12 porciones

35 g de sazonador para carne o aves
6 mitades de pechuga de pollo deshuesadas y sin piel (unos 675 g), cortadas en cubos de 2.5 cm
1 diente de ajo grande
¼ de cucharadita de sal
2 cucharadas de aceite de oliva
1 taza de yogur natural sin grasa o bajo en grasa
1 pimiento morrón rojo cortado en trozos
1 pimiento morrón verde, cortado en trozos
1 pimiento morrón amarillo cortado en trozos

En un recipiente grande, mezcle 3 cucharadas del sazonador y el pollo; revuelva para cubrirlo bien. Tape y refrigere por 2 horas.

Para hacer la Salsa de Yogur, machaque el ajo con la sal en un mortero o con un cuchillo grande, hasta formar una pasta uniforme. Ponga en un recipiente chico con el aceite de oliva; revuelva bien. Incorpore el yogur y el resto de la mezcla para sazonar; tape y refrigere durante 30 minutos antes de servir.

En agujas para brocheta, ensarte el pollo alternándolo con los pimientos; ase sobre carbón caliente de 10 a 12 minutos; gire de vez en cuando. Sirva con la Salsa de Yogur.

Nota: Si utiliza agujas para brocheta de madera, remójelas en agua 30 minutos antes de usarlas, para que no se quemen ni se quiebren.

Nutrimentos por porción:

Calorías	140	Colesterol	50 mg
Grasa	5 g	Sodio	204 mg

Pechuga de Pollo al Horno

Rinde 8 porciones

¾ de taza de pan molido
¼ de taza de harina de trigo
1 cucharadita de pimentón
1 cucharadita de sazonador para aves
1 cucharadita de sal de cebolla
½ cucharadita de ajo en polvo
½ cucharadita de tomillo seco
¼ de cucharadita de pimienta
1 cucharada más 1½ cucharaditas de aceite vegetal
4 pechugas de pollo enteras, sin piel y abiertas (unos 120 g)

1. Caliente el horno a 200 °C.

2. En un recipiente poco profundo, mezcle el pan molido, la harina, el pimentón, el sazonador de aves, la sal de cebolla, el ajo, el tomillo y la pimienta. Revuelva con un tenedor hasta que se incorporen. Agregue gradualmente el aceite; revuelva con un tenedor.

3. Humedezca el pollo con agua y cúbralo con la mezcla. En una charola de 38×26×2 cm, ponga el pollo en una sola capa. Espolvoree sobre el pollo lo que le haya sobrado de la mezcla de pan molido.

4. Hornee a 200 °C durante 30 minutos o hasta que el pollo pierda su color rosado en el centro.

Nutrimentos por porción:

Calorías	200	Colesterol	65 mg
Grasa	5 g	Sodio	145 mg

Pollo Cacciatore

Rinde 6 porciones

1 a 2 cucharadas de harina de trigo
Sal y pimienta negra molida, al gusto (opcional)
650 g de piernas de pollo, sin piel
2 cucharadas de aceite de oliva
1 cebolla grande cortada en trozos
1 pimiento morrón verde chico, cortado en cubos (1 taza)
450 g de tomate rojo picado
½ taza de tomates rojos secos y rebanados, remojados ½ hora en agua
1 taza de consomé de pollo
1 taza de vino blanco seco
1½ cucharaditas de sazonador italiano
450 g de fusilli o pluma de pasta, cocida y caliente (opcional)

En un recipiente poco profundo, mezcle la harina, la sal y la pimienta negra; cubra el pollo por todos lados con la mezcla de harina. En una cacerola con recubrimiento antiadherente, a fuego medio-alto, caliente el aceite. Agregue el pollo y cuézalo de 8 a 10 minutos hasta que esté dorado por todos lados; voltee una vez. Añada la cebolla y el pimiento verde; cueza por 1 minuto; revuelva sin cesar. Incorpore el tomate rojo picado, el tomate seco, el consomé, el vino y el sazonador. Baje el fuego a medio; tape y cueza de 50 a 60 minutos hasta que el pollo esté bien cocido.

Ponga la pasta en platos extendidos. Retire el pollo de la cacerola; coloque el pollo sobre la pasta. Sazone la salsa con sal y pimienta negra al gusto; sirva sobre el pollo.

Nutrimentos por porción:

Calorías	222	Colesterol	81 mg
Grasa	9 g	Sodio	229 mg

Emparedado de Pavo

Rinde 8 porciones

Imitación de Guacamole (receta más
   adelante)
16 rebanadas de pan de trigo entero bajo en
   calorías
2 tomates rojos rebanados
8 tazas de lechuga picada
225 g de rebanadas de pechuga de pavo ahumado
8 rebanadas (de 30 g cada una) de queso
   cheddar bajo en grasa
8 cucharadas de mostaza dulce

Unte 8 rebanadas de pan con 3 cucharadas de
Imitación de Guacamole cada una; acomode encima
2 rebanadas de tomate rojo, 1 taza de lechuga,
2 rebanadas de pavo y 1 rebanada de pollo.

Unte cada rebanada restante con 1 cucharada de
mostaza y cierre los emparedados. Para servir, corte
cada emparedado por la mitad.

Imitación de Guacamole

2 dientes de ajo grandes pelados
2 tazas de chícharos (guisantes) congelados,
   cocidos de acuerdo con las instrucciones
   del empaque y escurridos
½ taza de hojas de cilantro
¼ de taza de cebolla picada
1 cucharada de jugo de limón
¼ de cucharadita de pimienta
⅛ de cucharadita de salsa picante

En un procesador de alimentos con la cuchilla de
metal, muela el ajo durante 10 segundos. A través del
tubo alimentador, agregue los chícharos, el cilantro,
la cebolla, el jugo de limón, la pimienta y la salsa;
procese hasta que se incorporen los ingredientes.
Refrigere por lo menos 1 hora.

Nutrimentos por porción (1 emparedado):			
Calorías	289	Colesterol	33 mg
Grasa	8 g	Sodio	921 mg

Pechugas de Pollo Light

Rinde 4 porciones

4 mitades de pechuga de pollo, sin piel y sin
   grasa visible
½ cucharadita de pimienta
2 dientes de ajo pelados y cortados por la
   mitad
1 taza de consomé de pollo
½ taza de vino blanco seco
2 cucharaditas de arrurruz (maranta) o fécula
   de maíz
⅔ de taza de leche descremada
1 cucharadita de cebollín finamente picado

Rocíe una sartén con recubrimiento antiadherente con
aceite vegetal en aerosol. Caliente a fuego medio;
agregue el pollo y espolvoréelo con ¼ de cucharadita
de pimienta. Cueza por 20 minutos o hasta que esté
dorado por todos lados; voltee una vez. Reduzca el
fuego a bajo; agregue el ajo. Cueza durante
10 minutos más o hasta que pueda insertar con
facilidad un tenedor en el pollo. Pase el pollo a un
plato caliente; deje el ajo en la sartén. Añada el
consomé de pollo y el vino. Ponga a hervir a fuego
alto por 5 minutos. Reduzca el fuego a bajo. Aparte,
revuelva el arrurruz con la leche y agregue
lentamente la mezcla de consomé. Espolvoree la
pimienta restante; cueza y revuelva durante unos
2 minutos o hasta que se espese. Regrese el pollo a la
sartén y espolvoree el cebollín. Vierta la salsa sobre el
pollo. Cueza durante 5 minutos más o hasta que el
pollo esté bien caliente; sirva sobre arroz.

Nutrimentos por porción:			
Calorías	174	Colesterol	77 mg
Grasa	2 g	Sodio	93 mg

Chutney de Manzana y Durazno

Rinde 5 tazas

2 manzanas medianas, peladas y picadas
1 cebolla mediana picada
1 pimiento morrón rojo mediano picado
1 taza de jugo de manzana
¼ de taza compacta de azúcar morena
1 raja de canela
½ cucharadita de jengibre molido (opcional)
1 sobre de gelatina sin sabor
1 lata (450 g) de duraznos rebanados en jugo
   natural o almíbar extra ligero, escurridos
   y picados (conserve el jugo)

En una cacerola grande, mezcle la manzana, la
cebolla, el pimiento rojo, el jugo de manzana, el
azúcar, la raja de canela y el jengibre. Ponga a hervir
y deje cocer durante 15 minutos; revuelva de vez en
cuando. Retire la canela.

Mientras tanto, en una cacerola chica, espolvoree la
gelatina sobre el jugo que conservó; deje reposar por
1 minuto. Revuelva a fuego bajo hasta que la gelatina
se disuelva por completo, más o menos 3 minutos.

Mezcle la gelatina y el durazno con la mezcla de
manzana. Vierta en 5 tazas o moldes; refrigere hasta
que cuaje, más o menos 2 horas. Saque del molde y
use para acompañar aves, carnes o pescados asados a
la parrilla, o con pavo o jamón ahumado, si lo desea.

Nutrimentos por porción (¼ de taza de chutney):			
Calorías	37	Colesterol	0 mg
Grasa	muy poca	Sodio	3 mg

Pechuga a la Parrilla con Albaricoque

Pechuga a la Parrilla con Albaricoque

Rinde 4 porciones

4 mitades de pechuga de pollo deshuesadas y
    sin piel (de unos 90 g cada una)
4 dientes de ajo pelados y picados
¼ de cucharadita de sal
¼ de cucharadita de pimienta
2 cucharadas de néctar de albaricoque
    (chabacano)
2 cucharadas de vinagre balsámico
4 cucharaditas de aceite de oliva
2 cebollas moradas chicas, cortadas en
    rebanadas de 1 cm de grosor
6 albaricoques (chabacanos) cortados por la
    mitad y sin hueso
4 tazas de ensalada verde

Doce horas antes de servir, mezcle el pollo y el ajo;
sazónelo con la sal y la pimienta. Refrigérelo hasta
que vaya a prepararlo. Para el aderezo, mezcle el
néctar y el vinagre en un recipiente chico. Bata
3 cucharaditas de aceite de oliva hasta que se
incorpore; sazone con sal y pimienta adicional al
gusto, si lo desea. Caliente el asador a medio-alto.
Barnice la parrilla ligeramente con aceite, si lo desea,
y ase el pollo por unos 4 minutos de cada lado o hasta
que se sienta firme al tacto y pierda su color rosado.

Mientras tanto, barnice las cebollas con
½ cucharadita de aceite y ase durante 2 minutos de
cada lado o hasta que, al picarlas con un tenedor, se
sientan suaves. Barnice los albaricoques ligeramente
con el aceite restante y ase por 1 minuto de cada lado
o hasta que se suavicen. Revuelva la ensalada verde
con el aderezo que conservó. Sirva con el pollo
asado, la cebolla y los albaricoques.

Nutrimentos por porción:			
Calorías	237	Colesterol	72 mg
Grasa	8 g	Sodio	201 mg

Pollo Salteado con Salvia y Ajo

Rinde 5 porciones

**675 g de muslos de pollo deshuesados y sin piel
Sal y pimienta negra molida, al gusto
(opcional)
2 cucharaditas de aceite de oliva
5 hojas de salvia picadas o ½ cucharadita de
salvia seca
2 dientes de ajo pelados
2 tazas de quinoa o arroz integral**

Sazone el pollo con un poco de sal y pimienta. En una cacerola grande con recubrimiento antiadherente, a fuego medio-alto, caliente el aceite; agregue el pollo y dórelo por 2 minutos de cada lado. Espolvoree la salvia y el ajo sobre el pollo. Reduzca el fuego a medio bajo; tape y deje cocer de 10 a 12 minutos hasta que el pollo esté bien cocido. Retire el ajo. Sirva el pollo con la quinoa.

Nota: La quinoa es un tipo de grano. Se vende en tiendas naturistas y en algunos supermercados.

Nutrimentos por porción:

Calorías	280	Colesterol	94 mg
Grasa	8 g	Sodio	119 mg

Pollo Latino

Rinde 6 porciones

**1 cucharada de jugo de lima
1 cucharada de adobo o sazonador para carnes
1 cucharadita de aceite de oliva
675 g de pollo tierno deshuesado y sin piel
450 g de papas chicas peladas
300 g de cebolla pelada y rebanada
⅓ de taza de consomé de pollo
1 hoja de laurel
1 bolsa (300 g) de chícharos (guisantes)
congelados**

En horno de microondas: En un recipiente de 3 litros para horno de microondas, revuelva el jugo de lima, el adobo y el aceite de oliva hasta que se incorporen. Bañe el pollo con la mezcla de lima y acomódelo en círculo en el recipiente; encima acomode las papas y la cebolla; agregue el consomé y la hoja de laurel. Cubra con plástico y haga unas perforaciones; cueza a temperatura ALTA (100 %) por 3 minutos. Baje la temperatura a MEDIA-ALTA (70 %) y cueza durante 8 minutos; revuelva dos veces. Agregue el chícharo; tape y cueza a temperatura MEDIA-ALTA por 8 minutos más o hasta que el pollo esté bien cocido. Retire y deseche la hoja de laurel; deje reposar, tapado, durante 15 minutos antes de servir.

Nutrimentos por porción:

Calorías	244	Colesterol	80 mg
Grasa	4 g	Sodio	235 mg

Pechuga de Pollo Oriental a la Naranja

Rinde 6 porciones

**¼ de taza de aceite vegetal
1 cucharadita de ralladura de cáscara de
naranja
1 naranja exprimida (más o menos ⅓ de taza)
1 cucharada de mermelada de naranja
1 cucharadita de salsa de soya
1 cucharadita de jengibre fresco picado o
½ cucharadita de jengibre molido
Pizca de sal y pimienta
6 mitades de pechuga de pollo deshuesadas y
sin piel (unos 675 g)**

1. En un refractario, mezcle el aceite, la ralladura de naranja, el jugo de naranja, la mermelada, la salsa de soya, el jengibre, la sal y la pimienta; revuelva bien. Agregue el pollo; báñelo y refrigérelo de 30 a 45 minutos; mueva después de 15 minutos.

2. Encienda el carbón para el asador o caliente un asador eléctrico.

3. Retire el pollo de la mezcla de naranja. Áselo de 3 a 5 minutos por lado o hasta que el pollo pierda su color rosado en el centro.

Nutrimentos por porción:

Calorías	165	Colesterol	65 mg
Grasa	4 g	Sodio	95 mg

Pollo Chino Glaseado con Ciruela

Rinde 2 porciones

**4 ciruelas frescas rebanadas
2 cucharadas de azúcar
1½ cucharaditas de jengibre picado o
½ cucharadita de jengibre molido
2 mitades de pechuga de pollo, con hueso y sin
piel
½ cucharadita de pimienta y de pimentón**

En horno de microondas: En un recipiente para horno de microondas, mezcle la ciruela con el azúcar y el jengibre. Sazone las pechugas con la pimienta y el pimentón. Acomódelas sobre la ciruela; tape el recipiente con plástico; deje sin cubrir 1 cm de un lado para permitir la ventilación y que salga el vapor. Cueza a temperatura MEDIA (50 %) por 5 minutos. Rocíe el pollo con los jugos y gire el recipiente ¼ de vuelta. Cueza a temperatura MEDIA de 5 a 7 minutos más. Deje reposar, cubierto, de 2 a 3 minutos. Para servir, acomode el pollo en 2 platos; vierta encima la salsa de ciruela.

Nutrimentos por porción:

Calorías	261	Colesterol	71 mg
Grasa	4 g	Sodio	65 mg

Pollo Estilo Tandoori

Rinde 6 porciones

1 taza de yogur natural sin grasa o bajo en
    grasa
3 cucharadas de vinagre blanco destilado
2 cucharaditas de ajo picado
1¾ cucharaditas de garam masala*
1¼ cucharaditas de jengibre molido
  ¼ de cucharadita de pimienta roja molida
6 mitades de pechuga de pollo deshuesadas y
    sin piel (unos 800 g); quíteles toda la grasa
    visible
1¼ cucharaditas de sal
3 cucharaditas de aceite de oliva
2 tazas de cebolla rebanada

En un tazón grande de vidrio, mezcle el yogur, el
vinagre, el ajo, el garam masala, el jengibre y la
pimienta roja. Haga cortes diagonales de 11 cm de
profundidad sobre la pechuga de pollo. En los cortes
espolvoree sal; agregue el pollo a la mezcla de yogur;
tape y refrigere por lo menos durante 8 horas o toda
la noche.

Caliente el horno a 190 °C. Barnice un refractario de
33×23 cm con 1 cucharadita de aceite. Retire el pollo
de la marinada y acomódelo en el refractario, en una
sola capa; con el lado con cortes hacia arriba. Vierta
un poco de la marinada sobre el pollo; deseche el
resto. Ponga la cebolla sobre el pollo y rocíe con el
aceite restante. Hornee de 25 a 30 minutos o hasta
que el pollo pierda su color rosado. Ponga el pollo
bajo el asador de 3 a 5 minutos para que se dore la
cebolla. Sirva de inmediato.

**El garam masala se vende en la mayoría de las tiendas de
especialidades hindúes o puede hacerlo combinando especias
disponibles en su cocina. En un recipiente chico, mezcle
1½ cucharaditas de comino molido, 1 cucharadita de cilantro
molido, 1 cucharadita de cardamomo molido, 1 cucharadita de
pimienta, ¼ de cucharadita de laurel molido y una pizca de clavo
molido. (Si no encuentra hojas de laurel molidas, muela hojas
enteras en un mortero hasta obtener un polvo fino.)*

Nutrimentos por porción:

Calorías	250	Colesterol	100 mg
Grasa	7 g	Sodio	520 mg

Pollo con Limón y Tomillo

Rinde 5 porciones

2 cucharadas de aceite vegetal
2 cucharadas de jugo de limón
1 cucharada de ralladura de cáscara de limón
1 cucharada de chalote picado o cebolla de
    cambray picada
1 cucharada de tomillo picado o 1 cucharadita
    de tomillo seco
  Sal y pimienta negra molida, al gusto
  (opcional)
675 g de pechugas de pollo deshuesadas y sin piel

En un recipiente ancho y poco profundo, combine el
aceite, el jugo de limón, la ralladura de limón, el
chalote y los sazonadores. Agregue el pollo y voltéelo
para bañarlo bien. Cubra y marine en el refrigerador
por lo menos durante 30 minutos.

Encienda el carbón para el asador o caliente un
asador eléctrico. Escurra la marinada en una olla
chica y ponga a hervir a fuego alto. Ase el pollo, de
15 a 20 cm de la fuente de calor, de 10 a 20 minutos
hasta que esté bien cocido; voltee 2 o 3 veces durante
la cocción y barnice de vez en cuando con la
marinada que conservó. Sirva caliente.

Nutrimentos por porción:

Calorías	177	Colesterol	66 mg
Grasa	7 g	Sodio	76 mg

Pollo a la Mexicana

Rinde 5 porciones

675 g de pechugas de pollo aplanadas
    Sal y pimienta negra molida, al gusto
    (opcional)
⅔ de taza de pan molido sazonado estilo
    italiano
1 cucharadita de chile en polvo
1 huevo batido
2 cucharadas de aceite vegetal
  Salsa preparada (opcional)

Sazone el pollo con sal y pimienta. En un plato,
mezcle el pan molido con el chile en polvo. Sumerja
el pollo en el huevo; ponga en el plato y cúbralo con
el pan molido por ambos lados. En una cacerola
grande con recubrimiento antiadherente, a fuego
medio-alto, caliente el aceite. Agregue el pollo; cueza
de 1½ a 2½ minutos de cada lado hasta que esté
dorado y bien cocido. Acompáñelo con la salsa.

Tiempo de preparación: de 15 a 20 minutos
Tiempo de cocción: de 6 a 8 minutos

Nutrimentos por porción:

Calorías	249	Colesterol	67 mg
Grasa	9 g	Sodio	497 mg

Pavo Shanghai

Pavo Shanghai

Rinde 4 porciones

450 g de pechuga de pavo deshuesada y sin piel
½ taza de vino blanco
3 cucharadas de salsa de soya baja en sodio
1 cucharada de fécula de maíz
   Pimienta negra molida al gusto
1 cucharada de azúcar
2 cucharaditas de vinagre de arroz o vinagre
   blanco
1½ cucharadas de aceite vegetal
1 diente de ajo picado
1 cucharadita de jengibre fresco picado
2 zanahorias ralladas
150 g de ejotes (judías verdes), cortados a lo
   largo y cocidos ligeramente al vapor
½ taza de cebollitas de cambray cortadas en
   rebanadas delgadas
2 tazas de tallarín chino cocido y caliente
   (opcional)
   Zanahoria y cebolla de cambray, cortadas en
   forma de flor (opcional)
   Ramas de cilantro (opcional)

Rebane el pavo en tiras delgadas; póngalas en un recipiente mediano y rocíelas con ¼ de taza de vino, 1 cucharada de salsa de soya, la fécula de maíz y la pimienta; revuelva para cubrir el pavo y deje marinar a temperatura ambiente por 15 minutos. En un recipiente chico, mezcle el vino restante, las 2 cucharadas de salsa de soya, el azúcar y el vinagre.

A fuego medio-alto, caliente un wok o una sartén grande con recubrimiento antiadherente. Agregue lentamente el aceite; incorpore el ajo, el jengibre y el pavo; sofríalos de 3 a 4 minutos hasta que el pavo esté bien cocido. Añada la zanahoria, el ejote, la cebolla

de cambray y la mezcla de vino que reservó; cueza de 1 a 2 minutos más. Sirva sobre tallarines chinos. Adorne con flores de cebolla de cambray y de zanahoria y ramas de cilantro, si lo desea.

Nutrimentos por porción:			
Calorías	246	Colesterol	70 mg
Grasa	7 g	Sodio	393 mg

Pollo al Horno con Salsa de Pimiento

Rinde 6 porciones, 2⅓ tazas de salsa

1 taza de pan molido
2 cucharadas de perejil picado
½ cucharadita de tomillo seco machacado
¼ de cucharadita de sal de ajo
¼ de cucharadita de pimienta negra
6 mitades de pechuga de pollo, sin piel
⅓ de taza de mayonesa baja en calorías
1½ tazas de pimiento morrón rojo finamente
   picado
1 diente de ajo picado
1 cucharada de mantequilla o margarina
3 tomates rojos medianos, pelados, sin semillas
   y picados
¼ de taza de Salsa 57 (receta más adelante)
¼ de cucharadita de sal
   Pizca de pimienta roja molida

Caliente el horno a 200 °C. En un recipiente poco profundo, mezcle el pan molido, el perejil, el tomillo, la sal de ajo y la pimienta negra. Con la mayonesa, cubra el pollo por ambos lados; luego empanícelo con el pan molido. Ponga el pollo en un refractario ligeramente engrasado. Hornee de 40 a 45 minutos o hasta que el pollo esté suave y los jugos se vean claros cuando lo pique con un tenedor. Mientras tanto, para la salsa, en una sartén sofría en mantequilla el pimiento morrón rojo y el ajo hasta que estén suaves. Añada el tomate y cueza a fuego medio por 5 minutos; revuelva de vez en cuando. Incorpore la Salsa 57, la sal y la pimienta roja. Pase la mezcla al vaso de la licuadora o a un procesador de alimentos. Tape y licue hasta que se revuelvan bien. Regrese la mezcla a la sartén; cuézala a fuego medio hasta que se espese un poco; revuelva con frecuencia. Sirva el pollo con la salsa.

Salsa 57: En un procesador de alimentos, ponga ½ taza de uvas pasa, ⅔ de taza de salsa catsup, 1 cucharadita de chile en polvo, 1 cucharadita de sal, 125 ml de compota de manzana y 2 cucharadas de aderezo italiano para ensaladas. Encienda y apague el procesador durante 2 minutos, o hasta que se incorporen bien los ingredientes. Refrigere la salsa sobrante.

Nutrimentos por porción:			
Calorías	287	Colesterol	74 mg
Grasa	9 g	Sodio	314 mg

Pollo Maryland

Rinde 4 porciones

¼ de taza de harina de trigo
Sal y pimienta negra molida, al gusto
(opcional)
½ cucharadita de pimentón
675 g de pechuga de pollo deshuesada y sin piel
1½ cucharadas de margarina light (en barra)
1 lata (240 ml) de crema de elote

En un recipiente poco profundo, mezcle la harina, la sal, la pimienta y el pimentón; cubra el pollo por ambos lados con la mezcla de harina. En una sartén grande con recubrimiento antiadherente, derrita la margarina a fuego medio-alto; agregue el pollo; cuézalo de 2 a 3 minutos de cada lado o hasta que se dore; voltee una vez. Reduzca el fuego a medio bajo; cueza durante 10 minutos más o hasta que el pollo esté bien cocido.

Saque el pollo de la sartén. Añada la crema de elote con la grasa del pollo; revuelva bien. Sazone con sal, pimienta y pimentón al gusto. Sirva el pollo con la salsa de elote.

Nutrimentos por porción:			
Calorías	278	Colesterol	99 mg
Grasa	5 g	Sodio	334 mg

Pita Rellena de Pollo

Rinde 10 mitades, de 3 a 3½ tazas de relleno

300 g de pollo cocido y desmenuzado
225 g de yogur natural bajo en grasa
½ taza de almendra natural picada
¼ de taza de nectarina picada
⅓ de taza de cebollín picado
1 cucharada de jugo de limón
⅛ de cucharadita de pimienta y de eneldo seco
5 pitas (pan árabe) cortadas por la mitad
Hojas de lechuga

En un recipiente mediano, mezcle todos los ingredientes, excepto las pitas y las hojas de lechuga. Ponga la lechuga en las pitas y rellene con la mezcla de pollo.

Nutrimentos por porción (media pita):			
Calorías	204	Colesterol	24 mg
Grasa	6 g	Sodio	251 mg

Pollo Empanizado

Rinde 4 porciones

½ taza de aderezo para ensalada tipo italiano
clásico con aceite de oliva*
2 cucharadas de jugo de lima
½ cucharadita de ralladura de cáscara de lima
4 mitades de pechuga de pollo deshuesadas y
sin piel (unos 450 g), aplanadas
½ taza de harina de maíz
½ cucharadita de ajo en polvo con perejil
¼ de cucharadita de sal
1 cebolla morada mediana picada
Hojas de cilantro o perejil picadas

En un refractario grande, mezcle el aderezo para ensalada con el jugo de lima y la ralladura de lima. Agregue el pollo; báñelo con la mezcla. Tape y deje marinar en el refrigerador por lo menos durante 2 horas; voltee de vez en cuando. Mientras tanto mezcle la harina con el ajo y la sal.

Saque el pollo de la marinada, pero no la tire. Empanice el pollo con la mezcla de harina; cúbralo bien. Acomode la cebolla y el pollo sobre una rejilla forrada con papel de aluminio de un asador eléctrico o en un refractario engrasado. Rocíe el pollo y la cebolla con la marinada que conservó. Ase por 7 minutos o hasta que el pollo esté suave y pierda su color rosado. Espolvoree con el cilantro y sirva con pimienta negra recién molida, si lo desea.

*También es delicioso con aderezo a la vinagreta clásica de vino tinto con aceite de oliva.

Nutrimentos por porción:			
Calorías	261	Colesterol	66 mg
Grasa	8 g	Sodio	591 mg

Pollo Empanizado

Pollo Primavera Cremoso

Rinde 4 porciones

2 tazas de agua
1 taza de zanahoria cortada en cubos
1 taza de floretes de brócoli
1 taza de espirales de pasta tricolor
225 g de pollo cocido, cortado en cubos
½ taza de yogur natural sin grasa o bajo en grasa
¼ de taza de cebollín finamente picado (sólo la parte verde)
2 cucharadas más 2 cucharaditas de mayonesa baja en calorías
2 cucharadas de queso parmesano rallado
½ cucharadita de albahaca seca machacada
⅛ de cucharadita de pimienta
Rizos de zanahoria (opcional)

En una olla mediana, ponga el agua, la zanahoria y el brócoli; cueza, tapado, de 10 a 15 minutos o hasta que estén suaves; escurra. Cueza la pasta siguiendo las instrucciones de la envoltura; enjuáguela y escúrrala. En un recipiente grande, mezcle la pasta, la zanahoria y el brócoli. Revuelva con suavidad.

En un recipiente chico, mezcle el pollo con el yogur, el cebollín, la mayonesa, el queso, la albahaca y la pimienta; revuelva bien. Añada a la mezcla de pasta y revuelva con suavidad. Tape y refrigere durante varias horas. Si lo desea, puede adornar con los rizos de zanahoria.

Nutrimentos por porción:

Calorías	290	Colesterol	60 mg
Grasa	10 g	Sodio	178 mg

Emparedados de Pavo Waldorf

Rinde 4 porciones

180 g de pechuga de pavo cocida, cortada en cubos
½ taza de apio cortado en cubos
1 manzana roja chica, sin corazón y cortada en cubos chicos
2 cucharadas de nuez picada
1 cucharada de mayonesa baja en calorías
1 cucharada de yogur natural bajo en grasa
⅛ de cucharadita de nuez moscada molida
⅛ de cucharadita de canela molida
4 hojas de lechuga
Rebanadas de pan con pasas bajo en calorías

En un recipiente mediano, mezcle el pavo, el apio, la manzana, la nuez, la mayonesa, el yogur, la nuez moscada y la canela; revuelva bien. Tape y refrigere por lo menos durante 1 hora o toda la noche para que se mezclen los sabores.

Para servir, ponga 1 hoja de lechuga sobre 1 rebanada de pan; encima, coloque ¾ de taza de la mezcla de pavo y tape el emparedado. Haga los otros emparedados. (Puede conservar el sobrante de la mezcla de pavo en el refrigerador hasta por 4 días.)

Nutrimentos por porción (1 emparedado):

Calorías	240	Colesterol	28 mg
Grasa	7 g	Sodio	233 mg

Pavo Picante con Frijol Negro

Rinde 4 porciones

1 taza de cebolla picada gruesa
1 pimiento morrón rojo, cortado en cubos de .5 cm
2 dientes de ajo picados
2 chiles jalapeños,* sin semillas y en rajas
785 g de tomate rojo picado (conserve el jugo)
1 cucharada de chile en polvo
1½ cucharaditas de comino molido
1½ cucharaditas de cilantro molido
½ cucharadita de orégano seco machacado
½ cucharadita de mejorana seca machacada
¼ de cucharadita de hojuelas de pimienta roja machacadas
¼ de cucharadita de canela molida
1 lata (450 g) de frijoles negros (judías), escurridos y enjuagados
2 tazas de pavo cocido y cortado en cubos de 1.5 cm
½ taza de cilantro picado
4 cucharadas de queso cheddar bajo en grasa, rallado

En horno de microondas: En un recipiente de 3 litros para horno de microondas, mezcle la cebolla, el pimiento morrón, el ajo, el jalapeño y el tomate rojo, incluyendo su jugo. Luego incorpore el chile en polvo, el comino, el cilantro, el orégano, la mejorana, las hojuelas de pimienta y la canela, cubra. Cueza a temperatura ALTA (100 %) por 10 minutos; revuelva después de 5 minutos de cocción; incorpore los frijoles y el pavo; tape. Cueza a temperatura ALTA por 4 minutos; luego incorpore el cilantro. Para servir, vierta en platos hondos y espolvoree encima el queso.

Consejo: Para que se mezclen bien los sabores, prepárelo 1 día antes.

*Los chiles pueden dar comezón e irritar la piel; utilice guantes desechables de plástico cuando maneje chiles y no se toque los ojos. Lávese las manos después de manejarlos.

Nutrimentos por porción:

Calorías	278	Colesterol	60 mg
Grasa	6 g	Sodio	632 mg

Pollo Primavera Cremoso

Pollo con Champiñones

Pollo con Champiñones

Rinde 6 porciones

1 pollo tierno (675 g) deshuesado y sin piel
½ cucharadita de tomillo molido
   Sal y pimienta negra molida (opcional)
1½ cucharadas de aceite de oliva
125 g de champiñones silvestres, como
   portobello, shiitake o pleuroto, en
   rebanadas delgadas
¼ de taza de caldo de res
3 cucharadas de vino marsala
1 cucharada de queso parmesano rallado
2 cucharadas de perejil picado
1 limón, en rebanadas delgadas (opcional)

Ponga las piezas de pollo entre dos plásticos; aplánelas. Sazone con tomillo, sal y pimienta. En una sartén grande con recubrimiento antiadherente, caliente el aceite a fuego medio. Agregue los champiñones; sofría de 1 a 2 minutos. Con una espumadera, saque los champiñones. Añada el pollo a la sartén y cueza por unos 5 minutos de cada lado o hasta que esté ligeramente dorado. Retire el pollo y consérvelo caliente.

Con una espátula o cuchara de madera, incorpore el caldo de res y el vino a la sartén; raspe el fondo para incorporar los pedazos dorados a los jugos de la sartén. Regrese el pollo; corónelo con los champiñones. Espolvoree el queso y bañe con los jugos. Reduzca el fuego a bajo; tape y deje cocer de 5 a 10 minutos hasta que el pollo esté bien cocido. Para servir, espolvoree el perejil y adorne con rebanadas de limón, si lo desea.

Nutrimentos por porción:			
Calorías	181	Colesterol	81 mg
Grasa	7 g	Sodio	103 mg

Brochetas de Pavo con Salsa de Mostaza y Jengibre

Rinde 5 porciones

½ taza de mostaza
1 lata (225 g) de piña en almíbar en trozos,
   escurrida (conserve el jugo)
1 a 2 cucharadas bien compactas de azúcar
   morena
½ cucharadita de jengibre molido
450 g de pechuga de pavo deshuesada, cortada en
   tiras de 2.5 cm
1 pimiento morrón verde mediano, cortado en
   trozos pequeños
10 tomates cherry
5 agujas para brocheta
   Arroz cocido caliente (opcional)

En un recipiente chico, mezcle la mostaza, el almíbar de la piña, el azúcar y el jengibre. En las agujas, ensarte alternadamente los pedazos de piña, las tiras de pavo, los pedazos de pimiento y los tomates. Conserve la mitad de la mezcla de mostaza. Ase las brochetas y rocíelas con la mezcla de mostaza restante, de 15 a 20 minutos o hasta que el pavo esté suave. Sirva caliente sobre arroz con la mezcla de mostaza.

Nutrimentos por porción:			
Calorías	169	Colesterol	54 mg
Grasa	3 g	Sodio	357 mg

Fettucini con Pollo y Pimiento

Rinde 12 porciones

1 paquete (450 g) de fettucini sin cocer
¼ de taza de aceite de oliva o aceite vegetal
3 pechugas de pollo deshuesadas y sin piel,
   cortadas en tiras (unos 500 g)
2 pimientos morrones rojos grandes, cortados
   en tiras
2 pimientos morrones amarillos grandes,
   cortados en tiras
1 pimiento morrón verde mediano, cortado en
   tiras
1 cebolla mediana cortada en trozos
2 tazas de champiñones rebanados
1 cucharadita de hierbas para sazonar, sin sal
2 cucharadas de queso parmesano rallado

Cueza el fettucini siguiendo las instrucciones del paquete; escúrralo. En una sartén grande, caliente el aceite; agregue el pollo, los pimientos, la cebolla, los champiñones y las hierbas. Cueza, revolviendo, a fuego medio hasta que el pollo esté bien cocido, de 8 a 10 minutos. Añada el fettucini caliente y el queso parmesano; revuelva para bañar. Sirva de inmediato. Refrigere el sobrante.

Nutrimentos por porción:			
Calorías	264	Colesterol	36 mg
Grasa	7 g	Sodio	33 mg

Pollo Sofrito con Romero

Rinde 4 porciones

1 paquete de arroz instantáneo
1½ cucharadas de aceite vegetal
1 taza de tiras delgadas de zanahoria
½ taza de apio rebanado
¼ de cucharadita de romero seco machado
225 g de pechuga de pollo deshuesada y sin piel, cortada en tiras delgadas
1 taza de champiñones rebanados
¼ de taza de cebollín rebanado, incluyendo la parte blanca
1 lata (300 g) de consomé de pollo
4 cucharaditas de fécula de maíz

Cueza el arroz siguiendo las instrucciones de la envoltura. Mientras tanto, en una sartén grande, caliente el aceite a fuego medio-alto. Agregue la zanahoria, el apio y el romero; sofría hasta que las verduras estén suaves. Haga las verduras a un lado de la sartén; añada el pollo; sofríalo por 3 minutos o hasta que el pollo esté suave y pierda su color rosado. ponga los champiñones y el cebollín; sofría durante 3 minutos. En un recipiente chico, disuelva la fécula de maíz en el consomé; agregue a la sartén. Cueza y revuelva a fuego medio hasta que la mezcla hierva y se espese; revuelva con frecuencia. Sirva la mezcla de pollo sobre el arroz.

Nutrimentos por porción:

Calorías	250	Colesterol	23 mg
Grasa	7 g	Sodio	550 mg

Pavo Parmesano

Rinde 1 porción

1 cucharadita de margarina baja en grasa
1 rebanada (de 60 g) de pechuga de pollo
3 cucharadas de salsa para espagueti
1 cucharadita de queso parmesano rallado
1 rebanada de queso dietético

En una sartén chica, a fuego medio, derrita la margarina. Agregue la rebanada de pechuga de pavo; fríala por 2 minutos; voltéela. Reduzca el fuego a bajo; corone el pavo con el resto de los ingredientes. Tape; cueza de 2 a 3 minutos más o hasta que el pavo pierda su color rosado. Adorne como desee. Refrigere el sobrante.

Nutrimentos por porción:

Calorías	198	Colesterol	54 mg
Grasa	7 g	Sodio	646 mg

Emparedados de Pollo Monterrey

Rinde 4 emparedados

½ cucharada de aceite vegetal
½ cucharada de margarina
4 mitades de pechuga de pollo deshuesadas y sin piel (unos 450 g)
1 cucharadita de tomillo seco machacado
   Sal y pimienta negra (opcional)
1 cebolla morada grande, en rebanadas
4 bollos cortados por la mitad
   Hojas de col lombarda (col roja) o de lechuga

Caliente el aceite y la margarina a fuego medio. Agregue el pollo; espolvoree con tomillo; cuézalo hasta que esté dorado por ambos lados y pierda su color rosado en el centro; voltéelo después de 4 minutos. Sazone con sal y pimienta. Retírelo de la sartén y consérvelo caliente. Agregue la cebolla a la sartén; cuézala revolviendo hasta que esté suave.

Rellene los bollos con las hojas de col, el pollo y la cebolla. Sirva con chutney de mango y aceitunas, si lo desea.

Nutrimentos por porción (1 emparedado):

Calorías	283	Colesterol	46 mg
Grasa	7 g	Sodio	369 mg

Emparedados de Pollo Monterrey, Elote con Chile (página 363)

Cacerola de Pollo, Brócoli y Pasta

Rinde 8 porciones

2 cucharaditas de aceite vegetal
⅔ de taza de cebolla picada
2 dientes de ajo grandes picados
450 g de pechuga de pollo deshuesada y sin piel, cortada en trozos de 2.5 cm
800 g de tomate rojo picado
1 lata (225 g) de puré de tomate
¼ de taza de salsa de tomate
1¼ cucharaditas de albahaca seca
¾ de cucharadita de orégano seco
¼ de cucharadita de sal
1 bolsa (300 g) de floretes de brócoli, descongelados y bien escurridos
150 g de macarrón chico cocido (sin sal ni grasa) y escurrido
½ taza de queso parmesano rallado

1. Caliente el horno a 180 °C.

2. En una sartén grande, caliente el aceite a fuego medio-alto. Agregue la cebolla y el ajo; fríalos hasta que estén suaves. Añada el pollo y sofríalo hasta que el pollo pierda su color rosado en el centro. Incorpore el tomate rojo, el puré de tomate, la salsa de tomate, la albahaca, el orégano y la sal. Deje que hierva y luego baje el fuego; deje cocer a fuego bajo por 5 minutos; revuelva de vez en cuando.

3. En un recipiente grande, mezcle el brócoli, el macarrón, la mezcla de pollo y ¼ de taza de queso. Revuelva bien. Pase a un refractario de 33×23×5 cm. Espolvoree con el queso restante.

4. Hornee a 180 °C durante 20 minutos.

Nutrimentos por porción:			
Calorías	215	Colesterol	35 mg
Grasa	4 g	Sodio	485 mg

Pizza de Pollo

Rinde 6 porciones

1 pimiento morrón rojo chico
2 cucharaditas de albahaca fresca finamente picada
1 cucharadita de aceite de oliva
6 tortillas de harina
180 g de pechuga de pavo asado, cortado en cubos
3 cucharadas de tomate rojo seco, blanqueado y finamente picado
3 cucharadas de queso feta desmenuzado

Tueste el pimiento rojo sobre la flama o debajo de la fuente de calor de un asador eléctrico hasta que se oscurezca. Envuélvalo en una bolsa de papel hasta que se enfríe; después, pélelo, quítele las semillas y píquelo.

Caliente el horno a 200 °C. Mezcle la albahaca con aceite de oliva; con la mezcla, barnice 1 lado de cada tortilla. Espolvoree cantidades iguales de pimiento rojo, pavo, tomates rojos y queso feta sobre las tortillas. Hornee durante 6 minutos o hasta que el queso se funda.

Nutrimentos por porción (1 pizza):			
Calorías	162	Colesterol	15 mg
Grasa	4 g	Sodio	445 mg

Gallinita Hawaiana

Rinde 2 porciones

1 gallina descongelada (unos 560 g)
½ cucharadita de ajo en polvo
Sal y pimienta al gusto (opcional)
1 lata (225 g) de piña en almíbar en rebanadas, sin escurrir
1 cucharada de miel
½ cucharadita de ralladura de cáscara de limón
½ cucharadita de estragón seco machacado
1 taza de zanahoria pelada o en trozos
225 g de puntas de espárrago o ejotes (judías verdes)

Caliente el horno a 190 °C. Corte la gallinita por la mitad, a lo largo. Sazone con el ajo en polvo, la sal y la pimienta. Póngala sobre la rejilla de una olla; tape. Hornee durante 20 minutos.

Mientras tanto, escurra la piña y ponga el almíbar en una cacerola chica; incorpore la miel, la ralladura de limón y el estragón.

Acomode las rebanadas de piña con la gallina sobre la rejilla; barnice con un poco de la mezcla de jugo de piña. Hornee, sin tapar, de 10 a 15 minutos más hasta que estén suaves y dorados.

Ponga la zanahoria y el espárrago en la cacerola con la mezcla del almíbar restante. Tape con plástico. Cueza en el horno de microondas a temperatura ALTA (100 %) de 4 a 5 minutos.

Para servir, acomode las mitades de gallinita en 2 platos extendidos. Acomode las verduras en los platos. Vierta la salsa sobre la carne.

Tiempo de preparación: 10 minutos
Tiempo de cocción: 35 minutos

Nutrimentos por porción:			
Calorías	280	Colesterol	49 mg
Grasa	8 g	Sodio	65 mg

Pavo con Ajo, Cocido en Olla de Barro

Rinde 5 porciones

675 g de muslos de pavo deshuesados y sin piel
Sal y pimienta negra molida, al gusto (opcional)
1 cucharada de aceite de oliva
1 cabeza de ajo entera, separada en dientes, pelados
½ taza de vino blanco seco
½ taza de consomé de pollo con poca sal

Sazone el pavo con poca sal y mucha pimienta. En una sartén grande a fuego medio-alto, caliente el aceite. Agregue el pavo y dórelo por ambos lados durante 10 minutos. En una olla de barro o en una olla eléctrica, ponga el pavo y el resto de los ingredientes. Cueza a temperatura media de 2½ a 3½ horas. Saque el ajo de la olla, macháquelo y regréselo a la olla, si lo desea. Sirva el pavo con su jugo.

Nutrimentos por porción:

Calorías	188	Colesterol	85 mg
Grasa	7 g	Sodio	165 mg

Sofrito Delicioso

Rinde 4 porciones, unas 3 tazas

1 cubo de consomé de pollo
⅓ de taza de agua hirviente
3 a 4 cucharadas de salsa inglesa
1 cucharada de fécula de maíz
½ taza de zanahoria cortada en tiras
2 cucharadas de aceite vegetal
½ taza de calabacita cortada en tiras
8 cebollines cortados en trozos de 2.5 cm de largo
4 mitades de pechuga de pollo deshuesadas (unos 450 g), cortadas en tiras de 5×6.5 cm
Arroz cocido y caliente (opcional)

Disuelva el cubo de consomé en el agua; incorpore la salsa inglesa; después, la fécula de maíz. En una sartén grande o wok previamente calentado, sofría la zanahoria en 1 cucharada de aceite durante 1 minuto. Agregue la calabacita y el cebollín; sofríalos por 1 minuto. Retire las verduras. En la misma sartén, sofría el pollo con la cucharada de aceite restante de 1 a 2 minutos; retire. Sofría el pollo restante. Regrese las verduras y el pollo a la sartén; incorpore la mezcla de salsa inglesa. Cueza hasta que se espese; revuelva para bañar el pollo y las verduras. Sirva con el arroz.

Nutrimentos por porción:

Calorías	214	Colesterol	66 mg
Grasa	9 g	Sodio	483 mg

Pechuga de Pollo Caribeña

Rinde 6 porciones

¼ de taza de aceite vegetal
1 cucharadita de ralladura de cáscara de limón
¼ de taza de jugo de limón
1 cucharada de pimentón
1 cucharada de miel
1 cucharadita de sal de ajo
1 cucharadita de jengibre
1 cucharadita de hojas de orégano seco
¼ de cucharadita de salsa picante
6 mitades de pechuga de pollo deshuesadas y sin piel (unos 675 g)

1. En un refractario, mezcle el aceite, la ralladura de limón, el jugo de limón, el pimentón, la miel, la sal de ajo, el jengibre, el orégano y la salsa; revuelva bien. Agregue el pollo, revuelva para bañarlo. Refrigere durante 30 minutos o hasta por 4 horas; voltee de vez en cuando.

2. Caliente un asador eléctrico o encienda el carbón para el asador exterior.

3. Saque el pollo de la marinada. Ase de 3 a 5 minutos por lado o hasta que el pollo pierda su color rosado en el centro.

Nutrimentos por porción:

Calorías	170	Colesterol	65 mg
Grasa	6 g	Sodio	230 mg

Salsa de Durazno y Limón para Pollo

Rinde 2½ tazas

2 limones
3 duraznos cortados en cuartos
3 cucharadas de consomé de pollo con poca sal
Pimienta al gusto

Pele los limones (quite sólo la parte verde) con un pelador de verduras. Exprima los limones hasta obtener ¼ de taza de jugo. En una sartén, ponga el jugo y el durazno. Tape y cueza a fuego medio durante 20 minutos o hasta que los duraznos estén suaves. Mientras tanto, corte la cáscara de limón en tiras delgadas; después, córtelas por la mitad. Hierva las tiras en agua, de 7 a 8 minutos, y escúrralas. Licue los duraznos cocidos con el consomé de pollo, hasta que se incorporen. Agregue las tiras de limón y la pimienta. Sirva caliente sobre pollo asado.

Nutrimentos por porción (¼ de taza de salsa):

Calorías	17	Colesterol	muy poco
Grasa	muy poca	Sodio	muy poca

Haga que aun los amantes de la carne piensen dos veces para escoger entre estas deliciosas y seductoras recetas de pescados y mariscos. Las marinadas y salsas realzan el delicado sabor de los camarones, de la langosta y de sus filetes favoritos. Intente preparar mariscos a la parrilla, y obtenga un especial y tentador nuevo sabor.

Salmón Escalfado a la Mayonesa con Albahaca

Rinde 4 porciones

Mayonesa con Albahaca (receta más
  adelante)
1 hoja de albahaca
4 granos de pimienta
4 filetes de salmón, de 2.5 a 3 cm de grosor
  (450 g)

Prepare la Mayonesa con Albahaca.

Ponga en una sartén mediana la hoja de albahaca, los granos de pimienta y suficiente agua para llenar la mitad de la sartén con 2.5 cm de profundidad. Deje hervir. Agregue el salmón. Reduzca el fuego y tape. Deje hervir durante 5 minutos más, o hasta que el salmón se separe fácilmente al tocarlo con un tenedor.

Retire el salmón del líquido; sirva con la Mayonesa con Albahaca.

Mayonesa con Albahaca
¼ de taza de mayonesa light
¼ de taza de yogur natural
1 cebolla verde cortada en trozos de 2.5 cm
1 cucharada de perejil fresco
1 cucharada de albahaca fresca
  Sal y pimienta negra (opcional)

Licue la mayonesa, el yogur, la cebolla, el perejil y la albahaca hasta que todo quede bien molido. Sazone con sal y pimienta si lo desea.

Nutrimentos por porción (incluye 2 cucharadas de Mayonesa con Albahaca):

Calorías	211	Colesterol	69 mg
Grasa	10 g	Sodio	60 mg

Pitas Costeñas de Atún

Rinde 8 porciones

½ taza de claras de huevo
1 lata (200 g) de atún en agua, escurrido
¼ de taza de mayonesa baja en grasa
¼ de taza de queso crema para untar bajo en
  grasa
¼ de taza de castañas de agua picadas
1 cucharada de cebollín picado
1 cucharadita de jugo de limón
1 cucharadita de mostaza Dijon
¼ de cucharadita de eneldo
4 pitas partidas por la mitad
1 pepino finamente rebanado
1 tomate rojo finamente rebanado
  Germen de alfalfa

Engrase ligeramente una sartén de 20 cm con antiadherente en aerosol. Cueza las claras de huevo. Deje que se enfríen y pártalas. En un recipiente mediano, mezcle el huevo, el atún, la mayonesa, el queso crema, la castaña, la cebolla, el jugo de limón, la mostaza y el eneldo. Refrigere. Para servir, llene las pitas con las rebanadas de pepino y tomate, el germen de alfalfa y ¼ de taza de la mezcla de atún.

Nutrimentos por porción:

Calorías	150	Colesterol	10 mg
Grasa	1 g	Sodio	395 mg

De izquierda a derecha: Cazuela de Chícharos (página 355),
Salmón Escalfado a la Mayonesa con Albahaca

Lenguado con Salsa de Pimienta

Lenguado con Salsa de Pimienta

Rinde 4 porciones

**Salsa de Pimienta (receta más adelante)
4 filetes de lenguado (de unos 150 g cada uno)**

Caliente el horno. Coloque la parrilla del horno a 10 cm de la fuente de calor. Prepare la Salsa de Pimienta.

Coloque el pescado en un refractario poco profundo. Hornee durante unos 10 minutos o hasta que el pescado esté listo.

Salsa de Pimienta

**1 taza de hojas de cilantro
2 cucharadas de mostaza Dijon*
2 cucharadas de vino blanco seco
½ cucharadita de granos de pimienta verde, enjuagados y escurridos**

Licue todos los ingredientes en un procesador de alimentos hasta que queden bien mezclados.

*Sustituya la mostaza Dijon por la mostaza de su preferencia.

Nutrimentos por porción:			
Calorías	195	Colesterol	28 mg
Grasa	10 g	Sodio	203 mg

Filete de Pescado Marinado con Cítricos

Rinde 4 porciones

**¼ de taza de jugo de naranja concentrado
¼ de taza de jugo de limón concentrado
1 cucharada de aceite vegetal
½ cucharadita de eneldo
4 filetes (de 2.5 cm de grueso) de salmón, hipogloso o pez espada (unos 750 g)**

En un recipiente grande y poco profundo, o en una bolsa de plástico, mezcle los jugos, el aceite y el eneldo. Agregue el pescado y tape. Marine en el refrigerador durante 2 horas; voltee ocasionalmente. Saque el pescado de la marinada y caliente la marinada. Hornee o ase el pescado hasta que la carne se desprenda con facilidad con un tenedor; báñelo con la marinada. Adorne al gusto. Refrigere los sobrantes.

Nutrimentos por porción:			
Calorías	211	Colesterol	30 mg
Grasa	9 g	Sodio	1039 mg

Trucha Arco Iris con Champiñones

Rinde 4 porciones

**1 cucharada de aceite de oliva
1 taza de chalote picado
1 taza de champiñones rebanados
1 taza de champiñones pequeños enteros
¼ de taza de salsa de soya
¼ de taza de jerez seco
¼ de taza de agua
Pimienta negra molida al gusto
4 filetes de trucha arco iris (cada uno de 120 g)**

En una sartén antiadherente, mezcle el aceite de oliva y los champiñones enteros. Cubra y cueza a fuego medio hasta que adquieran un color translúcido. Agregue los champiñones rebanados; tape y cueza hasta que adquieran una consistencia suave. Añada la salsa de soya, el jerez y el agua, deje hervir durante 1 minuto. Retire del fuego y sazone con pimienta. Coloque la mezcla en un recipiente mediano, cubra y manténgala caliente. Rocíe la misma sartén con antiadherente. Cueza la trucha a fuego alto durante 2 minutos. Con cuidado, voltee el pescado y cueza durante otros 2 minutos o hasta que la trucha esté lista. Sirva inmediatamente con la mezcla de champiñones.

Nutrimentos por porción:			
Calorías	233	Colesterol	65 mg
Grasa	7 g	Sodio	592 mg

Pescado Oriental a las Brasas

Rinde 4 porciones

¼ **de taza de aceite vegetal**
¼ **de taza de salsa de soya baja en sodio**
¼ **de taza de vino blanco seco**
1½ **cucharaditas de ajonjolí**
1 **cucharadita de azúcar**
½ **cucharadita de jengibre molido**
450 **g de lenguado en filetes**
12 **cebollines**
½ **cucharadita de pimienta negra (opcional)**

Caliente el asador. Mezcle el aceite, la salsa de soya, el vino, el ajonjolí, el azúcar y el jengibre en un refractario poco profundo.

Ponga los filetes en la marinada. Voltee para cubrirlos totalmente. Marine durante 20 minutos, volteando ocasionalmente.

Lave los cebollines. Corte la parte superior, de modo que todos tengan una longitud de 12 a 15 cm. Haga cortes de 7 cm en la parte superior de los cebollines para darle apariencia de plumas.

Coloque las cebollas en la marinada durante los últimos 10 minutos.

Retire el pescado y los cebollines de la marinada. Acomódelos en una charola. Espolvoree con la pimienta si lo desea. Ponga la charola en el asador, de 10 a 12 cm del fuego.

Ase durante 3 minutos. Voltee el pescado y los cebollines con cuidado y ase durante 3 minutos más o hasta que el pescado esté listo.

En horno de microondas: Prepare y marine el pescado y las cebollas como se describe anteriormente. Retire el pescado y las cebollas de la marinada. Colóquelos en un refractario de 30×20 cm. Espolvoree el pescado con pimienta si lo desea. Cubra con plástico y perfore para que se ventile. Hornee a temperatura ALTA (100 %) durante 2 minutos. Dé vuelta al pescado y vuelva a hornear por 1½ minutos más. Deje reposar durante 1 minuto.

Nutrimentos por porción:

Calorías	190	Colesterol	75 mg
Grasa	9 g	Sodio	180 mg

Camarón y Arroz con Azafrán

Rinde 2 porciones

⅓ **de taza de pimiento morrón rojo picado**
¼ **de taza de cebollín rebanado**
1 **diente de ajo picado**
1 **cucharadita de margarina**
225 **g de camarón mediano, pelado y desvenado**
½ **cucharadita de sazonador para mariscos**
1½ **tazas de arroz cocido (con ¹⁄₁₆ de cucharadita de azafrán o cúrcuma)**
1 **cucharada de queso parmesano rallado**

En una sartén mediana, a fuego medio, cueza de 1 a 2 minutos los pimientos, las cebollas y el ajo. Agregue el camarón y el sazonador; cueza de 3 a 4 minutos o hasta que el camarón se haya vuelto opaco. Añada el arroz y el queso; caliente bien de 3 a 4 minutos. Adorne al gusto.

En horno de microondas: Mezcle el pimiento, la cebolla, el ajo y la margarina en un refractario de 1 litro. Tape y hornee a temperatura ALTA (100 %) durante 2 minutos. Agregue el camarón y el sazonador. Reduzca la temperatura a MEDIA-ALTA y cueza de 3 a 4 minutos más, o hasta que el camarón esté opaco. Añada el queso y el arroz. Tape y cueza a temperatura MEDIA-ALTA de 1 a 2 minutos. Deje reposar durante 2 minutos. Adorne al gusto.

Nutrimentos por porción:

Calorías	247	Colesterol	176 mg
Grasa	4 g	Sodio	817 mg

Camarón y Arroz con Azafrán

Alambre de Camarón al Ajillo

Alambre de Camarón al Ajillo

Rinde 4 porciones

450 g de camarón gigante, pelado y desvenado
2 cucharadas de salsa de soya
1 cucharada de aceite vegetal o de cacahuate
3 dientes de ajo picados
¼ de cucharadita de hojuelas de pimienta roja machacadas (opcional)
3 cebollas cortadas en trozos de 2.5 cm

Remoje en agua 4 alambres de bambú (de 30 cm) durante 20 minutos.

Coloque los camarones en una bolsa de plástico grande. Mezcle la salsa de soya, el aceite, el ajo y la pimienta en una taza; revuelva bien y vierta sobre el camarón. Cierre muy bien la bolsa y voltéela para que se marinen totalmente. Marine a temperatura ambiente de 10 a 15 minutos.

Escurra el camarón y guarde la marinada. De manera alternada, coloque el camarón y las cebollas en los alambres. Coloque los alambres en la parrilla. Barnice con la marinada que reservó.

Ase los camarones de 10 a 12 cm de la fuente de calor durante 5 minutos. Voltee los camarones y ase por otros 5 minutos o hasta que el camarón esté opaco.

Nutrimentos por porción:			
Calorías	127	Colesterol	174 mg
Grasa	4 g	Sodio	478 mg

Lenguado Ratatouille

Rinde 6 porciones

½ taza de cebolla finamente rebanada
1 diente de ajo molido
2 tazas de aceite de oliva
2 tazas (225 g) de berenjena pelada y cortada en cuadritos
1¾ tazas de tomates pelados y cortados, con su jugo
1½ tazas de champiñones picados
1 taza de pimiento morrón verde picado
1 taza de agua
⅔ de taza de puré de tomate
⅓ de taza de perejil finamente picado
1 cucharada de albahaca fresca finamente picada
½ cucharadita de sal
¼ de cucharadita de pimienta negra
675 g de filete de lenguado
1½ tazas de calabacita (3 medianas) rebanada

Acitrone la cebolla y el ajo en una sartén de 30 cm. Agregue la berenjena, los tomates con su jugo, los champiñones, el pimiento, el agua, el puré de tomate, el perejil, la albahaca, la sal y la pimienta negra. Tape y deje hervir por 10 minutos, moviendo ocasionalmente. Enrolle los filetes de lenguado y colóquelos en la sartén; báñelos con la mezcla de tomate. Tape y deje hervir de 10 a 15 minutos, o hasta que el pescado se separe al tocarlo con un tenedor y que la calabacita esté tierna. Sirva con pasta si lo desea.

Nutrimentos por porción:			
Calorías	300	Colesterol	0 mg
Grasa	7 g	Sodio	500 mg

Filetes Aciditos al Horno

Rinde de 6 a 8 porciones

¼ de taza de aceite
2 cebollas medianas, en rebanadas delgadas y separadas en aros
675 a 900 g de filete de pescado, de 1.25 cm de grosor, en trozos pequeños
½ cucharadita de sal
¼ de cucharadita de pimienta negra
3 tomates medianos picados, sin semillas
2 limones finamente rebanados
1 hoja de laurel
1 cucharada de vinagre blanco
1 cucharada de azúcar

Caliente el horno a 180 °C. Caliente el aceite en una sartén honda. Acitrone las cebollas a fuego moderado. Retire del fuego.

Acomode el pescado sobre las cebollas. Espolvoree con sal y pimienta. Agregue los tomates y los limones. Ponga la hoja de laurel, rocíe con el vinagre y espolvoree el azúcar. Tape.

Hornee a 180 °C de 45 minutos a 1 hora, o hasta que el pescado esté listo. Retire la hoja de laurel.

Nutrimentos por porción:			
Calorías	190	Colesterol	49 mg
Grasa	8 g	Sodio	200 mg

Pescado y Arroz Horneados

Pescado y Arroz Horneados

Rinde 6 porciones

¾ de taza de cebolla picada
½ taza de apio picado
1 diente de ajo picado
3 cucharadas de aceite vegetal
½ taza de arroz sin cocer
3½ tazas de tomates rojos hervidos, en trozos y con su jugo
1 cucharadita de sazonador de pimienta con limón
½ cucharadita de sal
⅛ de cucharadita de pimienta roja molida
450 g de filete de pescado (cualquier pescado de consistencia firme)
¼ de taza de perejil finamente picado
Rebanadas de limón (opcional)

Fría la cebolla, el apio y el ajo en aceite caliente. Agregue el arroz y cueza durante 5 minutos o hasta que el arroz dore ligeramente. Añada los tomates con su jugo, la pimienta con limón, la sal y la pimienta roja molida. Coloque los filetes de pescado en un recipiente de 30×20×5 cm. Ponga el arroz sobre el pescado y cubra con papel de aluminio; hornee en el horno a 200 °C, de 45 a 50 minutos, o hasta que el arroz esté tierno y el pescado se separe con el tenedor. Deje reposar por 5 minutos antes de servir. Espolvoree con el perejil. Adorne con rebanadas de limón si lo desea.

En horno de microondas: Mezcle la cebolla, el apio y el ajo en un recipiente para microondas. Hornee a temperatura ALTA (100 %) durante 3 minutos. Agregue el arroz, los tomates con su jugo, la pimienta con limón, la sal y la pimienta roja. Hornee a temperatura ALTA durante otros 5 minutos. Coloque los filetes de pescado en un recipiente para microondas de 30×20×5 cm. Ponga el arroz sobre el pescado. Cubra bien con plástico, descubriendo una de las esquinas para permitir la ventilación. Hornee a temperatura ALTA por 25 minutos o hasta que el arroz esté tierno y el pescado se separe con un tenedor. Deje reposar por 5 minutos antes de servir. Sirva de acuerdo con las instrucciones anteriores.

Nutrimentos por porción (método convencional):

Calorías	241	Colesterol	38 mg
Grasa	8 g	Sodio	580 mg

Nutrimentos por porción (en microondas):

Calorías	181	Colesterol	38 mg
Grasa	2 g	Sodio	580 mg

Pescado Veraniego a las Brasas

Rinde 4 porciones

560 g de filetes de pescado (bacalao, pez azul,
    merluza o lenguado)
  1 pimiento morrón verde mediano, sin semillas
    y picado
  1 tomate rojo mediano, sin corazón y picado
  ¼ de taza de cebolla picada
  1 cucharada de eneldo picado
  ½ cucharadita de sal
  2 cucharadas de jugo de limón
  1 taza de queso cotija rallado

Engrase un trozo de 30×45 cm de papel de aluminio
muy grueso. Coloque los filetes en el centro del
papel. Mezcle los vegetales y colóquelos sobre el
pescado. Espolvoréelos con el eneldo y la sal; báñelos
con el jugo de limón. Agregue el queso. Doble los
lados del papel de aluminio, enrollándolos para sellar
muy bien. Coloque los paquetes en la parrilla y ase
durante 25 minutos. Con cuidado abra el paquete; si
el pescado está translúcido en medio, vuelva a sellar y
ase de 5 a 10 minutos más.

En horno de microondas: Disponga los ingredientes
de la misma manera que se explicó anteriormente
(omita el papel de aluminio) en un recipiente para
microondas. Tape y hornee por 7 minutos a
temperatura ALTA (100 %). El pescado estará listo
cuando, al tocarlo con un tenedor, se separe
fácilmente. En caso necesario, hornee durante
1 minuto más a temperatura ALTA. Tape y deje
reposar por 5 minutos.

Para hornear: Disponga los ingredientes de la
misma manera (omita el papel de aluminio) en un
refractario grande. Hornee, sin tapar, a 180 °C
durante 20 minutos, o hasta que el pescado esté listo
y el queso se haya dorado.

Nutrimentos por porción:			
Calorías	230	Colesterol	92 mg
Grasa	8 g	Sodio	429 mg

Camarones Fritos con Verdura

Rinde 4 porciones

  1 cucharada de aceite de oliva
180 g de tirabeques (vainas) cocidos
  6 cebollas cortadas en trozos de 2.5 cm
  1 pimiento morrón rojo cortado en tiras de 1 cm
450 g de camarones medianos, pelados y
    desvenados
115 g de champiñones cortados en cuartos
  2 cucharadas de salsa de soya
  1 cucharada de vinagre de arroz sazonado
  1 cucharadita de aceite de ajonjolí
  Arroz cocido (opcional)

Caliente el aceite en una sartén grande o en un wok, a
fuego medio-alto. Agregue los tirabeques, las cebollas
y la pimienta roja; fría durante 2 minutos.

Agregue los camarones; fría hasta que los camarones
adquieran una apariencia opaca. Añada los
champiñones; fría hasta que obtengan una consistencia
suave y la mayor parte del líquido se haya evaporado.

Vierta la salsa de soya, el vinagre y el aceite de
ajonjolí; caliente bien, mueva constantemente. Sirva
sobre el arroz si lo desea.

Nutrimentos por porción:			
Calorías	198	Colesterol	175 mg
Grasa	7 g	Sodio	688 mg

Camarones Fritos con Verdura

Paella

Rinde 6 porciones

1 cucharada de aceite de oliva
225 g de pechuga de pollo en cubos
1 taza de arroz de grano largo sin cocer*
1 cebolla mediana picada
1 diente de ajo molido
1½ tazas de consomé de pollo*
225 g de tomates rojos cocidos, picados (guarde el líquido)
½ cucharadita de pimentón
⅛ a ¼ de cucharadita de pimienta roja molida
⅛ de cucharadita de azafrán molido
225 g de camarón mediano, pelado y desvenado
1 pimiento morrón rojo pequeño cortado en tiras
½ taza de chícharos (guisantes) congelados

Caliente el aceite en una sartén a fuego medio-alto. Agregue el pollo, el arroz, la cebolla y el ajo. Cueza, moviendo hasta que el arroz esté ligeramente dorado. Añada el consomé, los tomates, el líquido del tomate, el pimentón, la pimienta roja y el azafrán. Hierva a fuego alto. Reduzca el fuego, tape y deje hervir durante 10 minutos. Ponga el camarón, las tiras de pimiento y los chícharos. Tape y deje hervir durante 10 minutos o hasta que el arroz esté listo, el líquido se haya absorbido y los camarones estén opacos.

Si utiliza arroz mediano, use 1¼ tazas de consomé; en caso de utilizar arroz precocido, añada 1¾ tazas de consomé.

Nutrimentos por porción:			
Calorías	253	Colesterol	82 mg
Grasa	4 g	Sodio	392 mg

Linguine con Camarón

Rinde 8 porciones

450 g de camarón mediano, pelado y desvenado
½ taza de vino blanco seco
1 cucharada de jugo de limón
1 cucharada de jugo de lima
125 g de tirabeques (vainas)
6 cebollas finamente rebanadas
1 cucharada de perejil fresco picado
¾ de cucharadita de albahaca molida
½ cucharadita de sazonador de pimienta con limón
2 dientes de ajo molido
1 hoja de laurel
225 g de linguine sin cocer

En una sartén grande, mezcle el camarón, el vino, el jugo de limón y el jugo de lima. Deje que hierva. Reduzca el fuego; tape y deje hervir por 3 minutos. Agregue los demás ingredientes, excepto el linguine. Cueza y mueva constantemente por unos 5 minutos, hasta que los tirabeques estén suaves y los camarones se tornen opacos. Prepare el linguine de acuerdo con las instrucciones del paquete; escurra. Retire la hoja de laurel. Mezcle el camarón y el linguine caliente; mezcle bien. Refrigere el sobrante.

Nutrimentos por porción:			
Calorías	191	Colesterol	86 mg
Grasa	1 g	Sodio	73 mg

Quiché de Atún

Rinde 8 porciones

1 base para pay de 22 cm
1½ tazas de leche baja en grasa
3 huevos extra grandes
⅓ de taza de cebolla picada
1 cucharada de pimiento picado y escurrido
1 cucharadita de albahaca molida
½ cucharadita de sal
1 lata (de 230 g) de atún, escurrido y desmenuzado
½ taza de queso cheddar rallado
8 floretes de brócoli (de 10 cm cada uno)

Caliente el horno a 220 °C. Hornee la base para pay durante 5 minutos; retírela del fuego y deje enfriar. Reduzca la temperatura del horno a 180 °C. Para el relleno, en un recipiente grande, bata la leche y los huevos. Agregue las cebollas, el pimiento, la albahaca y la sal. Incorpore el atún y el queso. Vierta sobre la base para pay. Hornee a 180 °C durante 30 minutos.

Mientras tanto, en una cacerola, cueza al vapor el brócoli durante 5 minutos. Escurra. Después de 30 minutos del horneado, acomode el brócoli sobre el quiché. Hornee de 25 a 35 minutos más, o hasta que, al insertar en el centro del pan un cuchillo, éste salga limpio. Deje reposar por 5 minutos. Corte en 8 rebanadas y centre un florete en cada una.

Nota: Si lo desea, puede agregar 1 taza de brócoli picado, antes de hornear.

Nutrimentos por porción:			
Calorías	226	Colesterol	95 mg
Grasa	10 g	Sodio	461 mg

Quiché de Atún

Pescado con Especias y Piña

Rinde 4 porciones

1 cucharada de albahaca seca y molida
¼ de cucharadita de romero, de orégano, de hojuelas de pimienta roja y de semilla de anís
1 lata (570 g) de piña en almíbar en trozos
1 cucharada de fécula de maíz
2 dientes de ajo machacados
1 cucharada de aceite de oliva
450 g de filete de pescado (puede usar hipogloso)
Rodajas de pimiento morrón rojo para adornar (opcional)

Caliente el horno a 200 °C. Mezcle las especias en un recipiente pequeño.

Tome ¼ de taza del almíbar de la piña y viértalo en una cacerola honda. Para la salsa, coloque la piña en una taza medidora de cristal. Agregue ¼ de cucharadita de la mezcla de especias a la fécula de maíz. Póngala en el horno de microondas a temperatura ALTA (100 %), de 4 a 5 minutos o hasta que la mezcla de especias hierva.

Agregue el resto de la mezcla de especias, el ajo y el aceite de oliva a la cacerola y revuelva bien. Añada el pescado. Ponga la mezcla de jugo sobre el pescado.

Hornee durante 10 minutos hasta que el pescado esté listo. Páselo a un platón caliente. Vierta el jugo de la cacerola sobre el pescado. Adorne con las rodajas de pimiento si lo desea. Sirva con el almíbar que reservó.

Tiempo de preparación: 15 minutos
Tiempo de cocción: 10 minutos

Nutrimentos por porción:			
Calorías	293	Colesterol	47 mg
Grasa	7 g	Sodio	82 mg

Pescado con Especias y Piña

Alambres de Mariscos con Salsa de Naranja

Rinde 4 porciones

Marinada

¼ de taza de jugo de naranja o mandarina
2 cucharadas de aceite vegetal
2 cucharaditas de ajo molido
2 cucharaditas de jengibre molido
½ cucharadita de ralladura de cáscara de naranja o mandarina
Sal y pimienta al gusto (opcional)
675 g de filete de pescado firme, como pez espada, tiburón o atún, en trozos de 4 cm

Salsa

2 naranjas grandes, peladas, sin piel, cortadas en cuadritos (unas 1½ tazas)
1 tomate rojo grande, picado y sin semillas (aproximadamente 1 taza)
⅓ de taza de cebolla roja picada
1 cucharadita de ralladura de cáscara de naranja
1 cucharadita de ajo molido
1 cucharadita de jengibre molido
½ chile jalapeño,* sin semillas y picado (unas 2 cucharaditas)
¼ de cucharadita de sal
1 cucharada de cilantro fresco picado

Mezcle los ingredientes para la marinada en un recipiente mediano; agregue el pescado y tape. Refrigere durante 1 hora.

Para la salsa, combine todos los ingredientes de la salsa, excepto el cilantro; tape y refrigere hasta que vaya a servir. Justo antes de servir, agregue el cilantro.

Caliente el horno. Escurra el pescado y séquelo con toallas de papel. Colóquelo en 4 alambres. Póngalos en el asador; ase a 10 cm de la fuente de calor, de 2 a 3 minutos de cada lado o hasta que el pescado esté listo. Sirva los alambres con la salsa.

Los chiles pueden irritar la piel; use guantes de plástico cuando maneje los chiles y no se toque los ojos. Lávese las manos después de picar los chiles.

Nutrimentos por porción:			
Calorías	237	Colesterol	61 mg
Grasa	5 g	Sodio	512 mg

Pasta con Mariscos y Pera

Rinde 4 porciones

¾ de taza de leche descremada
1 taza de queso ricotta
180 g de cangrejo
2 peras frescas rebanadas
⅓ de taza de almendras tostadas rebanadas
   (opcional)
2 cucharadas de jerez
   Pimienta al gusto
   Pizca de nuez moscada
225 g de pasta cocida, caliente y escurrida

Caliente la leche en una sartén pequeña a fuego medio; no deje que hierva. Agregue el queso ricotta a la leche caliente. Caliente la carne de cangrejo, las peras y las almendra en una sartén grande antiadherente a fuego medio. Vierta el jerez; cueza durante 1 minuto. Añada la mezcla de queso y revuelva bien. Sazone con la pimienta y la nuez moscada. Sirva sobre la pasta.

Nutrimentos por porción:

Calorías	265	Colesterol	48 mg
Grasa	7 g	Sodio	451 mg

Bolsas de Filetes de Trucha

Rinde 4 porciones

1 taza de queso cottage
½ taza de tomate rojo picado
½ taza de apio picado
1 cucharadita de eneldo
½ cucharadita de sal
¼ de cucharadita de mostaza en polvo
450 g de filetes de trucha fresca o ahumada
1 cucharadita de mantequilla

Mezcle el queso cottage, el tomate, el apio, el eneldo, la sal y la mostaza en un recipiente pequeño. Cierre y asegure las puntas de las truchas de modo que formen bolsas. Llene estas bolsas con la mezcla de queso. Derrita la mantequilla en una sartén grande a fuego medio. Fría las truchas de 10 a 15 minutos o hasta que estén bien cocidas, voltee una vez.

Nutrimentos por porción:

Calorías	226	Colesterol	70 mg
Grasa	9 g	Sodio	580 mg

Salmón al Vapor con Col

Salmón al Vapor con Col

Rinde 4 porciones

   Papel pergamino vegetal
12 hojas de col napa cocidas
2 tazas de granos de elote cocido
4 filetes de salmón (de 100 g cada uno)
1 cucharada de chalote picado
1 cucharada de perejil picado
4 cucharaditas de vinagre balsámico
   Sal y pimienta al gusto (opcional)

Caliente el horno a 220 °C. Corte cuatro cuadrados de pergamino de 30 cm; dóblelos por la mitad. Abra el pergamino. Ponga 3 hojas de col sobre el papel, de tal forma que lo cubran. Coloque ½ taza de granos de elote, 1 filete de salmón, ⅓ del chalote, ¼ del perejil, 1 cucharadita de vinagre, sal y pimienta sobre 1 hoja de col. Coloque la parte superior del pergamino sobre la mezcla; selle las orillas. Haga lo mismo con los demás pergaminos. Ponga los pergaminos en una charola para hornear; hornee de 8 a 10 minutos hasta que el salmón esté listo. Para servir, haga un corte sobre cada paquete con las tijeras. Abra cuidadosamente los paquetes; permita que escape el vapor.

Nutrimentos por porción:

Calorías	249	Colesterol	65 mg
Grasa	10 g	Sodio	125 mg

Pescado Acidito a las Brasas

Rinde 4 porciones

560 g de filete de pescado
½ taza de salsa picante
2 a 3 cucharadas de concentrado de jugo de naranja
2 cucharadas de jugo de limón
1 cucharada de salsa inglesa
1 cucharada de aceite de oliva o aceite vegetal
Perejil fresco picado

Corte el pescado en 4 partes; colóquelo en un refractario poco profundo. En un recipiente pequeño, mezcle la salsa, el jugo de naranja, el jugo de limón, la salsa inglesa y el aceite; vierta sobre el pescado; voltéelo para cubrirlo bien. Tape y refrigere durante 30 minutos.

Caliente el horno. Coloque el pescado en una charola engrasada; bañe el pescado con el resto de la mezcla de salsa. Hornee a 10 cm de la fuente de calor durante 10 minutos de cada lado. El pescado estará listo cuando se ponga opaco. Espolvoree con el perejil antes de servir.

Nutrimentos por porción:			
Calorías	208	Colesterol	68 mg
Grasa	5 g	Sodio	606 mg

Filetes de Pescado Rapiditos

Rinde 4 porciones, unas 2 tazas de salsa

420 g de tomates rojos cocidos, en cuadritos
⅓ de taza de Salsa 57 (receta más adelante)
1 cucharada de mostaza Dijon
560 g de filete de pescado (lenguado, bagre o mero anaranjado)
1 cucharadita de fécula de maíz
1 cucharada de agua
Arroz cocido (opcional)

En una sartén grande, mezcle los 3 primeros ingredientes. Coloque el pescado en esta mezcla; bañe el pescado completamente. Caliéntelo a fuego medio-alto hasta que la salsa burbujee. Reduzca el fuego; tape y deje hervir de 5 a 6 minutos hasta que el pescado se ponga opaco; voltéelo una vez. Saque el pescado y póngalo en un plato. Combine la fécula de maíz y el agua en una taza pequeña. Viértala en la mezcla de salsa. Cueza hasta que la salsa espese; mueva ocasionalmente. Sirva el pescado y la salsa con arroz si lo desea.

Salsa 57: En un procesador de alimentos, ponga ½ taza de uvas pasa, ⅔ de taza de salsa catsup, 1 cucharadita de chile en polvo, 1 cucharadita de sal, 125 ml de compota de manzana y 2 cucharadas de aderezo italiano para ensaladas. Encienda y apague el procesador durante 2 minutos, o hasta que se incorporen bien los ingredientes. Refrigere la salsa sobrante.

Nutrimentos por porción:			
Calorías	188	Colesterol	68 mg
Grasa	2 g	Sodio	416 mg

Filete de Pargo con Salsa de Naranja y Cebolla

Rinde 6 porciones

2 naranjas
6 filetes de pargo rojo* (unos 560 g)
1 cucharada de aceite de oliva
1 taza de cebolla finamente picada
2 dientes de ajo molidos
3 cucharadas de harina de trigo
1 taza de consomé de pollo
1 taza de jugo de naranja
1 cucharada de zumo de naranja
2 cucharadas de jerez
1½ cucharaditas de orégano molido
Sal y pimienta al gusto (opcional)
2 cucharadas de perejil picado, para adornar

Caliente el horno. Corte la naranja en rebanadas muy delgadas. Coloque los filetes, con la piel hacia abajo, sobre un refractario. Hornee a 10 cm de la fuente de calor de 5 a 8 minutos, hasta que el pescado esté listo. Saque del horno. Mientras tanto, caliente el aceite en una sartén grande antiadherente, a fuego medio-alto. Agregue la cebolla y el ajo; cueza de 3 a 4 minutos hasta que la cebolla se haya acitronado. Agregue la harina y cueza por unos 30 segundos. Vierta el consomé, el jugo de naranja, el zumo de naranja, el jerez, el orégano, la sal y la pimienta. Deje hervir; mueva constantemente, hasta que haya espesado ligeramente. Ponga las rebanadas de naranja y los filetes de pescado, con la piel hacia arriba. Cueza de 1 a 2 minutos hasta que las rebanadas de naranja se hayan suavizado ligeramente. Adorne con el perejil y sirva inmediatamente.

*Usted puede sustituir este pescado por cualquier otro de textura ligera, como atún, lenguado o pez espada.

Nutrimentos por porción:			
Calorías	276	Colesterol	62 mg
Grasa	5 g	Sodio	242 mg

Atún a las Brasas con Salsa de Fruta

Rinde 4 porciones

⅓ de taza de jugo de piña
1 cucharada de aceite vegetal
1 cucharada de salsa de soya
 Jugo de 1 lima
5 filetes de atún* (de 180 a 240 g cada uno)
1 taza de ciruela picada
1 taza de durazno picado
½ taza de piña picada
¼ de taza de pimiento morrón verde finamente picado
2 cucharadas de vinagre de vino blanco
2 cucharadas de hojas de menta fresca (opcional)

Mezcle los 4 primeros ingredientes. Acomode los filetes de atún en un refractario; vierta la mezcla del jugo de piña sobre los filetes. Tape y deje marinar en el refrigerador durante 1 hora por lo menos.

Mientras tanto, para preparar la salsa, mezcle los demás ingredientes en un recipiente mediano; mueva despacio. Tape y refrigere hasta el momento de servir.

Rocíe un refractario con antiadherente en aerosol. Saque el atún de la marinada y colóquelo en un asador, a 10 o 12 cm de la fuente de calor. Ase de 8 a 10 minutos de cada lado o hasta que el pescado se desmenuce fácilmente con un tenedor. Sirva caliente con la salsa que preparó.

Puede sustituir el atún por pez espada, tiburón, hipogloso, bagre o salmón.

Nutrimentos por porción:

Calorías	282	Colesterol	76 mg
Grasa	5 g	Sodio	206 mg

Alambres de Hipogloso con Manzana

Rinde 4 porciones

½ taza de vino blanco seco o de consomé de pollo
2 cucharadas de aceite de oliva
2 cucharadas de jugo de lima
2 cucharadas de cebolla finamente picada
1 cucharadita de sal
½ cucharadita de tomillo machacado
⅛ de cucharadita de pimienta negra
1 manzana mediana, sin corazón y en cubos de 2.5 cm
1 pimiento morrón verde o rojo, cortado en cubos de 2.5 cm
1 cebolla pequeña, cortada en trozos de 2.5 cm
450 a 675 g de hipogloso cortado en trozos de 2 o 3 cm

Mezcle el vino, el aceite, el jugo de lima, la cebolla picada, la sal, el tomillo y la pimienta negra en un recipiente pequeño. Coloque los demás ingredientes en un refractario grande. Báñelos con la mezcla de vino y tape. Marine de 1 a 2 horas en el refrigerador, volteándolos una vez. De manera alternada, coloque la manzana, el pimiento y el hipogloso en alambres de bambú.* Coloque un pedazo de manzana al final de cada alambre. Hornee o ase de 6 a 8 minutos, a 10 o 12 cm de la fuente de calor. Sirva caliente.

Si utiliza alambres de bambú, sumérjalos en agua de 20 a 30 minutos antes de usarlos.

Nutrimentos por porción:

Calorías	198	Colesterol	60 mg
Grasa	6 g	Sodio	365 mg

Lenguado al Horno

Rinde 4 porciones

1 lata (450 g) de rebanadas de durazno en almíbar, escurridos
4 filetes de lenguado (unos 450 g)
½ cucharadita de eneldo
1 cucharada de aceite de oliva
2 cebollas cortadas en rodajas
4 tazas de calabacita en tiras
2 tazas de pimiento morrón rojo en tiras
½ cucharadita de sazonador de hierbas con pimienta
 Rodajas de limón

Caliente el horno. Escurra los duraznos. Guarde el almíbar. Coloque el pescado en un refractario. Barnice ambos lados del pescado con el almíbar y espolvoréelo con el eneldo. Hornee a 10 cm de la fuente de calor durante 10 minutos, o hasta que se desmenuce fácilmente con un tenedor; voltéelo una vez durante la cocción. Caliente el aceite en una sartén de 25 cm a fuego alto; agregue las cebollas. Cueza hasta que estén suaves. Agregue la calabacita; cueza y revuelva por 2 minutos. Añada el pimiento y los duraznos. Cueza hasta que se calienten bien. Agregue el sazonador. Para servir, coloque las verduras con la mezcla de durazno en el plato y ponga el pescado encima. Sirva con rodajas de limón.

Nutrimentos por porción:

Calorías	230	Colesterol	54 mg
Grasa	5 g	Sodio	102 mg

Mero con Pepino

Mero con Pepino

Rinde 4 porciones

330 g de mandarina en gajos
1 pepino pequeño, pelado, sin semillas y
   finamente picado
⅓ de taza de vinagre de vino blanco
1 cebolla picada
1 cucharada de eneldo fresco picado o
   1 cucharadita de eneldo seco
   Antiadherente en aerosol
4 filetes de mero anaranjado (de unos 150 g
   cada uno)
   Ramitas de eneldo

Reserve 4 gajos de naranja para adornar; pique los
demás gajos y mézclelos con el pepino, el vinagre, la
cebolla y el eneldo en un recipiente pequeño. Rocíe
una charola para hornear con antiadherente; coloque
el pescado en la charola. Báñelo con 1 cucharada de
la mezcla de pepino. Hornee de 8 a 10 minutos o
hasta que el pescado esté listo. Para servir, ponga el
pepino encima del pescado. Adorne con los gajos de
naranja y las ramitas de eneldo.

Nutrimentos por porción:			
Calorías	229	Colesterol	28 mg
Grasa	10 g	Sodio	95 mg

Camarón con Ajo y Verduras

Rinde 4 porciones

2 cucharadas de margarina
1 cucharada de aceite de oliva
1 manojo de cebollín picado
1 pimiento morrón rojo picado
450 g de camarón pelado y desvenado
2 dientes de ajo picados
   Jugo de 1 lima
   Sal y pimienta negra (opcional)
1 paquete (225 g) de fetuccini de espinaca,
   cocido y escurrido

Caliente la margarina y el aceite en una sartén
mediana o en un wok, a fuego medio. Agregue el
cebollín y el pimiento morrón rojo. Fríalos durante
2 minutos o hasta que las verduras estén listas.

Añada los camarones y el ajo; fría durante 2 minutos
o hasta que el camarón esté opaco.

Vierta el jugo de lima. Sazone con sal y pimienta si lo
desea. Sirva sobre el fetuccini caliente. Adorne al
gusto.

Nutrimentos por porción:			
Calorías	269	Colesterol	196 mg
Grasa	9 g	Sodio	412 mg

Trucha Arco Iris a la Pimienta con Salsa de Yogur

Rinde 4 porciones

1 lata (225 g) de granos de elote
¾ de taza de yogur natural bajo en grasa
¾ de cucharadita de curry en polvo
2 cucharadas de granos de pimienta molida
   (rosa, verde o blanca)
½ cucharadita de nuez moscada en polvo
4 filetes de trucha (de 120 g cada uno)

Caliente el horno. Licue el elote con su líquido, el
yogur y ¼ de cucharadita de curry. Caliente la mezcla
a fuego bajo. Mientras tanto, en un recipiente hondo,
mezcle la pimienta con ½ cucharadita de curry y nuez
moscada. Espolvoree perfectamente los filetes con
esta mezcla; acomódelos en una charola, con la piel
hacia abajo. Hornee a 10 cm de la fuente de calor,
durante 3 minutos o hasta que la trucha haya
adquirido una apariencia opaca. Para servir, ponga la
salsa de elote en cada plato y encima la trucha. Sirva
inmediatamente.

Nutrimentos por porción:			
Calorías	221	Colesterol	86 mg
Grasa	8 g	Sodio	75 mg

Bagre a la Parmesana

Rinde 4 porciones

½ taza de pan molido
¼ de taza de queso parmesano rallado
2 cucharadas de perejil fresco picado
½ cucharadita de pimentón
¼ de cucharadita de orégano machacado
¼ de cucharadita de albahaca machacada
¼ de cucharadita de pimienta negra
450 g de filetes de bagre
⅓ taza de leche baja en grasa
2 cucharaditas de aceite vegetal

En un recipiente pequeño, mezcle el pan molido, el queso parmesano y los sazonadores. Sumerja los filetes en la leche; empanice los filetes con la mezcla de queso. Rocíe una sartén con antiadherente. Acomode el pescado en la sartén y rocíelo con aceite. Hornee a 220 °C, de 8 a 10 minutos, o hasta que el pescado esté listo.

Nutrimentos por porción:			
Calorías	231	Colesterol	73 mg
Grasa	10 g	Sodio	213 mg

Ensalada de Arroz Salvaje con Mariscos

Rinde 6 porciones

⅓ de taza de mayonesa light
⅓ de taza de crema agria
¼ de taza de salsa picante
1 cucharada de jugo de limón
1 cucharadita de mostaza Dijon
3 tazas de arroz salvaje cocido
½ taza de cebollín picado
1 tomate rojo grande, pelado, sin semillas y picado
1 taza de apio finamente rebanado
225 g de imitación de carne de cangrejo
Sal y pimienta (opcional)
6 hojas de lechuga en forma de copa (opcional)
Perejil picado (opcional)

Para preparar el aderezo, mezcle la mayonesa, la crema, la salsa picante, el jugo de limón y la mostaza en un recipiente pequeño. Refrigere.

Mezcle el arroz, las cebollas, el tomate, el apio y la carne de cangrejo. Sazone con la sal y la pimienta al gusto. Coloque la mezcla en las copas de lechuga y adorne con el perejil, si lo desea. Sirva con el aderezo.

Nutrimentos por porción:			
Calorías	179	Colesterol	10 mg
Grasa	4 g	Sodio	327 mg

Tortas de Atún con Salsa de Limón y Eneldo

Rinde 4 porciones

1 lata (375 g) de atún escurrido y desmenuzado
¾ de taza de pan molido condimentado
¼ de taza de cebollín picado
2 cucharadas de pimiento morrón picado
1 huevo
½ taza de leche baja en grasa
½ cucharadita de ralladura de cáscara de limón
2 cucharadas de margarina o mantequilla

Salsa de Limón y Eneldo
¼ de taza de consomé de pollo
1 cucharada de jugo de limón
¼ de cucharadita de eneldo
Calabacitas y zanahorias al vapor
Rebanadas de limón

Mezcle el atún, el pan molido, los cebollines y los pimientos. Bata el huevo y la leche; agregue la ralladura de cáscara de limón. Agregue a la mezcla de atún. Con las manos enharinadas, déles forma de panecillos.

En una sartén, derrita la margarina. Fría las tortas de atún, unas cuantas a la vez, hasta que hayan dorado por ambos lados. Colóquelas en un refractario y póngalas en el horno previamente calentado a 150 °C.

Para la Salsa de Limón y Eneldo, caliente en un recipiente pequeño el consomé, el jugo de limón y el eneldo. Sirva las tortas con las calabacitas y las zanahorias; bañe las tortas con la salsa.

Nutrimentos por porción (2 tortas con 1 cucharada de salsa):			
Calorías	278	Colesterol	85 mg
Grasa	10 g	Sodio	576 mg

Tortas de Atún con Salsa de Limón y Eneldo

Yakatori de Salmón con Durazno

Yakatori de Salmón con Durazno

Rinde 4 porciones

Salsa Yakatori (receta más adelante)
450 g de filete de salmón, cortado en 16 cubos grandes
2 duraznos cortados en 8 rebanadas
2 calabacitas cortadas en rebanadas diagonales de 1.5 cm
1 cebolla cortada en rebanadas de 2 cm

Prepare la Salsa Yakatori. De manera alternada, ponga el salmón, el durazno, la calabacita y la cebolla en 8 alambres de metal. Colóquelos en una charola para hornear y báñelos con la Salsa Yakatori. Marine en el refrigerador de 2 a 3 horas. Hornee a 10 cm de la fuente de calor de 5 a 6 minutos de cada lado, hasta que el pescado esté listo. Barnice con la salsa durante la cocción. Sirva inmediatamente.

Salsa Yakatori: Mezcle ½ taza de agua, ¼ de taza de salsa de soya, ¼ de taza de vinagre, 3 cucharadas de azúcar, 1 cucharada de fécula de maíz y 1 cucharadita de jengibre en polvo. Cueza a fuego medio-alto hasta que hierva y adquiera una consistencia espesa; mueva constantemente. Rinde aproximadamente 1 taza.

Nutrimentos por porción:			
Calorías	228	Colesterol	74 mg
Grasa	7 g	Sodio	588 mg

Lenguado con Frutas y Nectarinas Rémoulade

Rinde 4 porciones

Salsa Rémoulade (receta más adelante)
4 filetes de lenguado (450 g)
Pimienta al gusto
Eneldo en polvo al gusto
2 cucharadas de agua
2 nectarinas o duraznos rebanados (unas 2 tazas)

En horno de microondas: Prepare la Salsa Rémoulade. Enrolle los filetes de lenguado y sosténgalos con palillos. (Si los filetes son muy largos, córtelos por la mitad antes de enrollarlos.) Sazone con pimienta y eneldo. En un recipiente para microondas, ponga el pescado y agregue agua. Tape y hornee de 3 a 4 minutos a temperatura ALTA (100 %) o hasta que el pescado esté listo. Añada las rebanadas de nectarina y tape. Hornee por 1 minuto más. Coloque el pescado y la fruta en un platón y retire los palillos. Sirva con la Salsa Rémoulade.

Salsa Rémoulade: Mezcle 1 taza de yogur natural bajo en grasa, ¼ de taza de pepinillos picados o alcaparras, 2 cucharadas de cebollín picado, 2 cucharaditas de mostaza Dijon y 1 cucharadita de estragón en polvo. Rinde aproximadamente 1¼ de taza.

Nutrimentos por porción:			
Calorías	178	Colesterol	82 mg
Grasa	4 g	Sodio	414 mg

Emparedados de Atún

Rinde 4 porciones.

1 lata (375 g) de atún en agua escurrido
¼ de taza de cebollín finamente picado
¼ de taza de pepino picado
3 cucharadas de mayonesa light
1½ cucharaditas de alcaparras
1 cucharadita de mostaza Dijon
½ a 1 cucharadita de jugo de limón
¾ de cucharadita de eneldo en polvo
Pimienta blanca al gusto
4 rebanadas de pan multigrano tostado
8 rebanadas de pepino
2 rebanadas de tomate rojo cortadas por la mitad

En un recipiente mediano, mezcle el atún, el cebollín y el pepino picado. Agregue la mayonesa, las alcaparras, la mostaza, el jugo de limón y el eneldo. Sazone con la pimienta. Ponga la mezcla del atún sobre las rebanadas de pan; adorne con las rebanadas de pepino y tomate.

Nutrimentos por porción:			
Calorías	209	Colesterol	17 mg
Grasa	5 g	Sodio	527 mg

Pescado a la Francesa

Pescado a la Francesa

Rinde 4 porciones

435 g de tomates rojos cocidos
1 cucharada de jugo de limón
2 dientes de ajo picados
½ cucharadita de estragón machacado
⅛ de cucharadita de pimienta negra
3 cucharadas de crema batida
  Aceite vegetal
675 g de pescado blanco (como hipogloso o
  bacalao)
  Rebanadas de limón

Caliente el horno; coloque la charola para hornear a 10 cm de la fuente de calor. En una sartén grande, mezcle los tomates, el jugo de limón, el estragón y la pimienta. Cueza sin tapar, a fuego medio-alto durante 10 minutos o hasta que el líquido se haya evaporado. Agregue la crema. Cueza a fuego bajo durante 5 minutos o hasta que haya espesado. Engrase la charola con aceite. Acomode el pescado en ella; sazone con sal y pimienta si lo desea. Hornee de 3 a 4 minutos o hasta que el pescado esté listo. Ponga la mezcla de tomate sobre el pescado. Hornee por 1 minuto más. Sirva inmediatamente con las rebanadas de limón.

Tiempo de preparación: 5 minutos
Tiempo de cocción: 19 minutos

Nutrimentos por porción:			
Calorías	240	Colesterol	78 mg
Grasa	7 g	Sodio	341 mg

Trucha Arco Iris al Vapor

Rinde 4 porciones

4 cucharadas de perejil fresco picado
2 cucharaditas de ajo picado
2 cucharaditas de ralladura de cáscara de
  naranja
¼ de cucharadita de sal
⅛ de cucharadita de pimienta negra molida
  Papel pergamino
4 filetes de trucha arco iris (de 120 g cada uno)
4 cucharaditas de aceite de oliva

Caliente el horno a 190 °C. En un recipiente pequeño, mezcle el perejil, el ajo, la cáscara de naranja, la sal y la pimienta. Corte el papel pergamino en piezas de 38×30 cm; doble cada pieza por la mitad y haga un corte en ellos para formar un semicírculo. Desdoble el papel; coloque los filetes sobre el papel, con la piel hacia abajo. Espolvoree cada filete con 1 cucharada de la mezcla de perejil y 1 cucharadita de aceite de oliva. Doble el papel sobre la trucha; selle las orillas. Ponga los paquetitos en una charola para hornear; hornee por 10 minutos hasta que el pescado se cueza. Sirva inmediatamente.

Nutrimentos por porción:			
Calorías	178	Colesterol	65 mg
Grasa	8 g	Sodio	166 mg

Cacerola de Atún

Rinde 4 porciones

1 lata (150 g) de leche evaporada
1½ cucharaditas de harina de trigo
1 taza (120 g) de queso cheddar rallado
2 tazas (225 g) de floretes de brócoli cocidos
1 lata (unos 150 g) de atún en agua escurrido
120 g de coditos de pasta cocidos
⅓ de taza de cebolla picada

En una sartén grande, mezcle la leche evaporada y la harina; cocine a fuego bajo hasta que espese y burbujee; mueva ocasionalmente. Agregue el queso; mueva hasta que el queso se haya derretido.

Añada los demás ingredientes. Cueza hasta que se caliente.

Nutrimentos por porción:			
Calorías	220	Colesterol	38 mg
Grasa	6 g	Sodio	412 mg

Camarón con Piña

Rinde 4 porciones

1 piña mediana

Sazonador de Especias
¼ de cucharadita de especias varias, de semillas
de anís molidas (opcional), de canela
molida, de clavos molidos, de jengibre
molido y de hojuelas de pimienta roja
machacadas
450 g de camarón gigante, pelado y desvenado
½ cucharadita de sal
1 cebolla cortada en rodajas
1 pimiento morrón rojo grande, sin semillas y
rebanado
1 diente de ajo machacado
1 cucharadita de aceite vegetal
¾ de taza de agua
1½ cucharaditas de fécula de maíz
2 cucharadas de cilantro picado
2 cucharadas de hojas de menta fresca picada

Quite la corona de la piña. Corte la piña a la mitad
horizontalmente. Refrigere una de las mitades y úsela
como desee. Pele la otra mitad con un cuchillo. Corte
horizontalmente la pulpa en rebanadas delgadas.

Mezcle las especias en una taza. Espolvoree los
camarones con la mitad de esta mezcla y con sal.

En una sartén antiadherente de 25 cm, acitrone la
cebolla a fuego medio-alto; agregue el pimiento y el
ajo; caliente hasta que se suavicen.

Mezcle el agua y la fécula de maíz en una taza.
Agregue esta mezcla a la sartén, al igual que el resto
del sazonador.

Acomode los camarones encima de la mezcla de
cebolla. Reduzca el fuego a bajo. Tape y deje hervir
de 5 a 7 minutos o hasta que los camarones adquieran
una apariencia opaca. Retire los camarones y
colóquelos en un platón.

Agregue la piña a la mezcla de cebolla en la sartén;
ponga 1 cucharadita de cilantro y una de menta.
Caliente bien. Sirva sobre los camarones. Espolvoree
con el resto del cilantro y la menta.

Nutrimentos por porción:

Calorías	270	Colesterol	157 mg
Grasa	3 g	Sodio	270 mg

Atún con Verduras en Mantequilla con Especias

Rinde 4 porciones

4 pedazos de papel de aluminio, cada uno de
30×45 cm
1 lata (375 g) de atún en agua, escurrido y en
trozos
1 taza de pimiento morrón rojo o verde en tiras
1 taza de calabacita en tiras
1 taza de tirabeques (vainas), partidos por la
mitad horizontalmente
1 taza de zanahorias en tiras
4 cebollas cortadas en rebanadas de 5 cm
Sal y pimienta negra al gusto (opcional)

Mantequilla con Especias
3 cucharadas de mantequilla derretida
1 cucharada de jugo de lima o limón
1 diente de ajo picado
2 cucharaditas de estragón molido
1 cucharadita de eneldo seco

En cada pedazo de aluminio, mezcle el atún, el
pimiento, la calabacita, los tirabeques, las zanahorias
y la cebolla. Sazone con sal y pimienta.

Para la Mantequilla con Especias, en un recipiente
pequeño, combine la mantequilla, el jugo de limón, el
ajo, el estragón y el eneldo. Con esta mezcla bañe el
atún y las verduras. Doble el papel de aluminio de
modo que se forme un paquete.

Para asar: Coloque los paquetes aproximadamente a
10 cm del carbón. Ase de 10 a 12 minutos; voltee los
paquetes una vez.

Para hornear: Coloque los paquetes en una charola
para hornear. Hornee en a 220 °C de 15 a 20 minutos
o hasta que estén bien calientes.

Para servir: Corte una "X" en cada paquete y separe
las puntas del papel.

Nutrimentos por porción:

Calorías	235	Colesterol	70 mg
Grasa	9 g	Sodio	519 mg

Atún con Verduras en Mantequilla con Especias

Vieiras Fritas

Rinde 4 porciones

180 g de sopa precocida o vermicelli sin cocer
1 cucharada de aceite de oliva
450 g de espárragos, cortados en pedazos de 2.5 cm
1 pimiento morrón rojo, cortado en rodajas delgadas
3 cebollas picadas
1 diente de ajo grande picado
450 g de vieiras a la mitad y sin concha
2 cucharadas de salsa de soya
1 cucharadita de salsa picante
1 cucharadita de aceite de ajonjolí
Jugo de ½ lima

Cueza la pasta en agua hirviente con un poco de sal, de acuerdo con las instrucciones del paquete.

Mientras tanto, caliente el aceite de oliva en un wok o en una sartén grande a fuego alto. Agregue los espárragos, la pimienta, las cebollas y el ajo. Fría por 2 minutos.

Añada las vieiras. Fría hasta que se tornen opacas.

Fría la salsa de soya, la salsa picante, el aceite de ajonjolí y el jugo de lima. Agregue la sopa, moviendo ocasionalmente.

Nutrimentos por porción:			
Calorías	220	Colesterol	37 mg
Grasa	7 g	Sodio	864 mg

Langostinos Agridulces

Rinde 6 porciones

1 lata (230 g) de piña en almíbar en trozos
2 cucharadas de aceite vegetal
340 g de camarones medianos, pelados y desvenados
1 zanahoria cortada diagonalmente en rebanadas delgadas
1 pimiento morrón verde mediano, sin semillas y en trozos
1 lata (310 g) de lychis escurrida (opcional)
2 cucharadas de vinagre blanco
2 cucharadas de catsup
1½ cucharadas de salsa de soya
1 cucharada de jengibre cristalizado picado
1 cucharada de fécula de maíz
2 cucharadas de agua
3 tazas de arroz cocido caliente

Escurra el almíbar de la piña y guárdelo.

Caliente un wok o una sartén. Agregue el aceite y verifique que se engrase por todos lados. Añada los camarones; fríalos de 1 a 2 minutos hasta que adquieran una apariencia opaca. Ponga la zanahoria, el pimiento, el lychi y la piña. Fría durante unos 2 minutos.

Vierta el almíbar que había reservado, el vinagre, la catsup, la salsa de soya y el jengibre. Cueza y mueva durante 1 minuto.

Mezcle la fécula de maíz con el agua en una taza. Vacíela en el wok. Cueza y mueva hasta que la salsa hierva y espese. Sirva sobre arroz.

Nutrimentos por porción:			
Calorías	260	Colesterol	78 mg
Grasa	5 g	Sodio	316 mg

Atún Fundido

Rinde 2 porciones

1 lata (100 g) de atún en agua escurrido
2 cucharaditas de aderezo para ensalada bajo en calorías
1 cucharadita de salsa o aderezo de pepinillos
1 muffin partido a la mitad y tostado
2 rebanadas de tomate rojo
2 rebanadas de queso de cualquier tipo que pueda fundirse

Mezcle el atún, el aderezo para ensalada y el de pepinillo. Coloque una rebanada de tomate en cada mitad de muffin, la mitad del atún y una rebanada de queso. Hornee en el microondas hasta que el queso se derrita. Refrigere los sobrantes.

Nutrimentos por porción:			
Calorías	193	Colesterol	34 mg
Grasa	7 g	Sodio	833 mg

Vieiras Fritas

Pargo Estilo Sudoeste

Rinde 4 porciones

450 g de filetes de pargo rojo, bacalao o hipogloso
Sal y pimienta negra (opcional)
½ taza de salsa picante
1 tomate rojo mediano picado
¼ de taza de cebollín picado
¼ de taza de cilantro o perejil fresco picado
¼ de taza de aceitunas rebanadas (opcional)
Salsa picante adicional (opcional)

Coloque el pescado en un platón. Sazone con sal y pimienta al gusto. Tape y hornee a 200 °C (durante unos 10 minutos por cada 2 cm de grosor). Escurra los jugos. Vierta ½ taza de salsa picante sobre el pescado; corone con el tomate y la cebolla. Hornee sin tapar durante unos 5 minutos. Espolvoree con el cilantro y las aceitunas. Sirva con salsa adicional si lo desea. Adorne al gusto.

Nutrimentos por porción:

Calorías	130	Colesterol	56 mg
Grasa	1 g	Sodio	545 mg

Pargo Estilo Sudoeste

Rollo de Pescado con Limón y Manzana

Rinde 4 porciones

4 filetes de lenguado, bacalao o pargo rojo (450 g)
Ralladura de cáscara de 1 limón
1 cucharadita de eneldo
¾ de taza más 2 cucharadas de jugo de manzana
Jugo de ½ limón
2 cucharadas de cebolla finamente picada
1 cucharada de margarina sin sal
1 cucharada de harina de trigo
1 cucharada de perejil fresco picado

En horno de microondas: Espolvoree el pescado con la mitad de la ralladura de cáscara de limón y el eneldo. Enrolle los filetes; coloque el pescado en un refractario de 20 cm. Mezcle ¾ de taza de jugo de manzana, el jugo de limón, la cebolla y el resto de la ralladura y el eneldo; vierta sobre el pescado. Ponga un poco de mantequilla. Cubra el refractario con plástico. Hornee a temperatura ALTA (100 %) durante 3 minutos. Destape; bañe el pescado con el líquido. Hornee, tapado, de 3 a 4 minutos más. Coloque el pescado en un platón; deje reposar cubierto mientras prepara la salsa.

Vierta el líquido del pescado en un refractario pequeño. Gradualmente, mezcle 2 cucharadas de jugo de manzana con la harina; agregue al líquido del pescado. Hornee a temperatura ALTA de 3 a 4 minutos (mueva dos veces) hasta que la salsa hierva y espese ligeramente. Añada el perejil; bañe el pescado.

Nutrimentos por porción:

Calorías	164	Colesterol	55 mg
Grasa	4 g	Sodio	94 mg

Bruschetta de Atún

Rinde 4 porciones

1 taza (120 g) de queso mozzarella rallado
1 lata (100 g) de atún en agua, escurrido y
    desmenuzado
4 tomates saladet, sin semillas y picado
2 cucharadas de cebolla picada
2 cucharaditas de perejil fresco picado
½ cucharadita de orégano molido
4 rebanadas de pan italiano (de 15 cm cada
    una)
2 cucharadas de aceite de oliva
2 dientes de ajo partidos por la mitad

En un recipiente mediano, mezcle el queso, el atún,
los tomates, la cebolla, el perejil y el orégano.
Barnice ambos lados del pan con el aceite de oliva y
frótelo con la mitad del ajo. En una sartén
previamente calentada, dore el pan. Voltéelo y ponga
¼ de la mezcla de queso. Deje en la sartén hasta que
el queso se derrita y la parte inferior del pan se haya
dorado también. Sirva inmediatamente.

Nutrimentos por porción:

Calorías	249	Colesterol	29 mg
Grasa	10 g	Sodio	420 mg

Pescado Campestre con Salsa BBQ

Rinde 4 porciones

¼ de taza de cebolla picada
1 diente de ajo picado
1 cucharadita de margarina
1 lata (225 g) de piña en almíbar en trozos
½ taza de salsa barbecue
1 cucharada de azúcar morena o miel
4 filetes de bacalao o pargo rojo (450 g)
1 cucharada de aceite vegetal
    Jugo de 1 limón

En una sartén grande, fría la cebolla y el ajo en la
margarina hasta que se suavicen. Agregue la piña con
el almíbar, la salsa barbecue y el azúcar. Cueza a
fuego medio, moviendo hasta que espese. Barnice el
pescado con el aceite. Rocíelo con el jugo de limón.
Hornee a 10 cm de la fuente de calor, durante
5 minutos. Voltee y cueza de 5 a 7 minutos más. Sirva
el pescado con la salsa barbecue.

Nutrimentos por porción:

Calorías	238	Colesterol	63 mg
Grasa	6 g	Sodio	356 mg

Langostinos a las Brasas con Salsa Veracruz

Langostinos a las Brasas con Salsa Veracruz

Rinde 4 porciones

430 g de tomates rojos estofados
1 naranja pelada y picada
¼ de taza de cebolla rebanada
¼ de taza de cilantro o perejil fresco picado
1 cucharada de aceite de oliva
1 a 2 cucharaditas de chiles jalapeños picados
1 diente de ajo picado
450 g de camarón pelado y desvenado

Escurra los tomates, pero guarde el líquido; pique los
tomates. Para la salsa, en un recipiente mediano,
combine los tomates, el líquido que había reservado,
la naranja, la cebolla, el cilantro, el aceite, el chile y
el ajo. Sazone al gusto con sal y pimienta negra, si lo
desea. Coloque los camarones en brochetas; sazone
con sal y pimienta, si lo desea. Engrase una parrilla
con aceite de oliva. Ase los camarones durante
3 minutos por lado o hasta que adquieran una
apariencia opaca. Agregue la salsa. Sirva sobre arroz.

Tiempo de preparación: 27 minutos
Tiempo de cocción: 6 minutos

Nutrimentos por porción:

Calorías	166	Colesterol	166 mg
Grasa	5 g	Sodio	463 mg

Pescado al Horno con Salsa de Mostaza y Miel

Rinde 4 porciones

560 g de filete de pescado blanco (como bacalao, merluza, pargo rojo, hipogloso, trucha o bagre)
1 cucharadita de aceite vegetal
1 cucharadita de jugo de limón
⅓ de cucharadita de sal
⅛ de cucharadita de pimienta
3 cucharadas de mostaza en grano
2 cucharadas de mayonesa baja en calorías
1 cucharada más 1 cucharadita de miel
1½ cucharaditas de mostaza

Caliente el horno a 230 °C. Corte el pescado en 4 trozos y colóquelo en una sola capa en un refractario poco profundo. Ponga las orillas del pescado volteadas hacia abajo. Mezcle el aceite y el jugo de limón; barnice con esta mezcla el pescado. Sazone con sal y pimienta. Para hacer la Salsa de Miel con Mostaza, mezcle la mostaza en grano, la mayonesa, la miel y la mostaza. Revuelva bien. Hornee el pescado de 4 a 6 minutos por cada centímetro de grosor o hasta que esté listo. Ponga el pescado en platos. Sirva inmediatamente con la Salsa de Miel y Mostaza.

Nutrimentos por porción (incluye 2 cucharadas de salsa):

Calorías	184	Colesterol	64 mg
Grasa	5 g	Sodio	397 mg

Mero a la Italiana

Rinde 5 porciones

675 g de filetes de mero (unos 6)
2 cucharadas de aderezo italiano para ensalada
2 cucharadas (¼ de barra) de margarina o mantequilla
¼ de taza de cebolla picada
¼ de taza de apio picado
¼ de taza de tiras de pimiento morrón rojo y de pimiento morrón verde
1 cucharadita de ajo picado
¼ de taza de perejil picado
½ cucharadita de sazonador italiano
1 taza de cereal de arroz integral, molido hasta obtener ⅔ de taza
1 taza de cereal de maíz, molido hasta obtener ⅔ de taza

Caliente el horno. Acomode los filetes sobre una parrilla; vierta sobre éstos el aderezo. Hornee de 10 a 15 cm de la fuente de calor, de 5 a 7 minutos o hasta que el pescado esté listo. En una sartén grande, a fuego medio, derrita la margarina; agregue la cebolla, el apio, los pimientos y el ajo. Cueza y mueva durante 2 minutos. Añada el perejil, el sazonador y los cereales. Incorpore al pescado. Hornee de 1 a 2 minutos o hasta que haya dorado. Sirva inmediatamente.

En horno de microondas: Acomode los filetes en un refractario; vierta sobre éstos el aderezo. Cubra con papel encerado. Hornee a temperatura ALTA (100 %) de 4 a 6 minutos. En un refractario de 1 litro, hornee la margarina, la cebolla, el apio, los pimientos y el ajo a temperatura ALTA durante 2 minutos, moviendo después de 1 minuto. Agregue el perejil, el sazonador y los cereales. Coloque sobre los filetes. Hornee de 1 a 2 minutos o hasta que la superficie haya dorado. Sirva inmediatamente.

Nutrimentos por porción:

Calorías	245	Colesterol	65 mg
Grasa	10 g	Sodio	304 mg

Atún Estofado con Tomate

Rinde 6 porciones

6 tomates rojos medianos
1 taza de queso cottage
½ taza de yogur natural bajo en grasa
¼ de taza de pimiento morrón verde picado
¼ de taza de rábanos finamente rebanados
¼ de taza de cebollines picados
½ cucharadita de albahaca molida
⅛ de cucharadita de ajo en polvo
1 lata (unos 195 g) de atún en agua, escurrido y desmenuzado
Hojas de lechuga

Corte cada tomate en 6 gajos comenzando por la parte baja. (No los corte completamente.) Tape y refrigere. Mezcle el queso cottage con el yogur en un recipiente mediano; revuelva bien. Combine con los demás ingredientes, excepto las hojas de lechuga; separe los gajos de tomate. Ponga la mezcla de queso en el centro de cada tomate.

Nutrimentos por porción:

Calorías	104	Colesterol	61 mg
Grasa	1 g	Sodio	140 mg

Pescado Chino al Vapor

Rinde 4 porciones

**360 g de filete de pescado blanco (como pez
    espada)
    Pimienta al gusto
2 cucharaditas de fécula de maíz
2 cucharaditas de salsa de soya
2 cucharaditas de jerez seco
1 cucharada de cebollines finamente picados
¼ de cucharadita de jengibre picado
1 diente de ajo picado
1½ duraznos rebanados (aproximadamente
    1½ tazas)**

Corte el pescado a lo largo, en tiras de 5 cm de ancho.
Sazone con pimienta si lo desea. Mezcle la fécula de
maíz, la salsa de soya y el jerez en un recipiente.
Agregue el pescado, cubriéndolo completamente con
la mezcla. Acomode las tiras de pescado en un
refractario; ponga encima el cebollín, el jengibre, el
ajo y el durazno. Para cocer al vapor, coloque el
pescado sobre una parrilla y en una sartén de 25 a
30 cm. Ponga agua caliente debajo de la sartén,
colocada en un recipiente sobre la parrilla, y hierva a
fuego medio-alto. Coloque la sartén sobre la parrilla.
Tape y reduzca el fuego a medio. Cueza de 10 a
15 minutos. Coloque el pescado y el durazno en un
plato. Báñelo con la salsa.

Nutrimentos por porción:			
Calorías	125	Colesterol	43 mg
Grasa	4 g	Sodio	142 mg

Bagre Costa Sur

Rinde 4 porciones

**2½ tazas de cereal integral, molido hasta obtener
    1 taza
¼ de cucharadita de sal
1 cucharadita de cebolla en polvo
1 cucharadita de ajo en polvo
1 cucharadita de cáscara de limón seca
½ cucharadita de pimienta roja molida
½ cucharadita de tomillo
½ cucharadita de albahaca
½ cucharadita de eneldo
⅓ de taza de harina de trigo
⅓ de taza de agua
450 g de filete de bagre, cortado en tiras de
    2.5 cm
    Antiadherente en aerosol**

1. Mezcle el cereal molido, la sal y las especias en un
refractario.

2. En un recipiente pequeño, combine la harina y el
agua; bata hasta obtener una mezcla suave. Bañe el
pescado con esta mezcla; deje que escurra el exceso.
Revuelque el pescado en la mezcla de cereal. Coloque
el pescado en un refractario poco profundo rociado
con antiadherente. Rocíe ligeramente el pescado con
antiadherente en aerosol.

3. Hornee a 180 °C durante 20 minutos. Sirva
caliente.

Nutrimentos por porción:			
Calorías	260	Colesterol	65 mg
Grasa	5 g	Sodio	410 mg

Pargo a la Californiana

Rinde 6 porciones

**1 lata (450 g) de duraznos en almíbar en
    mitades
1 cucharada de pimentón
1 cucharadita de cebolla en polvo
1 cucharadita de ajo en polvo
¾ de cucharadita de pimienta blanca
¾ de cucharadita de pimienta negra
½ cucharadita de pimienta roja molida
½ cucharadita de tomillo molido
½ cucharadita de orégano molido
6 filetes de pargo rojo (unos 675 g)
2 cucharadas de margarina suavizada**

Escurra los duraznos; guarde el almíbar en un
recipiente poco profundo. Mezcle el pimentón, la
cebolla en polvo, el ajo en polvo, la pimienta negra y
la blanca, el tomillo y el orégano en un recipiente
pequeño. Bañe el pescado con el almíbar del durazno.
Espolvoree ambos lados con la mezcla de pimentón.
Caliente una sartén de 25 cm a fuego alto durante
5 minutos. Cuidadosamente, introduzca la mitad del
pescado. Corte la margarina en trozos; agregue la
mitad de ésta a la sartén. (La sartén echará humo
conforme se agrega la margarina.) Cueza de 1 ½ a
2 minutos de cada lado. Haga lo mismo con el resto
del pescado. Coloque los duraznos sobre el pescado.
Sirva inmediatamente.

Nutrimentos por porción:			
Calorías	172	Colesterol	42 mg
Grasa	4 g	Sodio	122 mg

Fetuccini de Cangrejo

Fetuccini de Cangrejo

Rinde 4 porciones

1 paquete (150 g) de pasta con queso cheddar
1 taza de agua
1 taza de leche
180 g de carne de cangrejo natural o de
    imitación, rallada o picada
180 g de tirabeques (vainas), cortados por la
    mitad en diagonal, cocidos
2 tomates rojos saladet o 1 tomate rojo grande,
    sin semillas y picado
¼ de taza de cebollines finamente rebanados
    Rodajas de limón (opcional)

Cueza la pasta de acuerdo con las instrucciones del
paquete; use agua y leche. Agregue los demás
ingredientes, excepto las rodajas de limón. Caliente
bien; mueva ocasionalmente durante 2 o 3 minutos.
Sirva con las rodajas de limón si lo desea.

Nutrimentos por porción:			
Calorías	238	Colesterol	36 mg
Grasa	5 g	Sodio	424 mg

Emparedado de Camarón Fresco

Rinde 6 porciones

2 cucharadas de yogur natural bajo en grasa,
    de mayonesa light y de salsa catsup
1 diente de ajo picado
¼ de cucharadita de pimienta negra
2 pizcas de pimienta roja molida
1 taza de camarón coctelero (pacotilla) cocido
    (180 g)
2 nectarinas frescas picadas
½ taza de apio picado
½ taza de cebollines rebanados
6 bollos para emparedado
    Hojas de lechuga (opcional)

Mezcle el yogur, la mayonesa, la salsa catsup, el ajo,
la pimienta negra y la pimienta roja. Incorpore el
camarón, la nectarina, el apio y los cebollines. Sirva
sobre los bollos con la lechuga, si lo desea.

Ensalada Fresca de Camarón: Omita los bollos y
sirva el camarón sobre la lechuga.

Nutrimentos por porción (1 emparedado):			
Calorías	215	Colesterol	44 mg
Grasa	4 g	Sodio	377 mg

Linguine con Salsa Blanca de Almeja

Rinde 8 porciones

2 cucharadas de aceite vegetal
2 dientes de ajo picados
2 latas (de 195 g cada una) de almejas picadas
    sin escurrir
½ taza de perejil picado
¼ de taza de vino blanco seco
1 cucharadita de albahaca
450 g de linguine, cocido (sin sal ni grasa) y
    escurrido

1. Caliente el aceite y el ajo en una sartén mediana a
fuego medio.

2. Escurra las almejas; guarde el líquido. Agregue el
líquido reservado y el perejil a la sartén. Reduzca el
fuego y deje hervir por 3 minutos, moviendo
ocasionalmente.

3. Añada las almejas, el vino y la albahaca. Deje
hervir durante 5 minutos, moviendo de vez en
cuando. Agregue al linguine caliente; mezcle sólo un
poco.

Nutrimentos por porción:			
Calorías	185	Colesterol	30 mg
Grasa	5 g	Sodio	55 mg

Mero con Salsa de Manzana Verónica

Rinde 4 porciones

 4 filetes de mero anaranjado
 2 cucharadas de agua
 ½ taza de jugo de manzana
 2 cucharadas de vino blanco seco
 1½ cucharaditas de fécula de maíz
 ¼ de cucharadita de romero
 ½ taza de manzanas finamente rebanadas
 ½ taza de uvas verdes sin semilla
   Ramas de perejil para adornar (opcional)

En horno de microondas: Coloque el pescado en un refractario de 20 cm. Rocíe un poco de agua. Cubra con plástico; haga perforaciones para ventilación. Hornee a temperatura ALTA (100%) de 5 a 7 minutos. Gire el refractario un cuarto de vuelta dos veces.

Mezcle el jugo de manzana, el vino, la fécula de maíz y el romero en un recipiente para microondas. Deje reposar durante 5 minutos. Hornee a temperatura ALTA de 1 a 2 minutos. A temperatura MEDIA, hornee durante 3 minutos más, destapado; revuelva dos veces.

Ponga las rebanadas de manzana y las uvas sobre los filetes. Vierta la salsa sobre el pescado. Cubra la cacerola con plástico; haga perforaciones para ventilación. Hornee a temperatura ALTA de 1 a 2 minutos o hasta que la salsa y el pescado estén calientes. Adorne con el perejil si lo desea.

Nutrimentos por porción:			
Calorías	226	Colesterol	71 mg
Grasa	6 g	Sodio	89 mg

Tiras de Pescado Empanizadas

Rinde 4 porciones

 ½ taza de pan molido sazonado
 1 cucharada de queso parmesano molido
 2 cucharaditas de ralladura de cáscara de limón
 ¾ de cucharadita de mejorana
 ½ cucharadita de pimentón
 ¼ de cucharadita de tomillo
 ⅛ de cucharadita de ajo en polvo
 4 filetes de bacalao (unos 450 g)
 3 cucharadas de jugo de limón
 2 cucharadas de vino blanco seco o agua
 1 cucharada de aceite vegetal

1. Caliente el horno a 220 °C. Engrase una charola de 33×23×5 cm.

2. Mezcle el pan molido, el queso parmesano, la ralladura de limón, la mejorana, el pimentón, el tomillo y el ajo en polvo en un recipiente.

3. Enjuague los filetes y séquelos.

4. Combine el jugo de limón y el vino en un platón. Corte el pescado al tamaño deseado. Bañe los trozos de pescado con la mezcla de limón y empanícelos. Colóquelos en la charola y rocíelos con el aceite.

5. Hornee a 220 °C de 10 a 12 minutos. Deje reposar de 2 a 3 minutos. Ponga en platos. Adorne al gusto.

Nutrimentos por porción:			
Calorías	175	Colesterol	60 mg
Grasa	6 g	Sodio	180 mg

Salsa Tártara

Rinde 1¼ tazas

 1 taza de crema agria baja en grasa
 ½ taza de aderezo de pepinillos
 ¼ de taza de cebollines finamente picados
 1 cucharadita de aceite vegetal

Mezcle la crema, el aderezo de pepinillos, los cebollines y el aceite en un recipiente pequeño. Adorne a su gusto. Cubra y refrigere los sobrantes.

Sugerencia: Prepare y refrigere por lo menos 2 horas antes de servir.

Nutrimentos por porción:			
Calorías	19	Colesterol	0 mg
Grasa	muy poca	Sodio	50 mg

Tiras de Pescado Empanizadas, Salsa Tártara

Filetes de Pescado con Peras a la Jardinera

Filetes de Pescado con Peras a la Jardinera

Rinde 4 porciones

2 cucharaditas de aceite vegetal
1 taza de cebolla finamente rebanada
1 taza de zanahoria en tiras
½ cucharadita de mostaza deshidratada
¼ de cucharadita de albahaca molida y de eneldo
2 peras Bartlett sin corazón, cortadas en cuartos
675 g de filete de pescado, como merluza o salmón
2 tomates rojos rebanados
1 limón finamente rebanado

Caliente el aceite en una sartén a fuego medio. Agregue la cebolla y las zanahorias; mezcle bien. Tape y cueza de 5 a 10 minutos. Combine la mostaza, la albahaca y el eneldo en un recipiente pequeño; añada las peras. Ponga el pescado, la mezcla de pera, los tomates y el limón en la sartén. Tape y cueza durante 10 minutos o hasta que el pescado esté listo. Sirva el pescado con la salsa de pera.

Nutrimentos por porción:			
Calorías	238	Colesterol	100 mg
Grasa	3 g	Sodio	174 mg

Scampi Italiano

Rinde 4 porciones

225 g de camarón pelado y desvenado
¼ de taza más 1 cucharada de aceite vegetal
3 cucharadas de vino blanco seco
½ cucharadita de ralladura de cáscara de limón
1 cucharada de jugo de limón
½ cucharadita de albahaca
½ cucharadita de orégano
1 diente de ajo picado
¼ de cucharadita de sal
⅛ de cucharadita de pimienta
2 gotas de salsa picante
¾ de taza de arroz sin cocer
1½ tazas de agua
2 tomates rojos cortados en pedazos de 1 cm
¼ de taza de perejil picado
2 cebollines rebanados

1. Coloque el camarón en un recipiente de cristal o de metal.

2. Mezcle ¼ de taza de aceite, el vino, la ralladura de limón, el jugo de limón, la albahaca, el orégano, el ajo, la sal, la pimienta y la salsa picante en un recipiente con tapa. Revuelva bien. Reserve 1 cucharada de la mezcla de aceite. Vierta lo demás sobre el camarón. Refrigere durante 30 minutos; revuelva a los 15 minutos.

3. En una sartén mediana a fuego medio, caliente la cucharada de mezcla de aceite que reservó. Agregue el arroz. Mueva durante 1 minuto. Vierta el agua sobre el arroz. Deje hervir; reduzca el fuego. Tape y deje hervir de 15 a 20 minutos. Retire del fuego. Agregue los tomates. Tape.

4. Caliente el resto del aceite en una sartén grande a fuego alto. Escurra los camarones. Póngalos en la sartén. Fría durante 1 minuto o hasta que los camarones estén rosados.

5. Ponga la mezcla de arroz en los platos. Coloque los camarones sobre el arroz. Espolvoree con el perejil y la cebolla. Sazone con sal y pimienta, si lo desea.

Nutrimentos por porción:			
Calorías	250	Colesterol	85 mg
Grasa	6 g	Sodio	135 mg

Filetes de Pescado con Salsa de Yogur

Rinde 4 porciones

450 g de filete de pescado descongelado y escurrido
⅓ de taza de yogur natural
1 cucharada de jugo de limón
1 cucharada de mostaza Dijon

En horno de microondas: Coloque los filetes en un refractario. Mezcle el yogur, el jugo de limón y la mostaza en un recipiente pequeño. Unte la mezcla al pescado. Tape y hornee a temperatura ALTA (100 %) durante 4 minutos o hasta que el pescado se ponga opaco. Cubra con papel de aluminio y deje reposar durante 3 minutos.

Nutrimentos por porción:			
Calorías	132	Colesterol	64 mg
Grasa	1 g	Sodio	111 mg

Alambres de Vieiras

Rinde 8 alambres

¼ de taza de jugo de limón
2 cucharadas de aceite vegetal
1 cucharadita de orégano
½ cucharadita de albahaca
1 diente de ajo finamente picado
⅛ de cucharadita de sal
450 g de vieiras
225 g de champiñones frescos
2 calabacitas pequeñas en trozos
2 cebollas pequeñas en rodajas
½ pimiento morrón rojo, verde o amarillo, cortado en trozos
Jugo de limón concentrado adicional

En un refractario, mezcle ¼ de taza de jugo de limón, el aceite y los sazonadores; agregue las vieiras; marine en el refrigerador durante 2 horas moviendo ocasionalmente. Saque las vieiras de la marinada. Coloque las vieiras y las verduras, a partes iguales, en los 8 alambres. Hornee o ase al gusto, hasta que las vieiras estén listas; báñelas frecuentemente con jugo de limón adicional. Refrigere los sobrantes.

Nutrimentos por porción (2 alambres):

Calorías	213	Colesterol	37 mg
Grasa	8 g	Sodio	255 mg

Alambres de Vieiras

Pescado Veracruz

Rinde 4 porciones

675 g de filete de pescado o postas (aproximadamente de 1 cm de ancho)
1 cucharada de jugo de lima
1 cebolla mediana rebanada
1 pimiento morrón verde mediano, cortado en trozos de 2 cm
1 diente de ajo picado
1 cucharada de aceite vegetal
2 tomates rojos medianos cortados en trozos
½ taza de salsa picante
¼ de taza de aceitunas rellenas de pimiento
Pizca de pimienta roja molida

Rocíe el pescado con el jugo de lima. En una sartén grande, fría con el aceite la cebolla, el pimiento y el ajo. Agregue los tomates y los demás ingredientes. Deje hervir, sin tapar, de 3 a 5 minutos o hasta que la mayor parte del líquido se haya evaporado. Coloque los filetes en la sartén; báñelos con la salsa. Tape y deje hervir de 6 a 8 minutos o hasta que el pescado se torne opaco. Saque el pescado; deje hervir la salsa hasta que espese. Sirva el pescado con la salsa.

Nutrimentos por porción:

Calorías	222	Colesterol	68 mg
Grasa	6 g	Sodio	754 mg

Filete de Hipogloso a la Italiana

Rinde 4 porciones

4 filetes (de 2.5 cm de grosor) de hipogloso (unos 450 g)
⅓ de taza de aderezo italiano
1 cucharada de jugo de limón
¼ de cucharadita de pimienta negra
¼ de cucharadita de pimentón

En horno de microondas: Coloque el pescado en un refractario. Combine los demás ingredientes; vierta la mezcla sobre el pescado. Cubra el refractario con plástico y refrigere durante 30 minutos, volteando el pescado una sola vez. Permita que se ventile. Cueza de 4 a 5 minutos a temperatura ALTA (100 %); gire el refractario ¼ de vuelta después de 2 minutos. Deje reposar de 2 a 3 minutos antes de servir.

Nutrimentos por porción:

Calorías	128	Colesterol	34 mg
Grasa	5 g	Sodio	216 mg

Mariscos Fritos a la Oriental

Mariscos Fritos a la Oriental

Rinde 4 porciones

½ taza de agua
3 cucharadas de jugo de limón concentrado
3 cucharadas de salsa de soya
1 cucharada compacta de azúcar morena
1 cucharada de fécula de maíz
60 g de tirabeques (vainas)
¾ de taza de champiñones frescos rebanados
¾ de taza de pimiento morrón rojo picado
1 cebolla mediana cortada en rodajas
1 cucharada de aceite vegetal
225 g de imitación de carne de cangrejo
Col china, pasta de pelo de ángel o tallarines de arroz (opcional)

Mezcle el agua, el jugo de limón, la salsa de soya, el azúcar y la fécula de maíz en un recipiente pequeño. En una sartén grande o wok, a fuego medio-alto, fría las verduras con el aceite. Retírelos del fuego. Agregue la mezcla de soya; a fuego medio, fría hasta que se espese ligeramente. Añada las verduras y la carne de cangrejo. Sirva con pasta o tallarines de arroz. Refrigere el sobrante.

Nutrimentos por porción:

Calorías	151	Colesterol	11 mg
Grasa	4 g	Sodio	1266 mg

Pescado Dietético con Espinaca

Rinde 2 porciones

2 filetes (120 g) de lenguado
1 cucharada de jugo de limón concentrado
Sal y pimienta
285 g de espinaca cocida
¼ de taza de leche descremada
2 rebanadas de queso amarillo tipo americano
Pimentón

Caliente el horno a 200 °C. Barnice los filetes con el jugo de limón; sazone con sal y pimienta. Coloque las espinacas sobre un refractario de 20 cm. Vierta la leche sobre las espinacas; coloque el queso y luego los filetes. Cubra y hornee durante 20 minutos. Espolvoree con pimentón. Refrigere los sobrantes.

Nutrimentos por porción:

Calorías	182	Colesterol	65 mg
Grasa	4 g	Sodio	716 mg

Las ensaladas, ya sean como platillo principal o como guarnición, se han convertido en una forma de vida. Extienda su horizonte con estas creativas y apetecibles recetas diseñadas para invitarle a sacar su ensaladera. El pollo, los frutos del mar, la pasta y la fruta son sólo algunas de las posibilidades ligeras y refrescantes que hay. ¿Qué tipo de ensalada prefiere? Usted decida.

Ensalada Mediterránea de Atún

Rinde 4 porciones

125 g de ejotes (judías verdes) frescos
  1 lata (360 g) de atún, escurrido y en trozos
  2 cucharadas de alcaparras escurridas
    (opcional)
  1 lata (435 g) de frijoles (judías), escurridos y
    enjuagados
  1 tomate rojo grande picado
 12 aceitunas negras
    Chalote picado (opcional)
  ¼ de taza de aderezo italiano bajo en calorías

En agua hirviente con un poco de sal, cueza los ejotes por 5 minutos o hasta que estén suaves; escúrralos, enjuáguelos con agua fría y vuelva a escurrirlos.

En el centro de un platón, ponga el atún, encima distribuya las alcaparras; alrededor, acomode el frijol, el tomate rojo y las aceitunas; rodee todos los ingredientes con los ejotes. Espolvoree el chalote, si lo desea. Sirva con el aderezo.

Nutrimentos por porción:

Calorías	300	Colesterol	14 mg
Grasa	10 g	Sodio	434 mg

Ensalada Tipo Gazpacho

Rinde 7 porciones, 3⅔ tazas

1½ tazas de jugo de tomate
  1 caja (para 4 porciones) de gelatina de limón
    sin azúcar
  1 taza de tomate rojo finamente picado
  ½ taza de pepino pelado y finamente picado
  ¼ de taza de pimiento morrón verde finamente
    picado
  2 cucharadas de pimiento morrón rojo
    finamente picado
  2 cucharadas de cebollín rebanado
  2 cucharadas de vinagre
  ¼ de cucharadita de pimienta negra
  ⅛ de cucharadita de ajo en polvo

En una cacerola chica, ponga a hervir el jugo de tomate. Disuelva bien la gelatina en el jugo hirviendo. Refrigere hasta que cuaje un poco.

En un recipiente mediano, mezcle el resto de los ingredientes; revuelva bien. Incorpore a la gelatina. Vierta en moldes individuales o en un recipiente mediano. Refrigere hasta que cuaje, por unas 3 horas.

Nutrimentos por porción:

Calorías	25	Colesterol	0 mg
Grasa	0 g	Sodio	220 mg

Ensalada Mediterránea de Atún

Ensalada de Filete Asado y Espárrago

Ensalada de Filete Asado y Espárrago

Rinde 4 porciones

½ taza de aderezo vinagreta con aceite de oliva
    ligero
⅓ de taza de salsa para carne
450 g de filete de res
285 g de puntas de espárrago, cocidos y fríos
½ taza de pimiento morrón rojo, en rebanadas
    delgadas
8 hojas grandes de lechuga
1 cucharada de semillas de ajonjolí tostadas

En un recipiente chico, mezcle la vinagreta con la
salsa para carne. Ponga la carne en un recipiente no
metálico y vierta encima la mezcla de vinagreta. Tape
y refrigere por 1 hora.

Saque la carne de la marinada; ásela, a 10 cm de la
fuente de calor, durante 10 minutos o hasta que tenga
el término que usted prefiera; rocíela de vez en cuando
con la marinada y voltéela 2 o 3 veces. Corte la carne
en rebanadas delgadas; acomódela con los espárragos
y el pimiento sobre las hojas de lechuga. Caliente la
marinada hasta que hierva y vierta sobre la ensalada.
Espolvoree las semillas de ajonjolí; sirva de inmediato.

Nutrimentos por porción:			
Calorías	209	Colesterol	65 mg
Grasa	5 g	Sodio	857 mg

Ensalada Niçoise con Pasta

Rinde 16 porciones

450 g de pluma de pasta, sin cocer
900 g de ejotes (judías verdes), cocidos al vapor
    hasta que estén suaves
2 pimientos morrones verdes medianos,
    cortados en trozos
2 tazas de tomate cherry, cortados en cuartos
2 tazas de apio picado
½ taza de cebollín rebanado
10 aceitunas negras sin hueso, rebanadas
2 latas (210 g) de atún blanco envasado en
    agua, escurrido y desmenuzado
½ taza de aceite de oliva o aceite vegetal
¼ de taza de vinagre de vino tinto
3 dientes de ajo picados
4 cucharaditas de mostaza Dijon
1 cucharadita de sazonador de hierbas finas
    sin sal
1 cucharadita de albahaca seca machacada
¼ de cucharadita de pimienta negra

Cueza la pasta siguiendo las instrucciones de la
envoltura; escúrrala. En un recipiente grande, mezcle
la pasta con las verduras, las aceitunas y el atún. En
un recipiente chico, bata el aceite de oliva, el vinagre,
el ajo, la mostaza, el sazonador de hierbas finas, la
albahaca y la pimienta; revuelva con la ensalada. Tape
y refrigere; revuelva antes de servir. Refrigere el
sobrante.

Nutrimentos por porción:			
Calorías	236	Colesterol	9 mg
Grasa	9 g	Sodio	185 mg

Delicioso Aderezo sin Aceite

Rinde 1¼ tazas

½ taza de leche evaporada baja en grasa, sin
    diluir
½ taza de salsa de tomate
2 cucharadas de vinagre de sidra
1 cucharada de jugo de limón
2 cucharaditas de perejil fresco finamente
    picado
1 cucharadita de cebolla finamente picada
1 cucharadita de mostaza Dijon
¼ de cucharadita de sal
¼ de cucharadita de pimienta negra

En un recipiente chico, mezcle todos los ingredientes.
Refrigere y sirva sobre su ensalada favorita.

Nutrimentos por porción (2 cucharadas de aderezo):			
Calorías	15	Colesterol	0 mg
Grasa	muy poca	Sodio	148 mg

Ensalada de Espinaca

Rinde 4 porciones, 3 tazas

6 tazas de espinacas frescas, enjuagadas y
    escurridas
2 tazas de cubos de pan tostado
180 g de champiñones, en rebanadas delgadas
    (unas 2 tazas)
1 lata (540 g) de garbanzo, enjuagado y
    escurrido
4 rebanadas de tocino de pavo, frito y
    desmenuzado (opcional)
½ taza de aderezo Roquefort con trozos de
    queso

En una ensaladera grande, mezcle todos los
ingredientes; después vierta encima el aderezo y
revuelva con suavidad.

Nutrimentos por porción:			
Calorías	209	Colesterol	0 mg
Grasa	3 g	Sodio	599 mg

Vinagreta Agridulce

Rinde 8 porciones

1 taza de vinagre de vino blanco
¼ de taza de azúcar
½ cucharadita de perejil seco
¼ de cucharadita de mostaza en polvo

En un frasco con tapa hermética, mezcle todos los
ingredientes, tape y agite vigorosamente hasta que se
incorporen. Refrigere y agite de nuevo antes de servir.
Sirva sobre ensaladas verdes.

Nutrimentos por porción (2 cucharadas de aderezo):			
Calorías	28	Colesterol	0 mg
Grasa	0 g	Sodio	muy poco

Ensalada de Fruta Veraniega

Rinde 6 porciones

1 piña
2 naranjas, peladas y rebanadas
2 plátanos, pelados y rebanados
1 taza de fresas cortadas en mitades
1 taza de uvas verdes sin semilla
    Aderezo de Yogur con Fresa y Plátano (receta
    más adelante)
    Aderezo de Yogur con Naranja y Plátano
    (receta más adelante)

Corte la piña por la mitad, a lo largo, a través de la
corona. Con un cuchillo, saque la pulpa; deje intacta
la cáscara. Corte la piña en trozos. En un recipiente
grande, mezcle la piña, la naranja, el plátano, la fresa
y la uva. Coloque la mezcla sobre las cáscaras de piña
y sirva con el aderezo de su elección.

Aderezo de Yogur con Fresa y Plátano

6 fresas cortadas en mitades
1 plátano maduro pelado
225 ml de yogur de vainilla o natural
1 cucharada compacta de azúcar morena o
    miel

En una licuadora o procesador de alimentos, mezcle
todos los ingredientes y licue hasta que se incorporen.

Aderezo de Yogur con Naranja y Plátano

1 naranja
1 plátano maduro pelado
225 ml de yogur de vainilla o natural
1 cucharada compacta de azúcar morena o
    miel

Ralle la mitad de la cáscara de la naranja. Exprima la
naranja (⅓ de taza). En una licuadora o procesador de
alimentos, mezcle la ralladura de cáscara de naranja y
el jugo con el resto de los ingredientes; licue hasta
que se incorporen.

Nutrimentos por porción (con 1 cucharada de Aderezo de Yogur con Fresa y Plátano):			
Calorías	143	Colesterol	4 mg
Grasa	2 g	Sodio	15 mg

Ensalada de Fruta Veraniega

Ensalada de Pasta con Salmón y Papaya

Ensalada de Pasta con Salmón y Papaya

Rinde de 6 a 8 porciones

- **450 g de radiatore u otra pasta mediana, sin cocer**
- **2 cucharadas de aceite vegetal**
- **Pimienta negra recién molida al gusto**
- **450 g de filetes de salmón sin espinas, fresco o congelado, cocido y picado o 2 latas (de 210 g cada una) de salmón, escurrido y desmenuzado**
- **1 papaya (o mango) pelada, sin semillas y picada o 2 duraznos o nectarinas, sin hueso y picadas o 1 lata (420 g) de su fruta favorita en almíbar, escurrida y picada**
- **1 taza de tomates cherry cortados en rebanadas**
- **1 manojo de cebolla cambray, en rebanadas delgadas**
- **1 pimiento morrón amarillo, sin semillas ni venas, picado**
- **1 pepino mediano, cortado a lo largo en cuartos y luego en rebanadas**
- **1 chile jalapeño* chico, sin semilla ni venas, finamente picado**
- **2 cucharadas de cilantro picado o 2 cucharaditas de cilantro seco**
- **3 cucharadas de vinagre de vino de arroz**
- **3 cucharadas de vinagre de vino blanco**
- **3 gotas de salsa picante**

Cueza la pasta siguiendo las instrucciones de la envoltura. Pásela a un recipiente mediano y agréguele el aceite mientras aún esté tibia; revuelva bien. Sazone con pimienta negra. Deje que se enfríe. Agregue el salmón, la papaya, el tomate cherry, la cebolla cambray, el pimiento amarillo y el pepino a la pasta. Revuelva para que se mezclen los ingredientes. En un recipiente chico, combine el chile jalapeño, el cilantro, el vinagre y la salsa; revuelva bien. Bañe la ensalada; revuelva y sirva. Refrigere el sobrante.

*El chile puede dar comezón e irritar la piel; utilice guantes desechables de plástico cuando maneje chiles, no se toque los ojos. Enjuáguese las manos después de manejar chiles.

Nutrimentos por porción:			
Calorías	276	Colesterol	39 mg
Grasa	8 g	Sodio	67 mg

Ensalada de Manzana y Adormidera

Rinde 5 porciones

- **1 plátano pelado, rebanado por la mitad, a lo largo, y cortado en pedazos largos**
- **Jugo de limón**
- **1½ tazas de manzana Golden sin corazón y en trozos**
- **1 naranja pelada, en gajos y cortada en cubos**
- **½ taza de nuez picada**
- **½ taza de yogur natural bajo en grasa**
- **½ cucharadita de jugo de limón**
- **½ cucharadita de canela molida**
- **¼ de cucharadita de adormidera**
- **Pizca de nuez moscada molida**
- **Rebanadas de manzana Golden para adornar**

Bañe el plátano con el jugo de limón para evitar que se oxide. En una ensaladera grande, mezcle el plátano, la manzana, la naranja y la nuez. En un recipiente chico, revuelva el yogur con ½ cucharadita de jugo de limón, la canela, la adormidera y la nuez moscada; revuelva bien. Vierta la mezcla de yogur sobre la fruta; revuelva un poco. Adorne con las rebanadas de manzana.

Nutrimentos por porción:			
Calorías	163	Colesterol	1 mg
Grasa	8 g	Sodio	17 mg

Aderezo de Apio

Rinde 1½ tazas

- **2 tazas de apio en trozos de 1.5 cm**
- **¼ de taza de cebollín en trozos de 2.5 cm**
- **2 cucharadas de azúcar**
- **½ cucharadita de sal**
- **⅛ de cucharadita de pimienta**
- **3 cucharadas de vinagre de sidra**
- **3 cucharadas de agua**

En un procesador de alimentos o licuadora, ponga el apio, el cebollín, el azúcar, la sal, la pimienta, el vinagre y el agua; procese hasta que se incorporen los ingredientes. Sirva sobre rebanadas de tomate rojo, espinaca u otras verduras verdes, si lo desea. (Puede preparar el aderezo 24 horas antes de utilizarlo; taparlo y refrigerarlo. Revuelva antes de servir.)

Nutrimentos por porción (1 cucharada de aderezo):			
Calorías	6	Colesterol	0 mg
Grasa	0 g	Sodio	54 mg

Ensalada de Pollo y Espárrago

Rinde de 4 a 5 porciones

1 lata (420 ml) de consomé de pollo
1 hoja de laurel
1 cebollín cortado en trozos de 2.5 cm
1 rebanada de jengibre fresco (de .5 cm de grosor), pelado
4 mitades de pechuga de pollo deshuesadas y sin piel (unos 450 g)
Vinagreta con Mostaza (receta más adelante)
225 g de puntas de espárrago, cortadas por la mitad y cocidas hasta que estén suaves
1 frasco (250 g) de elotitos tiernos enteros, enjuagados y escurridos
Hojas de espinaca o lechuga
3 tomates rojos chicos picados

En una cacerola mediana, mezcle el consomé, la hoja de laurel, el cebollín y el jengibre; ponga a hervir. Agregue el pollo, reduzca el fuego a bajo; tape y deje cocer por 8 minutos o hasta que el pollo esté suave y pierda su color rosado en el centro. Saque del consomé; deje enfriar un poco. (Conserve el consomé para preparar algún otro platillo, si lo desea.) Mientras tanto, prepare la Vinagreta con Mostaza.

Corte el pollo diagonalmente en tiras delgadas; póngalas en un recipiente mediano con los espárragos y los elotitos. Añada la vinagreta; revuelva ligeramente. Marine a temperatura ambiente por 15 minutos. Escurra; conserve la vinagreta.

Acomode el pollo, los espárragos y el elote en platos extendidos cubiertos con hojas de espinaca. Corone con el tomate. Sirva con la vinagreta que conservó.

Vinagreta con Mostaza

1 cucharada de mostaza Dijon
¼ de taza de vinagre de arroz sazonado
2 cucharadas de aceite vegetal
¼ de cucharadita de aceite de ajonjolí
Pizca de pimienta negra

Ensalada de Pollo y Espárrago

En un recipiente chico, mezcle todos los ingredientes.

Nutrimentos por porción:

Calorías	232	Colesterol	46 mg
Grasa	10 g	Sodio	257 mg

Ensalada de Conchas y Camarón Alfresco

Rinde 10 porciones

225 g de conchas medianas de pasta, sin cocer
2 tazas de camarón mediano, cocido, pelado y desvenado
2 tomates rojos medianos, pelados, sin semillas y picados
2 tazas de espinaca fresca picada
1 taza de floretes de coliflor rebanados
½ taza de rábano rebanado
¼ de taza de cebollín picado
2 cucharadas de aceite vegetal
2 cucharadas de jugo de limón
1 cucharada de mostaza Dijon
¼ de cucharadita de tomillo seco machacado
¼ de cucharadita de sazonador de pimienta y limón

Cueza la pasta siguiendo las instrucciones de la envoltura; escúrrala. En un tazón grande, mezcle las conchas con el camarón, el tomate, la espinaca, la coliflor, el rábano y el cebollín. En un recipiente chico, bata el aceite con el jugo de limón, la mostaza, el tomillo y el sazonador; vierta sobre la ensalada y revuelva para bañarla. Tape y refrigere. Antes de servir, revuelva con suavidad. Refrigere el sobrante.

Nutrimentos por porción:

Calorías	176	Colesterol	68 mg
Grasa	4 g	Sodio	89 mg

Aderezo Mil Islas

Rinde unas 2 tazas

⅔ de taza de leche descremada evaporada light
⅔ de taza de salsa picante
⅔ de taza de aceite de cártamo
¼ de taza de pepinillos en salmuera, escurridos
1 cucharada de jugo de limón
1 cucharada de azúcar
1 cucharadita de sal
⅛ de cucharadita de pimienta negra molida

En un recipiente chico, ponga todos los ingredientes y bátalos con un batidor de alambre. Refrigere hasta que esté bien fría. Sirva sobre ensalada verde.

Nutrimentos por porción:

Calorías	54	Colesterol	0 mg
Grasa	5 g	Sodio	129 mg

Ensalada de Moras

Rinde 8 porciones

2 tazas de jugo de arándano rojo
2 cajas (para 4 porciones) o 1 caja (para 8 porciones) de gelatina roja sin azúcar, de cualquier sabor
1½ tazas de agua mineral fría
¼ de taza de crema de licor de cassis (opcional)
1 cucharadita de jugo de limón
1 taza de frambuesa
1 taza de arándano negro
½ taza de fresas rebanadas
½ taza de fresas enteras, cortadas en forma de abanico
Hojas de menta (opcional)

En una cacerola mediana, ponga a hervir el jugo de arándano. Disuelva completamente la gelatina en el jugo hirviente; luego incorpore el agua mineral, la crema de licor y el jugo de limón. Refrigere hasta que esté casi cuajada la mezcla.

Reserve unas cuantas frambuesas y unos arándanos para adornar, si lo desea. En la gelatina casi cuajada, ponga la frambuesa, el arándano y las rebanadas de fresa. Vierta en un molde de 6 tazas de capacidad, ligeramente rociado con antiadherente en aerosol. Refrigere hasta que cuaje, durante unas 4 horas. Desmolde, acomode en un platón y rodee con las moras que reservó, los abanicos de fresa y las hojas de menta, si lo desea.

Nutrimentos por porción:			
Calorías	100	Colesterol	0 mg
Grasa	0 g	Sodio	70 mg

Ensalada de Pasta Light

Rinde 4 porciones

½ taza de aderezo de mayonesa bajo en calorías
½ taza de aderezo italiano bajo en calorías
2 tazas (180 g) de espirales de pasta, cocidas y escurridas
1 taza de floretes de brócoli, cocidas parcialmente
½ taza de pimiento morrón verde picado
½ taza de tomate rojo picado
¼ de taza de cebollín rebanado

En un recipiente grande, mezcle los aderezos hasta que se incorporen. Agregue el resto de los ingredientes; revuelva con suavidad. Refrigere. Sirva con pimienta negra recién molida, si lo desea.

Nutrimentos por porción:			
Calorías	260	Colesterol	0 mg
Grasa	9 g	Sodio	450 mg

Ensalada de Uva

Ensalada de Uva

Rinde 4 porciones

1 taza de uvas (rojas, verdes o de ambas) sin semilla, cortadas por la mitad
2 cucharaditas de aceite de oliva
1 cucharada de vinagre de frambuesa o de vino blanco
1 cucharada de jugo de limón
2 cucharadas de agua
1 chalote picado
2 cucharaditas de mostaza
¼ de cucharadita de estragón seco machacado
Pimienta al gusto
4 tazas poco compactas de ensalada verde en trozos
2 cucharaditas de nuez tostada picada
2 cucharadas de queso parmesano rallado
4 rebanadas de pan francés

Caliente un asador eléctrico. Enjuague las uvas; retire los tallos. En un recipiente chico, bata el aceite, el vinagre, el jugo de limón, el agua, el chalote, la mostaza, el estragón y la pimienta, hasta que se incorporen. En una ensaladera, ponga la verdura con la uva y la nuez. Espolvoree las rebanadas de pan con el queso parmesano; ase a unos 10 cm de la fuente de calor hasta que el pan esté tostado y se funda el queso. Bañe la ensalada con el aderezo que preparó. Sirva con el pan tostado.

Nutrimentos por porción:			
Calorías	148	Colesterol	2 mg
Grasa	4 g	Sodio	231 mg

Ensalada de Cerdo con Ajonjolí

Rinde 6 porciones

3 tazas de arroz cocido
1½ tazas de carne de cerdo, cocida y desmenuzada*
115 g de tirabeques (vainas), sin las puntas y cortados en tiras
1 pepino mediano, pelado, sin semillas y cortado en tiras
1 pimiento morrón rojo mediano, cortado en tiras
½ taza de cebollín rebanado
2 cucharadas de semillas de ajonjolí tostadas (opcional)
¼ de taza de consomé de pollo
3 cucharadas de vinagre de arroz o de vino blanco
3 cucharadas de salsa de soya
1 cucharada de aceite de cacahuate (maní)
1 cucharadita de aceite de ajonjolí

En un recipiente grande, mezcle el arroz con el cerdo, los tirabeques, el pepino, el pimiento morrón, el cebollín y las semillas de ajonjolí. En un frasco chico con tapa, mezcle el consomé, el vinagre, la salsa de soya y los aceites; tape y agite hasta que se incorporen. Vierta sobre la ensalada; revuelva con suavidad. Sirva a temperatura ambiente o fría.

Puede sustituir la carne de cerdo por 1½ tazas de pollo deshebrado, si lo desea.

Nutrimentos por porción:			
Calorías	269	Colesterol	32 mg
Grasa	8 g	Sodio	867 mg

Aderezo Blue Cheese

Rinde 6 porciones, ¾ de taza

¾ de taza de suero de leche
⅓ de taza de queso cottage bajo en grasa
2 cucharadas de queso blue cheese, desmenuzado
2 cucharaditas de azúcar
1 cucharadita de jugo de limón
¼ de cucharadita de semillas de apio
⅛ de cucharadita de pimienta negra
⅛ de cucharadita de sal
Gotas de salsa picante

Licue todos los ingredientes. Refrigere o sirva de inmediato sobre ensalada verde.

Nutrimentos por porción (2 cucharadas de aderezo):			
Calorías	33	Colesterol	3 mg
Grasa	1 g	Sodio	148 mg

Ensalada Surimi a la Mexicana

Rinde 4 porciones

360 g de surimi de cangrejo, en trozos o desmenuzado
1 tomate rojo grande, sin semillas y cortado en cubos
¼ de taza de cebollín rebanado
¼ de taza de aceitunas negras rebanadas
1 cucharada de cilantro o perejil picado
¼ de taza de salsa
3 tazas de ensalada verde, lavada, escurrida y en trozos pequeños

En un recipiente mediano, ponga el surimi, el tomate rojo, el cebollín, la aceituna y el cilantro. Agregue la salsa; revuelva con suavidad para bañar los ingredientes. Acomode la ensalada verde en 4 platos extendidos y encima sirva la mezcla de surimi.

Nutrimentos por porción:			
Calorías	122	Colesterol	17 mg
Grasa	3 g	Sodio	794 mg

Ensalada de Pasta Lanai

Rinde de 6 a 8 porciones

1 lata (570 g) de piña en almíbar en trozos
3 tazas de espirales de pasta cocidos
2 tazas de tirabeques (vainas) o chícharos (guisantes)
1 taza de zanahoria rebanada
1 taza de pepino rebanado
½ taza de aderezo italiano bajo en calorías
¼ de taza de cilantro o perejil picado

Escurra la piña; conserve ¼ de taza de almíbar.

En un recipiente grande, mezcle la piña con el almíbar que conservó y el resto de los ingredientes; revuelva bien para bañarlos.

Nutrimentos por porción:			
Calorías	181	Colesterol	0 mg
Grasa	muy poca	Sodio	219 mg

Ensalada de Cerdo con Ajonjolí

Ensalada de Ejote y Champiñón

Ensalada de Ejote y Champiñón

Rinde 4 porciones

340 g de ejotes (judías verdes) cortados
¼ de taza de agua
¼ de taza de mayonesa baja en calorías
3 cucharadas de cebollín picado
2 cucharadas de jugo de limón fresco
1½ cucharadas de aceite de oliva
1 cucharada de mostaza Dijon
2 tazas de champiñones frescos rebanados
¼ de taza de pimiento morrón rojo picado
1 cucharada de albahaca fresca picada o ¾ de cucharadita de albahaca seca molida
Pizca de pimienta negra

En horno de microondas: Corte los ejotes en trozos de 3.5 cm; póngalos en un refractario de 1½ litros para microondas; agregue el agua y tape. Cueza a temperatura ALTA (100 %) de 5 a 6 minutos o hasta que los ejotes estén suaves; revuelva a la mitad del tiempo de cocción; escúrralos. Cubra los ejotes con agua helada para evitar que se sigan cociendo. En un recipiente grande, mezcle la mayonesa, el cebollín, el jugo de limón, el aceite y la mostaza; revuelva bien. Añada los ejotes escurridos, el champiñón, el pimiento morrón y la albahaca; revuelva con suavidad. Tape y refrigere por varias horas. Poco antes de servir, sazone con pimienta negra. Adorne si lo desea.

Nutrimentos por porción:

Calorías	125	Colesterol	5 mg
Grasa	10 g	Sodio	63 mg

Aderezo de Melón

Rinde 6 porciones

1 taza de melón cortado en cubos
½ taza de yogur de vainilla o natural, bajo en grasa
4 cucharaditas de azúcar

Ponga todos los ingredientes en el vaso de la licuadora o en un procesador de alimentos; licue hasta que se integren. Refrigere o sirva de inmediato sobre ensalada de fruta.

Para un aderezo más fuerte: Sustituya el melón por ½ taza de rebanadas de kiwi. Licue todos los ingredientes como se indica en la receta.

Para un aderezo más espeso: Sustituya el melón por 1 taza de pera cortada en cubos. Licue todos los ingredientes como se indica en la receta.

Nutrimentos por porción (2 cucharadas de aderezo):

Calorías	36	Colesterol	1 mg
Grasa	muy poca	Sodio	15 mg

Ensalada Caribeña de Pollo

Rinde 2 porciones

1 lata (225 g) de piña en almíbar en trozos, sin escurrir
225 g de pechuga de pollo, deshuesada y sin piel, cocida*
Ensalada verde
1 taza de fruta fresca surtida, rebanada o picada
125 g de espárragos o ejotes (judías verdes), cocidos al vapor
½ taza de yogur de vainilla o natural
2 a 3 cucharadas de chutney picado
1 cucharadita de ralladura de cáscara de limón

Escurra la piña; conserve 3 cucharadas de almíbar para el aderezo. Corte diagonalmente el pollo en rebanadas de 1.5 cm. En 2 platos extendidos, acomode las verduras y encima ponga el pollo y 2 rebanadas de piña; por último, acomode la fruta y los espárragos.

Para el aderezo, mezcle el yogur con el chutney, el jugo de piña que conservó y la ralladura de limón en un recipiente chico. Sirva con ensalada. Adorne si lo desea.

*Utilice pollo asado, si lo prefiere.

Nutrimentos por porción:

Calorías	252	Colesterol	17 mg
Grasa	2 g	Sodio	71 mg

Salsa de Adormidera para Fruta

Rinde 1⅔ tazas

½ taza de aderezo de mayonesa
225 g de yogur de limón bajo en grasa
2 cucharadas de leche descremada
1 cucharada bien compacta de azúcar morena
1 cucharada de adormidera

Mezcle los ingredientes hasta que se incorporen; refrigere. Sirva sobre fruta fresca.

Tiempo de preparación: 5 minutos

Nutrimentos por porción (3 cucharadas de salsa):			
Calorías	70	Colesterol	muy poco
Grasa	1 g	Sodio	263 mg

Ensalada de Pepino

Rinde de 6 a 8 porciones

3 pepinos medianos, rallados a lo largo con los dientes de un tenedor y en rebanadas delgadas
¾ de cucharadita de sal
⅓ de taza de cebolla picada
⅓ de taza de vinagre de sidra
3 cucharadas de aceite
2 cucharadas de azúcar
1½ cucharaditas de alcaravea
½ cucharadita de pimentón
⅛ de cucharadita de pimienta negra

En un recipiente mediano, ponga el pepino y espolvoréelo con ¼ de cucharadita de sal; déjelo reposar durante 1 hora y escúrralo.

En un recipiente chico, ponga el resto de los ingredientes y bátalos con la sal restante. Vierta sobre el pepino y revuelva; tape y refrigere por lo menos durante 3 horas. Revuelva antes de servir.

Nutrimentos por porción:			
Calorías	80	Colesterol	0 mg
Grasa	5 g	Sodio	203 mg

Salsa de Adormidera para Fruta

Ensalada Jardinera de Pollo

Ensalada Jardinera de Pollo

Rinde 6 porciones

675 g de pechuga de pollo sin piel, cocida y deshebrada
½ taza de calabacita picada
¼ de taza de zanahoria picada
2 cucharadas de cebolla picada
2 cucharadas de perejil fresco picado
⅓ de taza de aderezo de mayonesa sin grasa
¼ de taza de crema agria sin grasa
½ cucharadita de sal con apio
⅛ de cucharadita de pimienta
1 cucharada de aceite vegetal
¼ de taza de almendras rebanadas
3 tomates rojos cortados en rebanadas

1. En un recipiente grande, mezcle el pollo, la calabacita, la zanahoria, la cebolla y el perejil.

2. En un recipiente chico, mezcle el aderezo de mayonesa, la crema agria, la sal con apio y la pimienta. Agregue a la mezcla de pollo; revuelva bien y refrigere por lo menos durante 2 horas.

3. En una sartén chica, caliente el aceite a fuego medio. Añada la almendra; fríala por 4 minutos o hasta que esté un poco dorada. Escúrrala sobre toallas de papel. Déjela enfriar.

4. Si lo desea, cubra platos extendidos con hojas de lechuga y encima sirva la ensalada. Rodee la ensalada con las rebanadas de tomate. Espolvoree encima la almendra. Adorne a su gusto.

Nutrimentos por porción:			
Calorías	225	Colesterol	75 mg
Grasa	8 g	Sodio	365 mg

Aderezo de Plátano y Miel

Rinde 1½ tazas

1¼ tazas de Aderezo Cremoso Básico con Limón (página 341)
½ plátano mediano cortado en trozos
2 cucharadas de miel
1 cucharadita de jugo de limón

En el vaso de la licuadora, ponga el Aderezo Cremoso Básico con Limón, el plátano, la miel y el jugo de limón; licue a velocidad media hasta que se incorporen los ingredientes.

Nutrimentos por porción (1 cucharada de aderezo):			
Calorías	15	Colesterol	0 mg
Grasa	muy poca	Sodio	35 mg

Ensalada de Pollo con Curry y Manzana

Rinde de 4 a 6 porciones

2 tazas de pollo cocido cortado en cubos
1 taza de apio picado
3 manzanas Empire cortadas en cubos
½ taza de uvas pasa
½ taza de mayonesa baja en calorías
¼ de taza de crema agria baja en grasa
½ cucharadita de romero seco machacado
⅛ de cucharadita de curry en polvo
Ensalada verde
Rebanadas de manzana

En un recipiente grande, mezcle el pollo, el apio, la manzana y las uvas pasa. En un recipiente chico, combine la mayonesa, la crema agria, el romero y el curry; revuelva bien y vierta sobre la mezcla de pollo. Refrigere. Sirva sobre la ensalada verde y adorne con las rebanadas de manzana.

Nutrimentos por porción:			
Calorías	232	Colesterol	44 mg
Grasa	8 g	Sodio	165 mg

Ensalada de Papa con Albahaca Fresca y Pimienta

Rinde 5 porciones

3 papas (patatas) medianas (unos 450 g)
1 taza de yogur natural sin grasa o bajo en grasa
2 cucharadas de perejil fresco picado o ½ cucharadita de perejil seco
1 cucharada de albahaca fresca picada o 1 cucharadita de albahaca seca machacada
1 cucharada de cebollín rebanado
½ cucharadita de sal
Varias pizcas de pimienta
½ taza de chícharos (guisantes) descongelados
½ taza de pimiento morrón rojo o verde picado

En una cacerola grande, ponga a hervir el agua; agregue las papas. Tape y deje cocer de 25 a 30 minutos o hasta que estén suaves; escurra. Deje enfriar; si lo desea, pele las papas. Córtelas en cubos.

En un recipiente grande, mezcle el yogur, el perejil, la albahaca, el cebollín, la sal y la pimienta. Añada la papa, los chícharos y el pimiento morrón; revuelva ligeramente para bañar los ingredientes. Tape y refrigere por varias horas antes de servir.

Nutrimentos por porción:			
Calorías	140	Colesterol	muy poco
Grasa	1 g	Sodio	279 mg

Ensalada Caliente de Cerdo y Espinaca

Rinde 6 porciones

Antiadherente en aerosol
450 g de carne de cerdo, sin hueso, cortada en tiras de 5 cm×.5 cm
450 g de hojas de espinaca fresca picada
3 tazas de ramas de berro
1 taza de apio, en rebanadas delgadas
1 taza de uvas verdes sin semilla
½ taza de cebollín, en rebanadas delgadas
225 g de castañas de agua rebanadas
1 manzana Golden grande, sin corazón y picada
1 taza de aderezo italiano sin aceite, bajo en calorías
2 cucharadas de vino blanco seco
2 cucharadas de mostaza Dijon
3 cucharadas de azúcar morena light
2 cucharadas de semilla de ajonjolí tostado*

Rocíe una sartén antiadherente con el aerosol; caliente a fuego medio-alto, agregue las tiras de cerdo y sofríalas de 4 a 5 minutos hasta que la carne esté suave y bien cocida. Manténgala caliente. En una

ensaladera grande, revuelva la espinaca con el berro, el apio, las uvas, el cebollín, las castañas y la manzana. En una cacerola mediana, mezcle el aderezo, el vino blanco, la mostaza y el azúcar; cueza a fuego medio hasta que se disuelva el azúcar; revuelva sin cesar. Incorpore la carne al aderezo caliente; revuelva bien. Saque la carne; vierta la mitad del aderezo sobre la mezcla de verduras; revuelva con suavidad para bañar los ingredientes. Acomode las tiras de cerdo sobre la ensalada. Espolvoree las semillas de ajonjolí. Sirva con el aderezo restante.

Para tostar las semillas de ajonjolí, ponga las semillas en una sartén con recubrimiento, antiadherente, a fuego medio, y revuélvalas sin cesar hasta que se doren un poco.

Nutrimentos por porción:			
Calorías	252	Colesterol	48 mg
Grasa	8 g	Sodio	481 mg

Ensalada Indonesia de Pollo y Pera

Rinde 4 porciones

1½ tazas de pollo cocido y cortado en cubos
3 peras Bartlett, sin corazón y cortadas por la mitad
½ taza de nuez de macadamia o cacahuate (maní), picados (opcional)
½ taza de pepino en rebanadas
3 cucharadas de jengibre cristalizado rallado (opcional)
2 cucharadas de cebollín, en rebanadas delgadas
Aderezo de Curry (receta más adelante)
Jugo de limón
4 tazas de lechuga
Coco rallado tostado (opcional)

Ponga el pollo en un recipiente. Corte en cubos 2 mitades de pera y agregue al recipiente con el pollo junto con la nuez de macadamia, el pepino, el jengibre y el cebollín. Vierta el Aderezo de Curry; revuelva con suavidad. Ponga una taza de lechuga en un plato extendido. Remoje las mitades de pera en el jugo de limón y acomódelas sobre la lechuga; encima, distribuya equitativamente la mezcla de pollo. Espolvoree el coco, si lo desea.

Aderezo de Curry: Mezcle ½ taza de yogur natural bajo en grasa, ½ cucharadita de curry en polvo y ¼ de cucharadita de mostaza en polvo, de pimienta inglesa molida y de ajo en polvo; revuelva bien. Prepárelo unos 20 minutos antes de utilizarlo para que se mezclen los sabores. Rinde aproximadamente ⅔ de taza.

Nutrimentos por porción:			
Calorías	283	Colesterol	94 mg
Grasa	5 g	Sodio	108 mg

Ensalada Caliente de Cerdo y Espinaca

Ensalada de Pepino

Rinde 4 porciones

½ taza de yogur natural sin grasa
½ cucharadita de azúcar
1 cucharadita de menta seca
2 pepinos rebanados

En un recipiente grande, mezcle el yogur, el azúcar y la menta; revuélvalos hasta que se incorporen. Agregue las rebanadas de pepino; revuelva para cubrir.

Nutrimentos por porción:			
Calorías	40	Colesterol	2 mg
Grasa	1 g	Sodio	23 mg

Ensalada de Cítricos con Lechuga, Berro y Vinagre Balsámico

Rinde 4 porciones

2 naranjas grandes
1 toronja rosa mediana, pelada y en gajos
2 tangerinas, peladas y en gajos
1 manojo de berro enjuagado y seco

Aderezo
3 cucharadas de jugo de naranja
1 cucharada de vinagre balsámico
¼ de cucharadita de sal
1 cucharada de aceite de canola o aceite vegetal
1 lechuga grande; separe las hojas, enjuáguelas y séquelas

Desprenda la cáscara de 1 naranja (sólo la parte anaranjada) y córtela en tiras finas. Úsela para adornar.

Pele y deseche la membrana blanca de los gajos de naranja. En un recipiente mediano, mezcle la naranja, la toronja, la tangerina y el berro.

Para preparar el aderezo, mezcle el jugo de naranja, el vinagre y la sal en un recipiente chico. Agregue el aceite; bata hasta que se incorporen. Vierta sobre la fruta y el berro; revuelva con suavidad. Cubra 4 platos con las hojas de lechuga. Divida la ensalada y póngala en los platos. Adorne con las tiras de cáscara de naranja.

Nutrimentos por porción:			
Calorías	126	Colesterol	0 mg
Grasa	4 g	Sodio	145 mg

Ensalada Waldorf con Piña y Pasta

Ensalada Waldorf con Piña y Pasta

Rinde 4 porciones

1 lata (225 g) de piña en almíbar en trozos, sin escurrir
2 tazas de conchas medianas de pasta, cocidas (1½ tazas sin cocer), enjuagada y fría
1 manzana roja mediana, sin corazón y cortada en cubos
1 taza de apio cortado en cubos
3 cucharadas de nuez picada, tostada o almendras naturales enteras
2 cucharadas de mayonesa light
2 cucharadas de crema agria light
¼ de cucharadita de sal

Escurra la piña; conserve ¼ de taza del almíbar. En un recipiente grande, mezcle la piña escurrida, la pasta, la manzana, el apio y la nuez. En un recipiente chico, combine la mayonesa con la crema agria, el almíbar que conservó y la sal; revuelva bien. Vierta sobre la ensalada. Revuelva para bañar los ingredientes.

Tiempo de preparación: 20 minutos

Nutrimentos por porción:			
Calorías	240	Colesterol	3 mg
Grasa	8 g	Sodio	207 mg

Ensalada de Fruta con Jengibre

Rinde 8 porciones

   2 naranjas, peladas y en gajos
   2 manzanas, sin corazón y picadas
   2 duraznos rebanados
   1 taza de fresa en mitades
   1 taza de yogur natural sin grasa o bajo en grasa
   2 cucharadas compactas de azúcar morena
   ½ cucharadita de jengibre

En un recipiente grande, mezcle la naranja, la manzana, el durazno y la fresa. En un recipiente chico, revuelva el yogur con el azúcar y el jengibre. Mezcle bien con un batidor de alambre o con un tenedor. Incorpore a la fruta.

Nutrimentos por porción:			
Calorías	80	Colesterol	muy poco
Grasa	0 g	Sodio	21 mg

Ensalada de Arroz Salvaje y Alcachofa

Rinde de 6 a 8 porciones

Ensalada
   2 tazas de arroz salvaje cocido
   1 taza de chícharos (guisantes) descongelados
 225 g de castaña de agua, rebanadas y escurridas
   1 frasco (180 g) de corazones de alcachofa en salmuera, escurridos (conserve la salmuera)
 120 g de queso mozzarella rallado (opcional)
   1 frasco (60 g) de rajas de pimiento, escurridas (opcional)

Aderezo
   2 cucharadas de aceite de canola
   2 cucharadas de la salmuera que conservó
   1 cucharada de vinagre balsámico
   ½ cucharadita de estragón seco machacado
   ½ cucharadita de mostaza Dijon
   2 a 3 gotas de salsa picante

En una ensaladera, mezcle los ingredientes para la ensalada. Aparte, en un recipiente chico, mezcle los ingredientes para el aderezo; bátalos hasta que se incorporen. Vierta el aderezo sobre la ensalada y revuelva. Refrigere durante 4 horas o toda la noche para que se mezclen los sabores.

Nutrimentos por porción:			
Calorías	135	Colesterol	0 mg
Grasa	4 g	Sodio	49 mg

Mezcla de Nectarina y Pera

Rinde 6 porciones

   ¼ de taza de jugo de limón
   1 cucharada de azúcar morena
 1½ cucharaditas de menta fresca finamente picada o ½ cucharadita de menta seca
   1 cucharadita de ajo finamente picado
   ¼ de cucharadita de pimienta
   3 peras Bartlett, sin corazón y cortadas por la mitad
   2 nectarinas cortadas por la mitad
   ½ taza de cebolla morada picada

En un recipiente chico, mezcle los primeros 5 ingredientes; revuelva bien. Corte las mitades de pera y de nectarina en rebanadas de 1.5 cm de grosor. Acomode las rebanadas en un recipiente poco profundo. Distribuya encima la cebolla; rocíe con el aderezo. Marine en el refrigerador por 2 horas antes de servir.

Nutrimentos por porción:			
Calorías	84	Colesterol	0 mg
Grasa	muy poca	Sodio	2 mg

Ensalada de Camarón con Queso Cottage

Rinde de 2 a 4 porciones

 180 a 225 g de camarón cocido y escurrido
   1 taza de queso cottage bajo en grasa (1 %)
   ¼ de taza de apio picado
   ¼ de taza de cebolla picada
   4 rebanadas de tocino, frito, escurrido y desmenuzado
   1 cucharadita de jugo de limón
   ⅛ de cucharadita de pimienta
     Ensalada verde

En un recipiente mediano, mezcle todos los ingredientes, excepto la ensalada verde. Revuelva hasta que se incorporen. Tape y refrigere por lo menos durante 1 hora. Sirva sobre la ensalada verde.

Nutrimentos por porción:			
Calorías	125	Colesterol	91 mg
Grasa	4 g	Sodio	432 mg

Ensalada de Fruta con Jengibre

Ensalada de Frijol Negro y Alubias

Ensalada de Frijol Negro y Alubias

Rinde 4 tazas

½ taza de aderezo de mayonesa
1 lata (435 g) de alubias y de frijoles negros
    (judías), escurridos y enjuagados
½ taza de tiras de pimiento morrón verde y de
    rebanadas de cebolla morada
1 pepino picado
3 cucharadas de perejil picado
    Pizca de pimienta negra

Revuelva bien todos los ingredientes; refrigere.

Tiempo de preparación: 10 minutos

Nutrimentos por porción (½ taza):			
Calorías	200	Colesterol	0 mg
Grasa	1 g	Sodio	214 mg

Deliciosa Ensalada de Fruta

Rinde de 12 a 14 porciones

¼ de taza de jalea de frambuesa sin semillas
2 cucharadas de jugo de limón
2 tazas de fresa, sin tallo y cortadas por la
    mitad
1 taza de rebanadas de ciruela
2 tazas de trozos de piña
2 tazas de trozos de melón (persa o valenciano)
2 tazas de trozos de melón verde (chino o
    Honeydew)
2 tazas de trozos de nectarina
½ taza de frambuesas
1 taza de uvas verdes sin semillas
1 taza de almendra natural entera y tostada

En una ensaladera grande, mezcle la jalea con el jugo
de limón. Incorpore la fresa y la ciruela; revuelva y
deje reposar, tapado, hasta por 2 horas. Poco antes de
servir, incorpore la piña, los melones, la nectarina, la
frambuesa, la uva y la almendra.

Nutrimentos por porción:			
Calorías	135	Colesterol	0 mg
Grasa	6 g	Sodio	5 mg

Ensalada de Pera con Jengibre

Rinde 3 tazas, 3 porciones de plato principal

- 1 lata (240 g) de mitades de pera en almíbar, sin escurrir
- 1 caja (para 4 porciones) de gelatina de limón sin azúcar
- ¾ de taza de agua hirviente
- 2 cucharaditas de jugo de limón
  Cubos de hielo
- 1 taza (225 g) de queso cottage bajo en grasa
- ⅛ de cucharadita de sal
- ⅛ de cucharadita de jengibre molido

Escurra las peras; conserve el jugo. Pique finamente la pera.

Disuelva la gelatina en el agua hirviente; agregue el jugo de limón. Al almíbar de la pera que conservó, agréguele suficientes cubos de hielo hasta que obtenga 1 taza. Añada la gelatina; revuelva hasta que se espese un poco. Saque el hielo que no se haya disuelto; vierta la gelatina en el vaso de la licuadora. Ponga el queso cottage, la sal y el jengibre; tape y licue hasta que se incorporen los ingredientes. Coloque la pera y vierta en 3 recipientes de plástico o platos de postre. Refrigere hasta que cuaje.

Nutrimentos por porción:			
Calorías	120	Colesterol	5 mg
Grasa	2 g	Sodio	480 mg

Ensalada de Pavo Caliente

Rinde 2 porciones

- 1 piña mediana
- 120 g de ejotes (judías verdes) o brócoli, cocidos
- 2 zanahorias ralladas o rebanadas
- ½ taza de jícama o rábano rallados
- ½ taza de pimiento morrón rojo rallado
  Ensalada verde
  Sal y pimienta negra (opcional)
- 2 pechugas de pavo (225 g)
- 1 cucharada de aceite vegetal
  Aderezo Light de Mostaza con Miel (receta más adelante)

Desprenda la corona de la piña; corte la piña por la mitad, a lo largo. Refrigere 1 mitad y utilícela para preparar otro platillo. Corte la otra por la mitad, a lo largo, y pele; corte cada cuarto en 4 secciones. En 2 platos extendidos cubiertos con la verdura, acomode la piña, el ejote, la zanahoria, la jícama y el pimiento morrón; deje espacio para el pavo cocido. Sazone el pavo con un poco de sal y pimienta. En una sartén mediana, dore el pavo por ambos lados con el aceite. Tape y deje cocer de 5 a 7 minutos. Retire de la sartén. Corte el pavo a lo ancho en 4 o 5 rebanadas. Acomódelo en los platos junto con la verdura. Sirva con el Aderezo Light de Mostaza con Miel.

Aderezo Light de Mostaza con Miel

- ¼ de taza de mayonesa sin colesterol, baja en calorías
- 1 a 2 cucharadas de jugo de piña o de naranja
- 1 cucharadita de miel
- 1 cucharadita de mostaza Dijon
- ¼ de cucharadita de estragón seco machacado

Mezcle todos los ingredientes en un recipiente chico.

Nutrimentos por porción:			
Calorías	267	Colesterol	30 mg
Grasa	10 g	Sodio	233 mg

Sabrosa Ensalada de Pasta

Rinde 6 porciones

- 2 tazas (225 g) de jamón con poca sal, en tiras
- 2 tazas de moños o conchas de pasta, cocidos, escurridos (sin sal)
- 225 g de verdura (mezcla estilo California) descongelada
- 5 tomates cherry, cortados por la mitad
- ¾ de taza de aderezo italiano bajo en sodio y en calorías
- 4 tazas de diferentes verduras verdes, lavadas y escurridas

En una ensaladera grande, ponga el jamón, la pasta, la verdura descongelada, el tomate y el aderezo; revuelva para bañar los ingredientes. Tape; refrigere por lo menos durante 1 hora antes de servir para que se mezclen los sabores. Sirva la ensalada de pasta sobre las verduras verdes o en un platón.

Nutrimentos por porción:			
Calorías	233	Colesterol	19 mg
Grasa	3 g	Sodio	344 mg

Sabrosa Ensalada de Pasta

Ensalada de Camarón, Pera y Pasta

Rinde 6 porciones

225 g de espirales o ruedas de pasta, cocidas y
    escurridas
2 peras Bartlett, sin corazón y rebanadas
½ taza de pimiento morrón rojo y de pimiento
    morrón verde, picados
2 cebollines picados
125 g de camarón, cocido, pelado y desvenado
    Aderezo (receta más adelante)
    Hojas de lechuga

En un recipiente grande, mezcle la pasta, la pera,
ambos pimientos, el cebollín y el camarón. Agregue
el aderezo; revuelva con suavidad para bañar los
ingredientes. Cubra una ensaladera o 6 platos
extendidos con lechuga; corone con la mezcla de
pasta. Sirva de inmediato.

Aderezo: Mezcle 1 taza de yogur natural bajo en
grasa, 2 cucharaditas de mostaza Dijon,
½ cucharadita de eneldo seco y salsa picante al gusto;
revuelva bien.

Nutrimentos por porción:

Calorías	130	Colesterol	30 mg
Grasa	1 g	Sodio	86 mg

Ensalada de Espinaca y Garbanzo

Rinde 4 porciones

2 cucharadas de vinagre de vino tinto
2 cucharadas de agua
1 cucharadita de aceite de ajonjolí
1 cucharadita de salsa de soya light
1 cucharadita de azúcar
3 tazas de espinacas lavadas, sin tallos y
    cortadas del tamaño de un bocado
2 zanahorias peladas y rebanadas
1 taza de garbanzo de lata, escurrido y
    enjuagado
1½ cucharadas de ajonjolí

Para el aderezo, mezcle en un recipiente chico el
vinagre, el agua, el aceite, la salsa de soya y el
azúcar; bata hasta que se incorporen. En una
ensaladera ponga la espinaca, la zanahoria y el
garbanzo. Vierta el aderezo sobre la ensalada;
revuelva para bañar los ingredientes. Encima
espolvoree las semillas de ajonjolí.

Nutrimentos por porción:

Calorías	128	Colesterol	0 mg
Grasa	4 g	Sodio	93 mg

Ensalada Rústica

Rinde 6 porciones

4 tazas de lechuga iceberg picada
4 tazas de lechuga romana picada
1 manojo de berros sin tallos
2 tomates rojos rebanados
6 rábanos rebanados
2 duraznos grandes cortados en rebanadas
    (unas 2 tazas)
    Aderezo de Mostaza (receta más adelante)

En una ensaladera grande, haga una cama de lechuga
y berro; encima acomode decorativamente el tomate
rojo, el rábano y el durazno. Rocíe con el Aderezo de
Mostaza.

Aderezo de Mostaza: En un frasco con tapa
hermética, mezcle ¼ de taza de aceite vegetal,
3 cucharadas de vinagre de vino blanco,
4 cucharaditas de mostaza Dijon, 2 cucharaditas de
ajo picado y ½ cucharadita de azúcar; agite hasta que
se incorporen los ingredientes. Rinde ½ taza,
aproximadamente.

Nutrimentos por porción:

Calorías	54	Colesterol	0 mg
Grasa	2 g	Sodio	51 mg

Ensalada de Fruta, Pasta y Nuez

Rinde 6 porciones

225 g de conchas medianas de pasta, sin cocer
225 g de yogur natural sin grasa
¼ de taza de jugo de naranja concentrado
1 lata (435 g) de mandarina o naranja en su
    jugo, escurridas
1 taza de uvas rojas sin semilla, cortadas por la
    mitad
1 taza de uvas verdes sin semilla, cortadas por
    la mitad
1 manzana, sin corazón y picada
½ taza de apio rebanado
½ taza de nuez en mitades

Cueza la pasta siguiendo las instrucciones de la
envoltura; escúrrala. En un recipiente chico, mezcle el
yogur con el jugo de naranja. En un recipiente grande,
combine la pasta con el resto de los ingredientes.
Agregue la mezcla de yogur; revuelva con suavidad
para bañar los ingredientes. Tape y refrigere hasta que
esté bien fría.

Nutrimentos por porción:

Calorías	217	Colesterol	1 mg
Grasa	6 g	Sodio	44 mg

Ensalada Armenia de Espinaca y Ciruela

Rinde 4 porciones

3 tazas de espinacas, lavadas, sin tallos y cortadas en trozos del tamaño de un bocado
2 tazas de pepino pelado, cortado a la mitad y luego en rebanadas
¼ de taza de cebolla morada, en rebanadas delgadas
¼ de taza de perejil picado
2 cucharadas de pistaches pelados y picados (opcional)
3 ciruelas cortadas en rebanadas
Aderezo Armenio (receta más adelante)

En una ensaladera, ponga la espinaca, el pepino, la cebolla, el perejil, el pistache y la ciruela; bañe con el Aderezo Armenio y revuelva con suavidad para bañar los ingredientes.

Aderezo Armenio: Mezcle ⅓ de taza de aceite de cártamo, 2 o 3 cucharadas de jugo de limón recién exprimido, ½ cucharadita de orégano seco, ½ cucharadita de ajo picado, ¼ de cucharadita de mostaza en polvo y pimienta al gusto; bata hasta que se incorporen bien los ingredientes. Rinde ½ taza.

Nutrimentos por porción (incluye 1 cucharada de aderezo):

Calorías	150	Colesterol	0 mg
Grasa	9 g	Sodio	109 mg

Aderezo de Hierbas

Rinde 1⅔ tazas

1 taza de queso cottage sin grasa
¼ de taza de leche descremada
2 cucharadas de vinagre de vino tinto
2 cucharaditas de aceite vegetal
¼ de taza de cebollín picado incluyendo la parte blanca
¼ de taza de perejil fresco picado
1 diente de ajo picado
¼ de cucharadita de orégano seco
¼ de cucharadita de albahaca seca
¼ de cucharadita de pimienta negra
⅛ de cucharadita de pimienta de Cayena

1. En el vaso de la licuadora o en un procesador de alimentos, ponga el queso cottage, la leche, el vinagre y el aceite; licue hasta que se incorporen los ingredientes.

2. Agregue el cebollín, el perejil, el ajo, el orégano, la albahaca, la pimienta negra y la Cayena. Muela hasta que se revuelvan bien. Sirva sobre ensalada verde.

Nutrimentos por porción (1 cucharada de aderezo):

Calorías	10	Colesterol	0 mg
Grasa	muy poca	Sodio	30 mg

Ensalada Mixta de Papa

Rinde 8 porciones

½ taza de vinagre de sidra
¼ de taza de aceite vegetal
½ cucharadita de mostaza
½ cucharadita de sal
¼ de cucharadita de pimienta
1.240 kg de papa (patata) roja mediana sin pelar
3 zanahorias medianas cortadas en tiras delgadas de 5 cm de largo
3 tallos de apio rebanados
3 cebollines con la parte blanca, picados
6 rábanos rebanados
4 tomates rojos cortados en cuartos

1. En un recipiente con tapa hermética, combine el vinagre, el aceite, la mostaza, la sal y la pimienta; tape y agite para mezclar los ingredientes.

2. Cueza las papas justamente hasta que estén suaves. Deje enfriar por 5 minutos. Córtelas en trozos de un bocado. En una ensaladera grande, ponga la papa con la zanahoria, el apio, el cebollín y el rábano. Agite el aderezo y vierta sobre la ensalada; revuelva para bañar los ingredientes. Sirva de inmediato o meta al refrigerador. Corone con el tomate.

Nutrimentos por porción:

Calorías	225	Colesterol	0 mg
Grasa	7 g	Sodio	175 mg

Ensalada de Durazno y Espinaca

Rinde 6 porciones

1½ tazas de espinacas, lavadas, sin tallos y cortadas en pedazos de un bocado
1 taza de rebanadas de pepino
1 durazno rebanado (más o menos 1 taza)
2 ciruelas rebanadas (alrededor de 1 taza)
¼ de taza de cebollín rebanado
Aderezo de Yogur (receta más adelante)

En un recipiente grande, mezcle la espinaca, el pepino, el durazno, la ciruela y el cebollín; revuelva con suavidad. Divida la ensalada en 6 platos extendidos. Acompañe con el Aderezo de Yogur.

Aderezo de Yogur: En un recipiente, combine 1 taza de yogur natural bajo en grasa, 1 cucharada de jugo de limón, 1 cucharada de agua y ¼ de cucharadita de eneldo; revuelva hasta que se incorporen los ingredientes. Rinde más o menos 1 taza.

Nutrimentos por porción (incluye 1 cucharada de aderezo):

Calorías	42	Colesterol	muy poco
Grasa	muy poca	Sodio	45 mg

Ensalada de Pavo y Pasta

Rinde 6 porciones, 8 tazas

4 tazas de ruedas o espirales de pasta, cocida
2 tazas de pavo o pollo deshebrado
1 calabacita grande, cortada en rebanadas de 1.5 cm, y cada rebanada cortada en cuartos
1 tomate rojo, cortado en trozos de 1.5 cm
1 lata (225 g) de granos de elote escurridos o 1 taza de granos de elote descongelado
1 pimiento morrón rojo chico, cortado en pedazos de 1.5 cm
½ taza de cilantro o perejil, frescos, picados
¾ de taza de salsa picante
⅓ de taza de aderezo cremoso con ajo, bajo en calorías
¼ de cucharadita de sal (opcional)
Salsa picante adicional (opcional)

En un recipiente grande, combine la pasta, el pavo, la calabacita, el tomate, el elote, el pimiento morrón y el cilantro. Aparte, mezcle los ¾ de taza de salsa picante, el aderezo y la sal; mezcle bien. Vierta sobre la ensalada; revuelva con suavidad. Refrigere. Sirva con salsa picante adicional, si lo desea.

Nutrimentos por porción:			
Calorías	234	Colesterol	26 mg
Grasa	4 g	Sodio	570 mg

Ensalada de Pavo y Pasta

Gelatina de Ensalada

Rinde 4 porciones, 5 tazas

2 cajas (para 4 porciones) o 1 caja (para 8 porciones) de gelatina de limón sin azúcar
2 tazas de agua hirviente
1 taza de granos de elote congelados
1 taza de alubias de lata escurridas
½ taza de salsa
¼ de taza (30 g) de queso cheddar rallado
2 cucharadas de vinagre
½ cucharadita de chile en polvo

Disuelva completamente la gelatina en el agua hirviente. Refrigere hasta que cuaje un poco. Incorpore el resto de los ingredientes y vierta la mezcla de gelatina en 4 moldes de plástico o en platos para postre. Refrigere hasta que cuaje, durante unas 2 horas.

Nutrimentos por porción:			
Calorías	140	Colesterol	10 mg
Grasa	4 g	Sodio	560 mg

Ensalada China de Pollo

Rinde 6 porciones

3 tazas de arroz cocido, frío
1 taza de pechuga de pollo, cocida y cortada en cubos
1 taza de apio picado
1 lata (225 g) de castañas de agua, rebanadas y escurridas
1 taza de germinado de frijol (judía)*
½ taza (unos 60 g) de champiñones frescos rebanados
¼ de taza de cebollín rebanado
¼ de taza de pimiento morrón rojo cortado en cubos
3 cucharadas de jugo de limón
2 cucharadas de salsa de soya baja en sodio
2 cucharadas de aceite de ajonjolí
2 cucharaditas de jengibre rallado
¼ a ½ cucharadita de pimienta blanca molida
Hojas de lechuga

En un recipiente grande, mezcle el arroz con el pollo, el apio, las castañas, el germinado de frijol, el champiñón, el cebollín y el pimiento rojo. En un frasco chico con tapa hermética, ponga el jugo de limón, la salsa de soya, el aceite, el jengibre y la pimienta blanca; agite bien para que se incorporen los ingredientes. Vierta sobre la ensalada; revuelva un poco para bañar. Sirva sobre las hojas de lechuga.

*Sustituya el germinado de frijol fresco por otro tipo de germinado, si lo desea.

Nutrimentos por porción:			
Calorías	248	Colesterol	20 mg
Grasa	6 g	Sodio	593 mg

Ensalada de Fruta y Arroz al Curry

Rinde 6 porciones

2 tazas de arroz cocido, frío
1 naranja cortada en cuartos
1 taza de uvas rojas sin semilla y cortadas por la mitad
⅓ de taza de mayonesa
⅓ de taza de yogur de vainilla o natural
½ cucharadita de curry en polvo o al gusto
   Ralladura de cáscara y jugo de 1 lima
1 plátano pelado y rebanado

En un recipiente grande, ponga el arroz, la naranja y la uva. Aparte, mezcle la mayonesa, el yogur, el curry, la ralladura de lima y el jugo; revuelva y vierta sobre la ensalada. Justo antes de servir, incorpore el plátano.

Nutrimentos por porción:

Calorías	189	Colesterol	9 mg
Grasa	10 g	Sodio	76 mg

Ensalada de Camarón y Espárrago

Rinde 6 porciones

¾ de taza de jugo de tomate
⅓ de taza de salsa 57 (página 242)
1 cucharada de jugo de limón
1 cucharada de aceite vegetal
1 cucharadita de mostaza Dijon
1 cucharadita de azúcar granulada
¼ de cucharadita de tomillo seco machacado
¼ de cucharadita de sal
¼ de cucharadita de pimienta
450 g de puntas de espárrago
   Ensalada verde
450 g de camarón mediano, cocido, pelado y desvenado
1 taza de champiñón enoki o botón
2 tomates rojos cortados en rebanadas
2 cucharaditas de ralladura de cáscara de limón

Para el aderezo, mezcle los 9 primeros ingredientes en un frasco con tapa que cierre herméticamente; agite bien. En una pequeña cantidad de agua hirviente, cueza el espárrago de 3 a 5 minutos o hasta que esté suave. Escurra; deje enfriar un poco. En platos extendidos, acomode las verduras, los espárragos, el camarón, el champiñón y el tomate rojo. Encima rocíe el aderezo. Espolvoree con la ralladura de limón.

Nutrimentos por porción:

Calorías	116	Colesterol	58 mg
Grasa	4 g	Sodio	274

Ensalada de Pepino y Cebolla

Ensalada de Pepino y Cebolla

Rinde 12 porciones, 6 tazas

½ taza de aderezo de mayonesa
4 pepinos pelados, cortados por la mitad a lo largo, sin semillas y rebanados
2 cebollas cortadas por la mitad y en rebanadas
½ taza de tiras delgadas de pimiento morrón rojo

En un recipiente grande, mezcle el aderezo, el pepino y la cebolla. Corone con el pimiento; refrigere.

Nutrimentos por porción (½ taza):

Calorías	30	Colesterol	0 mg
Grasa	muy poca	Sodio	143 mg

Ensalada Hindú de Durazno

Rinde 4 porciones

½ taza de yogur de vainilla o natural, bajo en grasa
½ cucharadita de curry en polvo o al gusto
1 lata (450 g) de mitades de durazno en almíbar, escurridas; conserve el almíbar
2 tazas (225 g) de jamón bajo en grasa, cortado en cubos de 1.5 cm
1 taza de uvas rojas o verdes sin semilla, cortadas por la mitad
   Hojas de lechuga, lavadas y escurridas
2 cucharadas de almendra rallada y tostada

En un recipiente chico, mezcle el yogur, el curry en polvo y 1 cucharada del almíbar que conservó.

En un recipiente mediano, mezcle el durazno con el jamón y las uvas. Agregue la mezcla de yogur; revuelva con suavidad para bañar los ingredientes. Sirva sobre platos cubiertos con hojas de lechuga. Encima espolvoree la almendra.

Nutrimentos por porción:

Calorías	206	Colesterol	29 mg
Grasa	5 g	Sodio	509 mg

Salsa de Limón y Jengibre

Salsa de Limón y Jengibre

Rinde ½ taza

½ taza de aderezo de mayonesa
2 cucharadas de jugo de limón
1½ cucharadas bien compactas de azúcar
   morena
1 cucharadita de ralladura de cáscara de
   limón
1 cucharadita de jengibre molido

Mezcle los ingredientes hasta que se incorporen; refrigere. Sirva sobre fruta fresca.

Tiempo de preparación: 5 minutos más el tiempo de refrigeración.

Nutrimentos por porción (2 cucharadas de salsa):

Calorías	70	Colesterol	1 mg
Grasa	muy poca	Sodio	422 mg

Ensalada de Codito y Pollo

Rinde 8 porciones

1 bolsa (210 g) de codito de pasta
2 tazas de pollo o pavo (carne blanca), cocido y
   cortado en cubos
2 tazas de floretes de brócoli
4 naranjas medianas peladas, en gajos y sin
   semillas
1 taza de jugo de naranja
¼ de taza de vinagre de sidra
1 cucharadita de jengibre molido
½ cucharadita de pimentón
¼ de taza de almendra rallada y tostada

Cueza la pasta siguiendo las instrucciones de la envoltura; escurra. En un recipiente grande, mezcle la pasta, el pollo, el brócoli y la naranja. En un recipiente chico, combine el jugo de naranja, el vinagre, el jengibre y el pimentón; revuelva con la mezcla anterior. Tape y refrigere. Revuelva antes de servir. Adorne con la almendra. Refrigere el sobrante.

Nutrimentos por porción:

Calorías	222	Colesterol	36 mg
Grasa	4 g	Sodio	38 mg

Ensalada de Arroz con Azafrán

Rinde 4 porciones

2½ tazas de arroz (cocido con consomé de pollo
   y ⅛ de cucharadita de azafrán*) enfriado
   a temperatura ambiente
½ taza de pimiento morrón rojo cortado en
   cubos
½ taza de pimiento morrón verde cortado en
   cubos
¼ de taza de cebollín rebanado
¼ de taza de aceitunas negras rebanadas
2 cucharadas de vinagre de vino blanco
1 cucharadita de aceite de oliva
2 a 3 gotas de salsa picante (opcional)
1 diente de ajo picado
¼ de cucharadita de pimienta blanca molida
   Hojas de lechuga

En un recipiente grande, mezcle el arroz, los pimientos rojo y verde, el cebollín y la aceituna. En un frasco con tapa hermética, combine el vinagre con el aceite, la salsa picante, el ajo y la pimienta blanca; tape y agite. Vierta sobre la mezcla de arroz; revuelva con suavidad. Sirva sobre hojas de lechuga.

*Puede sustituir el azafrán por cúrcuma molido, si lo desea.

Nutrimentos por porción:

Calorías	177	Colesterol	0 mg
Grasa	3 g	Sodio	416 mg

Couscous Mediterráneo

Rinde 6 porciones, 6 tazas

3 tazas de agua
1 cucharadita de sal
1 caja (285 g) de couscous
1 taza de frijoles (judías) negros de lata,
   enjuagados y escurridos
225 g de tomate cherry picado
1 zanahoria rallada
½ taza de aderezo italiano

En una cacerola de 2 litros, ponga a hervir agua con sal; incorpore el couscous. Tape, retire del fuego y deje reposar por 5 minutos. Esponje con un tenedor; deje enfriar durante 10 minutos. En un recipiente grande, revuelva el couscous con el resto de los ingredientes; refrigere.

Nutrimentos por porción:

Calorías	172	Colesterol	0 mg
Grasa	muy poca	Sodio	587 mg

Ensalada del Chef

Ensalada del Chef

Rinde 3½ tazas, 3 porciones de plato principal

  1 caja (para 4 porciones) de gelatina de limón
    sin azúcar
  ¼ de cucharadita de sal
  ¾ de taza de agua hirviente
  ½ taza de agua fría
    Cubos de hielo
  1 cucharada de vinagre
  2 cucharaditas de aderezo francés bajo en
    calorías
  ¼ de cucharadita de salsa inglesa
  ⅛ de cucharadita de pimienta blanca
  ¾ de taza de tomate rojo picado
  ½ taza de lechuga finamente picada
  ½ taza de pechuga de pavo, cocida y
    desmenuzada
  ½ taza de queso suizo rallado
  2 cucharadas de cebollín picado
  2 cucharadas de rebanadas de rábano

En el agua hirviente, disuelva bien la gelatina y la sal.
Aparte, mezcle el agua fría y suficientes cubos de
hielo para obtener 1¼ tazas. Agregue a la gelatina;
revuelva hasta que se espese un poco. Retire el hielo
que no se haya derretido. Incorpore el vinagre, el
aderezo, la salsa inglesa y la pimienta. Refrigere hasta
que se espese un poco.

Añada el resto de los ingredientes a la gelatina. Vierta
en 3 recipientes individuales de plástico. Refrigere
hasta que cuaje, unas 2 horas. Adorne si lo desea.

Nutrimentos por porción:			
Calorías	100	Colesterol	30 mg
Grasa	4 g	Sodio	330 mg

Ensalada de Espinaca y Tocino

Rinde 4 porciones

180 g de hojas de espinaca, lavadas y cortadas en
trozos de un bocado (unas 6 tazas)

Aderezo
  8 rebanadas de tocino de pavo, cortado en
    pedazos de 2.5 cm
  ½ cebolla morada grande picada
  ¼ de taza de agua
  3 cucharadas de azúcar
  2 cucharadas de vinagre
  ⅛ de cucharadita de pimienta negra

Ponga las hojas de espinaca en una ensaladera. En
una sartén antiadherente, ponga el tocino y la cebolla;
fríalas a fuego medio de 8 a 10 minutos o hasta que el
tocino comience a dorarse; revuelva de vez en
cuando. En un recipiente chico, mezcle el resto de los
ingredientes para el aderezo; incorpore a la sartén.
Reduzca el fuego a bajo y deje cocer por 3 minutos.
Vierta sobre las hojas de espinaca y revuelva.

Nutrimentos por porción:			
Calorías	120	Colesterol	20 mg
Grasa	5 g	Sodio	415 mg

Ensalada Italiana con Pasta

Rinde de 8 a 10 porciones

285 g de ruedas de pasta sin cocer
  ½ taza de floretes de brócoli
  1 lata (180 g) de aceitunas negras chicas sin
    hueso, escurridas
  12 tomates cherry, cortados por la mitad
  ½ cebolla morada mediana, en rebanadas
    delgadas
  ½ taza de aderezo italiano bajo en calorías
  2 cucharadas de queso parmesano rallado
    Pimienta negra recién molida al gusto

Cueza la pasta siguiendo las instrucciones de la
envoltura. Escúrrala y enjuáguela con agua fría;
vuelva a escurrir. Déjala enfriar. Cueza el brócoli en
agua hirviente con sal justo hasta que esté suave y
tenga un color verde brillante; escúrralo y enjuágelo
con agua fría; vuelva a escurrirlo muy bien. En una
ensaladera, mezcle la pasta con el brócoli, las
aceitunas, el tomate, la cebolla y el aderezo.
Incorpore el queso y sazone con pimienta. Tape y
refrigere hasta que esté bien fría.

Nutrimentos por porción:			
Calorías	184	Colesterol	1 mg
Grasa	8 g	Sodio	149 mg

Ensalada de Fruta de Otoño

Rinde 4 porciones

¼ de taza de mostaza y de yogur natural sin
    grasa
 1 cucharada bien compacta de azúcar morena
¼ de cucharadita de curry en polvo
 1 manzana, en rebanadas delgadas
 1 pera picada
½ taza de apio, en rebanadas delgadas
½ taza de uvas sin semilla, cortadas por la
    mitad
¼ de taza de nuez picada

En una taza medidora o en un recipiente chico,
mezcle la mostaza, el yogur, el azúcar y el curry en
polvo. En una ensaladera, combine el resto de los
ingredientes. Agregue la mezcla de mostaza; revuelva
bien para bañar los ingredientes. Sirva sobre hojas de
lechuga, si lo desea.

Nutrimentos por porción:

Calorías	165	Colesterol	1 mg
Grasa	6 g	Sodio	227 mg

Ensalada de Pavo Sudoeste

Rinde 4 porciones

⅓ de taza de mostaza
 2 cucharadas de jugo de lima
 1 cucharada de aceite de oliva
½ cucharadita de comino molido y de ajo en
    polvo
 2 tazas (360 g) de tomate rojo maduro picado
 2 cebollines, en rebanadas delgadas
 3 tazas de lechuga romana finamente picada
 2 tazas (360 g) de pavo cocido deshebrado

En un recipiente mediano, mezcle la mostaza con el
jugo de lima, el aceite, el comino y el ajo en polvo.
Incorpore el tomate rojo y el cebollín. Acomode la
lechuga y el pavo en 4 platos extendidos. Sirva la
mezcla de tomate al lado del pavo. Si lo desea, corone
el pavo con más mostaza. Sirva con totopos sin sal.

Nutrimentos por porción:

Calorías	219	Colesterol	60 mg
Grasa	8 g	Sodio	305 mg

De izquierda a derecha: Ensalada de Fruta de Otoño, Ensalada de Pavo Sudoeste

Ensalada de Camarón y Tirabeques

Rinde 4 porciones, 6 tazas

    125 g de tirabeques (vainas) limpios
      2 tazas (180 g) de conchas medianas de pasta
      1 taza de yogur natural sin grasa
      1 cucharada de vinagre de vino tinto
      1 cucharadita de ajo picado
      ½ cucharadita de sal
      ¼ de cucharadita de pimienta
      ¼ de cucharadita de orégano seco machacado
    450 g de camarón mediano bien cocido, pelado y
          desvenado
      6 tomates cherry cortados por la mitad
      ½ taza de tiras de pimiento morrón rojo
      ¼ de taza de cebollín rebanado
        Hojas grandes de lechuga

Ponga a hervir agua; agregue los tirabeques y deje hervir hasta que estén suaves. Retírelos de la cacerola; métalos en agua helada para enfriarlos rápidamente y escúrralos. Agregue la pasta al agua hirviente; revuelva bien y deje que siga hirviendo. Baje el fuego a medio-alto y deje cocer de 10 a 12 minutos; revuelva con frecuencia. Escurra, enjuague en agua fría y vuelva a escurrir.

Mezcle el yogur, el vinagre, el ajo, la sal, la pimienta y el orégano; revuelva bien. Ponga el camarón, los tirabeques, la pasta, el tomate rojo, el pimiento morrón y el cebollín. Revuelva con suavidad. Para servir, forre platos extendidos con hojas de lechuga y encima sirva la ensalada.

Nutrimentos por porción:

Calorías	290	Colesterol	130 mg
Grasa	3 g	Sodio	571 mg

Ensalada de Espinaca Western

Rinde 6 porciones

      1 lata (450 g) de rebanadas de durazno en
          almíbar
      1 manojo grande de espinaca, lavada, sin tallos
          y con las hojas cortadas del tamaño de un
          bocado (unas 8 tazas)
      1 huevo cocido (duro), picado o rebanado
      1 tomate rojo picado o rebanado
      1½ tazas de trocitos de pan tostado
      1 taza de queso mozzarella descremado rallado
      1 cucharada de aceite de oliva
      1 taza de cebolla picada
      2 cucharadas de vinagre de sidra
      1 cucharada de azúcar
      ¾ de cucharadita de ajo en polvo
      ¾ de cucharadita de cebolla en polvo
      ¾ de cucharadita de semillas de apio
      1½ tazas de yogur natural sin grasa
      ¼ de taza de perejil picado

Escurra los duraznos; conserve ¼ de taza del almíbar; puede utilizar el resto para preparar otro platillo. En un recipiente grande, mezcle los duraznos, la espinaca, el huevo, el tomate rojo y los trozos de pan. Corone con el queso. En una sartén mediana, caliente el aceite a fuego medio-alto; agregue la cebolla y fríala hasta que esté suave. Incorpore el almíbar que conservó, el vinagre, el azúcar, el ajo en polvo, la cebolla en polvo y las semillas de apio; revuelva bien. Incorpore el yogur y el perejil. Para servir, vierta sobre la mezcla de espinaca; revuelva con suavidad.

Nutrimentos por porción:

Calorías	215	Colesterol	47 mg
Grasa	7 g	Sodio	306 mg

Ensalada de Manzana y Bulgur

Rinde 4 porciones

      1¾ tazas de consomé de pollo
      1 taza de bulgur en polvo
      4 tazas de perejil fresco
      1 manzana grande sin pelar y sin corazón
      2 cucharadas de jugo de limón
      2 cucharadas de aceite de oliva
      2 cucharadas de agua
      2 cucharadas de vinagre de vino tinto
      2 cucharaditas de azúcar
      ¼ de cucharadita de orégano seco machacado

En una cacerola chica, ponga a hervir el consomé a fuego alto. Ponga el bulgur en un recipiente mediano; vierta el consomé sobre el bulgur. Revuelva y deje reposar por 30 minutos. Mientras tanto, pique finamente el perejil y corte la manzana en cubos de 1 cm. Para el aderezo, mezcle el resto de los ingredientes en un recipiente chico; bata hasta que se incorporen. Agregue la manzana, el perejil y el aderezo al bulgur. Sirva de inmediato o refrigere.

Nutrimentos por porción:

Calorías	245	Colesterol	0 mg
Grasa	8 g	Sodio	229 mg

Ensalada de Camarón y Tirabeques

Ensalada de Pollo Asado

Rinde 4 porciones

4 mitades de pechuga de pollo, deshuesadas y
    sin piel (unos 450 g)
1 lata (435 g) de frijoles (judías) negros,
    escurridos y enjuagados
2 cebollines picados
2 cucharadas de aderezo italiano bajo en
    calorías
1 bolsa (285 g) de granos de elote,
    descongelados y escurridos
2 cucharadas de pimiento morrón picado
2 cucharadas de cilantro picado
2 tomates rojos grandes cortados en rebanadas

Ponga a calentar el asador eléctrico. Coloque la rejilla
a unos 10 cm de la fuente de calor. Ponga el pollo en
la rejilla del asador. Áselo por 8 minutos o hasta que
se dore por ambos lados y pierda su color rosado en
el centro; voltéelo después de 4 minutos.

Mezcle los frijoles, el cebollín y 1 cucharada de
aderezo, revuelva con suavidad.

En otro recipiente, mezcle el elote, el pimiento y el
cilantro; revuelva ligeramente.

Corte diagonalmente las pechugas en rebanadas
delgadas; acomódelas en platos extendidos.

Alrededor del pollo, acomode las rebanadas de
tomate rojo, cucharadas de las mezclas de frijol y de
elote. Sobre el pollo, rocíe 1 cucharada del aderezo
restante. Adorne como desee.

Nutrimentos por porción:			
Calorías	254	Colesterol	46 mg
Grasa	3 g	Sodio	109 mg

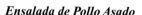

Ensalada de Pollo Asado

Ensalada de Elote Fiesta

Rinde de 4 a 6 porciones

1 lata (de 420 a 440 g) de alubias rojas o
    frijoles (judías) negros, enjuagadas y
    escurridas
1 bolsa (285 g) de granos de elote
    descongelados (unas 2 tazas)
1 tomate rojo mediano, pelado, sin semillas y
    picado
¼ de taza de cebollín rebanado
1 chile jalapeño picado
¼ de taza de salsa picante
3 cucharadas de aceite vegetal
2 cucharadas de vinagre de sidra
1 cucharadita de chile en polvo
½ cucharadita de comino molido
¼ de cucharadita de sal
⅛ de cucharadita de pimienta negra
    Hojas de lechuga

En un recipiente grande, mezcle las alubias con los
granos de elote, el tomate rojo, el cebollín y el chile
jalapeño. En un recipiente chico, bata la salsa y el
resto de los ingredientes, excepto las hojas de
lechuga; vierta en el recipiente con las alubias,
revuelva y refrigere. Sirva sobre las hojas de lechuga.

Nutrimentos por porción:			
Calorías	190	Colesterol	0 mg
Grasa	8 g	Sodio	511 mg

Pimiento Relleno de Ensalada de Atún

Rinde 4 porciones

2 pimientos morrones verdes o amarillos
    grandes, cortados por la mitad a lo largo,
    sin semillas
½ taza de aderezo de mayonesa
2 latas (195 g) de atún en agua, escurrido y
    desmenuzado
¼ de taza de zanahoria picada, de apio picado y
    de cebolla morada picada
¼ de taza de nuez picada (opcional)

En horno de microondas: Ponga las mitades de
pimiento en un plato. Cuézalas a temperatura ALTA
(100 %) por 1 minuto; refrigérelas.

Mezcle el resto de los ingredientes hasta que se
incorporen; refrigere. Sirva en las mitades de
pimiento.

Tiempo de preparación: 20 minutos más el tiempo
de refrigeración
Tiempo de cocción en el microondas: 1 minuto

Nutrimentos por porción:			
Calorías	170	Colesterol	29 mg
Grasa	2 g	Sodio	708 mg

Ensalada de Cinco Granos

Rinde de 8 a 10 porciones

¾ de taza de cebolla morada, en rebanadas
    delgadas
1 diente de ajo picado
2 cucharadas de agua
435 g de garbanzos enlatados, enjuagados y
    escurridos
1½ tazas de ejotes (judías verdes) cortados en
    tercios
225 g de frijoles (judías) bayos enlatados,
    enjuagados y escurridos
225 g de frijoles (judías) negros enlatados,
    enjuagados y escurridos
225 g de alubias enlatadas, enjuagadas y
    escurridas
⅓ de taza de vinagre de sidra
1½ cucharadas de azúcar
1 cucharadita de aceite de oliva
¼ de cucharadita de mostaza en polvo
3 zanahorias, en rebanadas delgadas
½ taza de pimiento morrón rojo picado

En horno de microondas: En una cacerola grande para horno de microondas, ponga la cebolla, el ajo y el agua. Cueza a temperatura ALTA (100 %) de 1 a 2 minutos.

Incorpore el resto de los ingredientes, excepto la zanahoria y el pimiento rojo. Cueza a temperatura ALTA de 3 a 5 minutos más o hasta que los ejotes estén suaves.

Incorpore la zanahoria y el pimiento rojo. Sirva de inmediato. (Puede preparar la ensalada con anticipación; taparla, refrigerarla y servirla fría.)

Nutrimentos por porción:

Calorías	190	Colesterol	0 mg
Grasa	2 g	Sodio	14 mg

Aderezo de Limón Bajo en Calorías

Rinde alrededor de 1 taza

⅔ de taza más 2 cucharadas de agua
¼ de taza de jugo de limón concentrado
1 sobre (30 g) de aderezo italiano bajo en
    calorías

En un frasco de 1 taza de capacidad, con tapa hermética, mezcle los ingredientes; agite bien. Refrigere para que se mezclen los sabores. Guarde en el refrigerador el sobrante.

Nutrimentos por porción (1 cucharada de aderezo):

Calorías	8	Colesterol	0 mg
Grasa	muy poca	Sodio	177 mg

Ensalada de Pasta y Jamón

Ensalada de Pasta y Jamón

Rinde 4 porciones

1 lata (225 g) de piña en almíbar en trozos,
    escurrida
2 tazas de espirales de pasta, cocidas,
    enjuagadas y frías
1 taza de cubos de melón
½ taza de uvas rojas o verdes, sin semilla
½ taza de jamón horneado cortado en cubos
3 a 4 cucharadas de aderezo de mostaza con miel
1 cucharada de cilantro picado

En un recipiente grande, ponga todos los ingredientes; revuelva hasta que se mezclen bien.

Tiempo de preparación: 20 minutos

Nutrimentos por porción:

Calorías	221	Colesterol	11 mg
Grasa	5 g	Sodio	334 mg

Ensalada de Atún con Fruta Fresca

Ensalada de Atún con Fruta Fresca

Rinde 4 porciones

Hojas de lechuga (opcional)
1 lata (375 g) de atún, escurrido y desmenuzado
4 tazas de rebanadas o gajos de fruta fresca*
¼ de taza de almendra rallada (opcional)

Aderezo de Fruta
225 g de yogur de limón, naranja-mandarina o vainilla, bajo en grasa
2 cucharadas de jugo de naranja
¼ de cucharadita de canela molida

Con las hojas de lechuga, cubra un platón, 4 platos chicos o 4 copas para postre, si lo desea. Acomode el atún y la fruta sobre la lechuga en un diseño decorativo. Puede espolvorear la almendra sobre la ensalada.

Para el Aderezo de Fruta, mezcle en un recipiente chico el yogur, el jugo de naranja y la canela; revuelva hasta que se incorporen. Sirva el aderezo sobre la ensalada.

Sugerencias de fruta fresca: manzanas, plátanos, bayas, cítricos, kiwi, melón, papaya, duraznos o peras.

Nutrimentos por porción:			
Calorías	233	Colesterol	39 mg
Grasa	1 g	Sodio	434 mg

Ensalada de Neptuno

Rinde 4 porciones, 5 tazas

2 cajas (para 4 porciones) o 1 caja (para 8 porciones) de gelatina de limón sin azúcar
2 tazas de agua hirviente
1 taza de yogur natural bajo en grasa
2 cucharadas de salsa picante
2 cucharadas de cebolla finamente picada
2 cucharadas de jugo de limón
1 taza de imitación de cangrejo, desmenuzado
½ taza de apio picado
¼ de taza de pimiento morrón rojo picado

Disuelva completamente la gelatina en el agua hirviente. Incorpore el yogur, la salsa, la cebolla y el jugo de limón. Refrigere hasta que cuaje un poco. Incorpore el resto de los ingredientes. Vierta en 4 recipientes de plástico o en un molde grande y refrigere hasta que cuaje, por unas 2 horas.

Nutrimentos por porción:			
Calorías	110	Colesterol	15 mg
Grasa	2 g	Sodio	640 mg

Aderezo de Curry y Parmesano

Rinde 6 porciones

½ taza de yogur sin grasa
½ taza de suero de leche
1 cucharada de queso parmesano
1½ cucharaditas de azúcar
1 cucharadita de alcaparras escurridas
¼ de cucharadita de pimienta negra
⅛ de cucharadita de cebolla en polvo
⅛ de cucharadita de curry en polvo

Ponga todos los ingredientes en el vaso de la licuadora o en un procesador de alimentos; licue hasta que se incorporen. Refrigere o sirva de inmediato.

Nutrimentos por porción (2 cucharadas de aderezo):			
Calorías	27	Colesterol	2 mg
Grasa	1 g	Sodio	52 mg

Deliciosa Ensalada de Verduras

Rinde 6 porciones

225 g de coditos de pasta sin cocer
1 taza de floretes de brócoli fresco, chicos
2 tomates rojos sin semillas y picados
1 pepino mediano, pelado, sin semillas y picado
½ taza de apio rebanado
2 cebollines rebanados
2 cucharadas de perejil fresco picado
3 cucharadas de yogur natural bajo en grasa
3 cucharadas de aderezo italiano bajo en calorías
1½ cucharaditas de sazonador sin sal

Cueza la pasta siguiendo las instrucciones del paquete; agregue el brócoli durante los últimos 3 minutos de cocción; escurra. En un recipiente mediano, mezcle el codito, el brócoli, el tomate rojo, el pepino, el apio, el cebollín y el perejil. En un recipiente chico, mezcle el yogur, el aderezo y el sazonador. Añada a la ensalada; revuelva para bañar los ingredientes. Tape y refrigere. Antes de servir, revuelva con suavidad. Refrigere el sobrante.

Nutrimentos por porción:			
Calorías	157	Colesterol	1 mg
Grasa	2 g	Sodio	82 mg

Ensalada de Pasta Pacífico

Ensalada de Pasta Pacífico

Rinde 4 porciones

1 lata (225 g) de piña en almíbar en trozos, escurrida
2 tazas de linguine cocido (125 g sin cocer, partido por la mitad), enjuagado y frío
¾ de taza de pollo cocido y deshebrado
½ taza de apio rebanado diagonalmente
½ taza de pimiento morrón rojo en tiras
3 cucharadas de cebollín, incluyendo la parte blanca, en rebanadas delgadas
3 cucharadas de aderezo italiano
2 cucharadas de cacahuate (maní) picado
¼ de cucharadita de sal
⅛ de cucharadita de pimienta roja machacada

En un recipiente grande, mezcle todos los ingredientes; revuelva hasta que se incorporen.

Tiempo de preparación: 20 minutos

Nutrimentos por porción:			
Calorías	264	Colesterol	22 mg
Grasa	9 g	Sodio	256 mg

Ensalada Marroquí de Verduras

Rinde 10 porciones

225 g de champiñones chicos enteros
1½ tazas de garbanzos cocidos
1 taza de aceitunas negras grandes sin hueso
12 tomates cherry cortados por la mitad
¾ de taza de cebollín picado
2 pimientos morrones verdes picados
2 pimientos morrones rojos picados
1 taza de yogur natural sin grasa o bajo en grasa
½ taza de mayonesa baja en calorías
2 dientes de ajo machacados
2 cucharadas de aceite de oliva
1 cucharada de jugo de limón
1 cucharadita de comino molido
⅛ de cucharadita de cúrcuma molida
Sal y pimienta
Hojas de lechuga

Cueza los champiñones al vapor, sobre agua hirviente, por 5 minutos; deje enfriar. En un recipiente grande, mezcle los champiñones, los garbanzos, las aceitunas, el tomate, el cebollín y los pimientos morrones. Tape y refrigere durante 2 horas. En un recipiente chico, mezcle el yogur, la mayonesa, el ajo, el aceite de oliva, el jugo de limón, el comino y la cúrcuma. Sazone con sal y pimienta. Tape y refrigere por 2 horas. Poco antes de servir, bañe la ensalada con un poco de aderezo. Sirva sobre hojas de lechuga y acompañe con el aderezo restante.

Nutrimentos por porción:			
Calorías	130	Colesterol	10 mg
Grasa	7 g	Sodio	196 mg

Ensalada Verde con Fruta

Rinde 2 porciones

2 cucharadas de yogur natural
1 cucharadita de azúcar
1 cucharadita de jugo de limón
1½ tazas de lechuga troceada
1 naranja, pelada y cortada en cubos
1 manzana, sin corazón y cortada en cubos
1 cucharadita de nuez picada

En un recipiente chico, mezcle el yogur con el azúcar y el jugo de limón; revuelva bien. Ponga la lechuga, la naranja y la manzana en una ensaladera; revuelva. Vierta el aderezo sobre la ensalada; encima espolvoree la nuez.

Nutrimentos por porción:			
Calorías	106	Colesterol	1 mg
Grasa	2 g	Sodio	15 mg

Ensalada de Col y Manzana

Rinde 8 porciones

½ taza de crema agria sin grasa
2 cucharadas de vinagre de sidra
1 cucharada más 2 cucharaditas de azúcar
1 cucharada de aceite vegetal
1 cucharadita de semillas de apio
¾ de cucharadita de sal
¼ de cucharadita de mostaza en polvo
4 tazas de col picada
1 manzana roja mediana picada
¼ de taza de pimiento morrón verde picado
2 cucharadas de cebolla finamente picada

1. En un recipiente chico, mezcle la crema agria, el vinagre, el azúcar, el aceite, las semillas de apio, la sal y la mostaza.

2. Mezcle la col, la manzana, el pimiento verde y la cebolla en un recipiente grande, encima vierta el aderezo. Revuelva para bañar los ingredientes. Tape y refrigere hasta que la vaya a servir. Revuelva de nuevo antes de servir. Adorne si lo desea.

Nutrimentos por porción:

Calorías	60	Colesterol	0 mg
Grasa	2 g	Sodio	215 mg

Ensalada de Durazno y Arándano

Rinde 10 porciones

1 caja (180 g) de gelatina de naranja
⅓ de taza de azúcar
2¼ tazas de jugo de naranja
1 cucharadita de ralladura de cáscara de naranja
2 tazas de suero de leche
1 lata (225 g) de piña en almíbar en trozos, escurrida
2 duraznos medianos, pelados y picados (alrededor de 1 taza)
1 taza de arándano negro fresco o descongelado, sin endulzar
225 g de crema agria

En una cacerola mediana, mezcle la gelatina con el azúcar; incorpore 2 tazas de jugo de naranja y la ralladura de naranja; deje reposar por 1 minuto para que se suavice la gelatina. Póngala a fuego medio y revuélvala hasta que se disuelva; déjela enfriar. Incorpore el suero de leche. Refrigere hasta que se espese, pero que no llegue a cuajar. Agregue la fruta; sirva en 10 moldes individuales. Refrigere durante 6 horas o hasta que cuaje. Mezcle la crema agria y el resto de jugo de naranja; refrigere. Desmolde; sirva con la mezcla de crema agria.

Nutrimentos por porción:

Calorías	175	Colesterol	12 mg
Grasa	5 g	Sodio	65 mg

Ensalada Bombay al Curry

Rinde 6 porciones

675 g de pechuga de pavo, deshuesada y sin piel
½ taza de consomé de pollo con poca sal
½ taza de mayonesa baja en calorías
½ taza de yogur natural bajo en grasa
1 cucharada de chutney de durazno o mango
2 a 3 cucharaditas de curry en polvo
Sal y pimienta negra (opcional)
1 manzana roja sin pelar, sin corazón y rebanada
1 manzana verde sin pelar, sin corazón y rebanada
¾ de taza de uvas rojas, verdes o ambas
2 cucharadas de chalote picado
Lechuga escarola o francesa

En horno de microondas: En un recipiente de 2 litros, ponga la pechuga de pavo y el consomé. Cubra con plástico y cueza a temperatura ALTA (100 %) durante 3 minutos. Baje la temperatura a MEDIA-ALTA (70 %) y cueza por 7 minutos. Voltee la pechuga; cubra de nuevo con el plástico y cueza a temperatura MEDIA-ALTA durante 7 minutos más.

Mezcle la mayonesa, el yogur, el chutney, el curry, la sal y la pimienta. Retire el pavo y córtelo en cubos chicos; agregue a la mezcla de mayonesa. Incorpore la manzana, la uva y el chalote; revuelva con suavidad. Sirva la ensalada sobre una cama de lechuga.

Nutrimentos por porción:

Calorías	241	Colesterol	78 mg
Grasa	8 g	Sodio	263 mg

Ensalada Bombay al Curry

Ensalada Japonesa con Carne

Rinde 4 porciones

Marinada y Aderezo de Ajonjolí (receta más adelante)

450 g de filete de lomo de res, cortado en trozos de 2.5 cm de grosor

3 tazas de col napa rebanada y de lechuga romana

½ taza de zanahoria en rebanadas diagonales delgadas, de rábano en rebanadas delgadas y de pepino en rebanadas delgadas

1 taza de arroz cocido

24 tirabeques (vainas) blanqueados

Prepare la Marinada y Aderezo de Ajonjolí. Ponga la carne de res en una bolsa de plástico; agregue ⅓ de taza de la Marinada de Ajonjolí y agite para bañar la carne. Cierre bien la bolsa y marine en el refrigerador durante 2 horas; voltéela una vez.

Caliente un asador eléctrico. Ponga la carne en la rejilla del asador; deseche la marinada. Ase de 8 a 10 cm de la fuente de calor, por 14 minutos para término medio y 16 minutos para término tres cuartos de cocción; voltee una vez. Deje reposar por 5 minutos. Corte la carne en rebanadas delgadas. Mientras tanto, mezcle la col, la lechuga, la zanahoria y el rábano; distribuya cantidades iguales en 4 platos extendidos; luego, acomode en círculo igual número de rebanadas de pepino. Encima de los pepinos, coloque ¼ de taza de arroz. Alrededor del arroz, ponga los tirabeques formando un abanico; sobre la verdura, acomode las rebanadas de carne como rayos de rueda. Acompañe con el Aderezo de Ajonjolí.

Marinada y Aderezo de Ajonjolí

3 cucharadas de jerez seco, de salsa de soya light y de vinagre de vino de arroz

2 cucharadas de salsa hoisin

½ cucharadita de jengibre fresco rallado

¼ de taza de agua

2 cucharadas de cebollín picado

1 cucharada de azúcar y de aceite oscuro de ajonjolí asado tipo oriental

En un recipiente chico, mezcle el jerez seco, la salsa de soya, el vinagre, la salsa hoisin y el jengibre; revuelva bien. Reserve la mitad de la mezcla para marinar la carne. A la otra mitad, agréguele el agua, el cebollín, el azúcar y el aceite; bata hasta que se incorporen. Rinde ⅓ de taza de salsa marinada y ¾ de taza de aderezo.

Nutrimentos por porción (incluye 1 cucharada de aderezo):			
Calorías	293	Colesterol	76 mg
Grasa	9 g	Sodio	348 mg

Ensalada de Pasta y Atún a la Vinagreta

Rinde 8 porciones

4 cucharadas de aceite vegetal

3 cucharadas de vinagre de vino tinto o de sidra

1 diente de ajo picado

1 cucharadita de albahaca seca

¼ de cucharadita de orégano seco

2½ tazas (225 g) de conchas chicas o espirales de pasta, cocidas sin sal ni grasa y bien escurridas

225 g de ejotes (judías verdes), sin puntas y cortados en trozos de 5 cm de largo

½ cucharadita de sal

1½ tazas de floretes de brócoli

1 pimiento morrón rojo o verde cortado en tiras

1 lata (180 g) de atún blanco en agua, escurrido y desmenuzado

1. En un recipiente con tapa hermética, mezcle 3 cucharadas de aceite, el vinagre, el ajo, la albahaca y el orégano. Agite bien.

2. Ponga la pasta en un recipiente grande. Agregue el aceite restante. Revuelva para bañar la pasta.

3. En una cacerola grande, ponga a hervir 2 litros de agua; luego, agregue el ejote y la sal; deje hervir por 2 minutos. Añada el brócoli y deje que vuelva a hervir. Deje cocer durante 3 minutos y escurra bien.

4. Vierta en la pasta el ejote, el brócoli, el pimiento rojo y el atún.

5. Agite el aderezo y póngalo sobre la ensalada. Revuelva para bañar. Sazone con más albahaca y orégano al gusto, si lo desea. Sirva en una ensaladera forrada con verduras.

En horno de microondas: 1. Siga los pasos 1 y 2 de la receta.

2. Ponga el ejote, ¼ de taza de agua y la sal en un recipiente para horno de microondas. Cubra con plástico, doble una esquina del plástico para que quede un espacio para ventilación. Cueza a temperatura ALTA durante 4 minutos; revuelva después de 2 minutos de cocción. Agregue el brócoli y tape, pero deje la ventilación. Cueza a temperatura ALTA por 2 minutos. Deje reposar durante algunos minutos y escurra.

3. Siga los pasos 4 y 5 de la receta.

Nutrimentos por porción:			
Calorías	230	Colesterol	15 mg
Grasa	8 g	Sodio	225 mg

Ensalada Japonesa con Carne

Ensalada de Pollo Exprés

Rinde 4 porciones

1 cebolla mediana, cortada en rebanadas de
.5 cm de grosor
1 cucharada de aceite de oliva o vegetal
3 tazas de pollo o pavo cocido, deshebrado o
cortado en cubos
⅔ de taza de salsa picante
2 tomates rojos medianos, cortados en cubos
1 cucharadita de comino molido
¾ de cucharadita de sal (opcional)
½ cucharadita de orégano seco machacado
5 tazas de lechuga picada
¼ de taza de cilantro picado
Salsa picante adicional (opcional)

En una sartén grande, sofría la cebolla con aceite
caliente hasta que esté suave, pero sin que llegue a
dorarse. Agregue el pollo, ⅔ de taza de salsa picante, el
tomate rojo, el comino, la sal y el orégano; deje cocer
por 5 minutos; revuelva de vez en cuando. Acomode la
lechuga en 4 platos extendidos o en un platón; corone
con la mezcla caliente de pollo. Espolvoree el cilantro.
Acompañe con salsa picante adicional, si lo desea.

Nutrimentos por porción:			
Calorías	265	Colesterol	89 mg
Grasa	9 g	Sodio	540 mg

Ensalada de Pollo Exprés

Aderezo Fuerte de Tomate

Rinde 1⅓ tazas

1 lata (210 g) de sopa de tomate baja en sodio
¼ de taza de aceite vegetal
Ralladura de cáscara de ½ limón
2 cucharadas de jugo de limón recién
exprimido
2 cucharadas de cebollín picado
1 cucharadita de rábano
Pizca generosa de canela molida (opcional)

En un frasco chico con tapa, mezcle todos los
ingredientes; agite bien y refrigere. Vuelva a agitar
antes de servir.

Nutrimentos por porción (1 cucharada de aderezo):			
Calorías	35	Colesterol	0 mg
Grasa	3 g	Sodio	2 mg

Piña Rellena de Ensalada de Jamón de Pavo

Rinde 4 porciones

1 sobre (90 g) de sopa instantánea de tallarín
oriental sabor a pollo, cocida de acuerdo
con las instrucciones de la envoltura, fría
1⅓ tazas de jamón de pavo, cortado en tiras de
5×.5 cm
⅓ de taza de cebollín en rebanadas delgadas
⅓ de taza de chutney de mango picado
¼ de taza de castañas de agua rebanadas
¼ de cucharadita de pimienta roja molida
2 piñas frescas chicas
2 cucharadas de almendra tostada

En un recipiente mediano, mezcle los tallarines con el
consomé, el jamón, el cebollín, el chutney, las
castañas y la pimienta roja. Tape y refrigere por una
noche.

Justo antes de servir, corte las piñas por la mitad, a lo
largo, a través de la corona. Saque la pulpa de la
cáscara con un cuchillo; deje intacta la cáscara. Corte
la pulpa en cubos de 1.5 cm. Agregue 3 tazas de
cubos de piña a la mezcla de pavo.

Para servir, ponga la mezcla de pavo en las cáscaras
de piña; encima espolvoree la almendra.

Nutrimentos por porción:			
Calorías	278	Colesterol	28 mg
Grasa	5 g	Sodio	814 mg

Ensalada de Cereal y Manzana al Limón

Rinde 6 porciones

½ taza de yogur natural bajo en grasa
1 cucharada de perejil fresco picado
1 cucharadita de azúcar
1 cucharadita de jugo de limón
½ cucharadita de sal
2 tazas de manzana roja, sin corazón y picada
½ taza de apio en rebanadas delgadas
½ taza de uvas verdes sin semilla, cortadas por la mitad o ¼ de taza de uvas pasa
½ taza de hojuelas de trigo integral

En un recipiente mediano, mezcle el yogur, el perejil, el azúcar, el jugo de limón y la sal. Incorpore la manzana, el apio y las uvas o las uvas pasa. Tape y refrigere hasta el momento de servir. Poco antes de servir, agregue el cereal. Sirva sobre hojas de lechuga, si lo desea.

Nutrimentos por porción:			
Calorías	60	Colesterol	1 mg
Grasa	1 g	Sodio	260 mg

Ensalada Verónica

Ensalada de Verdura Marinada

Rinde 1 porción

½ taza de floretes de brócoli
½ taza de floretes de coliflor
½ taza de zanahoria rebanada
½ taza de apio rebanado
¼ de taza de aderezo italiano bajo en calorías
Hojas de lechuga
1 taza de lechuga picada
2 rebanadas de queso amarillo o suizo, cortado en tiras

En un recipiente chico o en una bolsa de plástico, combine el brócoli, la coliflor, la zanahoria, el apio y el aderezo; mezcle bien. Tape y marine en el refrigerador durante 4 horas o toda la noche; revuelva de vez en cuando. Escurra; conserve el aderezo. Cubra un plato con hojas de lechuga; corone con la lechuga picada y ponga encima las verduras. Vierta 2 cucharadas del aderezo; corone con tiras de queso.

Nutrimentos por porción:			
Calorías	204	Colesterol	22 mg
Grasa	8 g	Sodio	856 mg

Ensalada Verónica

Rinde 3 porciones, 3 tazas

1 caja (para 4 porciones) de gelatina de limón sin azúcar
¼ de cucharadita de sal
1 taza de agua hirviente
¼ de cucharadita de estragón seco machacado (opcional)
¾ de taza de agua fría
1 cucharada de jugo de limón
1 taza de pechuga de pavo (carne blanca), cocida y cortada en cubos
½ taza de uvas verdes o rojas sin semilla, cortadas por la mitad
½ taza de apio finamente picado

Disuelva bien la gelatina y la sal en el agua hirviente; incorpore el estragón. Agregue el agua fría y el jugo de limón. Refrigere hasta que cuaje un poco. Agregue el resto de los ingredientes. Vierta en 3 recipientes de plástico individuales o en platos para postre. Refrigere hasta que cuaje, por unas 2 horas. Adorne con uvas y hojas de apio, si lo desea.

Nutrimentos por porción:			
Calorías	100	Colesterol	35 mg
Grasa	2 g	Sodio	310 mg

Ensalada de Pollo y Fruta

Ensalada de Pollo y Fruta

Rinde 4 porciones

Aderezo Cremoso de Yogur (receta más
    adelante)
2 tazas de pollo cocido y cortado en cubos
1 taza de bolas de melón chino (moscado)
1 taza de cubos de melón valenciano
    (Honeydew)
1 tallo de apio picado
⅓ de taza de nuez de la India (nuez de acajú)
    asada
¼ de taza de cebollín rebanado
    Hojas de lechuga

Prepare el Aderezo Cremoso de Yogur. En un
recipiente grande, mezcle el pollo, los melones, el
apio, la nuez de la India y el cebollín. Agregue el
aderezo, revuelva ligeramente para bañar los
ingredientes. Tape y refrigere por 1 hora. Sirva sobre
las hojas de lechuga. Adorne a su gusto.

Aderezo Cremoso de Yogur
¼ de taza de yogur natural
3 cucharadas de mayonesa baja en calorías
3 cucharadas de jugo de limón o de lima
¾ de cucharadita de cilantro molido
½ cucharadita de sal
    Pizca de pimienta negra

Mezcle los ingredientes en un recipiente chico;
revuelva bien.

Nutrimentos por porción:

Calorías	205	Colesterol	38 mg
Grasa	10 g	Sodio	326 mg

Ensalada de Espinaca Marinada

Rinde 4 porciones

Marinada de mostaza y estragón (receta más
    adelante)
225 g de champiñones frescos cortados en
    cuartos
2 rebanadas de cebolla morada, separada en
    aros
16 tomates cherry cortados por la mitad
4 tazas de hojas de espinaca, lavadas y sin
    tallos
3 rebanadas (90 g) de queso mozzarella light,
    cortado en tiras
    Pimienta negra recién molida

Prepare la Marinada de Mostaza y Estragón. Ponga
los champiñones, la cebolla y el tomate en un
recipiente; incorpore la marinada y deje reposar
durante 15 minutos. Acomode la espinaca en 4 platos
extendidos. Divida las verduras marinadas entre los
platos y corone con ¼ del queso. Espolvoree pimienta
negra, si lo desea.

Marinada de Mostaza y Estragón
3 cucharadas de vinagre de vino tinto
1 cucharada de mostaza Dijon
½ cucharada de estragón seco
2 cucharadas de aceite de oliva

En un recipiente chico, combine los primeros
3 ingredientes. Incorpore lentamente el aceite; bata
hasta que la mezcla se espese un poco.

Nutrimentos por porción:

Calorías	186	Colesterol	11 mg
Grasa	10 g	Sodio	334 mg

Ensalada de Papa y Tocino Rápida

Rinde 6 porciones

4 papas (patatas) medianas, peladas y cortadas
    en cubos de 1.5 cm
¼ de taza de agua
12 rebanadas de tocino de pavo
¾ de taza de aderezo para ensalada o
    mayonesa, bajos en calorías
1 cucharadita de mostaza preparada
¼ de cucharadita de ajo en polvo
½ pepino chico cortado en cubos
½ cebolla chica picada

En una cacerola para horno de microondas de 2 litros,
ponga el agua y las papas; tape. Cueza en el
microondas a temperatura ALTA (100 %) de 9 a
11 minutos o hasta que las papas estén suaves;
revuelva a la mitad del tiempo de cocción.

Mientras tanto, corte el tocino en pedazos de 1.5 cm
de largo. En una sartén con recubrimiento
antiadherente, fría el tocino a fuego medio, de 8 a
10 minutos o hasta que se dore ligeramente. En un
recipiente grande, mezcle el aderezo con la mostaza y
el ajo en polvo; agregue la papa, el tocino y el resto
de los ingredientes. Refrigere.

Nutrimentos por porción:

Calorías	210	Colesterol	25 mg
Grasa	9 g	Sodio	450 mg

Ensalada de Queso y Toronja

Ensalada de Queso y Toronja

Rinde 1 porción

½ taza de queso cottage bajo en grasa
1 rebanada de cualquier queso bajo en grasa, cortado en pedazos chicos
2 cucharadas de pepino picado
½ toronja, pelada y separada en gajos
Hoja de lechuga

En un recipiente chico, mezcle el queso cottage, con el otro queso y el pepino. En un plato extendido, acomode la toronja sobre la lechuga. Corone con la mezcla de queso. Refrigere el sobrante.

Nutrimentos por porción:

Calorías	200	Colesterol	15 mg
Grasa	3 g	Sodio	714 mg

Ensalada Fetuccini

Rinde 12 porciones

225 g de fettuccini, partido en tercios, sin cocer
3 tazas de col finamente picada
2 tazas de zanahoria finamente rallada
2 tazas de apio finamente picado
2 tazas de pepino en rebanadas delgadas
225 g de yogur natural bajo en grasa
½ taza de mayonesa o aderezo para ensalada bajo en calorías
2 cucharadas de vinagre blanco
½ cucharadita de mostaza en polvo
¼ de cucharadita de pimienta blanca
Pimentón

Cueza el fettuccini siguiendo las instrucciones de la envoltura; escúrralo. En un recipiente grande, mezcle el fettuccini, la col, la zanahoria, el apio y el pepino. En un recipiente chico, combine el yogur, la mayonesa, el vinagre, la mostaza y la pimienta; revuelva, vierta sobre el fettuccini, tape y refrigere. Revuelva un poco antes de servir. Adorne con el pimentón. Refrigere el sobrante.

Nutrimentos por porción:

Calorías	209	Colesterol	4 mg
Grasa	4 g	Sodio	105 mg

Aderezo de Pepino y Eneldo

Rinde unas 6 porciones

1 taza de pepino pelado y picado
¾ de taza más 2 cucharadas de yogur natural sin grasa
3 cucharadas de eneldo fresco picado
2 cucharaditas de azúcar
2 cucharaditas de jugo de limón
⅛ de cucharadita de pimienta negra

En una licuadora o procesador de alimentos, mezcle ½ taza del pepino con el resto de los ingredientes. Incorpore el pepino restante. Refrigere o sirva de inmediato sobre ensalada verde o ensalada de pollo.

Nutrimentos por porción (2 cucharadas de aderezo):

Calorías	31	Colesterol	1 mg
Grasa	muy poca	Sodio	71 mg

Gelatina Cremosa con Fruta

Rinde 7 porciones

1 sobre (10 g) de gelatina de lima o limón, sin azúcar
1 taza de agua hirviente
1 taza de leche descremada evaporada light
2 tazas de fruta* fresca picada

Disuelva la gelatina en el agua hirviente. Deje enfriar un poco para evitar que la leche se cuaje. Incorpore la leche. Refrigere hasta que la gelatina tenga consistencia de claras de huevo sin batir. Incorpore la fruta, vierta en un refractario cuadrado de 20 cm o en un molde de 5 tazas de capacidad. Ponga a refrigerar hasta que esté firme. Adorne con fruta adicional.

Sugerencia de fruta fresca: manzanas, cerezas, naranjas, duraznos o fresas.

Nutrimentos por porción:

Calorías	51	Colesterol	1 mg
Grasa	0 g	Sodio	77 mg

Ensalada de Pollo con Salsa

Rinde 4 porciones

- 1 diente de ajo picado
- 225 g de pechuga de pollo deshuesada y sin piel
- 1 lata (450 g) de mitades de durazno en almíbar
- ½ cucharadita de chile en polvo
- ¼ de cucharadita de comino molido y de sal sazonada
- 1 lechuga iceberg, enjuagada y deshojada
- 1 bolsa (300 g) de elote descongelado, cocido, escurrido y frío
- 1 taza de tomate cherry cortado por la mitad
- ½ taza de cebollín picado y de cilantro picado
- 1 lata (120 g) de chiles verdes en rajas, escurridos

Ponga a hervir 2 tazas de agua; agregue el ajo. Añada el pollo; deje cocer de 10 a 15 minutos hasta que esté bien cocido. Escúrralo, déjelo enfriar y desmenúcelo. Escurra el durazno y conserve ¼ de taza del almíbar; utilice el resto en otro platillo. Corte los duraznos en rebanadas. Prepare el aderezo mezclando el almíbar que conservó con el chile en polvo, el comino y la sal sazonada. Trocee la lechuga, y mézclela con el pollo, el durazno, el elote, el tomate rojo, el cebollín, el cilantro y las rajas de chile. Rocíe la ensalada con el aderezo y revuelva bien un poco antes de servir.

Nutrimentos por porción:

Calorías	202	Colesterol	33 mg
Grasa	1 g	Sodio	196 mg

Ensalada Bombay de Plátano

Rinde 6 porciones

- 2 naranjas
- 2 plátanos pelados y rebanados
- 1 taza de uvas rojas sin semilla
- ¼ de taza de almendra entera tostada

Aderezo

- 1 plátano maduro pelado
- 12 dátiles sin semilla, cortados por la mitad
- ½ taza de crema agria
- 1 cucharada compacta de azúcar morena o miel
- 1 cucharada de chutney picado
- ½ cucharadita de curry en polvo

Ralle la cáscara de 1 naranja; conserve la cáscara para el aderezo. Pele y desgaje las naranjas. En un recipiente, mezcle los ingredientes de la ensalada con el aderezo.

Para el aderezo, ponga todos los ingredientes del aderezo en el vaso de la licuadora o en el procesador de alimentos. Procese hasta que se incorporen. Agregue la ralladura de cáscara de naranja.

Nutrimentos por porción:

Calorías	240	Colesterol	9 mg
Grasa	9 g	Sodio	13 mg

Ensalada de Salmón y Ziti

Rinde de 6 a 8 porciones

- 225 g de ziti sin cocer
- 1 lata (450 g) de salmón, escurrido, sin piel ni espinas
- 1 bolsa (180 g) de tirabeques (vainas) cocidos
- 1 pimiento morrón rojo mediano picado
- 1 pimiento morrón amarillo mediano picado
- ½ taza de cebollín rebanado
- ½ taza de aderezo italiano
- ½ cucharadita de sazonador de hierbas sin sal

Cueza el ziti siguiendo las instrucciones de la envoltura; escúrralo. En un recipiente grande, mezcle el ziti con el resto de los ingredientes; revuelva bien. Tape y refrigere; revuelva con suavidad antes de servir. Refrigere el sobrante.

Nutrimentos por porción:

Calorías	173	Colesterol	19 mg
Grasa	4 g	Sodio	332 g

Ensalada de Salmón y Ziti

Ensalada California Marinada

Rinde 6 porciones

3 nectarinas
225 g de champiñones, cortados en cuartos
1 taza de tomates cherry cortados por la mitad
½ taza de aceitunas negras sin hueso (opcional)
⅓ de taza de cebollín cortado en pedazos de 2.5 cm
1 lata (225 g) de corazones de alcachofa, sin escurrir
¼ de taza de jugo de limón
1 cucharada de aceite vegetal
1 cucharadita de azúcar
1 cucharadita de estragón seco machacado
½ cucharadita de tomillo seco machacado
¼ de cucharadita de pimienta

Corte las nectarinas en rebanadas delgadas; después, corte cada rebanada por la mitad. En una ensaladera grande, ponga la nectarina, el champiñón, el tomate, las aceitunas y el cebollín. Escurra la alcachofa; conserve el líquido. Agregue la alcachofa a la ensalada. En un frasco hermético, mezcle el líquido de la alcachofa con el resto de los ingredientes. Agite y vierta sobre la ensalada. Tape y refrigere por lo menos durante 2 horas; revuelva una o dos veces.

Nutrimentos por porción:

Calorías	83	Colesterol	0 mg
Grasa	3 g	Sodio	24 mg

Ensalada de Fresa con Puré de Manzana

Rinde de 6 a 8 porciones

1 caja (90 g) de gelatina de fresa sin azúcar
300 g de fresa descongelada
1 taza de puré de manzana
1 taza de yogur natural bajo en grasa o crema agria baja en grasa

Disuelva la gelatina en 1 taza de agua hirviente. Incorpore las fresas y el puré de manzana; vierta en un refractario de 25×15 cm. Refrigere hasta que cuaje; distribuya encima el yogur. Tape y refrigere por 2 horas. Para servir, corte en cubos.

Nutrimentos por porción:

Calorías	59	Colesterol	2 mg
Grasa	1 g	Sodio	22 mg

Ensalada de Pollo con Aderezo de Rábano y Eneldo

Rinde 4 porciones

⅓ de taza de almendra entera
3 cucharadas de líquido para ahumar (opcional)
4 pechugas de pollo sin piel
1 cucharada de eneldo fresco picado o 1 cucharadita de eneldo seco
Sal y pimienta al gusto (opcional)
16 hojas de lechuga
1 pepino rebanado
2 tomates rojos medianos rebanados
1 taza de zanahoria rallada
Aderezo de Rábano y Eneldo (receta más adelante)

Caliente el horno a 180 °C. En una charola para horno, esparza la almendra en una sola capa. Tueste en el horno, de 8 a 10 minutos, hasta que esté ligeramente tostada; revuelva de vez en cuando. Deje enfriar.

En una cacerola grande, a fuego alto, ponga a hervir 1 litro de agua con el líquido para ahumar; luego, agregue el pollo; baje el fuego y deje cocer por 15 minutos o hasta que el pollo esté suave y bien cocido. Escurra el pollo; deseche el líquido. Deje enfriar el pollo y deshébrelo; tire los huesos. En un recipiente mediano, mezcle el pollo con el eneldo, la sal y la pimienta; refrigere. Cubra 4 platos extendidos con hojas de lechuga. Acomode el pollo, el pepino, el tomate, la zanahoria y la almendra sobre la lechuga. Rocíe la ensalada con el Aderezo de Rábano y Eneldo.

Aderezo de Rábano y Eneldo

1 taza de yogur natural sin grasa
3 cucharadas de rábano rusticano
1 cucharada de eneldo fresco picado o 1 cucharadita de eneldo seco

En un recipiente chico, mezcle los ingredientes; revuelva hasta que se incorporen. Refrigere hasta el momento de servir. Rinde 1¼ tazas.

Nutrimentos por porción (incluye ⅓ de taza de aderezo):

Calorías	248	Colesterol	69 mg
Grasa	8 g	Sodio	110 mg

Ensalada de Col con Fruta

Rinde 8 porciones

1 lata (240 g) de piña en almíbar en trozos, sin escurrir
225 ml de yogur de naranja
1 cucharada de jugo de limón
3 tazas de col finamente picada
315 g de gajos de mandarina
1 taza de apio en rebanadas delgadas
½ taza de nuez picada
¼ de taza de uvas pasa
1 plátano mediano pelado y rebanado

Escurra la piña; conserve 2 cucharadas del almíbar. En un recipiente chico, mezcle el almíbar reservado con el yogur y el jugo de limón. En un recipiente grande, combine la piña, la col, la mandarina, el apio, la nuez y las uvas pasa; vierta encima la mezcla de yogur. Agregue el plátano y revuelva con suavidad. Tape y refrigere.

Nutrimentos por porción:			
Calorías	150	Colesterol	1 mg
Grasa	5 g	Sodio	37 mg

Aderezo Cremoso de Ajo

Rinde 2 tazas

1 cucharadita de gelatina sin sabor
¼ de taza de leche descremada fría
¾ de taza de leche descremada hirviente
1 taza de crema agria baja en grasa
2 cucharadas de azúcar
½ cucharadita de ajo en polvo con perejil
¼ de cucharadita de sal
⅛ de cucharadita de pimienta negra

En la licuadora, ponga la leche fría y espolvoree la gelatina; deje reposar por 2 minutos. Agregue la leche caliente y licue a velocidad baja hasta que la gelatina se disuelva bien, durante unos 2 minutos. Agregue el resto de los ingredientes y licue a velocidad alta hasta que se incorporen. Vierta en un recipiente y refrigere hasta que espese. Antes de servir, revuelva. Puede conservar el aderezo hasta por 5 días en refrigeración.

Nutrimentos por porción (1 cucharada de aderezo):			
Calorías	15	Colesterol	2 mg
Grasa	1 g	Sodio	27 mg

Ensalada de Pollo y Pepino

Rinde 4 porciones

1 pollo tierno, cocido, sin piel, con hueso y cortado en piezas
2 pepinos pelados y cortados en cubos
1 pimiento morrón rojo, sin semillas y picado
1 cucharada de vinagre de sidra
½ cucharadita de sal
¼ de cucharadita de pimienta negra
¼ de cucharadita de sal sazonada
120 g de yogur natural sin grasa

En un recipiente mediano, mezcle el pepino con el pimiento rojo; sazone con el vinagre, la sal y la pimienta negra. Deje reposar durante unos 5 minutos. Incorpore el pollo, la sal sazonada y el yogur; revuelva con suavidad. Tape y refrigere hasta que esté bien fría. Sirva sobre hojas de lechuga escarola oscura, si lo desea.

Nutrimentos por porción:			
Calorías	206	Colesterol	97 mg
Grasa	4 g	Sodio	450 mg

Ensalada Confeti de Col y Manzana

Rinde 7 porciones

2 cucharadas de jugo de naranja o de manzana concentrado, descongelado
1 manzana roja sin pelar, sin corazón y cortada en cubos
4 tazas de col rallada
2 cebollas moradas chicas finamente ralladas
1 pimiento morrón rojo o verde, en rebanadas delgadas
3 cucharadas de uvas pasa
1 cucharada de mayonesa baja en calorías
½ taza de yogur natural bajo en grasa
½ cucharadita de mostaza en polvo
Pimentón al gusto
Pimienta negra recién molida al gusto

En un recipiente grande, mezcle el jugo concentrado y la manzana. Agregue la col, la cebolla, el pimiento morrón y las uvas pasa.

Combine la mayonesa, el yogur, la mostaza, el pimentón y la pimienta negra en un recipiente chico. Vierta sobre la ensalada; revuelva para bañar los ingredientes. Tape herméticamente y refrigere hasta el momento de servir.

Nutrimentos por porción:			
Calorías	64	Colesterol	2 mg
Grasa	1 g	Sodio	30 mg

Ensalada de Pollo con Hierbas

Rinde de 4 a 6 porciones

3 tazas de pollo o pavo, cocido y cortado en cubos
¼ de taza de jugo de limón concentrado
¼ de taza de aceite vegetal
2 cucharaditas de consomé instantáneo de pollo
1 cucharadita de azúcar
1 cucharadita de estragón
1 diente de ajo finamente picado
1 taza de champiñones rebanados
225 g de ejotes (judías verdes), cortados en pedazos de 2.5 cm de largo, cocidos hasta que estén suaves, fríos
1 taza de tomate cherry en mitades
Lechuga

En un recipiente chico, mezcle el jugo de limón, el aceite, el consomé, el azúcar, el estragón y el ajo; deje reposar durante 15 minutos para que se disuelva el consomé; revuelva de vez en cuando. En un recipiente grande, mezcle el pollo con los champiñones; encima vierta el aderezo. Tape y refrigere por 4 horas o toda la noche; revuelva de vez en cuando. Antes de servir, agregue el ejote y el tomate. Sirva sobre hojas de lechuga. Refrigere el sobrante.

Sugerencia: Puede sustituir el ejote fresco por 1 bolsa (250 g) de ejote congelado, cocido y frío.

Nutrimentos por porción:			
Calorías	158	Colesterol	23 mg
Grasa	10 g	Sodio	327 mg

Ensalada de Pollo con Hierbas

Mousse Frío de Pepino y Lima

Rinde 5 tazas

1 taza de queso cottage
½ taza de aderezo de mayonesa
1¾ tazas de agua fría
1 caja (90 g) de gelatina de lima
1 taza de pepino pelado, sin semillas, finamente picado
2 cucharadas de cebolla finamente picada
2 cucharaditas de eneldo fresco picado o 1 cucharadita de eneldo seco

En el vaso de la licuadora o en un procesador de alimentos, ponga el queso cottage y el aderezo; licue hasta que se incorporen. Ponga a hervir 1 taza de agua; agregue gradualmente la gelatina; revuelva hasta que se disuelva. Vierta ¾ de taza de agua fría. Agregue a la mezcla de queso cottage; revuelva bien. Refrigere hasta que se espese pero sin que llegue a cuajarse; añada el pepino, la cebolla y el eneldo. Vierta en un molde ligeramente aceitado de 6 tazas de capacidad; refrigere hasta que cuaje. Desmolde.

Tiempo de preparación: 15 minutos más el tiempo de refrigeración

Nutrimentos por porción (½ taza):			
Calorías	70	Colesterol	3 mg
Grasa	1 g	Sodio	261 mg

Ensalada Milano de Arroz

Rinde 6 porciones

3 tazas de arroz cocido, caliente
2 cucharadas de aceite vegetal
2 cucharadas de jugo de limón
1 diente de ajo picado
½ cucharadita de sal (opcional)
½ cucharadita de romero seco machacado
½ cucharadita de orégano seco machacado
½ cucharadita de pimienta negra molida
1 calabaza chica cortada en tiras*
1 tomate rojo mediano, sin semillas y picado
2 cucharadas de queso parmesano rallado

Ponga el arroz en un recipiente grande. En un frasco chico con tapa, mezcle el aceite, el jugo de limón, el ajo, la sal, el romero, el orégano y la pimienta; agite bien. Vierta sobre el arroz; revuelva un poco. Tape y deje enfriar. Agregue el resto de los ingredientes. Sirva a temperatura ambiente o frío.

Para las tiras, corte la calabaza diagonalmente, y luego en tiras del ancho de un mondadientes.

Nutrimentos por porción:			
Calorías	189	Colesterol	1 mg
Grasa	5 g	Sodio	620 mg

Ensalada de Manzana

Rinde 3½ tazas

⅓ de taza de aderezo de mayonesa
1 cucharada de jugo de manzana
2 cucharaditas de crema de cacahuate (maní)
⅛ de cucharadita de canela molida
2 manzanas chicas picadas
1 lata (225 g) de piña en almíbar en trozos, escurrida
½ taza de malvaviscos miniatura y de uvas

Mezcle el aderezo, el jugo, la crema de cacahuate y la canela hasta que estén bien revueltos. Incorpore el resto de los ingredientes; refrigere.

Tiempo de preparación: 10 minutos más el tiempo de refrigeración

Nutrimentos por porción (½ taza):

Calorías	100	Colesterol	0 mg
Grasa	1 g	Sodio	160 mg

Sangría Blanca Espumosa

Rinde 12 porciones, 6 tazas

1½ tazas de vino blanco seco
2 cajas (para 4 porciones) o 1 caja (para 8 porciones) de gelatina de limón sin azúcar
2½ tazas de agua mineral
1 cucharada de jugo de lima
1 cucharada de licor de naranja (opcional)
1 taza de fresas rebanadas
1 taza de uvas rojas sin semilla
1 taza de uvas verdes sin semilla

En una olla chica, ponga a hervir el vino. Disuelva bien la gelatina en el vino hirviente; vierta en un recipiente mediano. Incorpore el agua mineral, el jugo de lima y el licor, si lo desea. Ponga el recipiente dentro de un recipiente más grande con hielo y agua; deje reposar hasta que se espese un poco; revuelva de vez en cuando.

Con suavidad, agregue la fruta. Vierta en un molde de 6 tazas de capacidad, rociado con antiadherente en aerosol. Refrigere hasta que cuaje, por unas 4 horas. Desmolde y acompañe con más fruta, si lo desea.

Nutrimentos por porción (½ taza):

Calorías	50	Colesterol	0 mg
Grasa	0 g	Sodio	55 mg

Ensalada de Pollo y Verduras

Ensalada de Pollo y Verduras

Rinde 4 porciones

1 taza (225 g) de yogur natural
3 cucharadas de mayonesa baja en calorías
2 cucharaditas de mostaza Dijon
1 diente de ajo picado
½ cucharadita de sal
Pizca de pimienta negra
2 tazas de col morada picada
2 tazas de germinado de frijol
1½ tazas de pollo o pavo, cocido, picado y frío
125 g de tirabeques (vainas) cortados
¾ de taza de rebanadas de apio
½ taza de almendra picada y tostada
¼ de taza de cebolla morada picada
Hojas de espinaca
2 huevos cocidos duros, pelados y rebanados, para adornar

En un recipiente grande, mezcle el yogur, la mayonesa, la mostaza, el ajo, la sal y la pimienta. Agregue la col, el germinado, el pollo, los tirabeques, el apio, la almendra y la cebolla; revuelva un poco. Sirva en platos cubiertos con hojas de espinaca. Adorne con el huevo.

Nutrimentos por porción:

Calorías	209	Colesterol	35 mg
Grasa	9 g	Sodio	380 mg

Ensalada de Fruta con Chabacano

Rinde 5 porciones

2 tazas de chabacano (albaricoque) en
  rebanadas (unos 450 g)
1½ tazas de fresas rebanadas
1½ tazas de kiwi pelado y rebanado
¼ de taza de néctar de chabacano (albaricoque)
¼ de taza de coco rallado, ligeramente tostado
1 cucharada de hojas de menta finamente
  picadas

En un recipiente mediano, mezcle todos los
ingredientes. Refrigere. Sirva como ensalada o
ensarte en agujas de brocheta de madera y sirva.

Nutrimentos por porción:

Calorías	118	Colesterol	0 mg
Grasa	2 g	Sodio	6 mg

Refrescante Ensalada de Fruta y Linguine

Rinde 4 porciones

225 g de linguine, fideo o pelo de ángel, sin cocer
1 taza de moras, como arándano negro, fresa o
  frambuesa
1 taza de melón valenciano (Honeydew) o
  chino (moscado) cortado en trozos de
  2.5 cm
1 taza de rebanadas de kiwi o rebanadas de
  ciruela
¼ de taza de jugo de limón
1 cucharadita de ralladura fina de cáscara de
  naranja
2 cucharadas de fécula de maíz
1½ tazas de néctar de chabacano (albaricoque)
1 raja de canela
4 clavos enteros
4 granos de pimienta inglesa enteros
¼ de taza de vino blanco seco
½ taza de hojas de menta (opcional)

Cueza la pasta siguiendo las instrucciones de la
envoltura; escurra. Mientras tanto, en un recipiente
grande, mezcle las moras, el melón, el kiwi, el jugo
de limón y la ralladura de naranja. En una cacerola de
2 litros, ponga la fécula de maíz a fuego alto e
incorpore lentamente el néctar de chabacano.
Agregue la canela, el clavo y la pimienta inglesa.
Deje que hierva; revuelva sin cesar. Baje el fuego y
deje cocer, sin tapar, durante 15 minutos o hasta que

espese. Saque y deseche las especias. Incorpore la
mezcla de chabacano a la fruta. Añada el vino y el
linguine; revuelva con suavidad para bañar los
ingredientes. Adorne con las hojas de menta, si lo
desea.

Nutrimentos por porción:

Calorías	245	Colesterol	0 mg
Grasa	1 g	Sodio	19 mg

Ensalada Oriental de Mandarina

Rinde 4 porciones

Ensalada
2 cucharadas de aceite de cacahuate (maní)
2 cucharadas de salsa de soya light o regular
4 cucharaditas de semillas de ajonjolí
½ cucharadita de ajo picado
¼ de cucharadita de jengibre molido
2 tazas de cereal de arroz
450 g de pechuga de pollo, deshuesada y sin piel,
  cortada en tiras
6 tazas de hojas de espinaca picadas
315 g de gajos de mandarina escurridos
225 g de castañas de agua rebanadas y escurridas

Aderezo
¼ de taza de jugo de naranja
1 cucharada de miel
1 cucharadita de ralladura de cáscara de
  naranja
1 cucharadita de salsa de soya light o regular

Prepare crutones de cereal. En una sartén grande
mezcle 1 cucharada de aceite, 1 cucharada de salsa de
soya, 2 cucharaditas de semillas de ajonjolí, ¼ de
cucharadita de ajo y ⅛ de cucharadita de jengibre.
Cueza hasta que hierva la mezcla; revuelva de vez en
cuando. Agregue el cereal y revuelva hasta que todos
los trozos estén bien cubiertos. Cueza por 2 minutos,
revolviendo sin cesar. Extienda sobre toallas de papel
para que se enfríe.

En la misma sartén, a fuego alto, mezcle el aceite
restante, 1 cucharada de salsa de soya, 2 cucharaditas
de semillas de ajonjolí, y el ajo y el jengibre restantes.
Añada el pollo; revuelva hasta que todos los trozos
estén bien cubiertos. Cueza de 3 a 4 minutos o hasta
que el pollo pierda su color rosado; revuelva sin cesar.
Retire del fuego. En un recipiente grande, mezcle el
pollo, la espinaca, la naranja y la castaña. En un
recipiente chico, mezcle el jugo de naranja, la miel, la
ralladura de naranja y 1 cucharadita de salsa de soya;
revuelva con la ensalada. Coloque los crutones de
cereal y revuelva.

Nutrimentos por porción:

Calorías	297	Colesterol	64 mg
Grasa	9 g	Sodio	423 mg

Ensalada de Fruta con Chabacano

Ensalada de Pasta Primavera

Ensalada de Pasta Primavera

Rinde 6 porciones

225 g de coditos de pasta, cocidos y escurridos (2 tazas)
2 tazas de floretes de brócoli
2 tazas de apio rebanado
1 taza de zanahoria rebanada
½ taza de cebollín rebanado
½ taza de pimiento morrón verde cortado en trozos
1 taza de crema agria ligera
½ taza de mayonesa baja en calorías
1 cucharadita de eneldo
1 cucharadita de sal de ajo

En un recipiente grande, mezcle el codito, el brócoli, el apio, la zanahoria, el cebollín y el pimiento morrón. Para el aderezo, mezcle el resto de los ingredientes en un recipiente chico. Vierta sobre la ensalada; revuelva para bañarlos muy bien. Refrigere.

Tiempo de preparación: 20 minutos
Tiempo de cocción: 10 minutos

Nutrimentos por porción:			
Calorías	240	Colesterol	24 mg
Grasa	7 g	Sodio	346 mg

Ensalada de Ejote, Papa y Jamón

Rinde 12 tazas

1.350 kg de papa (patata) tierna cortada en cuartos
⅔ de taza de agua fría
450 g de ejotes (judías verdes) cortados por la mitad
¾ de taza de aderezo de mayonesa
⅓ de taza de mostaza molida
2 cucharadas de vinagre de vino tinto
2 tazas de cubos de jamón
½ taza de cebollín picado

En horno de microondas: En una cacerola de 3 litros, ponga la papa y el agua; tape y cueza en el microondas a temperatura ALTA (100 %) por 13 minutos. Incorpore el ejote y cueza a temperatura ALTA de 7 a 13 minutos o hasta que esté suave; escurra. En una ensaladera grande, mezcle el aderezo, la mostaza y el vinagre; revuelva bien. Agregue la papa, el ejote y el resto de los ingredientes; revuelva con suavidad. Refrigere.

Tiempo de preparación: 15 minutos más el tiempo de refrigeración
Tiempo de cocción en el microondas: 26 minutos

Nutrimentos por porción (¾ de taza):			
Calorías	100	Colesterol	5 mg
Grasa	1 g	Sodio	428 mg

Ensalada de Conchas y Fruta

Rinde de 8 a 10 porciones

225 g de conchas medianas de pasta, sin cocer
225 g de yogur natural bajo en grasa
¼ de taza de jugo de naranja concentrado, descongelado
1 lata (435 g) de piña en almíbar en trozos, escurrida
1 naranja grande pelada, en gajos y sin semillas
1 taza de uvas rojas sin semilla, cortadas por la mitad
1 taza de uvas verdes sin semilla, cortadas por la mitad
1 manzana sin corazón y picada
1 plátano rebanado

Cueza las conchas siguiendo las instrucciones de la envoltura; escúrrala. En un recipiente chico, mezcle el yogur con el jugo de naranja. En un recipiente grande, combine el resto de los ingredientes. Agregue la mezcla de yogur; revuelva para bañar los ingredientes. Tape y refrigere. Antes de servir, revuelva con suavidad. Refrigere el sobrante.

Nutrimentos por porción:			
Calorías	179	Colesterol	1 mg
Grasa	1 g	Sodio	20 mg

Ensalada de Fresa y Camarón

Rinde 6 porciones

3 tazas de arroz cocido
225 g de camarón pacotilla pelado, desvenado y cocido
¾ de taza de apio en rebanadas delgadas
⅔ de taza de mayonesa baja en calorías, sin colesterol
½ taza de yogur de fresa bajo en grasa
1 cucharadita de mostaza en polvo
1 cucharadita de jugo de limón
½ cucharadita de sal
1½ tazas de fresas rebanadas
Lechuga romana

En un recipiente grande, mezcle el arroz, el camarón y el apio. Combine la mayonesa, el yogur, la mostaza, el jugo de limón y la sal en un recipiente mediano; revuelva bien. Agregue el yogur a la mezcla de arroz y mezcle bien. Incorpore la fresa. Tape y refrigere hasta el momento de servirla. Acomode la lechuga en platos extendidos y encima ponga la ensalada.

Nutrimentos por porción:			
Calorías	274	Colesterol	69 mg
Grasa	9 g	Sodio	833 mg

Ensalada Confeti de Arroz

Rinde 6 porciones

2 cubos de consomé de pollo
1 taza de arroz blanco de grano largo sin cocer
1 lata (450 g) de rebanadas de durazno en almíbar
3 cucharadas de vinagre de vino blanco con estragón
1 cucharada de mostaza Dijon
1 cucharada de aceite de oliva
¼ de cucharadita de estragón seco machacado
1 taza de pimiento morrón rojo picado
½ taza de chícharos (guisantes) descongelados
⅓ de taza de uvas pasa
¼ de taza de cebollín rebanado

En una cacerola mediana, mezcle los cubos de consomé con 2 tazas de agua; ponga a hervir. Incorpore el arroz; baje el fuego, tape y deje cocer a fuego bajo por 20 minutos, hasta que se consuma el líquido y el arroz esté suave. Retire del fuego; deje enfriar durante 5 minutos. Escurra los duraznos; conserve ¼ de taza del almíbar; puede utilizar el resto en otro platillo. Corte las rebanadas de durazno por la mitad. Bata el almíbar que conservó con el vinagre, la mostaza, el aceite de oliva y el estragón. Ponga al

arroz frío; agregue el resto de los ingredientes, excepto las rebanadas de durazno. Deje que se enfríe bien; revuelva de vez en cuando. Coloque las rebanadas de duraznos y refrigere antes de servir.

Nutrimentos por porción:			
Calorías	210	Colesterol	muy poco
Grasa	3 g	Sodio	317 mg

Ensalada de Queso Cottage y Fresas

Rinde 4 porciones

1 taza de fresas, sin cáliz y rebanadas
¼ de taza de jugo de naranja fresca
1 cucharada de azúcar
2 tazas (450 g) de queso cottage bajo en grasa
1 cucharadita de ralladura de cáscara de naranja
¾ de taza de granola
Verduras variadas picadas

En el vaso de la licuadora, ponga 1 taza de fresa, 2 cucharadas de jugo de naranja y el azúcar; tape y licue hasta que se incorporen. En un recipiente chico, mezcle el queso cottage, el jugo de naranja restante, la ralladura de naranja y ½ taza de granola. Acomode las verduras en 4 platos extendidos; encima sirva la mezcla de queso cottage y las fresas restantes. Sobre el queso, espolvoree la granola restante. Acompañe con la salsa de fresa.

Nutrimentos por porción:			
Calorías	237	Colesterol	10 mg
Grasa	6 g	Sodio	504 mg

Ensalada de Queso Cottage y Fresas

Ensalada de Cerdo y Fruta

Ensalada de Cerdo y Fruta

Rinde 4 porciones

Aderezo
- ¼ de taza de jugo de toronja
- 2 cucharadas de vinagre de vino tinto
- 1 cucharada de aceite vegetal
- 1 cucharadita de adormidera
- 2 cucharaditas de miel
- ½ cucharadita de mostaza Dijon

Ensalada
- 450 g de lomo de cerdo, cortado en tiras transversales de .5 cm de grosor
- Antiadherente en aerosol
- 1 lechuga chica
- 2 toronjas rosadas chicas, en gajos y peladas
- 1½ tazas de uvas verdes sin semilla
- 1 taza de fresas

Para preparar el aderezo, ponga los ingredientes en un frasco con tapa hermética. Agite y luego deje reposar por 15 minutos; vuelva a agitar. Deje reposar.

Para preparar la ensalada, rocíe una sartén grande con el antiadherente en aerosol; caliente a fuego medio y agregue las tiras de cerdo; fríalas durante unos 3 minutos o hasta que estén suaves; revuelva con frecuencia. Tape y retire del fuego. Cubra 4 platos extendidos con hojas de lechuga; encima, en el centro, ponga el cerdo cocido. Acomode los gajos de toronja, las uvas y las fresas alrededor de la carne. Bañe con el aderezo.

Nutrimentos por porción:

Calorías	269	Colesterol	74 mg
Grasa	8 g	Sodio	81 mg

Aderezo de Naranja y Adormidera

Rinde 8 porciones, alrededor de 1 taza

- 1 taza de yogur natural o de vainilla bajo en grasa
- 1 cucharada de miel
- 1 cucharada de jugo de naranja concentrado, descongelado
- 1 cucharadita de adormidera
- 1 cucharadita de ralladura fina de cáscara de naranja

En un recipiente mediano, mezcle el yogur, la miel, el jugo de naranja, la adormidera y la ralladura de naranja; revuelva bien. Tape y refrigere por 2 horas.

Nutrimentos por porción (2 cucharadas de aderezo):

Calorías	30	Colesterol	muy poco
Grasa	1 g	Sodio	20 mg

Ensalada de Arroz al Curry con Manzana

Rinde 6 porciones

- ⅓ de taza de yogur natural o de vainilla
- 4½ cucharaditas de jerez seco o vinagre de sidra
- 1 a 2 cucharaditas de curry en polvo
- ⅛ de cucharadita de clavo molido
- Sal y pimienta al gusto (opcional)
- ¼ a ½ taza de grosella o uvas pasa
- ¾ de taza de apio finamente picado
- 2 manzanas sin pelar, sin corazón, cortadas en cubos y bañadas con un poco de jugo de limón para evitar que se oxiden
- 4 tazas de arroz integral cocido

En un recipiente grande, mezcle el yogur, el jerez, el curry, el clavo, la sal y la pimienta; revuelva bien. Agregue la grosella, el apio y la manzana; mezcle bien. Añada el arroz y combine bien. Refrigere hasta el momento de servir.

Sugerencia: Este platillo fácil de preparar se conserva fresco varios días en el refrigerador y mejora su sabor a medida que se mezclan los sabores. Sírvalo como guarnición, como almuerzo o como plato ligero.

Nutrimentos por porción:

Calorías	200	Colesterol	1 mg
Grasa	2 g	Sodio	210 mg

Aderezo de Girasol y Hierbas

Rinde 8 porciones, alrededor de 1 taza

- ¼ de taza de semillas de girasol sin sal
- 1 diente de ajo machacado
- 1 taza de yogur natural sin grasa o bajo en grasa
- 2 cucharadas de leche
- 1 cucharadita de albahaca seca machacada
- ½ cucharadita de tomillo seco machacado
- ⅛ de cucharadita de mostaza en polvo
- ⅛ de cucharadita de pimienta

En el procesador de alimentos o en la licuadora, ponga las semillas de girasol y el ajo. Tape y procese hasta que se pulvericen (hasta casi obtener una pasta). Agregue el yogur, la leche, la albahaca, el tomillo, la mostaza en polvo y la pimienta. Procese hasta que se incorporen. Tape y refrigere durante 2 horas.

Nutrimentos por porción (2 cucharadas de aderezo):

Calorías	35	Colesterol	muy poco
Grasa	2 g	Sodio	22 mg

Aderezo de Yogur y Queso Blue

Rinde 14 porciones, alrededor de 1¾ tazas

1 taza de yogur natural sin grasa
120 g de queso blue (blue cheese) desmenuzado
½ taza de suero de leche
¼ de taza de perejil fresco picado
1 cucharada de aceite de oliva
1 cucharadita de jerez
½ cucharadita de pimienta

Mezcle todos los ingredientes en un recipiente chico;
revuelva bien. Tape y refrigere toda una noche.

Nutrimentos por porción (2 cucharadas de aderezo):

Calorías	50	Colesterol	10 mg
Grasa	4 g	Sodio	134 mg

Ensalada de Col Primavera

Rinde 10 porciones

450 g de col picada
1 taza de zanahoria rallada
½ taza de floretes de brócoli picados
½ taza de tomate cherry cortado por la mitad
½ taza de apio rebanado
½ taza de pepino pelado, sin semillas y cortado
   en cubos
1 taza de perejil fresco picado
⅓ de taza de aceite de oliva
2 cucharadas de vinagre
1 cucharada de mostaza Dijon
1 cucharadita de sal de ajo

Ensalada de Col Primavera

En una ensaladera grande, mezcle la col con la
zanahoria, el brócoli, el tomate, el apio y el pepino.
Para el aderezo, bata el resto de los ingredientes.
Vierta sobre la verdura; revuelva para bañarla.

Nutrimentos por porción:

Calorías	87	Colesterol	0 mg
Grasa	7 g	Sodio	147 mg

Aderezo Tipo Sudoeste

Rinde unas 5 porciones

⅔ de taza de salsa no muy picante*
2 cucharadas de yogur natural sin grasa
4 cucharaditas de azúcar
2 cucharaditas de cilantro picado (opcional)

Mezcle todos los ingredientes. Si prefiere que el
aderezo quede más líquido, muela los ingredientes
en un procesador de alimentos. Refrigere o sirva de
inmediato sobre ensalada verde, ensalada de pollo
o de pavo o ensalada de mariscos.

*Si desea un aderezo más picante o condimentado, utilice salsa
picante.*

Nutrimentos por porción (2 cucharadas de aderezo):

Calorías	30	Colesterol	muy poco
Grasa	muy poca	Sodio	226 mg

Ensalada de Arroz Salvaje y Pimiento

Rinde 6 porciones

1 caja (180 g) de arroz salvaje y de grano
   largo, instantáneo
½ taza de aderezo de mayonesa light
2 cucharadas de aceite de oliva
½ cucharadita de pimienta negra
¼ de cucharadita de ralladura de cáscara de
   limón
1 taza de pimiento morrón rojo picado
1 taza de pimiento morrón amarillo picado
¼ de taza de cebollín en pedazos de 1.5 cm de
   largo

Prepare el arroz siguiendo las instrucciones de la
caja. Deje enfriar.

En un recipiente grande, mezcle el aderezo, el aceite,
la pimienta negra y la ralladura de limón; revuelva
hasta que se incorporen.

Agregue el arroz y el resto de los ingredientes;
revuelva con suavidad. Sirva a temperatura ambiente.

Tiempo de preparación: 30 minutos

Nutrimentos por porción (½ taza):

Calorías	140	Colesterol	0 mg
Grasa	5 g	Sodio	284 mg

Ensalada de Mariscos Veraniega

Rinde 4 porciones

2 tazas de arroz cocido, enfriado a
    temperatura ambiente
225 g de cangrejo cocido*
  1 lata (225 g) de castañas de agua, rebanadas y
    escurridas
  ½ taza de apio rebanado
  ¼ de taza de cebollín rebanado
  ¼ de taza de yogur natural sin grasa
  ¼ de taza de crema agria ligera
  1 cucharada de jugo de limón
  ¼ de cucharadita de salsa picante
  ¼ de cucharadita de sal
    Hojas de lechuga
    Rebanadas de tomate rojo para adornar

En un recipiente grande, mezcle el arroz, el cangrejo, las castañas, el apio y el cebollín. En un recipiente chico, mezcle el yogur, la crema agria, el jugo de limón, la salsa picante y la sal; revuelva bien. Vierta sobre la ensalada; revuelva con suavidad. Sirva sobre hojas de lechuga y adorne con rebanadas de tomate.

Sustituya el cangrejo por imitación de cangrejo surimi (desmenuzado o en trozos), si lo desea.

Nutrimentos por porción:

Calorías	263	Colesterol	65 mg
Grasa	5 g	Sodio	731 mg

Ensalada de Fruta Dinastía

Rinde 6 porciones

  1 piña
  1 plátano mediano, pelado y rebanado
  1 naranja pelada y rebanada
  1 manzana, sin corazón y rebanada
  1 taza de uvas sin semilla

Aderezo Real
  225 g de yogur de vainilla
    1 cucharadita de ralladura de cáscara de lima
  ½ cucharadita de jengibre molido

Corte una piña por la mitad, a lo largo, a través de la corona. Saque la pulpa de la cáscara con un cuchillo, sin deteriorar la cáscara. Corte la pulpa en trozos de un bocado.

En un recipiente grande, mezcle la piña con el resto de la fruta. Sirva la ensalada en las cáscaras, si lo desea.

Para preparar el Aderezo Real, mezcle todos los ingredientes en un recipiente chico. Vierta sobre la ensalada de fruta.

Nutrimentos por porción:

Calorías	140	Colesterol	2 mg
Grasa	1 g	Sodio	28 mg

Ensalada Sunset de Yogur

Ensalada Sunset de Yogur

Rinde 5 tazas, 10 porciones

  2 cajas (para 4 porciones), o 1 caja (para
    8 porciones) de gelatina de naranja o de
    limón sin azúcar
  2 tazas de agua hirviente
225 g de yogur natural bajo en grasa
  ¼ de taza de agua fría
  1 lata (225 g) de piña en almíbar en trozos,
    escurrida
  1 taza de zanahoria rallada

Disuelva bien la gelatina en el agua hirviente. En un recipiente mediano, vierta 1 taza de la gelatina; refrigere hasta que se espese un poco y luego incorpore el yogur. Refrigere pero no deje que cuaje.

A la gelatina restante, agréguele el agua fría. Incorpore la piña con el almíbar y la zanahoria. Refrigere hasta que espese y luego vierta sobre la gelatina con yogur. Refrigere hasta que cuaje, durante unas 4 horas. Adorne con rizos de zanahoria, hojas de apio y rebanadas de piña, si lo desea.

Nutrimentos por porción:

Calorías	40	Colesterol	0 mg
Grasa	0 g	Sodio	65 mg

Ensalada de Frijol Negro y Arroz

Rinde 4 porciones

2 tazas de arroz cocido, enfriado a temperatura ambiente
1 taza de frijoles (judías) negros cocidos*
1 tomate rojo mediano, sin semillas y picado
½ taza (60 g) de queso cheddar rallado (opcional)
1 cucharada de perejil fresco picado
¼ de taza de aderezo italiano light
1 cucharada de jugo de lima
   Hojas de lechuga

En un recipiente grande, mezcle el arroz, los frijoles, el tomate rojo, el queso y el perejil. Encima vierta el aderezo y el jugo de lima; revuelva un poco. Sirva sobre hojas de lechuga. Adorne a su gusto.

*Puede sustituir los frijoles cocidos por frijoles enlatados, escurridos.

Nutrimentos por porción:

Calorías	210	Colesterol	0 mg
Grasa	1 g	Sodio	560 mg

Ensalada de Pavo Ahumado y Papa

Rinde 8 porciones

1 bolsa (900 g) de papa (patata) descongelada y cortada en cubos
340 g de pechuga de pavo ahumado, cortada en cubos de 1.5 cm
½ taza de apio picado
½ taza de cebollín rebanado
¼ de taza de pimiento morrón verde picado
1 frasco (60 g) de rajas de pimiento escurridas
⅓ de taza de mayonesa baja en calorías
⅓ de taza de yogur natural sin grasa
2 cucharadas de mostaza Dijon
¼ de cucharadita de pimienta negra

En una cacerola grande, a fuego alto, ponga a cocer la papa en 2 litros de agua hirviente. Deje hervir de 2 a 4 minutos o hasta que la papa esté suave; no sobrecueza. Escurra la papa y déjela enfriar a temperatura ambiente. En un recipiente grande, mezcle la papa, el pavo, el apio, el cebollín, el pimiento verde y el pimiento. Mezcle la mayonesa con el yogur, la mostaza y la pimienta negra en un recipiente chico. Vierta sobre la ensalada; revuelva hasta que esté bien bañada. Tape y refrigere por lo menos durante 4 horas.

Nutrimentos por porción:

Calorías	177	Colesterol	17 mg
Grasa	4 g	Sodio	646 mg

Ensalada Jardinera de Papa

Rinde 6 porciones

½ taza de claras de huevo
4 papas (patatas) medianas, cocidas y cortadas en cubos (de 450 a 560 g)
½ taza de apio cortado en cubos
¼ de taza de rábano picado
2 cucharadas de cebollín rebanado
¾ de taza de mayonesa sin grasa
1 cucharada de azúcar
1 cucharada de jugo de limón
2 cucharaditas de mostaza
¼ de cucharadita de sal
¼ de cucharadita de semillas de apio
¼ de cucharadita de pimienta negra

Rocíe una sartén de 20 cm de diámetro con antiadherente en aerosol; cueza ahí las claras, tapado, a fuego muy bajo, por 5 minutos o hasta que cuaje. Deje enfriar la clara y luego córtela en cubos. En un recipiente grande, mezcle la clara con la papa, el apio, el rábano y el cebollín. Mezcle el resto de los ingredientes en un recipiente chico. Vierta la mezcla de mayonesa sobre la ensalada; revuelva hasta que bañe bien los ingredientes.

Nutrimentos por porción:

Calorías	130	Colesterol	0 mg
Grasa	muy poca	Sodio	530 mg

Aderezo Oriental de Jengibre

Rinde 4 porciones

½ taza de jugo de piña
2 cucharadas de vinagre de sidra
1 cucharada de salsa de soya
1 cucharada de azúcar
1 cucharadita de jengibre fresco rallado
½ cucharadita de aceite de ajonjolí

En un frasco con tapa hermética, mezcle todos los ingredientes; tape y agite vigorosamente hasta que se mezclen. Refrigere. Antes de servir, vuelva a agitar la mezcla. Sirva sobre ensalada verde, ensalada de pollo o ensalada de pasta.

Nutrimentos por porción (2 cucharadas de aderezo):

Calorías	38	Colesterol	0 mg
Grasa	1 g	Sodio	258 mg

Ensalada de Frijol Negro y Arroz

Ensalada de Ternera con Alcachofa y Aderezo de Ajo y Chalote

Ensalada de Ternera con Alcachofa y Aderezo de Ajo y Chalote

Rinde 4 porciones

  1 frasco (180 a 190 g) de corazones de
    alcachofa en escabeche
  2 cucharadas de vinagre de vino blanco
  1 cucharadita de chalote picado
  1 diente de ajo picado
  1 pimiento morrón rojo chico, cortado en tiras
    delgadas y cortas
450 g de pierna de ternera, cortada en bisteces
    Verduras verdes diversas

Escurra la alcachofa y conserve el escabeche. En un recipiente grande, mezcle 4½ cucharaditas del escabeche, el vinagre, el chalote y el ajo. Pique la alcachofa y agréguela al recipiente junto con el pimiento rojo.

Si es necesario, aplane los bisteces para que midan .5 cm de grosor. Corte la ternera en tiras de 7.5×2.5 cm. Bañe las tiras de ternera con 2 cucharadas del escabeche que conservó; deje reposar por 5 minutos. Caliente una sartén antiadherente de 25 cm a fuego medio-alto por 5 minutos. Escurra bien las tiras de ternera y ase la mitad de las tiras sólo hasta que estén bien cocidas, de 2 a 3 minutos; revuelva de vez en cuando. Retire las tiras de la sartén y agréguelas al recipiente con la ensalada. Vuelva a calentar la sartén y cueza el resto de la carne. Añada a la ensalada. Revuelva la mezcla para bañarla con el aderezo. Sirva de inmediato sobre la ensalada. Si lo desea, puede tapar la ensalada y refrigerarla hasta el momento de servirla.

Tiempo de preparación: 15 minutos
Tiempo de cocción: 6 minutos

Nutrimentos por porción:			
Calorías	221	Colesterol	91 mg
Grasa	8 g	Sodio	162 mg

Saludable Ensalada de Pollo

Rinde 6 porciones

**1 pollo tierno cocido, sin piel, con hueso y
cortado en piezas**
1 taza de macarrón chico, cocido y escurrido
3 tomates rojos cortados en cubos
1 taza de apio rebanado
½ taza de pimiento morrón rojo picado
3 cucharadas de cabezas de cebollín picado
1 cucharadita de sal
½ cucharadita de pimienta negra
¼ de cucharadita de orégano seco machacado
1 taza de consomé de pollo
1 diente de ajo machacado
¼ de taza de vinagre de vino

En un recipiente grande, mezcle el pollo caliente, el macarrón, el tomate, el apio, el pimiento morrón y el cebollín. Espolvoree la sal, la pimienta negra y el orégano. En una olla chica, ponga el consomé de pollo y el ajo; deje que hierva a fuego alto durante 10 minutos o hasta que el consomé se reduzca a ½ taza. Agregue el vinagre de vino y vierta sobre la ensalada; revuelva bien. Refrigere.

Nutrimentos por porción:

Calorías	192	Colesterol	61 mg
Grasa	6 g	Sodio	603 mg

Aderezo Cremoso Básico con Limón

Rinde 2½ tazas

2 tazas de queso cottage sin grasa
⅓ de taza de leche descremada
¼ de taza de jugo de limón
2 cucharaditas de aceite vegetal

En el vaso de la licuadora, ponga el queso cottage, la leche, el jugo de limón y el aceite; licue a velocidad media hasta que se incorporen.

Método alterno: Machaque el queso cottage con un tenedor o moledor de papa. Ponga en un recipiente con tapa hermética; agregue la leche, el jugo de limón y el aceite. Agite vigorosamente.

Nutrimentos por porción (1 cucharada de aderezo):

Calorías	10	Colesterol	0 mg
Grasa	muy poca	Sodio	40 mg

Ensalada California de Arroz Integral

Rinde 6 porciones, 1½ litros

1 lata (450 g) de cóctel de fruta en almíbar
1 taza de arroz integral sin cocer
1 tomate rojo cortado en cubos
1 taza de apio picado
½ taza de cebollín rebanado
2 cucharadas de vinagre de vino tinto
1 cucharada de aceite vegetal
1 cucharada de mostaza Dijon
½ cucharadita de estragón seco machacado
⅛ de cucharadita de ajo en polvo

Escurra el cóctel de fruta; conserve ¼ de taza del almíbar. Cueza el arroz siguiendo las instrucciones de la envoltura; refrigere hasta que esté bien frío. En un recipiente grande, mezcle el arroz, el cóctel de frutas, el tomate rojo, el apio y el cebollín. En un recipiente chico, combine el almíbar del cóctel de frutas, el vinagre, el aceite, la mostaza, el estragón y el ajo; bata hasta que se incorporen. Vierta el aderezo en el arroz; refrigere durante varias horas antes de servir para que se mezclen los sabores.

Nutrimentos por porción:

Calorías	183	Colesterol	0 mg
Grasa	3 g	Sodio	59 mg

Ensalada de Fruta y Apio con Vinagreta de Frambuesa

Rinde 4 porciones

⅓ de taza de vinagreta de vino tinto
2 cucharadas de jalea de frambuesa sin semillas
2 tazas de apio en rebanadas diagonales delgadas
1 taza de pera sin corazón, sin pelar y rebanada
1 taza de mitades de uvas rojas sin semilla
1 lechuga Boston (acogollada)
Nuez picada (opcional)

En una taza medidora de vidrio, mezcle la vinagreta con la jalea; bata hasta que se incorporen. Combine el apio, la pera y la uva en un recipiente mediano. Agregue el aderezo y revuelva un poco. Cubra 4 platos extendidos con hojas de lechuga; encima sirva la ensalada. Espolvoree la nuez, si lo desea.

Nutrimentos por porción:

Calorías	152	Colesterol	0 mg
Grasa	6 g	Sodio	337 mg

Ensalada de Fruta en Rebanadas

Ensalada de Fruta en Rebanadas

Rinde 10 porciones

Aderezo Cítrico
- ¼ de taza de aceite vegetal
- ¼ de taza de jugo de naranja
- 2 cucharadas de jugo de limón
- 2 cucharadas de azúcar
- ¼ de cucharadita de pimentón

Ensalada
- 1 lata (560 g) de piña en almíbar en trozos y escurrida
- 2 tazas de uvas verdes sin semilla
- 1 tazas de malvaviscos miniatura*
- 1 taza de gajos de naranja
- 1 taza de pera rebanada**
- 1 taza de plátano rebanado**
- 1 taza de manzana rebanada**
- ½ taza de cerezas, cortadas a la mitad

1. Para el aderezo, en un frasco con tapa hermética, ponga el aceite, el jugo de naranja, el jugo de limón, el azúcar y el pimentón. Cierre y agite bien.

2. Para la ensalada, mezcle la piña, las uvas, los malvaviscos, la naranja, la pera, el plátano, la manzana y la cereza en un recipiente grande. Agite el aderezo y viértalo sobre la ensalada. Revuelva para bañar los ingredientes. Tape y refrigere. Adorne si lo desea.

Puede sustituir los malvaviscos por 1 taza de uvas pasa.

**Bañe la pera, el plátano y la manzana con el aderezo de cítricos inmediatamente después de rebanarlos para evitar que se oxiden.*

Nutrimentos por porción:

Calorías	190	Colesterol	0 mg
Grasa	6 g	Sodio	10 mg

Ensalada India de Durazno

Rinde 4 porciones

- Hojas de lechuga
- 340 g de pavo o pollo, cocido y desmenuzado
- 2 duraznos cortados en rebanadas
- 2 plátanos rebanados diagonalmente, en trozos de 2.5 cm
- 1 taza de rebanadas de pepino
- ¼ de taza de cebolla morada, en rebanadas delgadas
- Hojas de menta para adornar (opcional)
- Salsa de Yogur con Menta (receta más adelante)

Cubra un platón o 4 platos extendidos con lechuga; encima acomode el pavo, el durazno, el plátano, el pepino y la cebolla. Adorne con la menta, si lo desea. Acompañe con la Salsa de Yogur con Menta.

Salsa de Yogur con Menta: En el vaso de la licuadora o en un procesador de alimentos, ponga 8 hojas de menta, 3 rebanadas (de .5 cm de grosor) de raíz de jengibre pelado, 1 diente de ajo mediano pelado, 2 cucharadas de jugo de limón, 1 cucharada de azúcar y ⅛ de cucharadita de pimienta roja molida. Licue hasta que se incorporen; luego añada 2 tazas de yogur natural bajo en grasa. Refrigere. Rinde unas 2 tazas.

Nutrimentos por porción (incluye 1 cucharada de salsa):

Calorías	234	Colesterol	62 mg
Grasa	3 g	Sodio	70 mg

Ensalada de Papa y Queso Cottage

Rinde de 8 a 10 porciones

- ½ taza de suero de leche
- ¼ de taza de mayonesa o aderezo para ensalada
- ¼ de taza de yogur natural
- ½ sobre (2 cucharadas) de aderezo en polvo sabor cebolla
- 900 g de papa (patata) roja chica
- 360 g de queso cottage tipo crema, escurrido
- 1 taza de apio en rebanadas delgadas
- ½ taza (60 g) de queso fresco cortado en cubos
- ½ taza de rábano rebanado
- 2 cucharadas de cebollín en rebanadas delgadas
- ½ cucharadita de sal
- ¼ de cucharadita de pimienta
- 2 huevos cocidos duros, en rebanadas delgadas

En un recipiente chico, mezcle el suero de leche, la mayonesa y el yogur. Incorpore el aderezo en polvo y bata con un batidor o con un tenedor hasta que se incorpore. Refrigere la mezcla mientras prepara la ensalada. En una olla grande, ponga la papa; cúbrala con agua y póngala a hervir a fuego alto; deje cocer hasta que se sienta suave al picarla con un tenedor. Escúrrala y déjela enfriar; córtela en cubos. En un recipiente grande, combine los cubos de papa con el queso cottage, el apio, el queso, el rábano, el cebollín, la sal y la pimienta. Revuelva ligeramente para que se mezclen. Vierta el aderezo; tape y refrigere. Poco antes de servir, adorne con el huevo.

Nutrimentos por porción:

Calorías	205	Colesterol	57 mg
Grasa	9 g	Sodio	450 mg

Ensalada de Pavo, Mandarina y Adormidera

Ensalada de Pavo, Mandarina y Adormidera

Rinde 4 porciones

5 tazas de lechuga de hoja roja, picada
   (radicchio)
2 tazas de espinaca troceada
225 g de pavo asado, cortado en tiras de 1.5 cm
300 g de mandarina en gajos
¼ de taza de jugo de naranja
1½ cucharadas de vinagre de vino tinto
1½ cucharaditas de adormidera
1½ cucharaditas de aceite de oliva
1 cucharadita de mostaza Dijon
⅛ de cucharadita de pimienta negra

En un recipiente grande, mezcle la lechuga, la
espinaca, el pavo y la mandarina. En un recipiente
chico, bata el jugo de naranja, el vinagre, la
adormidera, el aceite, la mostaza y la pimienta. Vierta
el aderezo sobre la ensalada; revuelva para bañar los
ingredientes. Adorne si lo desea. Sirva de inmediato.

Nutrimentos por porción:

Calorías	158	Colesterol	25 mg
Grasa	4 g	Sodio	667 mg

Aderezo de Pimiento Morrón Asado

Rinde 6 porciones

1 pimiento morrón verde o rojo
½ taza de suero de leche
2 cucharaditas de azúcar
1 cucharadita de ramas de perejil fresco
   (opcional)
¾ de cucharadita de jugo de limón
¼ de cucharadita de pimentón
⅛ de cucharadita de cebolla en polvo
⅛ de cucharadita de sal
⅛ de cucharadita de pimienta negra

Meta el pimiento morrón al horno a 190 °C; áselo de
20 a 25 minutos o hasta que esté suave. Corte el
pimiento por la mitad; deseche las semillas. Séquelo
con toallas de papel. En el vaso de la licuadora o en
un procesador de alimentos, ponga el pimiento
morrón y el resto de los ingredientes; licue hasta que
todo esté bien incorporado. Refrigere o sirva de
inmediato sobre ensalada verde.

Nutrimentos por porción (2 cucharadas de aderezo):

Calorías	21	Colesterol	1 mg
Grasa	muy poca	Sodio	67 mg

Deliciosa Ensalada de Alubias

Rinde 8 porciones

1 taza de alubia seca o garbanzo seco
1 cebolla mediana picada
¼ de taza de jugo de limón recién exprimido
¼ de taza de aceite vegetal
3 cucharadas de menta fresca picada
1 diente de ajo mediano picado
   Ralladura de cáscara de ½ limón
2 cucharaditas de azúcar
1 cucharadita de mostaza Dijon
¼ de cucharadita de pimienta blanca
½ taza de pimiento morrón rojo o tomate rojo, picados
⅓ de taza de perejil fresco picado

Ponga las alubias en una olla grande; cúbralas con agua (de 6 a 8 tazas). Ponga a hervir a fuego alto por 2 minutos. Tape; retire del fuego y deje reposar durante 1 hora. Escurra las alubias y cambie el agua. Ponga a hervir; tape y cueza a fuego bajo de 1½ a 2 horas o hasta que estén suaves.

En un recipiente grande, ponga la cebolla, el jugo de limón, el aceite, la menta, el ajo, la ralladura de limón, el azúcar, la mostaza y la pimienta blanca. Incorpore las alubias cocidas; refrigere hasta que estés frías. Para servir, incorpore el resto de los ingredientes.

Nutrimentos por porción (½ taza):

Calorías	162	Colesterol	0 mg
Grasa	7 g	Sodio	24 mg

Ensalada de Germinado y Ejotes

Rinde 12 porciones

1 bolsa (250 g) de ejotes (judías verdes) congelados
½ taza de aceite
¼ de taza de vinagre blanco
2 cucharaditas de azúcar
½ cucharadita de sal
¼ de cucharadita de pimienta negra
1 lata (450 g) de germinado de frijol, enjuagado y escurrido
1 taza de apio en rebanadas delgadas
¾ de taza de cebollín picado
1 frasco (60 g) de rajas de pimiento escurridas
   Tomates cherry (opcional)

En una olla de 3 litros, cueza el ejote siguiendo las instrucciones de la bolsa; escúrralo y déjelo enfriar. En un recipiente chico, mezcle el aceite, el vinagre, el azúcar, la sal y la pimienta.

Combine el ejote, el germinado de soya, el apio, el cebollín y el pimiento en una ensaladera. Revuelva el aderezo y vierta sobre la ensalada; mezcle para bañar

los ingredientes. Tape y refrigere por lo menos durante 3 horas. Revuelva antes de servir. Adorne con el tomate si lo desea.

Nutrimentos por porción:

Calorías	112	Colesterol	0 mg
Grasa	9 g	Sodio	160 mg

Ensalada de Tortellini y Jamón

Rinde 6 porciones

1 paquete (de 210 a 225 g) de tortellini de espinaca relleno de queso
3 tazas (360 g) de jamón bajo en grasa, cortado en cubos de 1.5 cm
½ taza de cebollín rebanado
10 tomates cherry cortados por la mitad
1 taza de suero de leche cremoso bajo en sodio o aderezo italiano bajo en calorías
   Hojas de lechuga romana o iceberg, lavadas y escurridas
¼ de taza de pimiento morrón rojo finamente picado

Cueza el tortellini siguiendo las instrucciones de la envoltura; omita la sal. Escúrralo y póngalo bajo el chorro de agua fría para que se enfríe. En un recipiente grande, mezcle todos los ingredientes, excepto la lechuga y el pimiento rojo. Revuelva, sirva en platos extendidos cubiertos con lechuga y encima espolvoree el pimiento rojo. Sirva de inmediato.

Nutrimentos por porción:

Calorías	165	Colesterol	39 mg
Grasa	4 g	Sodio	545 mg

Ensalada de Tortellini y Jamón

Es hora de terminar con la indecisión de qué comer todos los días; con estas vibrantes creaciones vamos a ponerle punto final a esta rutina. Déle a las verduras ese tentador sabor con un poco de salsa de soya y una pizca de jengibre. Prepare su arroz con exóticas hierbas, espinaca fresca y un toque de queso. Vea cómo esos platillos cobran vida.

Pasta con Verduras

Rinde 4 porciones

½ taza de cebolla picada
1 diente de ajo finamente picado
1 cucharadita de sazonador italiano
1 cucharada de aceite de oliva
¼ de taza de agua
2 cucharaditas de consomé de res
2 tazas de brócoli
2 tazas de calabacitas rebanadas
225 g de champiñones rebanados
1 pimiento morrón rojo mediano, cortado en tiras
½ paquete (450 g) de fettuccini cocido

En una sartén grande, fría la cebolla, el ajo y el sazonador. Agregue el agua, el consomé y las verduras. Tape y deje hervir de 5 a 7 minutos. Mezcle con la pasta caliente. Sirva inmediatamente. Refrigere el sobrante.

Nutrimentos por porción:

Calorías	287	Colesterol	0 mg
Grasa	5 g	Sodio	481 mg

Calabacitas a la Florentina

Rinde 6 porciones

3 calabacitas medianas (unos 450 g) cortadas por la mitad, a lo largo
Agua hirviente
1 cebolla pequeña finamente picada
1 diente de ajo mediano picado
⅛ de cucharadita de nuez moscada
2 cucharadas de margarina sin sal
1¼ tazas de espinaca picada y cocida*
½ taza de queso ricotta
Ralladura de cáscara y jugo de ½ limón
2 cucharadas de queso parmesano rallado

Sumerja las calabacitas en agua hirviente durante 5 minutos; escúrralas: En una sartén grande, a fuego medio-alto, fría con margarina la cebolla, el ajo y la nuez moscada hasta que la cebolla se suavice. Agregue la espinaca, el queso ricotta, la ralladura y el jugo de limón. Mezcle bien. Acomode las calabacitas en un refractario; rellénelas con la mezcla de espinaca. Hornee a 180 °C durante 20 minutos. Espolvoree con queso parmesano. Sirva inmediatamente.

*Puede sustituir la espinaca fresca por 1 bolsa (285 g) de espinaca descongelada.

Nutrimentos por porción:

Calorías	94	Colesterol	8 mg
Grasa	6 g	Sodio	85 mg

Pasta con Verduras

Berenjena a la Italiana

Berenjena a la Italiana

Rinde 4 porciones

- 1 berenjena (450 g) pelada si lo desea
- 1 lata (180 g) de jugo de 8 verduras (¾ de taza)
- ½ taza de avena sin cocer
- 2 dientes de ajo picados
- 1 cucharadita de albahaca molida
- ½ cucharadita de orégano molido
- 2 tomates rojos medianos picados
- 1¼ tazas de queso mozzarella desmenuzado

Caliente el horno a 180 °C. Cubra con papel de aluminio una charola para hornear. Rocíela ligeramente con antiadherente en aerosol. Corte la berenjena en rebanadas de 1 cm; acomódelas sobre la charola. Mezcle el jugo de verduras, la avena, el ajo, la albahaca y el orégano. Distribúyalos de manera uniforme sobre la berenjena; agregue los tomates. Espolvoree el queso mozzarella. Hornee de 35 a 40 minutos o hasta que la berenjena esté suave y el queso se haya derretido. Ponga más albahaca u orégano, si lo desea.

Nutrimentos por porción:			
Calorías	190	Colesterol	20 mg
Grasa	7 g	Sodio	190 mg

Coliflor al Horno

Rinde 6 porciones

- 1 taza de hojuelas de trigo integral
- 2 cucharadas de margarina derretida
- ¼ de cucharadita de sal de ajo
- ¼ de taza de harina
- ½ cucharadita de sal
- ⅛ de cucharadita de pimienta blanca
- 1⅓ tazas de leche descremada
- 1 cubito de consomé de pollo
- 1 bolsa (450 g) de coliflor partida, descongelada y escurrida
- ½ taza de cebolla rebanada
- 2 cucharadas de pimiento morrón picado

Mezcle las hojuelas, la margarina y la sal de ajo.

En una olla de 3 litros, mezcle la harina, la sal y la pimienta. De manera gradual, agregue la leche, moviendo hasta obtener una consistencia cremosa. Añada el consomé. Deje hervir a fuego medio, moviendo constantemente hasta que la mezcla espese y burbujee. Retire del fuego. Ponga la coliflor, la cebolla y el pimiento; mezcle bien. Distribuya la mezcla de manera uniforme en un refractario. Espolvoree la mezcla de hojuelas.

Hornee a 180 °C durante 20 minutos o hasta que la salsa burbujee.

Nota: Puede sustituir la coliflor por 3½ tazas de floretes de coliflor frescos y cocidos.

Nutrimentos por porción:			
Calorías	120	Colesterol	1 mg
Grasa	4 g	Sodio	508 mg

Papas Fritas del Valle

Rinde 6 porciones

- 2 papas blancas grandes
- ¼ de taza de mayonesa light

Caliente el horno a 200 °C. Corte las papas en tiras de .5 cm. Ponga la mayonesa en una bolsa de plástico. Agregue las papas; agite para cubrirlas bien. Acomode las papas en un refractario de modo que las papas no estén juntas. Si lo desea, sazónelas con sal. Hornee durante 20 minutos o hasta que estén doradas. Voltéelas una vez.

Nutrimentos por porción:			
Calorías	75	Colesterol	3 mg
Grasa	3 g	Sodio	3 mg

Verduras Orientales Fritas

Rinde 4 porciones, 4 tazas

  2 cucharadas de aceite vegetal
  4 a 5 tazas de verduras mixtas picadas*
      (brócoli, zanahoria, coliflor, cebolla,
      champiñones, castañas de agua, col china,
      pimiento morrón rojo o verde, tirabeques
      y/o apio)
  1 diente de ajo picado
  1¾ tazas de tomates rojos hervidos y escurridos;
      guarde el líquido
  1½ cucharadas de salsa de soya
  1 cucharada de fécula de maíz
  ½ cucharadita de jengibre en polvo
  ½ cucharadita de sal (opcional)
  2 tazas de arroz oriental o de pasta oriental
      (opcional)
  ½ cucharada de ajonjolí tostado

En una sartén de 30 cm, caliente el aceite. Agregue las verduras y el ajo; fría a fuego medio-alto de 5 a 6 minutos o hasta que las verduras se suavicen. En un recipiente pequeño, mezcle el líquido del tomate, la salsa de soya, la fécula de maíz, el jengibre y la sal.

Añada los tomates. Cueza moviendo constantemente, durante 2 minutos o hasta que la salsa haya espesado. Sirva sobre el arroz o la pasta, si lo desea. Espolvoree el ajonjolí.

*Si usa una mezcla de verduras congeladas, utilice una de piezas grandes. No descongele.

Nutrimentos por porción:

Calorías	145	Colesterol	0 mg
Grasa	8 g	Sodio	635 mg

Tallarín con Adormidera

Rinde 4 porciones

  225 g de tallarín sin cocer
  1 cucharada de margarina
  1 cucharadita de adormidera

Cueza el tallarín de acuerdo con las instrucciones del paquete; escurra. Colóquelo en un platón. Agregue la margarina y la adormidera; revuelva ligeramente.

Nutrimentos por porción:

Calorías	245	Colesterol	54 mg
Grasa	6 g	Sodio	45 mg

Verduras Orientales Fritas

Papas en Crema de Hierbas

Papas en Crema de Hierbas

Rinde 8 porciones

4 papas rojas, sin pelar y bien lavadas
1 taza de chícharos (guisantes) cocidos
½ taza de pimiento morrón verde picado
1½ tazas de yogur natural bajo en grasa
2 cucharadas de perejil picado
2 cucharadas de cebolla picada
1 cucharadita de albahaca en polvo
¼ de cucharadita de sal
    Pizca de pimienta blanca

En una olla mediana, hierva un poco de agua.
Agregue las papas y tape; deje hervir de 25 a
30 minutos o hasta que estén cocidas. Escurra y deje
enfriar. Rebane las papas y colóquelas en un
recipiente grande. Añada los chícharos y el pimiento.
Ponga el yogur, el perejil, la cebolla, la albahaca, la
sal y la pimienta blanca. Mezcle un poco. Tape y deje
reposar hasta el momento de servir.

Nutrimentos por porción:

Calorías	100	Colesterol	muy poco
Grasa	0 g	Sodio	184 mg

Calabacitas sobre Cebollas Rojas

Rinde 4 porciones como guarnición

450 g de calabacitas
2 cucharadas de aceite vegetal
1 cebolla roja grande finamente rebanada
2 cucharadas de vinagre de vino blanco
½ cucharadita de azúcar
½ cucharadita de estragón en polvo
    Cebollitas picadas para adornar

Enjuague las calabacitas. Corte la parte superior e
inferior de las calabacitas. Córtelas por la mitad a lo
largo y luego en pedazos de 2.5 cm.

Caliente el aceite en una sartén grande a fuego
medio-alto. Separe las rebanadas de calabacita. Fría la
cebolla. Agregue el vinagre, el azúcar y el estragón.
Añada las calabacitas. Tape y cueza durante
5 minutos. Ponga todo en un platón. Adorne si lo
desea. Sirva inmediatamente.

Nutrimentos por porción:

Calorías	96	Colesterol	0 mg
Grasa	7 g	Sodio	2 mg

Ratatouille de Ciruela

Rinde 6 porciones

1 cucharada de aceite vegetal
2½ tazas de berenjena picada
2 tazas de calabacita rebanada
1 cebolla cortada en rodajas
2 tazas de tomate rojo picado
4 ciruelas cortadas en rodajas (unas 2 tazas)
2 cucharaditas de ajo picado
1½ cucharaditas de albahaca en polvo
1 cucharadita de orégano en polvo
¼ de cucharadita de pimienta
    Rodajas de limón

Caliente el aceite en una sartén antiadherente grande,
a fuego medio. Agregue la berenjena, la calabacita y
la cebolla; cueza durante 15 minutos, moviendo
ocasionalmente. Añada los demás ingredientes,
excepto las rodajas de limón. Reduzca el fuego, tape
y deje hervir durante unos 4 minutos o hasta que las
ciruelas estén suaves.

Sírvalas en un plato y exprímales jugo de limón.
Sirva inmediatamente.

Nutrimentos por porción:

Calorías	93	Colesterol	0
Grasa	3 g	Sodio	10 mg

Zanahorias y Tirabeques Glaseados con Menta

Rinde 4 porciones

1 cucharada de margarina
3 zanahorias medianas, peladas y cortadas
    diagonalmente en rebanadas delgadas
250 g de tirabeques (vainas)
2 cucharadas de azúcar
1 cucharada de jugo de limón
1 cucharada de hojas de menta fresca o
    1 cucharadita de menta seca

Derrita la margarina en una sartén antiadherente a
fuego medio. Agregue los tirabeques, el azúcar, el
jugo de limón y la menta; cueza y mueva de 1 a
2 minutos hasta que las verduras estén listas y el
glaseado espese. Sirva inmediatamente.

Nutrimentos por porción:

Calorías	95	Colesterol	0 mg
Grasa	3 g	Sodio	59 mg

Risoto con Chícharos y Champiñones

Rinde 6 porciones

½ taza de cebolla picada
2 cucharaditas de margarina
1 taza de arroz sin cocer
⅓ de taza de vino blanco seco
1 taza de consomé de pollo
4 tazas de agua
1 taza de chícharos (guisantes)
1 lata (75 g) de champiñones rebanados
¼ de taza de queso parmesano rallado
¼ de cucharadita de pimienta blanca en polvo
⅓ de taza de leche baja en grasa

Fría la margarina con la mantequilla a fuego medio-alto. Agregue el arroz; fría de 2 a 3 minutos moviendo constantemente. Vierta el vino y cueza hasta que se haya absorbido. Incorpore el consomé y cueza hasta que se absorba totalmente. Continúe hirviendo y añada agua, 1 taza a la vez, permitiendo que cada taza sea absorbida antes de agregar otra. Cueza hasta que el arroz esté listo y tenga una consistencia cremosa. Añada los demás ingredientes. Mueva hasta obtener una consistencia cremosa, de 1 a 2 minutos. Sirva inmediatamente.

Nutrimentos por porción:

Calorías	205	Colesterol	4 mg
Grasa	6 g	Sodio	316 mg

Risoto con Chícharos y Champiñones

Pilaf de Avena y Verduras

Rinde 8 porciones

½ taza de champiñones picados
½ taza de pimiento morrón verde picado
½ taza de cebolla rebanada
1 cucharada de aceite vegetal
1¾ tazas de avena sin cocer (rápida o tradicional)
2 claras de huevo
¾ de taza de consomé de pollo
1 tomate rojo mediano, sin semillas y picado

En una sartén grande, fría los champiñones, el pimiento y la cebolla a fuego medio de 2 a 3 minutos. En un recipiente pequeño, mezcle la avena y las claras de huevo. Agregue la avena a la mezcla de verduras en la sartén. Fría la mezcla hasta que la avena esté seca y separada, aproximadamente de 5 a 6 minutos. Vierta el consomé y continúe friendo y moviendo de 2 a 3 minutos hasta que el líquido haya sido absorbido. Añada los tomates. Sirva inmediatamente.

Nutrimentos por porción:

Calorías	101	Colesterol	0 mg
Grasa	3 g	Sodio	20 mg

Platillo de Calabacitas

Rinde 8 porciones

450 g de pimiento morrón rojo (unos tres medianos)
2 cucharadas de aceite de oliva
¼ de cucharadita de ralladura de cáscara de limón
1 cucharada de jugo de limón
½ cucharadita de eneldo
Sal y pimienta negra al gusto (opcional)
3 tazas de calabacita y de calabacín
⅓ de taza de almendras tostadas rebanadas

En horno de microondas: Descorazone y parta en cuartos los pimientos. Colóquelos en un refractario. Tape y hornee durante 10 minutos a temperatura ALTA (100 %). Licue los pimientos y los demás ingredientes, excepto la calabacita, el calabacín y las almendras. Coloque la calabacita y el calabacín en un refractario de 23 cm. Tape y hornee de 3 a 4 minutos a temperatura ALTA. Sirva la calabacita y adorne con las almendras. Corone con salsa de pimiento morrón rojo.

Nutrimentos por porción:

Calorías	84	Colesterol	0 mg
Grasa	6 g	Sodio	140 mg

Brócoli con Salsa de Tangerina y Jengibre

Rinde 6 porciones

½ taza de cebolla picada
2 cucharaditas de jengibre cristalizado
1 cucharadita de margarina
225 g de yogur de limón bajo en grasa
    Ralladura de cáscara de 1 tangerina fresca
2 tangerinas peladas y en gajos
750 g de brócoli partido o 2 paquetes (de 285 g cada uno) de floretes de brócoli descongelados y escurridos

En una sartén pequeña, a fuego bajo, fría la cebolla y el jengibre con la mantequilla. Agregue el yogur, la tangerina y la ralladura de tangerina. Cueza y mueva a fuego bajo hasta que esté listo (no deje hervir). Sirva la salsa sobre el brócoli. Adorne con más ralladura de cáscara de tangerina, si lo desea.

Nutrimentos por porción (incluye unas 3½ cucharadas de salsa):

Calorías	103	Colesterol	3 mg
Grasa	2 g	Sodio	57 mg

De izquierda a derecha: Pimientos Criollos Rellenos, Alambre Asado de Verduras

Pimientos Criollos Rellenos

Rinde 6 porciones

6 pimientos morrones verdes grandes
    Agua hirviente
½ taza de cebolla picada
1 cucharada de margarina
2 tazas de tomate rojo picado
2 tazas de okra (quingombó, angú) rebanada
2 tazas de granos de elote fresco
⅛ de cucharadita de pimienta negra

Caliente el horno a 180 °C. Corte la parte superior de los pimientos; quite las semillas y las venas. Agregue los pimientos al agua hirviente en una sartén grande y tape. Hierva durante 5 minutos; escurra. Deje enfriar. En una sartén grande, a fuego medio, fría la cebolla con la margarina. Añada los tomates, el elote y la pimienta negra; cueza hasta que la mezcla esté totalmente caliente y ligeramente espesa. Rellene los pimientos con la mezcla de elote; colóquelos en un refractario. Hornee durante 30 minutos o hasta que los pimientos estén suaves.

Nutrimentos por porción:

Calorías	119	Colesterol	0 mg
Grasa	3 g	Sodio	39 mg

Alambre Asado de Verduras

Rinde 4 porciones

12 champiñones naturales grandes
    Agua hirviente
¼ de taza de aderezo italiano
2 cucharadas de jugo de lima o limón
1½ cucharaditas de salsa inglesa
2 calabacitas medianas, cortadas en rebanadas diagonales de 2.5 cm
4 tomates cherry

Coloque los champiñones en un recipiente mediano; cubra con agua hirviente. Deje reposar durante 1 minuto; escurra. Mezcle el aderezo, el jugo de limón y la salsa inglesa en un recipiente pequeño. De manera alternada, ponga los champiñones y la calabacita en cuatro alambres. Ase los alambres sobre carbón a fuego medio durante unos 10 minutos, volteando y barnizando frecuentemente con la mezcla de aderezo. Retire del fuego. Inserte los tomates en la punta de los alambres. Continúe asando durante 5 minutos, volteando y barnizando con el resto de la mezcla de aderezo. Adorne al gusto.

Nutrimentos por porción:

Calorías	44	Colesterol	1 mg
Grasa	2 g	Sodio	141 mg

Papas Rostizadas con Cebolla

Papas Rostizadas con Cebolla

Rinde 8 porciones

¼ de taza de sal de cebolla
900 g de papa partida en trozos grandes
⅓ de taza de aceite de oliva o aceite vegetal

Caliente el horno a 220 °C. En una bolsa grande de plástico, mezcle todos los ingredientes. Cierre la bolsa y agite hasta que las papas estén completamente cubiertas. Vacíe las papas en un refractario. Hornee, moviendo ocasionalmente, durante 40 minutos o hasta que las papas estén doradas. Adorne con perejil picado si lo desea.

Nutrimentos por porción:			
Calorías	174	Colesterol	0 mg
Grasa	9 g	Sodio	385 mg

Relleno Ligero de Chabacano

Rinde 8 porciones

1 taza de apio rebanado
¾ de taza de cebolla picada
1½ tazas de consomé de pollo
16 rebanadas de pan seco cortadas en cubos
2 cucharadas de perejil seco
1½ cucharaditas de sazonador para aves
½ cucharadita de sal
2 claras de huevo
¼ de taza de chabacanos secos y picados

En una olla pequeña, a fuego medio, hierva el apio, la cebolla y el consomé. Reduzca el fuego, tape y deje hervir durante 5 minutos o hasta que las verduras estén listas.

En un recipiente grande, combine la mezcla de apio, el pan, el perejil, el sazonador para aves, la sal, las claras de huevo y los chabacanos. Vacíe con una cuchara en una cacerola de 2 litros; tape. Hornee a 180 °C durante 30 minutos.

Nutrimentos por porción:			
Calorías	164	Colesterol	muy poco
Grasa	2 g	Sodio	566 mg

Tomates Rellenos

Rinde de 6 a 8 porciones

6 a 8 tomates rojos medianos
2 cucharadas de aceite vegetal
⅓ de taza de apio picado
2 cucharadas de cebolla picada
2 tazas de arroz integral cocido
¼ de taza de queso parmesano molido
1 cucharada de perejil picado
1 cucharadita de albahaca en polvo
⅛ de cucharadita de pimienta negra
⅛ de cucharadita de ajo en polvo

Corte una rebanada delgada de la parte superior de cada tomate. Quite la pulpa de los tomates, píquela y apártela. Coloque los tomates hacia abajo sobre una toalla de papel para que escurran.

Caliente el horno a 180 °C. Caliente el aceite en una sartén mediana. Agregue el apio y la cebolla. Fría a fuego medio hasta que el apio esté listo. Retire del fuego. Añada la pulpa de tomate, el arroz, el queso parmesano, el perejil, la albahaca, la pimienta y el ajo en polvo. Mezcle bien. Coloque las tapas de los tomates, si lo desea.

Engrase un molde para pay de 23 cm. Ponga los tomates en el molde y cubra con papel de aluminio.

Hornee a 180 °C de 30 a 45 minutos o hasta que los tomates estén listos.

Nutrimentos por porción:			
Calorías	125	Colesterol	2 mg
Grasa	5 g	Sodio	65 mg

Soufflé de Verduras en Tazas de Pimienta

Rinde 6 porciones

1 taza de brócoli picado
½ taza de zanahoria rebanada
¼ de taza de cebolla picada
1 cucharadita de albahaca en polvo
½ cucharadita de pimienta negra
2 cucharaditas de margarina
2 cucharadas de harina de trigo
1 taza de leche descremada
225 g de claras de huevo
3 pimientos morrones grandes, rojos, amarillos o verdes, partidos por la mitad

En una sartén con antiadherente, a fuego medio-alto, fría el brócoli, la zanahoria, la cebolla, la albahaca y la pimienta negra. Agregue la harina y fría hasta obtener una consistencia suave. De manera gradual, vierta la leche, moviendo constantemente hasta que espese. Retire del fuego.

En un recipiente mediano, con batidora eléctrica a velocidad alta, bata las claras de huevo a punto de turrón, durante unos 3 minutos. Con cuidado, incorpore la mezcla de brócoli; rellene los pimientos con la mezcla. Colóquelos en una charola de 33×23 cm. Hornee a 180 °C de 30 a 35 minutos o hasta que, al insertar en el centro un cuchillo, éste salga limpio. Adorne al gusto y sirva inmediatamente.

Nutrimentos por porción:

Calorías	75	Colesterol	1 mg
Grasa	2 g	Sodio	91 mg

Arroz con Ajonjolí, Jengibre y Zanahoria

Rinde 4 porciones

1⅔ tazas de agua
½ cucharadita de sal (opcional)
1½ tazas de arroz instantáneo sin cocer
1 taza de zanahoria rallada
1 cucharadita de aceite de ajonjolí
1 cucharadita de jengibre fresco rallado
1 cebollín finamente rebanado

En una sartén grande, hierva el agua con sal. Agregue el arroz, la zanahoria, el aceite de ajonjolí y el jengibre. Tape y retire del fuego. Deje reposar durante 5 minutos o hasta que toda el agua haya sido absorbida. Agregue el cebollín antes de servir.

Nutrimentos por porción:

Calorías	143	Colesterol	0 mg
Grasa	1 g	Sodio	20 mg

Cazuela de Chícharos

Rinde 4 porciones

2 cucharadas de aceite vegetal
225 g de chícharos (guisantes)
115 g de champiñones rebanados
1 pimiento morrón amarillo o rojo cortado en tiras
Sal y pimienta negra (opcional)

Caliente el aceite en una sartén grande a fuego medio-alto. Agregue las verduras. Fría durante 4 minutos o hasta que las verduras estén listas. Sazone con sal y pimienta negra, si lo desea.

Nutrimentos por porción:

Calorías	96	Colesterol	0 mg
Grasa	7 g	Sodio	4 mg

Elote Olé

Rinde 6 porciones

2 cucharadas de margarina
3 tazas de tomate rojo picado
2 tazas de granos de elote
2 tazas (335 g) de mitades de calabacitas
⅓ de taza de cebolla picada
¼ de cucharadita de pimienta negra

Derrita la margarina en una sartén grande. Agregue los demás ingredientes; tape. Cueza de 10 a 15 minutos o hasta que la calabacita esté lista; mueva ocasionalmente.

Nutrimentos por porción:

Calorías	111	Colesterol	0 mg
Grasa	5 g	Sodio	59 mg

Elote Olé

Pluma con Alcachofas

Rinde de 4 a 6 porciones

285 g de corazones de alcachofas
1¼ tazas de agua
2 cucharadas de jugo de limón
5 dientes de ajo picados
900 g de tomates rojos secos en aceite, escurridos
2 cucharadas de aceite de oliva
2 pimientos morrones rojos, secos y molidos
2 cucharadas de perejil picado
¼ de cucharadita de sal
¼ de cucharadita de pimienta negra
¾ de taza de pan molido
1 cucharada de ajo picado
360 g de pluma de pasta cocida, escurrida y caliente
1 cucharada de queso romano rallado

Hierva las alcachofas con el agua y el jugo de limón en una olla pequeña a fuego medio. Deje enfriar y luego córtelas en cuartos. Guarde el líquido de las alcachofas. Dore los 5 dientes de ajo en una sartén grande a fuego medio, con 1½ cucharadas de aceite. Reduzca el fuego y agregue el líquido de las alcachofas, los pimientos, el perejil, la sal y la pimienta. Deje hervir durante 5 minutos.

Mientras tanto, en una sartén pequeña, fría el pan y 1 cucharada de ajo picado con ½ cucharada de aceite. En un recipiente grande, vierta la salsa de alcachofa sobre la pasta; mezcle un poco. Espolvoree con la mezcla de pan y queso.

Nutrimentos por porción:			
Calorías	287	Colesterol	1 mg
Grasa	7 g	Sodio	220 mg

Aderezo de Arándano

Rinde 8 porciones

3 tazas de mezcla de sazonador de hierbas para relleno
2 tazas de fruta seca mixta
1 taza de apio picado
1 taza de salsa de arándano rojo
⅔ de taza de cebolla picada
½ cucharadita de salvia molida
½ cucharadita de tomillo en polvo
1½ tazas de consomé de pollo
Antiadherente en aerosol

Caliente el horno a 160 °C. En un recipiente mediano, combine la mezcla de sazonador de hierbas, la fruta seca, el apio, la salsa de arándano, la cebolla, la salvia, el tomillo y el consomé de pollo. Engrase un refractario de 2 litros con antiadherente. Coloque el aderezo en el refractario y hornee sin tapar de 40 a 45 minutos.

Nutrimentos por porción:			
Calorías	260	Colesterol	0 mg
Grasa	2 g	Sodio	420 mg

Brócoli al Limón

Rinde de 2 a 3 porciones

1 cabeza de brócoli cortada en floretes
2 cucharadas de margarina
3 a 4 cucharadas de jugo de limón
1 cucharada de mostaza Dijon
½ cucharadita de mejorana seca molida

Cueza el brócoli al vapor en un recipiente con agua durante 3 o 4 minutos hasta que se suavice.

Derrita la margarina en una olla pequeña a fuego medio. Mezcle el jugo de limón, la mostaza y la mejorana. Vierta sobre el brócoli. Sirva con pechugas de pollo asadas o pescado.

Tiempo de preparación: 5 minutos
Tiempo de cocción: 10 minutos

Nutrimentos por porción:			
Calorías	118	Colesterol	0 mg
Grasa	8 g	Sodio	192 mg

Arroz Salvaje Salteado

Rinde 6 porciones

½ taza de champiñones frescos
¼ de taza de cebollín picado
1 diente de ajo picado
2 cucharadas de aceite vegetal
3 tazas de arroz salvaje cocido
¼ de cucharadita de sal
¼ de cucharadita de pimienta negra
¼ de cucharadita de romero molido
2 cucharadas de licor de durazno

En una sartén grande, fría los champiñones, las cebollas y el ajo con aceite durante 1½ minutos. Agregue el arroz, los sazonadores y el licor; cueza durante 1½ minutos más, moviendo frecuentemente.

Nutrimentos por porción:			
Calorías	143	Colesterol	0 mg
Grasa	5 g	Sodio	97 mg

Pluma con Alcachofas

Verduras Frescas con Sabor a Naranja

Rinde 4 porciones

1½ tazas de tofu en trozos de 2.5 cm (unos 225 g)
1 cucharada de salsa de soya
1 cubo de consomé de pollo disuelto en
    1½ tazas de agua o 1½ tazas de jugo de
    tomate con sal
2 cucharadas de fécula de maíz
1 cucharada de aceite vegetal
2 tazas de apio rebanado diagonalmente
1 taza de floretes de brócoli
¾ de taza de pimiento morrón rojo en trozos
¼ de taza de cebollín rebanado
4 tiras (de 10×1 cm) de cáscara de naranja
1½ cucharaditas de jengibre en polvo
180 g de espagueti cocido
    Rebanadas de naranja para adornar
    (opcional)

Mezcle bien el tofu y la salsa de soya en un recipiente mediano. Combine el consomé y la fécula de maíz en una taza. Caliente el aceite en una sartén grande antiadherente a fuego medio-alto. Agregue el apio, el brócoli, la pimienta roja, el cebollín, la cáscara de naranja y el jengibre; cueza y mueva durante 4 minutos o hasta que las verduras estén listas. Añada la mezcla de fécula de maíz a la sartén; deje hervir. Hierva durante 1 minuto o hasta que la mezcla espese ligeramente, moviendo con frecuencia. Con cuidado, incorpore el tofu restante; cueza por 1 minuto más o hasta que esté listo. Sirva sobre el espagueti. Adorne con las rebanadas de naranja, si lo desea.

Nutrimentos por porción:			
Calorías	275	Colesterol	0 mg
Grasa	7 g	Sodio	542 mg

Verduras Frescas con Sabor a Naranja

Pizza Fresca

Rinde dos pizzas de 30 cm, 24 rebanadas

Salsa de especias
1 cucharada de aceite vegetal
1 taza de cebolla picada
2 dientes de ajo picados
2 latas (430 g) de tomates hervidos y picados,
    sin sal
2 latas (225 g) de salsa de tomate sin sal
2 cucharadas de perejil picado
2 cucharaditas de albahaca en polvo
1 cucharadita de azúcar
½ cucharadita de orégano
¼ de cucharadita de pimienta negra

Masa para Pizza
2 tazas de harina de trigo
1 cucharada de azúcar
½ cucharadita de sal
1 sobre (7.5 g) de levadura deshidratada
1 taza de agua tibia (de 43 a 45 °C)
2 cucharadas de aceite vegetal
1 taza de harina integral de trigo

Cubierta Fresca
1 calabacita mediana finamente rebanada
1 pimiento morrón rojo o verde, grande,
    cortado en rebanadas delgadas
120 g de champiñones finamente rebanados
2 tazas (225 g) de queso mozzarella rallado
2 cucharadas de queso parmesano rallado

1. Para la salsa, caliente 1 cucharada de aceite vegetal en una sartén a fuego bajo. Agregue la cebolla y el ajo. Fríalos hasta que se suavicen. Añada los tomates, la salsa de tomate, el perejil, el azúcar, el orégano y la pimienta negra. Deje hervir durante una hora o hasta que tenga una consistencia muy espesa. Deje enfriar a temperatura ambiente.

2. Caliente el horno a 220 °C. Engrase dos charolas para pizza de 30 cm (o dos charolas para hornear).

3. Para la masa, mezcle 1¼ de taza de harina, el azúcar, la sal y la levadura en un recipiente grande. Agregue el agua y 2 cucharadas de aceite. Mezcle en licuadora a velocidad baja durante 30 segundos, retirando con cuidado la masa que quede pegada en las orillas del recipiente. Bata a velocidad alta durante 3 minutos. Añada la harina integral de trigo. Ponga suficiente harina blanca para que la masa adquiera una consistencia suave. Amase sobre una superficie ligeramente enharinada, hasta que su consistencia sea suave y elástica (aproximadamente de 6 a 8 minutos). A la mitad de la masa déle forma circular y transfiérala a la charola, o haga esto sobre la charola misma. Presione las orillas sobre ésta. Pique la masa con un tenedor. Haga lo mismo con la otra mitad de la masa.

4. Hornee a 220 °C de 10 a 12 minutos o hasta que la masa haya dorado. (Hornee a 200 °C si utiliza charolas oscuras o charolas normales para hornear.) Deje enfriar. Distribuya de manera uniforme la mitad de la salsa sobre cada una de las bases.

5. Acomode la calabacita, las tiras de pimiento y los champiñones sobre la salsa. Espolvoree el queso mozzarella y el queso parmesano.

6. Hornee a 220 °C de 12 a 15 minutos o hasta que el queso burbujee y se haya dorado ligeramente.

Nota: Puede preparar la salsa y refrigerarla para su uso posterior. Puede engrasar un poco la salsa y refrigerarla en una bolsa de plástico sellada durante 2 o 3 días. Antes de usar la masa, déjela reposar a temperatura ambiente. Una vez horneadas, las bases para pizza se pueden envolver y congelar.

Nutrimentos por porción (1 rebanada):

Calorías	120	Colesterol	5 mg
Grasa	4 g	Sodio	115 mg

Cazuela de Col con Especias

Rinde 8 porciones

 1 cucharadita de aceite vegetal
60 g de jamón ahumado picado
½ taza de cebolla picada
½ taza de pimiento morrón verde picado
 1 lata (285 g) de tomates rojos con chiles jalapeños en rajas, en escabeche, sin escurrir y picados
½ cucharadita de azúcar
 4 tazas de col rebanada
⅛ de cucharadita de pimienta negra
⅛ de cucharadita de salsa picante

1. Caliente el aceite en una sartén grande a fuego medio. Agregue el jamón y el pimiento. Fríalos hasta que las verduras estén listas. Añada los tomates y el azúcar. Deje hervir durante 3 minutos.

2. Ponga la col, la pimienta y la salsa picante. Deje hervir durante 15 minutos, moviendo ocasionalmente.

Nutrimentos por porción:

Calorías	35	Colesterol	5 mg
Grasa	1 g	Sodio	165 mg

Tirabeques con Ajonjolí

Tirabeques con Ajonjolí

Rinde 4 porciones de guarnición

250 g de tirabeques (vainas)
 2 cucharaditas de aceite de ajonjolí y de aceite vegetal
 2 cebollines cortados en rebanadas de .5 cm
½ cucharadita de jengibre fresco o ¼ de cucharadita de jengibre en polvo
 1 zanahoria mediana cortada en tiras
 1 cucharadita de salsa de soya
 1 cucharada de ajonjolí tostado*

Para cortar los tirabeques de manera decorativa, córtelos en forma de "V" en cada una de las puntas.

Caliente un wok o una sartén grande a fuego medio. Agregue el aceite vegetal y el aceite de ajonjolí; caliéntelos durante unos 30 segundos. Añada el cebollín, el jengibre, los tirabeques y la zanahoria; fríalos moviéndolos constantemente durante 4 minutos o hasta que los tirabeques adquieran un color verde claro. Vierta la salsa de soya. Sírvalos espolvoreándolos con el ajonjolí. Sirva inmediatamente.

*Para tostar el ajonjolí, caliente una sartén pequeña a fuego medio. Agregue el ajonjolí; tuéstelo moviendo constantemente durante 5 minutos o hasta que se haya dorado.

Nutrimentos por porción:

Calorías	85	Colesterol	0 mg
Grasa	6 g	Sodio	116 mg

Betabel con Glaseado de Durazno

Betabel con Glaseado de Durazno

Rinde 4 porciones de guarnición

450 g de betabel (betarraga)
   1 taza de néctar de chabacano
   1 cucharada de fécula de maíz
   2 cucharadas de vinagre de sidra o de vino tinto
   8 mitades de chabacanos deshidratados, cortados en tiras
   ¼ de cucharadita de sal
      Mitades de chabacano adicionales (opcional)

Corte las tapas del betabel, dejando por lo menos 2.5 cm del tallo (no corte las raíces). Talle el betabel con un cepillo para verdura bajo agua corriente, teniendo cuidado de no romper la piel. Coloque el betabel en una olla mediana; cubra con agua. Tape y ponga a hervir a fuego alto; una vez que hierva, reduzca el fuego y deje hervir durante 20 minutos o hasta que el betabel esté un poco firme al pincharlo con un tenedor y la piel se quite fácilmente. (El betabel más grande tardará más en cocerse.) Transfiéralos a un plato; déjelos enfriar. Enjuague la olla.

Mezcle el néctar del chabacano y la fécula de maíz en la misma olla; vierta el vinagre. Añada las tiras de chabacano y la sal. Cueza a fuego medio hasta que la mezcla espese.

Corte las raíces y los tallos del betabel sobre un plato.* Pele y corte los betabeles en rebanadas de 1 cm de ancho. Póngalos en la mezcla de chabacano; revuelva un poco. Transfiera a un plato. Adorne al gusto. Sirva inmediatamente con las mitades de chabacano.

No corte los betabeles sobre la tabla para cortar; el jugo la manchará.

Nutrimentos por porción:			
Calorías	93	Colesterol	0 mg
Grasa	muy poca	Sodio	175 mg

Bryani

Rinde 6 porciones

225 g de ejotes (judías verdes)
      Arroz al Curry (receta más adelante)
   1 cebolla picada
   1 diente de ajo picado
   2 duraznos frescos picados (unas 2½ tazas)
   ½ taza de nuez tostada y picada (opcional)

Caliente el horno a 180 °C. Coloque los ejotes en un colador. Lávelos con agua corriente; enjuague bien. Mezcle el Arroz al Curry, la cebolla y el ajo. Ponga la mitad de la mezcla del Arroz al Curry en una cacerola de 1½ litros. Cubra con los duraznos, la nuez y los ejotes. Ponga encima el resto de la mezcla del Arroz al Curry. Cubra con papel de aluminio y hornee durante 50 minutos. Sirva con yogur natural, rebanadas de durazno adicional y uvas pasa, si lo desea.

Arroz al Curry: Mezcle 2 tazas de agua, 2 cucharaditas de curry en polvo y ¼ de cucharadita de canela en polvo en una olla. Tape y deje hervir. Agregue una taza de arroz blanco de grano largo; tape y vuelva a hervir. Reduzca el fuego; deje hervir durante 20 minutos o hasta que el líquido se haya consumido.

Nutrimentos por porción:			
Calorías	148	Colesterol	0 mg
Grasa	muy poca	Sodio	6 mg

Pan de Elote con Chile y Queso

Rinde 8 porciones

   1 taza de harina de maíz
   ⅔ de taza de harina
   2 cucharaditas de polvo para hornear
   ½ cucharadita de sal
   ¾ de taza de crema agria baja en grasa
   2 claras de huevo
   1 huevo
   ¼ de taza de aceite vegetal
1½ tazas de queso amarillo bajo en grasa, finamente picado
   1 lata (250 g) de granos de elote cocidos y escurridos
   1 lata (120 g) de rajas de chile en escabeche, picadas y escurridas

1. Caliente el horno a 200 °C. Engrase un refractario de 23 cm.

2. Mezcle ambas harinas, el polvo para hornear y la sal en un recipiente pequeño.

3. Combine la crema agria, las claras de huevo, el huevo y el aceite vegetal en un recipiente mediano. Agregue los granos de elote, el queso, la mezcla de harina y los chiles. Vierta al refractario.

4. Hornee a 200 °C de 30 a 35 minutos o hasta que, al insertar en el centro un palillo, éste salga limpio. Deje enfriar de 10 a 15 minutos. Corte en cuadritos. Sirva caliente.

Nutrimentos por porción:			
Calorías	255	Colesterol	30 mg
Grasa	8 g	Sodio	860 mg

Verduras al Gratín

Verduras al Gratín

Rinde 4 porciones

¼ de taza de mostaza
2 cucharadas de aceite de oliva
½ cucharadita de sazonador italiano y de ajo
    en polvo
¼ de taza de pan molido
3 calabacitas chicas (345 g) finamente
    rebanadas
3 tomates rojos medianos (345 g) finamente
    rebanados
½ taza de queso mozzarella bajo en grasa

En un recipiente pequeño, mezcle la mostaza, el aceite y las especias. Combine una cucharada de la mezcla de mostaza con el pan molido. En un refractario de 23 cm, apenas engrasado, coloque la mitad de las calabacitas en forma circular, encimándolas ligeramente. Ponga un poco de la mezcla de mostaza sobre las calabacitas. Coloque los tomates sobre las calabacitas en un platón para pay; ponga encima un poco de la mezcla de mostaza. Espolvoree el queso mozzarella. Repita lo mismo con las calabacitas, el tomate y la mezcla de mostaza restantes. Hornee sin tapar a 200 °C durante 30 minutos o hasta que las verduras estén listas. Espolvoree con el pan molido restante. Hornee sin tapar durante 5 minutos o hasta que el pan se haya dorado. Adorne al gusto.

Nutrimentos por porción:

Calorías	167	Colesterol	5 mg
Grasa	10 g	Sodio	375 mg

Papas Doradas

Rinde 4 porciones

675 g de papas cambray (patatas nuevas) (unas
    12)
½ taza de cereal de avena sin cocer
2 cucharadas de queso parmesano rallado
1 cucharada de perejil picado o 1 cucharadita
    de perejil seco
½ cucharadita de eneldo picado o
    ½ cucharadita de eneldo seco
½ cucharadita de pimentón
1 clara de huevo ligeramente batida
¼ de taza de leche descremada
1 cucharada de margarina derretida

Caliente el horno a 200 °C. Engrase ligeramente un molde de 28×18 cm. Cueza las papas durante 15 minutos. Escurra; enjuague con agua fría.

En un refractario, mezcle la avena, el queso, el perejil, el eneldo y el pimentón. En otro refractario, mezcle la clara de huevo y la leche. Cubra las papas con la mezcla de avena; sacuda el exceso. Vierta en la mezcla de huevo; luego vuelva a cubrir con la mezcla de avena; coloque en un platón previamente preparado; rocíe con margarina. Tape y hornee durante 10 minutos; destape y hornee por 10 minutos más o hasta que las papas estén listas.

Nutrimentos por porción:

Calorías	230	Colesterol	0 mg
Grasa	5 g	Sodio	110 mg

Deliciosas Manzanas Rebanadas

Rinde de 6 a 8 porciones

½ taza de azúcar morena
2 cucharadas de harina de trigo
    Pizca de clavo en polvo
1.125 kg de manzanas peladas, sin corazón y
    rebanadas (unas 8 tazas)
¼ de taza de manteca
¼ de taza de agua

Mezcle el azúcar morena, la harina y los clavos en un recipiente grande. Agregue las rebanadas de manzana y revuelva un poco. Derrita la manteca en una sartén grande. Incorpore la mezcla de manzana y cueza a fuego alto durante 5 minutos, moviendo ocasionalmente. Vierta el agua. Deje hervir la mezcla; tape y reduzca el fuego a bajo. Deje hervir durante 10 minutos o hasta que las manzanas se hayan suavizado. Sirva con asado de res o pavo, si lo desea.

Nutrimentos por porción:

Calorías	195	Colesterol	0 mg
Grasa	6 g	Sodio	7 mg

Verduras con Ajonjolí y Queso

Rinde 4 porciones de guarnición o 2 de platillo principal

1 cucharada más 2 cucharaditas de harina de trigo
½ taza de leche evaporada baja en grasa, sin diluir
¼ de taza de agua
1 cucharadita de mostaza Dijon
½ taza de queso cheddar rallado bajo en grasa
3 a 4 tazas de verduras mixtas (zanahorias, calabacitas, brócoli, coliflor o espárragos)
1 cucharada de ajonjolí tostado

Coloque la harina en una olla pequeña; agregue pequeñas cantidades de leche evaporada; bata bien. Añada el resto de la leche, así como el agua y la mostaza. Cueza a fuego medio, moviendo constantemente, hasta que la mezcla hierva y se espese. Ponga el queso; mueva hasta que se haya derretido. Sirva sobre las verduras. Espolvoree con el ajonjolí.

Nutrimentos por porción:			
Calorías	148	Colesterol	12 mg
Grasa	5 g	Sodio	162 mg

Elote con Chile

Rinde 4 porciones

4 mazorcas de elote
3 cucharadas de margarina suavizada
1 cucharada de cebollín picado
1 cucharadita de chile en polvo
Sal y pimienta negra (opcional)

Hierva agua en un recipiente grande. Agregue las mazorcas; hierva durante 5 minutos. Mientras tanto, mezcle la margarina, el cebollín y el chile en polvo en un recipiente pequeño.

Retire las mazorcas del agua; úntelas con la mezcla de margarina. Sazone con sal y pimienta al gusto.

Nutrimentos por porción:			
Calorías	161	Colesterol	0 mg
Grasa	10 g	Sodio	119 mg

Relleno de Camarón

Rinde 8 porciones

450 g de camarón, limpio y en cuartos
2 cucharadas de margarina
1 paquete (180 g) de pan molido sazonado
½ taza de apio picado
½ taza de cebollín picado
¼ de taza de pimiento morrón verde
1 lata (400 g) de crema de champiñones condensada
¾ de taza de agua
1 cucharadita de mostaza seca
1 cucharadita de jugo de limón
½ cucharadita de Cajún
¼ de cucharadita de sal (opcional)
½ taza (60 g) de queso mozzarella bajo en grasa, desmenuzado

Fría los camarones con la margarina a fuego medio, hasta que empiecen a cambiar de color.

Agregue los demás ingredientes, excepto el queso. Reduzca el fuego a bajo. Tape y deje cocer durante 5 minutos. Retire del fuego y añada el queso.

En horno de microondas: En un recipiente para microondas de 4 litros, derrita la margarina a temperatura ALTA (100 %) durante 1 minuto. Agregue el camarón y los demás ingredientes, excepto el queso. Cubra con plástico y deje una orilla sin cubrir para ventilación. Hornee durante 9 minutos o hasta que el relleno se haya calentado y los camarones adquieran un color opaco; mueva cada 3 minutos. (Al momento de mover el relleno, quite con cuidado el plástico para permitir que salga el vapor.) Revuelva con el queso.

Nutrimentos por porción:			
Calorías	220	Colesterol	95 mg
Grasa	7 g	Sodio	827 mg

Relleno de Camarón

Aderezo Valle de las Salinas para Papa

Rinde 10 porciones

    1 cucharada de margarina o mantequilla
    ½ taza de floretes de brócoli picados
    1 taza de yogur natural bajo en grasa
    ¼ de taza de queso mozzarella bajo en grasa
        Pimentón

En una sartén derrita la margarina. Agregue el brócoli; cueza hasta que tenga una consistencia suave. Retire del fuego; añada el yogur y el queso mozzarella.

Nutrimentos por porción (1 cucharada de aderezo):

Calorías	10	Colesterol	muy poco
Grasa	0 g	Sodio	48 mg

Aderezo Dakota para Papa

Rinde 8 porciones

    1 taza de yogur natural bajo en grasa
    3 cucharadas de tocino en trocitos
    2 cucharaditas de rábano rusticano preparado

Mezcle el yogur, el tocino y el rábano. Tape y refrigere hasta antes de servir.

Nutrimentos por porción (1 cucharada de aderezo):

Calorías	10	Colesterol	muy poco
Grasa	0 g	Sodio	96 mgl

En el sentido de las manecillas del reloj, desde arriba a la izquierda: Aderezo Valle de las Salinas para Papa, Aderezo Dakota para Papa, Aderezo Pequeña Italia para Papa

Aderezo Pequeña Italia para Papa

Rinde 10 porciones

    1 taza de yogur natural bajo en grasa
    ½ taza de tomate rojo picado
    2 cucharadas de queso parmesano rallado
    1 cucharada de albahaca fresca picada o
        ½ cucharadita de albahaca seca
    1 cucharada de orégano fresco o ¼ de
        cucharadita de orégano seco
    ¼ de cucharadita de sal

En un recipiente pequeño, mezcle el yogur, el tomate, el queso, la albahaca, el orégano y la sal. Tape el recipiente; deje enfriar hasta que vaya a servir. Sirva sobre mitades de papa horneada.

Nutrimentos por porción (1 cucharada de aderezo):

Calorías	10	Colesterol	muy poco
Grasa	0 g	Sodio	112 mg

Aderezo Texas para Papa

Rinde 10 porciones

    1 taza de yogur natural bajo en grasa
    ⅓ de taza de salsa picante
    ⅓ de taza de aceitunas rellenas

En un recipiente pequeño, mezcle el yogur, la salsa y las aceitunas. Tape y deje enfriar hasta que vaya a servir. Sirva sobre mitades de papa al horno.

Nutrimentos por porción (1 cucharada de aderezo):

Calorías	10	Colesterol	mínimo
Grasa	0 g	Sodio	200 mg

Arroz Salvaje Tabbouleh

Rinde de 6 a 8 porciones

    4 tazas de arroz salvaje cocido
    1 lata (225 g) de garbanzo escurrido
    1¼ tazas de perejil picado
    ¾ de taza de hojas de menta fresca
    ¾ de taza de cebollín finamente picado
    3 tomates rojos picados
    ½ taza de jugo de limón
    ¼ de taza de aceite de oliva
    ½ cucharadita de sal

Mezcle los ingredientes en un recipiente grande. Refrigere durante 1 hora por lo menos y hasta por una semana. Mezcle y sirva sobre hojas de lechuga.

Nutrimentos por porción:

Calorías	200	Colesterol	0 mg
Grasa	8 g	Sodio	273 mg

Macarrón con Crema y Queso

Rinde 6 porciones

2 cucharadas de aceite vegetal
½ taza de cebollín picado
1 diente de ajo picado
2 cucharadas de harina de trigo
¼ de cucharadita de albahaca seca
¼ de cucharadita de mostaza deshidratada
⅛ de cucharadita de pimienta
2 tazas de leche descremada
1 taza (120 g) de queso cheddar rallado
½ taza de crema agria
1 cucharadita de salsa inglesa
Pizca de salsa picante
1½ tazas de macarrones cocidos (sin sal ni grasa), muy bien escurridos
1 cucharada de pan molido

1. Caliente el horno a 180 °C. Engrase ligeramente un refractario.

2. Caliente 2 cucharadas de aceite vegetal en una sartén grande a fuego medio. Agregue el cebollín y el ajo. Fría hasta que estén suaves.

3. Añada la harina, la albahaca, la mostaza y la pimienta. Mezcle bien. Vierta la leche. Cueza hasta que la mezcla espese y comience a hervir. Ponga el queso, la crema agria, la salsa inglesa y la salsa picante.

4. Revuelva la pasta y la mezcla de salsa en un recipiente grande. Sirva en el refractario y espolvoree el pan molido.

5. Hornee a 180 °C durante 25 minutos.

En horno de microondas: 1. Mezcle el aceite, el cebollín y el ajo en un refractario grande. Cubra con plástico; deje una orilla sin tapar para ventilación. Hornee durante 2 minutos.

2. Siga el paso 3, hasta agregar la leche. Cubra y ventile. Hornee durante 6 minutos o hasta que la mezcla hierva; mueva cada 2 minutos. Añada el queso, la crema agria, la salsa inglesa y la salsa picante. Mueva hasta que se derrita el queso. Cubra. Hornee durante 4 minutos, moviendo después de cada 2 minutos. Destape y hornee por 2 minutos. Espolvoree el pan molido.

Nutrimentos por porción:			
Calorías	260	Colesterol	15 mg
Grasa	9 g	Sodio	215 mg

Medias Lunas de Zanahoria y Nuez Moscada

Medias Lunas de Zanahoria y Nuez Moscada

Rinde 4 porciones de guarnición

450 g de zanahorias frescas y peladas
⅓ de taza de agua
2 cucharadas de miel
¼ de cucharadita de nuez moscada molida
2 cucharadas de nuez picada
2 flores comestibles, como dragoncillo, para adornar

Para hacer las medias lunas de zanahoria, coloque una zanahoria sobre la tabla de picar. Corte la zanahoria por la mitad, a lo largo. Coloque cada mitad sobre la tabla y corte hacia abajo en rebanadas diagonales de 1 cm, empezando por el lado más largo de la zanahoria. Haga lo mismo con las demás zanahorias.

Hierva las zanahorias en una olla grande con tapa. Al primer hervor, reduzca el fuego a medio-bajo. Deje hervir durante unos 8 minutos o hasta que las zanahorias se sientan suaves al picarlas con un tenedor.

Pase las zanahorias a un platón. Hierva el líquido de la olla hasta que la mayor parte se haya evaporado. Agregue la miel y la nuez moscada. Espolvoree con las nueces. Adorne, si lo desea, y sirva inmediatamente.

Nutrimentos por porción:			
Calorías	103	Colesterol	0 mg
Grasa	2 g	Sodio	69 mg

Manojos de Ejote

Rinde 8 porciones de guarnición

225 g de ejotes (judías verdes) tiernos
   1 calabacita amarilla de unos 3.5 cm de diámetro
   1 cucharada de aceite de oliva
   1 diente de ajo picado
   ¼ de cucharadita de estragón molido
   Sal y pimienta al gusto (opcional)
   Ramita de estragón fresco y rebanadas de tomate cherry para adornar

Coloque los ejotes en una coladera y enjuáguelos bien. Corte una orilla de los ejotes; acomódelos en 8 manojos, cada uno de aproximadamente 10 o 12 ejotes.

Corte ocho rebanadas de calabacita de aproximadamente 1 cm de ancho; saque la parte interior y deje un aro de 1 cm.

Para hacer los manojos, pase los ejotes a través de los anillos de calabacita para sujetarlos. Colóquelos en la vaporera y cuézalos a fuego alto durante 4 minutos o hasta que los ejotes adquieran un color verde brillante.

Mientras tanto, caliente el aceite en una sartén pequeña a fuego alto. Fría el ajo y el estragón hasta que el ajo esté suave pero no dorado. Pase los manojos a un platón y vierta la mezcla de aceite sobre ellos. Sazone con sal y pimienta. Adorne, si lo desea. Sirva inmediatamente.

Nutrimentos por porción:

Calorías	30	Colesterol	0 mg
Grasa	2 g	Sodio	1 mg

Okra y Tomates Salteados

Rinde 4 porciones de guarnición

450 g de okra fresca (quingombó, angú) (de no más de 5 cm de largo)
   2 rebanadas de tocino
   1 cebolla mediana rebanada
450 g de tomates rojos maduros, partidos por la mitad, sin semilla y picados
   ¼ de taza de agua
   1 hoja de laurel
   Sal y pimienta al gusto (opcional)

Coloque la okra en un colador y enjuague bien; escurra. Corte las orillas, sin cortar la parte cónica ni la sección de las semillas (esto haría que la okra se volviera pegajosa).

Dore el tocino en una sartén grande a fuego medio. Retírelo de la sartén y escúrralo sobre una toalla de papel.

Ponga la cebolla y la okra en una sartén caliente. Fría de 7 a 10 minutos hasta que la cebolla adquiera un color transparente.

Agregue los tomates, el agua y la hoja de laurel a la mezcla de okra. Fría durante 8 minutos o hasta que las verduras estén listas. Retire la hoja de laurel. Sazone con sal y pimienta. Transfiéralos a un platón. Corte en pedacitos el tocino y espolvoréelo encima de la okra. Sirva inmediatamente.

Nutrimentos por porción:

Calorías	90	Colesterol	3 mg
Grasa	2 g	Sodio	67 mg

Botes de Calabacita con Verduras y Arroz

Rinde 6 porciones

3 calabacitas pequeñas (cada una de 15 cm) cortadas por la mitad, a lo largo
   1 cucharada de agua
   1 taza de arroz cocido
   ½ taza de chícharos (guisantes) cocidos
   1 frasco (75 g) de champiñones rebanados y escurridos
   2 cucharadas de pimiento morrón rojo finamente picado
   ¼ de taza de salsa 57 (receta en página 262)
   ½ cucharadita de sal de cebolla
   ¼ de cucharadita de romero seco molido
   ⅛ de cucharadita de pimienta
   2 cucharadas de trozos de pan tostado con queso, molidos

En horno de microondas: Coloque las calabacitas con agua en un refractario de 2 litros; tape y deje una orilla sin cubrir para ventilación. Hornee de 4 a 5 minutos a temperatura ALTA (100 %) o hasta que estén listas; reacomódelas después de 2 minutos; escurra muy bien. Con una cuchara, saque la pulpa y las semillas de las calabacitas, dejando un cascarón de aproximadamente 1 cm. Mezcle los demás ingredientes, excepto el pan tostado. Con una cuchara, sirva ⅓ de taza de la mezcla en cada una de las cáscaras de calabacita. Cubra con plástico, dejando un espacio para ventilación. Hornee de 4 a 5 minutos a temperatura ALTA. Espolvoree con el pan tostado.

Nutrimentos por porción:

Calorías	80	Colesterol	muy poco
Grasa	2 g	Sodio	160 mg

Manojos de Ejote

Pilaf de Tocino

Pilaf de Tocino

Rinde de 4 a 6 porciones

- 2 cucharadas de mantequilla o margarina sin sal
- 2 tomates rojos medianos picados
- ¼ de taza de cebollín picado
- 8 rebanadas de tocino frito, en trocitos
- 1 taza de arroz sin cocer
- 1 cucharadita de consomé instantáneo de pollo

Derrita la margarina en una sartén grande a fuego medio. Agregue los tomates y los cebollines. Fría durante 2 minutos. Incorpore 2 tazas de agua y los demás ingredientes. Hierva y después reduzca el fuego. Deje hervir de 20 a 25 minutos o hasta que el líquido haya sido absorbido. Adorne con perejil fresco si lo desea.

En horno de microondas: Coloque la margarina, los tomates y los cebollines en un refractario. Hornee, tapado, a temperatura ALTA (100 %) durante 5 minutos. Agregue 2 tazas de agua y los demás ingredientes; tape el recipiente. Cueza a temperatura ALTA durante 5 minutos. Baje la temperatura a MEDIA-ALTA (70 %) y cueza de 10 a 12 minutos o hasta que el líquido haya sido absorbido. Deje reposar por 5 minutos. Adorne con perejil fresco.

Nutrimentos por porción:

Calorías	197	Colesterol	8 mg
Grasa	8 g	Sodio	175 mg

Camotes con Canela y Manzana

Rinde 4 porciones

- 4 camotes (batatas) medianos
- 1½ tazas de manzanas finamente picadas
- ½ taza de jugo de naranja
- ¼ de taza de azúcar
- 1½ cucharadita de fécula de maíz
- ½ cucharadita de canela en polvo
- ½ cucharadita de ralladura de cáscara de naranja

En horno de microondas: Lave los camotes y píquelos con el tenedor. Colóquelos sobre toallas de papel. Hornéelos de 10 a 13 minutos a temperatura ALTA (100 %); voltéelos a la mitad del tiempo. En un recipiente pequeño, mezcle los demás ingredientes. Tape y hornee durante 3 minutos a temperatura ALTA. Bata la mezcla y continúe la cocción, sin tapar, de 1 a 2 minutos o hasta que la salsa haya espesado. Abra los camotes y báñelos con la mezcla.

Sugerencia: La salsa puede ser preparada con anticipación y calentarse al momento de servir.

Nutrimentos por porción:

Calorías	216	Colesterol	0 mg
Grasa	muy poca	Sodio	12 mg

Calabacitas y Tomates Salteados

Rinde 4 porciones

- ¼ de taza de aderezo italiano
- 2 calabacitas medianas finamente rebanadas
- 1 cebolla mediana finamente rebanada
- 1 lata (435 g) de tomates rojos cocidos en trozos y sin escurrir
- 1 cucharada de albahaca fresca molida*
- Sal y pimienta negra (opcional)

En una sartén grande, caliente el aderezo italiano y agregue la calabacita y la cebolla. Cueza durante 5 minutos o hasta que las verduras estén casi listas. Añada los tomates con su jugo, la albahaca, la sal y la pimienta. Déjelos hervir, baje el fuego y cueza, sin tapar, durante 20 minutos. Sirva con queso parmesano rallado, si lo desea.

Sustitución: Puede usar ½ cucharadita de albahaca seca machacada.

Nutrimentos por porción:

Calorías	112	Colesterol	0 mg
Grasa	8 g	Sodio	286 mg

Ratatouille de Almendra

Rinde 6 porciones

340 g de papa cambray (patatas nuevas)
1 berenjena mediana cortada en trocitos (unas 4 tazas)
2 calabacitas medianas rebanadas (unas 2 tazas)
2 tomates rojos picados
1 pimiento morrón rojo rebanado
1 cebolla finamente rebanada
½ taza de jugo de verduras
2 cucharadas de cilantro fresco y de jugo de limón
2 cucharadas de vinagre de vino tinto o balsámico
1 cucharada de albahaca fresca*
2 dientes de ajo picados
1½ cucharaditas de eneldo picado*
⅔ de taza de almendras tostadas, blanqueadas

En horno de microondas: Corte las papas en pedazos pequeños. Colóquelos en un refractario de 20×30 cm. Tape y hornee durante dos minutos a temperatura ALTA (100 %). Agregue los demás ingredientes, excepto la almendra. Tape y hornee a temperatura ALTA durante 15 minutos, moviendo cada 5 minutos hasta que las verduras estén suaves, y las papas, cocidas. Retire del horno y ponga las almendras. Deje enfriar antes de servir.

*O utilice 1 cucharadita de albahaca seca y ½ cucharadita de eneldo.

Nota: Las almendras son excelentes cuando se emplean para coronar papas al horno o pescado a la parrilla.

Nutrimentos por porción:			
Calorías	190	Colesterol	0 mg
Grasa	8 g	Sodio	86 mg

Salsa de Tomate y Alcaparras para Pasta

Rinde 8 porciones

2 dientes de ajo picados
3 cucharadas de aceite de oliva
3½ tazas (810 g) de tomate rojo pelado y picado
½ taza de alcaparras escurridas y enjuagadas
¼ de taza de cilantro fresco picado
1 cucharada de albahaca fresca picada
1 cucharada de tomillo fresco picado
450 g de pasta rigatoni, cocida y escurrida
Pizca de pimienta negra

Fría el ajo en una sartén mediana a fuego alto. Agregue los tomates con su jugo y las alcaparras. Reduzca el fuego y deje hervir durante unos 20 minutos. Añada el cilantro, el perejil y el tomillo. Deje hervir por 5 minutos más. Ponga la pasta caliente y la pimienta.

En horno de microondas: Mezcle el ajo y el aceite en un recipiente para microondas de 1 litro. Hornee a temperatura ALTA (100 %) por 3 minutos. Agregue los tomates y las alcaparras. Hornee a temperatura ALTA durante 8 minutos; revuelva después de 4 minutos. Hornee por 1 minuto más a temperatura ALTA. Ponga la pasta caliente y la pimienta.

Nutrimentos por porción:			
Calorías	280	Colesterol	0 mg
Grasa	7 g	Sodio	340 mg

Elote Salteado

Rinde de 4 a 6 porciones

4 mazorcas de elote
120 g de tirabeques (vainas)
1 pimiento morrón rojo cortado en tiras
¼ de taza de cebollín picado
1½ cucharaditas de consomé instantáneo de pollo
1 cucharadita de azúcar
2 cucharadas de aceite de oliva o aceite vegetal
Pimienta negra recién molida

Desgrane los elotes. En una sartén grande, fría en el aceite los granos de elote, los tirabeques, el pimiento y la cebolla. Agregue el consomé y el azúcar. Cueza hasta que las verduras estén listas. Sirva con pimienta negra. Refrigere el sobrante.

Nutrimentos por porción:			
Calorías	111	Colesterol	0 mg
Grasa	5 g	Sodio	235 mg

Elote Salteado

Col Rizada Chiffonade

Col Rizada Chiffonade

Rinde 4 porciones

340 g de col rizada tierna
3 rebanadas de tocino
2 cucharadas de queso blue desmoronado
Rebanadas de naranjita china para adornar

Enjuague muy bien la col y colóquela en un escurridor. Deshágase de las hojas que estén descoloridas. Para cortar cualquier orilla que no esté en buenas condiciones, haga cortes en "V".

Para preparar la chiffonade,* enrolle las hojas y córtelas en rebanadas de 1 cm y sepárelas en tiras. Haga lo mismo con las demás hojas.

Cueza el tocino en una sartén mediana a fuego medio hasta que dore un poco. Escúrralo sobre una toalla de papel.

Vierta sobre la col el aceite del tocino que quedó en la sartén. Cuézala de 2 a 3 minutos. Mezcle el tocino y el queso con la col. Adorne al gusto. Sirva inmediatamente.

En francés, "chiffonade" significa literalmente "hecho jirones". En cocina significa "cortar en tiras delgadas".

Nutrimentos por porción:			
Calorías	69	Colesterol	7 mg
Grasa	4 g	Sodio	154 mg

Manzanas Fritas

Rinde 4 porciones

1½ cucharaditas de aceite vegetal
½ taza de rebanadas de cebolla
2 zanahorias medianas finamente rebanadas
1 cucharadita de albahaca molida
1 taza de tirabeques chinos frescos o congelados
1 cucharada de agua
1 manzana golden mediana, sin corazón y finamente rebanada

Caliente el aceite en una sartén antiadherente a fuego medio. Agregue la cebolla, las zanahorias y la albahaca; fría hasta que las zanahorias se suavicen. Añada los tirabeques y el agua; fría durante 2 minutos. Retire del fuego y agregue la manzana. Sirva inmediatamente.

Nutrimentos por porción:			
Calorías	69	Colesterol	0 mg
Grasa	2 g	Sodio	13 mg

Deliciosas Varitas de Zanahoria

Rinde 4 porciones

225 g de zanahorias peladas y cortadas en tiras
1 nabo pequeño* pelado y cortado en tiras
½ taza de agua
3 cucharadas de mantequilla o margarina cortada en trozos
1½ cucharaditas de tomillo fresco o ½ cucharadita de tomillo seco molido
⅛ de cucharadita de sal y de pimienta
Cebollín y flores comestibles, como violetas, para adornar

Coloque las zanahorias y el nabo en una sartén mediana. Agregue el agua y tape. Ponga a hervir a fuego alto y después redúzcalo a medio. Hierva de 5 a 8 minutos más.

Escurra las verduras en un colador. Derrita la mantequilla en la misma sartén y agregue el tomillo, la sal y la pimienta. Añada la zanahoria y mezcle bien. Ponga la mezcla de zanahoria en un platón. Adorne si lo desea. Sirva inmediatamente.

O sustituya el nabo por 2 zanahorias más.

Nutrimentos por porción:			
Calorías	103	Colesterol	23 mg
Grasa	9 g	Sodio	198 mg

Arroz con Pera

Rinde 6 porciones

3 cucharadas de jugo de limón
2 cucharaditas de ajo picado
¼ de cucharadita de jengibre y de pimienta
2 peras Bartlett picadas
3½ tazas de arroz integral cocido
½ taza de cebollín picado
½ taza de zanahoria rallada
½ taza de apio en rebanadas delgadas
3 cucharadas de aceite vegetal

Mezcle el jugo de limón, el ajo, el jengibre y la pimienta en un recipiente pequeño. Agregue las peras y mezcle bien. En un recipiente grande, combine los demás ingredientes. Con cuidado, incorpore la mezcla de pera al arroz. Tape y refrigere hasta que esté fría y sirva.

Nutrimentos por porción:			
Calorías	238	Colesterol	0 mg
Grasa	8 g	Sodio	21 mg

Espagueti a la Jardinera Light

Rinde 6 porciones

285 g de brócoli picado
225 g de zanahorias o calabacitas cocidas y
    rebanadas
¼ de taza de cebolla picada
1 diente de ajo finamente picado
3 cucharadas de margarina
¼ de taza de harina
1 cucharadita de consomé instantáneo de pollo
    o 1 cubito de consomé de pollo
½ cucharadita de tomillo
2 tazas de leche evaporada
6 rebanadas de queso amarillo o queso suizo,
    cortado en trozos
1 lata (75 g) de champiñones escurridos
225 a 450 g de espagueti cocido de acuerdo con
    las instrucciones del paquete

En una sartén grande, fría la cebolla y el ajo con margarina. Agregue la harina, el consomé y el tomillo; gradualmente, vierta la leche. A fuego medio, cueza esta mezcla hasta que espese. Añada el queso y revuelva hasta que se derrita. Ponga el brócoli, las zanahorias y los champiñones. Sirva sobre el espagueti. Refrigere el sobrante.

Nutrimentos por porción:

Calorías	260	Colesterol	9 mg
Grasa	7 g	Sodio	579 mg

Espagueti a la Jardinera Light

Calabacitas al Horno

Rinde 9 porciones

⅔ de taza de avena sin cocer
½ cucharadita de sazonador italiano
¼ de cucharadita de pimienta negra
1 clara de huevo
1 cucharada de agua
2 calabacitas medianas en rebanadas de 1 cm
    (unas 3 tazas)
1 cebolla pequeña picada
⅔ de taza de salsa de tomate
2 cucharaditas de aceite de oliva
2 cucharaditas de queso parmesano rallado
¼ de taza de queso mozzarella bajo en grasa,
    rallado

Caliente el horno a 180 °C. Engrase un refractario de 20 cm. En una bolsa grande, mezcle la avena, el sazonador italiano y la pimienta. En un refractario, bata las claras de huevo y el agua. Cubra las calabacitas con la mezcla de avena y retire el exceso. Báñelas con la mezcla de huevo y luego con la de avena. Coloque las calabacitas en un platón y ponga encima la cebolla. Con una cuchara, vierta la salsa de tomate y el aceite sobre las calabacitas. Espolvoree el queso parmesano. Hornee durante 30 minutos y agregue el queso mozzarella. Sirva caliente.

En horno de microondas: En una bolsa de plástico para alimento, mezcle la avena, el sazonador y la pimienta. En un recipiente, bata ligeramente la clara de huevo y el agua. Cubra la calabacita con la mezcla de avena; retire el exceso. Ponga encima la mezcla de huevo y el resto de la de la avena. Traslade la calabacita a un recipiente para microondas de 20 cm. Añada encima la cebolla y después el queso parmesano. Hornee a temperatura ALTA (100 %) de 5½ a 6½ minutos o hasta que las calabacitas estén suaves, gire el recipiente ½ vuelta después de 3 minutos. Espolvoree el queso mozzarella. Deje reposar por 3 minutos antes de servir. Sirva caliente.

Nutrimentos por porción:

Calorías	60	Colesterol	1 mg
Grasa	2 g	Sodio	35 mg

Tomates con Queso al Horno

Rinde 4 porciones

¾ de taza de queso mozzarella rallado
⅓ de taza de pan molido sin sazonar
1 a 1½ cucharadas de hierbas frescas al gusto
    (orégano, perejil y/o romero) o 1 a
    1½ cucharaditas de hierbas secas molidas
1 diente de ajo picado
4 tomates rojos (de unos 6 cm de diámetro), sin
    corazón y cortados en tres rebanadas

Caliente el horno a 180 °C. En un recipiente pequeño, mezcle la mitad del queso, el pan molido, las hierbas y el ajo. Acomode las rebanadas de tomate sobre una charola para hornear previamente engrasada. Agregue un poco de la mezcla sobre los tomates y luego el queso. Hornee de 10 a 12 minutos hasta que el pan se haya dorado.

Nutrimentos por porción:

Calorías	112	Colesterol	13 mg
Grasa	4 g	Sodio	171 mg

Verduras Chinas Agridulces

Zanahorias, Manzanas y Pimientos Glaseados

Rinde 5 porciones

2 tazas de zanahorias rebanadas
    diagonalmente
1 taza de pimiento morrón verde en trozos de
    1.5 cm
3 cucharadas de agua
1½ tazas de manzana pelada, en rebanadas
    delgadas
¼ de taza de azúcar morena
1 cucharadita de fécula de maíz
½ cucharadita de canela en polvo
2 cucharaditas de margarina

En horno de microondas: Mezcle las zanahorias y el pimiento en un refractario de 1 litro; agregue agua. Tape y cueza a temperatura ALTA (100 %) durante 3 minutos; escurra y agregue la manzana. En un recipiente pequeño, mezcle el azúcar morena, la fécula de maíz y la canela. Incorpore la margarina hasta que la mezcla esté grumosa. Coloque la mezcla sobre la manzana y las verduras. Tape y hornee a temperatura ALTA durante 3 minutos. Revuelva para que las verduras se cubran con el glaseado y cueza, sin tapar, a temperatura ALTA, de 2 a 3 minutos o hasta que el glaseado espese.

Nutrimentos por porción (½ taza):

Calorías	124	Colesterol	0 mg
Grasa	2 g	Sodio	63 mg

Verduras Chinas Agridulces

Rinde 4 porciones

3 tazas de brócoli
2 zanahorias medianas rebanadas
    diagonalmente
1 pimiento morrón rojo grande, cortado en
    tiras pequeñas
¼ de taza de agua
2 cucharaditas de fécula de maíz
1 cucharadita de azúcar
⅓ de taza de jugo de piña
1 cucharada de salsa de soya
1 cucharada de vinagre de arroz
½ cucharadita de aceite de ajonjolí
¼ de taza de cebollín rebanado diagonalmente
    o de cilantro picado (opcional)

Mezcle el brócoli, las zanahorias y el pimiento en una sartén grande con tapa. Agregue el agua; deje hervir a fuego alto. Reduzca el fuego a medio. Tape y ponga a cocer a vapor durante 4 minutos.

Mientras tanto, mezcle la fécula de maíz y el azúcar en un recipiente pequeño. Incorpore el jugo de piña, la salsa de soya y el vinagre.

Coloque las verduras en un escurridor. Revuelva la piña y agréguela a la sartén; fría por 2 minutos o hasta que la salsa hierva y se espese. Regrese las verduras a la sartén. Añada el aceite de ajonjolí y adorne con el cebollín, si lo desea.

Nutrimentos por porción:

Calorías	68	Colesterol	0 mg
Grasa	1 g	Sodio	289 mg

Cacerola Veraniega de Calabacita

Frijoles para la Familia

Rinde 6 porciones

½ pimiento morrón verde cortado en tiras
½ taza de cebolla picada
⅓ de taza de azúcar morena
1 cucharadita de mostaza seca
2 latas (450 g) de frijoles cocidos
1 lata (570 g) de piña en almíbar en trocitos

En horno de microondas: Coloque el pimiento y la cebolla en un refractario de 30×20 cm. Tape y hornee a temperatura ALTA (100 %) durante 3 minutos. En un recipiente grande, mezcle el azúcar y la mostaza; agregue los frijoles y la piña. Añada a la mezcla de pimiento. Mezcle bien. Hornee, sin tapar, a temperatura ALTA, de 8 a 10 minutos; mueva después de 4 minutos. Sirva con salsa polaca o sobre hot dogs, si lo desea.

Nutrimentos por porción:			
Calorías	273	Colesterol	0 mg
Grasa	1 g	Sodio	678 mg

Cacerola Veraniega de Calabacita

Rinde 4 porciones

1 cucharada de aceite de oliva 100 % puro
225 g de calabacita cortada en rebanadas de 1 cm
1 cucharadita de sal (opcional)
Pimienta negra al gusto
3 cucharadas de queso parmesano rallado
90 g de queso mozzarella en rebanadas

Caliente el horno a 180 °C. Engrase ligeramente un molde de 33×23 cm con un poco de aceite. Acomode ⅓ de la calabacita sobre la charola. Espolvoree ⅓ de la sal, la pimienta, el queso parmesano y el aceite de oliva restante. Repita las capas dos veces. Hornee durante 25 minutos. Coloque el queso encima de la calabacita y hornee de 5 a 8 minutos más hasta que el queso se haya derretido. Adorne con perejil, si lo desea. Sirva inmediatamente.

Nutrimentos por porción:			
Calorías	165	Colesterol	10 mg
Grasa	10 g	Sodio	276 mg

Arroz Español al Gratín

Rinde 4 porciones

Antiadherente en aerosol
½ taza de cebolla picada
½ taza de apio picado
⅓ de taza de pimiento morrón verde picado
1 lata (450 g) de tomates en trozos, escurridos
1 cucharadita de chile en polvo
½ cucharadita de salsa inglesa
2 tazas de arroz integral cocido
½ taza (60 g) de queso cheddar rallado

Engrase una sartén grande con antiadherente y caliente a fuego medio. Agregue la cebolla, el apio y el pimiento. Cueza hasta que las verduras estén listas. Añada los tomates, el chile en polvo y la salsa inglesa. Incorpore el arroz. Reduzca el fuego y deje hervir durante 5 minutos. Retire del fuego. Ponga el queso y permita que se derrita, aproximadamente por 3 minutos.

Sugerencia: Acompañe con los frijoles de su preferencia, con carne molida de res o de pollo, cocida, para una versión de plato principal.

Nutrimentos por porción:			
Calorías	204	Colesterol	15 mg
Grasa	6 g	Sodio	314 mg

Risoto a la Milanesa

Rinde 6 porciones

   1 cebolla pequeña finamente rebanada
   1 cucharada de margarina
   1 taza de arroz de grano corto, sin cocer
     Pizca de azafrán
   ½ taza de vino blanco seco
   ¼ de cucharadita de salsa Tabasco
   2 tazas de consomé de pollo
     Agua caliente
   ¼ de taza de queso parmesano rallado
     Sal y pimienta negra recién molida
     (opcional)

En una sartén grande, a fuego medio, fría la cebolla con la margarina. Agregue el arroz y el azafrán; fríalos de 2 a 3 minutos. Vierta el vino y la salsa Tabasco. Añada 1 taza de consomé. Cueza sin tapar hasta que el consomé se absorba. Ponga el resto del consomé y el agua caliente, ½ taza a la vez; mueva constantemente y raspe los lados de la sartén. (Antes de agregar más líquido, espere a que el arroz comience a secarse.) Continúe moviendo y agregando agua hasta que el arroz esté suave pero firme, y que tenga una consistencia cremosa.* Agregue el queso, la sal y la pimienta.

La cantidad total de líquido empleado puede variar. (Observe atentamente el arroz para asegurarse de que tiene la consistencia adecuada.)

Nutrimentos por porción:			
Calorías	178	Colesterol	3 mg
Grasa	4 g	Sodio	94 mg

Salsa Marinara

Rinde 5 porciones, 2½ tazas de salsa

   1 cucharada de aceite de oliva 100 % puro
   1 cebolla pequeña picada
   1 diente de ajo picado
   1 lata (810 g) de tomate picado, con su jugo, o
     1.350 kg de tomates rojos frescos, pelados,
     sin semilla y en trozos
   2 cucharadas de perejil fresco picado
   1 cucharadita de sal
   1 cucharadita de albahaca molida
   ½ cucharadita de azúcar

En una olla de 3 litros, caliente el aceite a fuego medio-alto. Agregue la cebolla y el ajo. Fría hasta que la cebolla esté suave. Añada los tomates con su jugo y los demás ingredientes. Deje hervir durante 20 minutos, moviendo de vez en cuando, hasta que haya espesado ligeramente. Sirva sobre pasta.

Nutrimentos por porción:			
Calorías	70	Colesterol	0 mg
Grasa	3 g	Sodio	686 mg

Verduras con Couscous

Rinde 6 porciones

   1½ tazas de consomé de pollo o agua
    1 taza de couscous entero
    1 cebolla grande picada
    1 pimiento morrón rojo picado
    1 calabacita pequeña picada
    2 dientes de ajo picados
    1 tomate rojo mediano, sin semillas y picado
   ¼ de taza de perejil fresco picado

Hierva el consomé en un recipiente pequeño. Agregue el couscous y reduzca el fuego a bajo. Tape y deje hervir durante 5 minutos o hasta que se haya absorbido la mayor parte del líquido. Mientras tanto, engrase ligeramente una sartén grande con antiadherente. Agregue la cebolla, el pimiento, la calabacita y el ajo. Cueza a fuego medio durante 5 minutos, moviendo frecuentemente, hasta que los vegetales estén listos. Ponga el couscous cocido, el tomate y el perejil; deje que se caliente. Sirva con pimienta negra recién molida, si lo desea.

Nutrimentos por porción:			
Calorías	140	Colesterol	0 mg
Grasa	0 g	Sodio	55 mg

Verduras con Couscous

Zanahorias con Pasas

Rinde 6 porciones, 3 tazas

2 tazas de yogur natural bajo en grasa
1 cucharada de azúcar morena
¼ de cucharadita de ralladura de cáscara de naranja
2 cucharadas de jugo de naranja
¼ de cucharadita de nuez moscada molida o cardamomo molido
Pizca de sal
6 o 7 zanahorias medianas peladas y ralladas (3 tazas)
¼ de taza de uvas pasa
3 cucharadas de nuez o almendra picadas

Vacíe el yogur en un colador cubierto con un filtro para café. Ponga un recipiente abajo para recoger el líquido. Deje enfriar durante 1½ horas. Coloque el yogur en un recipiente mediano. Deseche el líquido. Agregue el azúcar, la ralladura y el jugo de naranja, la nuez moscada y la sal. Añada las zanahorias y las pasas; mezcle bien. Tape y deje enfriar de 20 a 30 minutos antes de servir. Justo antes de servir, agregue la nuez.

Nutrimentos por porción (½ taza):

Calorías	140	Colesterol	muy poco
Grasa	4 g	Sodio	75 mg

Peras Condimentadas

Rinde 8 porciones, 4 tazas

3 tazas de peras chilenas picadas, unas 3 medianas (35 g)
2 cucharadas de jugo de limón
2 cucharadas de cilantro fresco picado
1 diente de ajo picado
½ taza de cebolla morada finamente picada
1½ cucharaditas de azúcar
¼ de cucharadita de sal
¼ de cucharadita de pimienta roja molida

Mezcle bien todos los ingredientes en un recipiente mediano. Cubra y refrigere durante 2 horas por lo menos.

Sugerencia: La fruta de sabor fuerte es perfecta para acompañar aves, cerdo o pescado, a la parrilla.

Nutrimentos por porción (½ taza):

Calorías	51	Colesterol	0 mg
Grasa	muy poca	Sodio	68 mg

Papas al Horno

Rinde 8 porciones

3 cucharadas de aceite vegetal
½ taza de cebolla picada
¼ de taza de harina de trigo
¾ de cucharadita de sal
¼ de cucharadita de pimienta
⅛ de cucharadita de pimentón
2 tazas de leche descremada
900 g de papas peladas y finamente rebanadas
Pimentón
2 cucharadas de perejil fresco picado

1. Caliente el horno a 180 °C. Engrase una cacerola de 2 litros.

2. Caliente 3 cucharadas de aceite vegetal a fuego medio. Agregue la cebolla. Fríala hasta que esté suave. Añada la harina, la sal, la pimienta y ⅛ de cucharadita de pimentón. Incorpore la leche. Cueza a fuego medio hasta que la salsa hierva y espese.

3. Coloque una tercera parte de las papas en el fondo de la cacerola. Cúbralas con un tercio de la salsa. Repita las capas dos veces. Tape.

4. Hornee a 180 °C durante una hora 15 minutos. Destape y hornee por 15 minutos más o hasta que las papas estén suaves. Espolvoree el pimentón y el perejil.

Nutrimentos por porción:

Calorías	175	Colesterol	0 mg
Grasa	6 g	Sodio	240 mg

Tirabeques con Ajonjolí

Rinde 2 porciones

1 cucharadita de aceite de ajonjolí
2 cucharaditas de salsa de soya
1 taza de tirabeques (vainas)
1 cucharadita de azúcar

Caliente el aceite en una sartén pequeña a fuego medio. Agregue 1 cucharadita de salsa de soya y los tirabeques. Cueza de 1 a 2 minutos hasta que los tirabeques estén suaves. Retire del fuego; añada el azúcar y la salsa de soya restante. Sirva inmediatamente.

Nutrimentos por porción:

Calorías	65	Colesterol	0 mg
Grasa	3 g	Sodio	350 mg

Zanahorias con Pasas

Arroz con Verduras y Frijoles

Rinde 8 porciones, 4 tazas

1⅓ **tazas de agua**
½ **taza de arroz de grano largo sin cocer**
1 **zanahoria finamente picada**
1 **lata (450 g) de frijoles (judías) negros, escurridos y enjuagados**
1 **lata (210 g) de granos de elote escurridos**
⅓ **de taza de mostaza Dijon**
2 **cucharadas de perejil fresco picado**

En una olla de 2 litros, hierva el agua. Agregue el arroz y la zanahoria picada. Ponga la tapa y deje hervir durante 20 minutos o hasta que el líquido se haya absorbido y el arroz esté suave. Añada el elote, los frijoles y la mostaza; caliente bien. Espolvoree el perejil y sirva inmediatamente.

Nutrimentos por porción:

Calorías	126	Colesterol	0 mg
Grasa	muy poca	Sodio	333 mg

Espagueti Primavera

Rinde 6 porciones

225 **g de espagueti sin cocer**
½ **taza de aderezo italiano bajo en calorías**
1 **pimiento morrón verde mediano picado**
1 **pimiento morrón rojo mediano picado**
1 **calabacita mediana cortada en tiras**
1 **taza de champiñones frescos rebanados**
¼ **de taza de cebolla picada**
3 **cucharadas de aceitunas rebanadas**
¼ **de taza de queso mozzarella desmenuzado**
3 **cucharadas de perejil fresco picado**

Prepare el espagueti de acuerdo con las instrucciones del paquete; escurra. En una sartén grande, mezcle el aderezo italiano, las verduras y las aceitunas; deje

Espagueti Primavera

hervir hasta que las verduras estén listas. Sirva sobre el espagueti caliente; espolvoree el queso y el perejil. Refrigere el sobrante.

Nutrimentos por porción:

Calorías	205	Colesterol	8 mg
Grasa	5 g	Sodio	218 mg

Arroz Frito Oriental

Rinde 6 porciones

3 **tazas de arroz integral cocido, frío**
½ **taza de carne de cerdo, cocida y picada**
½ **taza de apio finamente picado**
½ **taza de germen de frijol***
⅓ **de taza de cebollín picado**
1 **huevo batido**
 Antiadherente en aerosol
¼ **de cucharadita de pimienta negra**
2 **cucharadas de salsa de soya**

Mezcle el arroz, el cerdo, el apio, el germen, el cebollín y el huevo en una sartén grande, engrasada con antiadherente. Fría a fuego alto durante 3 minutos, moviendo constantemente. Agregue la pimienta y la salsa de soya. Cueza durante 1 minuto más.

En horno de microondas: Mezcle el arroz, el cerdo, el perejil, el germen y el cebollín en un recipiente de 1 litro engrasado con antiadherente. Cueza a temperatura ALTA (100 %) de 2 a 3 minutos. Añada el huevo, la pimienta y la salsa de soya. Cueza a temperatura ALTA de 1 a 2 minutos o hasta que el huevo esté bien cocido; mueva para separar los granos.

*Si lo desea, puede sustituir por otro tipo de germen.

Sugerencia: Cuando prepare el arroz frito, siempre empiece con arroz frío. Los granos se separan mejor si están fríos y es una excelente manera de utilizar los sobrantes.

Nutrimentos por porción:

Calorías	156	Colesterol	45 mg
Grasa	3 g	Sodio	310 mg

Calabaza Acorn Estofada

Rinde de 4 a 6 porciones

1 calabaza Acorn
3 cucharadas de jugo de naranja
1 cucharada compacta de azúcar morena
¼ de cucharadita de canela molida
Nuez moscada molida

En horno de microondas: Corte la calabaza por la mitad. Deseche las semillas y las fibras. Coloque las dos mitades en un recipiente para horno de microondas. Pique la pulpa varias veces con un tenedor (sin perforar la corteza).

Mezcle los demás ingredientes en un recipiente pequeño. Ponga la mezcla en ambas mitades de la calabaza. Tape. Hornee a temperatura ALTA (100 %) de 15 a 20 minutos o hasta que la calabaza esté suave. Retire del horno. Deje enfriar. Retire con cuidado la pulpa sin dañar la corteza de la calabaza. Machaque bien la pulpa con un tenedor hasta que quede suave. Coloque la mezcla en una de las cortezas. Sirva en la corteza.

Nutrimentos por porción:

Calorías	84	Colesterol	0 mg
Grasa	muy poca	Sodio	7 mg

Piña Gratinada

Rinde 6 porciones

1 lata (570 g) de piña en almíbar en trocitos
2 cucharadas de manteca vegetal
⅛ de cucharadita de hojas de menta seca o extracto de pirola (gualteria)
4 rebanadas de pan en pedacitos
Leche
2 cucharadas de azúcar
⅛ de cucharadita de sal
1 huevo batido

Caliente el horno a 180 °C. Escurra la piña; conserve el almíbar. Derrita la manteca en una olla mediana. Agregue la menta. Retire del fuego. Añada la piña y el pan; mezcle bien. Ponga la mezcla en una olla de 1 litro. Vierta suficiente leche al almíbar para completar 1 taza. Incorpore el azúcar, la sal y el huevo. Vierta sobre la mezcla de piña; bata un poco. Hornee durante 40 minutos o hasta que, al insertar en el centro un cuchillo, éste salga limpio. Sirva con jamón horneado, si lo desea.

Nutrimentos por porción:

Calorías	177	Colesterol	37 mg
Grasa	6 g	Sodio	157 mg

Papas Cambray y Chícharos con Eneldo

Papas Cambray y Chícharos con Eneldo

Rinde 8 porciones, unas 4 tazas

450 g de papas cambray (patatas nuevas) partidas en cuartos
2 tazas de chícharos (guisantes) congelados
1 frasco (360 g) de salsa para pavo (gravy)
½ taza de crema agria
1 cucharadita de eneldo

Cueza las papas en una olla de 2 litros, en agua hirviente con un poco de sal, durante 10 o 15 minutos. Agregue los chícharos; hierva durante 1 minuto. Escurra bien. Mezcle la salsa, la crema y el eneldo; combine con la mezcla de verduras. Caliente (no deje que hierva), moviendo ocasionalmente.

En horno de microondas: Coloque las papas y 2 cucharadas de agua en una cacerola de 2 litros. Cubra con una tapa o plástico y deje un espacio para ventilación. Hornee de 6 a 7 minutos a temperatura ALTA (100 %) o hasta que las papas estén listas; mueva una vez. Agregue los chícharos. Tape y hornee a temperatura ALTA durante 1 minuto. Mezcle la salsa para pavo, la crema y el eneldo; añada a la mezcla de verduras. Tape y hornee a temperatura ALTA de 7 a 8 minutos o hasta que esté caliente. Mueva una vez.

Nutrimentos por porción (aproximadamente ½ taza):

Calorías	126	Colesterol	6 mg
Grasa	1 g	Sodio	332 mg

Arroz con Espinacas y Queso Feta

Arroz con Espinacas y Queso Feta

Rinde 6 porciones

1 taza de arroz de grano largo sin cocer
1 taza de consomé de pollo
1 taza de agua
1 cebolla mediana picada
1 taza (unos 120 g) de champiñones frescos rebanados
2 dientes de ajo picados
   Antiadherente en aerosol
1 cucharada de jugo de limón
½ cucharadita de orégano molido
6 tazas de espinaca fresca rallada (unos 225 g)
120 g de queso feta rallado
   Pimienta negra recién molida
   Pimiento morrón picado para adorno (opcional)

Mezcle el arroz, el consomé y el agua en una cacerola mediana. Deje que hierva; mueva una o dos veces. Reduzca el fuego a bajo; tape y deje hervir durante 15 minutos o hasta que el arroz esté listo y el líquido haya sido absorbido. Rocíe una sartén grande con antiadherente; fría, la cebolla, los champiñones y el ajo. Agregue la mezcla de champiñones, el jugo de limón, el orégano, las espinacas, el queso y la pimienta negra al arroz cocido y caliente; mezcle un poco. Adorne con el pimiento.

En horno de microondas: Combine el arroz, el consomé y el agua en un recipiente de 1 a 1½ litros. Tape y cueza a temperatura ALTA (100 %) por 5 minutos. Reduzca la temperatura a MEDIA (50 %) y hornee durante 15 minutos o hasta que el arroz esté listo y se hayan absorbido los líquidos. Mezcle la cebolla, los champiñones y el ajo en un recipiente rociado con antiadherente. Cueza a temperatura ALTA por 2 minutos. Agregue la mezcla de champiñones, el jugo de limón, el orégano, la espinaca, el queso y la pimienta al arroz cocido y caliente. Cueza a temperatura ALTA durante 1 o 2 minutos. Adorne con el pimiento.

Nutrimentos por porción:			
Calorías	195	Colesterol	17 mg
Grasa	5 g	Sodio	387 mg

Verduras Salteadas a la Italiana

Rinde de 4 a 6 porciones

2 cucharadas de aceite vegetal
1 diente de ajo picado
¼ de cucharadita de orégano molido
¼ de cucharadita de mejorana molida
2 tazas de calabacitas cortadas en tiras
1 cebolla pequeña, finamente rebanada y separada en anillos
1 lata (450 g) de tomates rojos escurridos
2 cucharadas de aceitunas negras rebanadas (opcional)
½ cucharadita de sal
⅛ de cucharadita de pimienta negra
2 cucharadas de queso parmesano rallado

Caliente el aceite en una sartén grande. Agregue el ajo, el orégano y la mejorana. Fría hasta que el ajo esté acitronado. Añada la calabaza y la cebolla; fría. Cueza de 5 a 7 minutos. Ponga los tomates, las aceitunas, la sal y la pimienta. Cueza hasta que esté caliente. Espolvoree encima el queso parmesano.

Nutrimentos por porción:			
Calorías	77	Colesterol	1 mg
Grasa	5 g	Sodio	334 mg

Espagueti con Verduras

Rinde 6 porciones

225 g de espagueti sin cocer
2 cucharadas de margarina
2 dientes de ajo picados
2 tazas de zanahorias finamente ralladas
1 calabacita mediana cortada en tiras
¾ de taza de cebolla picada
2 cucharadas de queso parmesano rallado
1 cucharada de eneldo fresco picado o
   1 cucharadita de eneldo seco
½ cucharadita de sazonador de hierbas, sin sal

Prepare el espagueti de acuerdo con las instrucciones del paquete; escurra. En una sartén mediana, caliente la margarina con el ajo. Agregue las zanahorias, la calabacita y la cebolla; fría hasta que las verduras estén listas. Mezcle las verduras con el espagueti caliente, el queso parmesano, el eneldo y el sazonador. Refrigere el sobrante.

Nutrimentos por porción:			
Calorías	213	Colesterol	2 mg
Grasa	6 g	Sodio	101 mg

Botones de Brócoli

Botones de Brócoli

Rinde 6 porciones de guarnición

1 brócoli grande fresco (de unos 675 g)
2 cucharaditas de jugo de limón
1 cucharada de fécula de maíz
1 cucharadita de consomé instantáneo de pollo
1 taza de agua
  Pimienta blanca al gusto

Corte las hojas del tallo del brócoli. Corte el brócoli en floretes, de modo que cada uno tenga un pedazo de tallo. Pele los tallos con el pelador; luego, córtelos a lo largo en pedazos pequeños, de modo que parezcan "botones".

Para preparar el brócoli al vapor, enjuague los floretes y los "botones". Colóquelos en la vaporera y agregue 2.5 cm de agua. Tape y hierva de 4 a 6 minutos hasta que adquieran un color verde brillante.

Mientras tanto, mezcle el jugo de limón y la fécula de maíz en un recipiente pequeño. Agregue el consomé y el agua. Cueza a fuego medio hasta que la mezcla espese y empiece a hervir; mueva constantemente.

Acomode los "botones" alrededor de la orilla de un plato tibio. Coloque los floretes en el centro. Bañe con la salsa de jugo de limón y sazone con pimienta. Adorne al gusto. Sirva inmediatamente.

Nutrimentos por porción:

Calorías	39	Colesterol	0 mg
Grasa	muy poca	Sodio	180 mg

Arroz Integral Primavera

Rinde 4 porciones

1¼ tazas de agua
½ taza de arroz integral sin cocer
½ cucharadita de sal
¼ de cucharadita de albahaca seca
⅛ de cucharadita de pimienta negra
1 cucharada de aceite vegetal
1 zanahoria mediana, pelada y picada
  (aproximadamente ½ taza)
2 calabacitas pequeñas picadas (alrededor de
  ½ taza)
1 pimiento morrón rojo pequeño picado
  (aproximadamente ½ taza)
2 cebollines pequeños picados (alrededor de
  ¼ de taza)

1. Hierva el agua en una cacerola mediana. Agregue el arroz, la sal, la albahaca y la pimienta. Deje hervir. Reduzca el fuego a bajo. Tape y hierva de 40 a 45 minutos o hasta que el arroz esté listo y el agua se haya consumido.

2. Caliente el aceite vegetal en una sartén a fuego medio-alto. Añada la zanahoria, la calabacita, el pimiento y la cebolla. Cueza de 5 a 7 minutos o hasta que las verduras estén listas.

3. Ponga el arroz en un plato. Coloque las verduras. Revuelva un poco. Sirva inmediatamente.

Nutrimentos por porción:

Calorías	135	Colesterol	0 mg
Grasa	4 g	Sodio	275 mg

Alambres de Frutas Glaseadas

Rinde 4 porciones

2 nectarinas cortadas en 12 rebanadas
3 ciruelas partidas en cuartos
½ piña, pelada y cortada en cubos de 5 cm
¼ de taza de azúcar morena
¾ de cucharadita de extracto de ron
2 cucharadas de agua
1½ cucharaditas de fécula de maíz

Acomode de manera alternada la fruta en los alambres. Mezcle el azúcar morena, el extracto de ron, el agua y la fécula de maíz en una olla pequeña. Hierva, moviendo constantemente. Cueza hasta que espese y esté transparente. Coloque los alambres en un refractario poco profundo. Barnice con el glaseado.* Ponga los alambres sobre la parrilla cuando el carbón esté caliente; ase a unos 4 o 5 cm del carbón, durante 6 a 8 minutos, volteando una vez. Barnice ocasionalmente con el glaseado.

Si lo desea, puede taparlo y refrigerarlo toda la noche.

Nutrimentos por porción:			
Calorías	167	Colesterol	0 mg
Grasa	muy poca	Sodio	5 mg

Arroz Asiático

Rinde 6 porciones

2 cucharaditas de aceite de ajonjolí
¾ de taza de cebollín picado
½ taza de pimiento morrón rojo picado
2 dientes de ajo picados
2 tazas de agua
1 taza de arroz integral sin cocer
2 claras de huevo
1 cucharada de salsa de soya
2 cucharaditas de azúcar

Caliente el aceite en una sartén antiadherente a fuego medio. Agregue la cebolla, el pimiento y el ajo; fría durante 1 minuto. Vierta el agua y deje hervir. Reduzca el fuego a bajo; añada el arroz y las claras de huevo. Deje hervir durante 20 minutos o hasta que el arroz esté listo, moviendo frecuentemente. Ponga la salsa de soya y el azúcar. Cueza de 3 a 5 minutos o hasta que el azúcar se haga caramelo.

Nutrimentos por porción:			
Calorías	145	Colesterol	0 mg
Grasa	2 g	Sodio	108 mg

Papas Criollas Bajas en Grasa

Rinde aproximadamente 1 porción por papa

Papas Russet (patatas blancas)
Antiadherente en aerosol
Cajún o sazonador al gusto, como pimentón

Caliente el horno a 200 °C. Cepille las papas bajo el chorro de agua con un cepillo suave para verduras. Enjuague y seque bien. (No las pele.) Ponga papel de aluminio en una charola para hornear y rocíe con antiadherente.

Corte las papas por la mitad a lo largo; luego, cada mitad en 3 rodajas. Coloque las papas, con la cáscara hacia abajo, sobre la charola preparada. Rocíe las papas con antiadherente y espolvoréelas con el sazonador.

Hornee durante 25 minutos o hasta que hayan dorado. Adorne al gusto. Sirva inmediatamente.

Papas Fritas: Siga la receta tal como aparece, pero corte las papas tan finamente como pueda. Póngalas en una capa sobre la charola preparada; rocíelas con antiadherente y sazónelas como se indica. Hornee de 10 a 15 minuto hasta que se doren.

Papas a la Francesa: Siga las indicaciones de la receta, con las papas cortadas en tiras de .6 cm de ancho. Colóquelas en una capa en la charola preparada; rocíelas con antiadherente y sazónelas como se indica. Hornee de 15 a 20 minutos hasta que se doren y estén suaves por dentro.

Nutrimentos por porción:			
Calorías	145	Colesterol	0 mg
Grasa	muy poca	Sodio	8 mg

Papas Criollas Bajas en Grasa

Quiché de Espinaca

Rinde 8 porciones

    4 huevos
  450 g de queso cottage bajo en grasa
  225 g de espinacas lavadas y bien escurridas
    2 cucharadas de harina
    2 cucharaditas de mostaza Dijon
    1 cucharadita de consomé instantáneo de pollo

Caliente el horno a 180 °C. En un recipiente grande, bata los huevos. Agregue los demás ingredientes. Vierta sobre un molde para pay ligeramente engrasado. Hornee de 35 a 40 minutos. Deje reposar durante 10 minutos antes de servir. Refrigere el sobrante.

Nutrimentos por porción:			
Calorías	108	Colesterol	111 mg
Grasa	4 g	Sodio	422 mg

Verduras Agridulces

Rinde 6 porciones

  ¾ de taza de aderezo francés agridulce
   2 cucharadas compactas de azúcar morena
   2 cucharaditas de salsa de soya
   2 cucharadas de aceite vegetal
   1 taza de zanahorias finamente rebanadas
   1 taza de tirabeques (vainas) (unos 120 g)
   1 pimiento morrón verde pequeño, cortado en
     trozos
   1 taza de castañas de agua, rebanadas y
     escurridas
   1 tomate rojo mediano cortado en rodajas
  ½ taza de pepino partido por la mitad y
     cortado en rebanadas

Verduras Agridulces

Mezcle el aderezo, el azúcar morena y la salsa de soya en un recipiente pequeño. En una sartén mediana, a fuego medio, caliente el aceite y fría las zanahorias, los tirabeques y el pimiento, moviendo frecuentemente durante 5 minutos. Agregue las castañas de agua, el tomate, el pepino y la mezcla de aderezo. Tape y deje hervir por 5 minutos. Añada ajonjolí, si lo desea.

Nutrimentos por porción:			
Calorías	137	Colesterol	0 mg
Grasa	5 g	Sodio	349 mg

Paquetes Feta

Rinde 4 porciones

   2 tazas de germen de alfalfa
   1 pepino pequeño picado
  ½ taza de queso feta rallado
  ¼ de taza de yogur natural
   1 cucharada de ajonjolí tostado
  ¼ de cucharadita de pimienta
   2 pitas (pan árabe) partidas por la mitad
   1 tomate rojo mediano cortado en cuatro
     rebanadas

Mezcle el germen, el pepino, el queso, el yogur, el ajonjolí y la pimienta en un recipiente mediano. Sirva la mezcla distribuyéndola de manera uniforme en las pitas. Coloque una rebanada de tomate sobre el relleno de cada pan.

Nutrimentos por porción (1 mitad de pita):			
Calorías	131	Colesterol	14 mg
Grasa	5 g	Sodio	283 mg

Dúo de Verduras

Rinde 4 porciones

  285 g de ejotes (judías verdes)
  225 g de cebollas de cambray
  ¼ de taza de almendras rebanadas
   1 cucharada de margarina
     Sal y pimienta negra (opcional)

Mezcle los ejotes y las cebollas en una sartén mediana y cuézalos; escurra.

Vuelva a poner las verduras en la sartén; agregue las almendras y fría con mantequilla. Sazone con sal y pimienta, si lo desea.

Nutrimentos por porción:			
Calorías	103	Colesterol	0 mg
Grasa	7 g	Sodio	50 mg

Ramitos de Verduras

Rinde de 4 a 6 porciones

¼ de taza de jugo de limón
2 cucharadas de azúcar
2 cucharadas de agua
1 cucharadita de margarina
¼ de cucharadita de ajo en polvo
1 zanahoria grande cortada en tiras de 8 cm
½ taza de pimiento morrón rojo cortado en tiras
½ taza de ejotes (judías verdes)
2 o 3 cebollines sin la parte blanca

En horno de microondas: En un refractario pequeño, mezcle el jugo de limón, el azúcar, el agua, la margarina y el ajo. Hornee durante 30 segundos a temperatura ALTA (100 %); remueva.

En otro refractario pequeño, coloque la zanahoria, el pimiento y los ejotes. Agregue la mezcla de jugo de limón. Hornee de 6 a 10 minutos a temperatura ALTA hasta que las verduras estén listas.

Corte los cebollines por la mitad a lo largo. Hornee de 5 a 10 minutos a temperatura ALTA o hasta que estén ligeramente suaves. Saque las verduras de la mezcla de jugo de limón y divídalos en 4 o 6 manojos. Con cuidado, ate cada ramito con el tallo del cebollín. Sirva fríos o calientes.

Nutrimentos por porción:			
Calorías	55	Colesterol	0 mg
Grasa	1 g	Sodio	20 mg

Pavo en Salsa de Carne

Rinde 4 tazas

4 cucharadas de fécula de maíz
4 cucharadas de agua
4 tazas de Consomé de Pavo (receta más adelante)
Sal y pimienta (opcional)

En un recipiente pequeño, mezcle la fécula de maíz y el agua. En una olla grande, hierva el consomé de pavo y los jugos. Agregue la mezcla de fécula de maíz y caliente hasta que la mezcla hierva y espese. Sazone al gusto con sal y pimienta.

Consomé de Pavo: En una sartén grande y a fuego alto, hierva 4 tazas de agua, vísceras de pavo, 1 apio rebanado, 1 zanahoria rebanada, 1 cebolla rebanada, 1 hoja de laurel, 3 ramas de perejil y 4 granos de pimienta. Después del primer hervor, reduzca el fuego y deje hervir durante una hora. Cuele el consomé y deseche la grasa.

Nutrimentos por porción (3 cucharadas de salsa):			
Calorías	85	Colesterol	41 mg
Grasa	7 g	Sodio	22 mg

Linguini con Espárragos

Linguini con Espárragos

Rinde 4 porciones

2 cucharadas de margarina light
¼ de taza de cebolla finamente picada
3 dientes de ajo picados
225 g de espárragos pelados y rebanados diagonalmente
2 cucharadas de vino blanco seco
2 cucharadas de jugo de limón
Pimienta negra recién molida
150 g de linguini cocido y escurrido
¼ de taza de queso parmesano rallado
¾ de taza de queso mozzarella rallado

Derrita la margarina a fuego medio en una sartén grande. Fría la cebolla y el ajo. Agregue el espárrago y cueza durante 2 minutos más. Vierta el vino y el jugo de limón; cueza por 1 minuto más. Sazone con pimienta al gusto. Retire del fuego. En un recipiente grande, combine la pasta caliente, el queso parmesano y la mezcla de espárragos. Coloque en un platón y espolvoree el queso mozzarella. Adorne con tiras de cáscara de limón, si lo desea. Sirva inmediatamente.

Nutrimentos por porción:			
Calorías	254	Colesterol	13 mg
Grasa	8 g	Sodio	317 mg

Pimientos Rellenos de Ratatouille

Rinde 6 porciones de guarnición

**3 pimientos morrones grandes (1 rojo,
1 amarillo y 1 verde, o cualquier
combinación)**
¼ de taza de aceite de oliva
**1 berenjena pequeña (340 g) sin pelar y
cortada en cubos de 1 cm**
1 cebolla en rebanadas delgadas
1 diente de ajo picado
1 tomate rojo grande, sin semillas y picado
1 taza de champiñones frescos rebanados
**½ cucharadita de albahaca y de orégano,
molidos**
½ cucharadita de sal
Pizca de pimienta negra y de pimienta roja
1 calabacita en cuadritos de 1 cm
**Rebanadas de tomate rojo y hojas de
albahaca fresca para adornar**

Corte los pimientos (incluyendo el tallo) por la mitad
y a lo largo. Quite las semillas y las venas, teniendo
cuidado de no romper el pimiento. Enjuague el
pimiento con agua corriente y escurra.

Cueza al vapor durante 5 minutos hasta que estén
suaves. Sumérjalos en agua fría para detener la
cocción. Colóquelos en un refractario de 33×23 cm.

Caliente el aceite en una sartén a fuego medio. Cueza
la berenjena y la cebolla durante 10 minutos hasta
que estén listos; mueva ocasionalmente. Agregue el
ajo, el tomate picado, los champiñones, la albahaca,
el orégano, la sal y las pimientas. Hierva a fuego
medio-alto; después del primer hervor, reduzca el
fuego, y deje hervir durante 5 minutos más; mueva de
vez en cuando. Agregue la calabacita y hierva por
5 minutos más o hasta que la mezcla espese un poco.

Caliente el horno a 180 °C. Ponga esta mezcla en las
mitades de los pimientos.* Hornee durante
15 minutos. Adorne al gusto. Sirva inmediatamente.

*Las mitades de pimientos pueden refrigerarse hasta por 4 días en
este punto.*

Nutrimentos por porción:

Calorías	121	Colesterol	0 mg
Grasa	9 g	Sodio	184 mg

Apio con Queso Suizo y Almendras

Rinde 4 porciones

1½ tazas de agua
Pizca de pimienta roja molida
4 tazas de tiras de apio de 5×.5 cm
**3 rebanadas (de 330 g cada una) de queso
amarillo, cortadas por la mitad
diagonalmente**
2 cucharadas de almendras rebanadas

Caliente el horno. Mezcle el agua y la pimienta roja
en una sartén grande y deje hervir a fuego alto.
Agregue el apio; una vez que hierva, reduzca el fuego
a bajo. Tape y deje hervir durante 5 minutos o hasta
que el apio esté suave; escurra. Acomode el apio en
un refractario de 2 litros. Añada el queso y espolvoree
las almendras. Ase a 8 cm de la fuente de calor, de 1 a
2 minutos, o hasta que el queso se derrita y las
almendras se doren. Sirva inmediatamente.

Nutrimentos por porción:

Calorías	90	Colesterol	14 mg
Grasa	6 g	Sodio	324 mg

Monedas de Zanahoria

Rinde 2 porciones

1 taza de zanahorias rebanadas
3 cucharadas de agua
1 cucharadita de mantequilla o margarina
1 cucharadita de azúcar

En horno de microondas: Coloque las zanahorias, el
agua y la mantequilla en un refractario. Hornee a
temperatura ALTA (100 %) durante 5 minutos o hasta
que las zanahorias estén listas; gire el refractario a la
mitad de la cocción. Espolvoree con azúcar y
revuelva. Sirva inmediatamente.

Nutrimentos por porción:

Calorías	60	Colesterol	6 mg
Grasa	2 g	Sodio	68 mg

Pimientos Rellenos de Ratatouille

Cocido de Verduras

Cocido de Verduras

Rinde 12 porciones

2 cucharadas de aceite vegetal
4 cebollas medianas finamente rebanadas y
    separadas en rodajas
3 pimientos morrones verdes grandes, cortados
    en tiras
2 dientes de ajo picados
4 calabacitas medianas cortadas en pedazos de
    1 cm
1 berenjena mediana cortada en trozos de
    1 cm (unos 450 g)
1 lata (420 g) de tomates rojos en trozos,
    escurridos y sin sal, o 4 o 5 tomates rojos
    frescos, pelados y cortados en cuartos
1 cucharadita de eneldo
¾ de cucharadita de albahaca seca
½ cucharadita de pimienta negra
½ cucharadita de orégano seco
¼ de cucharadita de sal
1 bolsa (255 g) de chícharos (guisantes)
    congelados
¼ de taza de jugo de limón
2 cucharadas de perejil fresco picado o
    2 cucharaditas de perejil seco

1. Caliente el aceite a fuego medio. Agregue las cebollas, los pimientos y el ajo. Cueza y mueva hasta que estén suaves.

2. Ponga la calabacita y la berenjena. Cueza durante 5 minutos, moviendo ocasionalmente. Añada los tomates, el eneldo, la albahaca, la pimienta, el orégano y la sal. Reduzca el fuego a bajo y tape. Deje hervir durante 20 minutos, moviendo ocasionalmente.

3. Incorpore los chícharos. Deje hervir de 3 a 5 minutos o hasta que los chícharos estén calientes. Vierta el jugo de limón. Sirva caliente o frío con perejil.

Nutrimentos por porción:			
Calorías	85	Colesterol	0 mg
Grasa	3 g	Sodio	80 mg

Papas al Gratín

Rinde 6 porciones

900 g de papas (patatas) rojas
2 cucharadas de harina de trigo
4 cucharadas de margarina o mantequilla
    Sal, pimienta y pimentón al gusto
1¼ tazas de leche
    Ramitas de tomillo fresco para adornar

Caliente el horno a 180 °C. Talle las papas bajo el chorro de agua, con un cepillo suave para verduras; enjuague bien. Corte las papas en rebanadas de 1 cm. Coloque las rebanadas sobre papel encerado y espolvoree con harina; cubra bien.

Engrase un molde redondo de 23 cm con 1 cucharada de mantequilla. Coloque ⅓ de las papas en el platón; espolvoree con sal, pimienta y pimentón. Agregue un poco de mantequilla. Repita las capas dos veces. Caliente la leche en una olla pequeña a fuego medio *(no deje hervir)*. Vierta sobre las papas; espolvoree la sal, la pimienta y el pimentón. Cubra con tapa o papel de aluminio.

Hornee durante 25 minutos. Destape y hornee durante 20 minutos más o hasta que las papas estén suaves. Adorne si lo desea. Sirva inmediatamente.

Nutrimentos por porción:			
Calorías	242	Colesterol	24 mg
Grasa	9 g	Sodio	111 mg

Uvas Frescas con Jengibre

Rinde 7 porciones, 3½ tazas

3 tazas de uvas chilenas verdes o rojas, sin
    semillas y cortadas en cuartos
⅓ de taza de cebolla finamente picada
2 cucharadas de cilantro fresco picado
1 cucharada de jugo de lima
1 diente de ajo picado
1½ cucharaditas de azúcar
1 cucharadita de jengibre fresco picado o ¼ de
    cucharadita de jengibre molido
¼ de cucharadita de sal

Mezcle todos los ingredientes en un recipiente
mediano. Tape y refrigere durante 2 horas.

Sugerencia: Este tipo de fruta es excelente para
acompañar aves, cerdo o pescado a la parrilla.

Nutrimentos por porción (½ taza):

Calorías	57	Colesterol	0 mg
Grasa	muy poca	Sodio	79 mg

Cazuela de Ejotes

Rinde 8 porciones

2 cucharaditas de aceite vegetal
1 cebolla mediana picada
½ pimiento morrón verde mediano, picado
1 bolsa (285 g) de ejotes (judías verdes)
    descongelados
225 g de tomates rojos hervidos
2 cucharadas de mayonesa light
¼ de cucharadita de sal
⅛ de cucharadita de pimienta roja molida
⅛ de cucharadita de ajo en polvo
¼ de cucharadita de pan molido

1. Caliente el horno a 180 °C. Engrase una cacerola
de 1 litro.

2. Caliente 2 cucharadas de aceite vegetal en una
sartén a fuego medio. Agregue la cebolla y el
pimiento. Cueza y mueva hasta que se suavicen.

3. Añada los ejotes, los tomates, la mayonesa, la sal,
la pimienta y el ajo en polvo. Caliente bien, moviendo
ocasionalmente.

4. Sirva en una cacerola. Espolvoree el pan molido.
Hornee a 180 °C durante 30 minutos.

Nutrimentos por porción:

Calorías	50	Colesterol	0 mg
Grasa	1 g	Sodio	170 mg

Deliciosos Listones de Calabacita

Rinde 4 porciones de guarnición

3 calabacitas pequeñas (unos 340 g en total)
2 cucharadas de aceite de oliva
1 cucharada de vinagre de vino blanco
2 cucharaditas de albahaca fresca o
    ½ cucharadita de albahaca seca molida
½ cucharadita de hojuelas de pimienta roja
    machacadas
¼ de cucharadita de cilantro
    Sal y pimienta negra molida, al gusto
    Cebollines y tiras de zanahoria para adornar

Para hacer los listones, corte la punta y el tallo de la
calabacita. Con un pelador, empiece por el tallo y
haga listones continuos a lo largo de cada calabacita.

Hierva la calabacita al vapor, en una cacerola a fuego
alto. Cuando la cacerola comience a emitir vapor,
verifique el grado de cocción de la calabacita. (Debe
estar suave.) Transfiérala a un platón con una espátula
o con tenazas.

Mezcle el aceite, el vinagre, la albahaca, la pimienta y
el cilantro en un recipiente pequeño; mezcle bien.
Vierta el aderezo sobre los listones de calabacita.
Sazone con sal y pimienta. Adorne, si lo desea. Sirva
inmediatamente o refrigere hasta por 2 días.

Nutrimentos por porción:

Calorías	72	Colesterol	0 mg
Grasa	7 g	Sodio	2 mg

Deliciosos Listones de Calabacita

Col con Aderezo Picante

Col con Aderezo Picante

Rinde 4 porciones de guarnición

½ **cabeza de col verde o roja (unos 450 g)**
1 **rebanada de tocino cortada a lo largo en
  tiras de 1 cm**
2 **cucharaditas de fécula de maíz**
⅔ **de taza de jugo de manzana sin endulzar**
¼ **de taza de vinagre de sidra o de vino tinto**
1 **cucharada de azúcar morena**
½ **cucharadita de semillas de alcaravea**
1 **cebollín finamente rebanado**

Retire las hojas de la col que presenten
imperfecciones. Córtela en cuatro partes. (Para que
no se deshoje, no corte el corazón.)

Fría el tocino en una sartén grande a fuego medio.
Retírelo de la sartén y escúrralo sobre una toalla de
papel. Mientras tanto, disuelva la fécula de maíz en el
jugo de manzana en una taza para medir. Agregue el
vinagre, el azúcar morena y las semillas de alcaravea.
Incorpore la cebolla al aceite caliente. Fríala hasta
que se suavice, pero que no llegue a dorarse.

Coloque las piezas de col boca abajo en el aceite.
Vierta la mezcla de fécula de maíz sobre la col. Cueza
a fuego medio durante 4 minutos. Con cuidado,
voltee la col con una espátula. Cueza durante
6 minutos más, hasta que la col esté lista y el aderezo
haya espesado.

Retire la col y póngala en una tabla para cortar. Con
cuidado, corte el corazón de la col. Transfiérala a un
plato y vierta el aderezo sobre ella. Espolvoree con
los pedacitos de tocino. Adorne al gusto. Sirva
inmediatamente.

Nutrimentos por porción:

Calorías	71	Colesterol	1 mg
Grasa	1 g	Sodio	49 mg

Couscous de Verduras

Rinde 6 porciones

1¼ **tazas de jugo de naranja fresca**
1 **taza de consomé de pollo**
1 **cucharada de margarina**
1 **cucharadita de ralladura de cáscara de
  naranja**
½ **cucharadita de sal (opcional)**
285 **g de couscous**
  Antiadherente en aerosol
1 **pimiento morrón rojo grande, finamente
  picado (aproximadamente 1 taza)**
2 **cebollines con cabeza, rebanados (alrededor
  de ½ taza)**
2 **dientes de ajo picados**

Coloque el jugo, el consomé, la margarina, la
ralladura de naranja y la sal en una sartén mediana;
hierva a fuego alto. Agregue el couscous, tape y retire
del fuego. Deje reposar por 5 minutos.

Mientras tanto, rocíe con el aerosol una sartén grande
antiadherente. Póngala a calentar a fuego medio-alto.
Añada el pimiento, las cebollas y el ajo. Cueza
durante 2 minutos o hasta que el pimiento se haya
suavizado.

Esponje ligeramente el couscous con un tenedor y
agregue la mezcla de pimienta. Sirva inmediatamente.

Nutrimentos por porción:

Calorías	230	Colesterol	0 mg
Grasa	4 g	Sodio	62 mg

Relleno de Arroz Salvaje Afrutado

Rinde 8 porciones, 6 tazas

3 **tazas de arroz salvaje cocido**
1 **taza de pan molido**
½ **taza de uvas pasa**
½ **taza de nueces picadas (opcional)**
½ **taza de manzanas en trozos**
¼ **de taza de margarina light derretida**
¼ **de taza de jugo de naranja**

Caliente el horno a 180 °C. Mezcle todos los
ingredientes. Coloque en una cacerola de 2 litros,
previamente engrasada. Tape y hornee durante
1½ horas. También se puede hornear como relleno
para aves, como pavo o pollo.

Nutrimentos por porción:

Calorías	156	Colesterol	0 mg
Grasa	4 g	Sodio	61 mg

Lasaña de Brócoli

Rinde 8 porciones

        1 cucharada de aceite vegetal
        1 taza de cebolla picada
        3 dientes de ajo picados
    420 g de tomates rojos hervidos y picados
        1 lata (225 g) de salsa de tomate sin sal
        1 lata (180 g) de puré de tomate sin sal
        1 taza de champiñones frescos finamente
            rebanados
    ¼ de taza de perejil fresco picado
        1 cucharada de vinagre de vino tinto
        1 cucharadita de orégano seco
        1 cucharadita de albahaca seca
        1 hoja de laurel
    ½ cucharadita de sal
    ¼ de cucharadita de pimienta roja molida
    1½ tazas de queso cottage bajo en grasa
        1 taza (120 g) de queso mozzarella
            desmenuzado
        6 tiras de lasaña cocidas (sin sal ni grasa) y
            escurridas
        3 tazas de brócoli cocido, escurrido y picado
        1 cucharada de queso parmesano rallado

1. Caliente el horno a 180 °C. Engrase ligeramente una charola para hornear de 30×20×5 cm.

2. Caliente una cucharada de aceite en una sartén grande a fuego medio. Agregue la cebolla y el ajo. Fríalos hasta obtener una consistencia suave. Añada los tomates, la salsa de tomate, el puré de tomate, los champiñones, el perejil, el vinagre, el orégano, la albahaca, la hoja de laurel, la sal y la pimienta roja molida. Reduzca el fuego a bajo. Tape y deje hervir por 30 minutos. Mueva ocasionalmente. Retire la hoja de laurel.

3. Mezcle bien el queso cottage y ½ taza de queso mozzarella en un recipiente pequeño.

4. Coloque 2 tiras de lasaña en el fondo de la charola. Ponga encima una taza de brócoli, un tercio de la salsa de tomate y un tercio del queso cottage. Repita las capas. Cubra con papel de aluminio.

5. Hornee a 180 °C durante 25 minutos. Destape. Espolvoree el resto del queso mozzarella y el queso parmesano. Hornee sin tapar durante 10 minutos o hasta que el queso se haya derretido. Deje reposar por 10 minutos antes de servir.

Nutrimentos por porción:			
Calorías	195	Colesterol	10 mg
Grasa	6 g	Sodio	440 mg

Elote Confeti

Rinde 6 porciones

        1 huevo batido
        1 taza de leche descremada
        1 taza de galletas saladas ligeramente molidas
            (unas 22 galletas de 5 cm)
    ¼ de cucharadita de sal
    ⅛ de cucharadita de pimienta
        1 lata (465 g) de granos de elote
    ¼ de taza de cebolla finamente picada
        1 frasco (60 g) de pimiento picado y escurrido
        1 cucharada de aceite vegetal
        1 cucharada de perejil fresco picado

1. Caliente el horno a 180 °C.

2. Mezcle el huevo, la leche, ⅔ de taza de galletas, sal y pimienta en un recipiente mediano. Agregue los granos de elote, la cebolla y el pimiento. Vierta sobre una cacerola de 1 litro.

3. Combine ⅓ de taza de galletas con el aceite en un recipiente pequeño. Vacíe sobre la mezcla de elote.

4. Hornee a 180 °C durante 1 hora o hasta que, al insertar en el centro un cuchillo, éste salga limpio. Espolvoree el perejil. Deje reposar de 5 a 10 minutos antes de servir. Adorne si lo desea.

Nutrimentos por porción:			
Calorías	155	Colesterol	40 mg
Grasa	5 g	Sodio	485 mg

Lasaña de Brócoli

Apetitoso Puré de Papa

Rinde de 6 a 8 porciones, 5 tazas

1 cucharada de aceite de oliva
1 cucharada de ajo picado
4 tazas de agua
4 papas (patatas) russet medianas, peladas y
   cortadas en cuartos
1 taza de yogur natural bajo en grasa
¼ de taza de leche
¼ de taza de cebollín rebanado
1 cucharadita de sal
¼ de cucharadita de pimienta recién molida

En una sartén grande, caliente el aceite a fuego
medio. Agregue el ajo y fría durante 1 minuto,
moviendo constantemente. Añada el agua y las papas.
Tape y deje hervir a fuego alto. Reduzca el fuego a
medio-bajo y deje hervir de 15 a 20 minutos más o
hasta que las papas estén muy suaves. Escurra muy
bien. Regrese las papas a la sartén y macháquelas.
Agregue el yogur y la leche, y mezcle hasta obtener
una consistencia cremosa. Incorpore el cebollín, la sal
y la pimienta. Sirva inmediatamente.

Nutrimentos por porción:			
Calorías	110	Colesterol	muy poco
Grasa	2 g	Sodio	396 mg

Macarrón Romanov

Rinde de 6 a 8 porciones

225 g de macarrón sin cocer
1 taza de yogur bajo en grasa
1 taza de queso cottage
¼ de taza de cebolla finamente picada
¼ de taza de perejil fresco picado
2 cucharadas de salsa inglesa
½ cucharadita de sal
3 gotas de salsa picante
2 cucharadas de queso parmesano rallado

Caliente el horno a 180 °C. Cueza y escurra los
macarrones. Mezcle los demás ingredientes, excepto
el queso parmesano. Añada los macarrones. Viértalos
en una cacerola previamente engrasada de 1.5 litros y
espolvoree el queso parmesano. Hornee durante
30 minutos y sirva caliente.

Nutrimentos por porción:			
Calorías	146	Colesterol	29 mg
Grasa	2 g	Sodio	224 mg

Espinacas Marchitas a la Mandarina

Espinacas Marchitas a la Mandarina

Rinde 4 porciones de guarnición

250 g de espinaca fresca
1 cucharada de aceite
1 taza de germen de frijol
315 g de gajos de mandarina
2 cucharadas de salsa de soya
2 cucharadas de jugo de naranja
   Rebanadas de naranja cortada en cuartos,
   para adornar

Separe las hojas de la espinaca. Sacúdalas en agua
tibia. Repita la misma operación varias veces,
cambiando el agua, para quitar toda la tierra e
impurezas. Escurra sobre hojas de papel. Para quitar
el tallo de las hojas, doble cada hoja por la mitad y
jale el tallo. Seque perfectamente las hojas con toallas
de papel.

Caliente el aceite en una sartén grande a fuego
medio-alto. Agregue la espinaca, el germen y las
mandarinas; fría de 1 a 2 minutos hasta que la
espinaca comience a marchitarse. Colóquela en un
plato. Caliente la salsa de soya y el jugo de naranja en
un wok. Vierta sobre la mezcla de espinacas y mezcle
bien. Adorne al gusto. Sirva inmediatamente.

Nutrimentos por porción:			
Calorías	90	Colesterol	0 mg
Grasa	4 g	Sodio	334 mg

Círculos Picositos de Calabaza

Apio y Chícharos al Curry con Manzana

Rinde 4 porciones

1 cucharada de aceite vegetal
2 tazas de apio rebanado diagonalmente
1 taza de manzana, sin corazón, pelada y rebanada
½ taza de cebolla picada
2 cucharaditas de curry en polvo
1 cucharadita de ajo picado
1 lata (300 g) de chícharos (guisantes) escurridos y enjuagados
225 g de tomates rojos hervidos y picados
3 tazas de arroz integral cocido

Caliente el aceite en una sartén grande a fuego medio. Agregue el apio, la manzana, la cebolla, el curry y el ajo. Cueza durante unos 8 minutos, moviendo ocasionalmente. Añada los chícharos y el tomate; después del primer hervor, reduzca el fuego y deje hervir, sin tapar, durante 5 minutos más para permitir que los sabores se combinen. Sirva sobre arroz.

Nutrimentos por porción:

Calorías	236	Colesterol	0 mg
Grasa	5 g	Sodio	230 mg

Círculos Picositos de Calabaza

Rinde 4 porciones de guarnición

2 calabazas Acorn (de 450 g cada una)
2 cucharadas de mantequilla o margarina
½ taza de chutney preparado
2 cucharadas de agua
    Col morada y hojas de geranio para adornar*

Caliente el horno a 200 °C. Corte los extremos de las calabazas y córtelas a lo ancho en círculos de 2 cm. Con una cuchara, quite las semillas.

Corte cuadros de 45 cm de papel de aluminio. Colóquelos sobre una charola para hornear y engráselos con mantequilla y enseguida ponga las calabazas. Vierta chutney sobre ellas y rocíelas con agua. Doble los extremos opuestos del papel hacia el centro para formar un paquete compacto.

Hornee de 20 a 30 minutos o hasta que la calabaza esté lista. Con una espátula, coloque los círculos en un plato. Vierta el líquido de la sartén sobre ellos. Adorne si lo desea. Sirva inmediatamente.

Asegúrese de usar sólo hojas no tóxicas.

Nutrimentos por porción:

Calorías	205	Colesterol	15 mg
Grasa	6 g	Sodio	73 mg

Manzanas y Camotes al Horno

Rinde 6 porciones

3 tazas de camotes (batatas) cocidos y machacados
2 o 3 manzanas medianas peladas y en rebanadas
    Canela molida
½ taza de gelatina de manzana

Caliente el horno a 180 °C. Rocíe un molde para pay de 23 cm con antiadherente en aerosol. Coloque los camotes uniformemente en el molde. Cubra con las rebanadas de manzana. Espolvoree las manzanas con canela. Derrita la gelatina en un recipiente pequeño. Barnice las manzanas con la gelatina. Hornee durante 30 minutos o hasta que las manzanas estén suaves.

Nutrimentos por porción:

Calorías	225	Colesterol	0 mg
Grasa	muy poca	Sodio	100 mg

Pasta Caliente al Ajo

Rinde 4 porciones

1 taza de leche
¾ de taza de agua
⅓ de taza de salsa picante
1 paquete (150 g) de pasta con ajo
¼ de cucharadita de comino en polvo
1 lata (225 g) de habichuelas cocidas y escurridas o ¾ de frijoles (judías) negros cocidos, enjuagados y escurridos
¾ de taza de granos de elote descongelados y escurridos o 1 lata (210 g) de granos de elote escurridos
1 tomate rojo mediano picado y sin semillas
¼ de taza de cebollín rebanado
2 cucharadas de cilantro o perejil fresco picado

En una sartén grande, mezcle la leche, el agua, la salsa picante y el comino. Mezcle bien y déjelos hervir. Agregue la pasta y reduzca el fuego. Deje hervir, sin tapar, revolviendo ocasionalmente, durante 12 minutos o hasta que la pasta esté lista. (La pasta estará sazonada.) Agregue los demás ingredientes, excepto el cilantro. Cueza, moviendo ocasionalmente, durante 2 o 3 minutos. Espolvoree con cilantro al servir.

Nutrimentos por porción:

Calorías	253	Colesterol	14 mg
Grasa	5 g	Sodio	645 mg

Coliflor con Salsa Cremosa de Cebollín

Rinde 6 porciones

1 cabeza de coliflor lavada
1 taza de yogur natural bajo en grasa
1 cucharada de cebollín fresco picado o ½ cucharadita de cebollín seco
1 cucharadita de mostaza deshidratada

Cueza la coliflor al vapor, sobre agua hirviente, durante 15 o 20 minutos o hasta que esté suave. En un recipiente pequeño, combine el yogur, el cebollín y la mostaza. Mezcle bien con un batidor de alambre o con un tenedor. Vierta sobre la coliflor cocida, de manera que el vapor caliente la salsa.

Nutrimentos por porción:

Calorías	40	Colesterol	muy poco
Grasa	1 g	Sodio	75 mg

Pasta Caliente al Ajo

Anillos de Verdura sobre Brócoli

Anillos de Verdura sobre Brócoli

Rinde 4 porciones de guarnición

1 brócoli pequeño (de unos 360 g)
1 pimiento morrón rojo
3 rebanadas de cebolla, de 5 cm
2 cucharadas de mantequilla o margarina
½ cucharadita de vinagre de vino
½ cucharadita de romero seco molido

Quite las hojas del tallo del brócoli. Separe el brócoli en ramitos. Pele los tallos.

Enjuague el pimiento morrón bajo el chorro del agua. Haga un corte circular en la parte superior del pimiento. Jale el tallo y quite las semillas. Con una cuchara, saque las semillas y la membrana restantes. Enjuague el pimiento con agua corriente; escurra bien. Corte rebanadas delgadas a lo ancho del pimiento para hacer anillos.

Cueza el brócoli al vapor en una cacerola; añada 2.5 cm de agua. Separe las rebanadas de cebolla en rodajas; póngalas sobre el brócoli y tape. Deje hervir a fuego alto; cueza durante unos 8 minutos o hasta que el brócoli esté suave.

Destape; coloque los anillos de pimiento en la parte superior. Tape y cueza al vapor hasta que los anillos del pimiento cambien de color, pero sin que se deformen. Retire del fuego. Coloque las verduras en un plato tibio. Derrita la mantequilla a fuego medio; agregue el vinagre y el romero. Rocíe de manera uniforme esta mezcla sobre las verduras. Sirva inmediatamente.

Nutrimentos por porción:			
Calorías	81	Colesterol	15 mg
Grasa	6 g	Sodio	81 mg

Pita a la Jardinera

Rinde 4 porciones

1 cucharada de aceite vegetal
2 tazas de calabacita rebanada diagonalmente (unos 225 g)
2 tazas de calabacín rebanado diagonalmente (unos 225 g)
⅛ de cucharadita de albahaca seca
⅛ de cucharadita de sal
⅛ de cucharadita de pimienta
2 cucharadas de queso parmesano rallado
2 pitas (pan árabe) cortadas por la mitad
Hojas de lechuga francesa (lechuga Boston o acogollada)

1. Caliente el aceite en una sartén grande a fuego alto. Agregue las calabazas y fría de 7 a 8 minutos. Añada la albahaca, la sal y la pimienta. Mezcle bien. Retire del fuego. Espolvoree con queso parmesano.

2. Ponga lechuga sobre las pitas. Vierta aproximadamente ½ taza de la mezcla de verduras sobre cada mitad de pan.

Nutrimentos por porción (un emparedado):			
Calorías	150	Colesterol	0 mg
Grasa	5 g	Sodio	290 mg

Pilaf de Arroz Integral

Rinde 6 porciones

½ taza de arroz blanco o integral sin cocer
1 cubo de consomé de pollo
2 cucharadas de margarina
¼ de taza de cebolla picada
½ taza de apio picado
½ taza de champiñones rebanados
¼ de taza de castañas de agua rebanadas
1 taza de hojuelas de trigo integral
½ cucharadita de albahaca seca
¼ de cucharadita de salvia molida
¼ de cucharadita de pimienta
1 taza de agua
¼ de taza de pimientos picados

1. Cueza el arroz de acuerdo con las instrucciones del paquete; agregue el cubo de consomé y omita la sal y la margarina.

2. Mientras se cuece el arroz, derrita la margarina en una sartén grande. Fría la cebolla, el apio, los champiñones y las castañas de agua. Cueza a fuego medio, moviendo ocasionalmente, hasta que el apio esté listo.

3. Con cuidado, agregue el arroz cocido, el cereal y los demás ingredientes. Tape y cueza a fuego bajo durante unos 15 minutos. Sirva caliente.

Nutrimentos por porción:			
Calorías	140	Colesterol	0 mg
Grasa	4 g	Sodio	410 mg

Capellini Italiano y Tomate Fresco

Rinde 6 porciones

- ½ paquete (de 450 g) de capellini sin cocer
- 2 tazas de tomates rojos, sin semillas, pelados y finamente picados (unos 3 medianos)
- 2 cucharadas de aceite de oliva
- 1 cucharadita de albahaca seca molida
- ½ cucharadita de sal
- ½ cucharadita de pimienta negra molida

Prepare el capellini de acuerdo con las instrucciones del paquete; escurra. Mezcle la pasta caliente con los demás ingredientes. Sirva de inmediato. Refrigere el sobrante.

Nutrimentos por porción:

Calorías	196	Colesterol	0 mg
Grasa	5 g	Sodio	170 mg

Ejotes con Piñones

Rinde 4 porciones

- 450 g de ejotes (judías verdes), sin las puntas
- 2 cucharadas de margarina
- 2 cucharadas de piñones
- Sal y pimienta negra (opcional)

Cueza los ejotes en 2.5 cm de agua en una olla de 3 litros con tapa, de 4 a 8 minutos o hasta que estén suaves; escurra. Derrita la margarina en una sartén grande a fuego medio. Agregue los piñones; cueza, moviendo frecuentemente, hasta dorar. Añada los ejotes; mezcle bien. Sazone con sal y pimienta al gusto.

Nutrimentos por porción:

Calorías	127	Colesterol	0 mg
Grasa	10 g	Sodio	1 mg

Ejotes con Piñones

Linguini Primavera

Rinde 8 porciones

- 2 cucharadas de margarina
- 2 tazas de brócoli picado
- 1 taza de zanahorias en tiras
- 1 cebolla mediana, cortada en rodajas
- 1 cucharadita de sazonador italiano
- 2 dientes de ajo machacados
- ¼ de cucharadita de pimienta negra molida
- 1 tomate rojo grande picado
- 450 g de linguini, cocido sin sal y escurrido
- 2 claras de huevo
- ¼ de taza de queso parmesano rallado

Derrita la margarina en una sartén grande a fuego medio. Agregue el brócoli, las zanahorias, la cebolla, el sazonador italiano, el ajo y la pimienta. Cueza durante 3 minutos, moviendo ocasionalmente. Añada el tomate; cueza durante 1 minuto más o hasta que las verduras estén listas. Mezcle con el linguini caliente, las claras de huevo y el queso. Adorne al gusto y sirva inmediatamente.

En horno de microondas: En un recipiente de 1 litro, mezcle la margarina, el brócoli, la zanahoria, la cebolla, el sazonador italiano, el ajo y la pimienta; tape. Hornee a temperatura ALTA (100 %) por 4 minutos; revuelva después de 2 minutos. Agregue el tomate; vuelva a tapar. Hornee a temperatura ALTA de 2 a 3 minutos; revuelva después de 1½ minutos. Mezcle con el linguini caliente, las claras y el queso. Adorne si lo desea y sirva de inmediato.

Nutrimentos por porción:

Calorías	281	Colesterol	2 mg
Grasa	5 g	Sodio	134 mg

Verduras Fritas

Rinde 4 porciones

- 1 cucharada de aceite vegetal
- 3 o 4 zanahorias rebanadas diagonalmente
- 2 calabacitas rebanadas diagonalmente
- 3 cucharadas de jugo de naranja
- Sal y pimienta al gusto (opcional)

Caliente el aceite en una sartén mediana o wok a fuego medio. Agregue las zanahorias y fría durante 3 minutos.

Añada la calabacita y el jugo de naranja; fría por 4 minutos o hasta que las verduras estén listas. Sazone con sal y pimienta, si lo desea.

Nutrimentos por porción:

Calorías	68	Colesterol	0 mg
Grasa	4 g	Sodio	20 mg

Calabacitas y Zanahorias al Gratín

Rinde de 4 a 6 porciones

¼ de taza de mayonesa light
¼ de taza de cebolla picada
2 cucharadas de harina
1 cucharada de perejil fresco picado
¾ de cucharadita de sal
¼ de cucharadita de sazonador italiano en
  polvo
  Pizca de pimienta negra recién molida
1 taza de leche descremada
3 zanahorias medianas, rebanadas, cocidas y
  escurridas
2 calabacitas medianas, rebanadas, cocidas y
  escurridas
½ taza de pan molido
¼ de taza de queso parmesano rallado
1 cucharada de margarina derretida

En una olla de 1 litro, mezcle la mayonesa, la cebolla, la harina, el perejil, la sal, el sazonador italiano y la pimienta. Cueza a fuego medio durante 1 minuto, moviendo ocasionalmente. En forma gradual, agregue la leche, batiendo hasta obtener una consistencia suave; siga hirviendo hasta obtener una consistencia espesa, mueva constantemente (no deje hervir). En un recipiente mediano, revuelva las zanahorias y la calabacita. Añada la salsa. En un recipiente pequeño, mezcle el pan molido, el queso parmesano y la margarina; espolvoree sobre las verduras. Hornee a 20 cm de la fuente de calor durante 3 minutos o hasta que haya dorado.

Nutrimentos por porción:			
Calorías	134	Colesterol	12 mg
Grasa	7 g	Sodio	420 mg

Arroz Antipasto

Rinde 8 porciones

1½ tazas de agua
½ taza de jugo de tomate
1 taza de arroz sin cocer*
1 cucharadita de albahaca seca molida
1 cucharadita de orégano molido
½ cucharadita de sal (opcional)
1 lata (420 g) de corazones de alcachofa,
  escurridos y partidos en cuartos
1 frasco (210 g) de pimiento rojo picado y
  escurrido
1 lata (65 g) de aceitunas, escurridas y
  rebanadas
2 cucharadas de perejil fresco picado
2 cucharadas de jugo de limón
½ cucharadita de pimienta negra molida
2 cucharadas de queso parmesano rallado

Arroz Antipasto

Mezcle el agua, el jugo de tomate, el arroz, la albahaca, el orégano y la sal en una olla de 3 litros; ponga a hervir; mueva una o dos veces. Reduzca el fuego a bajo; tape y deje hervir durante 15 minutos o hasta que el arroz esté suave y el líquido haya sido absorbido. Agregue las alcachofas, los pimientos, las aceitunas, el perejil, el jugo de limón y la pimienta negra. Cueza por 5 minutos más o hasta que todo esté bien caliente. Espolvoree el queso. Adorne al gusto.

En horno de microondas: Mezcle el agua, el jugo de tomate, el arroz, la albahaca, el orégano y la sal en un recipiente de 2 litros. Tape y cueza a temperatura ALTA (100 %) por 5 minutos. Reduzca la temperatura a MEDIA (50 %) y cueza por 15 minutos o hasta que el arroz esté listo y el líquido se consuma. Añada las alcachofas, los pimientos, las aceitunas, el perejil, el jugo de limón y la pimienta. Cueza a temperatura ALTA de 2 a 3 minutos. Espolvoree el queso. Adorne si lo desea.

La receta está basada en arroz regular de grano largo. Para arroz mediano, use 1¼ tazas de agua y cueza por 15 minutos. Para arroz para freír, use 1¾ tazas de agua y cueza de 20 a 25 minutos. Para arroz integral, use 1¾ tazas de agua y cueza de 45 a 50 minutos.

Nutrimentos por porción:			
Calorías	131	Colesterol	1 mg
Grasa	2 g	Sodio	522 mg

Elote con Mantequilla a la Barbecue

Papas a la Francesa Horneadas

Rinde 6 porciones

4 papas (patatas) medianas
1 cucharada de aceite vegetal
½ cucharadita de sal con apio
⅛ de cucharadita de ajo en polvo
⅛ de cucharadita de pimienta
⅛ de cucharadita de pimentón

1. Caliente el horno a 220 °C

2. Pele las papas. Córtelas en tiras largas de 1 cm de ancho. Séquelas con una toalla de papel. Colóquelas en un recipiente grande. Agregue el aceite. Mezcle un poco. Ponga las papas en una charola para hornear, sin encimarlas.

3. Mezcle la sal con apio, el ajo en polvo, la pimienta y el pimentón en un recipiente pequeño. Espolvoree las papas con la mitad de la mezcla del sazonador. Voltéelas y espolvoréelas con el resto del sazonador.

4. Hornee a 220 °C de 25 a 30 minutos o hasta que las papas estén listas y doradas de manera uniforme.

Nutrimentos por porción:

Calorías	80	Colesterol	0 mg
Grasa	2 g	Sodio	95 mg

Elote con Mantequilla a la Barbecue

Rinde 4 porciones de guarnición

4 mazorcas de elote frescas
2 cucharadas de mantequilla o margarina
** suavizada**
½ cucharadita de sazonador barbecue seco
¼ de cucharadita de sal
** Rodajas de tomate cherry y perejil italiano**
** para adornar**

Limpie muy bien los elotes y enjuáguelos bajo el chorro de agua.

Vierta 2.5 cm de agua en una olla o sartén grande. (No agregue sal, ya que esto hace que el elote se endurezca.) Hierva el agua a fuego medio-alto. Agregue el elote y tape la olla. Cueza de 4 a 7 minutos o hasta que el elote esté suave al picarlo con un tenedor.*

Con unas tenazas, coloque el elote sobre un plato tibio. Mezcle la mantequilla, el sazonador barbecue y la sal en un recipiente pequeño. Sirva inmediatamente con el elote. Adorne al gusto.

El tiempo de cocción depende del tamaño del elote.

Nutrimentos por porción:

Calorías	188	Colesterol	15 mg
Grasa	7 g	Sodio	213 mg

Verduras Salteadas

Rinde de 4 a 6 porciones

1 diente de ajo picado
2 cucharadas de aceite vegetal
1 cebolla pequeña partida en 8 rebanadas
1 cucharadita de albahaca molida
⅛ de cucharadita de sal
⅛ de cucharadita de pimienta negra
1 pimiento morrón rojo mediano, cortado en
** tiras de 3×.5 cm**
1 calabacita mediana, cortada en trocitos de
** 1 cm (unas 2 tazas)**
6 champiñones frescos cortados en cuartos
** (alrededor de 1½ tazas)**
1½ cucharadas de salsa inglesa

En una sartén grande, fría el ajo durante 30 segundos. Agregue la cebolla, la albahaca, la sal y la pimienta; fría durante 1 minuto. Añada el pimiento, la calabacita y los champiñones; cueza y revuelva por 5 minutos o hasta que estén listos. Mueva frecuentemente. Vierta la salsa inglesa, de modo que bañe las verduras. Sirva de inmediato.

Nutrimentos por porción:

Calorías	90	Colesterol	0 mg
Grasa	7 g	Sodio	130 mg

Cazuela de Manzana y Zanahoria

Rinde 6 porciones

   6 zanahorias grandes peladas y rebanadas
   4 manzanas grandes peladas y rebanadas
   5 cucharadas de harina de trigo
   1 cucharada de azúcar morena
   ½ cucharadita de nuez moscada en polvo
   1 cucharada de margarina
   ½ taza de jugo de naranja
   ½ cucharadita de sal (opcional)

Caliente el horno a 180 °C. Cueza las zanahorias en agua hirviente durante 5 minutos, o hasta que estén listas; escurra. Coloque las zanahorias y las manzanas en una cazuela grande. Combine la harina, el azúcar morena y la nuez moscada en un recipiente pequeño; espolvoree la mezcla sobre las zanahorias y las manzanas. Únteles un poco de margarina, agregue el jugo de naranja y espolvoréelas con sal, si lo desea. Hornee durante 30 minutos o hasta que las manzanas estén listas.

Nutrimentos por porción:			
Calorías	137	Colesterol	0 mg
Grasa	2 g	Sodio	49 mg

Nectarina y Coco con Chutney

Rinde 7 porciones, 3½ tazas

   3 tazas de nectarinas picadas, unas 3 pequeñas
      (340 g)
   ⅓ de taza de cebollín finamente picado
   ¼ de taza de coco rallado
   1 diente de ajo picado
   1 cucharada de jugo de limón
   1 cucharada de azúcar
   ⅛ de cucharadita de comino molido
   ⅛ de cucharadita de sal
      Pizca de pimienta roja

Mezcle todos los ingredientes en un recipiente mediano. Cubra y refrigere durante 3 horas por lo menos.

Sugerencia: La fruta con chutney es perfecta para acompañar aves, cerdo o pescado asados.

Nutrimentos por porción (½ taza de chutney):			
Calorías	47	Colesterol	0 mg
Grasa	1 g	Sodio	44 mg

Ejotes con Apio

Rinde 6 porciones de guarnición

   340 g de ejotes (judías verdes) frescos
   2 tallos de apio
   2 cucharadas de mantequilla derretida
   2 cucharadas de semillas de girasol tostadas*
      Hojas de apio y rebanadas de zanahoria para
      adornar

Coloque los ejotes en un colador; enjuáguelos bien. Corte el tallo de cada ejote. Rebane los ejotes a lo largo.

Para preparar el apio, corte las puntas de los tallos y quite las hojas. Guarde las hojas para adornar, si lo desea. Corte el apio en rebanadas delgadas en forma diagonal.

Hierva 2.5 cm de agua en una olla de 2 litros, a fuego alto. Agregue los ejotes y el apio. Tape y reduzca el fuego a medio-bajo. Deje hervir durante 8 minutos o hasta que los ejotes estén listos; escurra.

Mezcle los ejotes y el apio con mantequilla. Colóquelos en un plato. Espolvoree las semillas de girasol. Adorne al gusto. Sirva inmediatamente.

Para tostar las semillas de girasol, caliente ½ cucharadita de aceite en una sartén pequeña a fuego medio. Agregue las semillas, fríalas durante 3 minutos o hasta que estén ligeramente doradas, moviendo constantemente la sartén. Sáquelas con una cuchara y póngalas a escurrir sobre una toalla de papel.

Nutrimentos por porción:			
Calorías	70	Colesterol	10 mg
Grasa	5 g	Sodio	41 mg

Ejotes con Apio

Corona de Espárragos

Rinde 4 porciones de guarnición

450 g de espárragos
1 cucharada de mantequilla o margarina
1 cucharadita de jugo de limón
6 rebanadas de pepperoni, finamente picado
¼ de taza de pan molido sazonado
Tiras de pimiento para adornar

Para preparar los espárragos, corte las orillas por la parte donde se rompen fácilmente. Pele las orillas con el pelador.

Para cocer los espárragos, póngalos en una vaporera con 2.5 cm de agua. Tape. Deje hervir, a fuego alto, de 5 a 8 minutos hasta que estén suaves.

Saque los espárragos de la vaporera y colóquelos formando una corona, en un plato redondo caliente. Derrita la mantequilla con el jugo de limón en una olla pequeña a fuego medio; vierta sobre los espárragos. Mezcle el pepperoni y el pan molido en un recipiente pequeño; espolvoree sobre los espárragos. Adorne al gusto y sirva inmediatamente.

Nutrimentos por porción:

Calorías	116	Colesterol	14 mg
Grasa	7 g	Sodio	247 mg

Paella Vegetariana

Rinde 6 porciones

1 cucharadita de aceite vegetal o aceite de oliva
3 tazas de floretes de brócoli
2 calabacitas rebanadas diagonalmente
1 tomate rojo picado
2 nectarinas frescas en rebanadas (unas 2 tazas)

Caliente el aceite en una sartén antiadherente grande a fuego medio-alto. Agregue el brócoli y la calabacita; fría durante 5 minutos o hasta que las verduras estén listas. Añada el tomate y las nectarinas. Tape y cueza de 2 a 3 minutos hasta que todo esté bien caliente. Sirva de inmediato.

Nutrimentos por porción:

Calorías	54	Colesterol	0 mg
Grasa	2 g	Sodio	9 mg

Apio Agridulce

Rinde 4 porciones, 4 tazas

1 cucharada de aceite vegetal
4 tazas de apio rebanado diagonalmente
1 taza de pimiento morrón rojo picado
1 taza de pedacitos de cebollín (de 2.5 cm de largo cada uno)
1 cucharada de jengibre fresco molido o ¾ de cucharadita de jengibre en polvo
½ taza de jugo de naranja
1 cucharadita de fécula de maíz
1 cucharada de azúcar morena
½ cucharadita de sal (opcional)
2 tazas de arroz cocido

Caliente el aceite en una sartén antiadherente grande a fuego medio-alto; agregue el apio, el pimiento, el cebollín y el jengibre. Fría durante unos 5 minutos o hasta que el apio esté casi listo. Mezcle el jugo de naranja, la fécula de maíz, el azúcar morena y la sal en una taza para medir. Agregue a las verduras. Cueza hasta que la mezcla hierva y se espese. Hierva durante 1 minuto más, moviendo constantemente. Sirva de inmediato sobre arroz caliente.

Nutrimentos por porción (1 taza):

Calorías	230	Colesterol	0 mg
Grasa	4 g	Sodio	113 mg

Chícharos a la Crema

Rinde 4 porciones

1 taza de yogur natural bajo en grasa
2 cucharadas de harina de trigo
2 cucharadas de eneldo fresco finamente picado o 1 cucharadita de eneldo seco
1 frasco (60 g) de pimiento morrón picado y escurrido
½ cucharadita de sal
¼ de cucharadita de pimienta
1½ tazas de chícharos (guisantes) cocidos, frescos o descongelados
3 cucharadas de consomé de pollo

En un recipiente pequeño, combine el yogur, la harina, el eneldo, el pimiento, la sal y la pimienta; mezcle bien.

En una sartén pequeña, mezcle los chícharos y el consomé. Tape y deje hervir. Reduzca el fuego y deje hervir durante 5 minutos o hasta que los chícharos estén listos. Agregue la mezcla de yogur y cueza a fuego bajo hasta que espese; mueva constantemente.

Nutrimentos por porción:

Calorías	90	Colesterol	muy poco
Grasa	0 g	Sodio	377 mg

Corona de Espárragos

Salsa de Queso Light

Rinde aproximadamente 1½ tazas

**225 g de cualquier queso light, cada rebanada
cortada en cuartos
1 taza de leche evaporada
Pimienta roja molida (opcional)**

En una sartén mediana, mezcle los ingredientes. A
fuego medio, caliente hasta que el queso se derrita.
Sirva caliente sobre verduras frescas o cocidas al
vapor, pasta, papas al horno o totopos.

Nutrimentos por porción (1 cucharada de salsa):			
Calorías	18	Colesterol	2 mg
Grasa	muy poca	Sodio	110 mg

Verduras a la Italiana

Rinde 8 porciones

**1 taza de pan molido sazonado
⅓ de taza de queso parmesano rallado
⅔ de taza de mayonesa light
6 tazas de verduras mixtas: floretes de brócoli,
tiras de zanahoria, floretes de coliflor,
champiñones pequeños, pimiento morrón
rojo y/o verde en tiras, calabacita en tiras**

Caliente el horno a 220 °C. En una bolsa grande de
plástico, ponga el pan molido y el queso parmesano;
agite para mezclar bien. En otra bolsa grande de
plástico, mezcle la mayonesa y las verduras; agite
para cubrirlas bien. Agregue el pan a la bolsa de las
verduras con mayonesa, una mitad a la vez; agite para
cubrirlas bien. Acomode las verduras en una charola
para hornear sin engrasar, de modo que las verduras
no se toquen. Hornee durante 10 minutos o hasta que
se hayan dorado.

Nutrimentos por porción:			
Calorías	119	Colesterol	6 mg
Grasa	5 g	Sodio	258 mg

Macarrón Relleno

Rinde de 6 a 8 porciones

**1 paquete (210 g) de macarrones
1 huevo
½ taza de leche descremada
¼ de cucharadita de comino molido
1 lata (120 g) de chiles verdes en escabeche,
picados
1 frasco (120 g) de pimientos morrones picados
Antiadherente en aerosol
1 lata (440 g) de frijoles (judías) pintos,
escurridos y calientes
1 taza (120 g) de queso para fundir
1 tomate rojo mediano pelado, sin semillas y
picado
1 pimiento morrón verde mediano y picado
¼ de taza de cebollín rebanado**

Prepare los macarrones de acuerdo con las
instrucciones del paquete; escurra. En un recipiente
mediano, mezcle el huevo, la leche y el comino;
agregue la pasta, los chiles y el pimiento. Rocíe una
sartén antiadherente de 23 cm con el aerosol y
caliéntela. Agregue la mezcla de pasta. Tape y cocine
a fuego bajo hasta que la mezcla esté lista,
aproximadamente 15 minutos. Desprenda la orilla con
una espátula de plástico y desmolde sobre un platón.
Corone con los demás ingredientes. Deje reposar
durante 5 minutos antes de servir. Refrigere el
sobrante.

Nutrimentos por porción:			
Calorías	260	Colesterol	135 mg
Grasa	6 g	Sodio	96 mg

Verduras a la Italiana

Relleno de Arroz Integral con Almendras

Relleno de Arroz Integral con Almendras

Rinde 6 porciones

⅓ de taza de almendras rebanadas
2 cucharaditas de margarina
2 manzanas medianas, sin corazón y picadas
½ taza de cebolla picada
½ taza de apio picado
½ cucharadita de sazonador para aves
¼ de cucharadita de tomillo molido
¼ de cucharadita de pimienta blanca molida
3 tazas de arroz integral (cocido con consomé de pollo)

Fría las almendras con la margarina en una sartén grande a fuego medio-alto. Agregue las manzanas, la cebolla, el apio, el sazonador, el tomillo y la pimienta; cueza hasta que las verduras estén listas. Añada el arroz y cueza hasta que esté completamente caliente. Sirva o utilícelo como relleno para pollo o cerdo. El relleno se puede hornear en un refractario cubierto, a 190 °C, de 15 a 20 minutos.

En horno de microondas: Combine las almendras y la margarina en un recipiente de 2 litros. Cueza a temperatura ALTA (100 %) de 2 a 3 minutos. Agregue la manzana, la cebolla, el apio, el sazonador, el tomillo y la pimienta. Tape y cueza a temperatura ALTA de 2 a 3 minutos; revuelva después de 1½ minutos. Sirva como se indicó antes.

Variaciones: Para relleno de champiñones, agregue 2 tazas de champiñones rebanados; cueza con las manzanas, la cebolla, el apio y el sazonador. Para relleno de uvas pasa, agregue ½ taza de pasas; cueza con las manzanas, la cebolla, el apio y los sazonadores.

Nutrimentos por porción:			
Calorías	198	Colesterol	0 mg
Grasa	6 g	Sodio	30 mg

Deleite de Pasta

Deleite de Pasta

Rinde de 4 a 6 porciones

1 calabacita mediana rebanada
1 cucharada de aceite de oliva
2 cucharadas de chalote picado
2 dientes de ajo picados
1 tomate rojo mediano picado
2 cucharadas de albahaca fresca picada o
½ cucharadita de albahaca seca molida
2 cucharadas de queso parmesano rallado
360 g de pluma de pasta, cocida, escurrida y
caliente

En una sartén grande a fuego medio-alto, fría las calabacitas en aceite caliente. Reduzca el fuego a medio. Agregue el chalote y el ajo; cueza durante 1 minuto. Añada el tomate y cueza durante 45 segundos. Ponga la albahaca y el queso. Vierta sobre la mezcla de pasta y en un recipiente grande; revuelva suavemente.

Nutrimentos por porción:			
Calorías	237	Colesterol	51 mg
Grasa	5 g	Sodio	51 mg

Papas Rellenas de Verduras

Rinde 4 porciones

1 taza de zanahorias en tiras
1 taza de pimientos morrones rojos o verdes,
en rebanadas delgadas
¼ de cucharadita de sazonador italiano
1 cucharada de margarina
1 taza de calabacita en tiras
4 papas (patatas) (225 g) al horno
60 g de queso para fundir, rallado

En una sartén grande a fuego medio, fría las zanahorias, los pimientos y el sazonador. Agregue la calabacita y fría hasta que esté lista, aproximadamente 1 minuto. Con cuidado, corte a lo largo las papas o perfore la parte superior, y oprímalas para abrirlas. Con una cuchara, introduzca de manera uniforme la mezcla de verduras en las papas; corone con queso. Hornee a 180 °C durante 5 minutos o hasta que el queso se derrita.

Nutrimentos por porción:			
Calorías	255	Colesterol	10 mg
Grasa	6 g	Sodio	142 mg

Verduras Festival Glaseadas

Rinde 6 porciones, 3 tazas

2 cucharadas de azúcar
½ cucharadita de ralladura de cáscara de
limón
3 cucharadas de jugo fresco de limón
1 cucharada de salsa de soya
2 cucharadas de fécula de maíz
½ taza de agua
4 cucharaditas de aceite vegetal
3 tazas de floretes de brócoli
1 pimiento morrón rojo mediano, cortado en
pedazos de 1 cm
1 taza de jícama cortada en tiras
Cascarita de limón

En un recipiente pequeño, mezcle el azúcar, la ralladura de limón, el jugo de limón, la salsa de soya y la fécula de maíz. Agregue el agua.

En una sartén grande antiadherente, fría el brócoli y el pimiento a fuego alto durante 2 minutos. Añada la jícama y fría durante 1 minuto más; si es necesario, ponga aceite. Vierta la mezcla de limón sobre las verduras y siga cociendo hasta que el glaseado espese. Mezcle las verduras con el glaseado. Adorne con la cascarita de limón.

Nutrimentos por porción (1 taza):			
Calorías	95	Colesterol	0 mg
Grasa	3 g	Sodio	72 mg

Col Roja Agridulce

Rinde 6 porciones

1 col roja (450 g) rallada
1 manzana mediana, sin corazón y rallada
1 papa (patata) chica, pelada y rallada
1 cebolla pequeña picada
Ralladura de cáscara de ½ limón
Jugo de 1 limón
3 cucharadas compactas de azúcar morena
1 cucharada de vinagre de vino tinto

En una sartén grande antiadherente, cueza la col, la manzana, la papa y la cebolla con 1 taza de agua, a fuego bajo, durante 15 minutos; revuelva ocasionalmente. Agregue los demás ingredientes. Tape y cueza durante 10 minutos más, moviendo a menudo, hasta que las verduras estén listas.

Nutrimentos por porción (¾ de taza):			
Calorías	74	Colesterol	0 mg
Grasa	0 g	Sodio	11 mg

Tazas de Tomate

Rinde 4 porciones de plato principal u 8 de guarnición

- 4 tomates rojos grandes (de unos 225 g cada uno)
- 4 cebollines
- 2 cucharadas de aceite de oliva
- 1 taza de bulgur integral
- 1 taza de agua
- 2 cucharadas de jugo de limón
- 1 cucharada de menta fresca o ½ cucharadita de menta seca molida
- Sal y pimienta al gusto
- Cáscara de limón y hojas de menta para adornar

Para preparar las tazas de tomate, quíteles los tallos. Corte los tomates por la mitad. Con cuidado, quite la pulpa con una cuchara. Coloque la pulpa y las semillas en un recipiente mediano, dejando intactas las cáscaras. Invierta los tomates sobre una toalla de papel y déjelos escurrir durante 20 minutos. Mientras tanto, pique la pulpa del tomate.

Recorte los cebollines por el lado de la raíz. Lávelos muy bien. Corte en diagonal los tallos. Rebane la parte blanca en forma diagonal.

En una sartén de 2 litros, fría con el aceite la parte blanca del cebollín, a fuego alto, hasta que se marchite. Agregue el bulgur y cueza de 3 a 5 minutos hasta que se dore.

Agregue la pulpa que guardó, el agua, el jugo de limón y la menta a la mezcla anterior. Ponga a hervir a fuego alto; reduzca el fuego a medio-bajo. Tape y siga hirviendo de 15 a 20 minutos o hasta que el líquido se haya consumido.

Separe algunos de los tallos de los cebollines para adornar; ponga el resto en la mezcla anterior. Sazone con sal y pimienta, y distribuya de manera uniforme la mezcla en las tazas de tomate.*

Caliente el horno a 200 °C. Coloque los tomates rellenos en una charola para hornear de 33×23 cm. Hornee durante 15 minutos o hasta que estén bien calientes. Corone con los tallos de los cebollines. Adorne si lo desea. Sirva inmediatamente.

En este punto, las tazas de tomate pueden cubrirse y refrigerarse hasta por 24 horas.

Nutrimentos por porción:

Calorías	231	Colesterol	0 mg
Grasa	8 g	Sodio	27 mg

Tazas de Tomate

Frijoles y Arroz con Verduras

Rinde 6 porciones

- 1½ cucharaditas de aceite vegetal
- ⅓ de taza de apio picado
- ⅓ de taza de cebolla picada
- ⅓ de taza de pimiento morrón verde picado
- ¼ de taza de tomate rojo picado
- 1 lata (500 g) de frijoles (judías) cocidas y escurridas
- 3½ tazas de agua
- 1 cucharadita de sal
- ½ a 1 cucharadita de pimienta negra
- ½ cucharadita de tomillo seco
- 1½ tazas de arroz integral sin cocer

1. Caliente el aceite en una sartén grande a fuego medio. Agregue el apio, la cebolla y el pimiento. Cueza de 2 a 3 minutos. Ponga el tomate. Cueza hasta que el tomate se haya suavizado.

2. Agregue los frijoles, el agua, la sal, la pimienta y el tomillo. Deje hervir. Agregue el arroz. Nuevamente, deje que hierva. Reduzca el fuego a bajo. Tape. Deje hervir de 45 a 55 minutos o hasta que el arroz esté suave y que el agua se haya consumido; agregue agua conforme sea necesario.

Nutrimentos por porción:

Calorías	265	Colesterol	0 mg
Grasa	3 g	Sodio	370 mg

Guiso Sureño

Rinde 10 porciones

1 cucharada de margarina derretida
1½ cucharaditas de salsa inglesa
1 cucharadita de jugo de limón
½ cucharadita de pimienta roja molida
3 tazas de hojuelas de maíz
 Antiadherente en aerosol
½ taza de cebolla picada
⅓ de taza de pimiento morrón verde picado
1 diente de ajo picado
800 g de tomates rojos hervidos sin sal
1 lata (220 g) de salsa de tomate sin sal
2 cucharadas de perejil seco
450 g de okra (quingombó, angú)
1 bolsa (285 g) de granos de elote
 descongelados

1. Mezcle la margarina, la salsa inglesa, el jugo de limón y ¼ cucharadita de pimienta en una sartén grande; fría. Agregue las hojuelas de maíz y cueza hasta que las hojuelas hayan dorado ligeramente. Esto lo va a utilizar como aderezo.

2. En una sartén grande rociada con antiadherente, fría la cebolla, el pimiento y el ajo a fuego medio-bajo. Añada los tomates, la salsa de tomate, el perejil y la pimienta roja restante. Ponga la okra y el elote. Coloque encima el aderezo antes de servir. Sirva caliente.

Nutrimentos por porción:			
Calorías	110	Colesterol	0 mg
Grasa	2 g	Sodio	120 mg

Camotes Horneados

Rinde 4 porciones, 2 tazas

2 tazas de camote (batata) rebanados
1 cucharada de azúcar morena
2 cucharaditas de mantequilla

En horno de microondas: Distribuya los camotes en un refractario. Rocíelos ligeramente con agua. Hornee durante 5 minutos. Agregue el azúcar y la mantequilla moviendo un poco. Vuelva a distribuir los camotes de manera uniforme y hornee de 2 a 3 minutos más. Deje enfriar un poco antes de servir.

Nutrimentos por porción (½ taza):			
Calorías	59	Colesterol	5 mg
Grasa	2 g	Sodio	21 mg

Chícharos con Eneldo

Chícharos con Eneldo

Rinde 4 porciones de guarnición

900 g de chícharos (guisantes) cocidos*
½ pepino mediano pelado
2 cucharadas de mantequilla o margarina
1 cucharadita de eneldo
 Sal y pimienta al gusto
 Eneldo fresco, hojas de salvia y flores
 comestibles, como pensamientos, para
 adornar

Para preparar los chícharos, oprima cada vaina con los dedos índice y pulgar para que se abra. Saque los chícharos y colóquelos en un colador. Lávelos bajo el chorro del agua. Escúrralos bien.

Corte el pepino por la mitad, a lo largo. Quítele las semillas con una cuchara y deséchelas. Corte el pepino en rebanadas de 1 cm.

En una sartén mediana, caliente la mantequilla hasta que se derrita y burbujee. Ponga los chícharos y el pepino; cueza durante 5 minutos o hasta que las verduras estén suaves. Agregue el eneldo y sazone con sal y pimienta. Pase todo a un plato tibio. Adorne si lo desea. Sirva inmediatamente.

*O sustituya por 1 bolsa (285 g) de chícharos descongelados.

Nutrimentos por porción:			
Calorías	237	Colesterol	15 mg
Grasa	6 g	Sodio	66 mg

Por supuesto que puede hacer un pastel —¡y también comérselo!—. Estas sabrosas recetas light incluyen suaves pasteles de capas, bizcochos sencillos que se desbaratan en la boca y exquisitos pasteles de queso cremoso. El final perfecto en su próxima ocasión especial puede ser la Deliciosa Torta de Chocolate y Cereza, que seguramente robará escena.

Deliciosa Torta de Chocolate y Cereza

Rinde 12 porciones

    1 taza de azúcar
    1 taza de harina de trigo
    ⅓ de taza de cocoa en polvo
    ¾ de cucharadita de bicarbonato de sodio
    ¾ de cucharadita de polvo para hornear
      Pizca de sal
    ½ taza de leche descremada
    ¼ de taza de clara de huevo
    ¼ de taza de aceite vegetal
    1 cucharadita de extracto de vainilla
    ½ taza de agua hirviente
      Crema Batida (receta más adelante)
    1 lata (570 g) de relleno para pay de cereza
      bajo en calorías, refrigerado

Caliente el horno a 180 °C. Forre con papel encerado dos moldes de 23 cm de diámetro.

En el tazón más grande de la batidora, mezcle el azúcar, la harina, la cocoa, el bicarbonato de sodio, el polvo para hornear y la sal. Agregue la leche, la clara de huevo, el aceite y la vainilla; bata a velocidad media por 2 minutos. Incorpore el agua hirviente (la pasta quedará aguada). Viértala en los moldes; hornee de 18 a 22 minutos o hasta que, al insertar en el centro un palillo de madera, éste salga limpio. Déjelo enfriar por 10 minutos; saque los moldes y póngalos sobre una rejilla de alambre. Con cuidado, retire el papel encerado y deje enfriar por completo.

Para formar la torta, ponga pan en un platón. Encima extienda la mitad de la Crema Batida; corone con la mitad del relleno para pay. Encima ponga el otro pan; extienda el relleno y la Crema Batida sobrantes. Refrigérelo por lo menos durante 1 hora.

Crema Batida: En el tazón chico, profundo y de fondo angosto de una batidora eléctrica, mezcle: ½ taza de leche descremada fría, ½ cucharadita de extracto de vainilla y 1 sobre de mezcla de crema batida (debe obtener 2 tazas). Bata a velocidad alta hasta que se formen picos en la crema, durante unos 2 minutos. Continúe batiendo por 2 minutos más hasta que la crema esté ligera y espumosa.

Nutrimentos por porción:			
Calorías	180	Colesterol	0 mg
Grasa	5 g	Sodio	115 mg

Torta de Limón con Adormidera

Rinde 16 porciones

Torta

    1 caja de harina preparada para torta sabor
      limón
    3 claras de huevo
    1¼ tazas de agua
    ⅓ de taza de aceite
    3 cucharadas de adormidera

Glasé

    1 taza de azúcar glass
    3 a 4 cucharaditas de jugo de limón

1. Caliente el horno a 180 °C. Engrase y enharine un molde de 25 cm de diámetro.

2. Para la torta, revuelva en un recipiente grande la harina preparada con las claras de huevo, el agua, el aceite y la adormidera. Vierta en el molde, hornee y deje enfriar siguiendo las instrucciones de la caja.

3. Para el glasé, mezcle en un recipiente chico el azúcar glass con el jugo de limón. Revuelva hasta que se incorporen. Espolvoree sobre la torta.

Nutrimentos por porción:			
Calorías	207	Colesterol	0 mg
Grasa	8 g	Sodio	221 mg

Deliciosa Torta de Chocolate y Cereza

Panqué Danish de Naranja

Rinde 2 panqués, de 12 rebanadas cada uno

Panqué

- 1 caja de harina preparada para torta de naranja
- 1 caja (para 4 porciones) de budín instantáneo de vainilla
- 4 huevos
- 1 taza de crema agria
- ⅓ de taza de aceite

Betún

- 2¼ tazas de azúcar glass
- 3 cucharadas de mantequilla o margarina derretida
- 2 o 3 cucharadas de jugo de naranja
- 1 cucharada de ralladura de cáscara de naranja

1. Caliente el horno a 180 °C. Engrase y enharine dos moldes de panqué de 23×13×7 cm.

2. Para el Panqué, en el tazón grande de una batidora eléctrica, ponga la harina preparada, la mezcla para budín, los huevos, la crema agria y el aceite. Bata a velocidad media durante 3 minutos. Vierta la pasta en los moldes. Hornee a 180 °C, de 50 a 60 minutos o hasta que, al insertar en el centro un palillo de madera, éste salga limpio. Deje enfriar por 15 minutos; después, desmolde los panqués. Póngalos en una rejilla y deje enfriar por completo.

Panqué Danish de Naranja

3. Para el Betún, en un recipiente chico, mezcle el azúcar glass con la mantequilla derretida y 1 cucharada de jugo de naranja. Con la batidora eléctrica a velocidad baja, bata hasta que se incorporen los ingredientes. Agregue el jugo restante, 1 cucharadita a la vez, hasta que el betún tenga una consistencia untable. Incorpore la ralladura de naranja. Unte el betún en los panqués ya fríos. Adorne como desee.

Sugerencia: Este panqué también puede hornearlo en un molde de 25 cm de diámetro o en un molde para rosca, durante 50 a 60 minutos o hasta que, al insertar en el centro un palillo de madera, éste salga limpio.

Nutrimentos por porción (1 rebanada):			
Calorías	212	Colesterol	44 mg
Grasa	9 g	Sodio	184 mg

Torta de Nuez con Manzana y Canela

Rinde 24 porciones

- 2 tazas de harina de trigo
- 2 cucharaditas de polvo para hornear
- 1 cucharadita de canela molida
- ½ cucharadita de nuez moscada molida
- ½ taza de margarina suavizada
- 1 taza de azúcar granulada
- 2 huevos
- 1 cucharadita de extracto de vainilla
- ⅔ de taza de leche evaporada baja en grasa, sin diluir
- 3 tazas de manzana pelada y cortada en cubos finos o rallada (unas 2 grandes)
- ¾ de taza (90 g) de nuez picada
- 2 cucharadas de azúcar glass

Caliente el horno a 180 °C. En un recipiente mediano, mezcle la harina, el polvo para hornear, la canela y la nuez moscada. En el tazón grande, bata la margarina con el azúcar granulada; incorpore y bata los huevos y la vainilla. Con la batidora a velocidad baja, agregue de manera alterna la harina y la leche evaporada; termine con mezcla de harina. Incorpore la manzana y la nuez. Distribuya la pasta uniformemente en un molde de 33×23 cm ligeramente engrasado. Hornee de 40 a 45 minutos o hasta que, al insertar en el centro un palillo de madera, éste salga limpio. Deje enfriar por 20 minutos. Encima de la torta, espolvoree el azúcar glass. Deje que se enfríe completamente antes de cortarlo.

Nota: Puede rallar la manzana manualmente o en un procesador de alimentos.

Nutrimentos por porción:			
Calorías	155	Colesterol	19 mg
Grasa	7 g	Sodio	95 mg

Torta de Chocolate con Salsa de Frambuesa

Rinde 16 porciones

**2 tazas de frambuesa en almíbar,
    descongelada, hecha puré y colada**
2 cucharadas de fécula de maíz
2 tazas de harina de trigo
1⅓ tazas de leche descremada
1 taza de azúcar
⅔ de taza de margarina suavizada
3 claras de huevo
⅔ de taza de cocoa sin endulzar
1½ cucharaditas de polvo para hornear
1½ cucharaditas de extracto de vainilla
½ cucharadita de bicarbonato de sodio

En una sartén chica, a fuego medio-alto, cueza la frambuesa con la fécula de maíz; revuelva sin cesar hasta que la mezcla se espese y comience a hervir. Déjela enfriar y refrigérela.

En el tazón grande de la batidora eléctrica, a velocidad baja, mezcle la harina con la leche, el azúcar, la margarina, el huevo, el cacao, el polvo para hornear, la vainilla y el bicarbonato de sodio, sólo hasta que se incorporen. Bata a velocidad alta durante 3 minutos. Distribuya la pasta en un molde de 33×23×5 cm, engrasado y espolvoreado con cocoa. Hornee a 180 °C, de 30 a 35 minutos o hasta que, al insertar en el centro un palillo de madera, éste salga limpio. Deje enfriar por 10 minutos y desmolde; deje enfriar sobre una rejilla de alambre. Córtelo en 16 pedazos. Adórnelo a su gusto y sírvalo coronado con la salsa de frambuesa.

Nutrimentos por porción:			
Calorías	232	Colesterol	0 mg
Grasa	8 g	Sodio	161 mg

Tarta Helada de Fresa

Rinde de 12 a 16 porciones

1 caja de harina preparada para torta de fresa

Jarabe de Ron
⅓ de taza de agua hirviente
⅓ de taza de azúcar
⅓ de taza de agua fría
¼ de taza de ron añejo

Relleno y Betún
470 ml de helado de fresa suavizado
1 frasco (225 g) de crema batida descongelada
Fresas para adornar

Tarta Helada de Fresa

1. Caliente el horno a 180 °C. Engrase y enharine dos moldes para pastel de 23 cm de diámetro. Prepare, hornee y deje enfriar las tortas siguiendo las instrucciones de la caja.

2. Para el Jarabe de Ron, en un recipiente mediano, ponga el agua hirviente e incorpore el azúcar. Revuelva hasta que se disuelva. Agregue el agua fría y el ron; deje enfriar.

3. Ponga los panes en una charola. Bañe uniformemente cada uno con ½ taza del jarabe de ron. Déjelos en el congelador por 2 horas o hasta que los panes estén firmes.

4. Para el Relleno y el Betún, en un platón ponga un pan; encima distribuya el helado suavizado, hasta la orilla. Ponga encima el otro pan y meta todo al congelador hasta que el helado esté firme.

5. Unte la crema batida en los costados y en la parte superior de la torta. Adorne con fresas, si lo desea. Conserve en el congelador hasta el momento de servir.

Sugerencia: Deje reposar la torta a temperatura ambiente de 10 a 15 minutos antes de servirla. Para cortarla con facilidad, utilice un cuchillo con cuchilla delgada y afilada.

Nutrimentos por porción:			
Calorías	232	Colesterol	7 mg
Grasa	8 g	Sodio	228 mg

Rollo Ángel de Cereza

Rollo Ángel de Cereza

Rinde 2 rollos, de 8 porciones cada uno

- 1 caja de harina preparada para torta de vainilla
- 1 taza de cerezas marrasquino picadas
- 1 cucharadita del jugo de las cerezas marrasquino
- ½ taza de coco rallado
- 1 frasco (225 g) de crema batida descongelada
- Azúcar glass

1. Caliente el horno a 180 °C. Forre con papel de aluminio dos charolas para rollo de 39×26×2.5 cm.

2. Prepare la harina para torta siguiendo las instrucciones de la caja. Distribuya uniformemente la pasta en las charolas. Con un cuchillo o espátula, elimine las burbujas. Hornee a 180 °C por 15 minutos o hasta que cuaje. De inmediato, voltee las tortas sobre un lienzo limpio, sin hilachos, espolvoreado con azúcar glass. Desprenda con cuidado el papel de aluminio. Enrolle las tortas, empezando con el extremo corto y déjelas enfriar completamente.

3. Escurra las cerezas; conserve 1 cucharadita del jugo. Revuelva las cerezas, el coco y el jugo de cereza con la crema batida. Desenrolle las tortas y distribuya la mitad del relleno en cada una hasta las orillas. Vuelva a enrollarlas y colóquelas con la unión hacia abajo sobre un platón. Espolvoréelas con azúcar glass. Refrigere hasta el momento de servir.

Nutrimentos por porción:			
Calorías	211	Colesterol	0 mg
Grasa	6 g	Sodio	113 mg

Tarta Volteada de Piña

Rinde 12 porciones

- 2 latas (de 225 g cada una) de rebanadas de piña en almíbar, sin escurrir
- ¼ de taza de uvas pasa
- 1 taza de hojuelas de trigo integral
- ¾ de taza de harina de trigo entero
- ½ taza de harina de trigo
- 1 cucharadita de bicarbonato de sodio
- 1 cucharadita de canela molida
- ¼ de cucharadita de sal (opcional)
- 3 cucharadas de margarina suavizada
- ¼ de taza de azúcar
- 4 claras de huevo
- 1 taza (225 g) de yogur de vainilla bajo en grasa
- 1 cucharadita de extracto de vainilla

Escurra la piña; conserve ¼ de taza del almíbar. En un molde de 23 cm de diámetro rociado con antiadherente en aerosol, acomode las rebanadas de piña y coloque las uvas pasa alrededor y en los centros de la piña.

Mezcle las hojuelas con las harinas, el bicarbonato de sodio, la canela y la sal.

En un recipiente grande, bata la margarina con el azúcar. Agregue las claras de huevo, el yogur, la vainilla y el almíbar que conservó; revuelva hasta que se incorporen. Agregue la mezcla de harina; revuelva sólo hasta que se combinen. Distribuya la pasta sobre las rebanadas de piña y las uvas pasa.

Hornee a 180 °C durante unos 35 minutos o hasta que, al insertar en el centro un palillo de madera, éste salga limpio. Deje reposar por 10 minutos. Voltee la torta sobre un platón; desmolde y deje enfriar. Corte en 12 rebanadas.

Nutrimentos por porción:			
Calorías	150	Colesterol	0 mg
Grasa	3 g	Sodio	240 mg

Pastelillos de Puré de Manzana

Rinde 48 porciones

- 1¼ tazas de puré de manzana endulzado
- 1 taza de salvado
- ½ taza de claras de huevo
- ½ taza de melaza ligera
- 1½ tazas de harina de trigo
- 1 cucharadita de bicarbonato de sodio
- 1 cucharadita de canela molida
- 1 taza bien compacta de azúcar morena oscura
- ½ taza de margarina suavizada
- ½ taza de uvas pasa
- Azúcar glass (opcional)

En un recipiente mediano, mezcle el puré de manzana, el salvado, el huevo y la melaza; deje reposar por 5 minutos. En un recipiente chico, mezcle la harina, el bicarbonato de sodio y la canela.

En el tazón grande de una batidora eléctrica, a velocidad media, bata el azúcar con la margarina hasta obtener una consistencia cremosa. Agregue la mezcla de salvado y bata hasta que se incorpore. Añada la mezcla de harina; incorpore las uvas pasa. En un molde de 38×25×2.5 cm engrasado, vierta uniformemente la pasta. Hornee a 180 °C de 20 a 25 minutos o hasta que, al insertar en el centro un palillo de madera, éste salga limpio. Deje enfriar en el molde. Espolvoree con azúcar glass si lo desea; corte en 48 barras.

Nutrimentos por porción (sin azúcar glass):			
Calorías	60	Colesterol	0 mg
Grasa	2 g	Sodio	50 mg

Torta Veteada de Chocolate

Rinde 12 porciones

1 barra (120 g) de chocolate dulce para repostería
½ taza de agua caliente
5 huevos separados
⅔ de taza de azúcar
1 taza de harina de trigo
1 cucharadita de polvo para hornear
1 cucharadita de vainilla
½ cucharadita de sal
Azúcar glass

Caliente el horno a 180 °C. Derrita el chocolate en el agua caliente. En un recipiente grande, bata las claras de huevo hasta que se formen picos suaves. Agregue gradualmente el azúcar y bata hasta que el merengue esté duro y brillante. En un recipiente chico, combine el chocolate derretido con las yemas de huevo, la harina, el polvo para hornear, la vainilla y la sal; bata por 1 minuto con la batidora eléctrica. Con suavidad, combine el chocolate con la mezcla de la clara de huevo. Vierta en un molde de rosca de 25 cm de diámetro sin engrasar. Hornee de 45 a 50 minutos o hasta que, al oprimirla suavemente, la mezcla se sienta esponjosa. Deje enfriar por completo. Desmolde; espolvoree con azúcar glass.

Nutrimentos por porción:			
Calorías	158	Colesterol	89 mg
Grasa	6 g	Sodio	143 mg

Pastel de Especias con Salsa de Durazno

Rinde de 12 a 16 porciones

1 caja de harina preparada para torta de especias

Salsa
6 tazas de rebanadas de durazno
1 taza de agua
⅓ de taza azúcar
⅛ de cucharadita de canela molida

1. Caliente el horno a 180 °C. Engrase y enharine un molde redondo o un molde para rosca de 25 cm de diámetro. Prepare, hornee y deje enfriar la torta siguiendo las instrucciones de la caja de la receta.

2. Para la Salsa, ponga los duraznos con el agua en una cacerola grande. Cueza a fuego medio durante 5 minutos. Reduzca el fuego a bajo, tape y cueza por 10 minutos. Deje enfriar. Reserve ½ taza de rebanadas de durazno. En una licuadora o procesador de alimentos, licue el resto de los duraznos con el líquido de cocción, el azúcar y la canela; incorpore las rebanadas de durazno que reservó. Para servir, vierta la salsa de durazno sobre las rebanadas de torta.

Nutrimentos por porción:			
Calorías	299	Colesterol	0 mg
Grasa	10 g	Sodio	294 mg

Pastel de Especias con Salsa de Durazno

Pastel de Queso sin Culpa

Pastel de Queso sin Culpa

Rinde 12 porciones

    4 tazas de yogur natural bajo en grasa
    ½ taza de galletas de trigo entero, molidas
    1 cucharada de margarina derretida
    1 taza de queso cottage bajo en grasa
    3 claras de huevo
    ¾ de taza de azúcar
    2 cucharadas de harina de trigo
    1 cucharada de jugo de limón
    1 cucharadita de vainilla
      Rebanadas de fruta fresca

Cubra un escurridor con dos capas de manta de cielo o un filtro para cafetera y vierta el yogur; abajo coloque un recipiente, pero sin que toque el filtro para que escurra bien el líquido. Refrigere por 24 horas.

Caliente el horno a 160 °C. Mezcle la galleta molida con la margarina derretida. En un molde para pay con desmoldador de 18 a 23 cm, acomode y presione la mezcla de galleta. En un procesador de alimentos o licuadora, ponga el queso cottage y las claras de huevo; procese hasta que se incorporen; de vez en cuando, limpie los costados del recipiente. Agregue el yogur drenado, el azúcar, la harina, el jugo de limón y la vainilla. Procese hasta que se incorpore. Vierta sobre la base de galleta; ponga el molde sobre una charola para hornear.

Hornee durante 1 hora o hasta que se cueza. Deje enfriar a temperatura ambiente. Tape; refrigere por varias horas o toda una noche. Sirva con fruta.

Nutrimentos por porción:			
Calorías	140	Colesterol	5 mg
Grasa	3 g	Sodio	179 mg

Cubos de Torta de Puré de Manzana

Rinde 9 porciones

    ⅓ de taza de mantequilla o margarina suavizada
    2 huevos
    ⅔ de taza de jugo de manzana sin endulzar
       concentrado y descongelado
    ½ taza de puré de manzana sin endulzar
    2 tazas de harina de trigo
    2 cucharaditas de polvo para hornear
    2 cucharaditas de canela molida
    ½ cucharadita de bicarbonato de sodio
    ¼ de cucharadita de sal
    1 manzana grande, pelada y picada
      Betún Cremoso (receta más adelante),
      opcional

Caliente el horno a 190 °C. Engrase un molde cuadrado de 20 o 23 cm.

En un recipiente grande, bata la mantequilla hasta que esté cremosa. Incorpore los huevos, el jugo de manzana y el puré de manzana. Mezcle los ingredientes en polvo y agréguelos de manera gradual a la mezcla de huevo; bata hasta que se incorporen. Añada la manzana y distribuya la pasta uniformemente en el molde.

Hornee de 20 a 25 minutos o hasta que, al insertar en el centro un palillo de madera, éste salga limpio. Deje enfriar sobre una rejilla de alambre. Corte en cubos; sirva caliente o a temperatura ambiente con el Betún Cremoso, si lo desea.

Betún Cremoso

    ½ taza de crema espesa
    1 cucharadita de extracto de vainilla
    ¼ de cucharadita de canela molida

En el recipiente chico de una batidora eléctrica, bata la crema a velocidad alta hasta que se le formen picos suaves. Incorpore la vainilla y la canela; bata hasta que se formen picos duros.

Nutrimentos por porción:			
Calorías	229	Colesterol	65 mg
Grasa	8 g	Sodio	289 mg

Torta de Fresa y Durazno

Rinde 10 porciones

    1 sobre de gelatina sin sabor
    ¼ de taza de leche descremada fría
    ¾ de taza de leche descremada caliente
  280 g (unas 2 tazas) de fresas descongeladas
    2 cucharadas de azúcar
    1 frasco (225 g) de crema batida descongelada
    1 lata (450 g) de rebanadas de durazno en
      almíbar, escurridas y picadas
    1 torta de vainilla (de 20 cm), cortada en cubos
      de 2.5 cm (unas 7 tazas)

En el vaso de la licuadora, ponga la leche fría y espolvoree la gelatina; deje reposar por 2 minutos. Agregue la leche caliente y licue a velocidad baja hasta que la gelatina se disuelva por completo, durante unos 2 minutos. Añada la fresa y el azúcar; procese a velocidad alta hasta que se incorporen. Vierta en un recipiente grande; refrigere y revuelva de vez en cuando hasta que se forme un montículo cuando deje caer un poco de la mezcla con una cuchara, más o menos 20 minutos. Revuelva la crema batida en forma envolvente con el durazno y la torta. Vierta en un recipiente de 8 tazas de capacidad o en un molde con desmoldador; refrigere hasta que esté firme, más o menos 1½ horas.

Nutrimentos por porción:			
Calorías	153	Colesterol	0 mg
Grasa	3 g	Sodio	49 mg

Torta Real de Plátano y Frutas

Rinde 8 porciones

2 plátanos medianos bien maduros, pelados
1 caja (510 g) de harina amarilla para torta
  Los ingredientes necesarios para preparar la torta
½ taza de almendra rebanada
¾ de taza de jugo combinado de piña, naranja y guayaba
1 plátano mediano firme, pelado
2 tazas de rebanadas de fruta fresca
¼ de taza de chispas de chocolate semiamargo
½ cucharadita de margarina

En el vaso de la licuadora, ponga los 2 plátanos bien maduros y lícuelos hasta obtener un puré. Prepare la torta siguiendo las instrucciones de la caja; utilice el plátano licuado como parte de la cantidad del líquido necesario. Engrase 2 moldes de 23 cm de diámetro y vierta la mezcla; encima espolvoree la almendra. Hornee y deje enfriar según las instrucciones. Utilice una torta para concluir la receta; congele la segunda y utilícela en otra ocasión.

Vierta 3 cucharadas del jugo de frutas en un platón grande. Encima ponga la torta para que absorba el jugo. Vierta otras 3 cucharadas del jugo sobre la torta.

Rebane el plátano firme y póngalo con otras frutas en un recipiente chico. Conserve 1 cucharada del jugo de frutas para la salsa de chocolate; vierta sobre la fruta las 5 cucharadas de jugo restantes. Acomode la fruta y el jugo sobre la torta.

En un recipiente para horno de microondas, mezcle las chispas de chocolate, la cucharada de jugo de fruta que conservó y la margarina. Cueza a temperatura ALTA (100 %) de 10 a 30 segundos o hasta que el chocolate esté suave. Revuelva hasta que se disuelva. Vierta sobre la fruta y el pastel; refrigere durante 30 minutos.

Tiempo de preparación: 15 minutos
Tiempo de horneado: 30 minutos

Nutrimentos por porción:			
Calorías	208	Colesterol	81 mg
Grasa	7 g	Sodio	60 mg

Torta Real de Plátano y Frutas

Deliciosa Torta Veteada de Moka

Rinde 12 porciones

Torta
1 caja de harina preparada para torta veteada
1 cucharada de café exprés (opcional)
1 cucharadita de canela molida (opcional)
3 claras de huevo
1¼ tazas de agua
⅓ de taza de aceite

Betún
1 cucharadita de café exprés
¼ de cucharadita de canela molida
¼ de cucharadita de agua caliente
1¼ tazas de leche descremada
1 caja (para 4 porciones) de budín instantáneo de chocolate, sin azúcar
2 sobres (de 36 g cada uno) de mezcla para crema batida
Chocolate rallado o para decorar (opcional)

1. Caliente el horno a 180 °C. Engrase y enharine dos moldes de 20 o 23 cm de diámetro.

2. Para la Torta, en un recipiente grande vacíe la harina preparada. Agregue el café y la canela, si lo desea. Añada las claras de huevo, el agua y el aceite. Prepare, hornee y deje enfriar la torta siguiendo las instrucciones de la caja.

3. Para el Betún, en una taza para natilla, mezcle el café con la canela y el agua caliente. En el tazón grande de una batidora eléctrica, ponga la leche. Incorpore la mezcla para budín y la de crema batida. Bata a velocidad baja; ponga la mezcla de café; bata a velocidad alta de 2 a 3 minutos o hasta que esté dura; limpie con frecuencia los costados y el fondo del tazón. Unte entre las capas, en los costados y encima de la torta. Espolvoree con el chocolate rallado, si lo desea.

Nutrimentos por porción:			
Calorías	242	Colesterol	muy poco
Grasa	9 g	Sodio	309 mg

Pastelillos de Plátano y Galleta

Rinde 24 porciones

1¼ tazas de harina de trigo
1 taza de galletas de trigo entero, molidas
2 cucharaditas de polvo para hornear
1 cucharadita de bicarbonato de sodio
⅓ de taza de margarina suavizada
1¼ tazas de azúcar
¾ de taza de clara de huevo
1¼ tazas de plátano machacado (unos 2 grandes)
⅔ de taza de yogur natural sin grasa
½ taza de nuez picada (opcional)
Azúcar glass (opcional)

En un recipiente chico, mezcle la harina, la galleta, el polvo para hornear y el bicarbonato de sodio.

En el tazón grande de una batidora eléctrica, bata a velocidad media la margarina con el azúcar hasta que se mezclen. A velocidad baja, mezcle la clara y el plátano. Agregue la harina alternándola con el yogur; bata hasta que se incorporen. Ponga la nuez, si lo desea.

Vierta la pasta en un molde engrasado y enharinado de 33×23×5 cm. Hornee a 180 °C durante 45 minutos o hasta que, al insertar en el centro un palillo de madera, éste salga limpio. Deje enfriar en el molde. Antes de servir, espolvoree con azúcar glass.

Nutrimentos por porción (sin nueces ni azúcar glass):

Calorías	124	Colesterol	0 mg
Grasa	3 g	Sodio	128 mg

Muffins de Plátano y Chocolate Bajos en Grasa

Muffins de Plátano y Chocolate Bajos en Grasa

Rinde 20 muffins

2 tazas de harina de trigo
¾ de taza de azúcar
¼ de taza de cocoa clásica o estilo europeo
¾ de cucharadita de bicarbonato de sodio
½ cucharadita de polvo para hornear
¼ de cucharadita de sal
¾ de taza (225 g) de yogur natural bajo en grasa (1.5 % de grasa de leche)
½ taza de plátano maduro machacado (más o menos 1 mediano)
⅓ de taza de aceite de canola
¼ de taza de leche descremada
2 cucharaditas de extracto de vainilla
3 claras de huevo
Glasé Blanco (receta más adelante)

Caliente el horno a 180 °C. Forre con papel un molde para muffins (de 6.5 cm de diámetro). En un recipiente grande, mezcle la harina, ¼ de taza de azúcar, la cocoa, el bicarbonato de sodio, el polvo para hornear y la sal. En un recipiente chico, mezcle el yogur con el plátano, el aceite, la leche y la vainilla. En el tazón mediano de la batidora, bata las claras de huevo hasta que se formen picos suaves. De forma gradual, incorpore el azúcar restante; bata hasta que se formen picos duros. Agregue la mezcla de yogur a la de harina y revuelva hasta que los ingredientes en polvo se humedezcan; bata en forma envolvente ⅓ de la mezcla de clara de huevo; luego agregue con suavidad la mezcla de clara restante. Rellene los moldes para muffin a ¾ de su capacidad. Hornee de 20 a 25 minutos o hasta que, al insertar en el centro de los panecillos un palillo de madera, éste salga limpio. Desmóldelos y póngalos sobre una rejilla de alambre; deje enfriar por completo. Adorne la parte superior de los muffins con el Glasé Blanco.

Glasé Blanco: En un recipiente chico, mezcle ½ taza de azúcar pulverizada con 3 a 4 cucharaditas de agua caliente; revuelva hasta que se disuelva y tenga la consistencia deseada.

Nutrimentos por porción (1 muffin):

Calorías	140	Colesterol	0 mg
Grasa	4 g	Sodio	74 mg

Panqué Veteado

Panqué Veteado

Rinde 2 panqués, de 18 rebanadas cada uno

**1 caja de harina preparada para panqué
    veteado
1 caja (para 4 porciones) de budín de vainilla
    instantáneo
4 huevos
1 taza de agua
⅓ de taza de aceite**

1. Caliente el horno a 180 °C. Engrase y enharine dos moldes para panqué de 23×13×7 cm.

2. Deje a un lado el sobre con la cocoa. En el tazón grande de la batidora eléctrica, ponga la harina para panqué, la de budín, los huevos, el agua y el aceite. Bata a velocidad media por 2 minutos. Separe 1 taza de la pasta y agréguele el sobre de cocoa.

3. Vierta la mitad de la pasta amarilla en cada molde de panqué. Agregue la mitad de la pasta de chocolate sobre la pasta amarilla. Pase un cuchillo por la pasta para vetearla. Hornee a 180 °C de 45 a 50 minutos o hasta que, al insertar en el centro un palillo de madera, éste salga limpio. Deje enfriar por 5 minutos. Desmolde los panqués y déjelos enfriar por completo sobre una rejilla de alambre. Córtelos en rebanadas de 1.5 cm de grosor.

Nutrimentos por porción (1 rebanada):			
Calorías	86	Colesterol	24 mg
Grasa	4 g	Sodio	108 mg

Torta Esponjosa de Manzana

Rinde 12 porciones

Torta

**⅓ de taza de aceite
¾ de taza de azúcar
 2 huevos
¾ de taza de harina de trigo
½ cucharadita de polvo para hornear
¼ de cucharadita de sal
¼ de cucharadita de bicarbonato de sodio
¼ de cucharadita de nuez moscada molida
¼ de cucharadita de jengibre molido
 1 taza de manzana pelada y finamente picada
    (unas 2 medianas)**

Coronamiento

**2 cucharadas de azúcar
2 cucharadas de nuez finamente picada
½ cucharadita de canela**

Para la Torta, caliente el horno a 180 °C. En el tazón grande de una batidora eléctrica, bata el aceite con el azúcar a velocidad media. Agregue los huevos; bata bien.

Mezcle la harina, el polvo para hornear, la sal, el bicarbonato de sodio, la nuez moscada y el jengibre. Añada a la mezcla de aceite y bata sólo hasta que se incorporen. Coloque la manzana. Vierta la pasta en un molde sin engrasar de 23×23×5 cm.

Para el Coronamiento, mezcle el azúcar con la nuez y la canela. Espolvoree sobre la pasta.

Hornee a 180 °C de 25 a 30 minutos o hasta que, al insertar en el centro del pan un palillo de madera, éste salga limpio. Corte en rectángulos de 7.5×6 cm. Sirva caliente o a temperatura ambiente.

En horno de microondas: Prepare la Torta y el Coronamiento como se indica en la receta. Vierta la pasta en un molde para microondas sin engrasar de 28×18 cm. En el horno de microondas, ponga invertida una rejilla o un refractario para pay; encima ponga el molde cubierto ligeramente con papel encerado. Cueza a temperatura MEDIA (50 %) durante 6 minutos; gire el molde después de 3 minutos de cocción. Retire el papel encerado y cueza a temperatura ALTA (100 %) por 5 minutos. Gire el molde después de 2 minutos de cocción. Corte la torta en rectángulos de 7.5×6 cm. Sirva como se indica en la receta.

Nutrimentos por porción:			
Calorías	162	Colesterol	36 mg
Grasa	8 g	Sodio	86 mg

Dedos de Chocolate

Rinde 21 porciones

    1 taza de azúcar granulada
    1 taza de harina de trigo
    ⅓ de taza de cocoa
    ¾ de cucharadita de polvo para hornear
    ¾ de cucharadita de bicarbonato de sodio
    ½ taza de leche descremada
    ¼ de taza de claras de huevo
    ¼ de taza de aceite de canola o aceite vegetal
    1 cucharadita de extracto de vainilla
    ½ taza de agua hirviente
      Azúcar pulverizada
    1 cucharadita de ralladura de cáscara de
      naranja
    1½ tazas de crema batida descongelada
    42 fresas o frambuesas (opcional)

Caliente el horno a 180 °C. Forre con papel encerado el fondo de un molde de 33×23 cm. En el tazón grande de una batidora eléctrica, mezcle el azúcar, la harina, la cocoa, el polvo para hornear y el bicarbonato de sodio. Agregue la leche, el huevo, el aceite y la vainilla; bata a velocidad media por 2 minutos. Vierta el agua; revuelva con una cuchara hasta que se incorpore. Coloque la pasta en el molde.

Hornee de 16 a 18 minutos o hasta que, al insertar en el centro del pan un palillo de madera, éste salga limpio. Ponga una toalla sobre una rejilla; espolvoree la toalla con azúcar. Voltee la torta sobre la toalla; desprenda el papel encerado. Voltee la torta nuevamente y déjela enfriar por completo. Corte la torta en 42 rectángulos chicos (de unos 5×3 cm). Mezcle la crema batida con la ralladura de naranja; en cada trozo de torta, ponga una cucharada de crema. Adorne con una fresa o frambuesa, si lo desea.

Nutrimentos por porción:

Calorías	80	Colesterol	0 mg
Grasa	3 g	Sodio	35 mg

Torta Della Robbia

Rinde 12 porciones

Torta
    1 caja de harina preparada para torta de
      vainilla
    1½ cucharaditas de ralladura de cáscara de
      limón

Glasé
    6 cucharadas de azúcar
    1½ cucharadas de fécula de maíz
    1 taza de agua
    1 cucharada de jugo de limón
    ½ cucharadita de extracto de vainilla
      Gotas de colorante vegetal rojo
    6 rebanadas de durazno
    6 fresas medianas rebanadas

1. Caliente el horno a 190 °C.

2. Para la Torta, prepárela siguiendo las instrucciones de la caja; agregue la ralladura de limón. Hornee y deje enfriar según las instrucciones.

3. Para el Glasé, en una cacerola chica mezcle el azúcar, la fécula de maíz y el agua. Cueza a fuego medio-alto hasta que hierva y se espese. Retire del fuego. Incorpore el jugo de limón, el extracto de vainilla y el colorante.

4. Encima de la torta ya fría, ponga las rebanadas de durazno y de fresa alternadas. Vierta el glasé sobre la fruta y la torta. Refrigere el sobrante.

Nutrimentos por porción:

Calorías	145	Colesterol	0 mg
Grasa	0 g	Sodio	100 mg

Torta Della Robbia

Tartas de Fresa

Rinde 10 porciones

Mezcla de Fresa
> 4 tazas de fresas, lavadas, sin cáliz y rebanadas
> 2 cucharadas de azúcar granulada

Tartas
> 1¾ tazas de harina de trigo
> 1 cucharada de azúcar granulada
> 1 cucharada de polvo para hornear
> ½ cucharadita de sal (opcional)
> ¼ de taza de manteca
> ⅔ de taza de leche

Crema
> 1 taza de yogur natural sin grasa
> 3 cucharadas de azúcar morena
> ½ cucharadita de vainilla

Para la Mezcla de Fresa, revuelva las fresas con el azúcar. Tape y refrigere.

Caliente el horno a 230 °C.

Para las Tartas, en un recipiente mezcle la harina, el azúcar, el polvo para hornear y la sal. Agregue la manteca y, con un batidor (o 2 cuchillos), bata hasta formar migajas gruesas.

Vierta la leche. Revuelva hasta que los ingredientes en polvo apenas estén húmedos. Ponga la masa sobre una superficie enharinada. Amase con suavidad con las puntas de los dedos, de 8 a 10 veces. Extienda en un círculo de 23 cm de aproximadamente 1.5 cm de grosor. (Sugerencia: Cubra la masa con papel encerado. Presiónela y aplánela con un molde para pastel de 23 cm de diámetro hasta que la masa tenga el grosor necesario.)

Corte la masa con un cortador de galletas de 6.5 cm de diámetro. Amase los recortes y vuelva a extender la masa. Corte un total de 10 tartas. Póngalas sobre una charola sin engrasar. Hornee durante 12 minutos o hasta que la parte superior esté dorada.

Para la Crema, mezcle el yogur con el azúcar y la vainilla. Revuelva con suavidad hasta que se incorporen.

Para coronar, corte las tartas calientes o frías por la mitad a lo ancho. Sirva más o menos ¼ de taza de fruta sobre la parte inferior de las tartas. Tape y ponga encima la salsa de yogur. Agregue otra cucharada de fruta o corone con abanicos de fresa, si lo desea.

Nutrimentos por porción:			
Calorías	188	Colesterol	3 mg
Grasa	6 g	Sodio	127 mg

Pay de Queso al Limón

Rinde 8 porciones

Base
> 1 taza de galletas de trigo entero molidas
> ¼ de taza de azúcar
> 3 cucharadas de aceite

Relleno
> 90 g de queso Neufchatel suavizado
> 2 tazas de queso cottage bajo en grasa
> ½ taza de azúcar
> 2 claras de huevo
> 1 cucharadita de ralladura de cáscara de limón
> 3 cucharadas de jugo de limón
> 1 cucharadita de vainilla

Para la Base, caliente el horno a 180 °C. Combine la galleta molida con el azúcar y el aceite; revuelva bien con un tenedor. Ponga la mezcla en un molde para pay de 23 cm y presione con firmeza en el fondo y los costados.

Para el Relleno, en un procesador de alimentos o licuadora,* licue el queso Neufchatel con el queso cottage hasta que estén bien mezclados. Agregue el resto de los ingredientes; revuelva bien. Vierta la mezcla sobre la base.

Hornee a 180 °C por 30 minutos. Apague el horno y deje el pay de queso en el horno durante 5 minutos. Sáquelo del horno y déjelo enfriar. Métalo al refrigerador. Córtelo en rebanadas. Adorne con fruta fresca, si lo desea.

Si utiliza licuadora, ponga el azúcar, las claras de huevo, la cáscara de limón, el jugo de limón y la vainilla en el vaso de la licuadora antes de agregar los quesos Neufchatel y cottage. Licue hasta que se incorporen completamente; detenga la licuadora y baje la mezcla de los costados, conforme sea necesario.

En horno de microondas: Prepare la base como se indica en la receta; ponga de 2 a 3 cucharadas de la mezcla en 8 moldes para muffins chicos. Presione con firmeza en la base de los moldes. Prepare el relleno como se indica; vierta más o menos ⅓ de taza en cada molde sobre la base.

En una charola para horno de microondas o sobre la base del microondas, acomode los moldes en círculo. Cueza a temperatura MEDIA (50 %) de 9 a 10 minutos o hasta que el relleno comience a cuajar alrededor de la orilla; voltee la charola o vuelva a acomodar los moldes después de cada 3 minutos de cocción.

Déjelos reposar por 10 minutos. Refrigere por lo menos durante 1 hora antes de servir.

Nutrimentos por porción:			
Calorías	256	Colesterol	11 mg
Grasa	10 g	Sodio	378 mg

Tartas de Fresa

Tartas de Frambuesa

Rinde 8 porciones

1½ tazas de frambuesas enteras congeladas
5 cucharadas de azúcar
1 taza de harina de trigo
1 cucharadita de polvo para hornear
¼ de cucharadita de bicarbonato de sodio
1 cucharada de margarina
1 clara de huevo
⅓ de taza de leche descremada evaporada
¼ de cucharadita de extracto de almendra
¾ de taza de queso cottage bajo en grasa
1 cucharadita de jugo de limón

Caliente el horno a 230 °C. Rocíe una charola para horno con antiadherente en aerosol.

Mezcle 1 taza de frambuesas con 2½ cucharadas de azúcar; refrigere. En un recipiente mediano, mezcle la harina, 2 cucharadas de azúcar, el polvo para hornear y el bicarbonato de sodio. Agregue la margarina y mezcle con un batidor o con 2 cuchillos. En un recipiente chico, bata la clara de huevo, la leche y el extracto de almendra; añada a la mezcla de harina y revuelva ligeramente. Amase un poco sobre una superficie enharinada. Extienda hasta que mida 1.5 cm de grosor. Corte 8 tartas con un cortador de galletas de 6.5 cm. Ponga las tartas sobre una charola. Hornee durante 10 minutos o hasta que empiecen a dorarse en la parte superior.

Mientras tanto, en un procesador de alimentos o licuadora, ponga el queso cottage, el azúcar restante y el jugo de limón; procese hasta que se incorporen. Agregue ¼ de taza de frambuesas. Para servir, corte horizontalmente las tartas por la mitad; ponga cada base en un plato individual. Sirva 2 cucharadas de frambuesa y 1 cucharada de mezcla de queso; ponga las tapas. Encima ponga la frambuesa y la mezcla de queso restantes.

Nutrimentos por porción:			
Calorías	166	Colesterol	1 mg
Grasa	2 g	Sodio	190 mg

De izquierda a derecha: Tartas de Frambuesa, Torta con Salsa de Yogur y Arándano

Pastelillos de Jengibre

Rinde 1 docena de pastelillos

Pastelillos
1⅔ tazas de harina de trigo
¼ de taza de azúcar
2 cucharadas de polvo para hornear
½ cucharadita de canela
½ cucharadita de jengibre
½ cucharadita de nuez moscada
½ cucharadita de sal
½ taza de uvas pasa
2 huevos ligeramente batidos
¼ de taza de aceite vegetal
⅓ de taza de leche baja en grasa
½ cucharadita de vainilla
½ taza de melaza oscura

Azúcar con Especias* (opcional)
2 cucharadas de azúcar
⅛ de cucharadita de canela
⅛ de cucharadita de jengibre
⅛ de cucharadita de nuez moscada

1. Caliente el horno a 190 °C. Ponga tazas de papel o de aluminio en 12 moldes medianos para muffin (de unos 6.5 cm de diámetro).

2. Para los pastelillos, en un recipiente mediano mezcle la harina, el azúcar, el polvo para hornear, la canela, el jengibre, la nuez moscada y la sal. Incorpore las uvas pasa.

3. En un recipiente chico, mezcle los huevos y el aceite; revuelva bien. Incorpore la leche y la vainilla; luego vierta la melaza; revuelva bien. Coloque sobre la mezcla de harina; revuelva sólo hasta que se humedezca. Ponga la mezcla equitativamente en los moldes.

4. Si va a preparar el azúcar con especias, mezcle el azúcar, la canela, el jengibre y la nuez moscada en un recipiente chico. Espolvoree sobre la pasta.

5. Hornee a 190 °C de 16 a 20 minutos o hasta que, al insertar en el centro de los pastelillos un palillo de madera, éste salga limpio. Deje enfriar.

*Si omite el azúcar con especias, espolvoree azúcar glass cernida sobre los pastelillos horneados ya fríos.

Nutrimentos por porción (1 pastelillo):			
Calorías	195	Colesterol	35 mg
Grasa	6 g	Sodio	280 mg

Pay de Queso con Durazno

Rinde 10 porciones

1 sobre de gelatina sin sabor
¼ de taza de agua fría
1 lata (450 g) de duraznos en almíbar
    escurridos; conserve el almíbar
1 caja (225 g) de queso crema light suavizado
¼ de taza de azúcar
2 cucharadas de hojas de menta (opcional)

En el vaso de la licuadora, ponga el agua fría y encima espolvoree la gelatina; deje reposar por 2 minutos. Mientras tanto, en una cacerola chica, ponga a hervir el almíbar de los duraznos. Agréguelo caliente a la licuadora y licue a velocidad baja hasta que se disuelva por completo la gelatina, por unos 2 minutos. Añada el resto de los ingredientes y licue a velocidad alta hasta que se incorporen. Vierta en un molde para pay de 20 o 23 cm de diámetro o, si lo desea, sobre una base de galleta molida. (Para preparar la base, mezcle ¾ de taza de galleta molida con 2 cucharadas de margarina derretida. Cubra un molde para pay de 20 o 23 cm de diámetro.) Refrigere hasta que esté firme, durante unas 3 horas. Adorne, si lo desea, con rebanadas de durazno y hojas de menta.

Nutrimentos por porción:

Calorías	146	Colesterol	12 mg
Grasa	4 g	Sodio	213 mg

Torta con Salsa de Yogur y Arándano

Rinde 12 porciones

½ taza de arándano negro congelado
    Torta chica de vainilla, ya preparada
½ taza de yogur de vainilla sin grasa
3 cucharaditas de azúcar granulada
1 cucharadita de jugo de limón

Deje que el arándano se descongele un poco. Rebane la torta en 12 rebanadas. En un recipiente chico, mezcle el yogur, el azúcar y el jugo de limón. Para servir, vierta el yogur y los arándanos equitativamente sobre las rebanadas de pastel.

Nutrimentos por porción:

Calorías	163	Colesterol	muy poco
Grasa	muy poca	Sodio	291 mg

Torta de Almendra y Naranja

Torta de Almendra y Naranja

Rinde 10 porciones

1 taza de almendras enteras
1 caja (de 400 g) de harina preparada para
    torta de vainilla
1⅓ tazas de jugo de naranja
2 cucharadas de ralladura de cáscara de
    naranja
    Nieve (opcional)
    Fruta fresca (opcional)

Caliente el horno a 180 °C. Distribuya las almendras en una sola capa sobre una charola para horno. Áselas en el horno de 12 a 15 minutos hasta que estén ligeramente doradas; revuelva de vez en cuando; deje que se enfríen y píquelas.

Prepare la torta siguiendo las instrucciones de la caja; sustituya el agua indicada en la caja por el jugo de naranja. Incorpore la ralladura de naranja y ½ taza de almendras picadas. Vierta la pasta en un molde para rosca de 25 cm de diámetro sin engrasar. Espolvoree con las almendras picadas restantes. Hornee y deje enfriar siguiendo las instrucciones de la caja. Sirva con una bola de nieve y fruta fresca, si lo desea.

Nutrimentos por porción:

Calorías	271	Colesterol	0 mg
Grasa	8 g	Sodio	181 mg

Deliciosa Torta de Manzana

Rinde de 15 a 20 porciones

3 claras de huevo
1½ tazas de azúcar
1 taza de puré de manzana sin endulzar
2 tazas de harina de trigo
2 cucharaditas de canela molida
1 cucharadita de bicarbonato de sodio
½ cucharadita de sal
1 cucharadita de extracto de vainilla
4 tazas de manzana, sin corazón, pelada y en rebanadas delgadas (unas 5 manzanas)
Glasé de Yogur (receta más adelante)

Caliente el horno a 180 °C. En un recipiente mediano, bata las claras de huevo hasta que estén un poco espumosas. Incorpore el azúcar y el puré de manzana. En un recipiente chico, mezcle la harina, la canela, el bicarbonato de sodio y la sal. A la mezcla de puré de manzana, incorpore la mezcla de harina y la vainilla. En un molde de 33×23 cm o en un molde para pay con desmoldador rociado con antiadherente en aerosol, distribuya la manzana; vierta encima la pasta.

Hornee de 35 a 40 minutos, hasta que, al insertar en el centro de la torta un palillo de madera, éste salga limpio. Déjelo enfriar por completo; cúbralo con el Glasé de Yogur.

Glasé de Yogur: Mezcle 1½ tazas de yogur natural o de vainilla sin grasa, 3 cucharadas de azúcar morena, 1 cucharadita de extracto de vainilla o de jugo de limón; revuelva hasta que se incorporen.

Nutrimentos por porción:

Calorías	170	Colesterol	1 mg
Grasa	muy poca	Sodio	130 mg

Torta Northwoods

Rinde 16 porciones

1 taza de harina de trigo entero
2 tazas de harina de trigo
2 cucharaditas de bicarbonato de sodio
1 cucharadita de canela molida
½ cucharadita de sal
½ cucharadita de nuez moscada molida
½ taza de margarina light
1 taza compacta de azúcar morena
1 cucharadita de extracto de vainilla
5 claras de huevo
⅔ de taza de puré de manzana
1 taza de suero de leche
2 tazas de arroz salvaje bien cocido

Caliente el horno a 180 °C. Engrase y enharine ligeramente un molde de 33×23 cm.

En un recipiente mediano, mezcle las harinas con el bicarbonato de sodio, la canela, la sal y la nuez moscada. En el tazón grande de la batidora eléctrica, bata la margarina a velocidad media durante 30 segundos; agregue el azúcar morena y la vainilla; bata hasta que esponje. Añada las claras de huevo; bata muy bien. Coloque y bata el puré de manzana hasta que se incorpore. Ponga alternadamente la harina y el suero de leche; bata y vacíe el arroz. Vierta en el molde.

Hornee de 45 a 50 minutos, hasta que, al insertar en el centro de la torta un palillo de madera, éste salga limpio. (No hornee de más.) Déjelo enfriar por completo; cúbralo con crema batida o corone las porciones con crema batida endulzada, si lo desea.

Nutrimentos por porción:

Calorías	188	Colesterol	1 mg
Grasa	3 g	Sodio	240 mg

Postres de Queso Bajos en Calorías

Rinde 4 porciones

1 sobre de gelatina sin sabor
¼ de taza de leche descremada
450 g de queso cottage bajo en grasa con piña
225 g de yogur de vainilla bajo en grasa
¼ de taza de azúcar
¼ de cucharadita de sal
4 cucharadas de galletas de trigo entero molidas
Fresas (opcional)

En una cacerola chica, ponga la leche y espolvoree la gelatina; deje reposar por 1 minuto para que se suavice. Cueza a fuego bajo de 3 a 5 minutos hasta que se disuelva por completo; revuelva sin cesar. Retire del fuego; deje enfriar un poco.

En un procesador de alimentos o en una licuadora, ponga el queso cottage, ½ taza de yogur, el azúcar y la sal; procese hasta que se incorporen. Con el motor encendido, agregue lentamente la mezcla de gelatina a través del tubo alimentador; procese hasta que se mezcle bien. Divida 1½ cucharaditas de galleta molida entre 4 platos o copas para postre. Divida la mezcla de queso equitativamente en los platos; espolvoree encima 1½ cucharaditas adicionales de galleta molida. Tape y refrigere durante unas 2 horas o hasta que esté firme. Justo antes de servir, corone el postre con una cucharada del yogur de vainilla restante. Adorne con fresas, si lo desea.

Nutrimentos por porción:

Calorías	250	Colesterol	7 mg
Grasa	2 g	Sodio	700 mg

Panecillos Individuales de Queso

Rinde 10 porciones

10 galletas de jengibre
½ taza de queso ricotta semidescremado
90 g de queso crema ligero (Neufchatel)
** suavizado**
⅓ de taza de azúcar
1 huevo
1 cucharada de jugo de limón
1 cucharadita de extracto de vainilla
¼ de taza de yogur de vainilla sin grasa
¾ de taza de frambuesas congeladas o
** 1 nectarina madura machacada**

Caliente el horno a 190 °C. Cubra con papel 10 moldes para muffin (de 6.5 cm de diámetro).

Ponga 1 galleta en cada molde. En un procesador de alimentos o en una licuadora, coloque los quesos, el azúcar, el huevo, el jugo de limón y la vainilla; procese hasta que se incorporen. Vierta la mezcla equitativamente sobre las galletas.

Hornee de 15 a 20 minutos hasta que los panecillos de queso estén cocidos. Deje enfriar en los moldes sobre una rejilla de alambre; refrigere hasta que estén bien fríos. Desmolde los panecillos y despréndalos del papel. En el procesador de alimentos o la licuadora, coloque el yogur de vainilla y las frambuesas; licue hasta obtener puré. Sirva la mezcla de yogur sobre los panecillos de queso.

Nutrimentos por porción:

Calorías	117	Colesterol	32 mg
Grasa	4 g	Sodio	83 mg

Tarta Dietética de Queso

Rinde de 10 a 12 porciones

¼ de taza de galletas de trigo entero molidas
1 taza de yogur natural bajo en grasa
4 huevos grandes batidos
¾ de taza de leche en polvo
¾ de taza de azúcar
6 cucharadas de harina de trigo
3 cucharadas de jugo de limón
1 cucharada de extracto de vainilla
½ cucharadita de sal
3 tazas (690 g) de queso cottage bajo en grasa
1 lata (570 g) de piña en almíbar en trozos, sin
** escurrir**
Canela molida

Caliente el horno a 150 °C. Unte con mantequilla un molde de 33×23 cm; espolvoree la galleta molida.

En el procesador de alimentos o en la licuadora, ponga el yogur, los huevos, la leche en polvo, el azúcar, la harina, el jugo de limón, la vainilla y la sal; procese hasta que se incorporen; vierta en un recipiente grande. En el procesador de alimentos o en la licuadora, ponga el queso cottage y la piña; tape y licue hasta que se incorporen; luego añada a la mezcla de yogur; revuelva muy bien. Vierta en el molde. Hornee durante 1 hora y 15 minutos hasta que se cueza. Espolvoree con un poco de canela. Deje enfriar por completo; refrigere por varias horas o durante toda la noche.

Nutrimentos por porción:

Calorías	199	Colesterol	75 mg
Grasa	3 g	Sodio	394 mg

Torta de Chocolate y Mantequilla

Rinde 12 porciones, una torta de 33×23 cm

1 caja (535 g) de harina preparada para torta
** de chocolate con mantequilla**
6 claras de huevo
1 taza de agua
¼ de taza de aceite vegetal
12 malvaviscos grandes cortados por la mitad

1. Caliente el horno a 190 °C. Engrase y enharine un molde de 33×23×5 cm.

2. En el tazón grande de la batidora eléctrica, mezcle la harina para torta, las claras de huevo, el agua y ¼ de taza de aceite.

3. Bata a velocidad baja hasta que se humedezcan los ingredientes. Bata a velocidad media por 4 minutos. Vierta la pasta en el molde.

4. Hornee a 190 °C, de 28 a 32 minutos, o hasta que, al insertar en el centro del pan un palillo de madera, éste salga limpio.

5. Ponga los malvaviscos, con el lado cortado hacia abajo, sobre la torta caliente para que se fundan.

Nutrimentos por porción:

Calorías	270	Colesterol	0 mg
Grasa	9 g	Sodio	280 mg

Rollo de Arándano

Rollo de Arándano

Rinde 2 rollos, de 8 porciones cada uno

**1 caja de harina preparada para torta de
vainilla
Azúcar glass
1 lata (600 g) de relleno para pay de arándano
negro
¼ de taza de azúcar glass
Hojas de menta para adornar (opcional)**

1. Caliente el horno a 180 °C. Forre con papel de
aluminio dos charolas para horno de 39×26×2.5 cm.

2. Prepare la torta siguiendo las instrucciones de la
caja. Vierta equitativamente en las charolas; con un
cuchillo o una espátula, elimine las burbujas grandes.
Hornee a 180 °C durante 15 minutos o hasta que se
cuezan. De inmediato, ponga las charolas invertidas
sobre lienzos sin hilachos espolvoreados con azúcar
glass. Desprenda con cuidado el papel de aluminio.
Enrolle los pasteles con una toalla; comience por el
extremo corto. Déjelos enfriar por completo.

3. Desenrolle las tortas. Unte más o menos 1 taza de
relleno de arándano a una distancia de 2.5 cm de la
orilla en cada torta. Vuelva a enrollarlos y colóquelos
con la unión hacia abajo en un platón. Espolvoree con
¼ de taza de azúcar glass. Adorne con hojas de
menta, si lo desea.

Nutrimentos por porción:

Calorías	143	Colesterol	0 mg
Grasa	0 g	Sodio	77 mg

Torta de Zanahoria con Salsa de Limón

Rinde 8 porciones

**⅓ de taza bien compacta de azúcar morena
¼ de taza de margarina vegetal líquida
½ taza de jugo de manzana concentrado,
descongelado
3 claras de huevo ligeramente batidas
1 taza de cereal de avena caliente, sin cocer
½ taza de harina de trigo
2 cucharaditas de polvo para hornear
1 cucharadita de canela molida
2 tazas de zanahoria rallada (unas 4 o
5 medianas)
½ taza de azúcar granulada
4 cucharaditas de fécula de maíz
1 taza de agua caliente
1 cucharada de margarina líquida
1 cucharada de jugo de limón
½ cucharadita de ralladura de cáscara de
limón
1 gota de colorante vegetal amarillo (opcional)**

Caliente el horno a 160 °C. Rocíe una cacerola de
1½ o 2 litros con antiadherente en aerosol. Mezcle el
azúcar morena y ¼ de taza de margarina. Agregue el
jugo de manzana y las claras de huevo, revuelva bien.
Añada el cereal, la harina, el polvo para hornear y la
canela; revuelva bien. Incorpore la zanahoria; vierta
en la cacerola. Hornee hasta que las orillas empiecen
a dorarse y el centro esté firme. Deje enfriar sobre
una rejilla de alambre. Corte en cubos o rebanadas.

En una cacerola chica, mezcle el azúcar granulada y
la fécula de maíz. Vierta gradualmente el agua;
revuelva hasta que el azúcar se disuelva. Cueza a
fuego medio por unos 3 minutos; revuelva sin cesar
hasta que la mezcla hierva, se espese y esté clara.
Retire del fuego; incorpore el resto de los
ingredientes. Deje enfriar un poco. Sirva
2 cucharadas de salsa de limón sobre cada rebanada.

Salsa de Limón en horno de microondas: En una
taza medidora de 4 tazas de capacidad para horno de
microondas, ponga el azúcar y la fécula de maíz.
Agregue poco a poco el agua; revuelva hasta que se
disuelva el azúcar. Cueza en el horno a temperatura
ALTA (100 %) de 2 a 3 minutos o hasta que la mezcla
hierva, se espese y esté clara; revuelva después de
cada minuto. Añada el resto de los ingredientes;
revuelva bien. Sirva como se indica en la receta.

Nutrimentos por porción:

Calorías	270	Colesterol	0 mg
Grasa	8 g	Sodio	200 mg

Muffins de Chocolate

Rinde 18 muffins

**6 cucharadas de aceite de maíz
1 taza de azúcar
1¼ tazas de harina de trigo
⅓ de taza de cocoa
1 cucharadita de bicarbonato de sodio
Pizca de sal
1 taza de suero de leche sin grasa
½ cucharadita de extracto de vainilla
Azúcar glass**

Caliente el horno a 180 °C. Forre con papel moldes
para muffin (de 6.5 cm de diámetro). Caliente el
aceite de maíz; retire del fuego. Incorpore el azúcar.
En un recipiente chico, mezcle la harina, la cocoa, el
bicarbonato de sodio y la sal; agregue alternadamente
el suero de leche y la mezcla de vainilla. Bata con
batidora hasta que se mezclen bien. Vierta en los
moldes para muffin.

Hornee de 18 a 20 minutos. Desmolde los muffins y
póngalos sobre una rejilla de alambre; déjelos enfriar
por completo. Espolvoréelos con azúcar glass.

Nutrimentos por porción (1 muffin):

Calorías	110	Colesterol	0 mg
Grasa	3 g	Sodio	95 mg

Torta de Calabaza Condimentada

Rinde 12 porciones

Torta
> 1 caja de harina preparada para torta amarilla
> 1 cucharadita de canela molida
> ½ cucharadita de nuez moscada molida
> ¼ de cucharadita de clavo molido

Relleno
> 1 caja (para 4 porciones) de budín de
>   mantequilla escocesa
> ½ cucharadita de canela molida
> ¼ de cucharadita de jengibre molido
> ⅛ de cucharadita de clavo molido
> ⅛ de cucharadita de nuez moscada molida
> 2 tazas de leche descremada
> ½ taza compacta de calabaza (no utilice relleno
>   para pay de calabaza)
> 1 sobre de mezcla de crema batida
> ½ cucharadita de vainilla

Adorno
> 2 cucharadas del relleno

1. Caliente el horno a 180 °C. Engrase y enharine dos moldes de 20 o 23 cm de diámetro.

2. Para la Torta, mezcle la harina preparada, la canela, la nuez moscada y el clavo en un recipiente grande. Prepare, hornee y deje enfriar la torta siguiendo las instrucciones de la receta. Refrigere las tortas ya que se hayan enfriado para que sea más fácil cortarlas.

3. Para el Relleno, mezcle el budín, la canela, el jengibre, el clavo y la nuez moscada en un recipiente grande. Incorpore 1½ tazas de leche descremada. Cueza el budín siguiendo las instrucciones de la caja. Agregue la calabaza y revuelva para que se mezcle. Cubra el budín con plástico y refrigérelo.

4. Prepare la crema batida utilizando la ½ taza de leche descremada restante y la vainilla; siga las instrucciones de la caja. Reserve 2 cucharadas del relleno. Incorpore de forma envolvente la crema con el resto de la mezcla del relleno.

5. Para armar la torta, corte horizontalmente cada pan por la mitad. Unte un cuarto del relleno en cada capa de pan. Coloque la segunda capa de pan sobre el relleno. Repita el procedimiento con las otras capas de la torta y el relleno; termine con el último cuarto de relleno.

6. Para el Adorno, corone las tortas con el relleno que reservó. Con la punta de un cuchillo haga un dibujo. Refrigere hasta el momento de servir.

Nota: Puede utilizar la calabaza sobrante para hacer galletas o muffins.

Nutrimentos por porción:			
Calorías	259	Colesterol	1 mg
Grasa	10 g	Sodio	327 mg

Torta de Jengibre con Salsa de Yogur y Ron

Rinde 12 porciones

> 2 tazas de harina de trigo
> 2 cucharaditas de canela molida
> 1¾ cucharaditas de jengibre molido
> 1½ cucharaditas de nuez moscada molida
> ¾ de cucharadita de polvo para hornear
> ¾ de cucharadita de bicarbonato de sodio
> ½ cucharadita de clavo molido
> ⅛ de cucharadita de sal
> ¾ de taza de melaza
> 2 huevos
> 6 cucharadas de aceite de oliva ligero o aceite
>   vegetal
> ¼ de taza de azúcar
> ½ taza de yogur de vainilla bajo en grasa
> ½ taza de agua hirviente
>   Salsa de Yogur y Ron (receta más adelante)

Caliente el horno a 180 °C. Rocíe con aceite vegetal en aerosol un molde de 20×20 cm. En un recipiente grande, mezcle la harina, la canela, el jengibre, la nuez moscada, el polvo para hornear, el bicarbonato de sodio, el clavo y la sal.

En un recipiente mediano, bata la melaza con los huevos, el aceite y el azúcar hasta que estén bien incorporados. Agregue el yogur y después el agua hirviente; bata. Vierta la mitad de la mezcla de melaza sobre los ingredientes en polvo; revuelva sólo hasta que los ingredientes en polvo se humedezcan. Añada el resto de la mezcla de melaza; revuelva sólo hasta que se incorpore. (La pasta queda un poco grumosa.) Vierta la pasta en el molde.

Hornee de 45 a 55 minutos o hasta que, al insertar en el centro del pan un palillo de madera, éste salga limpio. (La superficie del pastel se cuarteará.) Deje enfriar sobre una rejilla de alambre por lo menos 30 minutos antes de servir. El sabor mejorará a medida que repose. Sirva con la Salsa de Yogur y Ron.

Salsa de Yogur y Ron
> ½ taza de yogur de vainilla bajo en grasa
> 4 cucharaditas de azúcar glass
> ¾ de cucharadita de ron añejo

En un recipiente chico, mezcle el yogur con el azúcar y el ron; revuelva bien.

Nutrimentos por porción:			
Calorías	280	Colesterol	45 mg
Grasa	8 g	Sodio	117 mg

Rutilante Pay de Queso

Rinde 8 porciones

1 base para pay de galleta de trigo integral
1 yema de huevo batida

Relleno
435 g de queso ricotta light
½ taza de azúcar
⅓ de taza de leche descremada evaporada
2 huevos
2 cucharadas de harina de trigo
2 cucharaditas de ralladura de cáscara de limón
1 cucharada de jugo de limón
½ cucharadita de extracto de vainilla
¼ de cucharadita de sal

Cubierta de Crema Agria
1 taza de crema agria ligera
2 cucharadas de azúcar
1 cucharadita de extracto de vainilla

Glasé de Fruta
¼ de taza de jalea de grosella
1 taza de frambuesas
1 taza de arándanos negros

Barnice la base para pay con la yema de huevo. Hornee a 180 °C durante 5 minutos.

Para el Relleno, mientras hornea la base, coloque en un procesador de alimentos o licuadora el queso ricotta y bátalo. Agregue el resto de los ingredientes del relleno; procese hasta que se incorporen. Vierta sobre la base para pay; continúe horneando a 180 °C por 30 minutos o hasta que esté cocido el centro.

Para la Cubierta, mezcle la crema agria, el azúcar y la vainilla en un recipiente chico. Unte sobre el pay de queso; continúe horneando a 180 °C por 10 minutos. Apague el horno; deje que el pay se enfríe en el horno con la puerta entreabierta durante 30 minutos. Saque del horno; deje enfriar. Refrigere por lo menos 3 horas.

Para el Glasé de Fruta, poco antes de servir, funda la jalea. Mezcle la mitad de la jalea con las frambuesas; acomode las frambuesas glaseadas en una sola capa en el centro del pastel de queso. Mezcle el arándano con el resto de la jalea; acomode la frambuesa glaseada en una sola capa sobre el resto del pay hasta la base. Refrigere durante 15 minutos antes de cortarlo.

Nutrimentos por porción:			
Calorías	279	Colesterol	62 mg
Grasa	9 g	Sodio	371 mg

Delicioso Pay de Queso al Limón

Delicioso Pay de Queso al Limón

Rinde 8 porciones

1 galleta de trigo integral molida o
    2 cucharadas de galletas de trigo integral molidas
1 caja (para 4 porciones) de gelatina de limón sin azúcar
⅔ de taza de agua hirviente
1 taza de queso cottage bajo en grasa
225 g de queso crema pasteurizado light suavizado
2 tazas de crema batida descongelada
1 taza de relleno para pay de cereza, bajo en calorías

Rocíe con antiadherente en aerosol un molde para pay con desmoldador de 20 o 23 cm de diámetro o un molde para pay de 23 cm. Espolvoree el costado con la mitad de la galleta molida. (Si lo desea, omita la galleta para adornar y espolvoree en su lugar el fondo del molde.)

En un recipiente chico, disuelva completamente la gelatina en el agua hirviente. Vierta en el vaso de la licuadora. Agregue el queso; mezcle a velocidad media durante unos 2 minutos o hasta que la mezcla esté completamente incorporada; de vez en cuando, limpie los costados. Vierta en un recipiente grande. Incorpore con suavidad la crema batida y vierta en el molde; alise la superficie. Espolvoree el resto de la galleta molida alrededor de la orilla; deje libre el centro. Refrigere hasta que cuaje, por unas 4 horas. Justo antes de servir, decore la parte superior del pastel con el relleno para pay. Desmolde y corte.

Nutrimentos por porción:			
Calorías	160	Colesterol	15 mg
Grasa	7 g	Sodio	330 mg

Finalice sus alimentos con una dulce nota y al mismo tiempo mantenga controladas las calorías y la grasa. Los pays de durazno, de piña y de calabaza son sólo algunos postres con los que usted se puede deleitar. Los niños de cualquier edad apreciarán un galletero lleno, perfecto para darles un tentempié a cualquier hora del día.

Tarta para los Amantes de la Fruta

Rinde 1 pay (de 23 cm), 8 porciones

1¼ tazas de hojuelas de avena (tradicional o de cocción rápida, sin cocer)
⅓ de taza de azúcar morena
¼ de taza de harina de trigo
2 cucharadas de margarina derretida
2 claras de huevo
1 taza de queso ricotta
¼ de taza de queso crema suavizado
2 cucharadas de azúcar en polvo
½ cucharadita de ralladura de cáscara de limón
4 tazas de frutas mixtas frescas o descongeladas y escurridas

Caliente el horno a 180 °C. Engrase ligeramente un molde para pay de 23 cm. Mezcle la avena, el azúcar, la harina, la margarina y las claras de huevo. Acomode la pasta presionándola en el molde preparado. Hornee de 15 a 18 minutos o hasta que haya dorado. Desmolde y deje enfriar completamente. Mezcle los quesos, el azúcar y la ralladura de limón. Viértala en la base; corone con la fruta. Refrigere por 2 horas.

Nutrimentos por porción:

Calorías	240	Colesterol	15 mg
Grasa	8 g	Sodio	110 mg

Pay de Manzana

Rinde 8 porciones

1¾ tazas de jugo de manzana
⅓ de taza de dulces de canela
½ cucharadita de extracto de vainilla
¼ de cucharadita de colorante vegetal rojo
4 manzanas peladas, sin corazón y rebanadas
3 cucharadas de fécula de maíz
1 base para pay
1½ tazas de crema batida
½ cucharadita de canela molida

En una sartén grande, combine 1½ tazas de jugo, los dulces, la vainilla, el colorante y las manzanas. Deje hervir. Al primer hervor, reduzca el fuego y hierva hasta que las manzanas estén suaves, de 10 a 15 minutos. Mezcle ¼ de taza de jugo y la fécula de maíz en un recipiente pequeño. Agregue la mezcla de manzana; siga cociendo de 2 a 3 minutos. Retire del fuego y deje enfriar a temperatura ambiente.

Ponga el relleno en la base para pay. Refrigere durante varias horas. Justo antes de servir, mezcle la crema batida y la canela en un recipiente pequeño; corone el pay con esta mezcla.

Nutrimentos por porción:

Calorías	249	Colesterol	0 mg
Grasa	7 g	Sodio	154 mg

Tarta para los Amantes de la Fruta

Pay de Durazno

Rinde 1 pay (de 20 cm), 8 porciones

Base para pay
1 taza de azúcar
2 cucharadas de fécula de maíz
1.350 kg de duraznos, sin semilla, pelados y
    rebanados (unas 3 tazas)
2 cucharadas de concentrado de jugo de limón
1 cucharada de margarina derretida
¼ de cucharadita de extracto de almendra
2 cucharadas de almendras rebanadas

Caliente el horno a 180 °C. Reserve una cucharada de
azúcar. En un recipiente pequeño, mezcle el resto del
azúcar y la fécula de maíz. En un recipiente grande,
combine los duraznos con el jugo de limón y la
mezcla de azúcar, la margarina y el extracto. Vierta en
un molde de 23 cm. Haga cortes cerca del centro.
Coloque la pasta sobre el relleno; voltee las orillas
para sellar. Espolvoree el azúcar que reservó y las
almendras. Hornee de 45 a 50 minutos o hasta que
haya dorado. Deje enfriar.

Nutrimentos por porción:

Calorías	292	Colesterol	0 mg
Grasa	10 g	Sodio	163 mg

Pay de Durazno

Tartas de Limón y Adormidera

Rinde 6 porciones

1¾ tazas de leche descremada
250 g de mezcla para pudín instantánea sabor
    vainilla
1½ cucharaditas de ralladura de cáscara de
    limón
6 bases individuales para pay
¾ de taza de crema batida
    Ralladura de cáscara de limón adicional
    para adornar (opcional)

Bata la leche, la mezcla para pudín, la adormidera y
una cucharadita de ralladura de limón. Vierta sobre
las bases para pay. Refrigere. Justo antes de servir,
mezcle la crema batida y la ½ cucharadita de
ralladura de limón restante en un recipiente pequeño.
Agregue esta mezcla a cada uno de los pays.
Espolvoree más ralladura de limón, si lo desea.

Nutrimentos por porción:

Calorías	141	Colesterol	2 mg
Grasa	6 g	Sodio	193 mg

Pay de Calabaza sin Pan

Rinde 1 pay (de 25 cm), 10 porciones

2 sobres de gelatina sin sabor
2 cucharadas de agua fría
2¼ tazas de leche evaporada baja en grasa, sin
    diluir
1¾ tazas de calabaza cocida
6 cucharadas compactas de azúcar morena o
    edulcorante bajo en calorías
1 cucharadita de especias para pay
1 cucharadita de extracto de vainilla

En un recipiente grande, espolvoree la gelatina sobre
agua caliente para que se suavice. En una olla
pequeña, caliente 1 taza de leche evaporada, pero no
deje que hierva. Agregue lentamente la leche caliente
a la gelatina. Mezcle el resto de la leche evaporada, la
calabaza, el azúcar, las especias para pay y la vainilla.
Rocíe el molde para pay con antiadherente en aerosol.
Vierta la mezcla de pay en el molde y refrigere.

Nutrimentos por porción:

Calorías	97	Colesterol	2 mg
Grasa	muy poca	Sodio	72 mg

Tarta de Pera Bistro

Tarta de Pera Bistro

Rinde 1 pay (de 23 cm), 10 porciones

½ **taza de azúcar**
¼ **de taza de fécula de maíz**
2 **huevos ligeramente batidos**
2 **tazas de leche baja en grasa**
1 **cucharadita de ralladura de cáscara de limón**
¼ **de cucharadita de extracto de naranja**
Base para pay de 23 cm
2 **peras Bartlett peladas y rebanadas**
¼ **de taza de jalea de chabacano, caliente**

Mezcle el azúcar y la fécula de maíz en una sartén mediana; agregue los huevos y bata hasta que queden bien mezclados. Caliente la leche en una olla pequeña, pero no deje que hierva; incorpore lentamente la leche en la mezcla de huevo. Caliente la mezcla de huevo hasta que espese; mueva con frecuencia. Retire del fuego; añada la ralladura de limón y el extracto de naranja. Deje enfriar por completo. Vierta sobre la base para pay. Acomode encima las rebanadas de pera; barnice con la jalea de chabacano.

Nutrimentos por porción:

Calorías	214	Colesterol	57 mg
Grasa	8 g	Sodio	184 mg

Pay Helado de Café y Chocolate

Rinde 1 pay, 8 porciones

2 **sobres de gelatina sin sabor**
¼ **de taza de leche descremada fría**
1 **taza de leche descremada caliente**
2 **tazas de leche de vainilla, congelada**
⅓ **de taza de azúcar**
2 **cucharadas de café instantáneo**
1 **cucharadita de extracto de vainilla**
1 **base para pay de chocolate (180 g)**
Crema batida (opcional)
Rizos de chocolate (opcional)

En el recipiente de la batidora, ponga la gelatina diluida en ¼ de taza de leche fría; déjela reposar de 3 a 4 minutos hasta que se suavice. Agregue la leche caliente; bata a velocidad baja hasta que se derrita la gelatina, aproximadamente por 2 minutos. Añada la lecha congelada, el azúcar, el café y la vainilla. Bata hasta obtener una consistencia suave. Vierta sobre la base para pay. Refrigere durante 2 horas por lo menos. Adorne con la crema batida y los rizos de chocolate.

Nutrimentos por porción:

Calorías	220	Colesterol	6 mg
Grasa	6 g	Sodio	210 mg

Pay de Manzana y Arándano

Pay de Manzana y Arándano

Rinde 1 pay (de 20 cm), 8 porciones

20 galletas de jengibre
1½ cucharadas de margarina suavizada
2 manzanas McIntosh peladas, sin corazón y
en cuartos
1 taza de arándano rojo
5 cucharadas compactas de azúcar morena
¼ de cucharadita de extracto de vainilla
¼ de cucharadita de canela molida
1 cucharadita de azúcar granulada

Caliente el horno a 180 °C. Ponga las galletas y la margarina en un procesador de alimentos. Procese hasta que la mezcla esté bien molida. Acomode esta mezcla en un molde para pay de 20 cm. Hornee de 5 a 8 minutos y deje enfriar. Corte las manzanas. Agregue el arándano, el azúcar morena, la vainilla y la canela; mezcle bien. Coloque el relleno en otro molde de 20 cm. Espolvoree con azúcar granulada. Hornee durante 35 minutos o hasta que las manzanas estén suaves. Vierta el relleno en la base para pay y sirva inmediatamente.

Nutrimentos por porción:

Calorías	124	Colesterol	0 mg
Grasa	3 g	Sodio	90 mg

Pay de Limón con Merengue

Rinde 1 pay (de 23 cm), 8 porciones

Base
1¼ tazas de harina de trigo
½ cucharadita de sal
⅓ de taza de manteca vegetal
¼ de taza de jugo de naranja

Relleno
1 taza de azúcar
⅓ de taza de fécula de maíz
⅛ de cucharadita de sal (opcional)
1½ tazas de agua fría
1 yema de huevo ligeramente batida
1 cucharadita de cáscara de limón fresco,
finamente picada
⅓ de taza de jugo de limón

Merengue
3 claras de huevo
⅛ de cucharadita de sal (opcional)
¼ de taza de azúcar
½ cucharadita de vainilla

Para la Base, caliente el horno a 220 °C. Mezcle la harina y la sal en un recipiente. Incorpore la manteca utilizando una batidora (o 2 cuchillos) hasta que la harina esté completamente batida y se formen trocitos del tamaño de un chícharo. Rocíe, una cucharada a la vez, el jugo de naranja sobre la mezcla de harina, incorporándolo con un tenedor hasta que se forme la masa. (La masa puede tener una apariencia seca.) Forme una bola.

Presione la masa con las manos y forme un disco de 12 a 15 cm. Extienda la pasta con el rodillo sobre una superficie previamente enharinada hasta que tenga el tamaño del molde para pay. Colóquela sobre el molde para pay de 23 cm; presione las orillas y pique con un tenedor la base (50 veces) para prevenir que se encoja.

Hornee a 220 °C de 10 a 15 minutos o hasta que esté ligeramente dorada.

Para el Relleno, mezcle 1 taza de azúcar, la fécula de maíz y la sal en una sartén. Incorpore poco a poco el agua y bata hasta obtener una consistencia suave. Cueza a fuego medio-alto moviendo constantemente hasta que el relleno hierva. Después del primer hervor, cueza durante 5 minutos más y retire del fuego.

Bata una pequeña cantidad de la mezcla caliente con la yema de huevo. Vuelva a ponerla en la sartén. Caliente la mezcla otra vez moviendo constantemente durante 1 minuto. Retire del fuego. Agregue la ralladura de limón y el jugo de limón. *Reduzca la temperatura del horno a 180 °C.*

Para el Merengue, bata las claras de huevo y la sal a punto de turrón. Agregue gradualmente ¼ de taza de azúcar, batiendo muy bien después de cada adición. Siga batiendo hasta que la mezcla esté dura, pero no seca, y se formen picos. Incorpore la vainilla.

Coloque el relleno en la base para pay. Distribuya el merengue sobre el relleno. El merengue debe cubrir hasta la orilla del pay.

Hornee a 180 °C durante 15 minutos o hasta que haya dorado. Deje enfriar completamente. Para cortar, utilice un cuchillo afilado remojado en agua caliente.

Nutrimentos por porción:

Calorías	289	Colesterol	27 mg
Grasa	9 g	Sodio	24 mg

Tartas Zabaglione con Fresas Frescas

Tartas Zabaglione con Fresas Frescas

Rinde 6 porciones

1½ tazas de leche descremada
¼ de taza de vino Marsala
1 paquete (25 g) de pudín instantáneo de vainilla para pay, sin azúcar
½ taza de crema batida light
6 bases individuales para pay
18 fresas frescas, sin corazón y partidas por la mitad
Crema batida light adicional

En el recipiente de la batidora, mezcle la leche, el vino y la mezcla para pudín. Bata hasta que la mezcla espese ligeramente. Vierta en un recipiente mediano; incorpore ½ taza de crema batida. De manera uniforme, distribuya el relleno en las bases para pay. Acomode las fresas sobre el relleno. Justo antes de servir, coloque más crema batida sobre las tartas, si lo desea.

Nutrimentos por porción:

Calorías	159	Colesterol	1 mg
Grasa	5 g	Sodio	189 mg

Pay Ligero de Queso

Rinde 1 pay (de 23 cm), 6 porciones

1 base para pay (de 23 cm)
450 g de queso cottage
1 cucharada de concentrado de jugo de limón
3 huevos
⅓ de taza de azúcar
⅓ de taza de leche evaporada
1 cucharadita de extracto de vainilla
1 taza de fruta fresca mixta

Caliente el horno a 180 °C. En el recipiente de la batidora, combine el queso cottage y el jugo de limón; mezcle hasta obtener una consistencia suave. En la licuadora, bata los huevos y el azúcar; agregue la mezcla de queso, la leche y la vainilla. Bata hasta obtener una consistencia suave. Vierta el relleno en la base para pay. Hornee durante 45 minutos o hasta que esté lista. Deje enfriar. Agregue la fruta fresca y sirva. Refrigere el sobrante.

Nutrimentos por porción:

Calorías	288	Colesterol	113 mg
Grasa	10 g	Sodio	452 mg

Delicioso Pay de Calabaza

Rinde 1 pay, 8 porciones

        1 cucharadita de agua
        1 clara de huevo
        1 base para pay (de 15 cm)
        2 huevos
     1½ tazas de calabaza cocida
   225 g de yogur natural bajo en grasa
        1 taza de leche evaporada
        ¾ de taza de azúcar
        1 cucharadita de extracto de vainilla
        1 cucharadita de canela en polvo
        ¼ de cucharadita de comino en polvo
        ¼ de cucharadita de jengibre en polvo
        ¼ de cucharadita de nuez moscada

Caliente el horno a 180 °C. Bata el agua y la clara de huevo en una taza. Barnice la parte interna de la base para pay. Colóquela en la charola para hornear. Hornee durante 3 minutos o hasta que esté ligeramente dorada. Deje enfriar por completo.

En un recipiente grande, bata ligeramente los huevos. Agregue la calabaza, el yogur, la leche evaporada, el azúcar, la vainilla, la canela, los clavos, el jengibre y la nuez moscada hasta que todo quede bien mezclado.

Vierta la mezcla en la base para pay. Hornee durante 60 minutos o hasta que esté listo. Deje enfriar completamente. Sirva con crema batida, si lo desea.

Nutrimentos por porción:			
Calorías	289	Colesterol	64 mg
Grasa	10 g	Sodio	327 mg

Pay Cremoso de Plátano

Rinde 8 porciones

        1 base para pay
   360 ml de leche evaporada
        1 paquete (95 g) de pudín de vainilla para pay
        ½ taza de yogur natural
        2 plátanos (bananas) finamente rebanados

Hornee la base para pay siguiendo las instrucciones del paquete; deje enfriar.

En un recipiente mediano, bata la leche evaporada, el pudín y el yogur hasta que la mezcla empiece a espesar.

Vierta la mitad de la mezcla anterior en la base para pay. Acomode las rebanadas de plátano sobre la

mezcla; agregue el resto de la mezcla de pudín. Tape y refrigere hasta que esté firme. Adorne con crema batida.

Nutrimentos por porción:			
Calorías	129	Colesterol	2 mg
Grasa	2 g	Sodio	245 mg

Pay de Piña Facilito

Rinde de 6 a 8 porciones

   570 g de piña en almíbar en trozos*
        1 paquete (para 4 porciones) de pudín de limón para pay, instantáneo
        1 taza de leche
   120 g de crema batida descongelada
        1 cucharadita de ralladura de cáscara de limón
        2 cucharadas de jugo de limón
        1 base para pay (de 20 o 23 cm)

Escurra bien la piña. Combine el paquete de pudín con la leche en un recipiente mediano. Bata de 2 a 3 minutos hasta que la mezcla esté muy espesa.

Incorpore la crema batida, la piña, la ralladura de limón y el jugo de limón. Coloque sobre la base. Tape y refrigere durante 4 horas. Adorne al gusto.

Tiempo de preparación: 5 minutos
Tiempo de refrigeración: 4 horas o toda la noche

Use piña en su jugo, si lo prefiere.

Nutrimentos por porción:			
Calorías	251	Colesterol	2 mg
Grasa	10 g	Sodio	321 mg

Pay de Piña Facilito

Empanadas de Cereza

Rinde 6 empanadas

Pasta hojaldrada para 8 empanadas
¼ de taza de mantequilla o margarina,
suavizada
6 cucharadas de mermelada de cereza sin
azúcar
4½ cucharaditas de licor de cereza (opcional)
1 huevo
1 cucharadita de agua fría

Caliente el horno a 200 °C. Barnice la pasta
hojaldrada con mantequilla. Forme 6 cuadros de
12.5 cm. Mezcle la mermelada y el licor en un
recipiente pequeño. Coloque 1 cucharada de la
mezcla en el centro de cada cuadro; barnice las orillas
con mantequilla. Doble las orillas de modo que forme
triángulos; presione ligeramente para que sellen.
Colóquelos en una charola para hornear sin engrasar.
Bata el huevo con agua y barnice los triángulos con
esta mezcla.

Hornee durante 10 minutos o hasta que estén dorados.
Deje enfriar y sirva a temperatura ambiente.

Nutrimentos por porción (1 empanada):

Calorías	206	Colesterol	56 mg
Grasa	9 g	Sodio	201 mg

Tarta Veraniega

Rinde 1 tarta (de 23 cm), 8 porciones

Base
¼ de taza de margarina suavizada o aceite
vegetal
3 cucharadas de azúcar morena
2 claras de huevo
¼ de cucharadita de extracto de almendra
½ taza de harina de trigo
1½ tazas de cereal de trigo, machacado hasta
obtener ½ taza

Relleno
½ taza de yogur de fresa bajo en grasa
2 o 3 cucharadas de fruta fresca rebanada
2 cucharadas de miel

Caliente el horno a 180 °C. En un recipiente grande,
mezcle la margarina, el azúcar, el huevo y el extracto
de almendra. Agregue la harina y el cereal; mezcle
bien. Forme una bola; presiónela sobre el fondo y los
lados de un molde para pay con desmoldador, de
23 cm, sin engrasar.

Hornee de 12 a 15 minutos o hasta que esté dorada.
(Pique la base con la punta de un cuchillo en caso de
que se formen burbujas.) Deje enfriar completamente.
Distribuya el yogur de manera uniforme sobre la
base. Acomode la fruta sobre el yogur. Barnice la
fruta con miel; cubra bien.

Nutrimentos por porción:

Calorías	159	Colesterol	muy poco
Grasa	4 g	Sodio	164 mg

Pay de Queso con Calabaza

Rinde 1 pay (de 23 cm), 10 porciones

1 sobre de gelatina sin sabor
¼ de taza de leche descremada fría
½ taza de leche descremada hirviente
450 g de calabaza (unas 2 tazas)
1 paquete (225 g) de queso crema Neufchatel
suavizado
¾ de taza de azúcar morena
1 cucharadita de extracto de vainilla
1 cucharadita de canela en polvo
½ cucharadita de sal
⅛ de cucharadita de comino en polvo
1 taza de crema batida
Base de Jengibre (receta más adelante),
opcional

En la batidora, mezcle la gelatina con la leche fría;
deje reposar por 2 minutos. Agregue la leche caliente
y bata a velocidad media hasta que la gelatina se haya
disuelto por completo, aproximadamente durante
2 minutos. Añada la calabaza, el queso crema, el
azúcar morena, la vainilla, la canela, la sal y el
comino. Bata a velocidad alta hasta que se mezcle
bien, durante unos 5 minutos. En un recipiente
grande, incorpore la crema batida en la mezcla de
calabaza. Viértala en un molde para pay de 23 cm o
sobre la Base de Jengibre. Deje enfriar hasta obtener
una consistencia firme, aproximadamente por 3 horas.

Base de Jengibre: Mezcle 1 taza de galletas de
jengibre molidas, 1 cucharada de azúcar morena y
3 cucharadas de margarina derretida; presione la
pasta en el molde para pay de 23 cm. Deje enfriar.

Nutrimentos por porción:

Calorías	231	Colesterol	17 mg
Grasa	9 g	Sodio	358 mg

Empanadas de Cereza

Tartaletas de Piña y Lima

Rinde 6 porciones

Base
   6 a 8 galletas de trigo entero

Relleno
   ¼ de taza de jugo de lima
   1 sobre de gelatina sin sabor
   225 g de queso ricotta bajo en grasa
   1¼ tazas de yogur natural
   ½ taza de azúcar
   1 cucharadita de extracto de coco
   1 cucharadita de ralladura de cáscara de lima

Cubierta de Piña
   1 piña mediana
   ¾ de taza de agua
   ¼ de taza de azúcar
   1 cucharada de fécula de maíz
   1 cucharadita de ralladura de cáscara de lima

Para la Base, acomode las galletas en 6 moldes para tarta de 9 cm o en 1 molde para pay de 23 cm. Rompa las galletas para acomodarlas bien.

Para el Relleno, coloque el jugo de lima en una sartén pequeña. Espolvoree la gelatina sobre el jugo; deje reposar durante 1 minuto para que se suavice. Cueza a fuego bajo hasta que la gelatina se haya disuelto,

Tartaletas de Piña y Lima

moviendo frecuentemente; deje enfriar. Bata el queso ricotta y ¼ taza de yogur hasta obtener una consistencia suave. Vierta en un recipiente mediano. Agregue la otra taza de yogur, el azúcar, el extracto y la ralladura de lima. Añada la mezcla de gelatina enfriada. Vierta en los moldes previamente preparados; refrigere por 2 horas.

Para la Cubierta de Piña, retire la corona de la piña. Corte la piña por la mitad. Refrigere una mitad y úsela en otro platillo. Quite la pulpa de la fruta con un cuchillo. Corte la pulpa a lo largo en rebanadas delgadas. Mezcle el agua, el azúcar y la fécula de maíz en una olla grande. Cueza, moviendo hasta que la salsa hierva y se espese. Deje enfriar. Agregue la piña y la ralladura de lima. Acomode sobre las tartas.

Nutrimentos por porción:

Calorías	271	Colesterol	13 mg
Grasa	5 g	Sodio	184 mg

Tarta Oscura de Cereza

Rinde 10 porciones

   1¾ tazas de avena (tradicional o de cocción
      rápida, sin cocer)
   ½ taza de harina de trigo
   ⅓ de taza bien compacta de azúcar morena
   ¼ de cucharadita de sal (opcional)
   ⅓ de taza (5⅓ cucharadas) de margarina
      derretida
   2 latas (de 450 g cada una) de cerezas oscuras,
      sin escurrir
   2 cucharadas de azúcar granulada
   1 cucharada de fécula de maíz
   ½ cucharadita de extracto de almendra o de
      vainilla

Caliente el horno a 180 °C. Engrase un molde para pay de 23 cm. Mezcle la avena, la harina, el azúcar morena y la sal. Agregue la margarina; mezcle bien. Reserve ⅓ de taza para la cubierta; presione la mezcla restante en el fondo del molde previamente preparado. Hornee durante 15 minutos.

Escurra las cerezas; reserve ⅓ de taza del almíbar. En una olla mediana, mezcle el azúcar granulada y la fécula de maíz. Agregue poco a poco el almíbar que reservó, batiendo hasta obtener una consistencia suave. Añada las cerezas y el extracto. Deje hervir, moviendo ocasionalmente. Reduzca el fuego; deje hervir durante aproximadamente un minuto o hasta que haya espesado y oscurecido; mueva constantemente. Vierta sobre la base. Espolvoree la cubierta con la avena que reservó. Hornee de 15 a 18 minutos o hasta que las orillas de la base se hayan dorado ligeramente. Tape y guarde en el refrigerador.

Nutrimentos por porción:

Calorías	235	Colesterol	0 mg
Grasa	7 g	Sodio	75 mg

Pay de Yogur de Durazno con Salsa de Almendra

Pay de Yogur de Durazno con Salsa de Almendra

Rinde 8 porciones

2 tazas de duraznos frescos, envasados o congelados, en rebanadas
2 cucharadas de azúcar granulada
1 cucharada de licor de almendra
1 litro de helado de vainilla o yogur congelado, suavizado
1 base para pay

Salsa de Almendra
2 tazas de frambuesas frescas o descongeladas
⅓ de taza de azúcar glass
2 cucharadas de licor de almendra
1 cucharada de jugo de limón

En la batidora, mezcle los duraznos, el azúcar granulada y 1 cucharada de licor. (Si utiliza duraznos naturales, agregue 1 cucharadita de jugo de limón.) Bata hasta obtener una consistencia suave. Incorpore el puré de durazno en la nieve o el yogur. Vierta sobre la base para pay y congele hasta obtener una consistencia firme.

Para la Salsa de Almendra, coloque la frambuesa, el azúcar glass, 2 cucharadas de licor y el jugo de limón en la batidora. Bata hasta obtener una consistencia suave. Cuele para quitar las semillas. Refrigere.

Para servir, saque del congelador y deje reposar durante 5 minutos. Bañe cada rebanada de pay con la salsa y adorne con una bolita de crema batida, y más duraznos y frambuesas, si lo desea.

Nutrimentos por porción:

Calorías	298	Colesterol	9 mg
Grasa	9 g	Sodio	203 mg

Pay Margarita

Pay Margarita

Rinde 1 pay (de 23 cm), 10 porciones

1 sobre de gelatina sin sabor
¼ de taza de leche descremada fría
½ taza de leche descremada hirviente
150 g de claras de huevo
⅔ de taza de azúcar
⅓ de taza de jugo de lima
2 o 3 cucharadas de tequila
1 cucharadita de ralladura de cáscara de lima
1 o 2 gotas de colorante vegetal verde
     (opcional)
1 taza de crema batida
Base para pay de 23 cm

En la batidora, diluya la gelatina con el agua fría; deje reposar por 2 minutos. Agregue la leche caliente y bata a velocidad media hasta que la gelatina se haya disuelto por completo, aproximadamente 2 minutos. Añada las claras de huevo, el azúcar, el jugo de lima, el tequila, la ralladura de lima y el colorante. Bata a velocidad alta durante 1 minuto. Vierta sobre un recipiente grande y deje enfriar, moviendo ocasionalmente, durante 1 hora. Incorpore la crema batida. Vierta la mezcla sobre la base para pay; deje enfriar durante 4 horas. Adorne, si lo desea, con crema batida y rebanadas de lima.

Nutrimentos por porción:

Calorías	184	Colesterol	0 mg
Grasa	7 g	Sodio	155 mg

Tarta de Manzana con Canela

Rinde 1 tarta (de 23 cm), 10 porciones

1½ tazas de avena instantánea
1 cucharada más ½ cucharadita de canela en
     polvo
¾ de taza de jugo de manzana concentrado
2 manzanas grandes, peladas y finamente
     rebanadas
1 cucharadita de jugo de limón
⅓ de taza de agua fría
1 sobre de gelatina sin sabor
2 tazas de yogur natural bajo en grasa
¼ de taza de miel
½ cucharadita de extracto de almendra
Hojas de menta fresca (opcional)

Caliente el horno a 180 °C. En un recipiente pequeño, mezcle la avena y 1 cucharada de canela. Agregue ¼ de taza de jugo de manzana. Presione esta mezcla en el fondo de un molde para pay de 23 cm. Hornee durante 5 minutos. Deje enfriar.

En un recipiente mediano, mezcle las rebanadas de manzana con el jugo de limón; acomódelos sobre la base de pay y deje reposar. En una olla pequeña, mezcle el agua fría y ½ taza de jugo de manzana. Espolvoree la gelatina sobre la mezcla de agua y deje reposar por 3 minutos para que se suavice. Cocine a fuego medio hasta que la gelatina se haya disuelto completamente; retire del fuego. Añada el yogur, la miel, ½ cucharadita de canela y el extracto de almendra; mezcle bien. Vierta sobre las manzanas. Deje enfriar durante varias horas o toda la noche. Si lo desea, adorne con hojas de menta.

Nutrimentos por porción:

Calorías	170	Colesterol	muy poco
Grasa	2 g	Sodio	39 mg

Pay Sedoso de Chocolate

Pay Sedoso de Chocolate

Rinde 8 porciones

1 sobre de gelatina sin sabor
¼ de taza de agua fría
1 taza de yogur natural bajo en grasa
1 taza de leche evaporada
2 cucharaditas de vainilla
1 paquete (para 4 porciones) de pudín de chocolate instantáneo para pay
⅓ de taza de azúcar
1 paquete de galletas de trigo entero (180 g)
Crema batida baja en calorías

En una olla pequeña, espolvoree la gelatina sobre el agua; deje reposar por 3 minutos para que se suavice. Caliente a fuego bajo hasta que la gelatina se haya disuelto completamente. Licue la mezcla de gelatina y los demás ingredientes, excepto la galleta y la crema batida. Mezcle bien y vierta sobre la base. Tape y deje enfriar durante varias horas. Adorne con crema batida.

Nutrimentos por porción:			
Calorías	250	Colesterol	muy poco
Grasa	7 g	Sodio	375 mg

Deliciosas Barras de Limón

Rinde 2 docenas de barras

Base
¼ de taza de aceite vegetal
¼ de taza de azúcar granulada
¼ de cucharadita de sal (opcional)
1 taza de harina de trigo
1½ cucharaditas de leche evaporada

Relleno
1 huevo
1 clara de huevo
1 taza de azúcar granulada
2 cucharaditas de ralladura de cáscara de limón
3 cucharadas de jugo de limón fresco
2 cucharadas de harina de trigo
½ cucharadita de polvo para hornear

Cubierta
¾ de taza de azúcar glass
1 cucharada de leche evaporada
½ cucharadita de vainilla
¼ de cucharadita de ralladura de cáscara de limón

1. Caliente el horno a 180 °C. Engrase un molde cuadrado de 20 cm.

2. Para la base, mezcle ¼ de taza de aceite, el azúcar granulada y la sal (si lo desea) en un recipiente grande. Bata a velocidad media hasta mezclar bien. Agregue la harina y la leche. Vierta la mezcla en el molde. Presione de manera uniforme sobre la base.

3. Hornee a 180 °C durante 15 minutos.

4. Para el relleno, revuelva el huevo, la clara de huevo, el azúcar granulada, la ralladura de limón, el jugo de limón, la harina y el polvo para hornear en un recipiente mediano. Bata a velocidad alta durante 3 minutos. Vierta sobre la base para pay.

5. Hornee a 180 °C durante 25 minutos o hasta que se haya dorado. Deje enfriar completamente.

6. Para la cubierta, mezcle el azúcar glass, la leche, la vainilla y la ralladura de limón en un recipiente pequeño. Rocíe sobre el pay. Deje reposar antes de cortar las barras.

Nutrimentos por porción (1 barra):			
Calorías	100	Colesterol	10 mg
Grasa	3 g	Sodio	30 mg

Lunas de Manzana

Rinde 1½ docenas de galletas

¾ de taza de jugo de manzana concentrado
½ taza de manzanas picadas
2 huevos
¼ de taza de mantequilla o margarina
   derretida y fría
1 cucharadita de extracto de vainilla
1¼ tazas de harina de trigo
½ cucharadita de polvo para hornear
½ cucharadita de canela en polvo
¼ de cucharadita de sal
⅛ de cucharadita de nuez moscada en polvo

Caliente el horno a 180 °C. Mezcle el jugo de manzana y las manzanas; deje reposar por 10 minutos. En un recipiente mediano, bata los huevos y la vainilla. Agregue los demás ingredientes; mezcle bien. Sobre una charola para hornear engrasada, ponga cucharadas de la masa, separadas 5 cm.

Hornee de 10 a 12 minutos o hasta que estén firmes y doradas. Deje enfriar. Guarde en un recipiente con tapa.

Nutrimentos por porción (1 galleta):			
Calorías	89	Colesterol	31 mg
Grasa	3 g	Sodio	80 mg

Barras de Piña con Pasas

Rinde 16 barras

2 huevos
1 taza de jugo de piña
¼ de taza de margarina o mantequilla
   derretida
1 cucharadita de extracto de vainilla
1⅓ tazas de harina de trigo
⅔ de taza de avena sin cocer
1 cucharadita de bicarbonato de sodio
¼ de cucharadita de sal
1 cucharadita de canela en polvo
½ cucharadita de jengibre en polvo
⅛ de cucharadita de nuez moscada en polvo
1 lata (225 g) de trocitos de piña bien
   escurridos
¾ de taza de nuez tostada y picada
½ taza de uvas pasa

Caliente el horno a 180 °C. Bata los huevos en un recipiente grande. Agregue el jugo de piña, la mantequilla y la vainilla. Añada la harina, la avena, el bicarbonato de sodio, la sal y las especias; mezcle bien. Incorpore la piña, las nueces y las uvas pasa. Distribuya la masa en un molde para hornear engrasado de 30×20 cm.

Hornee de 18 a 20 minutos o hasta obtener una consistencia firme. Deje enfriar completamente. Corte en barras. Guarde en un recipiente con tapa.

Nutrimentos por porción (1 barra):			
Calorías	159	Colesterol	34 mg
Grasa	7 g	Sodio	124 mg

Galletas de Azúcar

Rinde 3 docenas de galletas

⅓ de taza de aceite vegetal
1 taza de azúcar
1 cucharada de vainilla
1 huevo
2½ tazas de harina de trigo
¾ de cucharadita de sal
½ cucharadita de bicarbonato de sodio
¼ de taza de leche descremada
   Azúcar cristalizada de colores (azúcar
   cande), opcional

1. Caliente el horno a 200 °C. Engrase una charola para hornear.

2. Mezcle ⅓ de taza de aceite, el azúcar y la vainilla en un recipiente grande. Agregue el huevo. Bata a velocidad media con batidora eléctrica. Añada la harina, la sal y el bicarbonato de sodio; bata hasta que la mezcla se suavice. Vierta la leche. Incorpórela muy bien.

3. Con una cuchara, ponga bolitas de masa sobre la charola separadas 5 cm. Aplánelas con la parte inferior de un vaso ligeramente engrasado. Espolvoree con azúcar granulada o con el azúcar cristalizada.

4. Hornee a 200 °C, de 6 a 8 minutos, o hasta que hayan dorado en las orillas. (No hornee demasiado.) Deje enfriar.

Galletas enrolladas: Deje enfriar la pasta durante una hora o más. Extienda la masa sobre una superficie enharinada. Corte con las figuras que desee. Hornee como se indica.

Galletas horneadas y rebanadas: Haga rollos con la masa. Envuélvalos con plástico. Refrigere por varias horas o toda la noche. Rebane. Hornee como se indica.

Nutrimentos por porción (1 galleta):			
Calorías	75	Colesterol	5 mg
Grasa	2 g	Sodio	60 mg

Galletas de Crema de Cacahuate y Plátano

Rinde 2 docenas de galletas

¼ de taza de mantequilla o margarina
½ taza de plátanos (bananas) machacados (unos 2 medianos)
½ taza de crema de cacahuate (maní)
1 huevo
¼ de taza de jugo de manzana concentrado
1 cucharadita de extracto de vainilla
1 taza de harina de trigo
½ cucharadita de polvo para hornear
¼ de cucharadita de sal
½ taza de cacahuates (maníes) salados picados
Cacahuates (maníes) enteros (opcional)

Caliente el horno a 180 °C. Bata la mantequilla en un recipiente grande hasta obtener una consistencia cremosa. Agregue los plátanos y la crema de cacahuate; bata hasta obtener una consistencia suave. Añada el huevo, el jugo de manzana y la vainilla. Ponga la harina, el bicarbonato de sodio y la sal; bata bien. Agregue los cacahuates picados. Coloque bolitas de masa sobre una charola engrasada separadas 5 cm; sobre cada bolita, coloque un cacahuate entero, si lo desea.

Hornee durante 8 minutos. Deje enfriar completamente. Guarde en un recipiente con tapa.

Nutrimentos por porción (1 galleta):			
Calorías	100	Colesterol	14 mg
Grasa	6 g	Sodio	84 mg

Barras de Manzana con Arroz Salvaje

Rinde 48 barras

2 tazas de arroz salvaje bien cocido
1⅓ tazas de puré de manzana
1 taza de suero de leche
⅓ de taza de manteca vegetal
1 taza bien compacta de azúcar morena
6 claras de huevo
2 cucharaditas de extracto de vainilla
2½ tazas de harina de trigo
1 cucharadita de bicarbonato de sodio
1 cucharadita de sal
1 cucharadita de canela en polvo
1 taza de nueces picadas (opcional)
Azúcar glass (opcional)

Caliente el horno a 180 °C. Engrase un molde de 33×23×5 cm.

Combine el arroz, el puré de manzana y ½ taza de suero de leche en un recipiente mediano; mezcle bien. En un recipiente grande, mezcle la manteca, el azúcar morena, las claras de huevo y la vainilla; bata con batidora eléctrica a velocidad alta durante 5 minutos o hasta que adquiera una consistencia cremosa. Vierta ½ taza de suero de leche y siga batiendo. Agregue la harina, el bicarbonato de sodio, la sal y la canela; bata a velocidad baja. Añada esta mezcla a la de arroz y nueces. Distribuya la mezcla en la charola previamente preparada.

Hornee de 20 a 25 minutos o hasta que, al insertar en el centro un palillo, éste salga limpio. Espolvoree con azúcar glass. Deje enfriar completamente. Corte las barras y guárdelas en un recipiente con tapa.

Nutrimentos por porción (1 barra):			
Calorías	65	Colesterol	muy poco
Grasa	2 g	Sodio	79 mg

Barras de Chabacano

Rinde 1½ docenas de barras

2 huevos
1 taza de mermelada de chabacano sin azúcar
½ taza de mantequilla o margarina derretida
2 cucharaditas de extracto de vainilla
1 taza de harina de trigo
⅔ de taza de avena
1¼ cucharaditas de polvo para hornear
¼ de cucharadita de sal
¾ de cucharadita de canela en polvo
¼ de cucharadita de especias mixtas
⅛ de cucharadita de macís

Caliente el horno a 180 °C. Bata los huevos en un recipiente grande. Agregue la mermelada, la mantequilla y la vainilla. Añada la harina, la avena, el polvo para hornear, la sal y las especias; mezcle bien. Distribuya la masa en una charola de 30×20 cm, previamente engrasada. Hornee durante 18 minutos o hasta que dore y que al tocarla se sienta firme. Deje enfriar completamente. Corte las barras y guárdelas en un recipiente con tapa.

Nutrimentos por porción (1 barra):			
Calorías	130	Colesterol	37 mg
Grasa	6 g	Sodio	119 mg

Galletas de Crema de Cacahuate y Plátano

En el sentido de las manecillas del reloj, de arriba abajo: Barras de Brownies de Cocoa, Deliciosas Barras de Limón (página 446), Barras de Manzana con Jengibre

Barras de Manzana con Jengibre

Rinde 1 docena de barras

 1 taza de puré de manzana
½ taza de uvas pasa
⅓ de cucharadita de melaza
 1 cucharadita de bicarbonato de sodio
 2 huevos
¼ de taza de azúcar
¼ de taza de aceite vegetal
1½ tazas de harina de trigo
 1 cucharadita de canela
½ cucharadita de jengibre
¼ de cucharadita de clavo
⅛ de cucharadita de sal

1. Caliente el horno a 180 °C. Engrase ligeramente una charola cuadrada de 20 cm.

2. Coloque el puré de manzana y las uvas pasa en una sartén pequeña. Cueza a fuego bajo, revolviendo, hasta que la mezcla hierva. Retírela del fuego. Agregue la melaza y el bicarbonato de sodio. Deje enfriar.

3. Mezcle los huevos y el azúcar en un recipiente grande. Vierta gradualmente ¼ de taza de aceite.

4. Combine la harina, la canela, el jengibre, los clavos y la sal en un recipiente pequeño. Agregue a la mezcla de huevo de manera alternada con la mezcla de puré de manzana, empezando y terminando con la mezcla de harina. Colóquelo en la charola.

5. Hornee a 180 °C durante 30 minutos o hasta que, al insertar en el centro un palillo, éste salga limpio. Deje enfriar en la charola. Corte las barras. Sirva calientes o a temperatura ambiente.

Nutrimentos por porción (1 barra):			
Calorías	170	Colesterol	35 mg
Grasa	6 g	Sodio	105 mg

Barras de Brownies de Cocoa

Rinde 2 docenas de barras

 4 claras de huevo
⅓ de taza de aceite vegetal
¼ de taza de yogur de vainilla
 1 cucharadita de vainilla
1⅓ tazas de azúcar granulada
½ taza de cocoa sin endulzar
1¼ tazas de harina de trigo
¼ de cucharadita de sal
 1 cucharada de azúcar glass

1. Caliente el horno a 180 °C. Engrase ligeramente el fondo de una charola cuadrada de 23 cm.

2. Coloque las claras de huevo en un recipiente grande. Bata con cuchara hasta obtener una consistencia esponjosa. Agregue ⅓ de taza de aceite, el yogur y la vainilla. Mezcle bien. Añada el azúcar granulada y la cocoa. Mezcle bien. Ponga la harina y la sal. Mezcle bien. Coloque en la charola.

3. Hornee a 180 °C de 26 a 28 minutos o hasta que esté listo. Deje enfriar totalmente.

4. Espolvoree con azúcar glass. Corte en barras.

Nutrimentos por porción (1 barra):			
Calorías	105	Colesterol	0 mg
Grasa	3 g	Sodio	35 mg

Galletas de Mantequilla Escocesa

Rinde 8½ docenas de galletas

 Antiadherente en aerosol
 2 tazas de harina de trigo cernida
 1 cucharadita de bicarbonato de sodio
 1 cucharadita de sal
½ taza de margarina suavizada
2½ tazas bien compactas de azúcar morena
 2 huevos
 2 claras de huevo
 1 cucharadita de extracto de vainilla
 2 tazas de hojuelas de avena de cocción rápida
 2 tazas de cereal de arroz tostado
½ taza de nueces picadas

Caliente el horno a 180 °C. Rocíe charolas para galletas con antiadherente. Cierna la harina, el bicarbonato de sodio y la sal en un recipiente mediano. Bata la margarina y el azúcar morena en un recipiente grande hasta obtener una consistencia ligera y esponjosa. Agregue los huevos y las claras de huevo, 1 a la vez, batiendo muy bien después de cada adición, hasta obtener una consistencia esponjosa. Añada la vainilla. Ponga la mezcla de harina, una tercera parte a la vez; bata muy bien. Incorpore las hojuelas de avena, el cereal y las nueces. Con una cucharita, ponga bolitas de masa en las charolas, separadas 2.5 cm.

Hornee durante 10 minutos o hasta que las galletas estén firmes y doradas. Deje enfriar completamente. Guarde en un recipiente con tapa.

Nutrimentos por porción (1 galleta):			
Calorías	50	Colesterol	4 mg
Grasa	1 g	Sodio	30 mg

Crujientes de Chocolate

Rinde 3 docenas de galletas

1 paquete de harina preparada para pastel de chocolate
2 huevos
¼ de taza de aceite vegetal
4 cucharadas de leche
½ taza de azúcar glass

1. Caliente el horno a 180 °C. Engrase charolas de galletas.

2. Mezcle la harina para pastel, los huevos, el aceite y la leche en un recipiente grande. Revuelva bien. Coloque azúcar glass en un recipiente pequeño. Con una cucharita, ponga bolitas de masa sobre el azúcar glass. Revuélquelas para cubrirlas con el azúcar. Póngalas en las charolas, separadas 2.5 cm.

3. Hornee a 180 °C de 8 a 9 minutos o hasta que estén listas. Deje enfriar por 1 minuto.

Nutrimentos por porción (1 galleta):			
Calorías	81	Colesterol	12 mg
Grasa	3 g	Sodio	121 mg

Galletas Gigantes de Hojuelas de Trigo

Rinde 1½ docenas de galletas

2 tazas de hojuelas de trigo integral con pasas, molidas hasta obtener 1½ tazas
1 taza de harina de trigo entero
1 taza de harina de trigo
1 cucharadita de bicarbonato de sodio
¾ de taza de margarina suavizada
⅔ de taza de azúcar granulada
½ taza bien compacta de azúcar morena
2 huevos

Crujientes de Chocolate

Mezcle las hojuelas con las harinas y el bicarbonato de sodio. En un recipiente grande, bata la margarina, el azúcar granulada y el azúcar morena hasta obtener una mezcla ligera y esponjosa. Añada los huevos; bata bien. Agregue a la mezcla de cereal; mezcle bien. Para cada galleta, recoja más o menos ¼ de taza de la masa; colóquela sobre charolas para galletas, previamente engrasadas, separadas 10 cm. Hornee a 180 °C durante 14 minutos o hasta que estén ligeramente doradas. Déjelas enfriar por 1 minuto en las charolas. Retírelas y déjelas enfriar completamente sobre rejillas.

Nutrimentos por porción (1 galleta):			
Calorías	190	Colesterol	24 mg
Grasa	9 g	Sodio	183 mg

Galletas de Chabacano con Nuez

Rinde 2 docenas de galletas

Base
1 taza de harina de trigo
½ taza de mantequilla cortada en trozos
6 cucharadas de queso crema bajo en grasa

Relleno
¾ de taza bien compacta de azúcar morena
1 huevo ligeramente batido
½ cucharada de mantequilla suavizada
½ cucharadita de extracto de vainilla
¼ de cucharadita de sal
⅔ de taza de mitades de chabacano (unos 120 g)
⅓ de taza de nuez picada

Para la Base, mezcle la harina, ½ taza de mantequilla y el queso crema en un procesador de alimentos; bata hasta que la mezcla forme una bola. Cubra la masa con plástico y refrigere durante 15 minutos.

Para el Relleno, combine el azúcar, el huevo, 1 cucharada de mantequilla, la vainilla y la sal en un recipiente mediano; bata hasta obtener una consistencia suave. Agregue los chabacanos y las nueces.

Caliente el horno a 180 °C. Forme 24 bolitas (de 2.5 cm) en un molde para muffins miniatura o en moldes para tarta (de 3.5 cm), engrasados. Presione la masa en la base y en los lados de cada molde; rellénelos con una cucharadita de la mezcla de chabacano. Hornee durante 25 minutos o hasta que se doren. Deje enfriar ligeramente y desmóldelas. Una vez que estén frías las galletas, puede envolverlas en plástico y congelarlas hasta por un periodo de 6 semanas.

Nutrimentos por porción (1 galleta):			
Calorías	110	Colesterol	13 mg
Grasa	7 g	Sodio	85 mg

Barras de Galleta

Rinde 3 docenas de barras de galleta

½ taza de aceite vegetal
¾ de taza bien compacta de azúcar morena
2 huevos
2 cucharadas de leche descremada
1½ tazas de harina de trigo
¾ de cucharadita de canela en polvo
½ cucharadita de bicarbonato de sodio
½ cucharadita de nuez moscada
¼ de cucharadita de sal
¼ de cucharadita de clavo en polvo
1⅓ tazas de uvas pasa
½ taza de nuez picada
2 cucharadas de azúcar glass

Caliente el horno a 180 °C. Engrase un molde de 33×23×5 cm.

Mezcle el aceite y el azúcar morena en un recipiente grande. Bata a velocidad media con batidora eléctrica. Agregue los huevos, uno a la vez, batiendo bien después de cada adición. Vierta la leche.

Combine la harina, la canela, el bicarbonato de sodio, la nuez moscada, la sal y los cominos. Incorpore a la mezcla cremosa a velocidad baja, hasta que quede bien mezclado. Agregue las pasas y las nueces. Distribuya de manera uniforme en la charola.

Hornee a 180 °C de 23 a 26 minutos o hasta que, al insertar en el centro un palillo, éste salga limpio. Deje enfriar. Corte barras de 5×7 cm. Cierna el azúcar glass sobre las barras.

Variación de galletas: Vierta cucharadas de la mezcla en una charola engrasada, separadas 5 cm. Hornee a 180 °C de 8 a 9 minutos. Retírelas de la charola. Deje enfriar. Espolvoree con azúcar glass.

Un acabado fácil: Una ligera capa de azúcar de repostero es una opción baja en calorías para decorar.

Nutrimentos por porción (1 barra):

Calorías	96	Colesterol	12 mg
Grasa	4 g	Sodio	33 mg

Barras de Mantequilla de Cacahuate

Barras de Mantequilla de Cacahuate

Rinde 2 docenas de barras de galleta

1 paquete de harina preparada para galletas de mantequilla de cacahuate (maní)
2 claras de huevo
½ taza de cacahuates (maníes) picados
1 taza de azúcar glass
2 cucharadas de agua
½ cucharadita de extracto de vainilla

1. Caliente el horno a 180 °C

2. En un recipiente grande, combine la harina preparada, el contenido de la mantequilla de cacahuate del paquete y las claras de huevo. Mezcle bien. Presione la masa en una charola de 33×23×5 cm sin engrasar. Espolvoree los cacahuates sobre la masa. Presione con firmeza.

3. Hornee a 180 °C de 16 a 18 minutos o hasta que haya dorado. Deje enfriar completamente.

4. Combine el azúcar glass, el agua y el extracto de vainilla en un recipiente pequeño. Revuelva bien. Espolvoree el glaseado. Corte las barras.

Nutrimentos por porción (1 barra):

Calorías	65	Colesterol	0 mg
Grasa	7 g	Sodio	104 mg

Bocaditos de Nuez de Macadamia

Rinde 2 docenas de galletas

1 huevo batido
½ taza de plátanos (bananas) machacados (unos 2 medianos)
⅓ de taza de mantequilla o margarina derretida
¼ de taza de mermelada de piña sin azúcar
1 cucharadita de extracto de vainilla
1¼ tazas de harina de trigo
⅓ de taza de coco rallado sin endulzar*
½ cucharadita de polvo para hornear
½ cucharadita de sal
100 g de nuez de macadamia picada (alrededor de ¾ de taza)

Caliente el horno a 180 °C. Mezcle el huevo, los plátanos, la mantequilla, la mermelada y la vainilla en un recipiente mediano. Agregue la harina, el coco, el polvo para hornear y la sal; mezcle bien. Agregue las nueces. Con una cuchara, coloque bolitas de masa sobre una charola para hornear previamente engrasada, separadas 2.5 cm.

Hornee de 10 a 12 minutos o hasta que hayan dorado. Deje enfriar completamente. Guarde en un recipiente con tapa.

Puede conseguir el coco rallado sin endulzar en tiendas naturistas.

Nutrimentos por porción (1 galleta):			
Calorías	96	Colesterol	16 mg
Grasa	6 g	Sodio	83 mg

Galletas de Manzana con Nuez

Rinde 3 docenas de galletas

½ taza de margarina suavizada
¾ de taza de azúcar
2 claras de huevo
1 taza de puré de manzana sin endulzar
1½ tazas de harina de trigo
2 cucharadas de polvo para hornear
½ cucharadita de bicarbonato de sodio
1 cucharadita de canela molida
½ cucharadita de nuez moscada molida
½ cucharadita de clavo molido
¼ de cucharadita de sal
1½ tazas de avena sin cocer
½ taza de manzanas picadas
½ taza de uvas pasa
½ taza de nuez picada

Caliente el horno a 180 °C. Rocíe charolas para hornear con antiadherente en aerosol.

Bata la margarina y el azúcar en un recipiente grande, con batidora eléctrica, hasta obtener una consistencia cremosa. Agregue las claras de huevo y el puré de manzana. Mezcle la harina, el polvo para hornear, el bicarbonato de sodio, las especias y la sal en un recipiente mediano; coloque esta mezcla en la de puré de manzana. Añada la avena, las manzanas, las uvas pasa y las nueces. Con una cuchara, coloque bolitas de masa en las charolas previamente preparadas, separadas 5 cm.

Hornee durante 12 minutos o hasta que las orillas estén ligeramente doradas. Deje enfriar completamente. Guarde en un recipiente con tapa.

Nutrimentos por porción (1 galleta):			
Calorías	93	Colesterol	0 mg
Grasa	4 g	Sodio	31 mg

Galletitas de Yogur

Rinde 36 galletas

1¼ tazas de harina de trigo
½ cucharadita de bicarbonato de sodio
½ cucharadita de ralladura de cáscara de naranja
¼ de taza de manteca
¼ de taza de mantequilla o margarina
⅔ de taza de azúcar
1 huevo
½ taza de yogur de vainilla bajo en grasa
1 cucharadita de vainilla

Caliente el horno a 180 °C. Engrase charolas para galletas. Mezcle la harina, el bicarbonato de sodio y la ralladura de naranja en un recipiente mediano. Bata la manteca y la margarina en un recipiente grande, con batidora eléctrica a velocidad media, durante 30 segundos. Agregue el azúcar y bata a velocidad media hasta obtener una consistencia esponjosa. Bata los huevos, el yogur y la vainilla. Agregue a la mezcla de harina. Con una cucharita, ponga bolitas de masa en la charola previamente preparada, separadas 5 cm. Hornee durante 8 minutos o hasta que hayan dorado. Deje enfriar.

Nutrimentos por porción (1 galleta):			
Calorías	60	Colesterol	10 mg
Grasa	3 g	Sodio	15 mg

Bocaditos de Nuez de Macadamia

Barras Tropicales

Rinde 16 galletas

- ½ taza de almendras rebanadas
- 1 taza de harina de trigo
- ⅓ de taza de margarina derretida
- ¼ de taza de azúcar
- 1 lata (570 g) de trocitos de piña en almíbar, bien escurridas
- 1 paquete (225 g) de queso crema light suavizado
- 1 huevo
- 1 cucharadita de extracto de vainilla
- ⅓ de taza de coco rallado

Caliente el horno a 180 °C. Pique ¼ de taza de almendras para la cubierta. Mezcle con la harina, la margarina y ¼ de taza de azúcar en un recipiente mediano hasta que tenga una consistencia desmenuzable. Acomode esta mezcla en un molde de 23 cm, presionado en el fondo y en las orillas. Hornee durante 12 minutos.

Bata la piña, el queso crema, el huevo y ¼ de taza de azúcar y vainilla en un recipiente grande, hasta que quede bien mezclado. Vierta sobre la base. Cubra con coco y el resto de las almendras rebanadas.

Barras Tropicales

Hornee de 35 a 40 minutos o hasta que haya dorado. Deje enfriar. Refrigere por lo menos durante 2 horas antes de cortar las barras.

Nutrimentos por porción (1 barra):			
Calorías	199	Colesterol	28 mg
Grasa	10 g	Sodio	111 mg

Galletas Nube de Doble Chocolate

Rinde unas 4 docenas de galletas

- 3 claras de huevo
- ⅛ de cucharadita de cremor tártaro
- ¾ de taza de azúcar
- 1 cucharadita de extracto de vainilla
- 2 cucharadas de cocoa
- ¾ de taza de chispas de chocolate semiamargo
  Glaseado de Chocolate (receta más adelante)

Caliente el horno a 150 °C. Forre la charola para hornear con papel de aluminio. En un recipiente grande, bata las claras de huevo y el cremor tártaro hasta que se formen picos suaves. Gradualmente, agregue el azúcar y la vainilla, batiendo hasta que los picos mantengan su forma, que el azúcar se haya disuelto y que la mezcla tenga una apariencia brillante. Cierna la cocoa sobre la mezcla de huevo; con cuidado, incorpore la cocoa. añada las chispas de chocolate. Con una cucharita, coloque bolitas de masa sobre la charola previamente preparada. Hornee de 20 a 25 minutos o hasta que estén secas. Con cuidado, quite las galletas del papel de aluminio; deje enfriar totalmente. Coloque papel encerado debajo de las galletas. Prepare el glaseado de chocolate; rocíe el glaseado sobre las galletas. Tape y guarde a temperatura ambiente.

Glaseado de Chocolate: En baño María, derrita ⅓ de taza de chispas de chocolate semiamargo y ¼ de cucharadita de manteca, moviendo hasta obtener una consistencia suave. Retire del fuego. Deje enfriar ligeramente; mueva con frecuencia.

Nutrimentos por porción (3 galletas):			
Calorías	100	Colesterol	0 mg
Grasa	4 g	Sodio	12 mg

Bocaditos Rellenos de Jalea

Rinde 4 docenas de galletas

2 tazas de harina de trigo
½ cucharadita de sal
2½ tazas de hojuelas de maíz
1 taza de margarina suavizada
½ taza bien compacta de azúcar morena
1 huevo
½ cucharadita de extracto de vainilla
1 taza de mermelada de frambuesa o fresa

Mezcle la harina y la sal. Muela las hojuelas de maíz hasta obtener ½ taza.

En un recipiente grande, mezcle la margarina y el azúcar. Agregue el huevo y la vainilla; bata bien. Añada la mezcla de harina.

Haga bolitas de 2.5 cm. Ruédelas sobre el cereal molido. Colóquelas sobre una charola para hornear sin engrasar, separadas unos 5 cm. Haga una hendidura en las galletas con el mango de una cuchara de madera.

Hornee a 150 °C de 8 a 10 minutos. Retire del horno; presione las hendiduras de cada galleta. Regréselas al horno y hornee durante 10 minutos más o hasta que estén ligeramente doradas. Deje enfriar durante 1 minuto. Ya que estén frías, rellene los centros con 1 cucharadita de mermelada

Nutrimentos por porción (1 galleta):

Calorías	84	Colesterol	4 mg
Grasa	4 g	Sodio	82 mg

Galletas de Limón y Almendras

Rinde 3 docenas de galletas

1 paquete de harina preparada sabor limón
2 huevos
¼ de taza de aceite vegetal
⅔ de taza de almendras picadas

1. Caliente el horno a 190 °C. Engrase charolas para galletas.

2. Mezcle la harina, los huevos y el aceite en un recipiente grande. Bata hasta que esté suave la mezcla. Agregue las almendras. Con una cucharita, ponga bolitas de masa sobre las charolas.

3. Hornee a 190 °C de 8 a 9 minutos o hasta que estén listas. Deje enfriar por 1 minuto. Retire de las charolas.

Nutrimentos por porción (1 galleta):

Calorías	90	Colesterol	12 mg
Grasa	4 g	Sodio	97 mg

Barras de Cocoa y Plátano

Barras de Cocoa y Plátano

Rinde 9 barras

Barras
⅔ de taza de avena sin cocer
⅔ de taza de harina de trigo
½ taza de azúcar granulada
⅓ de taza de cocoa sin endulzar
½ taza de plátano (banana) machacado
   (1 grande)
¼ de taza de margarina vegetal líquida
3 cucharadas de miel de maíz ligera
2 claras de huevo ligeramente batidas
1 cucharadita de vainilla
   Mitades de fresa (opcional)

Glaseado
2 cucharaditas de cocoa sin endulzar
2 cucharaditas de margarina vegetal líquida
¼ de taza de azúcar glass
2 a 2½ cucharaditas de agua caliente

Para las Barras, caliente el horno a 180 °C. Rocíe un molde cuadrado de 20 cm con antiadherente. En un recipiente grande, mezcle la avena, la harina, el azúcar granulada y ⅓ de taza de cocoa. Agregue el plátano, ¼ de taza de margarina, la miel de maíz, las claras de huevo y la vainilla; mezcle bien. Coloque en el molde previamente preparado. Hornee de 23 a 25 minutos o hasta que el centro esté cocido. Deje enfriar. Ponga el glaseado sobre los brownies. Corone con las mitades de fresa, si lo desea. Corte en barras.

Para el Glaseado, mezcle 2 cucharaditas de cocoa y 2 cucharaditas de margarina en un recipiente pequeño. Agregue el azúcar glass y 1 cucharadita de agua. Gradualmente, vierta 1 o 1½ cucharaditas de agua para hacer un glaseado medio espeso; mezcle bien.

Nutrimentos por porción (1 barra):

Calorías	210	Colesterol	0 mg
Grasa	7 g	Sodio	60 mg

Kolaky

Kolaky

Rinde 2 docenas de pastas

½ taza de mantequilla o margarina suavizada
90 g de queso crema regular o bajo en grasa, suavizado
1 cucharadita de extracto de vainilla
1 taza de harina de trigo
⅛ de cucharadita de sal
6 cucharaditas de mermelada de diferentes sabores, sin azúcar
1 huevo
1 cucharadita de agua fría

En un recipiente grande, combine la mantequilla y el queso crema; bata hasta lograr una consistencia suave y cremosa. Incorpore el extracto de vainilla. Combine la harina y la sal; poco a poco, añada a la mezcla de mantequilla; mezcle hasta obtener una masa suave. Divida la masa en dos mitades; envuelva cada mitad en plástico. Refrigere hasta que se endurezca un poco.

Caliente el horno a 180 °C. En un tablero para pastas ligeramente enharinado, extienda la masa con el rodillo hasta que tenga .6 cm de espesor. Corte círculos de 7 cm con la boca de un vaso de vidrio o con un cortador para pasta. Vierta ½ cucharadita de la mermelada en el centro de cada círculo de masa. En un recipiente pequeño, bata el huevo con el agua; barnice las orillas de los círculos de masa. Doble la masa sobre la mermelada en tres puntos de la orilla; apriete la masa para sellar. Ponga sobre charolas para galletas, sin engrasar; barnice con la mezcla de huevo. Repita la operación con el resto de la masa y de la mermelada.

Hornee durante 12 minutos o hasta que se doren. Deje reposar en las charolas por 1 minuto. Déjelas enfriar. Guárdelas en un recipiente hermético.

Nutrimentos por porción (1 pasta):

Calorías	76	Colesterol	23 mg
Grasa	5 g	Sodio	64 mg

Galletas de Chocolate

Rinde 4 docenas de galletas

⅓ de taza de aceite vegetal
1½ tazas de azúcar granulada
1½ cucharaditas de vainilla
1 huevo
2 claras de huevo
1⅔ tazas de harina de trigo
½ taza de cocoa sin endulzar
1½ cucharaditas de polvo para hornear
½ cucharadita de sal
½ taza de azúcar de repostero

1. Caliente el horno a 180 °C.

2. Combine el aceite, el azúcar granulada y la vainilla en un recipiente grande. Con una batidora eléctrica, bata a velocidad media hasta que se incorporen. Agregue el huevo y las claras. Bata bien. Añada la harina, la cocoa, el polvo para hornear y la sal.

3. Ponga el azúcar de repostero en un plato extendido o en una bolsa grande de plástico.

4. Forme bolitas de masa de 2.5 cm. Ruédelas o agítelas en el azúcar de repostero hasta que estén bien cubiertas. Colóquelas en una charola para hornear, sin engrasar, separadas 5 cm.

5. Hornee a 180 °C hasta que casi no se deformen al tocarlas ligeramente. (No hornee por más tiempo.) Deje que se enfríen en las charolas durante 2 minutos antes de retirarlas.

Nutrimentos por porción (1 galleta):

Calorías	60	Colesterol	5 mg
Grasa	2 g	Sodio	35 mg

Galletas de Avena y Durazno

Rinde 3 docenas de galletas

2 huevos
⅔ de taza de margarina
¾ de taza de azúcar granulada
¾ de taza de azúcar morena
1½ cucharaditas de extracto de vainilla
1½ tazas de harina de trigo integral
2 cucharaditas de polvo para hornear
1 cucharadita de sal
2½ tazas de avena sin cocer
3 duraznos frescos picados (alrededor de 1½ tazas)
1 taza de uvas pasa

Caliente el horno a 180 °C. Con una batidora eléctrica, bata los huevos, la margarina, el azúcar granulada, el azúcar morena y el extracto de vainilla en un recipiente grande, hasta obtener una consistencia cremosa. En un recipiente pequeño, combine la harina, el polvo para hornear y la sal. Agregue esta mezcla a la de huevo; bata a velocidad baja durante 2 o 3 minutos hasta que se suavice. Añada la avena, los duraznos y las uvas pasa. Ponga a refrigerar hasta que esté firme.

En charolas para hornear engrasadas, ponga cucharadas de la masa separadas 5 cm. Hornee de 10 a 15 minutos hasta que las galletas se doren. Colóquelas en una rejilla para que se enfríen completamente. Guárdelas en un recipiente hermético.

Nutrimentos por porción (1 galleta):

Calorías	124	Colesterol	15 mg
Grasa	4 g	Sodio	120 mg

Brownies de Cocoa

Rinde 1½ docenas de brownies

4 claras de huevo
½ taza de aceite vegetal
1 cucharadita de vainilla
1⅓ tazas de azúcar granulada
½ taza de cocoa sin endulzar
1¼ tazas de harina de trigo
¼ de cucharadita de sal
Azúcar glass (opcional)

Caliente el horno a 180 °C. Engrase una charola de 23×23 cm.

Coloque las claras de huevo en un recipiente grande. Bátalas con una cuchara hasta obtener una consistencia firme. Agregue el aceite y la vainilla. Mezcle bien. Añada la cocoa y el azúcar. Mezcle bien. Ponga la harina y la sal. Coloque en la charola.

Hornee a 180 °C 26 minutos. Enfríe completamente antes de cortar. Espolvoree con azúcar glass, si lo desea.

Nutrimentos por porción (1 brownie):			
Calorías	150	Colesterol	0 mg
Grasa	7 g	Sodio	43 mg

Galletas con Chispas de Chocolate

Rinde 3 docenas de galletas

2 tazas de harina de trigo
1 cucharadita de bicarbonato de sodio
½ cucharadita de sal
1 huevo
3 cucharadas de agua
1 cucharadita de extracto de vainilla
1 taza bien compacta de azúcar morena
¼ de taza de aceite vegetal
½ taza de chispas de chocolate semiamargo

Caliente el horno a 180 °C. Engrase charolas para galletas.

Mezcle la harina, el bicarbonato de sodio y la sal.

Combine el huevo, el agua y la vainilla. Deje reposar.

Con una batidora, bata el azúcar y el aceite a velocidad baja. Agregue la mezcla de huevo. Bata hasta obtener una consistencia suave. Vierta la mezcla de harina en tres tiempos a la velocidad más baja. Añada las chispas de chocolate.

Con una cucharita, coloque bolitas de masa en las charolas. Hornee a 180 °C hasta que estén ligeramente doradas. Deje enfriar durante 1 minuto.

Nutrimentos por porción (1 galleta):			
Calorías	74	Colesterol	6 mg
Grasa	3 g	Sodio	57 mg

Galletas de Puré de Manzana

Rinde unas 5 docenas de galletas

1 taza de harina de trigo
1 cucharadita de polvo para hornear
1 cucharadita de especias mixtas
¼ de cucharadita de sal
½ taza de margarina suavizada
½ taza de azúcar
2 claras de huevo
2 tazas de avena sin cocer
1 taza de puré de manzana sin endulzar
½ taza de uvas pasa picadas

Caliente el horno a 180 °C. Engrase una charola para galletas. En un recipiente pequeño, mezcle la harina, el polvo para hornear, las especias y la sal. Deje reposar. En un recipiente grande, bata la margarina y el azúcar hasta obtener una consistencia cremosa. Agregue las claras de huevo y bata bien. Añada la mezcla de harina. Ponga la avena, el puré de manzana y las uvas pasa; mezcle muy bien. Con una cuchara, coloque bolitas de masa en la charola para hornear. Hornee durante 11 minutos o hasta que las orillas estén ligeramente doradas. Deje enfriar en una rejilla de alambre.

Nutrimentos por porción (1 galleta):			
Calorías	45	Colesterol	0 mg
Grasa	2 g	Sodio	34 mg

Galletas de Limón

Rinde 4 docenas de galletas

⅔ de taza de aderezo de mayonesa
1 paquete de harina para pastel de vainilla
2 huevos
2 cucharaditas de ralladura de cáscara de limón
⅔ de taza de betún de vainilla
4 cucharaditas de jugo de limón

Caliente el horno a 180 °C.

Con una batidora eléctrica a velocidad baja, mezcle el aderezo de mayonesa, la harina y los huevos. Agregue la ralladura de limón. Bata a velocidad media por 2 minutos. (La masa deberá quedar dura.)

Con una cucharita, coloque bolitas de masa sobre una charola para hornear, previamente engrasada, separadas 5 cm.

Hornee hasta que estén ligeramente doradas. (Las galletas parecerán estar suaves.) Deje enfriar por 1 minuto; retírelas de la charola.

Mezcle bien el betún y el jugo; ponga sobre las galletas.

Nutrimentos por porción (1 galleta):			
Calorías	80	Colesterol	10 mg
Grasa	4 g	Sodio	100 mg

De arriba abajo: Brownies de Cocoa, Galletas con Chispas de Chocolate

De abajo de la izquierda a la derecha: Galleta de Azúcar y Naranja, Galletas de Melaza

Galletas de Melaza

Rinde 4 docenas de galletas

  2 tazas de harina de trigo
  1 taza de cereal de trigo integral
  2 cucharaditas de bicarbonato de sodio
  1 taza bien compacta de azúcar morena
⅔ de taza de margarina suavizada
  1 huevo
⅓ de taza de melaza oscura
¼ de taza de azúcar granulada
    Agua

En un recipiente pequeño, mezcle la harina, el cereal y el bicarbonato de sodio; deje reposar.

Con una batidora eléctrica a velocidad media, bata el azúcar y la mantequilla en un recipiente grande hasta obtener una consistencia cremosa. Bata los huevos y la melaza hasta obtener una consistencia suave; agregue a la mezcla de harina. Tape y refrigere durante 1 hora.

Con las manos engrasadas, forme con la masa 48 bolitas de 3 cm; cúbralas con azúcar granulada. Colóquelas sobre una charola previamente engrasada y enharinada, separadas 5 cm. Rocíelas ligeramente con agua. Hornee a 180 °C de 10 a 12 minutos. Deje enfriar.

Nutrimentos por porción (1 galleta):

Calorías	73	Colesterol	4 mg
Grasa	3 g	Sodio	72 mg

Galleta de Azúcar y Naranja

Rinde 3½ docenas de galletas

  2 tazas de harina de trigo
1½ cucharaditas de bicarbonato de sodio
  1 taza de azúcar
½ taza de margarina suavizada
  2 cucharaditas de ralladura de cáscara de naranja
  1 cucharadita de extracto de vainilla
¼ de taza de claras de huevo

En un recipiente pequeño, mezcle la harina y el bicarbonato de sodio.

Con una batidora a velocidad media, bata ¾ de taza de azúcar, la margarina, la ralladura de naranja y la vainilla, hasta obtener una consistencia cremosa. Agregue las claras de huevo y bata durante 1 minuto. Incorpore poco a poco a la mezcla de harina. Tape y refrigere durante 1 hora.

Forme con la masa 42 bolitas de 2 cm y espolvoréelas con ¼ de taza de azúcar. Colóquelas en una charola ligeramente engrasada, separadas 5 cm. Hornee a 180 °C hasta que estén doradas. Retírelas de la charola y póngalas a enfriar.

Nutrimentos por porción (1 galleta):

Calorías	60	Colesterol	0 mg
Grasa	2 g	Sodio	49 mg

Galletas de Moka

Rinde 40 galletas

2½ cucharadas de café instantáneo
1½ cucharadas de leche descremada
⅓ de taza bien compacta de azúcar morena
¼ de taza de azúcar granulada
¼ de taza de margarina suavizada
  1 huevo
½ cucharadita de extracto de almendra
  2 tazas de harina de trigo cernida
¼ de taza de hojuelas de trigo
½ cucharadita de canela en polvo
¼ de cucharadita de polvo para hornear

Caliente el horno a 180 °C. Rocíe charolas para galleta con antiadherente. Disuelva el café en la leche. Mezcle la margarina con el azúcar morena y el azúcar granulada. Agregue el huevo, el extracto de vainilla y la mezcla de café. Añada la harina, el cereal, la canela y el polvo para hornear; vierta a la mezcla de azúcar en forma gradual. Con una cucharita, ponga bolitas de masa sobre la charola, separadas 5 cm. Aplánelas con la parte posterior de un tenedor. Hornee de 8 a 10 minutos o hasta que estén listas.

Nutrimentos por porción (1 galleta):

Calorías	44	Colesterol	5 mg
Grasa	1 g	Sodio	21 mg

Barras de Avena con Fruta

Rinde 9 barras

180 g de frutas secas mixtas (alrededor de 1½ tazas)
¾ de taza de agua
¼ de cucharadita de canela en polvo
1¼ tazas de avena (instantánea o tradicional, sin cocer)
⅓ de taza bien compacta de azúcar morena
¼ de taza de harina de trigo
¼ de taza de margarina derretida

Caliente el horno a 180 °C. En una olla pequeña, mezcle la fruta, el agua y la canela. Cueza a fuego bajo durante 10 minutos, moviendo constantemente, o hasta que casi se hayan consumido los líquidos. Retire del fuego; tape y deje reposar.

Mezcle la avena, el azúcar morena y la harina. Agregue la margarina y mezcle bien. Reserve ⅓ de taza de esta mezcla; coloque el resto de la mezcla en un molde de 20 o 23 cm. Hornee de 10 a 15 minutos o hasta que esté dorada.

Distribuya de manera uniforme la mezcla de fruta sobre la base; espolvoree la mezcla que reservó, golpeando con suavidad. Hornee durante 20 minutos o hasta que la cubierta haya dorado. Deje enfriar antes de cortar las barras. Guarde en un recipiente apenas cubierto.

Nutrimentos por porción (1 barra):

Calorías	180	Colesterol	0 mg
Grasa	6 g	Sodio	65 mg

Galletas de Canela

Rinde 3 docenas de galletas

3 cucharadas de azúcar
1 cucharadita de canela en polvo
1 paquete de harina preparada para pastel amarillo
2 huevos
¼ de taza de aceite vegetal

1. Caliente el horno a 180 °C. Engrase charolas para galletas.

2. Mezcle el azúcar y la canela en un recipiente pequeño.

3. Combine la harina preparada, los huevos y el aceite en un recipiente grande. Con la masa, forme bolitas de 2.5 cm. Ruédelas en la mezcla de canela. Coloque las bolitas en las charolas, separadas 5 cm. Aplane las galletas con la parte inferior de un vaso.

4. Hornee a 180 °C de 8 a 9 minutos o hasta que estén listas. Deje enfriar en la charola durante 1 minuto. Páselas a una rejilla de alambre.

Nutrimentos por porción (1 galleta):

Calorías	80	Colesterol	12 mg
Grasa	3 g	Sodio	97 mg

Galletas de Chispas de Chocolate con Frambuesa

Rinde 16 barras

1 paquete de harina para galletas con chispas de chocolate
½ taza de mermelada de frambuesa

1. Caliente el horno a 180 °C.

2. Prepare la harina siguiendo las instrucciones del paquete. Reserve ½ taza de la masa.

3. Distribuya la masa restante en una charola cuadrada de 23 cm. Unte la mermelada sobre la masa. Al azar, deje caer bolitas de la masa que reservó sobre la mermelada. Hornee a 180 °C de 20 a 25 minutos o hasta que haya dorado. Deje enfriar. Corte las barras.

Nutrimentos por porción (1 barra):

Calorías	178	Colesterol	13 mg
Grasa	6 g	Sodio	95 mg

Galletas de Chispas de Chocolate con Frambuesa

Bombones Capuchinos

Bombones Capuchinos

Rinde 4 bombones

1 paquete grande de harina para brownie
2 huevos
⅓ de taza de agua
⅓ de taza de aceite vegetal
1½ cucharadas de café instantáneo
1 cucharadita de canela en polvo
Crema batida
Canela en polvo y fruta fresca para adornar

1. Caliente el horno a 180 °C. Coloque bases de papel para muffin (de 3.5 cm) en una charola para hornear.

2. Mezcle la harina para brownie, los huevos, el agua, el aceite, el café y 1 cucharadita de canela. Bata con una cuchara hasta que suavice, unas 50 veces. Llene las bases para muffin con 1 cucharada de la masa.

3. Hornee a 180 °C de 12 a 15 minutos o hasta que, al insertar en el centro un palillo, éste salga limpio. Deje enfriar completamente. Adorne cada bombón con crema batida y con una pizca de canela o con un pedazo de fruta. Refrigere hasta servir.

Sugerencia: Para hacer bombones más grandes, use moldes para 12 piezas (de 6.5 cm) y rellénelos con ¼ de taza de masa. Hornee de 28 a 30 minutos.

Nutrimentos por porción (1 bombón):			
Calorías	87	Colesterol	11 mg
Grasa	4 g	Sodio	53 mg

Galletas de Plátano

Rinde 4 docenas de galletas

2 plátanos (bananas) medianos pelados
1½ tazas de harina de trigo
½ cucharadita de bicarbonato de sodio
½ cucharadita de sal
½ cucharadita de canela en polvo
¼ de cucharadita de nuez moscada
1½ tazas de azúcar morena
¾ de taza de margarina suavizada
1 huevo
½ taza de crema agria
1 cucharadita de extracto de vainilla
1½ tazas de avena sin cocer
1 taza de uvas pasa
¾ de taza de almendras picadas

Licue los plátanos en un procesador de alimentos; en la receta empleará 1 taza de este puré.

Mezcle la harina, el bicarbonato de sodio, la sal y las especias en un recipiente pequeño.

En un recipiente grande, bata el azúcar y la margarina hasta obtener una consistencia ligera y esponjosa. Bata el puré de plátano con el huevo, la crema y la vainilla. Añada a la mezcla de harina y revuelva muy bien. Ponga la avena, las uvas pasa y las almendras. Tape y refrigere la masa durante 1 hora.

Con una cuchara, forme bolitas de masa y colóquelas en las charolas engrasadas, separadas 5 cm.

Hornee a 180 °C de 15 a 20 minutos o hasta que las galletas estén ligeramente doradas en la orilla. Deje enfriar en rejillas de alambre.

Tiempo de preparación: 20 minutos
Tiempo para enfriar: 60 minutos
Tiempo para hornear: 20 minutos por charola

Nutrimentos por porción (1 galleta):			
Calorías	113	Colesterol	7 mg
Grasa	5 g	Sodio	72 mg

Galletas de Avena y Piña

Rinde unas 2½ docenas de galletas

1 lata (570 g) de trocitos de piña en almíbar*
1½ tazas bien compactas de azúcar morena
1 taza de margarina suavizada
1 huevo
3 tazas de avena sin cocer
2 tazas de harina de trigo
1 cucharadita de polvo para hornear
1 cucharadita de canela en polvo
½ cucharadita de sal
1 taza de uvas pasa
1 taza de almendras tostadas y picadas

Escurra bien la piña; reserve ½ taza de almíbar.

En un recipiente grande, bata el azúcar y la margarina hasta obtener una consistencia esponjosa. Agregue el huevo, la piña y el almíbar que reservó. Mezcle los demás ingredientes en un recipiente mediano; incorpore a la mezcla de piña.

Para cada galleta coloque 2 cucharadas de masa sobre charolas previamente engrasadas, separadas 5 cm. Presiónelas ligeramente con la parte posterior de una cuchara.

Hornee a 180 °C de 20 a 25 minutos o hasta que hayan dorado. Deje enfriar en rejillas de alambre.

Tiempo de preparación: 15 minutos
Tiempo para hornear: 25 minutos

*Si lo desea, puede emplear piña en su jugo.

Nutrimentos por porción (1 galleta):			
Calorías	228	Colesterol	9 mg
Grasa	10 g	Sodio	125 mg

MÁS POSTRES

Descubra lo sensacionales que pueden ser los postres bajos en calorías. La fruta fresca y otros saludables ingredientes son el sueño hecho realidad de las personas que están a dieta. Las visiones del delicioso pan saliendo del horno, de la suave consistencia del pudín, de los raspados y sorbetes hoy pueden convertirse en realidad.

Crema de Cocoa

Rinde 8 porciones

1 sobre de gelatina sin sabor
¼ de taza de agua fría
½ taza de azúcar
⅓ de taza de cocoa
¾ de taza de leche descremada
½ taza de queso ricotta, a temperatura ambiente
1 cucharadita de extracto de vainilla
½ taza de crema batida
Fresas naturales (opcional)

En un recipiente pequeño, espolvoree la gelatina sobre el agua fría; deje reposar durante 2 minutos para que se suavice. En una sartén mediana, mezcle el azúcar y la cocoa; agregue la leche. Hierva a fuego medio, moviendo constantemente, hasta que la mezcla esté muy caliente. Añada la mezcla de gelatina y mueva hasta que se derrita; vierta en un recipiente mediano. Refrigere hasta que la mezcla esté ligeramente fría (no permita que se cuaje). Licue el queso ricotta y la vainilla hasta obtener una consistencia suave; coloque en un recipiente pequeño. Ponga la crema batida; mezcle bien. Vierta en un molde de 2 tazas. Refrigere hasta que esté listo, aproximadamente por 4 horas. Desmolde y sirva con las fresas.

Nutrimentos por porción:

Calorías	110	Colesterol	5 mg
Grasa	3 g	Sodio	35 mg

Pudín de Naranja y Pan con Pasa

Rinde 6 porciones

4 tazas de cubos de 1 cm de pan con uvas pasa (unas 6 rebanadas)
1 huevo entero más 2 claras de huevo
1½ tazas (360 g) de leche evaporada
2 cucharadas de miel
1 cucharada de margarina derretida
1 cucharada de zumo de naranja
Azúcar glass y zumo de naranja (opcional)

Caliente el horno a 180 °C. Acomode el pan en una sola capa sobre una charola para hornear; tueste de 6 a 8 minutos o hasta que haya dorado ligeramente. En un recipiente grande, bata el huevo y las claras de huevo. Vierta la leche evaporada, la miel, la margarina y el zumo de naranja; bata bien. Agregue el pan tostado y deje reposar durante 10 minutos. Engrase una cacerola de 1 litro con antiadherente y coloque la mezcla de pan. Ponga la cacerola en una charola para hornear de 23 cm; llene la charola con 2.5 cm de agua caliente.

Hornee a 180 °C de 45 a 55 minutos o hasta que tenga una apariencia esponjosa y dorada. Retire la cacerola del agua, deje enfriar de 5 a 10 minutos. Adorne con azúcar glass y el zumo de la naranja, si lo desea. Sirva tibio.

Nutrimentos por porción:

Calorías	172	Colesterol	39 mg
Grasa	4 g	Sodio	220 mg

Crema de Cocoa

De izquierda a derecha: Emparedados de Galletas de Canela, Emparedados de Pudín de Chocolate

Emparedados de Galletas de Canela

Rinde 22 emparedados

1½ tazas de leche evaporada
1 paquete (para 4 porciones) de pudín de vainilla
3¼ tazas (225 g) de crema batida
1 taza de malvaviscos miniatura
22 galletas de canela, partidas en 44 cuadros
2 tablillas de chocolate semiamargo rallado

Vierta la leche en un recipiente grande. Agregue la mezcla para pudín. Bata muy bien, de 1 a 2 minutos. Con cuidado, incorpore la crema batida y los malvaviscos.

Para cada emparedado, unte aproximadamente 2 cucharadas de la mezcla de pudín sobre cada 2 cuadros de galleta. Junte ambas galletas, presionando ligeramente, para formar los

emparedados. Repita esto con las demás galletas. Cubra las orillas de los emparedados con el chocolate. Envuelva cada una de las galletas en plástico. Congélelas hasta que tengan una consistencia firme, aproximadamente 6 horas o durante toda la noche.

Retire del congelador 5 minutos antes de servir. Déjelos reposar a temperatura ambiente para que se suavicen ligeramente.

Nota: Guarde cualquier galleta que sobre en una bolsa de plástico o en un recipiente hermético.

Nutrimentos por porción (1 emparedado):			
Calorías	110	Colesterol	0 mg
Grasa	4 g	Sodio	160 mg

Emparedados de Pudín de Chocolate

Rinde 22 emparedados

1½ tazas de leche evaporada fría
1 paquete (para 4 porciones) de pudín de chocolate
3¼ tazas de crema batida
1 taza de malvaviscos miniatura
1 paquete de galletas de chocolate (44 galletas)

Vierta la leche en un recipiente grande. Agregue el paquete de pudín. Bata muy bien, de 1 a 2 minutos. Con cuidado, incorpore la crema batida y los malvaviscos.

Para cada emparedado, unte aproximadamente 2 cucharadas de mezcla de pudín sobre 2 galletas. Junte las galletas, presionando ligeramente, para formar los emparedados. Envuelva cada uno de ellos con plástico. Repita lo mismo con las demás galletas y el pudín. Congele hasta que estén firmes, aproximadamente 6 horas o durante toda la noche.

Retire los emparedados del congelador 5 minutos antes de servir. Deje reposar a temperatura ambiente para que se suavicen ligeramente.

Nota: Guarde las galletas que sobren en una bolsa de plástico en el congelador o en un recipiente hermético.

Nutrimentos por porción (1 emparedado):			
Calorías	100	Colesterol	0 mg
Grasa	3 g	Sodio	170 mg

Melón con Frambuesas con Cubierta de Miel

Rinde 4 porciones

Cubierta de Miel (receta más adelante)
2 melones chinos (morcados) pequeños
2 tazas de frambuesas

Prepare el aderezo de miel; tape y refrigere. Corte los melones por la mitad, quite las semillas. Tápelos y refrigere.

Cuando vaya a servir, coloque las mitades de los melones en platos individuales; rellénelos con las frambuesas. Bañe con la cubierta.

Cubierta de Miel

1 taza de yogur natural
2 cucharadas de miel
2 cucharaditas de ralladura de cáscara de naranja

Mezcle todos los ingredientes en un recipiente pequeño.

Nutrimentos por porción:

Calorías	156	Colesterol	4 mg
Grasa	2 g	Sodio	54 mg

Postre de Manzana con Canela

Rinde 2 porciones

1 taza de manzanas picadas
2 cucharaditas de jugo de limón concentrado
1½ cucharada de azúcar
⅛ de cucharadita de canela en polvo
2 rebanadas de queso amarillo en pedacitos pequeños
½ cucharada de margarina
2 galletas de vainilla molidas

Caliente el horno a 180 °C. En un recipiente pequeño, mezcle las manzanas, el jugo de limón, el azúcar y la canela. Agregue el queso. Divida la mezcla en 2 moldes para hornear pequeños. Rocíe la margarina y espolvoree la galleta. Hornee de 12 a 15 minutos o hasta que las manzanas hayan suavizado.

Nutrimentos por porción:

Calorías	123	Colesterol	5 mg
Grasa	4 g	Sodio	315 mg

Postre de Piña con Salsa de Chocolate y Plátano

Rinde 4 porciones

1 piña mediana
2 naranjas medianas en gajos
4 rebanadas de torta de vainilla

Salsa de Chocolate y Plátano
1 plátano muy maduro
3 cucharadas de jarabe sabor maple
2 cucharadas de cocoa sin endulzar
2 cucharaditas de margarina derretida

Quite la corona de la piña. Corte la piña por la mitad y a lo largo. Refrigere la otra mitad para algún uso posterior. Retire la pulpa de la piña. Corte el corazón y parta la piña en cuadritos. Mezcle con los gajos de naranja.

Acomode las rebanadas de torta en 4 platos. Distribuya la fruta sobre las rebanadas de pastel de manera uniforme. Bañe con la Salsa de Chocolate y Plátano.

Para la Salsa de Chocolate y Plátano, licue bien el plátano. Agregue los demás ingredientes y muela hasta obtener una consistencia suave.

Tiempo de preparación: 20 minutos

Nutrimentos por porción:

Calorías	300	Colesterol	0 mg
Grasa	3 g	Sodio	114 mg

Postre de Piña con Salsa de Chocolate y Plátano

Helado de Frambuesa y Nectarina

Helado de Frambuesa y Nectarina

Rinde 7½ tazas

1 sobre de gelatina sin sabor
½ taza de agua
½ taza de vino blanco seco
⅓ de taza de azúcar
1 paquete (285 g) de frambuesas descongeladas y sin endulzar
4 nectarinas cortadas en trozos
¼ de taza de jugo de limón
1 cucharadita de ralladura de cáscara de limón

Espolvoree la gelatina sobre el agua en una sartén pequeña; deje reposar durante 1 minuto para que se suavice. Caliente a fuego medio hasta que la gelatina se haya disuelto. Agregue el vino y el azúcar; cueza hasta que el azúcar se haya disuelto. Retire del fuego y deje reposar. Licue las frambuesas, la nectarina, el jugo de limón y la ralladura de limón. Vierta el jarabe de vino y vuelva a licuar. Coloque en un refractario poco profundo y congele. Suavice ligeramente, luego bata con batidora eléctrica hasta obtener una consistencia suave. Congele hasta que esté listo para servir. Adorne con rebanadas de nectarina, si lo desea.

Nutrimentos por porción (½ taza):			
Calorías	62	Colesterol	0 mg
Grasa	muy poca	Sodio	1 mg

Rebanadas de Manzana con Aderezo de Cítricos

Rinde 1¼ tazas

2 o 3 manzanas Empire, sin corazón y rebanadas
¼ de taza de jugo de limón
1 taza de yogur natural
2 cucharadas de miel
1 cucharada de jugo de naranja concentrado
1 cucharadita de ralladura de cáscara de naranja
½ cucharadita de ralladura de cáscara de limón

Bañe las rebanadas de manzana con el jugo de limón, para evitar que se oxiden. Mezcle los demás ingredientes en un recipiente pequeño. Cubra y deje enfriar completamente. Acomode las rebanadas de manzana en un platón; sirva con el aderezo de cítricos.

Nutrimentos por porción (1 cucharada de aderezo):			
Calorías	26	Colesterol	muy poco
Grasa	muy poca	Sodio	9 mg

Bebida Helada de Durazno y Melón

Rinde unas 5 tazas

3 duraznos partidos en cuartos
1 taza de leche baja en grasa
½ taza de jugo de limón (unos 3 limones)
2 cucharaditas de ralladura de cáscara de limón
3 cubitos de hielo partidos
½ litro de leche sabor vainilla, congelada

Bata los duraznos en el procesador de alimentos hasta obtener 2 tazas. Deje reposar. Enjuague el procesador. Bata el puré de durazno, la leche, el jugo, la ralladura de limón y los hielos en el procesador hasta obtener una consistencia suave. Mientras está batiendo, incorpore gradualmente la leche congelada. Sirva inmediatamente en vasos.

Nutrimentos por porción (½ taza):			
Calorías	49	Colesterol	5 mg
Grasa	1 g	Sodio	23 mg

Yogur Congelado de Frutas

Rinde 5 porciones

1 sobre de gelatina sin sabor
¼ de taza de agua fría
1½ tazas de puré de frutas frescas (de cualquier sabor)
450 ml de yogur de vainilla
¼ a ½ taza de azúcar

Espolvoree la gelatina sobre agua fría en una sartén pequeña; deje reposar durante 5 minutos. Caliente a fuego lento hasta que la gelatina se haya disuelto. Coloque el puré de fruta en un recipiente grande; agregue la mezcla de gelatina y el yogur y mezcle bien. Vierta la mezcla en una charola cuadrada de 23 cm; congele hasta que esté casi firme. Con un tenedor parta la mezcla; coloque en un recipiente frío. Con la batidora eléctrica, bata hasta obtener una consistencia suave. Congele hasta que vaya a servir.

Nota: El yogur congelado también puede ser preparado en máquina para hacer helado, siguiendo las instrucciones del fabricante.

Nutrimentos por porción:			
Calorías	166	Colesterol	6 mg
Grasa	2 g	Sodio	67 mg

Nube de Arroz con Salsa de Chocolate Semiamargo

Rinde 10 porciones

    1 sobre de gelatina sin sabor
1½ tazas de leche descremada
    3 cucharadas de azúcar
    2 tazas de arroz cocido
    2 tazas de crema batida
    1 cucharada de licor de almendra
½ cucharadita de extracto de vainilla
    Antiadherente en aerosol
    Salsa de Chocolate Semiamargo (receta más adelante)
    2 cucharadas de almendras tostadas rebanadas

Espolvoree la gelatina sobre la leche en un recipiente pequeño; deje reposar durante 1 minuto o hasta que la gelatina se haya suavizado. Caliente a fuego lento, moviendo constantemente, hasta que la gelatina se haya disuelto. Agregue el arroz, mezcle bien. Cubra y refrigere hasta obtener una consistencia de clara de huevo. Incorpore la crema batida, el licor y la vainilla. Sirva en 4 moldes engrasados con antiadherente. Tape y refrigere. Para servir, desmolde en platos. Bañe con Salsa de Chocolate Semiamargo. Espolvoree con las almendras tostadas.

Salsa de Chocolate Semiamargo

    3 cucharadas de cocoa en polvo sin endulzar
    3 cucharadas de azúcar
½ taza de leche baja en grasa
    1 cucharada de licor de almendra

Mezcle la cocoa y el azúcar en una sartén pequeña. Agregue la leche, mezclando bien. Caliente a fuego medio hasta que el azúcar se haya disuelto. Vierta el licor y retire del fuego.

Sugerencia: Desmolde el postre en un plato ligeramente húmedo; esto permitirá que pueda moverlo a cualquier lugar del plato.

Nutrimentos por porción:			
Calorías	146	Colesterol	1 mg
Grasa	3 g	Sodio	211 mg

Nube de Arroz con Salsa de Chocolate Semiamargo

Moldecitos de Coco

Rinde 8 porciones

    1 lata (225 g) de piña en almíbar en trozos, sin escurrir
    Agua fría
    1 paquete (para 4 porciones) de gelatina de piña sin azúcar
    1 taza de agua hirviente
    1 paquete (225 g) de queso crema suavizado
⅓ de taza de coco rallado

Escurra la piña y guarde el almíbar. Agregue suficiente agua fría para completar ¾ de taza. Disuelva la gelatina en el agua hirviente. Añada el almíbar que reservó. Bata el queso en un recipiente grande, con batidora eléctrica, a velocidad media durante 1 minuto. Gradualmente, vacíe la mezcla de gelatina, revolviendo bien. Deje enfriar hasta que haya espesado un poco, pero no totalmente; incorpore la piña y el coco. Vierta en 4 moldes previamente engrasados; deje enfriar. Desmolde.

Tiempo de preparación: 20 minutos más el tiempo de refrigeración.

Nutrimentos por porción:			
Calorías	110	Colesterol	25 mg
Grasa	8 g	Sodio	150 mg

Budín de Pan y Fruta

Rinde 6 porciones

4 tazas de pan de trigo integral, partido en cubitos (unas 4 rebanadas)
½ taza de fruta seca o uvas pasa
1½ tazas de leche descremada
½ taza de claras de huevo
¼ de taza de azúcar
1 cucharadita de vainilla
¼ cucharadita de nuez moscada en polvo

En una cacerola de 1½ litros, previamente engrasada con antiadherente en aerosol, mezcle el pan y la fruta. En un recipiente pequeño, mezcle la leche, las claras de huevo, el azúcar, la vainilla y la nuez moscada. Vierta la mezcla de leche en el pan. Hornee a 180 °C durante 60 minutos o hasta que, al insertar en el centro del pan un cuchillo, éste salga limpio.

Nutrimentos por porción:

Calorías	160	Colesterol	5 mg
Grasa	1 g	Sodio	190 mg

Sherbert Cítrico de Moras

Rinde 6 porciones

1 sobre de gelatina sin sabor
Jugo de 3 naranjas (1 taza)
Ralladura de cáscara y jugo de 1 limón
¼ de taza de azúcar
1½ tazas de fresas o moras-frambuesa machacadas
½ taza de puré de manzana

En una sartén grande, espolvoree la gelatina sobre los jugos de naranja y limón; deje reposar durante 2 minutos o hasta que haya suavizado. Agregue el azúcar y la ralladura de limón. Caliente a fuego lento hasta que la gelatina y el azúcar se hayan disuelto. Deje enfriar. Agregue las fresas y el puré de manzana. Vierta en un refractario poco profundo. Congele durante 4 horas.

Nutrimentos por porción (½ taza):

Calorías	77	Colesterol	0 mg
Grasa	0 g	Sodio	3 mg

Sundae de Moras

Sundae de Moras

Rinde 4 porciones

4 tortillas de harina (de 15 cm)
1½ tazas de nectarinas peladas
1½ tazas de fresas o frambuesas picadas
2 cucharadas de azúcar
½ cucharadita de ralladura de cáscara de limón
4 bolas de leche congelada sabor vainilla
Espigas de menta fresca

Caliente el horno a 180 °C. Suavice las tortillas de acuerdo con las instrucciones del paquete. Coloque las tortillas en moldes engrasados para flan, de 1¼ tazas. Hornee de 10 a 15 minutos hasta que haya dorado. Deje enfriar.

Mezcle las nectarinas, las fresas, el azúcar y la cáscara de limón en un recipiente grande. Para ensamblar, retire las tortillas de los moldes. Coloque cada tortilla en platos para postre y póngales una bola de leche congelada sabor vainilla. Distribuya la fruta de manera uniforme entre las cuatro tortillas. Adorne con las espigas de menta.

Nutrimentos por porción:

Calorías	278	Colesterol	6 mg
Grasa	4 g	Sodio	80 mg

Postre de Arándano

Rinde 8 porciones

3 tazas de arroz integral cocido
3 tazas de arándanos negros frescos*
¼ de taza más 3 cucharadas bien compactas de azúcar morena
  Antiadherente en aerosol
⅓ de taza de arroz integral
¼ de taza de harina integral de trigo
¼ de taza de almendras picadas
1 cucharadita de canela en polvo
3 cucharadas de margarina

Mezcle el arroz, los arándanos y 3 cucharadas de azúcar. Engrase 8 moldes para flan o un molde de 2 litros con antiadherente. Coloque la mezcla de arroz en los moldes o en el molde individual. Mezcle el arroz, la harina, las almendras, ¼ de taza de azúcar y la canela en un recipiente. Bata la margarina. Vierta sobre la mezcla de arroz. Hornee a 180 °C de 15 a 20 minutos o hasta que esté listo. Sirva caliente. Adorne al gusto.

En horno de microondas: Prepare como se indica en la receta, en un molde para microondas de 2 litros. Cueza sin tapar, de 4 a 5 minutos, rotando el plato durante el tiempo de horneado. Deje reposar durante 5 minutos. Sirva caliente.

*Sustituya los arándanos negros congelados por arándanos frescos, si lo desea. Descongele y escurra antes de usar. O sustituya por fruta fresca de su elección, si lo prefiere.

Nutrimentos por porción:

Calorías	243	Colesterol	0 mg
Grasa	8 g	Sodio	61 mg

Postre de Chocolate y Moras

Rinde 12 porciones

1½ tazas de leche baja en grasa, fría
1 paquete (para 4 porciones) de pudín de chocolate sin azúcar
3¼ tazas (225 g) de crema batida
¼ de taza de mermelada de fresa baja en calorías
12 rebanadas (285 g) de pan blanco
1 taza de frambuesas
1 taza de fresas rebanadas

Vierta la leche en un recipiente grande. Agregue la mezcla para pudín. Bata durante 1 o 2 minutos. Con cuidado, añada una taza de crema batida.

Unte la mermelada de fresa sobre 6 rebanadas de pan. Cubra con las otras rebanadas de pan, corte los panes en cubos de 1 cm. Coloque la mitad de los cubos en un platón, cubra con la mitad de la fruta mezclada. Ponga la crema batida y el pudín. Coloque encima la otra parte del pan, la fruta y la crema batida. Adorne al gusto. Refrigere hasta que vaya a servir.

Nutrimentos por porción:

Calorías	160	Colesterol	5 mg
Grasa	4 g	Sodio	240 mg

Sorbete de Naranja y Limón

Rinde 6 porciones

1 taza de azúcar
1 taza de agua
1½ tazas de jugo de naranja
⅓ de taza de jugo de limón concentrado
2 cucharadas de licor de naranja (opcional)
1 cucharadita de ralladura de cáscara de naranja

En una sartén mediana, mezcle el azúcar y el agua. Ponga a hervir a fuego medio. Deje hervir durante 5 minutos. Deje enfriar. Agregue los demás ingredientes al jarabe de azúcar. Vierta en un refractario de 20 o 23 cm. Tape y congele durante 1½ horas. En un recipiente grande, bata la mezcla hasta que se suavice y regrésela a la sartén. Tape y congele durante 2 horas. En un recipiente grande, bata hasta obtener una consistencia suave; regrese a la sartén. Tape y congele durante 1½ horas, por lo menos, antes de servir. Si va a guardar el postre durante más tiempo, retírelo del congelador 5 minutos antes de servir.

Nutrimentos por porción:

Calorías	151	Colesterol	0 mg
Grasa	muy poca	Sodio	5 mg

Postre de Arándano

Burbujas de Melón

Postre de Durazno

Rinde 6 porciones

285 g de frambuesas en almíbar descongeladas
¼ de taza de jalea de grosella
1 cucharada de fécula de maíz
250 g de yogur de durazno, congelado
⅔ de taza de granola o cereal natural

Escurra las frambuesas y reserve ⅔ de taza del almíbar. En una sartén pequeña, mezcle el almíbar, la jalea y la fécula de maíz. Caliente hasta obtener una consistencia espesa y lustrosa. Deje enfriar. Agregue la frambuesa. En 6 copas de vino, coloque la salsa de frambuesa, el yogur congelado y la granola. Repita. Congele. Retire del congelador de 5 a 10 minutos antes de servir. Adorne al gusto. Congele el sobrante.

Nutrimentos por porción:			
Calorías	268	Colesterol	9 mg
Grasa	5 g	Sodio	75 mg

Sorbete de Lima

Rinde 6 porciones

4 limas
1½ tazas de agua caliente
6 cucharadas de azúcar
1 clara de huevo ligeramente batida*
1 gota de colorante vegetal verde y 1 de
colorante amarillo
Hojas de menta o de cítricos para adornar

Obtenga la ralladura de cáscara de 1 lima. Exprima las limas hasta tener ½ taza. En una taza medidora de 1 litro, mezcle el agua caliente y el azúcar; disuelva bien. En un recipiente mediano, mezcle el jugo de lima, la ralladura de lima, la mezcla de azúcar, la clara de huevo y los colorantes. Vierta en un refractario. Cubra y deje enfriar, moviendo por lo menos una vez para romper los cristales de hielo. Retire del congelador 20 minutos antes de servir. Adorne con las hojas de menta o de cítricos, si lo desea.

*Únicamente utilice huevos que no estén rotos.

Nutrimentos por porción:			
Calorías	68	Colesterol	0 mg
Grasa	0 g	Sodio	9 mg

Burbujas de Melón

Rinde 7 porciones

1 paquete (para 4 porciones) de gelatina baja
en calorías de cualquier sabor
¾ de taza de agua hirviente
½ taza de agua fría
Cubos de hielo
1 taza de bolitas de melón (chino o morcado,
honeydew o valenciano)

Disuelva completamente la gelatina en el agua hirviente. Mezcle el agua fría y suficiente hielo para obtener 1¼ tazas. Agregue a la gelatina; mezcle hasta que espese un poco. Retire el hielo que no se haya derretido. Mida 1⅓ tazas de gelatina; añada el melón. Vierta en 7 platos individuales o en un platón.

Bata el resto de la gelatina a velocidad alta con batidora eléctrica, hasta que espese y duplique su volumen. Vierta sobre la gelatina. Deje enfriar durante unas 2 horas. Adorne al gusto.

Nutrimentos por porción:			
Calorías	14	Colesterol	0 mg
Grasa	0 g	Sodio	50 mg

Ambrosía de Frutas

Rinde 4 porciones

> 1 piña mediana
> 1 naranja mediana pelada y rebanada
> 1 manzana roja descorazonada y rebanada
> 1 taza de uvas sin semilla

Glaseado de Fruta
> ¾ de taza de jugo de piña y naranja
> 2 cucharadas de mermelada de naranja
> 1 cucharada de fécula de maíz
> 1 cucharadita de extracto de ron
> 2 cucharaditas de ralladura de cáscara de lima
> 4 cucharaditas de coco rallado

Quite la corona de la piña. Corte la piña por la mitad, a lo largo. Refrigere la mitad para un uso posterior. Retire la pulpa de la fruta con un cuchillo. Córtela en rebanadas delgadas.

Acomode las rebanadas de piña, las rebanadas de naranja y las uvas de manera uniforme en 4 platos para postre. Para el Glaseado de Fruta, mezcle todos los ingredientes, excepto la ralladura de lima, en una sartén. Caliente hasta que la salsa hierva y espese. Deje enfriar. Agregue la ralladura de lima. Rocíe el Glaseado de Fruta sobre la fruta que acomodó. Espolvoree el coco.

Tiempo de preparación: 20 minutos

Nutrimentos por porción:

Calorías	152	Colesterol	0 mg
Grasa	1 g	Sodio	8 mg

Ambrosía de Frutas

Budín de Canela

Rinde 8 porciones

> 8 rebanadas de pan de canela o de canela con pasas, cortadas en cubos
> 1 sobre de gelatina sin sabor
> ¼ de taza de leche descremada fría
> ½ taza de leche descremada hirviendo
> 225 g de queso cottage
> ½ taza de claras de huevo
> ½ taza de azúcar morena

En un refractario de 2 litros, distribuya el pan de manera uniforme.

En la batidora, espolvoree la gelatina sobre la leche fría y deje reposar durante 2 minutos. Agregue la leche caliente y bata a velocidad media hasta que la gelatina se haya disuelto completamente. Añada el queso cottage, las claras de huevo y el azúcar morena. Bata a velocidad alta hasta que todo quede bien mezclado. Vierta en el refractario previamente preparado y cubra totalmente el pan. Deje enfriar durante aproximadamente 2 horas.

Nutrimentos por porción:

Calorías	155	Colesterol	2 mg
Grasa	1 g	Sodio	243 mg

Mousse de Chabacano

Mousse de Chabacano

Rinde 6 porciones

4 tazas de yogur de vainilla
2 latas (de 450 a 480 g cada una) de chabacanos (albaricoques) en almíbar escurridos
1 cucharada de azúcar
1½ cucharaditas de licor de naranja (opcional)
1 taza de arándanos negros frescos
4 fresas
Hojas de menta (opcional)

Coloque el yogur sobre 2 filtros para café. Coloque un recipiente abajo, sin que toque los filtros. Tape. Deje en el refrigerador durante 24 horas.

Raspe el yogur y vacíelo en un recipiente mediano. Licue los chabacanos hasta obtener una consistencia suave. En un recipiente grande, mezcle el chabacano, el yogur, el azúcar y el licor. Tape y deje en el refrigerador durante 30 minutos por lo menos.

Para servir, ponga el arándano en 6 copas de vino y después agregue el mousse. Agregue a cada copa algunas rebanadas de fresa. Ponga algunos arándanos y adorne con las hojas de menta.

Nutrimentos por porción:

Calorías	200	Colesterol	5 mg
Grasa	3 g	Sodio	105 mg

Sorbete de Durazno

Rinde alrededor de 1 litro

7 duraznos partidos en cuartos
¾ de taza de azúcar
3 cucharadas de jarabe de maíz light
1 cucharadita de jugo de limón

Licue los duraznos hasta obtener una consistencia suave; en la receta usará 3½ tazas de este puré. Mezcle el puré, el azúcar, la miel y el jugo de limón en una sartén. Cocine a fuego lento hasta que el azúcar se haya disuelto. Deje enfriar. Prepare una nieve siguiendo las instrucciones del fabricante. Congele hasta que esté firme.

Nutrimentos por porción (¼ de taza):

Calorías	69	Colesterol	0 mg
Grasa	muy poca	Sodio	3 mg

Salsa de Durazno y Almendras

Rinde 4 porciones

¼ de taza bien compacta de azúcar morena
1½ cucharaditas de fécula de maíz
½ taza de agua
1 cucharada de brandy (opcional)
1 cucharadita de margarina
1 cucharadita de extracto de vainilla
1 lata (450 g) de mitades de durazno en almíbar
2 cucharadas de almendras picadas
Yogur de vainilla o de durazno, congelado, o rebanadas de torta de vainilla

Mezcle el azúcar y la fécula de maíz en una sartén pequeña, después agregue el agua. Hierva a fuego medio. Deje hervir durante 1 minuto o hasta que espese la mezcla. Reduzca el fuego y agregue el brandy, la margarina y la vainilla. Con cuidado incorpore los duraznos y las almendras, deje hervir de 1 a 2 minutos más. Sirva sobre el yogur congelado.

Nutrimentos por porción:

Calorías	115	Colesterol	0 mg
Grasa	3 g	Sodio	19 mg

Fresas con Salsa de Yogur y Miel

Rinde 4 porciones

4 tazas de fresas frescas
1 taza de yogur natural bajo en grasa
1 cucharada de jugo de naranja
1 o 2 cucharaditas de miel
Canela en polvo al gusto

Lave muy bien las fresas y divídalas en 4 platos individuales. Mezcle el yogur, el jugo de naranja, la miel y la canela en un recipiente pequeño. Sirva sobre las fresas.

Nutrimentos por porción:

Calorías	91	Colesterol	3 mg
Grasa	1 g	Sodio	41 mg

Copas de Fruta con Salsa de Natilla

Rinde 8 porciones

- 4 claras de huevo a temperatura ambiente
- ½ cucharadita de cremor tártaro
- Pizca de sal
- 1 taza de azúcar
- 1 lata (450 g) de cóctel de frutas escurrido
- Salsa de Natilla (receta más adelante)

En un refractario coloque papel encerado. Con la parte inferior de un vaso, dibuje 8 círculos de 7.5 cm, separados unos 5 cm. Bata las claras de huevo. Agregue el cremor tártaro y la sal. Bata hasta que se formen picos suaves. Añada el azúcar, 1 cucharada a la vez, y bata durante unos 10 minutos hasta que el merengue obtenga una consistencia dura. Coloque esto en una duya con punta de estrella. Fije el papel encerado al refractario con un poco del merengue.

Coloque 2 cucharadas de merengue en el centro de cada círculo. Forme 2 anillos, uno sobre el otro, alrededor de las orillas del círculo. Hornee a 150 °C durante aproximadamente 1½ horas. Deje enfriar completamente. (El merengue horneado puede guardarse por varios días en recipientes herméticos.)

Coloque fruta sobre las tazas de merengue. Póngalas en platos individuales. Sirva aproximadamente ¼ de taza de Salsa de Natilla sobre cada una. Adorne con hojas de menta, si lo desea.

Salsa de Natilla

- 4 yemas de huevo* ligeramente batidas
- ¼ de taza de azúcar
- Pizca de sal
- 2 tazas de leche
- 1 cucharadita de extracto de vainilla

En un recipiente para baño María, mezcle muy bien las yemas de huevo, el azúcar y la sal. Poco a poco, agregue la leche, moviendo constantemente. Caliente a baño María hasta que la mezcla espese. Retire del fuego y añada la vainilla. Refrigere. Rinde unas 2½ tazas.

Únicamente utilice huevos que no estén rotos.

Nutrimentos por porción:			
Calorías	217	Colesterol	115 mg
Grasa	5 g	Sodio	63 mg

Arroz con Frambuesas

Rinde 8 porciones

- 3 tazas de arroz cocido
- 2 tazas de leche descremada
- ⅛ de cucharadita de sal
- 2 sobres de edulcorante bajo en calorías
- 1 cucharadita de extracto de vainilla
- ¾ de taza de crema batida light descongelada
- 3 cucharadas de almendras tostadas rebanadas
- 450 g de frambuesas descongeladas y sin endulzar*

Mezcle el arroz, la leche y la sal en una sartén de 2 litros. Caliente a fuego medio hasta obtener una mezcla espesa y cremosa, de 5 a 8 minutos, moviendo constantemente. Retire del fuego. Deje enfriar y agregue el edulcorante y la vainilla. Incorpore la crema batida y las almendras. De manera alternada, coloque en 8 copas la mezcla de arroz y la mezcla de frambuesas.

En horno de microondas: Mezcle el arroz, la leche y la sal en un refractario de 1½ litros. Tape y hornee durante 3 minutos a temperatura ALTA (100 %). Reduzca la potencia del horno a MEDIA (50 %) y hornee durante 7 minutos más. Agregue el edulcorante y la vainilla. Deje enfriar. Incorpore la crema batida y las almendras. De manera alternada, coloque en 8 copas la mezcla de arroz y la mezcla de frambuesas.

Sustituya las frambuesas por fresas congeladas sin endulzar o por la fruta que prefiera.

Nutrimentos por porción:			
Calorías	180	Colesterol	2 mg
Grasa	3 g	Sodio	369 mg

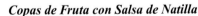

Copas de Fruta con Salsa de Natilla

Copas de Yogur de Chocolate con Cereza

Rinde 12 porciones

¼ de taza de cocoa
¼ de taza de azúcar
    Yogur de Queso (receta más adelante)
¼ de taza de cerezas finamente picadas
¼ de taza de almendras rebanadas
½ cucharadita de extracto de vainilla
¼ de cucharadita de extracto de almendra
50 g de crema batida
½ taza de leche descremada fría
12 moldes de papel (de 6.5 cm) para muffin

En un recipiente mediano, mezcle la cocoa, el azúcar y el Yogur de Queso hasta que se suavice. Agregue las cerezas, las almendras y los extractos de vainilla y almendra. En un recipiente pequeño, combine la crema batida y la leche. Lentamente, incorpore la mezcla de crema batida en la de cocoa. Vierta sobre los moldes para muffin. Tape y congele hasta que estén firmes. Antes de servir, deje reposar a temperatura ambiente durante unos 5 minutos.

Yogur de Queso: En un cernidor, coloque un pedazo grande de tela; coloque el cernidor en un recipiente profundo. Ponga 2 tazas de yogur de vainilla y tape. Refrigere hasta que ya no escurra líquido del yogur, durante unas 24 horas. Retire el yogur y deseche el líquido.

Nutrimentos por porción:			
Calorías	90	Colesterol	5 mg
Grasa	2 g	Sodio	35 mg

Helado de Arándano y Manzana

Rinde 14 porciones, 7 copas

1 lata (360 g) de jugo de arándano rojo y
    manzana concentrado, descongelado
1½ tazas de puré de manzana
1 botella (900 ml) de refresco de lima-limón
    (4 tazas), sin azúcar

En un recipiente no metálico de 2 litros, mezcle muy bien todos los ingredientes. Tape y congele hasta que esté firme. Sirva la mezcla congelada en copas de 150 ml.

Nutrimentos por porción (½ copa):			
Calorías	33	Colesterol	0 mg
Grasa	0 g	Sodio	14 mg

Copas de Mantequilla de Cacahuate con Chocolate

Copas de Mantequilla de Cacahuate con Chocolate

Rinde 6 porciones, 3 copas

2 tazas más 2 cucharadas de leche evaporada
    fría
2 cucharadas de mantequilla de cacahuate
    (maní)
1 taza de crema batida
1 paquete (para 4 porciones) de pudín de
    chocolate

Agregue 2 cucharadas de leche a la crema de cacahuate; mezcle bien. Añada la crema batida.

Vierta 2 tazas de leche en un recipiente mediano. Ponga el sobre para preparar el pudín. Bata de 1 a 2 minutos. Coloque la mitad de la mezcla en 6 copas; cubra con la mezcla de crema batida. Agregue la mezcla de pudín. Refrigere hasta que vaya a servir.

Nutrimentos por porción:			
Calorías	110	Colesterol	0 mg
Grasa	5 g	Sodio	290 mg

Helado de Sandía

Rinde 6 porciones

4 tazas de sandía en trozos de 2.5 cm
¼ de taza de jugo de piña concentrado
2 cucharadas de jugo de lima fresco
    Bolitas de sandía fresca (opcional)
    Hojas de menta (opcional)

Coloque los trozos de sandía en una sola capa en una bolsa de plástico; congele durante unas 8 horas. Ponga la sandía congelada en la licuadora y deje reposar por 15 minutos. Agregue el jugo de piña y el jugo de lima. Licue hasta obtener una consistencia suave. Vierta en platos individuales. Sirva inmediatamente.*

Adorne con las bolitas de sandía y las hojas de menta, si lo desea.

Helado de Melón Honeydew: Sustituya la sandía por melón honeydew (valenciano), y el jugo de piña, por jugo concentrado de piña-guayaba-naranja. Prepare como se indica en la receta.

Helado de Melón Cantalupo: Sustituya la sandía por melón cantalupo (moscado), y el jugo de piña, por jugo concentrado de piña-guayaba-naranja. Prepare según se indica en la receta.

*El helado se puede colocar en un recipiente sellado y congelarse hasta durante 1 mes. Deje reposar a temperatura ambiente durante 10 minutos antes de servir.

Nutrimentos por porción:

Calorías	57	Colesterol	0 mg
Grasa	muy poca	Sodio	3 mg

Macedonia de Nectarina con Helado

Rinde 4 porciones

2 limones
½ taza de jugo de naranja
½ taza de azúcar
3 nectarinas cortadas en cuartos (unas 3 tazas)
2 tazas de helado de vainilla

Exprima los limones, mida ¼ de taza de jugo. Mezcle el jugo de limón, el jugo de naranja, las cáscaras de limón y el azúcar en una sartén mediana. Hierva durante 5 minutos. Retire las cáscaras de limón; deséchelas. Coloque la nectarina en un recipiente. Refrigere. Distribuya de manera uniforme en 4 copas de postre. Agregue ½ taza de helado.

Nutrimentos por porción:

Calorías	255	Colesterol	13 mg
Grasa	3 g	Sodio	53 mg

Copas de Limón Light

Rinde 6 porciones

1 sobre de gelatina sin sabor
¼ de taza de agua fría
1¼ tazas de yogur natural bajo en grasas
½ taza de jugo de naranja
¼ de taza de miel
1 cucharada de jugo de limón
1 cucharada de ralladura de cáscara de limón
3 tazas de uvas sin semilla, peladas y partidas
    por la mitad
    Tiras de cáscara de limón para adornar
    (opcional)

Espolvoree la gelatina sobre el agua en una cacerola pequeña y déjela reposar durante 2 minutos para que se suavice. Caliente a fuego lento hasta que la gelatina se haya disuelto. Agregue el yogur, el jugo de naranja, la miel, el jugo de limón y la ralladura de limón; mezcle hasta obtener una consistencia suave. Divida las uvas de manera uniforme en las copas. Refrigere hasta que estén listas. Para servir, adorne con las tiras de limón, si lo desea.

Nutrimentos por porción:

Calorías	145	Colesterol	3 mg
Grasa	1 g	Sodio	40 mg

Helado de Sandía, Helado de Melón Honeydew y Helado de Melón Cantalupo

Pan de Naranja con Salsa de Fresa

Cuando vaya a servir, licue las fresas congeladas
hasta obtener una consistencia suave. Desmolde el
pan y retire el plástico. Decore con ¾ de taza de
crema batida y las fresas. Corte en rebanadas. Sirva
con el puré de fresa. Adorne al gusto.

Nutrimentos por porción:			
Calorías	100	Colesterol	25 mg
Grasa	3 g	Sodio	60 mg

Pan de Naranja con Salsa de Fresa

Rinde 12 porciones

    1 paquete (90 g) de soletas (galletas)
    2 paquetes (para 4 porciones) o 1 paquete
        (para 8 porciones) de gelatina light de
        naranja
 1½ tazas de agua hirviente
    1 taza de jugo de naranja
      Cubos de hielo
    1 cucharada de licor de naranja (opcional)
    2 cucharaditas de ralladura de cáscara de
        naranja
 3¼ tazas (225 g) de crema batida
    1 bolsa (285 g) de fresas descongeladas light
    1 taza de fresas frescas

Cubra con plástico un molde de 23×13 cm. Coloque
verticalmente suficientes soletas para cubrir los lados
más largos del recipiente (con los lados cortados
hacia el centro del molde).

Disuelva la gelatina en el agua hirviente. Mezcle el
jugo de naranja y suficiente hielo para obtener
1¾ tazas y agregue a la gelatina; mueva hasta que
espese un poco. Retire el hielo que no se haya
derretido. Vierta el licor y la ralladura de naranja.
Con cuidado, añada 2½ tazas de crema batida. Ponga
la mezcla de gelatina en el recipiente previamente
preparado. En caso necesario, corte las galletas para
que la parte superior quede pareja. Acomode las
demás galletas sobre la mezcla. Deje enfriar durante
3 horas por lo menos.

Mousse de Chabacano

Rinde 4 porciones

    1 sobre de gelatina sin sabor
  ½ taza de leche evaporada light
    2 tazas (1 lata de 450 g) de mitades de
        chabacanos (albaricoques) en almíbar
  ½ cucharadita de extracto de vainilla
    1 clara de huevo*
    2 cucharadas de azúcar granulada

En una cacerola mediana, espolvoree la gelatina sobre
la leche y deje reposar durante 5 minutos. Caliente a
fuego lento hasta que la gelatina se haya disuelto,
moviendo ocasionalmente. Licue los chabacanos de
modo que obtenga 1 taza de puré. Rebane los
chabacanos restantes para usarlos como adorno.
Incorpore el puré de chabacano y la vainilla en la
mezcla de leche. Refrigere, moviendo
ocasionalmente, hasta que la mezcla esté espesa. En
un recipiente pequeño, bata la clara de huevo hasta
que se formen picos suaves. Gradualmente agregue el
azúcar hasta que se formen picos duros y el azúcar se
haya disuelto. Incorpore la mezcla de huevo en la
mezcla de chabacano. Sirva en cuatro platos para
postre de ½ taza.

Mousse de Almendra y Chabacano: Sustituya ¼ de
cucharadita de extracto de almendra por extracto de
vainilla.

Únicamente utilice huevos que no estén rotos.

Nutrimentos por porción:			
Calorías	84	Colesterol	0 mg
Grasa	0 g	Sodio	50 mg

Alambres de Fruta con Salsa de Lima y Miel

Rinde 4 porciones

24 galletas de barquillo
 2 tazas de trozos de fruta (piña, melón, kiwi, fresas y plátanos)
 3 cucharadas de miel
 3 cucharadas de jugo de lima
 1 cucharadita de fécula de maíz
 ¼ de cucharadita de ralladura de cáscara de lima
 ⅛ de cucharadita de jengibre en polvo

En 12 alambres de madera (de 10 cm), de manera alternada, acomode las galletas y los trozos de fruta; refrigere hasta que vaya a servir. Caliente a fuego medio la miel, el jugo de lima, la fécula de maíz, la ralladura de lima y el jengibre. Hierva durante 1 minuto, moviendo constantemente. Para servir, coloque 3 alambres en cada plato; bañe con la salsa tibia.

Nutrimentos por porción:

Calorías	200	Colesterol	0 mg
Grasa	4 g	Sodio	87 mg

Charola de Frutas con Aderezo de Cítricos

Rinde 6 porciones

 1 piña fresca mediana
 1 naranja mediana pelada y rebanada
 1 manzana, sin corazón y finamente rebanada
 1 kiwi pelado y rebanado

Aderezo de Cítricos
 225 g de yogur natural
 1 taza de crema batida light
 ¼ de taza de azúcar glass
 1 cucharadita de ralladura de cáscara de naranja
 1 cucharadita de ralladura de cáscara de lima

Quite la corona de la piña. Corte la piña por la mitad, a lo largo. Refrigere una mitad para algún uso posterior. Quite la pulpa con un cuchillo, corte el corazón y deséchelo, corte la piña en cuartos o trozos.

Acomode los trozos de la piña, las rebanadas de naranja, las rebanadas de manzana y las de kiwi en un platón. Sirva con Aderezo de Cítricos.

Para el Aderezo de Cítricos, mezcle todos los ingredientes y colóquelos en un recipiente.

Nutrimentos por porción:

Calorías	137	Colesterol	1 mg
Grasa	4 g	Sodio	33 mg

Merengues Rellenos de Chocolate

Rinde 2 docenas de merengues

 2 claras de huevo a temperatura ambiente
 ¼ de cucharadita de cremor tártaro
 Pizca de sal
 ½ taza de azúcar
 ½ cucharadita de extracto de vainilla
 2 cucharadas de cocoa
 Relleno de Chocolate con Queso (receta más adelante)
 Frambuesas
 Hojas de menta

Caliente el horno a 140 °C. Coloque papel de aluminio sobre una charola para hornear. Bata las claras de huevo con el cremor tártaro y la sal hasta que se formen picos suaves. Agregue el azúcar, 1 cucharada a la vez, hasta que esté firme y se formen picos duros. Incorpore la vainilla. Cierna la cocoa sobre la mezcla de huevo. Ponga bolitas del tamaño de una cuchara sopera sobre el papel de aluminio. Con la parte posterior de una cuchara haga pequeñas hendiduras en el centro de cada merengue. Hornee durante 45 minutos hasta que el merengue adquiera un color dorado claro y que al tocarlo se sienta seco. Con cuidado quite los merengues del papel de aluminio, deje enfriar completamente. Para servir, con una duya vierta en el centro de cada uno el Relleno de Chocolate con Queso. Adórnelos con una frambuesa y una hoja de menta.

Relleno de Chocolate con Queso: Combine 1 taza de queso ricotta, 2 cucharadas de cocoa, 1 cucharada de azúcar y ½ cucharadita de extracto de vainilla en la licuadora; bata hasta que se suavice la mezcla.

Nutrimentos por porción (1 merengue relleno):

Calorías	40	Colesterol	5 mg
Grasa	1 g	Sodio	25 mg

Merengues Rellenos de Chocolate

Arroz con Leche

Arroz con Leche

Rinde 6 porciones

3 tazas de leche baja en grasa
1 raja de canela
1 taza de arroz de grano largo sin cocer
2 tazas de agua
½ cucharadita de sal
Cáscara de una naranja o de un limón
¾ de taza de azúcar
¼ de taza de uvas pasa
2 cucharadas de ron añejo

Caliente la leche y la canela en una sartén pequeña a fuego medio, durante unos 15 minutos. Hierva el arroz, el agua y la sal en una cacerola de 2 o 3 litros. Coloque la cáscara de naranja encima del arroz y reduzca el fuego; tape y deje hervir durante 15 minutos o hasta que el arroz esté listo y se haya consumido el líquido. Cuele la leche y viértala sobre el arroz cocido. Agregue el azúcar y deje hervir. Al primer hervor, reduzca el fuego y deje hervir durante 20 minutos más. Añada las uvas pasa y el ron. Vuelva a hervir por 10 minutos más. Adorne al gusto. Para recalentar, agregue un poco de leche y volverá a obtener la consistencia cremosa.

Nutrimentos por porción:

Calorías	297	Colesterol	10 mg
Grasa	3 g	Sodio	259 mg

Supremo de Almendras y Cerezas

Rinde 6 porciones, aproximadamente 3 tazas

225 g de cerezas en almíbar sin escurrir
1 paquete (para 4 porciones) de gelatina de cereza baja en calorías
¾ de taza de agua hirviente
Cubos de hielo
2 cucharadas de almendras tostadas y picadas
1 taza de crema batida

Escurra las cerezas y guarde el almíbar. Agregue suficiente agua para completar ½ taza de esta mezcla. Corte las cerezas en cuartos. Disuelva la gelatina en el agua hirviente. Mezcle el almíbar y el hielo hasta obtener 1¼ tazas del líquido. Agregue a la gelatina y mueva hasta obtener una consistencia ligeramente espesa. Retire el hielo que no se haya derretido. Deje enfriar hasta que esté listo. En 1¼ tazas de gelatina, ponga la mitad de las cerezas y la mitad de las almendras. Deje reposar. Mezcle la crema batida con el resto de la gelatina y coloque el resto de las cerezas y de las almendras. Sirva en 6 copas. Deje enfriar hasta obtener una consistencia medio firme, durante unos 15 minutos. Agregue la mezcla de gelatina. Deje enfriar por 1 hora.

Nutrimentos por porción:

Calorías	70	Colesterol	0 mg
Grasa	3 g	Sodio	65 mg

Pay de Manzana

Rinde 8 porciones

Base

6 tazas de manzanas Golden rebanadas (unos 180 g o 6 medianas)
2 cucharadas de jugo de naranja o de otra fruta
¾ de taza bien compacta de azúcar morena
½ taza de harina de trigo
½ cucharadita de canela en polvo
3 cucharadas de aceite vegetal

Cubierta (opcional)

½ taza de yogur de vainilla bajo en grasa

Para la Base, caliente el horno a 180 °C. Engrase una cazuela o refractario de 2 litros. Acomode las manzanas de manera uniforme. Rocíelas con el jugo de naranja. Mezcle el azúcar, la harina y la canela. Mezcle el aceite vegetal. Coloque esta mezcla sobre las manzanas. Hornee a 180 °C durante 35 minutos o hasta que las manzanas estén suaves. Sirva caliente.

Para la Cubierta, sirva 1 cucharada de yogur sobre cada porción.

Nutrimentos por porción:

Calorías	210	Colesterol	0 mg
Grasa	6 g	Sodio	10 mg

Compota de Frutas Secas

Rinde 6 porciones

**225 g de fruta seca mixta, como chabacanos
(albaricoques), peras, manzanas y ciruelas
pasa
1½ tazas de agua
½ taza de vino blanco Riesling o del Rhin*
2 rajas de canela
4 clavos enteros**

Mezcle todos los ingredientes en un recipiente
mediano. Hierva a fuego alto. Al primer hervor,
reduzca el fuego, tape y deje hervir de 12 a
15 minutos. Deje enfriar. Deseche la canela y los
clavos. Sirva caliente o a temperatura ambiente en
recipientes individuales. Adorne con canela si lo
desea.

*El vino se puede sustituir por jugo blanco de uva.

Nutrimentos por porción:

Calorías	106	Colesterol	0 mg
Grasa	muy poca	Sodio	8 mg

Crema de Nectarina

Rinde 4 porciones

**2 nectarinas frescas rebanadas
1 taza de yogur natural
2 o 3 gotas de extracto de almendra
1 cucharadita de miel o azúcar
1 sobre de gelatina sin sabor
2 cucharadas de agua**

Coloque las nectarinas, el yogur y el extracto de
almendra en el vaso de la licuadora y licue hasta que
se suavice. Agregue la miel. Mezcle el agua y la
gelatina en una sartén pequeña; deje reposar por
1 minuto. Caliente a fuego bajo hasta que se disuelva
la gelatina. Añada la mezcla de gelatina a la licuadora
y mezcle bien. Refrigere hasta que haya cuajado.
Sirva en vasos vaporizados y refrigere. Adorne con
nectarina y hojas de menta, si lo desea.

Nutrimentos por porción:

Calorías	79	Colesterol	3 mg
Grasa	1 g	Sodio	42 mg

Arroz Acremado con Frambuesas

Rinde 12 porciones

**½ taza de arroz de grano largo sin cocer
2 tazas de agua fría
2 sobres de gelatina
½ taza de claras de huevo
½ taza de azúcar
1½ tazas de leche descremada
1 cucharadita de extracto de vainilla
⅛ de cucharadita de nuez moscada en polvo
2 tazas (360 g) de crema batida
Salsa de Frambuesa (receta más adelante)**

Mezcle el arroz con 1½ tazas de agua en una sartén
mediana. Después del primer hervor, reduzca el
fuego, tape y deje hervir durante 30 minutos más.
Deje enfriar.

En una sartén pequeña, espolvoree la gelatina sobre
½ taza de agua y deje reposar por 1 minuto. Caliente
a fuego bajo hasta que la gelatina se haya disuelto por
completo, durante unos 3 minutos.

Licue las claras de huevo y el azúcar. Poco a poco,
agregue la leche y la mezcla de gelatina. Vierta esta
mezcla en un recipiente grande; añada la vainilla y la
nuez moscada. Deje enfriar durante aproximadamente
5 minutos. Incorpore el arroz y después la crema
batida. Vierta en un molde de 6½ tazas; deje enfriar
hasta que cuaje, aproximadamente 3 horas.

Desmolde y sirva con la Salsa de Frambuesa. Adorne
con fresas y frambuesas frescas.

Salsa de Frambuesa: En un recipiente pequeño,
mezcle 1 bolsa (450 g) de frambuesas (previamente
descongeladas, molidas y coladas), ⅓ de taza de licor
de grosella y 3 cucharadas de azúcar; ponga a enfriar.
Rinde 1½ tazas de salsa.

Nutrimentos por porción:

Calorías	217	Colesterol	1 mg
Grasa	8 g	Sodio	38 mg

Compota de Frutas Secas

Copas de Yogur de Frambuesa

Rinde 8 porciones

¾ de taza de agua
¾ de taza de arroz cocido
225 g de yogur de frambuesa bajo en calorías
2 tazas de frambuesas frescas

En una sartén pequeña, hierva el agua. Agregue el arroz y tape. Deje reposar durante 5 minutos. Deje enfriar y agregue el yogur; refrigere durante 30 minutos por lo menos. Justo antes de servir, coloque la mezcla de arroz y la frambuesa en copas o platos.

Nota: Para una mayor variedad, mezcle su fruta favorita con el yogur de su elección.

Nutrimentos por porción:			
Calorías	100	Colesterol	2 mg
Grasa	muy poca	Sodio	35 mg

Copas Congeladas de Plátano

Rinde de 8 a 12 porciones

2 plátanos (bananas) muy maduros, pelados
1 taza de fresas frescas
1 lata (225 g) de piña en almíbar en trozos
2 cucharadas de miel
Pizca de nuez moscada
1 taza de crema batida
¼ de taza de almendras picadas
1 taza de jugo de cereza
1 cucharada de fécula de maíz
1 cucharada de azúcar
Fruta fresca rebanada para adornar

Coloque los plátanos, las fresas, la miel y la nuez moscada en el recipiente de la batidora. Bata hasta obtener una consistencia cremosa. Vierta en un recipiente grande y agregue la crema batida y las almendras. Cubra 12 moldes para muffin con papel

Copas Congeladas de Plátano

de aluminio y llénelos con esta mezcla. Tape y congele. Mezcle el jugo de cereza, la fécula de maíz y el azúcar en una sartén pequeña. Hierva hasta que la salsa espese. Deje enfriar.

Para servir, vierta la salsa de cereza sobre el plato. Retire el papel de aluminio de los moldes. Coloque invertidas las copas sobre la salsa. Alrededor, acomode la fruta fresca. Adorne al gusto.

Nutrimentos por porción:			
Calorías	99	Colesterol	0 mg
Grasa	3 g	Sodio	3 mg

Copas de Chocolate a la Menta

Rinde 7 porciones

⅔ de taza de azúcar
¼ de taza de cocoa
3 cucharadas de fécula de maíz
Pizca de sal
2½ tazas de leche descremada fría
1 cucharada de margarina vegetal
1½ cucharaditas de extracto de vainilla
20 g de crema batida
¼ de cucharadita de extracto de menta
3 o 4 gotas de colorante vegetal rojo

En una sartén mediana, mezcle el azúcar, la cocoa, la fécula de maíz y la sal; gradualmente agregue 2 tazas de leche descremada. Caliente a fuego medio hasta que la mezcla hierva, moviendo constantemente. Después del primer hervor, deje hervir por 1 minuto más. Retire del fuego y agregue la margarina y la cucharadita de vainilla. Vierta en un recipiente mediano. Cubra con plástico y refrigere.

En un recipiente pequeño, mezcle la crema batida, ½ taza de leche descremada y ½ cucharadita de vainilla; añada ½ taza de esta mezcla al pudín. Combine el extracto de menta y el colorante con esta mezcla. De manera alternada, ponga capas del pudín de chocolate y de la mezcla de crema batida en las copas. Refrigere.

Nutrimentos por porción:			
Calorías	160	Colesterol	0 mg
Grasa	2 g	Sodio	95 mg

Crema de Caramelo

Rinde 6 porciones

¾ de taza de azúcar
2 tazas de leche baja en grasa
225 g de claras de huevo
½ cucharadita de extracto de vainilla

Coloque ½ taza de azúcar en una sartén pequeña y pesada. Caliente a fuego bajo hasta que el azúcar se haya acaramelado. Vierta inmediatamente en 6 moldes para flan. Deje enfriar. En un recipiente mediano, mezcle la leche, las claras de huevo, ¼ de taza de azúcar y la vainilla. Mueva hasta que el azúcar se disuelva. Vierta en los moldes para flan. Coloque los moldes en un refractario. Llene el refractario con 2.5 cm de agua caliente. Hornee a 180 °C durante 50 minutos o hasta que el flan esté listo. Refrigere. Para servir, desmolde con el cuchillo y sirva en platos.

Nutrimentos por porción:

Calorías	160	Colesterol	5 mg
Grasa	2 g	Sodio	100 mg

Copa del Bosque Oscuro

Helado de Fresa

Rinde 6 porciones

1 taza de azúcar
½ taza de agua
3 cucharadas de jugo de limón concentrado
675 g de fresas frescas limpias
Colorante vegetal rojo (opcional)

Bata el azúcar, el agua y el jugo de limón. Gradualmente agregue las fresas y bata hasta obtener una consistencia suave. Añada el colorante, si lo desea. Vierta en un refractario de 20 cm, tape y congele durante aproximadamente 1½ horas. En un recipiente mediano, bata con batidora eléctrica hasta obtener una consistencia de nieve. Tape y vuelva a congelar. Póngalo en el refrigerador para que se suavice 1 hora antes de servir.

Nutrimentos por porción:

Calorías	162	Colesterol	0 mg
Grasa	0 g	Sodio	3 mg

Copa del Bosque Oscuro

Rinde 12 porciones

2 tazas de leche baja en grasa, fría
120 g de queso crema Neufchatel
1 paquete (para 4 porciones) de pudín de chocolate
435 g de panqué de chocolate cortado en cubos
570 g de relleno para pay de cereza
1 tablilla de chocolate semiamargo rallado

Vierta ½ taza de leche en la licuadora; agregue el queso y tape. Licue hasta obtener una consistencia cremosa. Agregue 1½ tazas de leche y la mezcla para pudín. Muela hasta obtener una consistencia cremosa.

Distribuya de manera uniforme el panqué en 12 platos individuales. Guarde algunas cerezas para adornar; ponga el relleno para pay de cereza sobre el panqué. Agregue la mezcla de pudín y refrigere hasta que vaya a servir. Adorne con las cerezas y el chocolate.

Nutrimentos por porción:

Calorías	190	Colesterol	10 mg
Grasa	4 g	Sodio	340 mg

Corona de Crema

Corona de Crema

Rinde 12 porciones

2 tazas de leche descremada fría
1 sobre (para 4 porciones) de pudín de vainilla sin azúcar
1 taza de crema batida
1 durazno pequeño, pelado y picado
1 cucharadita de ralladura de cáscara de naranja
1 panqué (285 g) bajo en grasa
2 tazas de fruta picada (duraznos, nectarinas, moras, uvas sin semilla)

Vierta la leche en un recipiente mediano. Bata muy bien, de 1 a 2 minutos. Con cuidado, incorpore la crema batida, el durazno y la ralladura de naranja. Acomode las rebanadas de panque en un platón. De manera uniforme distribuya el pudín sobre el pan. Coloque la fruta. Sirva inmediatamente o cubra y refrigere hasta que vaya a servir.

Nutrimentos por porción:

Calorías	120	Colesterol	0 mg
Grasa	1 g	Sodio	230 mg

Rebanadas de Manzana Horneadas

Rinde 6 porciones

1.125 g de manzanas (5 o 6 grandes) peladas y rebanadas (unas 5 tazas)
2 cucharadas de jugo de manzana
½ taza de harina de trigo
½ taza bien compacta de azúcar morena
½ cucharadita de canela en polvo
¼ de taza de aceite vegetal

Caliente el horno a 180 °C. Engrase un refractario de 2 litros. Acomode las manzanas de manera uniforme en un plato. Vierta el jugo de manzana sobre las manzanas. En un recipiente mediano, mezcle la harina, el azúcar y la canela. Incorpore el aceite, hasta obtener una apariencia grumosa. Ponga sobre las manzanas.

Hornee a 180 °C o hasta que las manzanas se hayan suavizado. Deje enfriar un poco. Sirva calientes. Agregue el yogur de vainilla, si lo desea.

Nutrimentos por porción:

Calorías	289	Colesterol	0 mg
Grasa	9 g	Sodio	10 mg

Ambrosía de Flan de Frutas

Rinde 4 porciones

1 paquete (para 4 porciones) de pudín de vainilla sin azúcar
Ingredientes para pudín
1 cucharadita de ralladura de cáscara de limón
1 cucharada de jugo de limón
½ cucharadita de extracto de coco o almendra
1 lata (225 g) de piña en almíbar en trozos
1 taza de fruta fresca rebanada
¼ de taza de malvaviscos miniatura o coco rallado

En un recipiente mediano prepare el pudín de acuerdo con las instrucciones del paquete. Agregue la ralladura de limón, el jugo de limón y el extracto. Reserve ¼ de taza de pudín para la cubierta.

Sirva el resto del pudín de manera uniforme en 4 platos para postre. Mezcle los demás ingredientes en un recipiente pequeño. Sirva sobre el pudín. Cubra con el pudín que reservó.

Tiempo de preparación: 15 minutos

Nutrimentos por porción:

Calorías	139	Colesterol	0 mg
Grasa	2 g	Sodio	203 mg

Pudín de Banana y Kiwi

Rinde 4 porciones

1⅓ tazas de arroz cocido
1⅓ tazas de leche descremada
1 cucharadita de extracto de vainilla
Edulcorante bajo en calorías, equivalente a 2 cucharadas de azúcar
1 plátano (banana) maduro
¼ de taza de crema batida
2 kiwis rebanados para adornar

Caliente el arroz y la leche en una cacerola de 2 litros, a fuego medio hasta obtener una consistencia cremosa y espesa, de 5 a 8 minutos; bata frecuentemente. Retire del fuego y deje enfriar. Agregue la vainilla y el edulcorante. Justo antes de servir, machaque los plátanos; incorpore el plátano y la crema batida al pudín. Adorne con las rebanadas de kiwi.

Nutrimentos por porción:

Calorías	197	Colesterol	12 mg
Grasa	4 g	Sodio	306 mg

Pera con Salsa de Natilla

Helado de Manzana y Melón

Rinde 10 porciones, 5 tazas

2 tazas de refresco de lima-limón light
1 taza de puré de manzana
1 melón Honeydew (valenciano), sin semillas y picado en trozos grandes
⅛ de cucharadita de jengibre en polvo
2 o 3 gotas de colorante vegetal verde (opcional)

En un procesador de alimentos o en una licuadora, bata todos los ingredientes hasta obtener una consistencia cremosa. Vierta en un refractario de 20 o 23 cm. Tape y congele. Sirva la mezcla congelada en platos para postre.

Nutrimentos por porción (½ taza):

Calorías	37	Colesterol	0 mg
Grasa	0 g	Sodio	14 mg

Pera con Salsa de Natilla

Rinde 8 porciones

8 mitades de peras en almíbar escurridas
Salsa Cremosa de Natilla (receta más adelante)
8 frambuesas (opcional)
8 hojas de menta (opcional)

Corte las peras en rebanadas delgadas, pero sin cortar las orillas, de modo que queden sostenidas por un punto. Sosteniendo esta unión, separe las rebanadas de modo que queden en forma de abanico. Acomódelas en los platos para postre. Ponga aproximadamente ⅓ de la Salsa Cremosa de Natilla alrededor de las peras. Coloque una frambuesa y una hoja de menta en el extremo de las peras, si lo desea.

Salsa Cremosa de Natilla

3 tazas de leche descremada
1 paquete (para 4 porciones) de pudín de vainilla
¼ de cucharadita de canela en polvo (opcional)

Vierta la leche en un recipiente grande. Agregue la mezcla de pudín y la canela. Bata bien, de 1 a 2 minutos y tape. Refrigere hasta que esté listo para usar.

Nutrimentos por porción:

Calorías	160	Colesterol	20 mg
Grasa	4 g	Sodio	420 mg

Postre de Ruibarbo

Rinde de 4 a 6 porciones

6 tazas de ruibarbo fresco picado
½ taza bien compacta de azúcar morena
⅓ de taza de harina de trigo
⅓ de taza de avena sin cocer
½ cucharadita de canela en polvo
3 cucharadas de margarina o mantequilla
Crema batida o leche congelada (opcional)

Caliente el horno a 180 °C. Coloque el ruibarbo en un refractario cuadrado de 20 cm. Mezcle el azúcar morena, la harina, la avena y la canela en un recipiente mediano. Bata la margarina con la batidora hasta formar grumos grandes. Espolvoree esta mezcla sobre el ruibarbo. Hornee durante 30 minutos o hasta que dore ligeramente. Sirva caliente o frío con crema batida o leche congelada, si lo desea. Adorne al gusto.

Nutrimentos por porción:

Calorías	187	Colesterol	0 mg
Grasa	6 g	Sodio	77 mg

Crema Congelada de Naranja

Rinde 8 porciones

1 paquete (para 4 porciones) de gelatina de naranja dietética
¾ de taza de agua hirviente
2 tazas de leche descremada
1 lata (180 g) de jugo de manzana concentrado
1 taza de crema batida
315 g de tangerina en gajos

Disuelva la gelatina en el agua hirviente. Agregue la leche y el jugo de manzana. (La mezcla parecerá estar cortada, sin embargo, al momento de congelarse adquirirá una consistencia cremosa.) Vierta la mezcla en una charola metálica de 33×23 cm. Congele hasta que se formen cristales de hielo de 2.5 cm alrededor de las orillas, aproximadamente 1 hora. Vacíe en un recipiente frío; bata con batidora eléctrica hasta obtener una consistencia suave. Con cuidado, añada la crema batida. Coloque ⅔ de taza de la mezcla en moldes para flan. Congele durante unas 6 horas o toda la noche.

Para servir, coloque 8 gajos de tangerina en la licuadora y bata hasta obtener una consistencia suave. Retire los moldes del congelador y deje reposar por 15 minutos. Desmolde. Adorne cada postre con 1 cucharada del puré de tangerina, 1 gajo de naranja y una hoja de menta, si lo desea. Guarde cualquier sobrante en el congelador.

Nutrimentos por porción:			
Calorías	100	Colesterol	0 mg
Grasa	1 g	Sodio	75 mg

Postre de Piña Americano

Rinde de 8 a 10 porciones

1 piña fresca
1 taza de duraznos rebanados
1 taza de fresas rebanadas
1 taza de frambuesas
1 panqué de vainilla de 25 cm de diámetro
1 paquete (para 4 porciones) de pudín de vainilla
⅓ de taza de crema de jerez
½ taza de crema batida

Quite la corona de la piña. Corte la piña por la mitad a lo largo. Refrigere una mitad para algún uso posterior. Retire la pulpa y córtela en cuadritos angostos. Reserve 3 cubos para adornar; mezcle la piña restante con los duraznos, las fresas y las frambuesas.

Corte el panqué por la mitad. Congele la mitad para algún uso posterior. Corte la otra mitad en trozos.

Prepare el pudín de acuerdo con las instrucciones del empaque.

En un refractario de 2 litros, coloque en capas el panqué, el jerez, la mezcla de fruta y el pudín. Repita las capas. Tape. Refrigere durante 1 hora o por toda la noche.

Para servir, adorne con la crema batida, los cuadritos de piña y hojas de menta.

Tiempo de preparación: 20 minutos
Tiempo de refrigeración: 1 hora

Nutrimentos por porción:			
Calorías	173	Colesterol	4 mg
Grasa	2 g	Sodio	129 mg

Postre de Piña Americano

Postre Crujiente de Manzana

Rinde 4 porciones

4 tazas de manzanas peladas y rebanadas*
¼ de taza de agua o jugo de manzana
4 cucharaditas bien compactas de azúcar morena
2 cucharaditas de jugo de limón
¾ de cucharadita de canela en polvo
½ taza de avena sin cocer (tradicional o instantánea)
2 cucharadas de almendras picadas
1 cucharada bien compacta de azúcar morena
1 cucharada de margarina derretida

Caliente el horno a 180 °C. Mezcle las manzanas, el agua, 4 cucharaditas de azúcar morena, el jugo de limón y la canela. Cubra las manzanas con esta mezcla. Coloque la mezcla de manzana en un refractario redondo de 20 cm.

Combine los demás ingredientes. Espolvoree las manzanas con esta mezcla. Hornee durante aproximadamente 30 minutos o hasta que las manzanas estén suaves y la cubierta ligeramente dorada. Sirva tibio o frío.

*O sustituya por 570 g de manzanas enlatadas, rebanadas, sin azúcar, o por 2 latas de 450 g de duraznos en almíbar; reserve ¼ de taza del almíbar y reemplácelo por el jugo de manzana. Prepare como se indica, pero disminuya el tiempo de horneado de 20 a 22 minutos. Sirva como se señala en la receta.

Nutrimentos por porción:

Calorías	185	Colesterol	0 mg
Grasa	6 g	Sodio	37 mg

Paletas de Plátano con Chocolate

Rinde 10 paletas

2 tazas de leche descremada
1 paquete (para 4 porciones) de pudín de chocolate
1 taza de crema batida
½ taza de plátano (banana) machacado

Vierta la leche en un recipiente mediano. Agregue el sobre para preparar pudín. Bata bien, de 1 a 2 minutos. Con cuidado agregue la crema batida y el plátano.

Coloque aproximadamente ⅓ de taza de la mezcla del pudín sobre 10 vasitos de papel (150 ml). Inserte un palito de madera dentro de cada vasito. Congele durante unas 5 horas. Para servir, quite la paleta del vasito de papel.

Nutrimentos por porción:

Calorías	60	Colesterol	0 mg
Grasa	1 g	Sodio	160 mg

Flan Horneado con Caramelo

Rinde 8 porciones

3 tazas de leche descremada
½ taza de avena sin cocer
¾ de taza de claras de huevo
1 taza de azúcar
1 cucharadita de extracto de vainilla
Crema batida (opcional)

En una sartén grande, a fuego medio, hierva la leche; agregue la avena. Cueza durante 1 minuto, moviendo frecuentemente. Lentamente, añada las claras de huevo, ⅓ de taza de azúcar y la vainilla, moviendo constantemente. Cueza a fuego bajo de 4 a 5 minutos, hasta que la mezcla empiece a espesar.

En una sartén pequeña, a fuego medio-alto, caliente el resto del azúcar (⅔ de taza) hasta que el azúcar se haya derretido y haya adquirido un color dorado. Rápidamente vierta el azúcar derretida en un refractario de 1½ litros, ladeando de modo que cubra todo el refractario; vierta la mezcla de leche. Coloque el refractario en una charola poco profunda con 2.5 cm de agua caliente. Hornee a 180 °C de 60 a 70 minutos o hasta que, al insertar en el centro un cuchillo, éste salga limpio. Deje enfriar durante 15 minutos; desmolde. Sirva caliente o frío con la crema batida, al gusto. Adorne.

Nutrimentos por porción:

Calorías	178	Colesterol	2 mg
Grasa	muy poca	Sodio	78 mg

Helado de Manzana y Naranja

Rinde 12 porciones, 6 tazas

1 frasco (660 g) de puré de manzana
⅓ de taza de mermelada de naranja
3 claras de huevo batidas a punto de turrón*

En un recipiente mediano, mezcle el puré de manzana y la mermelada. Con cuidado, agregue las claras de huevo. Vierta en un refractario de 20 o 23 cm. Tape y congele. Coloque esta mezcla congelada en platos para postre o en cáscaras de naranja.

Sugerencia: Para preparar las cáscaras de naranja, haga un corte por la mitad de la naranja, sin cortar la pulpa. Gire la cáscara de modo que ésta se separe de la pulpa. Limpie cualquier residuo con una cuchara.

*Use únicamente huevos que no estén rotos.

Nutrimentos por porción (½ taza):

Calorías	51	Colesterol	0 mg
Grasa	0 g	Sodio	15 mg

Postre Crujiente de Manzana

Mousse de Toronja

Rinde 6 porciones

5 cucharadas de jugo de toronja concentrado y descongelado
1 cucharadita de gelatina sin sabor
1 cucharada de azúcar granulada
2 toronjas
¾ de taza de leche evaporada o descremada
3 cucharadas de azúcar glass

Mezcle 2 cucharadas de jugo y la gelatina en una sartén pequeña, moviendo hasta que la gelatina se haya suavizado. Agregue el azúcar granulada y 2 cucharadas de jugo. Caliente a fuego medio de 3 a 5 minutos o hasta que la gelatina se disuelva, moviendo constantemente. Retire del fuego y deje enfriar.

Mientras tanto, pele la toronja. Sepárela en gajos. Córtelos en trozos pequeños. Bata la leche evaporada en un recipiente mediano con batidora eléctrica. Agregue 1 cucharada de jugo; bata la mezcla hasta obtener una consistencia firme. Ponga el azúcar glass; bata 10 segundos más. Incorpore la gelatina. Añada la toronja; vierta en copas. Sirva inmediatamente o refrigere.

Nutrimentos por porción (con leche evaporada):			
Calorías	111	Colesterol	9 mg
Grasa	3 g	Sodio	35 mg

Nutrimentos por porción (con leche descremada):			
Calorías	93	Colesterol	1 mg
Grasa	0 g	Sodio	38 mg

Helado de Yogur de Durazno con Frambuesa

Rinde de 10 a 12 porciones, alrededor de 1½ litros

1 lata (450 g) de mitades de duraznos en almíbar
½ taza de claras de huevo
½ taza de azúcar
1 taza de media crema
225 g de yogur de durazno
2 cucharadas de jarabe de maíz
225 g de yogur de frambuesa

Escurra los duraznos, guarde el almíbar para su uso posterior. Póngalos en un procesador de alimentos y muélalos hasta obtener un puré. Bata las claras de huevo en un recipiente grande con batidora eléctrica hasta que adquieran un color amarillo y una consistencia espesa. De manera gradual agregue el azúcar mezclando bien. Añada la crema, el puré de durazno, el yogur de durazno y el jarabe. Para congelar vierta la mezcla en una máquina para hacer helado. Congele de acuerdo con las instrucciones del fabricante. Coloque la mezcla congelada en un recipiente sellado, alternándola con el yogur de frambuesa. Introduzca un cuchillo en el recipiente y haga círculos de tal manera que se forme una espiral. Tape y congele. Antes de servir, refrigere para suavizar un poco.

Nutrimentos por porción:			
Calorías	164	Colesterol	24 mg
Grasa	7 g	Sodio	52 mg

Paletas de Yogur de Plátano y Limón

Rinde 6 porciones

2 claras de huevo
2 cucharadas de azúcar
1 plátano (banana) maduro, pelado y rebanado
450 g de yogur de limón
6 vasos desechables de 150 ml
6 palitos de paleta

Bata las claras de huevo en un recipiente mediano con batidora eléctrica a velocidad alta hasta formar picos suaves. De manera gradual, agregue el azúcar, batiendo hasta formar picos duros. Licue el plátano y el yogur hasta obtener una consistencia suave. Incorpore la mezcla de yogur a la de huevo. Divídala de manera uniforme en los vasos desechables; coloque un palito en cada vaso. Congele. Para servir, retire el vaso.

Nutrimentos por porción:			
Calorías	120	Colesterol	3 mg
Grasa	1 g	Sodio	61 mg

Pan de Nectarina Fresca

Rinde 6 porciones

6 cucharadas de margarina
3 huevos
¾ de taza de leche baja en grasa
¾ de taza de harina de trigo
6 nectarinas rebanadas (unas 4 tazas)
1 cucharada compacta de azúcar morena
¾ de taza de yogur natural bajo en grasa
2 cucharadas de jarabe sabor maple

Caliente el horno a 250 °C. Coloque la margarina en una sartén para horno de 30 cm. Colóquelo en el horno para calentar la margarina. Mientras, bata las claras de huevo en un recipiente hasta obtener un color amarillo. Agregue la leche. Lentamente añada el harina y bata hasta obtener una consistencia suave. Retire la sartén del horno. Vierta la pasta en la sartén. Hornee durante 15 minutos. Reduzca la temperatura del horno a 180 °C. Hornee durante 10 minutos más hasta que el pan se haya esponjado y esté dorado. Mientras tanto, mezcle las nectarinas con el azúcar morena. En otro recipiente pequeño, mezcle el yogur con el jarabe. Sirva caliente con las nectarinas y la mezcla de yogur.

Nutrimentos por porción:

Calorías	245	Colesterol	136 mg
Grasa	8 g	Sodio	110 mg

Helado de Almendras con Higo

Rinde 6 porciones

⅓ de taza de almendras enteras
2 cucharadas de marsala
8 higos secos rebanados (aproximadamente ½ taza)
1½ tazas de leche baja en grasa
3 yemas de huevo
¾ de taza de azúcar
1 taza de yogur bajo en grasa

Caliente el horno a 180 °C; distribuya las almendras en una sola capa sobre una charola para hornear. Tuéstelas en el horno de 5 a 8 minutos, moviéndolas ocasionalmente; píquelas en pedazos grandes.

En una sartén gruesa, hierva la leche; agregue las yemas de huevo y el azúcar. Mueva la mezcla ocasionalmente. Retire del fuego y cuele. Vierta el yogur y mezcle bien. Coloque esta mezcla en una nevera y congele de acuerdo con las instrucciones del fabricante. Cuando el helado esté casi listo, agregue las almendras y los higos. Continúe con el proceso. Sirva inmediatamente; congele el sobrante.

Nutrimentos por porción:

Calorías	298	Colesterol	113 mg
Grasa	9 g	Sodio	65 mg

Postre de Mantequilla de Cacahuate y Plátano

Rinde 4 porciones

1 sobre de gelatina sin sabor
½ taza de leche descremada fría
1 taza de leche descremada hirviente
1 plátano (banana) pequeño cortado en tercios
⅓ de taza de azúcar
¼ de taza de mantequilla de cacahuate (maní)
½ cucharadita de extracto de vainilla
1 taza de cubos de hielo (de 6 a 8)

En un recipiente, espolvoree la gelatina sobre la leche fría y deje reposar durante 2 minutos. Agregue la leche hirviente y bata hasta que la gelatina se haya disuelto completamente, aproximadamente 2 minutos. Añada el plátano, el azúcar, la mantequilla de cacahuate y la vainilla. Bata muy bien. Ponga los cubos de hielo, 1 a la vez, mientras sigue batiendo. Sirva inmediatamente.

Nutrimentos por porción (1 taza):

Calorías	220	Colesterol	2 mg
Grasa	9 g	Sodio	125 mg

Bolitas de Fresa con Plátano

Bolitas de Fresa con Plátano

Rinde 5 porciones

2 plátanos medianos maduros, pelados y
   rebanados (unas 2 tazas)
2 tazas de fresas congeladas sin endulzar
¼ de taza de pulpa de fresa sin azúcar*
   Fresas frescas enteras (opcional)
   Hojas de menta frescas (opcional)

Coloque las rebanadas de plátano en una bolsa de
plástico y congele. Licue las fresas y los plátanos
congelados en un procesador de alimentos. Deje
reposar por unos 10 minutos para que la fruta se
suavice. Agregue la pulpa de fresa. Licue hasta
obtener una consistencia suave; raspe a menudo los
lados del procesador. Sirva inmediatamente.
**Adorne con fresas frescas y hojas de menta si lo
desea.

*Para que la pulpa esté menos espesa, combine 3 cucharadas de
pulpa por 1 cucharada de agua caliente.*

**Las bolitas se pueden congelar por un mes en un recipiente
hermético. Antes de servir, deje reposar a temperatura ambiente
para que se suavicen un poco.*

Nutrimentos por porción:			
Calorías	77	Colesterol	0 mg
Grasa	muy poca	Sodio	8 mg

Salsa Caliente de Mantequilla con Ron

Rinde 1⅔ de taza

1 taza de azúcar
2 cucharadas de fécula de maíz
⅛ de cucharadita de sal
¾ de taza de agua
¼ de taza de ron añejo
2 cucharadas de mantequilla

Mezcle el azúcar, la fécula de maíz y la sal en una
sartén mediana. Agregue el agua. Caliente a fuego
medio y deje hervir durante 1 minuto o hasta que
espese. Retire del fuego y añada el ron y la
mantequilla, batiendo hasta que la mantequilla se
haya derretido.

Nutrimentos por porción (2 cucharadas de salsa):			
Calorías	85	Colesterol	5 mg
Grasa	2 g	Sodio	39 mg

Peras Rellenas de Merengue

Rinde de 4 a 6 porciones

1 lata (855 g) de mitades de pera en almíbar
2 cucharadas bien compactas de azúcar
   morena
1 cucharadita de ralladura de cáscara de
   limón
½ cucharadita de nuez moscada en polvo
2 claras de huevo
   Pizca de sal
2 cucharadas de azúcar granulada
2 cucharadas de almendras rebanadas
   (opcional)

Caliente el horno a 180 °C. Escurra las peras y
guarde ⅓ de taza del almíbar. Coloque las mitades de
pera en un refractario de 20 cm. Vierta el almíbar en
el refractario. Mezcle el azúcar morena, la ralladura
de limón y la nuez moscada en un recipiente pequeño.
Rocíe la mezcla sobre las peras de manera uniforme.
Bata las claras de huevo y la sal en un recipiente
mediano, con batidora eléctrica, hasta formar picos
suaves. De manera gradual, añada el azúcar y bata a
punto de turrón. Ponga esta mezcla sobre las peras e
incorpore las almendras, si lo desea.

Hornee de 15 a 20 minutos hasta que haya dorado.
Sirva caliente.

Nutrimentos por porción:			
Calorías	118	Colesterol	0 mg
Grasa	muy poca	Sodio	45 mg

Sorbete de Ciruela

Rinde 6 porciones

12 ciruelas rebanadas
3 cucharadas de azúcar
1 taza de jugo de naranja
1 cucharada de ralladura de cáscara de
   naranja

Coloque todos los ingredientes en la batidora y bata
hasta que la mezcla adquiera una consistencia suave.
Vierta esta mezcla en un refractario y congele durante
aproximadamente 4 horas. Aproximadamente
30 minutos antes de servir, vuelva a batir. Regrese al
congelador hasta el momento de servir.

Nota: También puede preparar el sorbete en una
máquina para hacer helados, de acuerdo con las
instrucciones del fabricante.

Nutrimentos por porción:			
Calorías	164	Colesterol	0 mg
Grasa	1 g	Sodio	muy poco

Ciruelas con Crema Bávara

Nectarinas con Corona de Merengue

Rinde 6 porciones

- 2 claras de huevo
- ⅛ de cucharadita de cremor tártaro y de nuez moscada
- ⅔ de taza de azúcar
- 1 lata (180 g) de jugo de arándano rojo concentrado
- ½ taza de agua
- 1½ cucharaditas de fécula de maíz
- 5 nectarinas frescas rebanadas (unas 3 tazas)

Caliente el horno a 120 °C. Coloque las claras de huevo en un recipiente mediano y agregue el cremor tártaro y la nuez moscada. Bata con batidora eléctrica hasta adquirir una consistencia esponjosa. De manera gradual, añada el azúcar batiendo constantemente hasta obtener una consistencia firme y lustrosa. Divida la mezcla en 6 porciones iguales sobre una charola para hornear. Con la parte posterior de una cuchara déles forma redonda. Hornee durante 1 hora. Deje enfriar. Vierta el concentrado en una cacerola. Bata el agua y la fécula de maíz. Cueza hasta que la salsa haya espesado y tenga una apariencia clara. Deje enfriar. Rellene cada merengue con ½ taza de rebanadas de nectarina. Sirva la salsa sobre la fruta.

Nutrimentos por porción:			
Calorías	168	Colesterol	muy poco
Grasa	muy poca	Sodio	7 mg

Ciruelas con Crema Bávara

Rinde 6 porciones

- 9 ciruelas rebanadas
- 3 claras de huevo
- ⅓ de taza de azúcar
- ¼ de taza de yogur natural bajo en grasa

Con 4 ciruelas, prepare 1 taza de puré en un procesador de alimentos. En un recipiente grande, bata las claras de huevo y el azúcar a punto de turrón. Incorpore el puré de ciruela y el yogur. Coloque las demás ciruelas en un plato. Agregue el puré de ciruela sobre ellas. Adorne con menta y más rebanadas de ciruela, si lo desea.

Nutrimentos por porción:			
Calorías	106	Colesterol	muy poco
Grasa	muy poca	Sodio	32 mg

Mousse de Chocolate

Rinde 4 porciones

- 1 cucharadita de gelatina sin sabor
- ¼ de taza de leche descremada fría
- ½ taza de leche descremada hirviente
- ¼ de taza de chispas de chocolate semiamargo
- 225 g de queso cottage
- ¼ de taza de azúcar
- 1 cucharadita de extracto de vainilla

Espolvoree la gelatina sobre la leche fría y deje reposar 2 minutos. Agregue la leche caliente y bata a velocidad baja hasta que la gelatina se haya disuelto completamente, aproximadamente por 2 minutos. Añada el chocolate y bata a velocidad alta durante 1 minuto. Coloque los demás ingredientes y bata a velocidad alta hasta que todo esté bien mezclado. Vierta en un platón mediano o en tazas individuales. Deje enfriar durante unas 2 horas.

Variante: Antes de servir, bata el mousse hasta que se suavice y sirva como aderezo con fruta fresca y cubos de panqué de vainilla.

Nutrimentos por porción:			
Calorías	167	Colesterol	3 mg
Grasa	4 g	Sodio	255 mg

Crema de Frutas

Rinde 8 porciones

½ taza de mermelada de arándano rojo
3 cucharadas de agua
1 paquete (para 4 porciones) de pudín de
   vainilla
1 taza de leche
1 taza de yogur de vainilla o de limón, bajo en
   grasa
1 paquete (90 g) de soletas (unas 12) partidas
1½ tazas de rebanadas de duraznos frescos o
   descongelados, bien escurridos
1½ a 2 tazas de fresas partidas por la mitad,
   gajos de naranja o mitades de toronja

Caliente en baño María la mermelada de arándano.
Deje enfriar. Prepare el pudín de acuerdo con las
instrucciones del paquete, sustituyendo la leche
indicada en el paquete por la cantidad de leche y
yogur que se indican en esta receta.

Cubra el refractario con las soletas. Mezcle 1 taza de
duraznos y 1 taza de fresas en un recipiente pequeño.
Vierta la mitad de la mezcla de frutas sobre el
refractario con las soletas y luego agregue la mitad
del pudín. Ponga la mitad de la mezcla de arándano.
Coloque otra capa de soletas encima y repita las
capas de fruta y pudín. Vierta el resto de la mezcla de
arándano en el centro. Cubra con plástico y refrigere
4 horas. Antes de servir coloque encima el resto de
durazno y fresas.

Nutrimentos por porción:

Calorías	180	Colesterol	45 mg
Grasa	2 g	Sodio	127 mg

"Sundaes" de Piña

Rinde 8 porciones

1 piña fresca
1 taza de leche baja en grasa
¼ de taza de pudín de vainilla
6 cucharadas de nuez picada
3 cucharadas de coco rallado

Quite la corona de la piña. Corte la piña en cuartos y
a lo largo. Extraiga la pulpa. Retire el corazón y pique
la pulpa. Distribuya de manera uniforme en 8 copas
para postre.

Licue la leche y la mezcla para pudín hasta que quede
bien mezclada. En un recipiente grande refrigere
durante 10 minutos. Coloque esta mezcla sobre las
8 copas. Espolvoree las nueces y el coco. Sirva
inmediatamente.

Tiempo de preparación: 20 minutos
Tiempo de refrigeración: 10 minutos

Nutrimentos por porción:

Calorías	114	Colesterol	1 mg
Grasa	5 g	Sodio	45 mg

"Sundaes" de Piña

Rápidas Manzanas "Horneadas"

Rinde 4 porciones

 4 manzanas cocidas*
 2 cucharadas de uvas pasa picadas
 2 cucharadas de dátiles picados
 2 cucharadas de almendras o nueces picadas
 1 cucharada de margarina o mantequilla derretida
 1 cucharadita de fécula de maíz
 ¾ de cucharadita de canela en polvo
 ¾ de taza de jugo de manzana concentrado, sin endulzar
   Crema agria (opcional)

En horno de microondas: Pele la mitad de las manzanas, de arriba abajo. Con el descorazonador o con un cuchillo filoso, quite el corazón sin llegar hasta el fondo, dejando intacto el fondo, aproximadamente a .5 cm del fondo. Repita esto con las demás manzanas. Coloque las manzanas en un refractario de 23 cm. Mezcle las uvas pasa, los dátiles, las nueces y la mantequilla en un recipiente pequeño. Vierta de manera uniforme sobre las manzanas. Revuelva la fécula de maíz y la canela en un recipiente pequeño. Combine el jugo de manzana y bañe las manzanas. Hornee sin tapar a temperatura ALTA (100 %) de 10 a 12 minutos o hasta que, al picarlas con un tenedor, se sientan suaves; gire el platón después de 6 minutos. Deje reposar de 5 a 10 minutos antes de servir. Bañe las manzanas con el jugo de la charola. Sirva calientes o a temperatura ambiente con crema agria, si lo desea.

*Utilice manzanas McIntosh o Rome Beauty.

Nota: Para 2 porciones, utilice la mitad de los ingredientes. Pele, corte y rellene las manzanas de la misma manera. Colóquelas en un refractario de 23 cm. Hornee de 5 a 8 minutos o hasta que estén listas; gire el plato después de 4 minutos. Continúe según las instrucciones.

Nutrimentos por porción:			
Calorías	251	Colesterol	8 mg
Grasa	6 g	Sodio	44 mg

Chispeante Copa de Pera y Frutas

Rinde de 6 a 8 porciones

 2 peras sin corazón y cortadas en cubos
 1 pera Bartlett o manzana Red Delicious sin corazón y cortada en cubos
 315 g de tangerina en gajos
 ½ taza de arándanos negros
 ½ taza de vino rosado Chablis* y de jugo de naranja

Mezcle las peras, las tangerinas y los arándanos en un recipiente. Combine el vino y el jugo de naranja en un recipiente pequeño. Vierta sobre la fruta. Refrigere durante 30 minutos antes de servir.

*El vino rosado puede sustituirlo por ginger ale.

Nutrimentos por porción:			
Calorías	67	Colesterol	0 mg
Grasa	muy poca	Sodio	10 mg

Peras al Vapor con Salsa de Yogur de Frambuesa

Rinde 4 porciones

 2 peras Bartlett partidas por la mitad, sin corazón
   Jugo de limón
 360 g de frambuesas sin endulzar
 1 cucharadita de azúcar
 ¼ de taza de yogur natural bajo en calorías
   Tiras de cáscara de naranja para adornar (opcional)
   Hojas de menta fresca para adornar (opcional)

Unte el limón en las peras para prevenir que se oxiden. Cueza las peras al vapor. Ponga una rejilla en un recipiente grande. Agregue suficiente agua para cubrir el fondo del recipiente (el agua no debe tocar la rejilla). Acomode las mitades de pera con la parte cortada hacia abajo; tape y cueza. Ponga a calentar a temperatura media hasta que hierva el agua. Reduzca el fuego a bajo; cueza las peras de 4 a 5 minutos hasta que estén suaves. Deje enfriar a temperatura ambiente; refrigere hasta que estén frías.

Mientras tanto, licue las frambuesas en un procesador de alimentos. Agregue el azúcar al yogur. Coloque el yogur en una duya. Ponga ¼ de taza del puré de frambuesa en cada uno de 4 platos para postre. Con la duya haga un espiral de yogur sobre la salsa. Coloque las mitades de pera con la parte cortada hacia abajo, en el centro de los platos. Adorne con las tiras de naranja y las hojas de menta, si lo desea.

Nutrimentos por porción:			
Calorías	148	Colesterol	muy poco
Grasa	muy poca	Sodio	11 mg

Rápidas Manzanas "Horneadas"

Budín de Manzana con Nuez

Rinde 8 porciones

- **4 rebanadas de pan blanco de consistencia firme**
- **2 cucharaditas de margarina derretida**
- **2 manzanas medianas picadas**
- **¼ de taza de nuez picada**
- **2 tazas de leche baja en grasas**
- **½ taza de claras de huevo congeladas**
- **1 cucharadita de vainilla**
- **1 paquete (para 4 porciones) de pudín de vainilla sin azúcar**
- **1 cucharadita de canela en polvo**

Caliente el horno a 180 °C.

Barnice el pan con la margarina. Córtelos en cuadritos de 2.5 cm. Colóquelos en una charola para hornear. Hornee 10 minutos o hasta que esté ligeramente tostado. Coloque el pan en un refractario de 1½ litros. Agregue las manzanas y la nuez, mezcle ligeramente.

Vierta la leche, las claras de huevo y la vainilla en un recipiente grande. Bata bien. Añada la mezcla para preparar pudín y ½ cucharadita de canela; bata muy bien. Vierta sobre la mezcla de pan y espolvoree la canela. Hornee durante 30 minutos. Retire del horno. Deje reposar 10 minutos antes de servir.

Nutrimentos por porción:

Calorías	130	Colesterol	5 mg
Grasa	5 g	Sodio	190 mg

Deliciosa Compota de Manzana

Rinde 6 porciones

- **2 manzanas Golden rojas**
- **2 tazas de melón en trozos de 2.5 cm**
- **1 taza de uvas sin semilla**
- **1 naranja en gajos**
- **1 plátano (banana) pelado y cortado en trozos de 2.5 cm**
- **2 tazas de ginger ale frío**
- **2 cucharadas de jugo de lima**

Retire el corazón de las manzanas; córtelas en trozos de un bocado. Coloque las manzanas, el melón, las uvas, la naranja y el plátano en un recipiente grande; mezcle bien. Revuelva el ginger ale y el jugo de lima en una taza pequeña. Vierta sobre la fruta. Mezcle bien y sirva inmediatamente.

Nutrimentos por porción:

Calorías	104	Colesterol	0 mg
Grasa	1 g	Sodio	2 mg

Budín de Manzana con Nuez

Plátanos al Horno

Rinde 8 porciones

- **3 cucharadas de manteca vegetal**
- **2 cucharaditas de ralladura de cáscara de limón**
- **2 cucharaditas de jugo de limón**
- **6 plátanos (bananas) maduros**
- **½ taza bien compacta de azúcar morena**

Caliente el horno a 180 °C. Coloque la manteca en un refractario de 3 litros. Hornee de 3 a 5 minutos o hasta que la manteca se haya derretido. Retire del horno; agregue la ralladura y el jugo de limón. Pele los plátanos y córtelos por la mitad a lo largo. Póngalos en una charola para hornear, volteándolos para que se cubran bien con la manteca. Espolvoree azúcar morena sobre los plátanos.

Hornee a 180 °C de 20 a 25 minutos o hasta que el azúcar se haya derretido y los plátanos estén suaves. Sirva calientes.

Nutrimentos por porción:

Calorías	171	Colesterol	0 mg
Grasa	5 g	Sodio	7 mg

Fondue de Chocolate

Rinde 1³⁄₄ tazas

1 paquete (360 g) de chispas de chocolate
1 lata (150 ml) de leche descremada evaporada
2 cucharadas de Grand Marnier o kirsch (licor de cereza) (opcional)
½ cucharadita de extracto de vainilla
Cubitos de panqué de vainilla y fruta fresca para adornar

Mezcle las chispas de chocolate y la leche evaporada en el recipiente para fondue. Cueza a fuego bajo hasta que el chocolate se haya derretido; mueva ocasionalmente.

Agregue el licor y la vainilla. Sirva con panqué o fruta fresca.

Nutrimentos por porción (2 cucharadas de fondue con ½ de panqué):

Calorías	264	Colesterol	5 mg
Grasa	8 g	Sodio	162 mg

Postre de Limonada Fría

Rinde 8 porciones

1½ tazas de agua fría
1 paquete (90 g) de gelatina de limón sin azúcar
225 g de queso crema suavizado
⅓ de taza de limonada congelada
1 cucharadita de ralladura de cáscara de limón
2 tazas de crema batida

Hierva el agua. Agréguela a la gelatina en un recipiente pequeño; mezcle hasta que la gelatina se haya disuelto. Añada el queso, la limonada y la ralladura de limón en un recipiente grande, y bata con batidora eléctrica a velocidad media. Vierta la gelatina y deje enfriar hasta que esté casi cuajada. Incorpore la crema batida y vacíe en 6 moldes ligeramente engrasados. Deje cuajar completamente. Desmolde. Adorne al gusto.

Variación: Sustituya los 8 moldes individuales de ½ taza por uno de 6 tazas.

Nutrimentos por porción:

Calorías	160	Colesterol	25 mg
Grasa	10 g	Sodio	150 mg

Copa de Fruta con Salsa de Manzana

Copa de Fruta con Salsa de Manzana

Rinde 7 porciones, 3½ tazas

315 g de tangerina en gajos
285 g de fresas descongeladas
1 taza de puré de manzana
1 taza de uvas.sin semilla (opcional)
2 cucharadas de jugo de naranja concentrado

En un recipiente mediano, mezcle todos los ingredientes. Coloque la mezcla de fruta en copas. Congele. Retire del congelador 30 minutos antes de servir. Adorne al gusto.

Nutrimentos por porción (½ taza):

Calorías	107	Colesterol	0 mg
Grasa	0 g	Sodio	5 mg

Pan Rápido de Coco con Dátil

Pan Rápido de Coco con Dátil

Rinde 12 porciones

2 tazas de harina de trigo
2 cucharaditas de polvo para hornear
½ cucharadita de bicarbonato de sodio
½ cucharadita de sal
2 huevos
¾ de taza de jugo de manzana concentrado sin endulzar
¼ de taza de mantequilla o margarina derretida
¼ de taza de leche
2 cucharaditas de extracto de vainilla
1 taza de dátiles picados
½ taza de nueces o almendras picadas
⅓ de taza de coco rallado
Queso crema (opcional)

Caliente el horno a 180 °C. Engrase un molde para pan de 23×13 cm.

Mezcle la harina, el polvo para hornear, el bicarbonato de sodio y la sal en un recipiente mediano; deje reposar. Bata los huevos en otro recipiente mediano con batidora eléctrica. Combine el jugo de manzana, la mantequilla, la leche y la vainilla. Agregue a la mezcla de harina; mezcle bien. Añada los dátiles, las nueces y el coco. Unte sobre el pan previamente preparado.

Hornee durante 45 minutos o hasta que, al insertar en el centro del pan un palillo, éste salga limpio. Deje enfriar 10 minutos. Retire de la charola; deje enfriar completamente. Rebane y sirva a temperatura ambiente o tueste las rebanadas. Únteles queso crema, si lo desea.

Nutrimentos por porción:

Calorías	242	Colesterol	46 mg
Grasa	9 g	Sodio	255 mg

Fresas con Crema

Rinde unas 10 porciones

1 sobre de gelatina sin sabor
¼ de taza de agua fría
285 g (unas 2 tazas) de fresas descongeladas
¼ de taza de jugo de naranja concentrado
¼ de taza de azúcar
225 g de crema batida

En una sartén pequeña, espolvoree la gelatina sobre el agua fría; deje reposar por 1 minuto. Caliente a fuego bajo hasta que la gelatina se haya disuelto por completo, durante unos 3 minutos.

Licue las fresas, el jugo de naranja y el azúcar hasta obtener una consistencia suave. Mientras licua, agregue la gelatina y siga moliendo. En un recipiente grande, combine la crema batida con una taza de la mezcla de fresa. Vierta en un recipiente de 6 tazas. Con cuidado, ponga el resto de la mezcla, bata hasta obtener un aspecto veteado. Deje enfriar durante unas 2 horas.

Nutrimentos por porción (½ taza):

Calorías	87	Colesterol	0 mg
Grasa	3 g	Sodio	1 mg

Hot Cakes con Queso Ricotta

Rinde 6 porciones, 18 hot cakes

⅓ de taza de queso ricotta
¼ de taza de leche
1 huevo
2 cucharadas de jugo de manzana concentrado
1 cucharada de margarina o mantequilla derretida
¾ de cucharadita de extracto de vainilla
½ taza de harina de trigo
½ cucharadita de polvo para hornear
⅛ de cucharadita de nuez moscada
1 taza más 2 cucharadas de fruta molida,* de cualquier tipo, sin azúcar

Caliente una sartén ligeramente engrasada. Licue el queso ricotta hasta obtener una consistencia suave. Agregue la leche, el huevo, el jugo de manzana, la mantequilla y la vainilla. Vierta la harina, el polvo para hornear y la nuez moscada. Ponga un poco de pasta sobre la sartén. Cueza de 1 a 2 minutos hasta que aparezcan burbujas en la superficie; voltéelos. Siga cociendo durante 30 segundos más o hasta que hayan dorado un poco. Sirva calientes con la fruta molida.

*Puede sustituir por ¾ de taza de puré de fruta con 6 cucharadas de agua tibia.

Nutrimentos por porción (3 hot cakes):

Calorías	212	Colesterol	46 mg
Grasa	4 g	Sodio	126 mg

Arroz con Leche con Durazno y Canela

Rinde 4 porciones

1 taza de agua
⅓ de taza de arroz de grano largo sin cocer
1 cucharada de margarina o mantequilla
⅛ de cucharadita de sal
1 lata (450 g) de rebanadas de duraznos en almíbar
½ taza de leche
2 cucharaditas de fécula de maíz
½ cucharadita de canela molida
¼ de taza de jalea de durazno sin azúcar
½ taza de crema agria (opcional)
1 cucharada de jalea de durazno sin azúcar (opcional)
Rebanadas de durazno natural (opcional)
Rajas de canela (opcional)

Mezcle el agua, el arroz, la mantequilla y la sal en una cacerola mediana. Hierva a fuego alto. Al primer hervor, reduzca el fuego y tape; deje hervir a fuego bajo durante unos 25 minutos o hasta que el arroz esté listo. Retire del fuego. Escurra los duraznos enlatados; reserve ½ taza del almíbar. Agregue al arroz el almíbar reservado y ¼ de taza de leche. Mezcle la fécula de maíz y la canela en un recipiente pequeño. Revuelva bien. Poco a poco, agregue ¼ de taza de leche, mezclando bien. Hierva a fuego medio, moviendo constantemente. Al primer hervor, reduzca el fuego y deje hervir durante unos 2 minutos más, moviendo con frecuencia. Retire del fuego; ponga ¼ de taza de jalea de fruta. Deje enfriar a temperatura ambiente, moviendo de vez en cuando.

Pique los duraznos que había escurrido; agregue al arroz. Sirva a temperatura ambiente, si lo desea. Bata la crema con 1 cucharada de jalea hasta que se formen picos suaves. Sirva con el arroz. Puede adornar con las rebanadas de durazno fresco y las rajas de canela.

Nutrimentos por porción:			
Calorías	197	Colesterol	12 mg
Grasa	4 g	Sodio	119 mg

Postre de Fruta sin Hornear

Rinde 6 porciones

2 latas (450 g) de frutas mixtas en almíbar
1 taza de granola
¼ de taza de almendras rebanadas
2 cucharadas de margarina
2 cucharadas compactas de azúcar morena
1 cucharadita de canela molida
½ taza de yogur de vainilla bajo en grasa
¼ de cucharadita de nuez moscada molida

Escurra la fruta; reserve el almíbar para otro uso. Mezcle la granola y las almendras en un recipiente pequeño. Derrita la margarina en una sartén pequeña a fuego medio. Agregue el azúcar y la canela; deje hervir durante 2 minutos o hasta que el azúcar se haya derretido; mueva constantemente. Vierta sobre la mezcla de granola. Deje enfriar. Mezcle el yogur y la nuez moscada en un recipiente pequeño. Para servir, coloque ½ taza de fruta mixta en cada plato. Añada la mezcla de yogur y espolvoree con la mezcla de granola.

Nutrimentos por porción:			
Calorías	223	Colesterol	0 mg
Grasa	7 g	Sodio	107 mg

Emparedados de Jengibre

Rinde 15 emparedados

1 manzanas McIntosh pelada y sin corazón
½ taza de queso cottage
2 cucharadas de azúcar
30 galletas de jengibre

Ralle la manzana. Licue el queso cottage hasta obtener una consistencia suave. Agregue la manzana y el azúcar; mezcle bien. Unte el relleno en 15 galletas, coloque otra galleta encima para hacer los emparedados.

Nutrimentos por porción (1 emparedado):			
Calorías	57	Colesterol	muy poco
Grasa	1 g	Sodio	78 mg

Arroz con Leche con Durazno y Canela

Pan de Elote con Durazno y Cereza

Rinde 8 porciones

> 2 tazas de duraznos rebanados (unos 450 g)
> ⅓ de taza de azúcar
> 2 tazas de cerezas frescas (unos 225 g)
> 1 taza más 1 cucharada de harina de trigo
> ½ taza de harina de maíz
> 5½ cucharaditas de azúcar
> 2 cucharaditas de polvo para hornear
> ½ cucharadita de sal
> 5 cucharadas de mantequilla sin sal
> ½ cucharadita de ralladura de cáscara de naranja
> ¾ de taza de leche baja en grasas

Caliente el horno a 180 °C. Mezcle los duraznos con ⅓ de taza de azúcar en un recipiente pequeño. Revuelva las cerezas y 1 cucharada de harina en otro recipiente pequeño. Combine 1 taza de harina, la harina de maíz, 4¼ cucharaditas de azúcar, el polvo para hornear y la sal en un recipiente grande. Incorpore la mantequilla; agregue la ralladura de naranja. Vierta la leche hasta que la masa se humedezca. Ponga la mezcla de durazno y la mezcla de cereza en un refractario de 1½ litros. Coloque la masa encima. Espolvoree 1 cucharada de azúcar.

Hornee de 25 a 30 minutos hasta que haya dorado. Deje enfriar ligeramente y sirva.

Nutrimentos por porción:

Calorías	247	Colesterol	21 mg
Grasa	9 g	Sodio	83 mg

Salsa de Frambuesa

Rinde 1 taza

> 2 tazas (470 ml) de frambuesas frescas o descongeladas
> ½ taza de mermelada de frambuesa sin azúcar
> 1½ cucharadas de licor de naranja (opcional)

Licue las frambuesas hasta obtener una consistencia de puré. Cuele y deshágase de las semillas. Agregue la mermelada y el licor al puré, mezcle bien. Guarde en el refrigerador hasta por 1 semana. Sirva sobre fruta fresca o rebanadas de pan.

Nutrimentos por porción (1 cucharada de salsa):

Calorías	29	Colesterol	0 mg
Grasa	muy poca	Sodio	0 mg

Pan de Elote con Durazno y Cereza

Helado de Durazno

Rinde 7 porciones

7 duraznos frescos cortados en cuartos
2 tazas de leche baja en grasas
1 sobre de gelatina sin sabor
1 taza de yogur natural bajo en grasas
½ taza de azúcar
1 cucharadita de extracto de vainilla

Pique los duraznos necesarios para obtener 1 taza. Licue los demás duraznos hata obtener puré. Obtenga 2½ tazas de puré. Mezcle la leche y la gelatina en una sartén mediana. Deje reposar por 1 minuto para que se suavice. Caliente a fuego medio hasta que la gelatina se disuelva. Retire del fuego. Agregue los duraznos picados, el puré, el yogur, el azúcar y la vainilla a la mezcla de gelatina. Revuelva bien. Vierta la mezcla en la máquina para hacer helados; prepare de acuerdo con las instrucciones del fabricante. Congele hasta que esté listo.

Nutrimentos por porción (½ taza):

Calorías	85	Colesterol	4 mg
Grasa	1 g	Sodio	30 mg

Sorbete de Toronja con Ralladura Endulzada

Rinde 8 porciones, aproximadamente 1 litro

3 o 4 toronjas grandes*
2 tazas de azúcar
1 taza de agua
2 cucharadas de jugo de lima
Hojas de menta para adornar

Ralle suficiente cáscara de naranja para obtener ½ taza. Exprima las toronjas y obtenga 2 tazas de jugo. Cuele el jugo para quitar las semillas; guarde la pulpa. Agregue la pulpa al jugo. Coloque el azúcar, el agua y la ralladura en una sartén de 1 litro. Mezcle bien. Hierva a fuego medio. Retire del fuego. Saque ¾ partes de la ralladura de toronja. Guarde la ralladura en un recipiente hermético y refrigere hasta que el sorbete esté listo. Enfríe el jarabe de toronja.

Combine la mezcla de azúcar, el jugo de toronja y el jugo de limón; tape y refrigere hasta que se enfríe. Coloque la mezcla en la nevera y congele de acuerdo con las instrucciones del fabricante. Transfiera el sorbete a un recipiente de plástico de 1 litro. Cubra con plástico para prevenir que se formen cristales de hielo. Congele hasta que esté listo. Deje reposar por 10 minutos antes de servir. Adorne cada porción con la ralladura endulzada y hojas de menta.

*Puede sustituirlas con 2 tazas de jugo de toronja más una toronja.

Nutrimentos por porción (½ taza):

Calorías	205	Colesterol	0 mg
Grasa	0 g	Sodio	1 mg

Cuadros de Pera con Especias

Rinde unas 3 docenas de cuadros

½ taza de mantequilla o margarina
¾ de taza de azúcar granulada
2 huevos
¾ de taza de harina de trigo
1 cucharadita de polvo para hornear y de canela molida
½ cucharadita de bicarbonato de sodio, de sal y de nuez moscada
¼ de cucharadita de clavo en polvo
1 lata (450 g) de peras en almíbar picadas y escurridas
¾ de taza de avena instantánea
½ taza de uvas pasa y de nueces picadas
Azúcar glass

Caliente el horno a 180 °C. Engrase un molde de 33×23 cm. Bata la mantequilla y el azúcar en un recipiente grande con batidora eléctrica hasta obtener una consistencia cremosa. Bata los huevos, uno a la vez, mezclando antes de cada adición. Combine la harina, el polvo para hornear, la canela, el bicarbonato de sodio, la sal, la nuez moscada y los clavos en un recipiente pequeño. Revuelva bien. Agregue a la mezcla de mantequilla; combine bien. Añada las peras, la avena, las uvas pasa y la nuez. Coloque en el molde preparado.

Hornee de 20 a 30 minutos o hasta que, al insertar en el centro del pan un palillo, éste salga limpio. Espolvoree con azúcar glass. Corte en cuadros y sirva caliente.

Nutrimentos por porción (1 cuadro):

Calorías	83	Colesterol	22 mg
Grasa	4 g	Sodio	78 mg

Salsa de Jengibre y Durazno

Salsa de Jengibre y Durazno

Rinde aproximadamente 1 taza

1 lata (450 g) de duraznos en almíbar, rebanados y escurridos
1½ cucharadita de jengibre fresco picado
2 cucharadas de licor de almendra (opcional)

Licue los duraznos para obtener puré. Agregue el jengibre y el licor, si así lo desea. Sirva con fruta fresca.

Nutrimentos por porción (1 cucharada):

Calorías	13	Colesterol	0 mg
Grasa	0 g	Sodio	1 mg

Pudín de Almendra y Calabaza

Rinde 8 porciones

½ taza de almendras picadas
1 sobre de gelatina sin sabor
1 taza de leche baja en grasas
1 taza de calabaza cocida
½ cucharadita de especias para pay
225 g de yogur natural bajo en grasa
3 claras de huevo
Pizca de sal
⅔ de taza de azúcar morena

Caliente el horno a 180 °C. Coloque las almendras en una sola capa sobre la charola para hornear. Tueste en el horno de 5 a 8 minutos hasta que hayan dorado, moviéndolas ocasionalmente.

Espolvoree la gelatina sobre la leche en una cacerola pequeña; deje reposar 5 minutos para que se suavice. Caliente a fuego bajo hasta que la leche esté caliente y la gelatina se haya disuelto. Retire del fuego. Agregue la calabaza y las especias. Transfiera a un recipiente grande y deje enfriar a temperatura ambiente; agregue el yogur. Deje enfriar hasta que la mezcla empiece a espesar. Bata las claras de huevo y la sal en un recipiente mediano con batidora eléctrica, a punto de turrón. De manera gradual, añada el azúcar y siga batiendo; incorpore la mezcla de calabaza. Espolvoree una cucharada de almendras en el fondo de un molde para 6 tazas, previamente engrasado. Incorpore el resto de las almendras en la mezcla de calabaza. Vierta en el molde. Deje enfriar. Desmolde y sirva.

Nutrimentos por porción:

Calorías	169	Colesterol	4 mg
Grasa	5 g	Sodio	98 mg

Peras Streusel en Microondas

Rinde 6 porciones

3 cucharadas de azúcar
1 cucharada de jugo de limón fresco
6 tazas compactas de rebanadas de pera (unas 6 medianas)
1 taza de avena instantánea
⅓ de taza bien compacta de azúcar morena
2 cucharadas de harina de trigo
½ cucharadita de canela en polvo
¼ de cucharadita de nuez moscada en polvo
4 cucharadas de margarina

En horno de microondas: Mezcle el azúcar y el jugo de limón en un recipiente grande; agregue las peras y mezcle bien. Engrase un refractario de 20 cm y coloque las peras en él. Mezcle la avena, el azúcar morena, la harina, la canela y la nuez moscada en un recipiente mediano. Bata la margarina con la batidora eléctrica o con dos cuchillos hasta que se suavice. Bañe las peras con ella. Hornee, sin tapar, a temperatura ALTA (100 %) de 7 a 9 minutos hasta que las peras estén listas. Sirva caliente.

Nutrimentos por porción:

Calorías	295	Colesterol	0 mg
Grasa	9 g	Sodio	236 mg

Sorbete de Durazno y Suero de Leche

Rinde unas 5 tazas

3 duraznos rebanados
1 taza de azúcar
1 huevo*
4½ cucharaditas de jugo de limón
¾ de cucharadita de ralladura de cáscara de limón
1½ cucharaditas de extracto de vainilla
Pizca de sal
2 tazas de suero de leche

Coloque los duraznos, el azúcar, el huevo, el jugo de limón, la ralladura de limón, la vainilla y la sal en la licuadora. Licue hasta obtener una consistencia suave. Agregue el suero de leche y vuelva a licuar. Vierta la mezcla en la nevera y prepare de acuerdo con las instrucciones de la máquina para hacer helado.

*Use únicamente huevos que no estén rotos.

Nutrimentos por porción (½ taza):

Calorías	121	Colesterol	28 mg
Grasa	1 g	Sodio	58 mg

A

Aderezo Armenio, 303
Aderezo Blue Cheese, 290
Aderezo Cremoso Básico con Limón, 341
Aderezo Cremoso de Ajo, 327
Aderezo Cremoso de Yogur, 323
Aderezo Dakota para Papa, 364
Aderezo de Apio, 287
Aderezo de Arándano, 356
Aderezo de Cítricos, 485
Aderezo de Curry, 296
Aderezo de Curry y Parmesano, 315
Aderezo de Girasol y Hierbas, 335
Aderezo de Hierbas, 303
Aderezo de Melón, 292
Aderezo de Mostaza, 302
Aderezo de Pepino y Eneldo, 324
Aderezo de Pimiento Morrón Asado, 344
Aderezo de Plátano y Miel, 295
Aderezo de Rábano y Eneldo, 326
Aderezo de Yogur y Queso Blue, 336
Aderezo Fuerte de Tomate, 320
Aderezo Light de Mostaza con Miel, 301
Aderezo Mil Islas, 288
Aderezo Oriental de Jengibre, 338
Aderezo Pequeña Italia para Papa, 364
Aderezos para Ensalada
Aderezo Armenio, 303
Aderezo Blue Cheese, 290
Aderezo Cremoso Básico con Limón, 341
Aderezo Cremoso de Ajo, 327
Aderezo Cremoso de Yogur, 323
Aderezo de Apio, 287
Aderezo de Curry y Parmesano, 315
Aderezo de Curry, 296
Aderezo de Girasol y Hierbas, 335
Aderezo de Hierbas, 303
Aderezo de Limón Bajo en Calorías, 313
Aderezo de Melón, 292
Aderezo de Mostaza, 302
Aderezo de Naranja y Adormidera, 335
Aderezo de Pepino y Eneldo, 324
Aderezo de Pimiento Morrón Asado, 344
Aderezo de Plátano y Miel, 295
Aderezo de Rábano y Eneldo, 326
Aderezo de Yogur con Fresa y Plátano, 285
Aderezo de Yogur con Naranja y Plátano, 285
Aderezo de Yogur y Queso Blue, 336
Aderezo Fuerte de Tomate, 320
Aderezo Light de Mostaza con Miel, 301
Aderezo Mil Islas, 288
Aderezo Oriental de Jengibre, 338
Aderezo Tipo Sudoeste, 336
Delicioso Aderezo sin Aceite, 284
Marinada de Mostaza y Estragón, 323
Marinada y Aderezo de Ajonjolí, 318
Vinagreta Agridulce, 285
Vinagreta con Mostaza, 288
Aderezo Texas para Papa, 364
Aderezo Tipo Sudoeste, 336
Aderezo Valle de las Salinas para Papa, 364
Aguanieve de Ciruela, 50
Alambre Asado de Verduras, 353
Alambre de Camarón al Ajillo, 255
Alambre de Res con Pimienta, 185
Alambre Polinesio, 164
Alambres de Cerdo Margarita, 183
Alambres de Fruta con Salsa de Lima y Miel, 485
Alambres de Frutas Glaseadas, 383
Alambres de Mariscos con Salsa de Naranja, 260
Alambres de Vieiras, 280
Albaricoque (Chabacano)
Apio Relleno de Albaricoque y Queso Ricotta, 20
Barras de Chabacano, 448
Barras Miniatura de Dátil y Chabacano, 78
Betabel con Glaseado de Chabacano, 361
Ensalada de Fruta con Chabacano, 330
Galletas de Chabacano con Nuez, 452
Mousse de Chabacano, 479, 484
Pan de Elote con Chabacano y Cereza, 512
Pechuga a la Parrilla con Albaricoque, 239
Relleno Ligero de Chabacano, 354
Albóndigas Escandinavas, 195
Albondigón, 166
Alcachofa
Alcachofas Rellenas de Atún, 13
Cerdo con Alcachofas y Alcaparras, 186
Dip de Alcachofa, 24
Ensalada de Arroz Salvaje y Alcachofa, 298
Ensalada de Ternera con Alcachofa y Aderezo de Ajo y Chalote, 340
Merengues de Alcachofa, 32
Alcachofas Rellenas de Atún, 13
Almejas a la Diabla, 30
Almendra
Almendras Asadas con Hierbas, 30
Apio con Queso Suizo y Almendras, 386
Barras Tropicales, 456
Dúo de Verduras, 384
Ensalada de Pollo con Aderezo de Rábano y Eneldo, 326
Ensalada de Pollo y Verduras, 329
Galletas de Avena y Piña, 465
Galletas de Limón y Almendras, 457
Galletas de Plátano, 465
Helado de Almendras con Higo, 499
Mousse de Chabacano, 484
Muffins de Almendra y Cocoa, 90
Pan de Plátano Estilo California, 91
Pay de Dátil con Piña y Almendra, 84
Pay de Yogur de Durazno con Salsa de Almendra, 443
Postre de Fruta sin Hornear, 510
Pudín de Almendra y Calabaza, 515
Ratatouille de Almendra, 369
Relleno de Arroz Integral con Almendras, 405
Supremo de Almendras y Cerezas, 487
Torta de Almendra y Naranja, 425
Almendras Asadas con Hierbas, 30
Alubias con Verduras, 30
Ambrosía de Flan de Frutas, 493
Apetitoso Puré de Papa, 393
Apio Agridulce, 402
Apio con Queso Suizo y Almendras, 386
Apio y Chícharos al Curry con Manzana, 394
Arándano Negro
Ensalada de Durazno y Arándano, 317
Ensalada de Moras, 289
Jarabe de Naranja y Arándano, 62
Mousse de Chabacano, 479
Muffin Multigrano de Arándano, 75
Muffins de Arándano con Arroz Salvaje, 92
Muffins de Arándano con Crema Agria, 76
Muffins de Arándano y Limón, 59
Muffins Integrales de Arándano, 95
Muffins Integrales de Yogur, 88
Pan de Adormidera con Arándano y Limón, 55
Pastelillos de Naranja con Jarabe de Naranja y Arándano, 62
Postre de Arándano, 474
Rollo de Arándano, 429
Rutilante Pay de Queso, 431
Torta con Salsa de Yogur y Arándano, 425
Arroz
Albóndigas de Arroz y Espinaca, 31
Apio Agridulce, 402
Arroz Acremado con Frambuesas, 488
Arroz al Curry, 361
Arroz Antipasto, 399
Arroz Asiático, 383
Arroz con Ajonjolí, Jengibre y Zanahoria, 355
Arroz con Espinacas y Queso Feta, 381
Arroz con Frambuesas, 480

Arroz con Leche, 487
Arroz con Leche con Durazno y
Canela, 510
Arroz con Pera, 371
Arroz con Verduras y Frijoles, 378
Arroz Español al Gratín, 374
Arroz Frito Oriental, 378
Arroz Integral Primavera, 382
Arroz Matutino, 91
Arroz Salvaje Salteado, 356
Arroz Salvaje Tabbouleh, 364
Barras de Manzana con Arroz
Salvaje, 448
Bistec con Tirabeques, 174
Bocadillos de Arroz y Queso, 16
Botes de Calabacita con Verduras y
Arroz, 366
Brochetas en Cama de Arroz de
Limón, 152
Bryani, 361
Camarón y Arroz con Azafrán, 253
Cerdo con Arroz y Chícharos, 160
Cereal Campirano, 60
Consomé con Arroz Salvaje, 111
Copas de Yogur de Frambuesa, 490
Crepas de Arroz, 95
Desayuno en una Taza, 61
Ensalada California de Arroz
Integral, 341
Ensalada China de Pollo, 304
Ensalada Confeti de Arroz, 333
Ensalada de Arroz al Curry con
Manzana, 335
Ensalada de Arroz con Azafrán, 307
Ensalada de Arroz Salvaje con
Mariscos, 265
Ensalada de Arroz Salvaje y
Alcachofa, 298
Ensalada de Arroz Salvaje y
Pimiento, 336
Ensalada de Cerdo con Ajonjolí,
290
Ensalada de Fresa y Camarón, 333
Ensalada de Frijol Negro y Arroz,
338
Ensalada de Fruta y Arroz al Curry,
305
Ensalada de Mariscos Veraniega,
337
Ensalada Japonesa con Carne, 318
Ensalada Milano de Arroz, 328
Frijol Negro y Arroz con Salchichas
al Curry, 180
Frijoles y Arroz con Verduras, 408
Guisado North Beach, 180
Jamón con Piña y Arroz, 163
Muffins de Arándano con Arroz
Salvaje, 92
Nube de Arroz con Salsa de
Chocolate Semiamargo, 472
Nutritiva Sopa de Pollo con Arroz,
116
Paella, 258
Pan de Arroz Salvaje, 146

Pan de Arroz Salvaje y Tres Granos,
149
Pavo Blanco y Arroz Salvaje, 228
Pavo y Verduras al Horno, 213
Pechugas de Pollo Rellenas, 202
Pescado y Arroz Horneados, 256
Picadillo de Jamón con Arroz y
Champiñones, 78
Pilaf de Arroz Integral, 397
Pilaf de Tocino, 368
Pimientos Orientales, 179
Pimientos Rellenos, 177
Pimientos Rellenos de Arroz, 185
Pollo con Arroz Salvaje al Horno,
231
Pollo con Ciruela Peruano, 228
Pollo Picante a la Cacerola, 218
Pollo Salteado con Salvia y Ajo, 240
Pollo Sofrito con Romero, 247
Postre de Arándano, 474
Quiché de Pavo y Arroz, 201
Relleno de Arroz Integral con
Almendras, 405
Relleno de Arroz Salvaje Afrutado,
391
Res con Arroz a la Mexicana, 172
Risoto a la Milanesa, 375
Risoto con Chícharos y
Champiñones, 352
Rollos de Arroz y Cecina, 29
Rollos de Col Rellenos, 157
Scampi Italiano, 279
Sincronizadas de Arroz y Queso, 31
Sopa de Arroz con Champiñones,
131
Sopa de Arroz con Pollo, 120
Sopa de Arroz Salvaje, 126
Sopa de Arroz Salvaje y Langosta,
106
Sopa de Arroz y Zanahoria, 131
Sopa de Camarón y Jamón, 117
Sopa de Moros con Cristianos, 125
Sopa de Pollo con Arroz Salvaje,
110
Sopa de Pollo y Apio, 111
Tomates Rellenos, 354
Torta Northwoods, 426
Arroz Acremado con Frambuesas, 488
Arroz al Curry, 361
Arroz Antipasto, 399
Arroz Asiático, 383
Arroz con Ajonjolí, Jengibre y
Zanahoria, 355
Arroz Español al Gratín, 374
Arroz Frito Oriental, 378
Arroz Integral Primavera, 382
Arroz Matutino, 91
Arroz Salvaje Salteado, 356
Arroz Salvaje Tabbouleh, 364
Asado de Res con Salsa de
Champiñones, 169
Asado Mediterráneo de Cerdo, 163
Atún a las Brasas con Salsa de Fruta,
263

Atún con Verduras en Mantequilla con
Especias, 269
Atún Estofado con Tomate, 274
Atún Fundido, 270
Avena
Avena Alpina Afrutada, 83
Barra de Zanahoria y Especias, 96
Barras de Avena con Fruta, 463
Barras de Chabacano, 448
Cereal de Arroz y Granola Integral,
55
Chiles Rellenos, 152
Cuadros de Pera con Especias, 513
Desayuno Banola, 56
Galletas de Avena y Durazno, 459
Galletas de Avena y Piña, 465
Galletas de Mantequilla Escocesa,
451
Galletas de Puré de Manzana, 460
Muffins de Avena, 142
Muffins de Avena con Nectarina, 92
Muffins de Avena y Cebollín, 147
Muffins de Avena y Ciruela, 62
Muffins de Doble Avena, 96
Muffins Matinales de Tocino, 61
Pastel de Pavo con Tocino
Barbecue, 218
Peras Streusel en Microondas, 515
Pilaf de Avena y Verduras, 352
Postre de Ruibarbo, 494
Tarta Oscura de Cereza, 442
Tarta para los Amantes de la Fruta,
432
Avena Alpina Afrutada, 83

B
Bagre a la Parmesana, 265
Bagre Costa Sur, 275
Barra de Ajo y Mostaza, 136
Barras de Galleta, 453
Barras de Manzana con Arroz Salvaje,
448
Barras de Manzana con Jengibre, 451
Barras Tropicales, 456
Barras (*ver también* **Galletas**)
Barras de Avena con Fruta, 463
Barras de Brownies de Cocoa, 451
Barras de Chabacano, 448
Barras de Cocoa y Plátano, 457
Barras de Galleta, 453
Barras de Mantequilla de
Cacahuate, 453
Barras de Manzana con Arroz
Salvaje, 448
Barras de Manzana con Jengibre,
451
Barras de Piña con Pasas, 447
Barras Tropicales, 456
Brownies de Cocoa, 460
Deliciosas Barras de Limón, 446
Galletas de Chispas de Chocolate
con Frambuesa, 463
Barritas de Maíz y Queso, 151
Bebida de Nectarina y Melón, 51

Bebida Energética de Fresa, 46
Bebida Helada de Ciruela, 40
Bebida Lahaina, 44
Bebida Refrescante de Fruta, 51
Bebida Refrescante de Nectarina, 44
Bebida Refrescante de Uva Roja, 42
Bebida Tropical, 50
Bebidas
  Aguanieve de Ciruela, 50
  Aguanieve de Frambuesa y Sandía, 43
  Aguanieve de Fresa y Sandía, 48
  Batido de Frutas, 40
  Bebida de Frambuesa y Naranja, 50
  Bebida de Nectarina y Melón, 51
  Bebida de Pera y Toronja, 42
  Bebida de Plátano con Fresa, 44
  Bebida de Plátano y Frambuesa, 39
  Bebida Energética de Fresa, 46
  Bebida Gaseosa Afrutada, 41
  Bebida Gaseosa de Durazno, 40
  Bebida Gaseosa de Fresa, 37
  Bebida Helada de Ciruela, 40
  Bebida Lahaina, 44
  Bebida Refrescante de Fruta, 51
  Bebida Refrescante de Limón, 47
  Bebida Refrescante de Nectarina, 44
  Bebida Refrescante de Uva Roja, 42
  Bebida Tropical, 50
  Café Helado, 41
  Café Helado con Cacahuate, 42
  Chocolate Caliente Light, 38
  Chocolate Suizo Helado con Menta, 51
  Cóctel de Nectarina, 38
  Cóctel Sunlight, 38
  Deliciosa Bebida Rosada, 40
  Desayuno Helado de Ciruela, 43
  Desayuno Lassi, 43
  Kokomo, 47
  Limonada Baja en Calorías, 49
  Limonada Condimentada Caliente, 48
  Limonada con Fresa, 49
  Limonada con Menta, 49
  Limonada con Uva, 49
  Limonada Espesa, 49
  Limonada Rosada, 49
  Limonada, 41, 49
  Malteada Cremosa de Ciruela, 42
  Malteada de Budín de Chocolate, 37
  Malteada de Fresa y Plátano, 40
  Malteada de Fresa, Plátano y Yogur, 38
  Malteada de Jugo de Naranja con Yogur, 43
  Malteada de Manzana y Miel, 50
  Malteada de Melón, 43
  Malteada de Melón y Fresa, 42
  Malteada de Naranja, 49
  Malteada de Naranja y Piña con Yogur y Miel, 42
  Malteada de Pera, 43

Malteada Florida de Cítricos, 51
Malteada Fría de Frutas, 49
Moka Frío, 44
Piña Colada, 48
Piña Colada con Plátano, 41
Ponche Burbujeante, 51
Ponche Caliente de Durazno, 46
Ponche de Cacahuate, 51
Ponche de Cereza, 48
Ponche de Coco y Fresa, 46
Ponche de Durazno y Crema, 47
Ponche de Piña Frío, 44
Ponche de Té de Naranja, 39
Ponche para Fiesta, 38, 41
Postre de Mantequilla de Cacahuate y Plátano, 499
Raspado de Pera y Frambuesa, 50
Refresco Burbujeante de Frambuesa y Menta, 49
Sangría de Vino Blanco, 37
Sidra Caliente, 37
Té Hawaiano, 39
Té Helado, 41
Berenjena a la Italiana, 348
Betún Cremoso, 417
Bisquets de Suero de Leche Congelados, 139
Bisquets Fáciles de Preparar, 132
Bistec con Tirabeques, 174
Bistec Criollo a la Pimienta, 172
Bisteces de Carnero a la Barbacoa, 166
Bisteces de Pavo con Salvia, 211
Blintzes con Salsa de Frambuesa, 52
Blintzes con Salsa de Durazno Fresca, 56
Bocadillos de Arroz y Queso, 16
Bocadillos de Camarón, 6
Bocaditos de Nuez de Macadamia, 454
Bocaditos Rellenos de Jalea, 457
Bollos con Carne, 195
Bollos Dorados, 135
Bolsas de Filetes de Trucha, 261
Bombones Capuchinos, 465
Brochetas Asadas de Pollo, 220
Brochetas Barbecue, 9
Brochetas de Pavo Favoritas de Papá, 227
Brochetas de Pollo a la Mexicana con Salsa de Yogur, 237
Brochetas de Pollo Marinadas, 198
Brochetas Estilo Shanghai, 29
Brochetas Teriyaki, 222
Brócoli
  Aderezo Valle de las Salinas para Papa, 364
  Anillos de Verdura sobre Brócoli, 397
  Botones de Brócoli, 382
  Brócoli al Limón, 356
  Brócoli con Salsa de Tangerina y Jengibre, 353
  Cacerola de Atún, 268

  Cacerola de Pollo, Brócoli y Pasta, 248
  Carne de Res a la Naranja, 186
  Cerdo con Ajonjolí y Brócoli, 163
  Dip de Verduras, 6
  Ensalada de Codito y Pollo, 307
  Ensalada de Pasta Light, 289
  Ensalada de Pasta y Atún a la Vinagreta, 318
  Ensalada Italiana con Pasta, 308
  Frittata Italiana al Horno, 61
  Lasaña de Brócoli, 392
  Linguini Primavera, 398
  Pollo Primavera Cremoso, 244
  Pollo y Brócoli con Hierbas, 219
  Quiché de Atún, 258
  Res con Brócoli, 154
  Res con Brócoli Tipo Oriental, 155
  Rotini Frito, 203
  Sopa de Pollo y Verduras, 100
  Verduras Festival Glaseadas, 407
Bruschetta, 32
Bruschetta de Atún, 273
Bryani, 361
Budín de Canela, 477
Bullabesa de la Costa Occidental, 131
Burbujas de Melón, 476

C
Cacerola de Atún, 268
Cacerola de Pan con Queso y Cebolla, 151
Cacerola de Papas, 79
Cacerola Veraniega de Calabacita, 374
Café Helado, 41
Café Helado con Cacahuate, 42
Calabacita
  Bistec Provenzal de Res, 159
  Botes de Calabacita con Verduras y Arroz, 366
  Brochetas de Pollo Marinadas, 198
  Cacerola Veraniega de Calabacita, 374
  Calabacitas a la Florentina, 346
  Calabacitas al Horno, 372
  Calabacitas sobre Cebollas Rojas, 351
  Calabacitas y Tomates Salteados, 368
  Calabacitas y Zanahorias al Gratín, 399
  Calabaza Acorn Estofada, 379
  Canapés de Calabaza y Tocino, 26
  Cerdo Picosito con Verduras, 191
  Círculos Picositos de Calabaza, 394
  Deleite de Pasta, 407
  Deliciosos Listones de Calabacita, 389
  Elote Olé, 355
  Ensalada Jardinera de Pollo, 295
  Ensalada Milano de Arroz, 328
  Espagueti con Tocino, 158
  Espagueti con Verduras, 381
  Espagueti Primavera, 378

Lenguado al Horno, 263
Manojos de Ejote, 366
Pita a la Jardinera, 397
Platillo de Calabacitas, 352
Ratatouille de Ciruela, 351
Sofrito Delicioso, 249
Sopa Coreana de Alones de Pollo, 129
Sopa de Manzana y Calabacita, 117
Sopa de Pavo Rápida, 105
Yakatori de Salmón con Durazno, 267
Calabacitas sobre Cebollas Rojas, 351
Calabacitas y Tomates Salteados, 368
Calabaza
Delicioso Pay de Calabaza, 439
Donas de Calabaza Horneadas, 63
Pay de Calabaza sin Pan, 434
Pay de Queso con Calabaza, 440
Pudín de Almendra y Calabaza, 515
Torta de Calabaza Condimentada, 430
Calabaza Acorn Estofada, 379
Camarón con Ajo y Verduras, 264
Camarón con Jengibre, 27
Camarón con Piña, 269
Camarón y Arroz con Azafrán, 253
Camote (Batata)
Camotes con Canela y Manzana, 368
Camotes Horneados, 409
Jamón Glaseado con Camote, 165
Manzanas y Camotes al Horno, 394
Sopa de Pavo, Elote y Camote, 129
Camotes con Canela y Manzana, 368
Canapés de Calabaza y Tocino, 26
Capellini Italiano y Tomate Fresco, 398
Carne con Chile, 121, 183
Carne de Res a la Naranja, 186
Caviar de Berenjena, 27
Cazuela de Col con Especias, 359
Cazuela de Ejotes, 389
Cerdo Agridulce, 185
Cerdo con Ajonjolí y Brócoli, 163
Cerdo con Arroz y Chícharos, 160
Cerdo con Canela y Piña, 177
Cerdo con Pimiento, 168
Cerdo Picosito con Verduras, 191
Cerdo (*ver también* **Tocino; Jamón**)
Alambres de Cerdo Margarita, 183
Arroz Frito Oriental, 378
Asado Mediterráneo de Cerdo, 163
Cerdo Agridulce, 185
Cerdo al Curry, 169
Cerdo con Ajonjolí y Brócoli, 163
Cerdo con Alcachofas y Alcaparras, 186
Cerdo con Arroz y Chícharos, 160
Cerdo con Canela y Piña, 177
Cerdo con Pimiento, 168
Cerdo con Tres Cebollas, 179
Cerdo en Salsa de Mostaza y Uvas, 188

Cerdo Picosito con Verduras, 191
Chuletas de Cerdo a la Mostaza, 191
Chuletas de Cerdo con Ajonjolí, 171
Chuletas de Puerco Barbecue, 154
Conchas Rellenas, 175
Ensalada Caliente de Cerdo y Espinaca, 296
Ensalada de Cerdo con Ajonjolí, 290
Ensalada de Cerdo y Fruta, 335
Filete Agridulce de Cerdo, 157
Filete Relleno de Puré de Manzana, 180
Filetes de Cerdo al Curry, 195
Filetes de Cerdo Nueva Inglaterra, 192
Guisado de Cerdo Estilo Cantonés, 115
Guisado Estilo Sudoeste, 178
Guisado North Beach, 180
Lomo de Cerdo Roulade, 158
Lomo de Cerdo Waldorf, 155
Medallones de Cerdo Diane, 159
Nutritiva Sopa de Cerdo, 124
Rodajas Criollas de Cerdo, 166
Cereal Campirano, 60
Cereal de Arroz y Granola Integral, 55
Cereza
Copas de Yogur de Chocolate con Cereza, 481
Deliciosa Torta de Chocolate y Cereza, 410
Delicioso Pay de Queso al Limón, 431
Empanadas de Cereza, 440
Pan de Elote con Chabacano y Cereza, 512
Pan Integral de Cereza, 66
Pollo con Cerezas, 230
Ponche de Cereza, 48
Rollo Ángel de Cereza, 414
Supremo de Almendras y Cerezas, 487
Tarta Oscura de Cereza, 442
Champiñones
Alcachofas Rellenas de Atún, 13
Arroz con Espinacas y Queso Feta, 381
Asado de Res con Salsa de Champiñones, 169
Cacerola de Papas, 79
Champiñones Asados con Cordero y Hierbas, 26
Champiñones Rellenos, 35
Champiñones Rockefeller, 19
Ensalada de Camarón y Espárrago, 305
Ensalada de Ejote y Champiñón, 292
Espagueti Primavera, 378
Fettucini con Pollo y Pimiento, 246
Pecho de Cordero Relleno de Champiñones, 191

Picadillo de Jamón con Arroz y Champiñones, 78
Pilaf de Avena y Verduras, 352
Pollo con Champiñones, 246
Relleno de Champiñones, 405
Res con Brócoli Tipo Oriental, 155
Risoto con Chícharos y Champiñones, 352
Salchicha Horneada, 68
Salsa de Champiñones, 169
Saludable Pollo a la Cacerola, 204
Sopa de Arroz con Champiñones, 131
Sopa de Papa y Queso, 121
Trucha Arco Iris con Champiñones, 252
Champiñones Asados con Cordero y Hierbas, 26
Champiñones Rellenos, 35
Charola de Frutas con Aderezo de Cítricos, 485
Chícharos a la Crema, 402
Chícharos con Eneldo, 409
Chiles Rellenos, 152
Chispeante Copa de Pera y Frutas, 504
Chocolate (*ver también* **Cocoa**)
Bombones Capuchinos, 465
Copa del Bosque Oscuro, 491
Copas de Mantequilla de Cacahuate con Chocolate, 481
Crujientes de Chocolate, 452
Deliciosa Torta Veteada de Moka, 418
Emparedados de Galletas de Canela, 468
Emparedados de Pudín de Chocolate, 468
Fondue de Chocolate, 507
Galletas con Chispas de Chocolate, 460
Galletas de Chispas de Chocolate con Frambuesa, 463
Galletas Nube de Doble Chocolate, 456
Malteada de Budín de Chocolate, 37
Mousse de Chocolate Satinado, 502
Paletas de Plátano con Chocolate, 496
Pan de Naranja con Chispas de Chocolate, 86
Panqué Veteado, 420
Pay Helado de Café y Chocolate, 435
Pay Sedoso de Chocolate, 446
Postre de Chocolate y Moras, 474
Torta de Chocolate y Mantequilla, 427
Torta Veteada de Chocolate, 415
Chocolate Caliente Light, 38
Chocolate Suizo Helado con Menta, 51
Chuletas de Cerdo a la Mostaza, 191
Chuletas de Cerdo con Ajonjolí, 171
Chuletas de Puerco Barbecue, 154

Chuletas de Ternera con Glaseado de Miel y Cítricos, 171
Círculos Picositos de Calabaza, 394
Ciruelas con Crema Bávara, 502

Coco
Desayuno Banola, 56
Moldecitos de Coco, 472
Nectarina y Coco con Chutney, 401
Pan Rápido de Coco con Dátil, 509
Ponche de Coco y Fresa, 46

Cocoa (*ver también* **Chocolate**)
Barras de Brownies de Cocoa, 451
Barras de Cocoa y Plátano, 457
Brownies de Cocoa, 460
Chocolate Caliente Light, 38
Chocolate Suizo Helado con Menta, 51
Copas de Chocolate a la Menta, 490
Copas de Yogur de Chocolate con Cereza, 481
Crema de Cocoa, 466
Dedos de Chocolate, 421
Deliciosa Torta de Chocolate y Cereza, 410
Galletas de Chocolate, 459
Galletas Nube de Doble Chocolate, 456
Merengues Rellenos de Chocolate, 485
Muffins de Almendra y Cocoa, 90
Muffins de Chocolate, 429
Muffins de Plátano y Chocolate Bajos en Grasa, 419
Nube de Arroz con Salsa de Chocolate Semiamargo, 472
Postre de Piña con Salsa de Chocolate y Plátano, 469
Relleno de Chocolate con Queso, 485
Salsa de Chocolate Semiamargo, 472
Salsa de Chocolate y Plátano, 469
Torta de Chocolate con Salsa de Frambuesa, 413
Cóctel de Nectarina, 38
Cóctel Sunlight, 38
Col con Aderezo Picante, 391
Col Rizada Chiffonade, 371
Col Roja Agridulce, 407

Coliflor
Coliflor al Horno, 348
Coliflor con Salsa Cremosa de Cebollín, 395
Coliflor al Horno, 348
Coloridos Bocadillos de Pan de Maíz, 22
Compota de Cítricos Mixtos con Jarabe de Naranja y Lima, 88
Compota de Frutas Secas, 488
Conchas Rellenas, 175
Consomé con Arroz Salvaje, 111
Copa de Fruta con Salsa de Manzana, 507
Copa del Bosque Oscuro, 491

Copas Congeladas de Plátano, 490
Copas de Chocolate a la Menta, 490
Copas de Fruta con Salsa de Natilla, 480
Copas de Yogur de Chocolate con Cereza, 481

Cordero
Alambres de Cordero y Manzana, 188
Bisteces de Carnero a la Barbacoa, 166
Champiñones Asados con Cordero y Hierbas, 26
Emparedados de Carnero Tabbouli, 159
Estofado de Cordero Tradicional, 172
Guisado de Cordero, 98
Pizza Rápida, 182
Salteado Griego de Cordero con Mostaccioli, 174
Corona de Crema, 493
Couscous Mediterráneo, 307
Crema Congelada de Naranja, 495
Crema de Caramelo, 491
Crema de Cocoa, 466
Crema de Nectarina, 488
Crema de Zanahoria, 107
Crema Satinada de Salmón, 129
Crepas, 52
Croquetas de Pavo Glaseadas, 220
Cuadros de Pera con Especias, 513
Cubierta de Ciruela, 59
Cubierta de Miel, 469
Cubierta de Pera Fresca, 76
Cubos de Fruta, 50
Cubos de Torta de Puré de Manzana, 417
Cuernos de Queso Cottage y Hierbas, 140

D
Danish de Queso Ricotta, 81
Dedos de Chocolate, 421
Delicias de Mora, 80
Deliciosa Bebida Rosada, 40
Deliciosa Compota de Manzana, 506
Deliciosa Ensalada de Alubias, 345
Deliciosa Ensalada de Fruta, 300
Deliciosas Barras de Limón, 446
Deliciosas Manzanas Rebanadas, 362
Deliciosa Sopa de Mariscos, 105
Deliciosas Varitas de Zanahoria, 371
Deliciosa Torta de Chocolate y Cereza, 410
Deliciosa Torta de Manzana, 426
Delicioso Aderezo sin Aceite, 284
Delicioso Dip de Espinaca, 14
Delicioso Pay de Calabaza, 439
Delicioso Pay de Queso al Limón, 431
Deliciosos Listones de Calabacita, 389
Desayuno Banola, 56
Desayuno de Fin de Semana, 66
Desayuno Helado de Ciruela, 43

Desayunos
Alambres de Jamón y Frutas, 87
Arroz Matutino, 91
Avena Alpina Afrutada, 83
Blintzes con Salsa de Frambuesa, 52
Blintzes con Salsa de Durazno Fresca, 56
Burritos, 67
Burritos de Tocino de Pavo, 71
Cacerola de Papas, 79
Cereal Campirano, 60
Cereal de Arroz y Granola Integral, 55
Compota de Cítricos Mixtos con Jarabe de Naranja y Lima, 88
Crepas, 52
Crepas de Arroz, 95
Cubierta de Ciruela, 59
Cubierta de Pera Fresca, 76
"Danish" de Queso, 72
Danish de Queso Ricotta, 81
Delicias de Mora, 80
Desayuno Banola, 56
Desayuno de Fin de Semana, 66
Desayuno en una Taza, 61
Desayuno en un Vaso, 59
Desayuno Lassi, 43
Dip de Fruta Rápido, 90
Emparedados de Jamón, 90
Emparedados Miniatura con Salchicha Coctelera, 95
Emparedados para el Almuerzo, 86
Filete de Trucha Arco Iris, 54
Frittata Italiana al Horno, 61
Frittata Primavera, 69
Hot Cakes de Jengibre, 79
Hot Cakes Enrollados de Jamón y Fruta, 73
Hot Cakes Integrales de Salvado, 83
Hot Cakes (Panqueques) de Papa, 52
Hot Cakes Praliné, 69
Jarabe de Piña y Naranja, 60
Muffin de Huevo a la Mexicana, 97
Muffins con Huevo, 59
Naranjas con Especias, 57
Omelet de Manzana y Queso, 93
Omelet de Plátanos y Fresas, 64
Pan Francés, 63
Pan Francés de Trigo Integral con Rebanadas de Naranja, 71
Pastelillos de Naranja con Jarabe de Naranja y Arándano, 62
Peras con Especias, 62
Peras con Salsa de Cítricos, 76
Peras para el Desayuno, 57
Picadillo de Jamón con Arroz y Champiñones, 78
Quesadillas con Salsa de Fruta, 85
Salchicha Horneada, 68
Soufflé de Frutas Mixtas, 79

Tostadas de Manzana con Especias, 81

Triángulos de Pan Francés con Mermelada, 54

Waffle Belga, 72

Dip al Pesto con Dos Quesos, 9

Dip de Almeja con Crema Agria, 24

Dip de Cangrejo al Curry, 12

Dip de Chile, 19

Dip de Frijol, 19

Dip de Frijol Negro, 27

Dip de Fruta Rápido, 90

Dip de Hierbas, 11

Dip de Hierbas y Suero de Leche, 23

Dip de Pimiento Morrón Asado, 21

Dip de Verduras, 6

Dip Jardinero Fresco, 21

Dip para Conservar la Línea, 20

Dips y Mezclas para Untar

Aderezo de Cítricos, 485

Caviar de Berenjena, 27

Delicioso Dip de Espinaca, 14

Dip al Pesto con Dos Quesos, 9

Dip de Alcachofa, 24

Dip de Almeja con Crema Agria, 24

Dip de Cangrejo al Curry, 12

Dip de Chile, 19

Dip de Frijol, 19

Dip de Frijol Negro, 27

Dip de Fruta Rápido, 90

Dip de Hierbas, 11

Dip de Hierbas y Suero de Leche, 23

Dip de Pimiento Morrón Asado, 21

Dip de Verduras, 6, 11

Dip Jardinero Fresco, 21

Dip para Conservar la Línea, 20

Ensalada de Elote con Tomate Verde, 11

Guacamole con Totopos, 17

Imitación de Guacamole, 238

Mantequilla de Maple, 146

Mayonesa con Albahaca, 250

Mezcla para Untar de Pollo y Mostaza, 31

Mezcla para Untar de Queso Gouda y Crema Agria, 23

Sabroso Queso para Untar, 21

Salsa Agridulce, 12

Salsa de Piña, 24

Donas de Plátano Horneadas, 63

Dúo de Verduras, 384

Durazno

Arroz con Leche con Durazno y Canela, 510

Bebida Gaseosa de Durazno, 40

Bebida Helada de Durazno y Limón, 471

Bebida Lahaina, 44

Blintzes con Salsa de Durazno Fresca, 56

Bryani, 361

Chutney de Manzana y Durazno, 238

Deliciosa Bebida Rosada, 40

Ensalada Confeti de Arroz, 333

Ensalada de Durazno y Arándano, 317

Ensalada de Durazno y Espinaca, 303

Ensalada de Espinaca Western, 310

Ensalada de Pollo con Salsa, 325

Ensalada Hindú de Durazno, 305

Ensalada India de Durazno, 343

Ensalada Rústica, 302

Galletas de Avena y Durazno, 459

Helado de Durazno, 513

Helado de Yogur de Durazno con Frambuesa, 498

Jamón Glaseado con Camote, 165

Lenguado al Horno, 263

Muffins de Durazno con Glaseado de Limón, 60

Pargo a la Californiana, 275

Pastel de Especias con Salsa de Durazno, 415

Pay de Durazno, 434

Pay de Queso con Durazno, 425

Pay de Yogur de Durazno con Salsa de Almendra

Pescado Chino al Vapor, 275

Ponche Caliente de Durazno, 46

Ponche de Durazno y Crema, 47

Postre de Durazno, 476

Salsa de Durazno y Almendras, 479

Salsa de Durazno y Limón para Pollo, 249

Salsa de Jengibre y Durazno, 515

Sorbete de Durazno, 479

Sorbete de Durazno y Suero de Leche, 515

Torta de Canela y Durazno, 86

Torta de Fresa y Durazno, 417

Torta Della Robbia, 421

Yakatori de Salmón con Durazno, 267

E

Ejotes (Judías Verdes)

Bryani, 361

Cazuela de Ejotes, 389

Dúo de Verduras, 384

Ejotes con Apio, 401

Ejotes con Piñones, 398

Ensalada de Cinco Granos, 313

Ensalada de Ejote, Papa y Jamón, 332

Ensalada de Ejote y Champiñón, 292

Ensalada de Germinado y Ejotes, 345

Ensalada de Pasta y Atún a la Vinagreta, 318

Ensalada de Pavo Caliente, 301

Ensalada Mediterránea de Atún, 282

Ensalada Niçoise con Pasta, 284

Jamón con Piña y Arroz, 163

Manojos de Ejote, 366

Pavo Shanghai, 242

Pollo Bombay al Curry, 210

Ejotes con Apio, 401

Ejotes con Piñones, 398

Elote

Alambres de Cerdo Margarita, 183

Brochetas Asadas de Pollo, 220

Consomé con Arroz Salvaje, 111

Crema Satinada de Salmón, 129

Elote con Chile, 363

Elote Confeti, 392

Elote con Mantequilla a la Barbecue, 400

Elote Olé, 355

Elote Salteado, 369

Ensalada de Elote con Tomate Verde, 11

Ensalada de Elote Fiesta, 312

Ensalada de Pollo Asado, 312

Ensalada de Pollo con Salsa, 325

Gelatina de Ensalada, 304

Guiso Sureño, 409

Pan de Elote con Chile y Queso, 361

Pasta Caliente al Ajo, 395

Pimientos Criollos Rellenos, 353

Pollo Maryland, 243

Pollo Salteado con Elote, 225

Res con Arroz a la Mexicana, 172

Res y Elote con Chile, 193

Sopa de Cangrejo y Elote, 104

Sopa de Pavo, Elote y Camote, 129

Sopa de Pimiento y Elote Fácil de Preparar, 116

Trucha Arco Iris a la Pimienta con Salsa de Yogur, 264

Elote con Mantequilla a la Barbecue, 400

Elote Confeti, 392

Elote Salteado, 369

Emparedado de Camarón Fresco, 276

Emparedado de Pavo, 238

Emparedados

Atún Fundido, 270

Bollos con Carne, 195

Bollos Rellenos de Pavo, 231

Club Sandwich de Pavo y Tocino, 202

Emparedado de Camarón Fresco, 276

Emparedado de Pavo, 238

Emparedado de Pavo y Pistache, 235

Emparedados de Atún, 267

Emparedados de Carnero Tabbouli, 159

Emparedados de Ensalada de Pollo, 208

Emparedados de Jamón, 90

Emparedados de Pavo Waldorf, 244

Emparedados de Pollo Monterrey, 247

Emparedados Hoagie, 178

Emparedados Miniatura con Salchicha Coctelera, 95
Emparedados para el Almuerzo, 86
Emparedados Suizos de Res, 158
Paquetes Feta, 384
Pita a la Jardinera, 397
Pita Rellena de Pollo, 243
Pitas Costeñas de Atún, 250
Pitas Rellenas de Pollo y Pepino, 229
Emparedados de Atún, 267
Emparedados de Carnero Tabbouli, 159
Emparedados de Ensalada de Pollo, 208
Emparedados de Galletas de Canela, 468
Emparedados de Jamón, 26
Emparedados de Jengibre, 510
Emparedados de Pollo Monterrey, 247
Emparedados Hoagie, 178
Emparedados Miniatura con Salchicha Coctelera, 95
Emparedados para el Almuerzo, 86
Emparedados Suizos de Res, 158
Endibia Rellena de Atún, 9
Ensalada Armenia de Espinaca y Ciruela, 303
Ensalada Bombay al Curry, 317
Ensalada Bombay de Plátano, 325
Ensalada Caliente de Cerdo y Espinaca, 296
Ensalada California de Arroz Integral, 341
Ensalada California Marinada, 326
Ensalada Caribeña de Pollo, 292
Ensalada China de Pollo, 304
Ensalada Confeti de Arroz, 333
Ensalada Confeti de Col y Manzana, 327
Ensalada de Arroz al Curry con Manzana, 335
Ensalada de Arroz con Azafrán, 307
Ensalada de Arroz Salvaje con Mariscos, 265
Ensalada de Arroz Salvaje y Pimiento, 336
Ensalada de Atún con Fruta Fresca, 315
Ensalada de Camarón con Queso Cottage, 298
Ensalada de Camarón, Pera y Pasta, 302
Ensalada de Camarón y Espárrago, 305
Ensalada de Camarón y Tirabeques, 310
Ensalada de Cerdo con Ajonjolí, 290
Ensalada de Cinco Granos, 313
Ensalada de Cítricos con Lechuga, Berro y Vinagre Balsámico, 297
Ensalada de Codito y Pollo, 307
Ensalada de Col Primavera, 336
Ensalada de Col y Manzana, 317

Ensalada de Conchas y Camarón Alfresco, 288
Ensalada de Conchas y Fruta, 332
Ensalada de Ejote, Papa y Jamón, 332
Ensalada de Ejote y Champiñón, 292
Ensalada de Elote Fiesta, 312
Ensalada de Espinaca, 285
Ensalada de Espinaca Marinada, 323
Ensalada de Espinaca Western, 310
Ensalada de Espinaca y Tocino, 308
Ensalada de Filete Asado y Espárrago, 284
Ensalada de Fresa con Puré de Manzana, 326
Ensalada de Fresa y Camarón, 333
Ensalada de Frijol Negro y Alubias, 300
Ensalada de Frijol Negro y Arroz, 338
Ensalada de Fruta con Chabacano, 330
Ensalada de Fruta con Jengibre, 298
Ensalada de Fruta de Otoño, 309
Ensalada de Fruta Dinastía, 337
Ensalada de Fruta en Rebanadas, 343
Ensalada de Fruta Veraniega, 285
Ensalada de Fruta y Apio con Vinagreta de Frambuesa, 341
Ensalada de Fruta y Arroz al Curry, 305
Ensalada de Germinado y Ejotes, 345
Ensalada de Manzana y Adormidera, 287
Ensalada de Mariscos Veraniega, 337
Ensalada de Moras, 289
Ensalada de Neptuno, 315
Ensalada de Papa con Albahaca Fresca y Pimienta, 295
Ensalada de Papa y Queso Cottage, 343
Ensalada de Papa y Tocino Rápida, 323
Ensalada de Pasta con Salmón y Papaya, 287
Ensalada de Pasta Lanai, 290
Ensalada de Pasta Light, 289
Ensalada de Pasta Pacífico, 316
Ensalada de Pasta y Atún a la Vinagreta, 318
Ensalada de Pasta y Jamón, 313
Ensalada de Pavo Ahumado y Papa, 338
Ensalada de Pavo Caliente, 301
Ensalada de Pavo Sudoeste, 309
Ensalada de Pepino y Cebolla, 305
Ensalada de Pepino, 293, 297
Ensalada de Pera con Jengibre, 301
Ensalada de Pollo Asado, 312
Ensalada de Pollo con Curry y Manzana, 295
Ensalada de Pollo con Hierbas, 328
Ensalada de Pollo con Salsa, 325
Ensalada de Pollo Exprés, 320
Ensalada de Pollo y Pepino, 327
Ensalada de Pollo y Verduras, 329

Ensalada de Queso Cottage y Fresas, 333
Ensalada de Queso y Toronja, 324
Ensalada de Salmón y Ziti, 325
Ensalada de Ternera con Alcachofa y Aderezo de Ajo y Chalote, 340
Ensalada de Uva, 289
Ensalada de Verdura Marinada, 321
Ensalada del Chef, 308
Ensalada Fetuccini, 324
Ensalada Fresca de Camarón, 276
Ensalada Hindú de Durazno, 305
Ensalada India de Durazno, 343
Ensalada Indonesia de Pollo y Pera, 296
Ensalada Italiana con Pasta, 308
Ensalada Japonesa con Carne, 318
Ensalada Jardinera de Papa, 338
Ensalada Jardinera de Pollo, 295
Ensalada Marroquí de Verduras, 316
Ensalada Mediterránea de Atún, 282
Ensalada Niçoise con Pasta, 284
Ensalada Oriental de Mandarina, 330
Ensalada Rústica, 302
Ensaladas, como Guarnición
Aderezo de Hierbas, 303
Couscous Mediterráneo, 307
Deliciosa Ensalada de Alubias, 345
Deliciosa Ensalada de Fruta, 300
Deliciosa Ensalada de Verduras, 315
Ensalada Armenia de Espinaca y Ciruela, 303
Ensalada Bombay de Plátano, 325
Ensalada California de Arroz Integral, 341
Ensalada California Marinada, 326
Ensalada Confeti de Arroz, 333
Ensalada Confeti de Col y Manzana, 327
Ensalada de Arroz al Curry con Manzana, 335
Ensalada de Arroz con Azafrán, 307
Ensalada de Arroz Salvaje y Alcachofa, 298
Ensalada de Arroz Salvaje y Pimiento, 336
Ensalada de Cereal y Manzana al Limón, 321
Ensalada de Cinco Granos, 313
Ensalada de Cítricos con Lechuga, Berro y Vinagre Balsámico, 297
Ensalada de Col con Fruta, 327
Ensalada de Col Primavera, 336
Ensalada de Col y Manzana, 317
Ensalada de Conchas y Fruta, 332
Ensalada de Durazno y Arándano, 317
Ensalada de Durazno y Espinaca, 303
Ensalada de Ejote y Champiñón, 292
Ensalada de Elote Fiesta, 312
Ensalada de Espinaca Marinada, 323

Ensalada de Espinaca Western, 310
Ensalada de Espinaca y Garbanzo, 302
Ensalada de Espinaca y Tocino, 308
Ensalada de Espinaca, 285
Ensalada de Fresa con Puré de Manzana, 326
Ensalada de Frijol Negro y Alubias, 300
Ensalada de Fruta con Chabacano, 330
Ensalada de Fruta con Jengibre, 298
Ensalada de Fruta de Otoño, 309
Ensalada de Fruta Dinastía, 337
Ensalada de Fruta en Rebanadas, 343
Ensalada de Fruta Veraniega, 285
Ensalada de Fruta y Apio con Vinagreta de Frambuesa, 341
Ensalada de Fruta y Arroz al Curry, 305
Ensalada de Fruta, Pasta y Nuez, 302
Ensalada de Germinado y Ejotes, 345
Ensalada de Manzana y Adormidera, 287
Ensalada de Manzana y Bulgur, 310
Ensalada de Manzana, 329
Ensalada de Moras, 289
Ensalada de Papa con Albahaca Fresca y Pimienta, 295
Ensalada de Papa y Queso Cottage, 343
Ensalada de Papa y Tocino Rápida, 323
Ensalada de Pasta Lanai, 290
Ensalada de Pasta Light, 289
Ensalada de Pasta Primavera, 332
Ensalada de Pasta y Jamón, 313
Ensalada de Pepino y Cebolla, 305
Ensalada de Pepino, 293, 297
Ensalada de Pera con Jengibre, 301
Ensalada de Queso Cottage y Fresas, 333
Ensalada de Queso y Toronja, 324
Ensalada de Uva, 289
Ensalada de Verdura Marinada, 321
Ensalada Fetuccini, 324
Ensalada Hindú de Durazno, 305
Ensalada Italiana con Pasta, 308
Ensalada Jardinera de Papa, 338
Ensalada Marroquí de Verduras, 316
Ensalada Milano de Arroz, 328
Ensalada Rústica, 302
Ensalada Sunset de Yogur, 337
Ensalada Tipo Gazpacho, 282
Ensalada Verde con Fruta, 316
Ensalada Waldorf con Piña y Pasta, 297
Gelatina Cremosa con Fruta, 324
Gelatina de Ensalada, 304
Mezcla de Nectarina y Pera, 298

Mousse Frío de Pepino y Lima, 328
Refrescante Ensalada de Fruta y Linguine, 330
Sangría Blanca Espumosa, 329
Ensaladas, como Plato Principal
Ensalada Bombay al Curry, 317
Ensalada Caliente de Cerdo y Espinaca, 296
Ensalada Caribeña de Pollo, 292
Ensalada China de Pollo, 304
Ensalada de Arroz Salvaje con Mariscos, 265
Ensalada de Atún con Fruta Fresca, 315
Ensalada de Camarón con Queso Cottage, 298
Ensalada de Camarón y Espárrago, 305
Ensalada de Camarón y Tirabeques, 310
Ensalada de Camarón, Pera y Pasta, 302
Ensalada de Cerdo con Ajonjolí, 290
Ensalada de Cerdo y Fruta, 335
Ensalada de Codito y Pollo, 307
Ensalada de Conchas y Camarón Alfresco, 288
Ensalada de Ejote, Papa y Jamón, 332
Ensalada de Filete Asado y Espárrago, 284
Ensalada de Fresa y Camarón, 333
Ensalada de Frijol Negro y Arroz, 338
Ensalada de Mariscos Veraniega, 337
Ensalada de Neptuno, 315
Ensalada de Pasta con Salmón y Papaya, 287
Ensalada de Pasta Pacífico, 316
Ensalada de Pasta y Atún a la Vinagreta, 318
Ensalada de Pavo Ahumado y Papa, 338
Ensalada de Pavo Caliente, 301
Ensalada de Pavo Sudoeste, 309
Ensalada de Pavo y Pasta, 304
Ensalada de Pavo, Mandarina y Adormidera, 344
Ensalada de Pollo Asado, 312
Ensalada de Pollo con Aderezo de Rábano y Eneldo, 326
Ensalada de Pollo con Curry y Manzana, 295
Ensalada de Pollo con Hierbas, 328
Ensalada de Pollo con Salsa, 325
Ensalada de Pollo Exprés, 320
Ensalada de Pollo y Espárrago, 288
Ensalada de Pollo y Fruta, 323
Ensalada de Pollo y Pepino, 327
Ensalada de Pollo y Verduras, 329
Ensalada de Salmón y Ziti, 325

Ensalada de Ternera con Alcachofa y Aderezo de Ajo y Chalote, 340
Ensalada de Tortellini y Jamón, 345
Ensalada del Chef, 308
Ensalada Fresca de Camarón, 276
Ensalada India de Durazno, 343
Ensalada Indonesia de Pollo y Pera, 296
Ensalada Japonesa con Carne, 318
Ensalada Jardinera de Pollo, 295
Ensalada Mediterránea de Atún, 282
Ensalada Niçoise con Pasta, 284
Ensalada Oriental de Mandarina, 330
Ensalada Surimi a la Mexicana, 290
Ensalada Verónica, 321
Pimiento Relleno de Ensalada de Atún, 312
Piña Rellena de Ensalada de Jamón de Pavo, 320
Sabrosa Ensalada de Pasta, 301
Saludable Ensalada de Pollo, 341
Ensalada Sunset de Yogur, 337
Ensalada Surimi a la Mexicana, 290
Ensalada Tipo Gazpacho, 282
Entremeses (*ver también* **Dips y Mezclas para Untar**)
Albóndigas de Arroz y Espinaca, 31
Alcachofas Rellenas de Atún, 13
Almejas a la Diabla, 30
Almendras Asadas con Hierbas, 30
Alubias con Verduras, 30
Apio Relleno de Albaricoque y Queso Ricotta, 20
Bocadillos de Arroz y Queso, 16
Bocadillos de Camarón y Piña, 29
Bocadillos de Camarón, 6
Brochetas Barbecue, 9
Brochetas Estilo Shanghai, 29
Bruschetta, 32
Camarón con Jengibre, 27
Canapés de Calabaza y Tocino, 26
Champiñones Asados con Cordero y Hierbas, 26
Champiñones Rellenos, 35
Champiñones Rockefeller, 19
Charola de Entremés de Pavo, 23
Coloridos Bocadillos de Pan de Maíz, 22
Emparedados de Jamón, 26
Endibia Rellena de Atún, 9
Entremeses de Pizza Miniatura, 17
Fuente Escandinava, 32
Hogaza Bicolor de Queso Ricotta, 35
Mejillones al Vino Blanco Cocidos al Vapor, 32
Merengues de Alcachofa, 32
Palitos de Pan con Tocino, 24
Pizza de Pan Italiano, 12
Quesadillas de Queso Cheddar y Manzana, 20
Reubens Abiertos, 13
Rollos de Arroz y Cecina, 29

Rollos de Pepinillo, 8
Rollos de Tortilla y Frijol Negro, 8
Rollos Primavera de Pavo, 34
Salsa Dulce, 14
Sincronizadas de Arroz y Queso, 31
Tapas de Pimiento Asado, 14
Totopos con Chile, 17
Totopos con Salsa Dulce, 14
Wafers con Ajonjolí Tostado, 8
Entremeses de Pizza Miniatura, 17
Espagueti a la Jardinera Light, 372
Espagueti con Albóndigas a la Italiana,
  186
Espagueti con Salsa de Carne, 192
Espagueti con Tocino, 158
Espagueti con Verduras, 381
Espagueti Pizza Deluxe, 157
Espagueti Primavera, 378
Espárrago
  Corona de Espárragos, 402
  Ensalada Caribeña de Pollo, 292
  Ensalada de Camarón y Espárrago,
    305
  Ensalada de Filete Asado y
    Espárrago, 284
  Ensalada de Pollo y Espárrago, 288
  Fuente Escandinava, 32
  Linguini con Espárragos, 385
  Sopa de Espárragos y Surimi, 104
  Sopa Sorpresa de Cebada, 101
Espinaca
  Albóndigas de Arroz y Espinaca, 31
  Arroz con Espinacas y Queso Feta,
    381
  Calabacitas a la Florentina, 346
  Camarón con Ajo y Verduras, 264
  Champiñones Rockefeller, 19
  Conchas Rellenas, 175
  Delicioso Dip de Espinaca, 14
  Ensalada Armenia de Espinaca y
    Ciruela, 303
  Ensalada Caliente de Cerdo y
    Espinaca, 296
  Ensalada de Durazno y Espinaca,
    303
  Ensalada de Espinaca, 285
  Ensalada de Espinaca Marinada,
    323
  Ensalada de Espinaca Western, 310
  Ensalada de Espinaca y Garbanzo,
    302
  Ensalada de Espinaca y Tocino, 308
  Ensalada de Pavo, Mandarina y
    Adormidera, 344
  Ensalada Oriental de Mandarina,
    330
  Espinacas Marchitas a la
    Mandarina, 393
  Guisado North Beach, 180
  Lasaña Italiana de Jamón, 160
  Pechuga de Pollo a la Florentina,
    222
  Pescado Dietético con Espinaca,
    281

Quiché de Espinaca, 384
Saludable Pollo a la Cacerola, 204
Sopa de Salchicha de Pavo, 114
Sopa Italiana de Boda, 114
Tomates Florentinos al Horno, 227
Espinacas Marchitas a la Mandarina,
  393
Estofado Clásico de Res, 106
Estofado de Cordero Tradicional, 172

F
Fajitas Cremosas de Pavo, 219
Fetuccini de Cangrejo, 276
Filete Agridulce de Cerdo, 157
Filete de Hipogloso a la Italiana, 280
Filete de Pargo con Salsa de Naranja y
  Cebolla, 262
Filete de Pescado Marinado con
  Cítricos, 252
Filete de Trucha Arco Iris, 54
Filete Marinado con Hierbas, 164
Filete Relleno de Puré de Manzana, 180
Filetes Aciditos al Horno, 255
Filetes de Cerdo al Curry, 195
Filetes de Cerdo Nueva Inglaterra, 192
Filetes de Pavo a la Francesa, 204
Filetes de Pescado Rapiditos, 262
Flan Horneado con Caramelo, 496
Fondue de Chocolate, 507
Frambuesa
  Aguanieve de Frambuesa y Sandía,
    43
  Arroz Acremado con Frambuesas,
    488
  Arroz con Frambuesas, 480
  Bebida de Frambuesa y Naranja, 50
  Bebida de Plátano y Frambuesa, 39
  Blintzes con Salsa de Frambuesa, 52
  Copas de Yogur de Frambuesa, 490
  Desayuno en un Vaso, 59
  Ensalada de Moras, 289
  Galletas de Chispas de Chocolate
    con Frambuesa, 463
  Helado de Frambuesa y Nectarina,
    471
  Helado de Yogur de Durazno con
    Frambuesa, 498
  Melón con Frambuesas con
    Cubierta de Miel, 469
  Panecillos Individuales de Queso,
    427
  Peras al Vapor con Salsa de Yogur
    de Frambuesa, 504
  Postre de Chocolate y Moras, 474
  Postre de Durazno, 476
  Raspado de Pera y Frambuesa, 50
  Refresco Burbujeante de Frambuesa
    y Menta, 49
  Rutilante Pay de Queso, 431
  Salsa de Frambuesa, 512
  Salsa de Frambuesa, 52, 488
  Tartas de Frambuesa, 424
  Torta de Chocolate con Salsa de
    Frambuesa, 413

Fresa
  Aderezo de Yogur con Fresa y
    Plátano, 285
  Aguanieve de Fresa y Sandía, 48
  Bebida de Plátano con Fresa, 44
  Bebida Energética de Fresa, 46
  Bebida Gaseosa de Fresa, 37
  Bebida Refrescante de Nectarina,
    44
  Bolitas de Fresa con Plátano, 501
  Cóctel de Nectarina, 38
  Copa de Fruta con Salsa de
    Manzana, 507
  Copas Congeladas de Plátano, 490
  Ensalada de Fresa con Puré de
    Manzana, 326
  Ensalada de Fresa y Camarón, 333
  Ensalada de Moras, 289
  Ensalada de Queso Cottage y
    Fresas, 333
  Fresas con Crema, 509
  Fresas con Salsa de Yogur y Miel,
    479
  Helado de Fresa, 491
  Limonada, 49
  Malteada de Fresa y Plátano, 40
  Malteada de Fresa, Plátano y Yogur,
    38
  Malteada de Melón y Fresa, 42
  Malteada Fría de Frutas, 49
  Muffins de Fresa, 75
  Omelet de Plátanos y Fresas, 64
  Pan de Naranja con Salsa de Fresa,
    484
  Ponche de Coco y Fresa, 46
  Postre de Chocolate y Moras, 474
  Sangría Blanca Espumosa, 329
  Sangría de Vino Blanco, 37
  Sherbert Cítrico de Moras, 473
  Sundae de Moras, 473
  Tarta Helada de Fresa, 413
  Tartas de Fresa, 422
  Tartas Zabaglione con Fresas
    Frescas, 438
  Torta de Fresa y Durazno, 417
  Torta Della Robbia, 421
Frijol Negro y Arroz con Salchichas al
  Curry, 180
Frijoles para la Familia, 374
Frijoles y Arroz con Verduras, 408
Frittata Italiana al Horno, 61
Frittata Primavera, 69
Fruta (*ver también las listas*
  individuales)
  Aderezo de Arándano, 356
  Aderezo de Melón, 292
  Aguanieve de Ciruela, 50
  Alambres de Fruta con Salsa de
    Lima y Miel, 485
  Alambres de Frutas Glaseadas, 383
  Alambres de Jamón y Frutas, 87
  Ambrosía de Frutas, 477
  Atún a las Brasas con Salsa de
    Fruta, 263

Avena Alpina Afrutada, 83
Barras de Avena con Fruta, 463
Batido de Frutas, 40
Bebida Helada de Ciruela, 40
Bebida Refrescante de Fruta, 51
Brócoli con Salsa de Tangerina y
 Jengibre, 353
Budín de Pan y Fruta, 473
Cerdo en Salsa de Mostaza y Uvas,
 188
Charola de Frutas con Aderezo de
 Cítricos, 485
Compota de Frutas Secas, 488
Copas de Fruta con Salsa de Natilla,
 480
Corona de Crema, 493
Crema de Frutas, 503
Crepas de Arroz, 95
Cubierta de Ciruela, 59
Cubos de Fruta, 50
Delicias de Mora, 80
Deliciosa Ensalada de Fruta, 300
Desayuno Helado de Ciruela, 43
Desayuno Lassi, 43
Ensalada Armenia de Espinaca y
 Ciruela, 303
Ensalada California de Arroz
 Integral, 341
Ensalada Caribeña de Pollo, 292
Ensalada de Atún con Fruta Fresca,
 315
Ensalada de Cerdo y Fruta, 335
Ensalada de Cítricos con Lechuga,
 Berro y Vinagre Balsámico, 297
Ensalada de Col con Fruta, 327
Ensalada de Conchas y Fruta, 332
Ensalada de Fruta con Jengibre, 298
Ensalada de Fruta de Otoño, 309
Ensalada de Fruta Dinastía, 337
Ensalada de Fruta en Rebanadas,
 343
Ensalada de Fruta Veraniega, 285
Ensalada de Fruta y Apio con
 Vinagreta de Frambuesa, 341
Ensalada de Fruta y Arroz al Curry,
 305
Ensalada de Fruta, Pasta y Nuez, 302
Ensalada de Pasta con Salmón y
 Papaya, 287
Ensalada de Pollo y Fruta, 323
Ensalada de Uva, 289
Ensalada Verde con Fruta, 316
Gelatina Cremosa con Fruta, 324
Hot Cakes con Queso Ricotta, 509
Hot Cakes Enrollados de Jamón y
 Fruta, 73
Lenguado con Frutas y Nectarinas
 Rémoulade, 267
Malteada Cremosa de Ciruela, 42
Mousse de Toronja, 498
Muffins de Avena con Nectarina, 92
Muffins de Avena y Ciruela, 62
Muffins Integrales de Dátil y
 Naranja, 93

Pan de Nectarina Fresca, 499
Pollo Chino Glaseado con Ciruela,
 240
Pollo con Ciruela Peruano, 228
Postre de Fruta sin Hornear, 510
Postre de Piña Americano, 495
Postre de Ruibarbo, 494
Quesadillas con Salsa de Fruta, 85
Ratatouille de Ciruela, 351
Refrescante Ensalada de Fruta y
 Linguine, 330
Sorbete de Ciruela, 501
Sorbete de Lima, 476
Sorbete de Toronja con Ralladura
 Endulzada, 513
Soufflé de Frutas Mixtas, 79
Tarta para los Amantes de la Fruta,
 432
Tarta Veraniega, 440
Torta de Mermelada de Ciruela, 74
Torta Real de Plátano y Frutas, 418
Waffle Belga, 72
Yogur Congelado de Frutas, 471
Fuente Escandinava, 32

G
Galletas (*ver también* **Barras**)
 Bocaditos de Nuez de Macadamia,
  454
 Bocaditos Rellenos de Jalea, 457
 Bombones Capuchinos, 465
 Crujientes de Chocolate, 452
 Galleta de Azúcar y Naranja, 462
 Galletas con Chispas de Chocolate,
  460
 Galletas de Avena y Durazno, 459
 Galletas de Avena y Piña, 465
 Galletas de Azúcar, 447
 Galletas de Canela, 463
 Galletas de Chabacano con Nuez,
  452
 Galletas de Chocolate, 459
 Galletas de Limón y Almendras,
  457
 Galletas de Limón, 460
 Galletas de Mantequilla Escocesa,
  451
 Galletas de Manzana con Nuez, 454
 Galletas de Melaza, 462
 Galletas de Moka, 462
 Galletas de Plátano, 465
 Galletas de Puré de Manzana, 460
 Galletas Gigantes de Hojuelas de
  Trigo, 452
 Galletas Nube de Doble Chocolate,
  456
 Galletitas de Yogur, 454
 Kolaky, 459
 Lunas de Manzana, 447
Galletas de Azúcar, 447
Galletas de Canela, 463
Galletas de Chocolate, 459
Galletas de Mantequilla Escocesa, 451
Galletas de Manzana con Nuez, 454

Galletas de Melaza, 462
Galletas de Puré de Manzana, 460
Galletas Gigantes de Hojuelas de
 Trigo, 452
Galletas Nube de Doble Chocolate,
 456
Gallinita Hawaiana, 248
Gazpacho, 111
Gazpacho Condimentado, 126
Gazpacho Veraniego, 122
Gelatina Cremosa con Fruta, 324
Gelatina de Ensalada, 304
Glasé Blanco, 419
Glaseado de Azúcar, 80
Glaseados
 Glasé Blanco, 419
 Glaseado de Azúcar, 80
 Glaseado de Maple y Naranja, 57
Guacamole con Totopos, 17
Guisado de Carne Fiesta, 155
Guisado de Cerdo Estilo Cantonés, 115
Guisado de Cordero, 98
Guisado de Jamón, 125
Guisado de Res, 127
Guisado Estilo Sudoeste, 178
Guisado North Beach, 180
Guisado Picante Estilo Sudoeste, 98
Guiso Sureño, 409
Gyros de Pavo y Manzana, 216

H
Hamburguesas de Pavo, 213
Helado de Almendras con Higo, 499
Helado de Arándano y Manzana, 481
Helado de Frambuesa y Nectarina, 471
Helado de Melón Cantalupo, 482
Helado de Melón Honeydew, 482
Helado de Sandía, 482
Hogaza Bicolor de Queso Ricotta, 35
Hot Cakes (Panqueques) de Papa, 52
Hot Cakes con Queso Ricotta, 509
Hot Cakes de Jengibre, 79
Hot Cakes Integrales de Salvado, 83
Hot Cakes Praliné, 69

I
Imitación de Guacamole, 238
Integrales
 Berenjena a la Italiana, 348
 Bollos Dorados, 67
 Cereal de Arroz y Granola Integral,
  55
 Coliflor al Horno, 348
 Croquetas de Pavo Glaseadas, 220
 Ensalada de Cereal y Manzana al
  Limón, 321
 Galletas Gigantes de Hojuelas de
  Trigo, 452
 Hot Cakes Integrales de Salvado, 83
 Muffin Integral de Limón, 66
 Muffins de Almendra y Cocoa, 90
 Muffins de Avena y Arándano, 73
 Muffins de Canela y Manzana, 69
 Muffins de Cuatro Granos, 147

Muffins de Doble Avena, 96
Muffins de Miel y Cacahuate, 73
Muffins de Papaya, 68
Muffins Integrales de Arándano, 95
Muffins Integrales de Dátil y
   Naranja, 93
Muffins Integrales de Granola, 63
Muffins Integrales de Miel, 68
Muffins Integrales de Yogur, 88
Muffins Ricos en Fibra, 64
Muffins Streusel Integrales, 56
Palitos de Pan con Eneldo, 146
Pan con un Toque de Miel, 134
Pan de Avena, 132
Pan Integral de Cereza, 66
Pan Integral de Plátano, 54
Pilaf de Arroz integral, 397
Pitas Integrales, 141
Rollos de Plátano y Canela, 87
Rollos de Verduras, 140
Streusel de Manzana, 97
Tarta Volteada de Piña, 414
Torta de Zanahoria con Salsa de
   Limón, 429

J
Jamón
Alambre Polinesio, 164
Alambres de Jamón y Frutas, 87
Botes de Piña y Jamón de Pavo, 205
Cacerola de Papas, 79
Emparedados de Jamón, 26
Emparedados de Jamón, 90
Emparedados Hoagie, 178
Ensalada de Ejote, Papa y Jamón,
   332
Ensalada de Tortellini y Jamón, 345
Ensalada Hindú de Durazno, 305
Guisado de Jamón, 125
Hot Cakes Enrollados de Jamón y
   Fruta, 73
Jamón con Piña y Arroz, 163
Jamón Glaseado con Camote, 165
Lasaña Italiana de Jamón, 160
Linguine Primavera, 164
Picadillo de Jamón con Arroz y
   Champiñones, 78
Piña Rellena de Ensalada de Jamón
   de Pavo, 320
Pizza de Pan Italiano, 12
Pollo Cordon Bleu, 196
Pollo Cordon Bleu Light, 216
Rollos de Pepinillo, 8
Sabrosa Ensalada de Pasta, 301
Sabrosa Sopa de Lenteja, 105
Sopa Campestre de Frijol, 119
Sopa Cubana de Frijol Negro y
   Jamón, 130
Sopa de Camarón y Jamón, 117
Sopa de Frijol Blanco, 100
Sopa de Pimiento y Elote Fácil de
   Preparar, 116
Jamón Glaseado con Camote, 165
Jarabe de Azúcar, 41

K
Kokomo, 47
Kolaky, 459

L
Langostinos a las Brasas con Salsa
   Veracruz, 273
Langostinos Agridulces, 270
Lasaña, 165
Lasaña Italiana de Jamón, 160
Legumbres (*ver también* **Ejotes**)
Alubias con Verduras, 30
Apio y Chícharos al Curry con
   Manzana, 394
Arroz con Verduras y Frijoles, 378
Arroz Salvaje Tabbouleh, 364
Cacerola de Papas, 79
Carne con Chile, 121
Carne con Chile, 183
Chícharos a la Crema, 402
Chícharos con Eneldo, 409
Couscous Mediterráneo, 307
Deliciosa Ensalada de Alubias, 345
Dip de Frijol, 19
Dip de Frijol Negro, 27
Ensalada de Cinco Granos, 313
Ensalada de Elote Fiesta, 312
Ensalada de Espinaca y Garbanzo,
   302
Ensalada de Espinaca, 285
Ensalada de Frijol Negro y Alubias,
   300
Ensalada de Frijol Negro y Arroz,
   338
Ensalada de Pollo Asado, 312
Ensalada Mediterránea de Atún, 282
Frijol Negro y Arroz con Salchichas
   al Curry, 180
Frijoles para la Familia, 374
Frijoles y Arroz con Verduras, 408
Gazpacho, 111
Gelatina de Ensalada, 304
Guisado de Cordero, 98
Guisado de Jamón, 125
Guisado Picante Estilo Sudoeste, 98
Macarrón Relleno, 404
Nutritivo Minestrone Gratinado,
   115
Papas Cambray y Chícharos con
   Eneldo, 379
Pasta Caliente al Ajo, 395
Pavo Blanco y Arroz Salvaje, 228
Pavo Picante con Frijol Negro, 244
Pollo Salteado Mediterráneo, 204
Res con Arroz a la Mexicana, 172
Res con Chile, 160
Risoto con Chícharos y
   Champiñones, 352
Rollos de Tortilla y Frijol Negro, 8
Sabrosa Sopa de Lenteja, 105
Sopa Campestre de Frijol, 119
Sopa Cubana de Frijol Negro y
   Jamón, 130
Sopa de Chícharo, 108

Sopa de Frijol Blanco, 100
Sopa de Frijol y Verduras, 100
Sopa de Moros con Cristianos, 125
Sopa de Verduras con Albahaca, 114
Sopa Minestrone, 112
Tostadas de Pavo, 201
Tres Frijoles con Chile, 130
Lenguado al Horno, 263
Lenguado con Frutas y Nectarinas
   Rémoulade, 267
Lenguado con Salsa de Pimienta, 252
Lenguado Ratatouille, 255
Limón
Aderezo Cremoso Básico con
   Limón, 341
Aderezo de Limón Bajo en
   Calorías, 313
Bebida Helada de Durazno y
   Limón, 471
Bebida Refrescante de Limón, 47
Brochetas en Cama de Arroz de
   Limón, 152
Brócoli al Limón, 356
Calabacitas a la Florentina, 346
Copas de Limón Light, 482
Deliciosa Ensalada de Alubias, 345
Deliciosas Barras de Limón, 446
Delicioso Pay de Queso al Limón,
   431
Ensalada de Cereal y Manzana al
   Limón, 321
Filete de Pescado Marinado con
   Cítricos, 252
Galletas de Limón, 460
Galletas de Limón y Almendras,
   457
Jarabe de Limón, 60
Limonada, 41, 49
Limonada Condimentada Caliente,
   48
Muffin Integral de Limón, 66
Muffins de Arándano y Limón, 59
Muffins de Durazno con Glaseado
   de Limón, 60
Paletas de Yogur de Plátano y
   Limón, 498
Pan de Adormidera con Arándano y
   Limón, 55
Pan de Yogur de Limón con Pasas,
   88
Pastel de Yogur de Limón, 71
Pavo con Salsa de Piña y Cítricos,
   198
Pay de Limón con Merengue, 437
Pay de Queso al Limón, 422
Pollo Asado al Limón, 215
Pollo con Limón y Tomillo, 241
Pollo Griego al Limón, 235
Postre de Limonada Fría, 507
Rollo de Pescado con Limón y
   Manzana, 272
Salsa de Durazno y Limón para
   Pollo, 249
Salsa de Limón y Eneldo, 265

Salsa de Limón y Jengibre, 307
Sorbete de Naranja y Limón, 474
Tartas de Limón y Adormidera, 434
Torta de Limón con Adormidera, 410
Torta de Zanahoria con Salsa de Limón, 429
Tortas de Atún con Salsa de Limón y Eneldo, 265
Verduras Festival Glaseadas, 407
Limonada Baja en Calorías, 49
Limonada con Uva, 49
Limonada Condimentada Caliente, 48
Limonada Rosada, 49
Limonada, 41, 49
Linguine con Camarón, 258
Linguine con Salsa Blanca de Almeja, 276
Linguini con Espárragos, 385
Linguini Primavera, 164, 398
Lunas de Manzana, 447

M
Macarrón con Crema y Queso, 365
Macarrón Relleno, 404
Macarrón Romanov, 393
Macedonia de Nectarina con Helado, 482
Malteada Cremosa de Ciruela, 42
Malteada de Budín de Chocolate, 37
Malteada de Jugo de Naranja con Yogur, 43
Malteada de Melón, 43
Malteada de Melón y Fresa, 42
Malteada Florida de Cítricos, 51
Malteada Fría de Frutas, 49
Manojos de Ejote, 366
Mantequilla de Maple, 146
Mantequilla de Miel y Naranja, 75
Manzana
Alambres de Cordero y Manzana, 188
Alambres de Hipogloso con Manzana, 263
Apio y Chícharos al Curry con Manzana, 394
Barras de Manzana con Arroz Salvaje, 448
Barras de Manzana con Jengibre, 451
Bollos Dorados, 67
Budín de Manzana con Nuez, 506
Camotes con Canela y Manzana, 368
Cazuela de Manzana y Zanahoria, 401
Cerdo al Curry, 169
Chutney de Manzana y Durazno, 238
Copa de Fruta con Salsa de Manzana, 507
Cubos de Torta de Puré de Manzana, 417

Deliciosa Compota de Manzana, 506
Deliciosa Torta de Manzana, 426
Deliciosas Manzanas Rebanadas, 362
Empanadas de Queso Cheddar y Manzana, 144
Emparedados de Jengibre, 510
Emparedados de Pavo Waldorf, 244
Ensalada Bombay al Curry, 317
Ensalada Caliente de Cerdo y Espinaca, 296
Ensalada Confeti de Col y Manzana, 327
Ensalada de Arroz al Curry con Manzana, 335
Ensalada de Cereal y Manzana al Limón, 321
Ensalada de Col y Manzana, 317
Ensalada de Fresa con Puré de Manzana, 326
Ensalada de Manzana y Adormidera, 287
Ensalada de Manzana y Bulgur, 310
Ensalada de Manzana, 329
Ensalada de Pollo con Curry y Manzana, 295
Ensalada Waldorf con Piña y Pasta, 297
Filete Relleno de Puré de Manzana, 180
Filetes de Cerdo Nueva Inglaterra, 192
Galletas de Manzana con Nuez, 454
Galletas de Puré de Manzana, 460
Gyros de Pavo y Manzana, 216
Helado de Arándano y Manzana, 481
Helado de Manzana y Melón, 494
Helado de Manzana y Naranja, 496
Lomo de Cerdo Waldorf, 155
Lunas de Manzana, 447
Malteada de Manzana y Miel, 50
Mantequilla de Manzana, 83
Manzanas Fritas, 371
Manzanas y Camotes al Horno, 394
Medallones de Pavo con Manzana, 232
Mero con Salsa de Manzana Verónica, 277
Muffins de Canela y Manzana, 69
Muffins de Manzana y Nuez, 93
Omelet de Manzana y Queso, 93
Panqueques Miniatura de Pavo, 226
Pastelillos de Puré de Manzana, 414
Pavo con Manzana al Horno, 207
Pay de Manzana, 432, 487
Pay de Manzana y Arándano, 437
Pollo a la Parrilla con Salsa de Manzana, 234
Postre Crujiente de Manzana, 496
Postre de Manzana con Canela, 469
Quesadillas de Queso Cheddar y Manzana, 20

Rápidas Manzanas "Horneadas", 504
Rebanadas de Manzana con Aderezo de Cítricos, 471
Rebanadas de Manzana Horneadas, 493
Relleno de Arroz Integral con Almendras, 405
Relleno de Arroz Salvaje Afrutado, 391
Rollo de Pescado con Limón y Manzana, 272
Salsa Barbecue de Manzana, 188
Sopa de Manzana y Calabacita, 117
Streusel de Manzana, 97
Tarta de Manzana con Canela, 445
Torta de Nuez con Manzana y Canela, 412
Torta Esponjosa de Manzana, 420
Tostadas de Manzana con Especias, 81
Zanahorias, Manzanas y Pimientos Glaseados, 373
Manzanas Fritas, 371
Manzanas y Camotes al Horno, 394
Marinada de Mostaza y Estragón, 323
Marinada de Res, 174
Marinada y Aderezo de Ajonjolí, 318
Mariscos (*ver también* **Pescado**)
Alambre de Camarón al Ajillo, 255
Alambres de Vieiras, 280
Almejas a la Diabla, 30
Bocadillos de Camarón y Piña, 29
Bocadillos de Camarón, 6
Bullabesa de la Costa Occidental, 131
Camarón con Ajo y Verduras, 264
Camarón con Jengibre, 27
Camarón con Piña, 269
Camarón y Arroz con Azafrán, 253
Camarones Fritos con Verdura, 257
Deliciosa Sopa de Mariscos, 105
Dip de Almeja con Crema Agria, 24
Dip de Cangrejo al Curry, 12
Emparedado de Camarón Fresco, 276
Ensalada de Arroz Salvaje con Mariscos, 265
Ensalada de Camarón con Queso Cottage, 298
Ensalada de Camarón y Espárrago, 305
Ensalada de Camarón y Tirabeques, 310
Ensalada de Camarón, Pera y Pasta, 302
Ensalada de Conchas y Camarón Alfresco, 288
Ensalada de Fresa y Camarón, 333
Ensalada de Mariscos Veraniega, 337
Ensalada de Neptuno, 315
Ensalada Fresca de Camarón, 276
Ensalada Surimi a la Mexicana, 290

Fetuccini de Cangrejo, 276
Fuente Escandinava, 32
Langostinos a las Brasas con Salsa
    Veracruz, 273
Langostinos Agridulces, 270
Linguine con Camarón, 258
Linguine con Salsa Blanca de
    Almeja, 276
Mariscos Fritos a la Oriental, 281
Mejillones al Vino Blanco Cocidos
    al Vapor, 32
Paella, 258
Pasta con Mariscos y Pera, 261
Relleno de Camarón, 363
Scampi Italiano, 279
Sopa de Almeja, 130
Sopa de Arroz Salvaje y Langosta,
    106
Sopa de Camarón y Jamón, 117
Sopa de Cangrejo y Elote, 104
Sopa de Espárragos y Surimi, 104
Vieiras Fritas, 270
Mariscos Fritos a la Oriental, 281
Mayonesa con Albahaca, 250
Medallones de Pavo con Manzana,
    232
Medallones de Pavo con Salsa Marsala
    y Mostaza, 217
Medias Lunas de Zanahoria y Nuez
    Moscada, 365
Mejillones al Vino Blanco Cocidos al
    Vapor, 32
Melón con Frambuesas con Cubierta
    de Miel, 469
Menta
    Chocolate Suizo Helado con Menta,
        51
    Copas de Chocolate a la Menta, 490
    Limonada con Menta, 49
    Refresco Burbujeante de Frambuesa
        y Menta, 49
    Salsa de Yogur con Menta, 343
    Sopa Fría de Pepino a la Menta, 111
    Zanahorias y Tirabeques Glaseados
        con Menta, 351
Merengues Rellenos de Chocolate,
    485
Mero a la Italiana, 274
Mero con Pepino, 264
Mero con Salsa de Manzana Verónica,
    277
Mezcla de Nectarina y Pera, 298
Mezcla para Untar de Pollo y Mostaza,
    31
Mezcla para Untar de Queso Gouda y
    Crema Agria, 23
Moka
    Bombones Capuchinos, 465
    Café Helado con Cacahuate, 42
    Café Helado, 41
    Chocolate Suizo Helado con Menta,
        51
    Deliciosa Torta Veteada de Moka,
        418

Galletas de Moka, 462
    Moka Frío, 44
    Pay Helado de Café y Chocolate, 435
Moka Frío, 44
Mousse de Chocolate Satinado, 502
Mousse de Toronja, 498
Mousse Frío de Pepino y Lima, 328
Muffin de Huevo a la Mexicana, 97
Muffin Integral de Limón, 66
Muffin Multigrano de Arándano, 75
Muffins
    Muffin Integral de Limón, 66
    Muffin Multigrano de Arándano, 75
    Muffins Aloha, 83
    Muffins Anadama, 147
    Muffins con Hierbas, 151
    Muffins de Almendra y Cocoa, 90
    Muffins de Arándano con Arroz
        Salvaje, 92
    Muffins de Arándano con Crema
        Agria, 76
    Muffins de Arándano y Limón, 59
    Muffins de Avena con Nectarina, 92
    Muffins de Avena y Arándano, 73
    Muffins de Avena y Cebollín, 147
    Muffins de Avena y Ciruela, 62
    Muffins de Avena, 142
    Muffins de Canela con Especias, 84
    Muffins de Canela y Jugo de
        Naranja, 74
    Muffins de Canela y Manzana, 69
    Muffins de Centeno con Alcaravea,
        142
    Muffins de Cuatro Granos, 147
    Muffins de Doble Avena, 96
    Muffins de Doble Queso, 146
    Muffins de Durazno con Glaseado
        de Limón, 60
    Muffins de Fresa, 75
    Muffins de Higo y Naranja, 76
    Muffins de Manzana y Nuez, 93
    Muffins de Miel y Cacahuate, 73
    Muffins de Papaya, 68
    Muffins de Pasas, 75
    Muffins de Plátano y Naranja, 55
    Muffins de Queso Cheddar con
        Aceitunas, 132
    Muffins de Queso y Alcaravea, 149
    Muffins de Tomate Rojo, 137
    Muffins de Trigo Entero y Hierbas,
        139
    Muffins de Yogur de Plátano, 74
    Muffins de Yogur, 81
    Muffins Integrales de Arándano, 95
    Muffins Integrales de Dátil y
        Naranja, 93
    Muffins Integrales de Granola, 63
    Muffins Integrales de Miel, 68
    Muffins Integrales de Yogur, 88
    Muffins Matinales de Tocino, 61
    Muffins Miniatura de Pepperoni y
        Chalote, 137
    Muffins Ricos en Fibra, 64
    Muffins Streusel Integrales, 56

Muffins Aloha, 83
Muffins Anadama, 147
Muffins con Hierbas, 151
Muffins con Huevo, 59
Muffins de Arándano con Arroz
    Salvaje, 92
Muffins de Avena con Nectarina, 92
Muffins de Avena y Arándano, 73
Muffins de Avena y Cebollín, 147
Muffins de Avena y Ciruela, 62
Muffins de Canela con Especias, 84
Muffins de Canela y Jugo de Naranja,
    74
Muffins de Centeno con Alcaravea,
    142
Muffins de Chocolate, 429
Muffins de Cuatro Granos, 147
Muffins de Doble Avena, 96
Muffins de Doble Queso, 146
Muffins de Miel y Cacahuate, 73
Muffins de Papaya, 68
Muffins de Pasas, 75
Muffins de Plátano y Chocolate Bajos
    en Grasa, 419
Muffins de Queso Cheddar con
    Aceitunas, 132
Muffins de Queso y Alcaravea, 149
Muffins de Tomate Rojo, 137
Muffins de Trigo Entero y Hierbas,
    139
Muffins de Yogur, 81
Muffins Integrales de Dátil y Naranja,
    93
Muffins Integrales de Granola, 63
Muffins Integrales de Miel, 68
Muffins Integrales de Yogur, 88
Muffins Miniatura de Pepperoni y
    Chalote, 137
Muffins Ricos en Fibra, 64
Muffins Streusel Integrales, 56

N
Naranja
    Aderezo de Naranja y Adormidera,
        335
    Aderezo de Yogur con Naranja y
        Plátano, 285
    Alambres de Mariscos con Salsa de
        Naranja, 260
    Bebida de Frambuesa y Naranja, 50
    Bisteces con Naranja y Pimienta,
        183
    Carne de Res a la Naranja, 186
    Compota de Cítricos Mixtos con
        Jarabe de Naranja y Lima, 88
    Crema Congelada de Naranja, 495
    Ensalada Bombay de Plátano, 325
    Ensalada de Codito y Pollo, 307
    Ensalada de Manzana y
        Adormidera, 287
    Ensalada de Pavo, Mandarina y
        Adormidera, 344
    Ensalada Oriental de Mandarina,
        330

Espinacas Marchitas a la
  Mandarina, 393
Filete de Pargo con Salsa de
  Naranja y Cebolla, 262
Filete de Pescado Marinado con
  Cítricos, 252
Galleta de Azúcar y Naranja, 462
Glaseado de Maple y Naranja, 57
Helado de Manzana y Naranja, 496
Jarabe de Naranja y Arándano, 62
Malteada de Jugo de Naranja con
  Yogur, 43
Malteada de Naranja, 49
Malteada de Naranja y Piña con
  Yogur y Miel, 42
Malteada Florida de Cítricos, 51
Mantequilla de Miel y Naranja, 75
Mero con Pepino, 264
Muffins de Canela y Jugo de
  Naranja, 74
Muffins de Higo y Naranja, 76
Muffins de Plátano y Naranja, 55
Muffins Integrales de Dátil y
  Naranja, 93
Naranjas con Especias, 57
Pan de Adormidera, 92
Pan de Naranja con Chispas de
  Chocolate, 86
Pan de Naranja con Salsa de Fresa,
  484
Pan de Naranja, Maple y Nuez de
  Macadamia, 57
Pan Francés de Trigo Integral con
  Rebanadas de Naranja, 71
Panqué Danish de Naranja, 412
Pastelillos de Naranja con Jarabe de
  Naranja y Arándano, 62
Pavo con Salsa de Naranja, 226
Pavo con Salsa de Piña y Cítricos,
  198
Pechuga de Pollo con Pesto de
  Naranja y Albahaca, 225
Pechuga de Pollo Oriental a la
  Naranja, 240
Pescado Acidito a las Brasas, 262
Pollo a la Naranja, 222
Pollo Asado Sazonado con Hierbas
  y Naranja, 201
Pollo con Cítricos, 232
Ponche Burbujeante, 51
Ponche de Té de Naranja, 39
Postre de Piña con Salsa de
  Chocolate y Plátano, 469
Pudín de Naranja y Pan con Pasa,
  466
Rebanadas de Naranja, 71
Sangría de Vino Blanco, 37
Sherbert Cítrico de Moras, 473
Sorbete de Naranja y Limón, 474
Torta de Almendra y Naranja, 425
Verduras Frescas con Sabor a
  Naranja, 358
Naranjas con Especias, 57
Nectarina y Coco con Chutney, 401

Nectarinas con Corona de Merengue,
  502
Nube de Arroz con Salsa de Chocolate
  Semiamargo, 472
Nueces
  Barras de Galleta, 453
  Barras de Piña con Pasas, 447
  Budín de Manzana con Nuez, 506
  Desayuno Banola, 56
  Galletas de Chabacano con Nuez,
    452
  Galletas de Manzana con Nuez, 454
  Hot Cakes Praliné, 69
  Muffins de Manzana y Nuez, 93
  Pan Rápido de Coco con Dátil, 509
  Rápidas Manzanas "Horneadas",
    504
  Salsa de Durazno y Almendras, 479
  Torta de Nuez con Manzana y
    Canela, 412
Nutritiva Sopa de Cerdo, 124
Nutritiva Sopa de Pollo con Arroz, 116
Nutritivo Guisado de Verduras, 103
Nutritivo Minestrone Gratinado, 115

O
Okra y Tomates Salteados, 366
Omelet de Manzana y Queso, 93
Omelet de Plátanos y Fresas, 64

P
Paella, 258
Paella Vegetariana, 402
Palitos de Pan con Eneldo, 146
Palitos de Pan con Tocino, 24
Pan Casero, 75
Pan con Queso Picante, 134
Pan con un Toque de Miel, 134
Pan de Adormidera, 92
Pan de Arroz Salvaje, 146
Pan de Arroz Salvaje y Tres Granos,
  149
Pan de Avena, 132
Pan de Cebolla, 139
Pan de Elote con Chabacano y Cereza,
  512
Pan de Elote con Chile y Queso, 361
Pan de Levadura con Adormidera, 141
Pan de Maíz con Tocino y Chile
  Jalapeño, 136
Pan de Nectarina Fresca, 499
Pan de Nuez con Pasas, 149
Pan de Plátano Estilo California, 91
Pan de Queso, 144
Pan de Queso y Cebolla, 150
Pan Francés Condimentado, 137
Pan Francés, 63
Pan Francés de Trigo Integral con
  Rebanadas de Naranja, 71
Pan Irlandés de Tocino, 64
Panecillos con Hierbas y Parmesano,
  135
Panecillos de Crema Agria y Eneldo,
  136

Panecillos de Germen de Trigo, 143
Panecillos de Trigo Entero, 144
Panecillos Individuales de Queso,
  427
Panes (*ver* **Muffins, Panes con**
  Levadura, Panes Rápidos)
Panes con Levadura
  Bollos Dorados, 135
  Cuernos de Queso Cottage y
    Hierbas, 140
  Empanadas de Queso Cheddar y
    Manzana, 144
  Muffins Anadama, 147
  Muffins de Avena, 142
  Palitos de Pan con Eneldo, 146
  Pan con Queso Picante, 134
  Pan con un Toque de Miel, 134
  Pan de Arroz Salvaje y Tres Granos,
    149
  Pan de Avena, 132
  Pan de Levadura con Adormidera,
    141
  Pan de Queso y Cebolla, 150
  Pan de Queso y Tomate Rojo, 143
  Pitas Integrales, 141
  Rollos de Verduras, 140
  Trenzas de Canela, 80
Panes Rápidos
  Barra de Zanahoria y Especias, 96
  Barras Miniatura de Dátil y
    Chabacano, 78
  Barritas de Maíz y Queso, 151
  Bisquets de Suero de Leche
    Congelados, 139
  Bisquets Fáciles de Preparar, 132
  Bollos Dorados, 67
  Cacerola de Pan con Queso y
    Cebolla, 151
  Donas de Plátano Horneadas, 63
  Pan Casero, 75
  Pan de Adormidera con Arándano y
    Limón, 55
  Pan de Adormidera, 92
  Pan de Arroz Salvaje, 146
  Pan de Cebolla, 139
  Pan de Elote con Chile y Queso,
    361
  Pan de Maíz con Tocino y Chile
    Jalapeño, 136
  Pan de Naranja con Chispas de
    Chocolate, 86
  Pan de Naranja, Maple y Nuez de
    Macadamia, 57
  Pan de Nuez con Pasas, 149
  Pan de Plátano con Nuez, 80
  Pan de Plátano Estilo California, 91
  Pan de Yogur de Limón con Pasas,
    88
  Pan Integral de Cereza, 66
  Pan Integral de Plátano, 54
  Pan Irlandés de Tocino, 64
  Pan Rápido de Coco con Dátil, 509
  Panecillos con Hierbas y
    Parmesano, 135

Panecillos de Crema Agria y Eneldo, 136
Panecillos de Germen de Trigo, 143
Panecillos de Queso, 150
Panecillos de Trigo Entero, 144
Pastel de Yogur de Limón, 71
Pay de Dátil con Piña y Almendra, 84
Rollos de Plátano y Canela, 87
Streusel de Manzana, 97
Torta de Canela y Durazno, 86
Torta de Mermelada de Ciruela, 74
Panqué Danish de Naranja, 412
Panqué Veteado, 420
Panqueques Miniatura de Pavo, 226

Papa (Patata)
Apetitoso Puré de Papa, 393
Cacerola de Papas, 79
Crema Satinada de Salmón, 129
Desayuno de Fin de Semana, 66
Ensalada de Ejote, Papa y Jamón, 332
Ensalada de Papa con Albahaca Fresca y Pimienta, 295
Ensalada de Papa y Queso Cottage, 343
Ensalada de Papa y Tocino Rápida, 323
Ensalada de Pavo Ahumado y Papa, 338
Ensalada Jardinera de Papa, 338
Ensalada Mixta de Papa, 303
Guisado de Res a la Italiana, 121
Hot Cakes (Panqueques) de Papa, 52
Papas a la Francesa Bajas en Grasa, 383
Papas a la Francesa Horneadas, 400
Papas al Gratín, 388
Papas al Horno, 376
Papas Cambray y Chícharos con Eneldo, 379
Papas Criollas Bajas en Grasa, 383
Papas Doradas, 362
Papas en Crema de Hierbas, 351
Papas Fritas Bajas en Grasa, 383
Papas Fritas del Valle, 348
Papas Rellenas de Pavo Tex-Mex, 206
Papas Rellenas de Verduras, 407
Papas Rostizadas con Cebolla, 354
Pollo Bombay al Curry, 210
Pollo Latino, 240
Sopa de Almeja, 130
Sopa de Papa y Queso, 121
Papas a la Francesa Bajas en Grasa, 383
Papas a la Francesa Horneadas, 400
Papas al Gratín, 388
Papas al Horno, 376
Papas Cambray y Chícharos con Eneldo, 379
Papas Criollas Bajas en Grasa, 383
Papas Doradas, 362

Papas en Crema de Hierbas, 351
Papas Fritas Bajas en Grasa, 383
Papas Fritas del Valle, 348
Papas Rellenas de Pavo Tex-Mex, 206
Papas Rostizadas con Cebolla, 354
Paquetes Feta, 384
Pargo a la Californiana, 275
Pargo Estilo Sudoeste, 272
Pasta
Cacerola de Atún, 268
Cacerola de Pollo, Brócoli y Pasta, 248
Capellini Italiano y Tomate Fresco, 398
Conchas Rellenas, 175
Deleite de Pasta, 407
Deliciosa Ensalada de Verduras, 315
Ensalada de Camarón y Tirabeques, 310
Ensalada de Camarón, Pera y Pasta, 302
Ensalada de Codito y Pollo, 307
Ensalada de Conchas y Camarón Alfresco, 288
Ensalada de Conchas y Fruta, 332
Ensalada de Fruta, Pasta y Nuez, 302
Ensalada de Pasta con Salmón y Papaya, 287
Ensalada de Pasta Lanai, 290
Ensalada de Pasta Light, 289
Ensalada de Pasta Pacífico, 316
Ensalada de Pasta Primavera, 332
Ensalada de Pasta y Atún a la Vinagreta, 318
Ensalada de Pasta y Jamón, 313
Ensalada de Pavo y Pasta, 304
Ensalada de Salmón y Ziti, 325
Ensalada de Tortellini y Jamón, 345
Ensalada Fetuccini, 324
Ensalada Italiana con Pasta, 308
Ensalada Niçoise con Pasta, 284
Ensalada Waldorf con Piña y Pasta, 297
Espagueti a la Jardinera Light, 372
Espagueti con Salsa de Carne, 192
Espagueti con Tocino, 158
Espagueti con Verduras, 381
Espagueti Pizza Deluxe, 157
Espagueti Primavera, 378
Fettucini con Pollo y Pimiento, 246
Fetuccini de Cangrejo, 276
Lasaña, 165
Lasaña de Brócoli, 392
Lasaña Italiana de Jamón, 160
Linguine con Camarón, 258
Linguine con Salsa Blanca de Almeja, 276
Linguini con Espárragos, 385
Linguini Primavera, 164, 398
Macarrón con Crema y Queso, 365
Macarrón Relleno, 404
Macarrón Romanov, 393
Nutritiva Sopa de Cerdo, 124

Pasta Caliente al Ajo, 395
Pasta con Mariscos y Pera, 261
Pasta con Verduras, 346
Pluma con Alcachofas, 356
Pollo Cacciatore, 237
Pollo Primavera Cremoso, 244
Refrescante Ensalada de Fruta y Linguine, 330
Rotini Frito, 203
Sabrosa Ensalada de Pasta, 301
Salsa de Tomate y Alcaparras para Pasta, 369
Salteado Griego de Cordero con Mostaccioli, 174
Saludable Ensalada de Pollo, 341
Sopa de Carne de Res con Tallarín, 124
Sopa de Pavo Rápida, 105
Sopa de Salchicha de Pavo, 114
Sopa de Tallarín con Pollo, 108
Sopa de Tallarín y Carne de Res, 101
Sopa Italiana de Boda, 114
Sopa Japonesa de Tallarín, 122
Sopa Minestrone, 112
Tallarín con Adormidera, 349
Verduras Frescas con Sabor a Naranja, 358
Vieiras Fritas, 270
Pasta Caliente al Ajo, 395
Pasta con Mariscos y Pera, 261
Pastel de Especias con Salsa de Durazno, 415
Pastel de Pavo con Tocino Barbecue, 218
Pastel de Queso sin Culpa, 417
Pastelillos de Jengibre, 424
Pastelillos de Naranja con Jarabe de Naranja y Arándano, 62
Pastelillos de Puré de Manzana, 414
Pavo (*ver también* **Pollo**)
Bisteces de Pavo con Salvia, 211
Bollos Rellenos de Pavo, 231
Botes de Piña y Jamón de Pavo, 205
Brochetas Asadas de Pollo, 220
Brochetas de Pavo con Salsa de Mostaza y Jengibre, 246
Brochetas de Pavo Favoritas de Papá, 227
Brochetas Estilo Shanghai, 29
Burritos, 67
Burritos de Tocino de Pavo, 71
Charola de Entremés de Pavo, 23
Chiles Rellenos de Pavo, 218
Club Sandwich de Pavo y Tocino, 202
Costillas Gitanas, 229
Desayuno de Fin de Semana, 66
Emparedado de Pavo y Pistache, 235
Emparedado de Pavo, 238
Emparedados de Pavo Waldorf, 244
Emparedados Hoagie, 178

Emparedados Miniatura con
Salchicha Coctelera, 95
Ensalada Bombay al Curry, 317
Ensalada de Espinaca, 285
Ensalada de Espinaca y Tocino, 308
Ensalada de Papa y Tocino Rápida,
323
Ensalada de Pavo, 210
Ensalada de Pavo Ahumado y Papa,
338
Ensalada de Pavo Caliente, 301
Ensalada de Pavo, Mandarina y
Adormidera, 344
Ensalada de Pavo Sudoeste, 309
Ensalada de Pavo y Pasta, 304
Ensalada de Pollo Exprés, 320
Ensalada del Chef, 308
Ensalada India de Durazno, 343
Ensalada Verónica, 321
Fajitas Cremosas de Pavo, 219
Filetes de Pavo a la Francesa, 204
Frijol Negro y Arroz con Salchichas
al Curry, 180
Gyros de Pavo y Manzana, 216
Hamburguesas de Pavo, 202, 213
Medallones de Pavo con Manzana,
232
Medallones de Pavo con Pimienta y
Chutney, 217
Medallones de Pavo con Salsa
Marsala y Mostaza, 217
Medallones de Pavo Piccata, 210
Muffins Matinales de Tocino, 61
Panqueques Miniatura de Pavo, 226
Papas Rellenas de Pavo Tex-Mex,
206
Pastel de Pavo con Tocino
Barbecue, 218
Pavo a la Mostaza con Miel, 199
Pavo Asado con Mezquite, 223
Pavo Blanco y Arroz Salvaje, 228
Pavo con Ajo, Cocido en Olla de
Barro, 249
Pavo con Manzana al Horno, 207
Pavo con Salsa de Naranja, 226
Pavo con Salsa de Piña y Cítricos,
198
Pavo Parmesano, 247
Pavo Picante con Frijol Negro, 244
Pavo Shanghai, 242
Pavo y Verduras al Horno, 213
Pay de Pavo, 213
Pechuga de Pavo Glaseada con Piña
y Mostaza, 202
Pechugas de Pavo a la Italiana, 235
Picadillo de Jamón con Arroz y
Champiñones, 78
Piña Rellena de Ensalada de Jamón
de Pavo, 320
Pizza de Pollo, 248
Pollo Cordon Bleu Light, 216
Quiché de Pavo y Arroz, 201
Rollos Primavera de Pavo, 34
Salchicha Horneada, 68

Sopa de Pavo Rápida, 105
Sopa de Pavo, Elote y Camote, 129
Sopa de Pavo y Tomate Rojo, 101
Sopa de Salchicha de Pavo, 114
Tiras de Pollo con Pimiento, 215
Tostadas de Pavo, 201
Zanzíbar de Pavo, 208
Pavo a la Mostaza con Miel, 199
Pavo Asado con Mezquite, 223
Pavo Blanco y Arroz Salvaje, 228
Pavo con Ajo, Cocido en Olla de
Barro, 249
Pavo en Salsa de Carne, 385
Pavo Picante con Frijol Negro, 244
Pavo y Verduras al Horno, 213
Pay Cremoso de Plátano, 439
Pay de Calabaza sin Pan, 434
Pay de Durazno, 434
Pay de Limón con Merengue, 437
Pay de Manzana y Arándano, 437
Pay de Manzana, 432, 487
Pay de Pavo, 213
Pay de Piña Facilito, 439
Pay de Queso al Limón, 422
Pay de Queso con Durazno, 425
Pay Helado de Café y Chocolate, 435
Pay Ligero de Queso, 438
Pay Margarita, 445
Pays de Queso
Delicioso Pay de Queso al Limón,
431
Panecillos Individuales de Queso,
427
Pastel de Queso sin Culpa, 417
Pay de Queso al Limón, 422
Pay de Queso con Durazno, 425
Postres de Queso Bajos en Calorías,
426
Rutilante Pay de Queso, 431
Tarta Dietética de Queso, 427
Pays y Tartas
Delicioso Pay de Calabaza, 439
Empanadas de Cereza, 440
Pay Cremoso de Plátano, 439
Pay de Calabaza sin Pan, 434
Pay de Durazno, 434
Pay de Limón con Merengue, 437
Pay de Manzana, 432
Pay de Manzana y Arándano, 437
Pay de Piña Facilito, 439
Pay de Queso con Calabaza, 440
Pay de Yogur de Durazno con Salsa
de Almendra, 443
Pay Helado de Café y Chocolate,
435
Pay Ligero de Queso, 438
Pay Margarita, 445
Pay Sedoso de Chocolate, 446
Tarta de Manzana con Canela, 445
Tarta de Pera Bistro, 435
Tarta Oscura de Cereza, 442
Tarta para los Amantes de la Fruta,
432
Tarta Veraniega, 440

Tartaletas de Piña y Lima, 442
Tartas de Limón y Adormidera, 434
Tartas Zabaglione con Fresas
Frescas, 438
Pechuga a la Parrilla con Albaricoque,
239
Pechuga de Pollo al Horno, 237
Pechuga de Pollo Caribeña, 249
Pechuga de Pollo Oriental a la
Naranja, 240
Pechugas de Pavo a la Italiana, 235
Pechugas de Pollo con Apio, Mostaza
y Eneldo, 229
Pechugas de Pollo con Hierbas, 230
Pechugas de Pollo Empanizadas al
Horno, 214
Pechugas de Pollo Light, 238
Pechugas de Pollo Rellenas, 202
Pechugas Parmesanas, 214
Pera
Arroz con Pera, 371
Bebida de Pera y Toronja, 42
Chispeante Copa de Pera y Frutas,
504
Cuadros de Pera con Especias, 513
Cubierta de Pera Fresca, 76
Ensalada de Camarón, Pera y Pasta,
302
Ensalada de Pera con Jengibre, 301
Ensalada Indonesia de Pollo y Pera,
296
Filete de Pescado con Peras a la
Jardinera, 279
Malteada de Pera, 43
Mezcla de Nectarina y Pera, 298
Pasta con Mariscos y Pera, 261
Pera con Salsa de Natilla, 494
Peras al Horno, 228
Peras al Vapor con Salsa de Yogur
de Frambuesa, 504
Peras con Especias, 62
Peras con Salsa de Cítricos, 76
Peras Condimentadas, 376
Peras para el Desayuno, 57
Peras Rellenas de Merengue, 501
Peras Streusel en Microondas, 515
Raspado de Pera y Frambuesa, 50
Salsa de Pera Fresca, 56
Sopa de Pera y Arándano
Condimentada, 107
Tarta de Pera Bistro, 435
Peras al Horno, 228
Peras al Vapor con Salsa de Yogur de
Frambuesa, 504
Peras con Especias, 62
Peras con Salsa de Cítricos, 76
Peras Condimentadas, 376
Peras Rellenas de Merengue, 501
Pescado (*ver también* **Mariscos**)
Alambres de Hipogloso con
Manzana, 263
Alambres de Mariscos con Salsa de
Naranja, 260
Alcachofas Rellenas de Atún, 13

Atún a las Brasas con Salsa de Fruta, 263
Atún con Verduras en Mantequilla con Especias, 269
Atún Estofado con Tomate, 274
Atún Fundido, 270
Bagre a la Parmesana, 265
Bagre Costa Sur, 275
Bolsas de Filetes de Trucha, 261
Bruschetta de Atún, 273
Bullabesa de la Costa Occidental, 131
Cacerola de Atún, 268
Crema Satinada de Salmón, 129
Deliciosa Sopa de Mariscos, 105
Emparedados de Atún, 267
Endibia Rellena de Atún, 9
Ensalada de Atún con Fruta Fresca, 315
Ensalada de Pasta con Salmón y Papaya, 287
Ensalada de Pasta y Atún a la Vinagreta, 318
Ensalada de Salmón y Ziti, 325
Ensalada Mediterránea de Atún, 282
Ensalada Niçoise con Pasta, 284
Filete de Hipogloso a la Italiana, 280
Filete de Pargo con Salsa de Naranja y Cebolla, 262
Filete de Pescado con Peras a la Jardinera, 279
Filete de Pescado Marinado con Cítricos, 252
Filete de Trucha Arco Iris, 54
Filetes Aciditos al Horno, 255
Filetes de Pescado con Salsa de Yogur, 279
Filetes de Pescado Rapiditos, 262
Fuente Escandinava, 32
Lenguado al Horno, 263
Lenguado con Frutas y Nectarinas Rémoulade, 267
Lenguado con Salsa de Pimienta, 252
Lenguado Ratatouille, 255
Mero a la Italiana, 274
Mero con Pepino, 264
Mero con Salsa de Manzana Verónica, 277
Pargo a la Californiana, 275
Pargo Estilo Sudoeste, 272
Pescado a la Francesa, 268
Pescado Acidito a las Brasas, 262
Pescado al Horno con Salsa de Mostaza y Miel, 274
Pescado Campestre con Salsa BBQ, 273
Pescado Chino al Vapor, 275
Pescado con Especias y Piña, 260
Pescado Dietético con Espinaca, 281
Pescado Oriental a las Brasas, 253
Pescado Veracruz, 280

Pescado Veraniego a las Brasas, 257
Pescado y Arroz Horneados, 256
Pimiento Relleno de Ensalada de Atún, 312
Pitas Costeñas de Atún, 250
Quiché de Atún, 258
Rollo de Pescado con Limón y Manzana, 272
Salmón al Vapor con Col, 261
Salmón Escalfado a la Mayonesa con Albahaca, 250
Sopa Criolla de Pescado, 117
Tiras de Pescado Empanizadas, 277
Tortas de Atún con Salsa de Limón y Eneldo, 265
Trucha Arco Iris a la Pimienta con Salsa de Yogur, 264
Trucha Arco Iris al Vapor, 268
Trucha Arco Iris con Champiñones, 252
Yakatori de Salmón con Durazno, 267
Pescado Acidito a las Brasas, 262
Pescado al Horno con Salsa de Mostaza y Miel, 274
Pescado Campestre con Salsa BBQ, 273
Pescado Chino al Vapor, 275
Pescado con Especias y Piña, 260
Pescado Dietético con Espinaca, 281
Pescado Oriental a las Brasas, 253
Pescado Veraniego a las Brasas, 257
Pescado y Arroz Horneados, 256
Picadillo de Jamón con Arroz y Champiñones, 78
Pilaf de Arroz Integral, 397

Pimiento
Aderezo de Pimiento Morrón Asado, 344
Alambres de Cerdo Margarita, 183
Alambres de Hipogloso con Manzana, 263
Anillos de Verdura sobre Brócoli, 397
Brochetas de Pavo con Salsa de Mostaza y Jengibre, 246
Brochetas de Pollo a la Mexicana con Salsa de Yogur, 237
Brochetas de Pollo Marinadas, 198
Camarón con Ajo y Verduras, 264
Camarón con Piña, 269
Cerdo Agridulce, 185
Cerdo con Canela y Piña, 177
Cerdo con Pimiento, 168
Chiles Rellenos de Pavo, 218
Chiles Rellenos, 152
Dip de Alcachofa, 24
Dip de Pimiento Morrón Asado, 21
Ensalada Confeti de Arroz, 333
Ensalada de Arroz con Azafrán, 307
Ensalada de Arroz Salvaje y Pimiento, 336
Ensalada de Camarón, Pera y Pasta, 302

Ensalada de Pasta y Atún a la Vinagreta, 318
Ensalada de Salmón y Ziti, 325
Ensalada Niçoise con Pasta, 284
Ensalada Tipo Gazpacho, 282
Espagueti Primavera, 378
Fajitas Cremosas de Pavo, 219
Fajitas de Pollo, 199
Fettucini con Pollo y Pimiento, 246
Guisado Estilo Sudoeste, 178
Gyros de Pavo y Manzana, 216
Hogaza Bicolor de Queso Ricotta, 35
Langostinos Agridulces, 270
Lenguado al Horno, 263
Macarrón Relleno, 404
Paella, 258
Pavo Picante con Frijol Negro, 244
Pescado Veracruz, 280
Pescado Veraniego a las Brasas, 257
Pimiento Relleno de Ensalada de Atún, 312
Pimientos Criollos Rellenos, 353
Pimientos Orientales, 179
Pimientos Rellenos, 177
Pimientos Rellenos de Arroz, 185
Pimientos Rellenos de Ratatouille, 386
Platillo de Calabacitas, 352
Pollo Agridulce Salteado, 211
Pollo al Horno con Salsa de Pimiento, 242
Pollo con Ciruela Peruano, 228
Pollo con Jengibre, 211
Pollo Picante a la Cacerola, 218
Pollo Salteado con Elote, 225
Pollo Sofrito con Pimiento, 225
Rodajas Criollas de Cerdo, 166
Salsa de Piña, 24
Sopa de Pimiento y Elote Fácil de Preparar, 116
Soufflé de Verduras en Tazas de Pimiento, 355
Tapas de Pimiento Asado, 14
Tiras de Pollo con Pimiento, 215
Verduras Festival Glaseadas, 407
Zanahorias, Manzanas y Pimientos Glaseados, 373
Pimiento Relleno de Ensalada de Atún, 312
Pimientos Criollos Rellenos, 353
Pimientos Orientales, 179
Pimientos Rellenos, 177
Pimientos Rellenos de Arroz, 185
Pimientos Rellenos de Ratatouille, 386

Piña
Alambre Polinesio, 164
Alambres de Res y Piña, 171
Ambrosía de Flan de Frutas, 493
Barras de Piña con Pasas, 447
Barras Tropicales, 456
Bebida Tropical, 50
Bocadillos de Camarón y Piña, 29

Botes de Piña y Jamón de Pavo, 205
Brochetas de Pavo con Salsa de Mostaza y Jengibre, 246
Brochetas Estilo Shanghai, 29
Camarón con Piña, 269
Cerdo con Canela y Piña, 177
Copas Congeladas de Plátano, 490
Chuletas de Cerdo con Ajonjolí, 171
Ensalada de Manzana, 329
Ensalada de Pasta Lanai, 290
Ensalada de Pasta Pacífico, 316
Ensalada de Pasta y Jamón, 313
Ensalada de Pavo Caliente, 301
Ensalada Sunset de Yogur, 337
Ensalada Waldorf con Piña y Pasta, 297
Frijoles para la Familia, 374
Galletas de Avena y Piña, 465
Gallinita Hawaiana, 248
Jamón con Piña y Arroz, 163
Jarabe de Piña y Naranja, 60
Langostinos Agridulces, 270
Malteada de Naranja y Piña con Yogur y Miel, 42
Moldecitos de Coco, 472
Muffins Aloha, 83
Pavo con Salsa de Piña y Cítricos, 198
Pay de Dátil con Piña y Almendra, 84
Pay de Piña Facilito, 439
Pescado Campestre con Salsa BBQ, 273
Pescado con Especias y Piña, 260
Piña Colada con Plátano, 41
Piña Colada, 48
Piña Gratinada, 379
Piña Rellena de Ensalada de Jamón de Pavo, 320
Pizza de Pan Italiano, 12
Pollo Agridulce Salteado, 211
Pollo Caribeño, 205
Pollo con Jengibre, 211
Pollo con Salsa de Piña, 203
Ponche de Piña Frío, 44
Postre de Piña con Salsa de Chocolate y Plátano, 469
Salsa Agridulce, 12
Salsa Agridulce, 217
Salsa de Piña, 24
"Sundaes" de Piña, 503
Tarta Dietética de Queso, 427
Tarta Volteada de Piña, 414
Tartaletas de Piña y Lima, 442
Piña Colada, 48
Piña Gratinada, 379
Pita a la Jardinera, 397
Pitas Costeñas de Atún, 250
Pizza de Pan Italiano, 12
Pizza de Pollo, 248
Pizza Fresca, 358
Pizza Rápida, 182

Plátano (Banana)
Aderezo de Plátano y Miel, 295
Aderezo de Yogur con Fresa y Plátano, 285
Aderezo de Yogur con Naranja y Plátano, 285
Barras de Cocoa y Plátano, 457
Bebida de Plátano con Fresa, 44
Bebida de Plátano y Frambuesa, 39
Bocaditos de Nuez de Macadamia, 454
Bolitas de Fresa con Plátano, 501
Copas Congeladas de Plátano, 490
Donas de Plátano Horneadas, 63
Ensalada Bombay de Plátano, 325
Ensalada de Manzana y Adormidera, 287
Ensalada India de Durazno, 343
Galletas de Crema de Cacahuate y Plátano, 448
Galletas de Plátano, 465
Malteada de Fresa, Plátano y Yogur, 38
Malteada de Fresa y Plátano, 40
Malteada Florida de Cítricos, 51
Malteada Fría de Frutas, 49
Muffins de Plátano y Chocolate Bajos en Grasa, 419
Muffins de Plátano y Naranja, 55
Muffins de Yogur de Plátano, 74
Muffins Integrales de Miel, 68
Omelet de Plátanos y Fresas, 64
Paletas de Plátano con Chocolate, 496
Paletas de Yogur de Plátano y Limón, 498
Pan de Plátano con Nuez, 80
Pan de Plátano Estilo California, 91
Pan Francés, 63
Pan Integral de Plátano, 54
Pastelillos de Plátano y Galleta, 419
Pay Cremoso de Plátano, 439
Piña Colada con Plátano, 41
Plátanos al Horno, 506
Ponche de Coco y Fresa, 46
Postre de Mantequilla de Cacahuate y Plátano, 499
Postre de Piña con Salsa de Chocolate y Plátano, 469
Pudín de Banana y Kiwi, 493
Rollos de Plátano y Canela, 87
Salsa de Chocolate y Plátano, 469
Plátanos al Horno, 506
Platillo de Calabacitas, 352
Pluma con Alcachofas, 356
Pollo
Bizcocho de Pollo al Horno, 234
Brochetas Asadas de Pollo, 220
Brochetas de Pollo a la Mexicana con Salsa de Yogur, 237
Brochetas de Pollo Marinadas, 198
Brochetas Teriyaki, 222
Cacerola de Pollo, Brócoli y Pasta, 248

Crema de Pollo al Cilantro, 126
Emparedados de Ensalada de Pollo, 208
Emparedados de Pollo Monterrey, 247
Ensalada Caribeña de Pollo, 292
Ensalada China de Pollo, 304
Ensalada de Codito y Pollo, 307
Ensalada de Pollo Asado, 312
Ensalada de Pollo con Aderezo de Rábano y Eneldo, 326
Ensalada de Pollo con Curry y Manzana, 295
Ensalada de Pollo con Hierbas, 328
Ensalada de Pollo con Salsa, 325
Ensalada de Pollo y Espárrago, 288
Ensalada de Pollo y Fruta, 323
Ensalada de Pollo y Pepino, 327
Ensalada de Pollo y Verduras, 207, 329
Ensalada Indonesia de Pollo y Pera, 296
Ensalada Jardinera de Pollo, 295
Ensalada Oriental de Mandarina, 330
Fajitas de Pollo, 199
Fettucini con Pollo y Pimiento, 246
Mezcla para Untar de Pollo y Mostaza, 31
Nutritiva Sopa de Pollo con Arroz, 116
Paella, 258
Pechuga a la Parrilla con Albaricoque, 239
Pechuga de Pollo a la Florentina, 222
Pechuga de Pollo al Horno, 237
Pechuga de Pollo Caribeña, 249
Pechuga de Pollo con Pesto de Naranja y Albahaca, 225
Pechuga de Pollo Oriental a la Naranja, 240
Pechugas de Pollo con Apio, Mostaza y Eneldo, 229
Pechugas de Pollo con Hierbas, 230
Pechugas de Pollo Empanizadas al Horno, 214
Pechugas de Pollo Light, 238
Pechugas de Pollo Rellenas, 202
Pechugas Parmesanas, 214
Peras al Horno, 228
Pita Rellena de Pollo, 243
Pitas Rellenas de Pollo y Pepino, 229
Pollo Agridulce Salteado, 211
Pollo a la Mexicana, 241
Pollo a la Naranja, 222
Pollo a la Parmesana, 226
Pollo a la Parrilla con Salsa de Manzana, 234
Pollo al Curry, 232
Pollo al Horno con Salsa de Pimiento, 242
Pollo Asado al Limón, 215

Pollo Asado Sazonado con Hierbas y Naranja, 201
Pollo Bombay al Curry, 210
Pollo Cacciatore, 237
Pollo Caribeño, 205
Pollo Chino Glaseado con Ciruela, 240
Pollo con Arroz Salvaje al Horno, 231
Pollo con Cerezas, 230
Pollo con Champiñones, 246
Pollo con Ciruela Peruano, 228
Pollo con Cítricos, 232
Pollo con Jengibre, 211
Pollo con Limón y Tomillo, 241
Pollo con Pimentón, 231
Pollo con Romero, 207
Pollo con Salsa Cremosa, 208
Pollo con Salsa de Piña, 203
Pollo con Uvas, 216
Pollo Cordon Bleu, 196
Pollo Cordon Bleu Light, 216
Pollo Empanizado, 243
Pollo Escandinavo, 214
Pollo Estilo Tandoori, 241
Pollo Griego al Limón, 235
Pollo Latino, 240
Pollo Marinado con Yogur, 220
Pollo Maryland, 243
Pollo Olé, 196
Pollo Oriental, 199
Pollo Picante a la Cacerola, 218
Pollo Primavera Cremoso, 244
Pollo Salteado con Elote, 225
Pollo Salteado con Salvia y Ajo, 240
Pollo Salteado Mediterráneo, 204
Pollo Sofrito con Pimiento, 225
Pollo Sofrito con Romero, 247
Pollo y Brócoli con Hierbas, 219
Quiché de Pollo, 205
Rotini Frito, 203
Saludable Ensalada de Pollo, 341
Saludable Pollo a la Cacerola, 204
Sofrito Delicioso, 249
Sopa Coreana de Alones de Pollo, 129
Sopa de Arroz con Pollo, 120
Sopa de Pollo, 112
Sopa de Pollo con Arroz Salvaje, 110
Sopa de Pollo y Apio, 111
Sopa de Pollo y Verduras, 100
Sopa de Tallarín con Pollo, 108
Tiras Crujientes de Pollo, 203
Tomates Florentinos al Horno, 227
Pollo Agridulce Salteado, 211
Pollo a la Parrilla con Salsa de Manzana, 234
Pollo al Horno con Salsa de Pimiento, 242
Pollo Asado al Limón, 215
Pollo Asado Sazonado con Hierbas y Naranja, 201

Pollo Caribeño, 205
Pollo Chino Glaseado con Ciruela, 240
Pollo con Arroz Salvaje al Horno, 231
Pollo con Ciruela Peruano, 228
Pollo con Cítricos, 232
Pollo con Jengibre, 211
Pollo con Limón y Tomillo, 241
Pollo con Pimentón, 231
Pollo con Romero, 207
Pollo con Salsa Cremosa, 208
Pollo con Salsa de Piña, 203
Pollo con Uvas, 216
Pollo Cordon Bleu, 196
Pollo Cordon Bleu Light, 216
Pollo Empanizado, 243
Pollo Escandinavo, 214
Pollo Estilo Tandoori, 241
Pollo Griego al Limón, 235
Pollo Marinado con Yogur, 220
Pollo Maryland, 243
Pollo Olé, 196
Pollo Oriental, 199
Pollo Picante a la Cacerola, 218
Pollo Primavera Cremoso, 244
Pollo Salteado con Elote, 225
Pollo Salteado con Salvia y Ajo, 240
Pollo Salteado Mediterráneo, 204
Pollo Sofrito con Pimiento, 225
Pollo Sofrito con Romero, 247
Pollo y Brócoli con Hierbas, 219
Ponche Burbujeante, 51
Ponche Caliente de Durazno, 46
Ponche de Coco y Fresa, 46
Ponche de Piña Frío, 44
Ponche para Fiesta, 38, 41
Postre Crujiente de Manzana, 496
Postre de Fruta sin Hornear, 510
Postre de Limonada Fría, 507
Postre de Piña Americano, 495
Postre de Ruibarbo, 494
Postres (*ver también las listas individuales*)
Alambres de Fruta con Salsa de Lima y Miel, 485
Ambrosía de Flan de Frutas, 493
Ambrosía de Frutas, 477
Arroz con Frambuesas, 480
Arroz con Leche, 487
Arroz con Leche con Durazno y Canela, 510
Budín de Canela, 477
Budín de Manzana con Nuez, 506
Budín de Pan y Fruta, 473
Charola de Frutas con Aderezo de Cítricos, 485
Ciruelas con Crema Bávara, 502
Compota de Frutas Secas, 488
Copas de Fruta con Salsa de Natilla, 480
Corona de Crema, 493
Crema de Caramelo, 491
Cuadros de Pera con Especias, 513

Deliciosa Compota de Manzana, 506
Emparedados de Jengibre, 510
Flan Horneado con Caramelo, 496
Fondue de Chocolate, 507
Hot Cakes con Queso Ricotta, 509
Melón con Frambuesas con Cubierta de Miel, 469
Merengues Rellenos de Chocolate, 485
Nectarinas con Corona de Merengue, 502
Pan de Elote con Chabacano y Cereza, 512
Pan de Nectarina Fresca, 499
Pay de Manzana, 487
Pera con Salsa de Natilla, 494
Peras al Vapor con Salsa de Yogur de Frambuesa, 504
Peras Rellenas de Merengue, 501
Peras Streusel en Microondas, 515
Plátanos al Horno, 506
Postre Crujiente de Manzana, 496
Postre de Arándano, 474
Postre de Fruta sin Hornear, 510
Postre de Manzana con Canela, 469
Postre de Piña con Salsa de Chocolate y Plátano, 469
Postre de Ruibarbo, 494
Pudín de Almendra y Calabaza, 515
Pudín de Banana y Kiwi, 493
Pudín de Naranja y Pan con Pasa, 466
Rápidas Manzanas "Horneadas", 504
Rebanadas de Manzana Horneadas, 493
"Sundaes" de Piña, 503
Postres Congelados
Bebida Helada de Durazno y Limón, 471
Bolitas de Fresa con Plátano, 501
Copa de Fruta con Salsa de Manzana, 507
Copas Congeladas de Plátano, 490
Copas de Yogur de Chocolate con Cereza, 481
Crema Congelada de Naranja, 495
Emparedados de Galletas de Canela, 468
Emparedados de Pudín de Chocolate, 468
Helado de Almendras con Higo, 499
Helado de Arándano y Manzana, 481
Helado de Durazno, 513
Helado de Frambuesa y Nectarina, 471
Helado de Fresa, 491
Helado de Manzana y Melón, 494
Helado de Manzana y Naranja, 496
Helado de Melón Cantalupo, 482
Helado de Melón Honeydew, 482

Helado de Sandía, 482
Helado de Yogur de Durazno con Frambuesa, 498
Paletas de Plátano con Chocolate, 496
Paletas de Yogur de Plátano y Limón, 498
Postre de Durazno, 476
Sherbert Cítrico de Moras, 473
Sorbete de Ciruela, 501
Sorbete de Durazno, 479
Sorbete de Durazno y Suero de Leche, 515
Sorbete de Lima, 476
Sorbete de Naranja y Limón, 474
Sorbete de Toronja con Ralladura Endulzada, 513
Sundae de Moras, 473
Tarta Helada de Fresa, 413
Yogur Congelado de Frutas, 471
Postres Fríos
Arroz Acremado con Frambuesas, 488
Burbujas de Melón, 476
Chispeante Copa de Pera y Frutas, 504
Copa del Bosque Oscuro, 491
Copas de Chocolate a la Menta, 490
Copas de Limón Light, 482
Copas de Mantequilla de Cacahuate con Chocolate, 481
Copas de Yogur de Frambuesa, 490
Crema de Cocoa, 466
Crema de Frutas, 503
Crema de Nectarina, 488
Fresas con Crema, 509
Fresas con Salsa de Yogur y Miel, 479
Macedonia de Nectarina con Helado, 482
Moldecitos de Coco, 472
Mousse de Almendra y Chabacano, 484
Mousse de Chabacano, 479, 484
Mousse de Chocolate Satinado, 502
Mousse de Toronja, 498
Nube de Arroz con Salsa de Chocolate Semiamargo, 472
Pan de Naranja con Salsa de Fresa, 484
Postre de Chocolate y Moras, 474
Postre de Limonada Fría, 507
Postre de Mantequilla de Cacahuate y Plátano, 499
Postre de Piña Americano, 495
Rebanadas de Manzana con Aderezo de Cítricos, 471
Supremo de Almendras y Cerezas, 487
Postres de Queso Bajos en Calorías, 426

Q
Quesadillas con Salsa de Fruta, 85
Queso (*ver también* **Queso Crema**)
Aderezo Cremoso Básico con Limón, 341
Aderezo de Curry y Parmesano, 315
Aderezo de Hierbas, 303
Aderezo de Yogur y Queso Blue, 336
Aderezo Pequeña Italia para Papa, 364
Aderezo Valle de las Salinas para Papa, 364
Apio con Queso Suizo y Almendras, 386
Apio Relleno de Albaricoque y Queso Ricotta, 20
Arroz con Espinacas y Queso Feta, 381
Arroz Español al Gratín, 374
Atún Estofado con Tomate, 274
Atún Fundido, 270
Bagre a la Parmesana, 265
Barritas de Maíz y Queso, 151
Berenjena a la Italiana, 348
Blintzes con Salsa de Frambuesa, 52
Bocadillos de Arroz y Queso, 16
Bruschetta de Atún, 273
Budín de Canela, 477
Burritos de Tocino de Pavo, 71
Cacerola de Atún, 268
Cacerola de Pan con Queso y Cebolla, 151
Cacerola Veraniega de Calabacita, 374
Calabacitas al Horno, 372
Calabacitas y Zanahorias al Gratín, 399
Charola de Entremés de Pavo, 23
Crema de Zanahoria, 107
Danish de Queso Ricotta, 81
Desayuno en una Taza, 61
Dip al Pesto con Dos Quesos, 9
Dip de Hierbas, 11
Dip de Pimiento Morrón Asado, 21
Dip de Verduras, 11
Dip Jardinero Fresco, 21
Dip para Conservar la Línea, 20
Empanadas de Queso Cheddar y Manzana, 144
Emparedado de Pavo, 238
Emparedados Hoagie, 178
Emparedados Suizos de Res, 158
Ensalada de Camarón con Queso Cottage, 298
Ensalada de Espinaca Marinada, 323
Ensalada de Espinaca Western, 310
Ensalada del Chef, 308
Ensalada de Papa y Queso Cottage, 343
Ensalada de Pera con Jengibre, 301

Ensalada de Queso Cottage y Fresas, 333
Ensalada de Queso y Toronja, 324
Ensalada de Verdura Marinada, 321
Espagueti a la Jardinera Light, 372
Espagueti Pizza Deluxe, 157
Guacamole con Totopos, 17
Hogaza Bicolor de Queso Ricotta, 35
Hot Cakes con Queso Ricotta, 509
Lasaña, 165
Lasaña de Brócoli, 392
Lasaña Italiana de Jamón, 160
Linguini con Espárragos, 385
Macarrón con Crema y Queso, 365
Macarrón Relleno, 404
Macarrón Romanov, 393
Merengues Rellenos de Chocolate, 485
Mezcla para Untar de Queso Gouda y Crema Agria, 23
Mousse de Chocolate Satinado, 502
Mousse Frío de Pepino y Lima, 328
Muffin de Huevo a la Mexicana, 97
Muffins de Doble Queso, 146
Muffins de Queso Cheddar con Aceitunas, 132
Muffins de Queso y Alcaravea, 149
Nutritivo Minestrone Gratinado, 115
Omelet de Manzana y Queso, 93
Palitos de Pan con Tocino, 24
Pan con Queso Picante, 134
Pan de Elote con Chile y Queso, 361
Pan de Maíz con Tocino y Chile Jalapeño, 136
Pan de Queso, 144
Pan de Queso y Cebolla, 150
Pan de Queso y Tomate Rojo, 143
Panecillos con Hierbas y Parmesano, 135
Panecillos de Queso, 150
Papas Rellenas de Pavo Tex-Mex, 206
Paquetes Feta, 384
Pasta con Mariscos y Pera, 261
Pastel de Queso sin Culpa, 417
Pavo Parmesano, 247
Pavo y Verduras al Horno, 213
Pay Ligero de Queso, 438
Pechuga de Pollo a la Florentina, 222
Pechugas de Pollo Rellenas, 202
Pechugas Parmesanas, 214
Pescado Dietético con Espinaca, 281
Pescado Veraniego a las Brasas, 257
Pimientos Rellenos de Arroz, 185
Pizza de Pan Italiano, 12
Pizza Rápida, 182
Pollo a la Parmesana, 226
Pollo Cordon Bleu, 196
Pollo Cordon Bleu Light, 216
Postre de Manzana con Canela, 469

Postres de Queso Bajos en Calorías, 426

Quesadillas con Salsa de Fruta, 85

Quesadillas de Queso Cheddar y Manzana, 20

Quiché de Atún, 258

Quiché de Espinaca, 384

Quiché de Pavo y Arroz, 201

Relleno de Chocolate con Queso, 485

Reubens Abiertos, 13

Risoto a la Milanesa, 375

Rollos de Verduras, 140

Rutilante Pay de Queso, 431

Sabroso Queso para Untar, 21

Salsa de Queso Light, 404

Saludable Pollo a la Cacerola, 204

Sincronizadas de Arroz y Queso, 31

Sopa de Arroz Salvaje y Langosta, 106

Sopa de Manzana y Calabacita, 117

Sopa de Papa y Queso, 121

Sopa de Verduras y Queso, 112

Sopa Fría de Zanahoria, 103

Sopa Picante de Cebolla, 103

Tarta Dietética de Queso, 427

Tarta para los Amantes de la Fruta, 432

Tomates con Queso al Horno, 373

Tomates Florentinos al Horno, 227

Tomates Rellenos, 354

Verduras a la Italiana, 404

Verduras al Gratín, 362

Verduras con Ajonjolí y Queso, 363

Queso Crema

Barras Tropicales, 456

Blintzes con Salsa de Durazno Fresca, 56

Copa del Bosque Oscuro, 491

"Danish" de Queso, 72

Delicioso Pay de Queso al Limón, 431

Dip de Cangrejo al Curry, 12

Dip de Verduras, 6

Kolaky, 459

Moldecitos de Coco, 472

Muffins de Arándano con Crema Agria, 76

Pay de Queso al Limón, 422

Pay de Queso con Calabaza, 440

Pay de Queso con Durazno, 425

Postre de Limonada Fría, 507

Rollos de Arroz y Cecina, 29

Rollos de Pepinillo, 8

Rollos de Tortilla y Frijol Negro, 8

Quiché de Atún, 258

Quiché de Espinaca, 384

Quiché de Pollo, 205

R

Rápidas Manzanas "Horneadas", 504

Ratatouille de Ciruela, 351

Rebanadas de Manzana Horneadas, 493

Rebanadas de Naranja, 71

Recetas para Microondas

Arroz Antipasto, 399

Arroz con Espinacas y Queso Feta, 381

Arroz con Frambuesas, 480

Arroz Frito Oriental, 378

Arroz Matutino, 91

Botes de Calabacita con Verduras y Arroz, 366

Calabacitas al Horno, 372

Calabaza Acorn Estofada, 379

Camarón y Arroz con Azafrán, 253

Camotes con Canela y Manzana, 368

Camotes Horneados, 409

Carne con Chile, 121

Chiles Rellenos de Pavo, 218

Chuletas de Cerdo con Ajonjolí, 171

Chuletas de Puerco Barbecue, 154

Croquetas de Pavo Glaseadas, 220

Dip de Alcachofa, 24

Dip de Frijol, 19

Ensalada Bombay al Curry, 317

Ensalada de Cinco Granos, 313

Ensalada de Ejote, Papa y Jamón, 332

Ensalada de Ejote y Champiñón, 292

Espagueti con Salsa de Carne, 192

Filete de Hipogloso a la Italiana, 280

Filetes de Pescado con Salsa de Yogur, 279

Frijol Negro y Arroz con Salchichas al Curry, 180

Frijoles para la Familia, 374

Guisado de Jamón, 125

Lenguado con Frutas y Nectarinas Rémoulade, 267

Limonada Condimentada Caliente, 48

Linguini Primavera, 398

Macarrón con Crema y Queso, 365

Mero a la Italiana, 274

Mero con Salsa de Manzana Verónica, 277

Monedas de Zanahoria, 386

Muffins de Canela con Especias, 84

Muffins de Doble Avena, 96

Palitos de Pan con Tocino, 24

Papas Cambray y Chícharos con Eneldo, 379

Pavo Picante con Frijol Negro, 244

Pavo y Verduras al Horno, 213

Pay de Queso al Limón, 422

Pechuga de Pollo a la Florentina, 222

Peras al Horno, 228

Peras para el Desayuno, 57

Peras Streusel en Microondas, 515

Pescado Oriental a las Brasas, 253

Pescado Veraniego a las Brasas, 257

Pescado y Arroz Horneados, 256

Picadillo de Jamón con Arroz y Champiñones, 78

Pilaf de Tocino, 368

Pimiento Relleno de Ensalada de Atún, 312

Pimientos Orientales, 179

Pizza Rápida, 182

Platillo de Calabacitas, 352

Pollo Chino Glaseado con Ciruela, 240

Pollo con Salsa Cremosa, 208

Pollo Cordon Bleu Light, 216

Pollo Latino, 240

Postre de Arándano, 474

Quesadillas de Queso Cheddar y Manzana, 20

Ramitos de Verduras, 385

Rápidas Manzanas "Horneadas", 504

Ratatouille de Almendra, 369

Relleno de Arroz Integral con Almendras, 405

Relleno de Camarón, 363

Reubens Abiertos, 13

Rollo de Pescado con Limón y Manzana, 272

Sopa de Pavo y Tomate Rojo, 101

Sopa Pizza, 122

Tarta para los Amantes de la Fruta, 432

Torta Esponjosa de Manzana, 420

Zanahorias, Manzanas y Pimientos Glaseados, 373

Refrescante Ensalada de Fruta y Linguine, 330

Refresco Burbujeante de Frambuesa y Menta, 49

Relleno de Arroz Integral con Almendras, 405

Relleno de Arroz Salvaje Afrutado, 391

Relleno de Camarón, 363

Relleno de Champiñones, 405

Relleno de Chocolate con Queso, 485

Relleno de Pasas, 405

Relleno Ligero de Chabacano, 354

Rellenos

Aderezo de Arándano, 356

Relleno de Camarón, 363

Relleno de Champiñones, 405

Relleno de Uvas Pasa, 405

Relleno Ligero de Chabacano, 354

Res

Alambre de Res con Pimienta, 185

Alambres de Res y Piña, 171

Albóndigas Escandinavas, 195

Albondigón, 166

Asado de Res con Salsa de Champiñones, 169

Bistec con Tirabeques, 174

Bistec Criollo a la Pimienta, 172

Bisteces con Naranja y Pimienta, 183

Bistec Provenzal de Res, 159

Bollos con Carne, 195
Brochetas Barbecue, 9
Brochetas en Cama de Arroz de
  Limón, 152
Carne con Chile, 121, 183
Carne de Res a la Naranja, 186
Carne de Res con Salsa Blanca a la
  Pimienta, 189
Chiles Rellenos, 152
Chuletas de Ternera con Glaseado
  de Miel y Cítricos, 171
Conchas Rellenas, 175
Emparedados Suizos de Res, 158
Ensalada de Filete Asado y
  Espárrago, 284
Ensalada de Ternera con Alcachofa
  y Aderezo de Ajo y Chalote, 340
Ensalada Japonesa con Carne, 318
Espagueti con Albóndigas a la
  Italiana, 186
Espagueti con Salsa de Carne, 192
Espagueti Pizza Deluxe, 157
Estofado Clásico de Res, 106
Fajitas de Res, 178
Filete Marinado con Hierbas, 164
Guisado de Carne Fiesta, 155
Guisado de Res, 127
Guisado de Res a la Italiana, 121
Lasaña, 165
Marinada de Res, 174
Pecho de Cordero Relleno de
  Champiñones, 191
Pimientos Orientales, 179
Pimientos Rellenos, 177
Pimientos Rellenos de Arroz, 185
Res a la Barbecue, 177
Res con Arroz a la Mexicana, 172
Res con Brócoli, 154
Res con Brócoli Tipo Oriental, 155
Res con Chile, 160
Res y Elote con Chile, 193
Reubens Abiertos, 13
Rollos de Col Rellenos, 157
Salteado de Res con Nectarina, 182
Sopa Criolla de Res, 125
Sopa de Carne de Res con Tallarín,
  124
Sopa de Tallarín y Carne de Res,
  101
Sopa de Verduras con Albóndigas,
  120
Sopa Italiana de Boda, 114
Sopa Japonesa de Tallarín, 122
Sopa Primavera de Ternera, 119
Res a la Barbecue, 177
Res con Arroz a la Mexicana, 172
Res con Brócoli Tipo Oriental, 155
Res con Chile, 160
Res y Elote con Chile, 193
Reubens Abiertos, 13
Risoto a la Milanesa, 375
Risoto con Chícharos y Champiñones,
  352
Rodajas Criollas de Cerdo, 166

Rollos de Arroz y Cecina, 29
Rollos de Col Rellenos, 157
Rollos de Pepinillo, 8
Rollos de Tortilla y Frijol Negro, 8
Rollos Primavera de Pavo, 34
Rotini Frito, 203
Rutilante Pay de Queso, 431

S
Sabrosa Ensalada de Pasta, 301
Sabrosa Sopa de Lenteja, 105
Sabroso Queso para Untar, 21
Salmón al Vapor con Col, 261
Salmón Escalfado a la Mayonesa con
  Albahaca, 250
Salsa Agridulce, 12, 217
Salsa Caliente de Mantequilla con
  Ron, 501
Salsa Caribeña, 223
Salsa Cremosa de Natilla, 494
Salsa de Adormidera para Fruta, 293
Salsa de Chocolate Semiamargo, 472
Salsa de Jengibre y Durazno, 515
Salsa de Natilla, 480
Salsa de Pera Fresca, 56
Salsa de Pimienta, 252
Salsa de Queso Light, 404
Salsa Dulce, 14
Salsa Marinara, 375
Salsa Rémoulade, 267
Salsa Tártara, 277
Salsas y Aderezos (*ver también*
  Aderezos para Ensalada)
  Aderezo Dakota para Papa, 364
  Aderezo Pequeña Italia para Papa,
    364
  Aderezo Texas para Papa, 364
  Aderezo Valle de las Salinas para
    Papa, 364
  Betún Cremoso, 417
  Chutney de Manzana y Durazno,
    238
  Cubierta de Ciruela, 59
  Cubierta de Miel, 469
  Cubierta de Pera Fresca, 76
  Glaseado de Limón, 60
  Jarabe de Naranja y Arándano, 62
  Jarabe de Piña y Naranja, 60
  Mantequilla de Manzana, 83
  Mantequilla de Miel y Naranja, 75
  Nectarina y Coco con Chutney, 401
  Peras Condimentadas, 376
  Salsa Agridulce, 217
  Salsa Caliente de Mantequilla con
    Ron, 501
  Salsa Caribeña, 223
  Salsa de Adormidera para Fruta,
    293
  Salsa de Carne, 385
  Salsa de Champiñones, 169
  Salsa de Chocolate Semiamargo,
    472
  Salsa de Chocolate y Plátano, 469
  Salsa de Durazno y Almendras, 479

Salsa de Durazno y Limón para
  Pollo, 249
Salsa de Frambuesa, 52, 488, 512
Salsa de Jengibre y Durazno, 515
Salsa de Limón y Eneldo, 265
Salsa de Limón y Jengibre, 307
Salsa de Natilla, 480, 494
Salsa de Pera Fresca, 56
Salsa de Pimienta, 252
Salsa de Queso Light, 404
Salsa de Yogur con Menta, 343
Salsa de Yogur y Ron, 430
Salsa Marinara, 375
Salsa Rémoulade, 267
Salsa Tártara, 277
Salsa Yakatori, 267
Sopa Veneciana o Salsa para Pasta,
  107
Uvas Frescas con Jengibre, 389
Salteado de Res con Nectarina, 182
Salteado Griego de Cordero con
  Mostaccioli, 174
Saludable Ensalada de Pollo, 341
Saludable Pollo a la Cacerola, 204
Sangría Blanca Espumosa, 329
Sangría de Vino Blanco, 37
Sazonador de Especias, 193
Scampi Italiano, 279
Sherbert Cítrico de Moras, 473
Sidra Caliente, 37
Sofrito Delicioso, 249
Sopa Campestre de Frijol, 119
Sopa Coreana de Alones de Pollo, 129
Sopa Cremosa de Zanahoria, 119
Sopa Criolla de Pescado, 117
Sopa Criolla de Res, 125
Sopa Cubana de Frijol Negro y Jamón,
  130
Sopa de Almeja, 130
Sopa de Arroz Salvaje, 126
Sopa de Arroz Salvaje y Langosta, 106
Sopa de Camarón y Jamón, 117
Sopa de Cangrejo y Elote, 104
Sopa de Cebolla Clásica, 120
Sopa de Chícharo, 108
Sopa de Frijol Blanco, 100
Sopa de Moros con Cristianos, 125
Sopa de Papa y Apio, 110
Sopa de Pavo Rápida, 105
Sopa de Pavo y Tomate Rojo, 101
Sopa de Pera y Arándano
  Condimentada, 107
Sopa de Pimiento y Elote Fácil de
  Preparar, 116
Sopa de Pollo, 112
Sopa de Pollo y Apio, 111
Sopa de Pollo y Verduras, 100
Sopa de Salchicha de Pavo, 114
Sopa de Verduras con Albahaca, 114
Sopa de Verduras con Albóndigas, 120
Sopa de Verduras y Queso, 112
Sopa de Zanahoria y Nectarina, 110
Sopa Dorada de Tomate Rojo, 108
Sopa Fría de Pepino a la Menta, 111

Sopa Fría de Zanahoria, 103
Sopa Italiana de Boda, 114
Sopa Japonesa de Tallarín, 122
Sopa Minestrone, 112
Sopa Picante de Cebolla, 103
Sopa Pizza, 122
Sopa Primavera de Ternera, 119
Sopa Sorpresa de Cebada, 101

Sopas y Guisados
Bullabesa de la Costa Occidental, 131
Carne con Chile, 121, 183
Cocido de Verduras, 388
Consomé con Arroz Salvaje, 111
Crema de Pollo al Cilantro, 126
Crema de Zanahoria, 107
Crema Satinada de Salmón, 129
Deliciosa Sopa de Mariscos, 105
Estofado Clásico de Res, 106
Estofado de Cordero Tradicional, 172
Gazpacho, 111
Gazpacho Condimentado, 126
Gazpacho Veraniego, 122
Guisado de Cerdo Estilo Cantonés, 115
Guisado de Cordero, 98
Guisado de Jamón, 125
Guisado de Res, 127
Guisado de Res a la Italiana, 121
Guisado Picante Estilo Sudoeste, 98
Nutritiva Sopa de Cerdo, 124
Nutritiva Sopa de Pollo con Arroz, 116
Nutritivo Guisado de Verduras, 103
Nutritivo Minestrone Gratinado, 115
Pavo Blanco y Arroz Salvaje, 228
Pavo Picante con Frijol Negro, 244
Res con Chile, 160
Res y Elote con Chile, 193
Sabrosa Sopa de Lenteja, 105
Sopa Campestre de Frijol, 119
Sopa Coreana de Alones de Pollo, 129
Sopa Cremosa de Zanahoria, 119
Sopa Criolla de Pescado, 117
Sopa Criolla de Res, 125
Sopa Cubana de Frijol Negro y Jamón, 130
Sopa de Almeja, 130
Sopa de Arroz con Champiñones, 131
Sopa de Arroz con Pollo, 120
Sopa de Arroz Salvaje, 126
Sopa de Arroz Salvaje y Langosta, 106
Sopa de Arroz y Zanahoria, 131
Sopa de Camarón y Jamón, 117
Sopa de Cangrejo y Elote, 104
Sopa de Carne de Res con Tallarín, 124
Sopa de Cebolla Clásica, 120
Sopa de Chícharo, 108

Sopa de Espárragos y Surimi, 104
Sopa de Frijol Blanco, 100
Sopa de Frijol y Verduras, 100
Sopa de Manzana y Calabacita, 117
Sopa de Moros con Cristianos, 125
Sopa de Papa y Apio, 110
Sopa de Papa y Queso, 121
Sopa de Pavo, Elote y Camote, 129
Sopa de Pavo Rápida, 105
Sopa de Pavo y Tomate Rojo, 101
Sopa de Pera y Arándano Condimentada, 107
Sopa de Pimiento y Elote Fácil de Preparar, 116
Sopa de Pollo, 112
Sopa de Pollo con Arroz Salvaje, 110
Sopa de Pollo y Apio, 111
Sopa de Pollo y Verduras, 100
Sopa de Salchicha de Pavo, 114
Sopa de Tallarín con Pollo, 108
Sopa de Tallarín y Carne de Res, 101
Sopa de Verduras con Albahaca, 114
Sopa de Verduras con Albóndigas, 120
Sopa de Verduras y Queso, 112
Sopa de Zanahoria y Nectarina, 110
Sopa Dorada de Tomate Rojo, 108
Sopa Fría de Pepino a la Menta, 111
Sopa Fría de Zanahoria, 103
Sopa Italiana de Boda, 114
Sopa Japonesa de Tallarín, 122
Sopa Minestrone, 112
Sopa Picante de Cebolla, 103
Sopa Pizza, 122
Sopa Primavera de Ternera, 119
Sopa Sorpresa de Cebada, 101
Sopa Veneciana o Salsa para Pasta, 107
Tres Frijoles con Chile, 130
Sopa Veneciana o Salsa para Pasta, 107
Sorbete de Ciruela, 501
Sorbete de Durazno y Suero de Leche, 515
Sorbete de Lima, 476
Sorbete de Toronja con Ralladura Endulzada, 513
Soufflé de Frutas Mixtas, 79
Sundae de Moras, 473
"Sundaes" de Piña, 503

T
Tallarín con Adormidera, 349
Tapas de Pimiento Asado, 14
Tarta de Pera Bistro, 435
Tarta Dietética de Queso, 427
Tarta Oscura de Cereza, 442
Tartas de Fresa, 422
Tartas Zabaglione con Fresas Frescas, 438
Tarta Veraniega, 440
Tazas de Tomate, 408

Té Hawaiano, 39
Té Helado, 41
Tirabeques con Ajonjolí, 359, 376
Tiras Crujientes de Pollo, 203
Tiras de Pescado Empanizadas, 277
Tiras de Pollo con Pimiento, 215

Tocino
Aderezo Dakota para Papa, 364
Burritos, 67
Burritos de Tocino de Pavo, 71
Canapés de Calabaza y Tocino, 26
Club Sandwich de Pavo y Tocino, 202
Col Rizada Chiffonade, 371
Desayuno de Fin de Semana, 66
Ensalada de Espinaca, 285
Ensalada de Espinaca y Tocino, 308
Ensalada de Papa y Tocino Rápida, 323
Espagueti con Tocino, 158
Muffins Matinales de Tocino, 61
Palitos de Pan con Tocino, 24
Pan de Maíz con Tocino y Chile Jalapeño, 136
Pan Irlandés de Tocino, 64
Pastel de Pavo con Tocino Barbecue, 218
Pilaf de Tocino, 368

Tomate
Aderezo Fuerte de Tomate, 320
Almejas a la Diabla, 30
Arroz Español al Gratín, 374
Arroz Salvaje Tabbouleh, 364
Atún Estofado con Tomate, 274
Berenjena a la Italiana, 348
Bistec Provenzal de Res, 159
Brochetas Asadas de Pollo, 220
Bruschetta, 32
Bruschetta de Atún, 273
Cacerola de Pollo, Brócoli y Pasta, 248
Calabacitas y Tomates Salteados, 368
Capellini Italiano y Tomate Fresco, 398
Carne con Chile, 121, 183
Cerdo con Pimiento, 168
Coloridos Bocadillos de Pan de Maíz, 22
Costillas Gitanas, 229
Couscous Mediterráneo, 307
Elote Olé, 355
Emparedados de Carnero Tabbouli, 159
Ensalada de Arroz Salvaje con Mariscos, 265
Ensalada de Elote Fiesta, 312
Ensalada de Frijol Negro y Arroz, 338
Ensalada de Pavo Sudoeste, 309
Ensalada de Pollo con Salsa, 325
Ensalada Italiana con Pasta, 308
Ensalada Milano de Arroz, 328
Ensalada Niçoise con Pasta, 284

Ensalada Surimi a la Mexicana, 290
Ensalada Tipo Gazpacho, 282
Entremeses de Pizza Miniatura, 17
Filetes Aciditos al Horno, 255
Filetes de Pescado Rapiditos, 262
Guisado de Cordero, 98
Guisado de Res, 127
Guisado de Res a la Italiana, 121
Guisado Estilo Sudoeste, 178
Guisado Picante Estilo Sudoeste, 98
Guiso Sureño, 409
Lasaña de Brócoli, 392
Macarrón Relleno, 404
Muffins de Tomate Rojo, 137
Paella, 258
Pan de Queso y Tomate Rojo, 143
Papas Rellenas de Pavo Tex-Mex, 206
Paquetes Feta, 384
Pargo Estilo Sudoeste, 272
Pasta Caliente al Ajo, 395
Pavo Picante con Frijol Negro, 244
Pescado a la Francesa, 268
Pescado Veracruz, 280
Pescado Veraniego a las Brasas, 257
Pescado y Arroz Horneados, 256
Pilaf de Tocino, 368
Pimientos Criollos Rellenos, 353
Pluma con Alcachofas, 356
Pollo a la Parmesana, 226
Pollo al Curry, 232
Pollo Bombay al Curry, 210
Pollo Cacciatore, 237
Pollo Picante a la Cacerola, 218
Pollo Salteado Mediterráneo, 204
Quiché de Pavo y Arroz, 201
Quiché de Pollo, 205
Ratatouille de Ciruela, 351
Res y Elote con Chile, 193
Rollos de Col Rellenos, 157
Sabrosa Sopa de Lenteja, 105
Salsa Agridulce, 217
Salsa de Tomate y Alcaparras para Pasta, 369
Salsa Dulce, 14
Salsa Marinara, 375
Saludable Ensalada de Pollo, 341
Scampi Italiano, 279
Sopa Criolla de Res, 125
Sopa de Arroz Salvaje y Langosta, 106
Sopa de Pavo Rápida, 105
Sopa de Pavo y Tomate Rojo, 101
Sopa de Salchicha de Pavo, 114
Sopa Dorada de Tomate Rojo, 108
Sopa Japonesa de Tallarín, 122
Sopa Veneciana o Salsa para Pasta, 107
Tazas de Tomate, 408
Tomates con Queso al Horno, 373
Tomates Florentinos al Horno, 227
Tomates Rellenos, 354
Tomates Florentinos al Horno, 227
Tomates Rellenos, 354

Torta con Salsa de Yogur y Arándano, 425
Torta de Calabaza Condimentada, 430
Torta de Chocolate con Salsa de Frambuesa, 413
Torta de Chocolate y Mantequilla, 427
Torta de Jengibre con Salsa de Yogur y Ron, 430
Torta de Mermelada de Ciruela, 74
Torta Della Robbia, 421
Torta Northwoods, 426
Torta Real de Plátano y Frutas, 418
Tortas
Cubos de Torta de Puré de Manzana, 417
Dedos de Chocolate, 421
Deliciosa Torta de Chocolate y Cereza, 410
Deliciosa Torta de Manzana, 426
Deliciosa Torta Veteada de Moka, 418
Muffins de Chocolate, 429
Muffins de Plátano y Chocolate Bajos en Grasa, 419
Panqué Danish de Naranja, 412
Panqué Veteado, 420
Pastel de Especias con Salsa de Durazno, 415
Pastelillos de Jengibre, 424
Pastelillos de Plátano y Galleta, 419
Pastelillos de Puré de Manzana, 414
Rollo Ángel de Cereza, 414
Rollo de Arándano, 429
Tarta Helada de Fresa, 413
Tarta Volteada de Piña, 414
Tartas de Frambuesa, 424
Tartas de Fresa, 422
Torta con Salsa de Yogur y Arándano, 425
Torta de Almendra y Naranja, 425
Torta de Calabaza Condimentada, 430
Torta de Chocolate con Salsa de Frambuesa, 413
Torta de Chocolate y Mantequilla, 427
Torta de Fresa y Durazno, 417
Torta de Jengibre con Salsa de Yogur y Ron, 430
Torta de Limón con Adormidera, 410
Torta de Nuez con Manzana y Canela, 412
Torta de Zanahoria con Salsa de Limón, 429
Torta Della Robbia, 421
Torta Esponjosa de Manzana, 420
Torta Northwoods, 426
Torta Real de Plátano y Frutas, 418
Torta Veteada de Chocolate, 415
Tortas de Atún con Salsa de Limón y Eneldo, 265
Tostadas de Manzana con Especias, 81
Totopos con Chile, 17

Totopos con Salsa Dulce, 14
Trenzas de Canela, 80
Tres Frijoles con Chile, 130
Triángulos de Pan Francés con Mermelada, 54
Trucha Arco Iris a la Pimienta con Salsa de Yogur, 264
Trucha Arco Iris al Vapor, 268
Trucha Arco Iris con Champiñones, 252

U
Uvas Frescas con Jengibre, 389

V
Verduras (*ver también las listas individuales*)
Alambre Asado de Verduras, 353
Alambres de Cordero y Manzana, 188
Alambres de Vieiras, 280
Apio Agridulce, 402
Apio con Queso Suizo y Almendras, 386
Apio Relleno de Albaricoque y Queso Ricotta, 20
Apio y Chícharos al Curry con Manzana, 394
Arroz Antipasto, 399
Arroz con Verduras y Frijoles, 378
Arroz Integral Primavera, 382
Atún con Verduras en Mantequilla con Especias, 269
Betabel con Glaseado de Chabacano, 361
Bistec con Tirabeques, 174
Bizcocho de Pollo al Horno, 234
Brochetas de Pavo Favoritas de Papá, 227
Brochetas en Cama de Arroz de Limón, 152
Brochetas Teriyaki, 222
Camarones Fritos con Verdura, 257
Caviar de Berenjena, 27
Cazuela de Col con Especias, 359
Cerdo con Arroz y Chícharos, 160
Cerdo con Tres Cebollas, 179
Charola de Entremés de Pavo, 23
Cocido de Verduras, 388
Col con Aderezo Picante, 391
Col Rizada Chiffonade, 371
Col Roja Agridulce, 407
Couscous de Verduras, 391
Deliciosa Ensalada de Verduras, 315
Dip de Verduras, 11
Ensalada California Marinada, 326
Ensalada China de Pollo, 304
Ensalada de Cerdo con Ajonjolí, 290
Ensalada de Col Primavera, 336
Ensalada de Conchas y Camarón Alfresco, 288
Ensalada de Espinaca Marinada, 323

Ensalada de Pasta con Salmón y Papaya, 287
Ensalada de Pasta Primavera, 332
Ensalada de Pavo, 210
Ensalada de Pavo y Pasta, 304
Ensalada de Pepino y Cebolla, 305
Ensalada de Pollo con Hierbas, 328
Ensalada de Pollo y Verduras, 207, 329
Ensalada de Verdura Marinada, 321
Ensalada Fetuccini, 324
Ensalada Marroquí de Verduras, 316
Ensalada Mixta de Papa, 303
Espagueti a la Jardinera Light, 372
Estofado Clásico de Res, 106
Estofado de Cordero Tradicional, 172
Fetuccini de Cangrejo, 276
Frijoles y Arroz con Verduras, 408
Frittata Primavera, 69
Gazpacho, 111
Gazpacho Condimentado, 126
Gazpacho Veraniego, 122
Lenguado Ratatouille, 255
Linguine Primavera, 164
Manzanas Fritas, 371
Mariscos Fritos a la Oriental, 281
Nutritiva Sopa de Cerdo, 124
Nutritivo Guisado de Verduras, 103
Nutritivo Minestrone Gratinado, 115
Okra y Tomates Salteados, 366
Paella Vegetariana, 402
Pan de Queso y Cebolla, 150
Papas Rellenas de Verduras, 407
Pasta con Verduras, 346
Pavo y Verduras al Horno, 213
Pechugas de Pollo con Apio, Mostaza y Eneldo, 229
Pilaf de Avena y Verduras, 352
Pimientos Rellenos de Ratatouille, 386
Pizza Fresca, 358
Pollo Sofrito con Romero, 247
Ramitos de Verduras, 385
Ratatouille de Almendra, 369
Rollos de Verduras, 140
Rollos Primavera de Pavo, 34
Sabrosa Ensalada de Pasta, 301
Salmón al Vapor con Col, 261
Sopa de Arroz con Pollo, 120
Sopa de Cebolla Clásica, 120
Sopa de Frijol y Verduras, 100
Sopa de Papa y Apio, 110
Sopa de Pollo, 112
Sopa de Pollo y Apio, 111
Sopa de Verduras con Albahaca, 114, 120
Sopa de Verduras y Queso, 112
Sopa Minestrone, 112
Sopa Picante de Cebolla, 103
Sopa Primavera de Ternera, 119

Soufflé de Verduras en Tazas de Pimiento, 355
Tirabeques con Ajonjolí, 359, 376
Verduras Agridulces, 384
Verduras a la Italiana, 404
Verduras al Gratín, 362
Verduras Chinas Agridulces, 373
Verduras con Ajonjolí y Queso, 363
Verduras con Couscous, 375
Verduras Frescas con Sabor a Naranja, 358
Verduras Fritas, 398
Verduras Orientales Fritas, 349
Verduras Salteadas, 400
Verduras Salteadas a la Italiana, 381
Verduras Agridulces, 384
Verduras Chinas Agridulces, 373
Verduras con Ajonjolí y Queso, 363
Verduras con Couscous, 375
Verduras Festival Glaseadas, 407
Verduras Frescas con Sabor a Naranja, 358
Verduras Orientales Fritas, 349
Verduras Salteadas, 400
Verduras Salteadas a la Italiana, 381
Vieiras Fritas, 270
Vinagreta Agridulce, 285
Vinagreta con Mostaza, 288

W
Wafers con Ajonjolí Tostado, 8
Waffle Belga, 72

Y
Yakatori de Salmón con Durazno, 267
Yogur
Aderezo Cremoso de Yogur, 323
Aderezo Dakota para Papa, 364
Aderezo de Curry y Parmesano, 315
Aderezo de Girasol y Hierbas, 335
Aderezo de Melón, 292
Aderezo de Naranja y Adormidera, 335
Aderezo de Rábano y Eneldo, 326
Aderezo de Yogur con Fresa y Plátano, 285
Aderezo de Yogur con Naranja y Plátano, 285
Aderezo de Yogur y Queso Blue, 336
Aderezo Pequeña Italia para Papa, 364
Aderezo Texas para Papa, 364
Aderezo Valle de las Salinas para Papa, 364
Albóndigas Escandinavas, 195
Apetitoso Puré de Papa, 393
Batido de Frutas, 40
Bebida de Plátano con Fresa, 44
Bebida Energética de Fresa, 46
Bebida Tropical, 50
Brochetas de Pollo a la Mexicana con Salsa de Yogur, 237

Charola de Frutas con Aderezo de Cítricos, 485
Chícharos a la Crema, 402
Ciruelas con Crema Bávara, 502
Coliflor con Salsa Cremosa de Cebollín, 395
Copas de Limón Light, 482
Copas de Yogur de Chocolate con Cereza, 481
Copas de Yogur de Frambuesa, 490
Crema de Frutas, 503
Crema de Nectarina, 488
Crema Satinada de Salmón, 129
Cubierta de Miel, 469
Danish de Queso Ricotta, 81
Delicioso Dip de Espinaca, 14
Delicioso Pay de Calabaza, 439
Desayuno en un Vaso, 59
Dip de Chile, 19
Dip de Fruta Rápido, 90
Emparedados de Ensalada de Pollo, 208
Ensalada de Atún con Fruta Fresca, 315
Ensalada de Col con Fruta, 327
Ensalada de Conchas y Fruta, 332
Ensalada de Fruta con Jengibre, 298
Ensalada de Fruta, Pasta y Nuez, 302
Ensalada de Neptuno, 315
Ensalada de Papa con Albahaca Fresca y Pimienta, 295
Ensalada de Pollo y Verduras, 329
Ensalada Fetuccini, 324
Ensalada Marroquí de Verduras, 316
Ensalada Sunset de Yogur, 337
Filetes de Pescado con Salsa de Yogur, 279
Fresas con Salsa de Yogur y Miel, 479
Galletitas de Yogur, 454
Helado de Almendras con Higo, 499
Helado de Durazno, 513
Helado de Yogur de Durazno con Frambuesa, 498
Macarrón Romanov, 393
Malteada de Fresa, Plátano y Yogur, 38
Malteada de Fresa y Plátano, 40
Malteada de Jugo de Naranja con Yogur, 43
Malteada de Melón, 43
Malteada de Naranja y Piña con Yogur y Miel, 42
Mousse de Chabacano, 479
Muffins con Huevo, 59
Muffins de Arándano y Limón, 59
Muffins de Yogur, 81
Muffins de Yogur de Plátano, 74
Muffins Integrales de Yogur, 88
Paletas de Yogur de Plátano y Limón, 498

Pan de Yogur de Limón con Pasas, 88

Papas en Crema de Hierbas, 351

Pastel de Queso sin Culpa, 417

Pastel de Yogur de Limón, 71

Pay de Yogur de Durazno con Salsa de Almendra, 443

Pay Sedoso de Chocolate, 446

Peras al Vapor con Salsa de Yogur de Frambuesa, 504

Pita Rellena de Pollo, 243

Pollo Estilo Tandoori, 241

Pollo Marinado con Yogur, 220

Postre de Durazno, 476

Postres de Queso Bajos en Calorías, 426

Pudín de Almendra y Calabaza, 515

Rebanadas de Manzana con Aderezo de Cítricos, 471

Salsa de Adormidera para Fruta, 293

Salsa de Yogur con Menta, 343

Salsa de Yogur y Ron, 430

Sopa Fría de Pepino a la Menta, 111

Tarta de Manzana con Canela, 445

Tarta Volteada de Piña, 414

Tartas de Fresa, 422

Torta con Salsa de Yogur y Arándano, 425

Trucha Arco Iris a la Pimienta con Salsa de Yogur, 264

Yogur Congelado de Frutas, 471

Yogur de Queso, 481

Zanahorias con Pasas, 376

Yogur Congelado de Frutas, 471

Z

Zanahoria

Alubias con Verduras, 30

Arroz con Ajonjolí, Jengibre y Zanahoria, 355

Barra de Zanahoria y Especias, 96

Calabacitas y Zanahorias al Gratín, 399

Cazuela de Manzana y Zanahoria, 401

Cerdo Picosito con Verduras, 191

Crema de Zanahoria, 107

Deliciosas Varitas de Zanahoria, 371

Dip de Verduras, 6

Ensalada de Espinaca y Garbanzo, 302

Ensalada de Pasta Lanai, 290

Ensalada de Pavo Caliente, 301

Ensalada Jardinera de Pollo, 295

Ensalada Sunset de Yogur, 337

Espagueti con Verduras, 381

Estofado Clásico de Res, 106

Filete de Pescado con Peras a la Jardinera, 279

Gallinita Hawaiana, 248

Guisado de Cerdo Estilo Cantonés, 115

Langostinos Agridulces, 270

Linguini Primavera, 398

Medias Lunas de Zanahoria y Nuez Moscada, 365

Monedas de Zanahoria, 386

Pavo Shanghai, 242

Pollo con Romero, 207

Pollo Primavera Cremoso, 244

Rotini Frito, 203

Sofrito Delicioso, 249

Sopa Cremosa de Zanahoria, 119

Sopa de Arroz y Zanahoria, 131

Sopa de Pollo y Verduras, 100

Sopa de Zanahoria y Nectarina, 110

Sopa Fría de Zanahoria, 103

Torta de Zanahoria con Salsa de Limón, 429

Zanahorias con Pasas, 376

Zanahorias, Manzanas y Pimientos Glaseados, 373

Zanahorias y Tirabeques Glaseados con Menta, 351

NOTAS